我的教育人生

将教育装进日常里

李巧霞◎著

黄河出版传媒集团
阳光出版社

图书在版编目(CIP)数据

我的教育人生.将教育装进日常里 / 李巧霞著. --
银川：阳光出版社,2023.12
ISBN 978-7-5525-7222-3

Ⅰ.①我… Ⅱ.①李… Ⅲ.①中学语文课-教学研究
-高中 Ⅳ.①G633.302

中国国家版本馆 CIP 数据核字(2024)第 012833 号

我的教育人生.将教育装进日常里	李巧霞　著

责任编辑　胡　鹏
封面设计　鸿　图
责任印制　岳建宁

黄河出版传媒集团
阳　光　出　版　社　出版发行

出　版　人　薛文斌
地　　　址　宁夏银川市北京东路 139 号出版大厦(750001)
网　　　址　http://www.ygchbs.com
网上书店　http://shop129132959.taobao.com
电子信箱　yangguangchubanshe@163.com
邮购电话　0951-5014139
经　　　销　全国新华书店
印刷装订　洛阳市画中画印业有限公司
印刷委托书号　(宁)0028492

开　　本　889 mm×1194 mm 1/16
印　　张　21
字　　数　380 千字
版　　次　2023 年 12 月第 1 版
印　　次　2023 年 12 月第 1 次印刷
书　　号　ISBN 978-7-5525-7222-3
定　　价　108.80 元(全2册)

自序

亲爱的，你真幸福

——教师节致自己！

亲爱的你：

又是一年金秋月，中秋恰逢教师节，祝双节快乐！

今天是第 38 个教师节，也是你从教以来拥有的第 26 个教师节。过去的 25 个教师节，没有一个你是待在家里过的，今年不同，疫情原因，你和同事们只能待在家里。回首往事，转眼工夫，你已经是一个耕耘三尺讲台整整 25 年的教师了。

25 年，人生匆匆，弹指一挥间，岁月的长河中一个短暂而珍贵的瞬间，人生舞台上一个平凡而充实的片段。25 年转瞬已逝，蓦然回首时，你发现，所有的付出都是值得，所有的热爱都是福报，感恩拥有，做教师，你是幸福的！

你总是说"让教育的阳光照亮每一位学生"是你从教的梦想，当学校的墙壁上镌刻上这一句教育箴言的时候，你就好像找寻到了教育的初心一样，从"教书无非是为谋生"的短浅认识中发觉到了教育的真谛，你发现，最好的教育就是让每一位学生获得尊重，让每一个学生变得自信，让每一个孩子都能懂得幸福的意义，让每一个孩子都收获知识带来的改变，让每一个孩子都能在人生路上，阳光相伴！

你喜欢教书，这么多年了，你不曾厌倦过，不曾抱怨过，你总是说，如果让你重新选择，你不知道除了教书还有什么职业更适合你！

每一个教师节，你都不忘记提醒自己，做一个幸福的教师。因为你念念不忘的是唯有幸福的教师才能教育出懂得感知幸福的学生。走过的这二十多年，生命中最为奢华的年龄，年轻、阳光、健康，有精力，肯付出，这二十多年，平平淡淡，但最为充实；普普通通，也不乏精彩；忙忙碌碌，却也最有收获。

这二十多年，年年岁岁花相似，岁岁年年人不同，送走一届又届学生，迎来一个又一个新生，似周而复始，但也不循规蹈矩；似按部就班，却也格外不同。于是，付出着，也收获着，成就着学生也成就着自己。

教师节，让你想起第一次走上讲台的忐忑，想起初为人师的自豪和激动，想起每一次学生取得好成绩时的与有荣焉，想起每一次学生犯错时的恨铁不成钢，想起对于从教的热爱和执着……踏上三尺讲台，已整整有25个年头了，这25年值得珍藏，值得记忆。

这25年，作为一名普通教师，一路走来，点亮教师心灯，体验着生命在讲台上绽放的喜悦，享受着被别人称呼为老师的快乐，坚定着此生无悔地做一名教师的选择。

这25年，教书的日日夜夜，日子就像一杯清茶，虽没有华丽的色泽和醇厚的味道，淡淡的清香却让人回味无穷；25年，是你人生中最美好的一段时光与记忆，与学生一路同行，你是快乐的，也是幸福的。教书的日子，让你感受到简单就是快乐，平淡就是享受的人生真谛。

这25年，作为教师，你常常以"爱且深深爱，教便全力以赴"自勉，常常提醒自己"不忘初心，方得始终"，告诉自己"每个孩子都有花期，我们要静待花开"，时常提醒自己，做到教书育人俯仰无愧于心。

这25年，你要感谢自己，这么多年，面对这份职业，从没有懈怠，从没有怨言，每天和孩子们在一起，就觉得幸福，不矫情，不标榜；爱孩子，爱教书，不倦怠，不后悔，感谢自己的执着与坚守，为自己真心点赞。

亲爱的自己，这么多年，你坚持阅读，坚持写作，坚持记录教育的点滴，生活的点滴。家长朋友、学生、同事以及家人，他们在你的朋友圈里感受着你教育的快乐，阅读到你对职业的热望，他们说在你的文字里，让他们思考人生，思考教育，思考职业等等，尤其学生们说，离开了课堂，但在你的朋友圈里依然被教育着，被影响着，被引领着，你一直以来的愿望就是带领着你的学生在课堂以外的日子里一起成长，共同进步。你总是说教育的力量在于持久，在于点滴。

这25年，你不断的记录，不断的积累，200多万字的日志，包罗万象，有和学生的对话，有对课堂的反思，有对教育的理解，对生活的认识，有对人生的思考，你一直坚信，一个真正的语文老师，一定是一个有格局有情怀的人；一个好的语文老师，一定有不同于一般人的理性精神和浪漫情怀，能与俗世保持一定距离，有属于自己的诗意世界；一个优秀的语文老师，他始终是学生"读书的种子"和"写作的引子"。而一个被语文所滋养的人，一定相信滚滚红尘之外还有风光旖旎浩瀚无边的想象的世界，他不会把书本当成世界，而会把整个世界当成自己的书本。

教师，对你而言不仅仅是一个职业，而是一种熟悉的生活，它已经是你人生不可或缺的一部分，你的人生因为这个职业而充盈，而幸福。你坚信教育本身就蕴含着丰富而动人的幸福，工作或许繁琐，但教育一定是幸福的，只是需要我们用心地去发现、去挖掘、去体味。

亲爱的自己，做老师是幸福的，工作固然繁忙琐碎，但教育却在繁琐之中蕴藏着无穷的美妙和乐趣。这份美妙和乐趣不在别处，就在教育教学中，在校园生活中，在师生相处中，在寻常工作中，在具体的教育主题、对象、条件和情境之中……

在双向奔赴的教育故事里，当你怀着真诚和善意对待孩子们时，你的点点细行也在他们那里得到回应。

愿你在教育工作的琐碎中，追寻教育的幸福！

亲爱的，你真幸福！

教师节快乐！

2022 年 9 月 10 日

目 录

第一辑　我的教育故事

第二辑　我的课堂教学

第三辑　我和我的学生

第四辑　各类活动讲话稿

家校携手，让孩子健康成长，让教育的阳光照亮每一位学生，是一种愿景，更是一种崇高的育人思想，它值得我们每一位从事教育的人拥有它，并积极地去实践它。

我是一名有故事的语文老师

记得在一次心理健康协会培训开班仪式上,负责人说,参加培训的每一个人都是有故事的人,有的人,故事的主人公是自己,有的呢是孩子,有的呢是爱人,有的呢是父母……,说得很有道理。我说,今年,参加神木市心理健康协会的我也是一个很有故事的人,更是一位很有故事的老师,而我的故事就来自于我的学生。你会发现这一个个故事里的学生可能离我们并不遥远,是邻居,是亲人,亦或是朋友的孩子,也可能是同事的孩子,而我故事中的家长朋友教育孩子的种种表现,也一定能给诸位读者带来思考和启发。

今年当我挤出时间学习心理学,通过认真学习,获得由中国社会工作联合会、中国心理卫生协会联合颁发的《心理健康社会工作职业技能培训》证书。我之所以愿意抽出时间给家长朋友们上微课,分享一些教育的心得和体会,并且我每周五晚上都要去参加学习与培训,其实都是源于我和学生的故事!

此刻,想起,当学生的妈妈拉住我,无奈而又无助地说:"李老师,孩子都成这样了,我感觉我的天都快要塌下来了呀,唉……!"作为妈妈,作为老师,我能体会到这位妈妈的伤心和痛苦,因为她的孩子严重抑郁,主要表现是独来独往、沉默寡言,有自残行为。当我和这个孩子交流时,这个孩子说,全班同学都不理她,都对她不友好,都对她有意见,而她的同桌却找到我,说,李老师,麻烦你帮我调个座位吧,我一天也不想和她坐同桌了,我真的受够了……

还有,当有学生提醒我,李老师,你以后再别考查 xxx 的背诵了,你要小心点时,学生告诉我,这个因不交作业而被我批评过的孩子,初中时候,就用小刀在自己的手臂上划下了道道伤痕,而且比这更严重的是他对学生们说,自己真的特别想死,活着真的特别没意思,在语文作业的读书笔记里,充满死的欲望,抑郁到无法自拔……

还有个学生给自己胳膊及小腿上绑上重重的沙袋;严冬酷寒环境,这个学生穿着短袖,污垢满身,不与人交往;去食堂吃饭,行走模式都是狂奔,以至于速度导致脸部严重变形,说是为了省时间,为了学习,可是他的学习成绩却很一般,这孩子看着就让人心疼……

记得,当我在学校的"我和学生的故事"演讲比赛中,对自己教育教学20余年的教学工作及学生们进行盘点时,我才发现,最让我痛心的是我遇见了好多个心理不健康的孩子,有抑郁的,有焦虑的,有神经出问题的。面对这些孩子,我难过不已却能力有限,我痛心却爱莫能助,这是一名老师的遗憾。所以,我渴望在学习中突破自身瓶颈,渴望通过学习知识让自己能够真正走进学生的心里……

当有老师问我,李老师:"为什么你总是能发现心理有问题的学生,而我们就没有发现?"而我想说苏联教育家苏霍姆林斯基曾说,从事教育的人,应当也必须掌握一些心理学的相关知识。

我以为,教育贵在对灵魂的唤醒,精神的指引。今天,当很多父母、老师还有学校把学习成绩当作对孩子唯一的评价标准,甚至一好百好时,其实教育已经出问题了。孩子是一个社会的人、发展的人,健康、阳光、向上和积极地面对人生的人。让孩子对理想有追求,对生活有热望,对人生有激情,这才是教育的终极目的。"让教育的阳光照亮每一位学生",神木七中的墙壁上赫然印刻着这十三个字,是前任黄瑾校长提出的教育理念。这十三个字,总是敲击着我,提醒着我,让任何一个学生不掉队,让每一个学生都能享受教育的阳光。尊重他们,理解他们,作为教育者能把抑郁、心理不健康的孩子给予引导,给予帮助,这是教育者的教育职责,更是教育者的教育情怀。

犹记我大学毕业分配到神木中学教书,在学校通往操场的东墙上,写着这样一句话:千学万学学会做人,千教万教教做真人。时至今日,依然时时扣击着我的心门。

因为孩子犯了错误,学生家长被请进学校时,家长二话不说,对孩子一顿劈头盖脸的臭骂,我就在想,这问题孩子的背后,一定有一对不懂家庭教育的父母……

当两个学生因为打架,班主任把家长叫来,其中一个孩子的妈妈冲着另外一个孩子喊:你小子,再敢动我们家xx试试,我跟你没完!我就在想,这样的妈妈教育出的孩子怎能不让人担心？

当学生告诉我："李老师，校园欺凌事件我就经历过，被几个人压在学校的操场里打了，还不敢对别人说。李老师，我现在走在人多的地方我就害怕，我总是怕被别人打。"这样的孩子如果老师能够及时了解，可能会阻止心理问题的出现……

作为教育者，我们可能习惯或者说喜欢去关注这样的学生：或者勤奋刻苦的、或者阳光外向的、甚至那些调皮捣蛋的都会吸引我们的目光。可是我们却往往忽略了那么一小部分学生：他们沉默寡言，他们默默无闻，他们从不主动走进我们，甚至唯恐躲之不及，他们性格敏感又脆弱，他们个性极强却隐匿很深，他们总是躲在一个角落里，不声也不响……，可是恰恰我们忽略掉的这些同学，因为性格问题，在成长的过程中，没有得到及时和应有的关注和引导，长大了的他们，往往人生会偏离航向，甚至走向灰暗和不堪，而这样的结局，毁灭的不是一个人，恰恰是整个家庭！

面对这些孩子，从事高中语文教学二十多年的我，特别想走近这些孩子，走近家长朋友，尽自己的绵薄之力帮助家长朋友能够对家庭教育有认识、有改变、有提高。作为一名有着二十多年教龄的老师，我也特别希望自己能够拥有更多的心理学专业知识，在与学生的沟通和交流中，帮助一部分孩子早发现、早治疗，让家长能够与学校联手，真正成为教育的合伙人，帮助学生阳光、健康、向上成长，让学生的人生之路走得更稳更远！

我一直以为，对一个性格有缺陷的学生的教育，其带来的成就感和幸福感并不比教出成绩优秀的学生带来的成就感和幸福感少。有句话是这样说的：先成人后成才。为学生的终身发展奠基是教育的终极目标和最终归宿，让教育的阳光照亮每一位学生，是一种愿景，更是一种崇高的教育思想，它值得我们每一位从事教育的人拥有它，并积极地去实践它……

2019.6.27

让教育的阳光照亮每一位学生

想到几年前,曾经和同事们分享过教学过程中的一个个案例和故事,这一个个教与学的故事,让我反思,让我成长。今天是教师节,在这样一个特殊的日子,重新翻阅,再次想起,是为了提醒自己,以期我们在教育的这片沃土上能够携手共进,让教育的阳光照亮每一个学生,让孩子们能够健康快乐成长,成为积极向上、阳光有为的青年,对生活充满热情,葆有一种热望,一种激情、乐观、自信。每天,行走在校园,看到办公楼墙壁上"让教育的阳光照亮每一位学生"这几个醒目的大字,就不由地引发我由来已久的一种记忆和思考。下面,就让我连缀几个教育的片段,讲给大家听:

当一个学生,下午一放学,就尾随在你的身后,一直跟到你的家里,规规矩矩地坐在一个小板凳上,你觉得怪不怪?做好饭,让她吃,她说不饿,只是说,喜欢跟你在一起,就喜欢听你说话,你觉得怪不怪?晚上十点多,她依然不回家,就坐在你的家里,你是不是觉得怪极了?

她就是我所教的2003届的一个女生,经过几次交流,我发现,她在性格上有很大问题——孤僻,内向,偏执,不喜欢和人说话,包括她的父母亲。有一次,十点多,我和爱人把她送回钟楼洞下面一个幽深的巷子,见到她父亲,我说孩子学习压力太大了,找医生看看吧。这位父亲当时说的一句话,现在都让我记忆犹新。他说:"李老师,我家孩子最喜欢你了,连你也没有办法了?"看着这位无助的父亲,我也充满内疚……

再后来,有一次当我见到她时,我简直不敢相信自己的眼睛,她胖胖的,呆呆地,被一个老实巴交的农村男人牵着,据说是她的丈夫,当然,她已经不认识我了……,那天晚上,我彻夜难眠,内心久久不能平静……

还有,在广场,你会经常看见一个满脸胡子,矮矮胖胖,年龄大约是30出头的男子。我不知道他认不认得我,但我能认得他,而且能叫出他的名字。他看起来头发凌乱,衣衫不整,忧郁、萎靡、痴呆,一看就不太正常,但我确定,他曾经是我在神木中学时的一个学生……

每每想起这两个学生,我就能想起他们读书时的清秀俊俏模样和再见到他们时的肥胖和病态,就能想到因他们而倍受折磨和煎熬的他们的父母……于是,我陷入了一种深深的思考,我想去帮助其他学生、影响他们、改变他们。

带着这样一种认识上的改变,行走在教育中,我慢慢发现,只要你去关注引导他们,他们是会有所改变的,只要你愿意付出,就会有收获。

有一个女生,也算鼎鼎有名了,很有个性,据说有老师上课,她说震得自己耳朵疼,于是上课用棉花塞住自己的耳朵。据说,她很喜欢和班主任老师长谈,整整一个晚自习,也不管老师忙不忙,顾上顾不上。当我给他们班带课以后,她也表现的桀骜不驯,充满挑衅,上课有意展展地趴在桌子上,装睡不听;要么,两手托着下巴,就那么直愣愣地盯着你,目光里满是挑剔和不信任……一周以后,我发现她应该属于问题学生,性格偏执、个性极强。我没有那么急于求成,没有训教她,我是选择在作文本上、读书笔记上和她交流,但也不显山露水,表现出较强的目的性。慢慢地,她开始走近我,再后来,我们办公室的老师都知道,她喜欢上语文课了,再后来,她每周来给我背诵高考满分作文;再后来,她还带动了其他同学一起来背课文;再后来,她考上了本科院校。放假了,她提着一大兜水果来办公室看我……

2016届有一个男生,因为和同学闹矛盾,一把水果刀致使他的脾被切除。伤人的同学被开除学籍,并被要求赔偿受伤的这个男生50多万元。大约一个月以后,这个男生出院返校,我发现他跟原来不太一样了,沉默了许多,消极了许多,而且因为课程耽误得比较多,上课也不怎么认真。三年时间,这个孩子我找过他许多次,我了解到,他爸再婚,他的继母过来又生了两个儿子,他爸爸平时很少管理和教育他等。我找他,给他讲道理,别记仇,50多万元,对方已经付出了代价;别寻仇,对方可能也追悔莫及,要懂得宽容别人,要知道珍惜自己……,思想上我慢慢地改变他,学习上我也在不断地引导他。因为我一直在想,这样的孩子,如果不积极引导,将来人生会不会出现偏差啊!

第一辑 我的教育故事

就在刚刚毕业的2018届学生中有一个学生,相信学校的许多老师知道,她进校时,成绩靠前,分在一班,可不到半年,她的成绩落到了全校倒数几名,她从来不说话,半年时间,我找她交流过许多次,开口也就是她觉得同桌不喜欢她,同学们都不喜欢她,于是她把自己包裹得严严实实,她的眼神总是充满忧郁,甚至还有些惊恐不安。后来她去了文科班,听说家人带她出去看过许多次医生,上半年,她走了单招。记得一次在腾讯新闻上,看到一女孩刚上大一,不到一个月失踪了,家长说这个孩子患有抑郁症,当时我心头一紧,不会是我们学校刚毕业的这位同学吧?赶紧看照片,不是,我松了一口气……

还有,在我教书生涯中,有这样一位同学,刚带上他的语文课,他找到我,说要背800篇古文,说看到汉语大字典上有多么多不认识的字,作为中国人,他觉得是一种耻辱;集体背诵课文,他从来不合拍,嘟嘟嘟一个人声音最大,速度最快,结果是扰乱了全班同学的节奏……。为了这个学生,我翻阅资料,想去帮助他、引导他、改变他。既不打击他的积极性,也不助长他不够理性的学习目标,细水长流地去引导他,争取润物细无声……

这么多教学的故事或案例,对我来说,只有一个主题:让教育的阳光照亮每一位学生。

为什么我对这些学生的记忆是如此深刻?说句心里话,这些教育的故事和片段,可以说是我二十多年教育生涯中的一种缺憾,一种伤痛,一种思考,更是一种成长。闲暇时候,我总在想,从事教育的我们,为优秀学生欣慰的同时,让我们多留一点时间给这些问题学生;为高考喜报欢呼的同时,让我们提醒自己,有些学生成人都难,更不要说成才……

今年,选择周末和家长朋友们一起学习、一起交流和分享有关教育的话题,是想把自己二十多年的有关教育教学的心得传递给家长朋友们,让他们也能真正走上教育孩子之路,懂得孩子,理解孩子,让家庭教育高效起来,让孩子们都能有幸福的人生,美好的未来!

2019.8.3

一位高中校长的人文情怀

今天上午学校通知有一位专家来做一场报告,所有老师必须参加。学校通知报告主题是"校长管理论坛"。我呢,心想,咱既不是校长,也没打算当个校长,当然也没可能当个校长;再说,高三,临近高考,两个班的语文课,谁上?于是,给领导打电话,问可不可以不去?原因如上,结果答复是必须去,领导就差批评我,不想当将军的士兵,一定不会是个好士兵!

好吧,走起,去!抱着完成任务的心理,担心点到,不敢撤,又担心讲得不好,浪费时间。于是,"小聪明"如我,一进会场就选了一个非常有利的座位——在门口,想着随时都可以溜之大吉!

可出人意料的是,来自江苏海门中学的石鑫校长,竟然让我心悦诚服地坐在那里,认真听了两个多小时,做了好几页笔记,没有了开溜的一点点心思和想法!

作为海门中学的"掌门人":石鑫校长,1983年大学毕业,就扎根于海门中学,从普通教师、班主任、副主任、主任、副校长,到校长,一步步走到今天。三十多年,在一个地方战斗到底。可谓一所学校,一个校长,共同成长,彼此成就。你会发现,身边许多学校,校长频繁更换,我就在想,这样换来换去,学校的制度建设,文化传承,如何做到一以贯之?其连续性,传承性,又如何能够得以保障?记得看过一个报道,衡水中学校长张文茂,1982年大学毕业,分配于衡水中学,扎根学校一直到现在。在他的一个访谈节目中,他曾经提到,一所好学校可以成就一批好老师,一个好校长可以成就一所好学校,对学校校长的培养是一个漫长的过程……

言归正传,石鑫校长的人文情怀,也正是因为他扎根于海门中学,了解海门中学,认识海门中学,知道海门中学,三十多年,成于斯,长于斯。于是"为学生终身发展奠定基础、为教师多元发展创设平台"就是他的办学目标和价值追求。我敢说,一个学校"走马灯"似的换校长,校长业绩可能会成为校长们的努力方向,因为一个学校的长远的育人目标及办学理念和一个校长的成长目标是很难统一在一起的。

基于以上原因,石鑫校长特别强调育人的长远目标,在此,令我感动的是他育人目标中的人文情怀。当然,在此更令我感动的是他是一位数学老师竟也能特别强调阅读给人带来的文化影响及知识与文化的关系。

在我的笔记上记了石校长这么一段话:知识只是一种技能,但是文化是一个人的综合内涵,文化是价值观念、审美情趣、生活方式、思维方式、道德取向的总和。这句话我相信我们都认同。

石校长强调"阅读+人生体验"给予人一生的影响。

众所周知,读书多了能掌握一定知识,即"术业有专攻",但没有升华和感悟就内化不成文化。知识是表面的,是眼见功夫。文化是潜藏的,需要时间的洗礼,需要觉悟和灵性。显然,文化在知识之上。记得余秋雨在其《何谓文化》中说,世界上有两百多个有关文化的定义,我看了两百多个定义,认真地研究了好几天以后,我概括出两百多个定义当中最简短的定义:文化是一种养成习惯的精神价值和生活方式。

石校长强调,一个书呆子只是有知识,但未必有文化;一个有知识,但没文化的人一定不会走得太远。正是拥有这样的认识和格局,他才会每年采购四十余万的图书全部放在教室,而不是图书馆;让学生翻烂阅破,而不是陈列高阁。倒是让我想起了素有"南冯北魏"之称的泰斗级人物冯恩洪,记得十多年前去上海听过他的一次讲座,他也是这么做的,特别强调要给学生创设将知识与文化相统一的平台和途径,即阅读在一个人成长过程中无可取代的作用和影响。当然石鑫校长让我感动的人文情怀远不只这一点,因为一位真正有人文情怀的校长,会体现在学校的管理、教师的发展、学生的成长等各个方面,会渗透在教书育人的方方面面,因为灵魂的教育才是真正的教育。

流行语:有知识,没文化,真可怕!正是这个理儿!

热爱教育,懂得教育,享受教育,教书育人永远在路上……

2019.8.12

孩子的心事你要懂

几天前,在办公室,一位年轻的老师走过来,拿着一位学生的读书笔记,对我说:"李老师,你看看我们班这个学生的读书笔记,看得我很着急,可是我不知道该怎么办?"

拿起这本笔记本,我一看,整洁的字迹看起来很认真,我和同事坐下来,翻开笔记本,看到他写的日志,内容如下:

老师,你不理解的,我的"抑郁症"只有我自己知道,我不会表达出来的,解决它我只能睡觉,这也是暂时的。我自己根本没有办法消除它,它的来临使我心烦意乱,愤怒,心脏痛……

可怜的孩子继续写道:

其实,我有一个不好的想法,我曾经想过结束我的生命,因为我累了。我也想过呆在角落里自生自灭……,我真的尽力了。

一个有"抑郁症"的孩子,内心多么的痛苦、脆弱和敏感,作为老师,作为妈妈,我为这篇日志感到不安。接下来,我和同事又翻阅了他的前几篇读书笔记。他的笔记里写道:

我很清楚地问过我自己:"长生不老"真的好吗?它对于有些人来说,那是非常好的,活得久;但它对于有些人来说,那是不好的,你长生了也就能说明你永远是孤独的,没有朋友和亲人,你将与世隔离,你活在世上,就是个怪物……

我太累了,太累了……,不知道我这种算不算双重人格。

……

在诸多的文字里,我和同事读到了这个孩子的不容易,他痛苦到难以排解,困惑到不能自拔,矛盾到无法解脱。同事心事重重地问我:"李老师,你说我该怎么做呢?"

该怎么做呢?我心想,这个充满纠结的孩子既然愿意把自己的迷茫和痛苦呈现在读书笔记里,是想让老师看到,是想让老师能走近他。看得出,他渴望有老师走进自己的内心世界。我对同事说,晚自习,找他谈谈心,先回避"抑郁症"这个话题。要"无的放矢",

谈论的话题宽泛些,由外而内,拉拉家常,说说闲话,一定不能直入主题……

孩子的心事你要懂,在我的20多年的教书生涯里,我遇见了好多个这样的学生,他们本人痛苦,父母更痛苦,这也是我在忙碌的工作之余,学习心理学,考取心理学相关证书,愿意走近家长朋友,期待分享我的教育心得的一个重要原因。

犹记神木市医院的一位朋友说,她接诊过一位高三学生,每次模拟考试都在600分以上。可是这个孩子来到心理诊室的时候,一言不发,只是不断地抓挠自己的前胸脖颈,抓出道道痕印,这位高三学生说,他都不敢走进学校大门,每次走到学校大门口,他就残忍地开始抓挠自己,印痕累累,鲜血渍出,他也停不下来……

苏联教育家苏霍姆林斯基曾说过,作为教育工作者,首先要懂得心理学方面的知识。其实,生活中,孩子的心事你要懂,这里的"你",包括老师,也包括父母。许多的孩子满肚子的心事不愿和父母亲人诉说,是因为父母和子女没有建立起良好的交流通道,孩子不信任父母。孩子的心事越藏越深,也就意味着孩子与父母的距离越来越远。这种亲子关系特别容易出问题,孩子问题也会越来越多。

愿意吐露心迹的这位学生,据我和学生了解,他曾以自残的方式想要结束自己的生命,他曾给同班自己的好友说,他不想活了,重要的是他从不曾说给他的爸爸妈妈听。他说,每次回家他只想做个乖儿子,可是内心却非常非常痛苦……,两个学生这么说,我的心无比难受。我在想,孩子的父母如果知道了自己和孩子的关系,竟然是咫尺却天涯,会是怎样的痛苦啊!

近期热映的电影《少年的你》,家境优渥的魏莱,看似有着知识分子的父母,可是当魏莱被抛尸郊外,后来案发,母亲在医院停尸房看到自己的女儿时,作为母亲都不知道自己的女儿为什么就成了一个欺凌人的女孩,都不知道自己的女儿怎么可能如此恶毒,聚众打架,给人拍裸照,以欺凌为乐?

孩子的心事你要懂!家长朋友们,花点心思在孩子身上,现在的孩子,真不是有吃有穿就幸福了,他们可能"为赋新词常说愁",但在大人们看起来"无病呻吟"的愁苦里,也许只是他们内心世界的冰山一角,那暗流涌动的复杂内心需要我们及早去观察去发现,并及时和孩子交流和沟通,也许这样才能防患于未然,并能早发现,早引导,早治疗。

作为老师,作为父母,我们仅仅关心孩子的学习是不够的,教育孩子,更重要的是读懂孩子的心思,更要讲究方式方法。明白孩子的心理,我们对孩子的教育才不会盲目,才能更好地教育孩子。这样才能减少教育中的遗憾和失败,才能减少对孩子的伤害,才可以引领孩子更加健康快乐地成长。

做父母做老师的,读懂孩子的心思,不是要你去识记心理学书籍上的"某某定律""某某效应",也不是让你去聆听心理专家的长篇宏论,而是提醒你要用爱心去感受孩子的心思,用细心去决定给予孩子怎样的指引,用耐心去等待孩子们的成长!

孩子们的心思你要懂,身为妈妈,身为老师,我总是这么提醒着自己!

2019.10.7

爱孩子，就请给孩子一个幸福而完整的家

昨天学校召开家长会，因为担心堵车，我早早地来到学校。有一个学生来到办公室找我，说李老师我想跟你说说话，我看他情绪低落，赶紧放下手头工作，我说"你说，我听。"

这位足有 1.8 米个头的男生说，李老师，没人来给我开家长会，我问为什么呢？他说，上小学的时候，爸妈就离婚了。妈妈去了杭州，改嫁了，再没见过面，爸爸也结婚了，他又有了两个妹妹，只是爸爸不太关心他。我问，那谁抚养你？他说和奶奶一起过，还有贫困补助……

1.8 米的小伙儿，那黯然的神情，失落的样子，深深印在了我的脑海里。我心想，开家长会，妈妈没有，爸爸不关心，孩子有多失望，有多不开心，可是又不知找谁诉说，他找到了我，想说说话，唉，多么可怜的孩子啊！

记得著名心理学导师杨凤池教授曾说：美满家庭是孩子成才的前提。前几天，看到一个调查资料，我来给大家分享一下：据对 2000 多名北大清华的优秀学生进行调查显示，他们的家庭不论是知识分子家庭、商人家庭，还是农民家庭，他们的父母不管从事什么工作，处于什么样的社会地位，96.8% 以上的家庭中，父母的关系是恩爱的，家庭氛围是和谐的。所以，如果我们真爱孩子，重视孩子的成长，关心孩子的未来，我认为首先应该给孩子提供一个和谐稳定的家！从事教育工作 20 多年，看到许多离异家庭的孩子，有些偏执，有些叛逆，有些看什么都不顺眼，有些对什么都无所谓，我曾经感慨地对同事说，这些孩子的父母，爱自己胜过爱孩子，因为许多人都知道离异家庭给孩子带来的伤害，但他们宁愿顺应自己的心意，也不愿为了孩子的成长彼此做出改变和让步。

看过中央电视台的一个访谈节目，一所 985 院校的优秀学生和他的父母都是受访对象，其中有一个场景特别令人感动，当主持人问这位学生的父亲："你给孩子最好的礼物是什么？"孩子的父亲充满温情地望向自己的妻子说："我给孩子最好的礼物就是我爱孩子的妈妈！"而当主持人用同样的问题去问孩子的母亲的时候，这位母亲的回答也是同样一句话。主持人说："父母有爱，家庭就有爱，孩子生活在这样健全幸福的家庭里一定是快乐的、阳光的……"

我想说，正是因为夫妻有爱，爱家人，爱孩子，所以就有了理解和尊重；正是因为爱，所以就有了包容和大度；也正是因为爱，夫妻关系更加和谐，家庭更加美满幸福。正如心

理学家武志宏老师所说,孩子心理的营养均来自家庭,一个和谐,美满的家庭,孩子的成长是快乐的,心理是健康的;而一个夫妻关系紧张不和睦的家庭,三天一小吵,五天一大吵,整天剑拔弩张,这样的家庭长大的孩子,他们的童年是不快乐的,有些孩子甚至会形成冷漠、自私及反社会性人格。

记得原来带过一个学生,他的家庭条件挺好,父亲在政府上班,母亲在国企,可是他一点也不快乐,他对我说,我爸和我妈动不动就吵架,有时还会大打出手,即使不吵不打,他的爸爸回家总是翘起二郎腿,忙着打游戏,他的妈妈爱打麻将,周末还要忙着搓两把,他们家,父母一周也说不了几句话,而父母共同的话题就是他的学习成绩,而他的学习成绩就是他们你怨我骂的导火索,这个孩子在这样冷漠、抱怨、自私的家庭里,他的成绩每况愈下了不说,关键是这个孩子言语很少,性格孤僻,很少和同学们交往,而且很自卑。

近期上映的电影《少年的你》,小北父母离婚,母亲弃他而去,这个孩子十多岁就混迹于社会,打架、斗殴,大多数情况被人打,偶尔他也打打别人。陈念,没有父亲,母亲靠卖售假面膜维持他们娘俩生计。于是,高考倒计时60天,母亲为躲避索债而离家,陈念本可以考上好大学却最终被欺凌,又失手杀人。高考成绩出来了,她却成了阶下囚,说来让人痛心,这些孩子如果父母恩爱,给他们提供一个和谐美满的家庭环境,他们的人生本不应该这么糟糕的呀!

曾经带过一个学生,高中毕业已十多年,都三十四五的年龄了,还没有成家,性格也很孤僻,不合群,后来有学生对我说,李老师,他现在这个状态是因为害怕。什么,害怕?想不明白,学生解释说,他的父母在他十多岁的时候离婚了,他从小和爷爷在一起,是他爷爷把他带大,爷爷去世了,他说这个世界他已经没有了亲人,这辈子不打算结婚了,因为害怕离婚……

毫无疑问,每个孩子都是看着父母们的样子在长大,他们会从父亲那里,观察和思考男人是什么样,他们从母亲身上观察和思考女人是什么样,他们也会从父母亲的身上观察到什么是爱情和婚姻。所以不管父母是否愿意或者说是否有这样的意识,父母其实都在长期地给孩子做着榜样。当然,生活中,有些父母给孩子的是正确的榜样,而有些父母给孩子的是坏的示范。

所以说,爱孩子,就请先给孩子一个和谐稳定的家。而和谐婚姻是父母送给孩子的最好礼物,也是孩子快乐、健康、阳光成长的前提。

2019.11.11

教育需要合伙人

期中考试结束后,各个学校家长会陆续召开,我知道,许多学校开家长会是因为这是学校的"规定动作",许多家长来开家长会,也是为了"完成任务",说句心里话,家长会所起到的作用,不论是作为组织者的学校还是作为参与者的家长都心里跟明镜似的。

记得新东方教育集团董事长俞敏洪曾经说过这样一句话,家庭是复印机,父母是原件,孩子是复印件,如果复印件出了问题,那么我们一定要回溯到原件上去寻找解决问题的办法和途径。

其实,俞敏洪的这句幽默而不乏诙谐的有关家庭教育的感悟,是可以在苏联教育家苏霍姆林斯基的论著中得到印证的。苏霍姆林斯基曾经说过,在学校里的一切问题,都会在家里折射出来,而学校教育中产生的一切困难根源都可以追溯到家庭。

我一直认为教育孩子需要合伙人,而父母和老师就是教育孩子的真正"合伙人"。因为,教书的是老师,但育人的一定是父母,老师教书,父母育人,两者相辅相成,才能教育出优秀的孩子!

身为教师,从事高中语文教育20多年,最大的感悟就是,父母重视教育,真正会教育孩子,和不重视教育(当然现在文化程度普遍提高,不重视教育的家长比较少见),不知如何教育孩子的父母相比,子女的成长差异是非常之大的。

前苏联教育家克鲁普斯卡娅曾说对父母来说,家庭教育首先是自我教育。通俗点,即我们今天比较流行的一句话:你想让孩子成为什么样的人,你首先应该成为什么样的人。教育孩子需要理解,需要宽容,需要耐心,需要智慧。想想,如果父母具备了这些品质,孩子的成长教育应该不会差到哪里去。

今年,当我致力于家庭教育的研究,当我抽时间给家长朋友们上微课,我发现,其实,一部分家长对家庭教育的重要性认识不够，一部分家长虽然认识到了却力不从心，不知道如何帮助孩子。家庭教育，家长给孩子教育什么？怎么教育？许多家长甚至于感觉老虎吃天——无从下口。在和家长朋友们的交流中我发现，家长们把"家庭教育"抽象化了。

其实，家庭教育，说简单点，就是父母们的言传身教，就是父母们的言谈举止，孩子们会在耳濡目染中得到影响和改变，孩子们会在潜移默化中受到父母给予的点滴影响。所以，有句话是这样说的，让你的努力配得上孩子欣赏的眼光。举个例子，有一朋友，平时特别爱化妆，她自己这样对我说"我从楼道下来，我们邻居们都说，真香，满楼道都是香水的味道（我一直不明白，她为什么就没听出邻居这句话的言外之意来）。"当然，她的女儿才上小学，一天也是香气逼人，据朋友自己说，她女儿，现在如果不喷香水就不出门！想想，这其实就是"以身作则"的家庭教育，当然这样的"以身作则"是给了孩子坏的示范。

家庭教育说大很大，说小很小。犹记看过一篇文章写道，清华大学新生座谈会，老师说："同学们，你们能有今天的优异成绩，得益于你们拥有优秀的父母，所以，我们首先要把掌声献给你们的父母。"其实，一个孩子的成功，家庭教育是功不可没的，李正西老师说过，学校教育是家庭教育的延伸。我觉得这句话很有道理。一个孩子的学习成绩其实寻根究底得益于他的学习习惯、学习品质及学习的意志力。而这些习惯品质的培养更多的是来自于家庭。

最后，我想说，每一个成功孩子的背后都有父母们的奋力托举。教书的是老师，育人的一定是父母，教育唯有家校联手，才能培养出更加优秀的学生。

2019. 12. 13

理解孩子的不容易，接纳孩子的不优秀

期中考试刚刚结束，这几天，不论在哪儿，谈论的话题都是成绩，谈论的关键词有一个，也是"成绩"。

同事说，李老师，看网上的消息了吗？在河南，有个小男孩被丢在高速入口处，警察到场后，男孩啜泣着说，他这次数学只考了 81 分，没达到 95 分，妈妈说他不争气，打骂一顿后，在高速路口就把他扔下车，驾车离去了！民警联系上男孩妈妈，妈妈却决绝地说："想走法律程序就走法律程序！反正我不要他了！我就是不负责，你起诉我吧！"只因分数不达要求，不但要承受妈妈的拳打脚踢，还被不顾死活地遗弃在高速路上；更令孩子伤心的是，就算有警察叔叔相劝，妈妈却宁愿被起诉去坐牢也不要他！这对一个孩子来说，该有多么的恐惧、绝望、悲凉？对他未来人生会有怎样的不积极的影响啊？

还有，因孩子没考好，妈妈将孩子赶出家门的：前几天，某市一个 11 岁的小男生，因学习不好，被妈妈半夜赶出门，在门外坐了一夜。早上妈妈出门了，都不看他一眼就走了。男孩很伤心，独自搭公交车到了福利院，要求收留自己。我们都想着对孩子要求严格，让他成为佼佼者，但当我们对分数有了执念、对孩子苛求优秀时，爱就已经"跑偏"了，是在给孩子设置了一道不能跨越的"门槛"。

每个孩子，都是毫无保留地爱着自己的爸妈。孩子稚嫩的心会想：好成绩能让爸妈更爱我、更快乐；成绩差了，爸妈没面子，也不给我好脸色。成绩就是一切，不优秀就是罪过，不配被爱！想想，孩子考得不够理想，本身就会产生挫败感，在家长那里又得不到抚慰和鼓励，长此以往，孩子会缺乏足够的安全感和自信心，变得敏感、脆弱，甚至自卑、抑郁，容易绊倒在"门槛"之外，难以形成健康阳光向上的品格。

我只能说，这林子大了，什么鸟都有啊！这妈妈们枉为妈妈了，这孩子摊上这样的妈妈，真是人生之大不幸啊，这样急功近利的妈妈真是打着灯笼也难找啊！

一言以蔽之，问题孩子的背后都有一个不懂事的妈妈。不懂事的妈妈们怎能培养出优秀的孩子？只顾分数不想想孩子的心里感受及性格养成，这样的妈妈真是谁摊上谁倒霉。心理学家曾奇峰曾说，中国家庭中，多数存在着某种"功利化的关系"：父母爱孩子，是因为孩子必须有好成绩才爱，或者说，是孩子必须在社会上取得很多成就，父母才去爱他。这种有条件的爱，反映在亲情里，尤其变得悲哀。孩子表现优秀，我们就对他言笑晏晏；孩子表现不佳，我们就对他冷眼相看，还认为是在逼他成才？这样的错，还有多少爸妈在延续？被这样"错爱"的孩子，长大后都怎么样了呢，作为父母我们可以想一想。

犹记我的一个朋友打电话说："唉，我给你说，我和儿子，不是我把他打死，就是他把我气死！"我连忙问，怎么回事呀，多大的事儿，能把你气成这样？她说，你说说，有一道数学题：三个孩子，有四顶帽子，如果三个孩子一人戴一顶，剩余几顶？我那没脑子的儿子直接就是 3＋4＝7，真的是，教也教不会，好好骂了一顿，踢了两脚，唉，能把人活活气死了……

话语中，我依然能够听得出她气呼呼的声调来，想象得出她恨得咬牙切齿的模样来，我知道，她儿子刚上小学一年级。记得在一次家长微课里，我说过，教育孩子最大的死敌就是父母们的坏脾气，朋友果然中招了。我故意气她，说："真是蠢妈妈教育出的是笨娃娃，你就不能找出家里的四顶帽子(或四条围巾，或四支铅笔……)，你，爸爸，孩子，分配开来，让孩子先从形象的事物开始，对抽象的数字慢慢有一个认识吗？儿子不笨，是你教育孩子太不动脑筋了……"大家想一想，如果我们父母在教育孩子的路上，耐心多点儿，不急躁；温和多点儿，不打骂；想法多点儿，不抱怨；也许会收到更好的效果！

期中考试结束了，这几天热门话题、关键词就是"成绩"。我想问一问，当孩子拿着成绩单回到家和妈妈汇报的时候，有些妈妈关注的不是孩子考多少分，而是一开口就问隔壁谁谁谁考多少分，当孩子说他考得比我高的时候，有些妈妈立马变脸冲孩子发火，考得这么低，我怎么见人啊。其实，孩子原本是想从妈妈这里得到鼓励并且再接再厉的，可你的一句话完全把孩子的兴致浇灭了。我想说,妈妈们是不是对孩子要求过高了呀?

望子成龙、望女成凤是每一个家长的心愿,但每个人身上都存在着不完善之处。很多父母过度关注孩子的学习成绩,对孩子期望和要求过高,都是对孩子非理性的爱。这种失去理智的爱会与孩子内心最强大的力量——成长的力量为敌,绊住孩子的脚步,束缚孩子的心灵。

那么,如何做一名智慧妈妈呢?接下来我想给大家分享一则心理学上特别有名的有关家庭教育的故事:分苹果的故事。

美国一位著名心理学家为了研究母亲对孩子一生的影响,在全美选出50位成功人士,他们都在各自的行业中获得了卓越的成就,同时又选出50位有犯罪记录的人,分别写信给他们,请他们谈谈母亲对他们的影响。

有两封回信给他的印象最深。一封来自白宫的一位著名人士,一封来自监狱的一位服刑的犯人。他们谈的都是同一件事:小时候母亲给他们分苹果。

那位来自监狱的犯人在信中这样写道:小时候,有一天妈妈拿来几个苹果,红红绿绿,大小各不同。我一眼就看见中间的一个又红又大,十分喜欢,非常想要。这时,妈妈把苹果放在桌上,问我和弟弟:你们想要哪个?我刚想说想要最大最红的一个,这时弟弟抢先说出我想说的话。妈妈听了,瞪了他一眼,责备他说:好孩子要学会把好东西让给别人,不能总想着自己。于是,我灵机一动,改口说:"妈妈,我想要那个最小的,把大的留给弟弟吧。"妈妈听了,非常高兴,在我的脸上亲了一下,并把那个又红又大的苹果奖励给我。我得到了我想要的东西,从此,我学会了说谎,以后,我又学会了打架、偷、抢,为了得到想要得到的东西,我不择手段。直到现在,我被送进监狱。

那位来自白宫的著名人士是这样写的:小时候,有一天妈妈拿来几个苹果,红红绿绿,大小各不同。我和弟弟们都争着要大的,妈妈把那个最大最红的苹果举在手中,对我们说:"这个苹果最大最红最好吃,谁都想要得到它。很好,现在,让我们来做个比赛,我把门前的草坪分成三块,你们三人一人一块,负责修剪好,谁干得最快最好,谁就有权利得到它!"我们三人比赛除草,结果我赢了那个最大的苹果。我非常感谢母亲,她让我明白一个最简单也最重要的道理:要想得到最好的,就必须努力争第一。她一直都是这样教育我们,也是这样做的。在我们家里,你想要什么好东西要通过比赛来赢得,这很公平,你想要什么、想要多少,就必须为此付出多少努力和代价!

母亲是孩子的第一任教师,你可以教他说第一句谎言,也可以教他做一个诚实的永远努力争第一的人。第一个故事,罪犯是因为他在妈妈分苹果时察言观色,编出了一个谎言。但是,由谎言可以得到实惠,却在他幼小的心灵里留下了不可磨灭的烙印。并时时提醒他,谎言比实话更有效。这件事对他日后的行为及世界观的形成产生了决定性的影响。妈妈在一件小事上的不经意的做法,导致了孩子走入歧途,成为罪犯,这可能是这个妈妈或千千万万个妈妈绝对没有想到的。

第二个故事也是日常生活、工作中屡见不鲜的事情:要得到什么须先付出什么,付出得多,得到的就多。公平竞争,不附加任何人为的因素。这个孩子按照妈妈的要求,最先把草坪整理好,理所当然地得到了他最希望得到的苹果。过程简单,操作容易。这个孩子后来跻身成功人士之列,在数十年后对此事的细节记忆犹新,并说他感谢母亲,让他明白了一个简单而重要的道理。谁能说童年的这件事不是他世界观形成的基石呢。本着这样的人生哲学和生活态度,他老老实实做人,尽心尽力做事,不偷懒、不取巧,一步步走向了成功,最终走进了白宫,成为著名人士。

这两则分苹果的故事,细细品味,你会发现,教育贵在细节,贵在日常生活的不断渗透,父母的言传身教会浸润在孩子的骨髓里,进而形成他们的习惯、品质及道德标准。

今天,许多妈妈,教育孩子越来越束手无策,越来越无计可施,其实,教育孩子贵在坚持,习惯的养成最难,但习惯一旦养成一定会终身受益。父母们言传身教,孩子们耳濡目染,所以教育都在日常生活里,都在父母们的言谈举止里,有家长朋友着急地问我,李老师能具体点吗？就是如何让我家孩子学习好,成绩好？这样的家长,太急功近利了,也太急于求成了,孩子的教育从来就是慢功夫,不可能立竿见影,那些好成绩也是建立在好习惯好品质基础上的,要想让孩子未来有发展,可能更需要的是良好道德的养成及优秀品格的培养。

一个孩子成绩的优异也是基于家庭教育中学习行为的规范,学习习惯的养成,学习品质的培养。所以一个合格的妈妈一定是一个以身作则的妈妈,一定是一个榜样示范的妈妈,一句话,你想让孩子成为什么样的人,你首先成为什么样的人!

2020. 2. 14

做智慧父母,育阳光孩子

身为父母,我们都很爱孩子,但你会发现,许多父母爱孩子是一种本能却缺乏智慧。今天,我再次观看电影《哪吒之魔童降世》,不禁感慨哪吒能有"我命由我不由天"的宣言里包含有多少李靖夫妇的育人智慧啊!

去年暑假有一部动漫大片《哪吒之魔童降世》上映后,有关这部片子中产生的家庭教育的话题就特别多。犹记有一篇文章题目为《优秀的父母都是智慧的骗子》,哪吒父母就是一对成功地把"熊孩子"培养成好孩子的典范。电影中,妖怪混元珠被原始天尊擒拿在了太上老君的炼丹炉里,炼成了两粒可以转世成人的珠子,灵珠和魔丸,在原始天尊的安排中,灵珠是要被太乙真人带去人间给陈塘关的李靖做儿子的,而魔丸则是要被暂时放在宝器之内,等三年后遭天雷劫劈落地,劈它个魂飞魄散的。

可是这一完美计划,却因原始天尊的小徒弟申公豹心生嫉妒被打破了。申公豹暗中作梗,掉包了魔丸和灵珠,结果魔丸转世成了哪吒。所以说,哪吒一出生,就自带原罪,他就是一个妖魔,那么,魔丸转世的哪吒,从小就被小伙伴们排挤、孤立,被大人们猜疑、误解,当然被敌视的哪吒开始胡闹,搞恶作剧,四处闯祸,他用自己表面的桀骜不驯,压抑自己内心的万分痛苦,抵抗人们对他的偏见和命运的不公。

面对这样一个"熊"孩子,作为父母,李靖和夫人选择了"欺骗",他们骗哪吒,你就是灵珠转世,你就是为造福百姓而产生的。李靖夫妇,没有因这个孩子本质就是个"坏"孩子而排斥他,既然无法改变他的过往,就用善意的谎言为孩子撑起一片向上成长的天空,李靖夫妇的"欺骗"里,充满了期待,充满了智慧,是对孩子最好的教育和感化。

整个片子,就是一部育人智慧的家庭教育片,李靖夫妇用他们的言传身教和耐心引导教化,以及持续的不离不弃的爱和鼓励,让魔童降世的哪吒成为一个勇于牺牲自己的英雄,这一育儿过程,让人感动,让人敬佩,所以说,良好的心态及智慧的育子理念对一个孩子的成长是非常重要的。最让我感动的莫过于李靖夫妇,面对孩子的诸多捣蛋、恶作剧,他们都没有暴跳如雷,他们都没有大打出手,而是选择了隐忍后的引导,控制情绪后的感化,多么优秀的父母啊!我一直认为,教育孩子最大的死敌就是父母的坏脾气。

这部电影告诉我们,只要父母真心付出爱,世上就没有不可教的孩子。其实,有问题的孩子更需要父母的理解和信任,更需要的是父母的"真爱"和"会爱",正是因为李靖夫妇的教育的"智慧",才有了电影中哪吒的重生,"我命由我不由天",哪吒这一声宣言里,又何尝不是对父母的最高感恩和褒奖呢!

其实,没有一个孩子是天生就不可改变的,后天的教育和环境才是孩子成长的重要因素。如果我们父母都有哪吒父母的持久的耐心和不舍的爱心,再加上聪明的教诲,并能晓之以理动之以情,相信我们的孩子也会越来越优秀。

所以,教育孩子是需要点智慧的,是需要耍点心眼,用点心思的,今天我们许多的父母,"直来直去"的说话模式,不过大脑的批评教育,还冠以"我这都是为你好"的大帽子。其实教育孩子是最需要用心的,简单、直接,没有一点育人智慧的教育方式最容易导致孩子的教育越来越不容易。

有句话是这样说的:在教育孩子身上偷过的懒,我们迟早是要还的。千万不要让孩子没有输在起跑线上,却输在了自己父母的错误教育里。所以,身为父母,我们要努力学习相关知识,争做优秀父母。

2020. 3. 17

父母这个职业，你胜任吗？

生活中，我们总是会发现，我们的父母很爱孩子。"为了孩子的一切，一切为了孩子"，这两个"一切"目标，让许多父母不惜代价，不计辛劳，给孩子选择报许多的兴趣班或补课班。朋友们总是感慨，这一到周末呀，比上班还忙，孩子穿梭奔跑在各种各样的补课班里。我说，这周末，孩子和家长呀，不是在补课，就是在补课的路上……

可是，身为父母，却很少有人为自己报一个学习班，学习如何做父母，做合格父母，做优秀父母，为什么呢？因为我们父母会潜意识里认为做父母还用学吗？那不是有了孩子自然就是父母了吗？想想，停留在这样的一种认识水平上，我们的父母没有成长，我们的家庭教育又会停留在一个什么样的水平上？

在一次讲座中，我曾经非常直接地说，年轻的一对男女，领了结婚证，只是证明你们的夫妻生活有了法律的保障了，结婚证是你可以当父母的一个通行证；也就是说，你有了当父母的资格，并不代表你就会当父母了，你具备了当父母的能力了。可是，遗憾的是，生活中，我们许多人总是会把资格和能力混为一谈。

《今日说法》有一期节目，一个事业有成的父亲，在面对儿子成为阶下囚时，泪落成行，后悔不已，不断责备自己不是一个合格的父亲，平时无交流，打骂是主流，不了解儿子，让亲子关系越来越远。这位父亲自责自省，懊悔是自己一步步地将儿子推向深渊，是自己让儿子感受不到家庭的温暖和对父母的基本信任，儿子才走出家门与一些社会闲杂人员混在一起，失去了辨别是非美丑的能力……感慨这位父亲的自我反省和自我认知，生活中又有多少父母在孩子走向深渊无法自拔的时候，还在一味地责怪孩子的不争气、不学好，而不去反思自己的家庭教育的得与失，优与劣……

去年夏天特别火的一部电影《银河补习班》，邓超主演的。邓超饰演的父亲马皓文面对自己的"学渣"儿子马飞，为什么要这样说呢？因为学校里，成绩垫底的马飞一直是令阎主任头疼的学生。"煤球再怎么洗，永远变不成钻石"，这是阎主任给马飞的"忠告"。

马飞被阎主任要求开除,这个时候,父亲马皓文没有一味地责备,而是选择接纳和改变,选择反省和成长……

犹记影片中,有一次马皓文没有克制住自己的坏脾气,冲儿子发了一通火,让儿子害怕不已,当马皓文冷静下来,发现了自己的错误时,他放下身段对儿子说:"爸爸也是第一次学着当父亲。"片尾当宇航员马飞从外太空返回地球走出舱门的时候,马飞对自己的父亲说,爸爸,对不起,我也是第一次学着做儿子……

我们每个人,面对父母这一职业,基本都是无证上岗。在生产企业,制作出次品、废品,可以不出场,或者销毁,而培养一个人,能一样吗?大家想一想,是不是这个理。所以为人父母,要慎之又慎,才是对子女的高度负责,才是对一个人,一个成长着的发展着的孩子的高度负责。剧中马皓文能够成功地将儿子培养成优秀的宇航员,其实就得益于面对成长中的儿子,他不断地放低身段,陪伴儿子一起成长,在学习中努力做一名合格而优秀的爸爸。有位教育专家曾经说,家长不学习,孩子没有未来,家长不成长、不改变,孩子只能认命!想想,如果马飞没有马浩文这样的爸爸,"学渣"马飞会成为飞行员吗?所以,我以为会爱才是真爱,真爱需要学习。

有专家曾说,父母是天底下最应该培训上岗的职业。然而,遗憾的是我们大多数父母教育子女都还是在凭借自己的感觉和所谓的经验来教育孩子。我们都希望孩子优秀,可是我们在培养孩子的道路上,又努力了多少呢?看过一篇文章,其中有一位著名企业家说,这辈子最大的成就不是自己创造了多少财富,而是培养出了一个优秀的孩子;反之,人生再大的成功也弥补不了教育失败的孩子,身为父母,我们要和孩子一起学习,共同成长!

此刻,不由自主地让我想起有关教育的一句名言:教育的本质是一棵树摇动另一棵树,一朵云推动另一朵云,一个灵魂唤醒另一个灵魂……

最后送给大家一句话:父母的教育直接影响和决定着孩子的未来。

2020.5.19

爸爸们如果没有奥巴马忙,就请别再说自己很忙

我的一个朋友从事小学教育已经近三十年了,她对我说,原来开家长会,妈妈们最多,爸爸们来参加比较少;现在开家长会,男性家长朋友明显比过去多了。我说,时代在发展,社会在进步,充分说明家长朋友们对子女的教育越来越重视了,另外,家庭教育中妈妈们"一肩挑"的现象也正在发生改变。

其实,爸爸们在家庭教育中充当的角色也是非常重要和不可替代的。可是,现在家庭教育中,大多还是由妈妈来承担教育孩子这一"重任",许多爸爸们忽略了父亲在家庭教育中的重要性。

根据相关部门发布的调查报告显示,超过55%的家庭,是妈妈担当陪伴和教育孩子的主力。而爸爸陪孩子较多的家庭,比例仅占12.6%。或许有些爸爸会辩驳说:每天的各种应酬,忙啊! 想想,这是多么苍白的借口。美国总统奥巴马曾经自豪地说:没有错过一次孩子的家长会和孩子学校组织的活动。奥巴马曾说,陪女儿长大才是我最重要的事,因为我不可能干一辈子的总统,却要当一辈子的爸爸。生活中有些爸爸们确实很忙,我想问一句,你能忙过美国总统吗? 一定忙不过吧? 忙不过总统,却没时间陪伴孩子,那一定就是认识问题了。

我想说,爸爸们在工作和生活中再忙,也一定要时刻提醒自己:没有非挣不可的钱,只有眨眼就长大的孩子。还有一定要提醒自己:子女教育的成功一定会为你的人生锦上添花,而子女教育的失败也一定会使你成功的人生大打折扣。

一位父亲的成功,不是拥有令人羡慕的事业以及可观的财富,而是孩子对他们的认同及教育子女的付出与收获。记得在电视上看过一个2分钟的教育短片,特别感人,一位妈妈领着女儿去银行取钱,她对女儿说:"爸爸给我们钱,我们去买东西了"。女孩问:"爸爸不去吗?"妈妈只说了一句:"爸爸工作忙,乖。"女孩一脸失落,画面中从襁褓中的小婴儿到如今成为小学生的小女孩,关于对爸爸的记忆,只有这台取款机。她很想念爸爸,无数次幻想着爸爸陪在自己身边的样子,这个小女孩畅想着:

爸爸会陪我荡秋千,他会把我推得老高,也会张开双臂保护我;爸爸会教我学骑自行车,一直陪在我身边;爸爸还会辅导我写作业,给我讲睡前故事……

小女孩的记忆中没有爸爸的样子,只觉得那台取款机器就是自己的爸爸。过年那天,噼里啪啦的鞭炮声烘托了节日的气氛,女孩一睁开眼就问妈妈:"爸爸呢?"妈妈说:"爸爸很忙,回不来。"女孩站在那儿一动不动,眼泪忍不住在眼睛里打转。之后她一个人走啊走,走到了那台取款机前,对着它说:"爸爸,新年快乐"。

短片看完以后,我为这个小女孩而感到难过,特别疼惜这个小女孩,孩子的内心有多么渴望爸爸在身边的日子啊。生活中,为人父母不容易,确实放下工作养不起家,这是许多人的无奈和尴尬,只是如果我们爸爸们意识到孩子成长过程中,自己除了物质以外还有许多的责任与担当,亲子教育一定会有所改善和提高的。

当然,也许爸爸们看到这儿会自我安慰:呵呵,我天天回家,孩子天天能见到我。可是我想说的是许多爸爸虽然天天回家,却未必真正承担起了家庭教育中爸爸的角色,因为有资料显示,70%左右的家庭中,父亲即使在家,也只是在家而已,80%以上的父亲陪伴孩子,都是假陪伴,我所理解的假陪伴,就是回到家的爸爸们,有许多可能是抠抠手机上上网,看看抖音聊聊天,瞅瞅快手睡睡觉,说白了就是我们经常说的一句话:出勤不出力,或者"人在曹营心在汉",或者再严重点就是无效陪伴。教育孩子的主力军依然是妈妈。

其实,再完美的母爱,都取代不了父爱。有研究发现,父亲和母亲对孩子的成长起着不同的作用,父亲的作用似乎比母亲的更大一些。爸爸影响孩子性别角色的形成,父亲是力量和榜样的象征,一言一行都会对孩子产生影响。有研究发现:男孩子在 4 岁之前缺乏父爱,会使他缺乏攻击性,性格会更加倾向于女性;如果女孩在 5 岁前,缺少父亲的陪伴,就会变得没有安全感,在青春期和男孩交往时,会出现焦虑、羞涩。

所以,父亲在孩子性别角色形成上有着重要的作用,不要忽视。同时爸爸们影响孩子个性品质的形成。孩子和爸爸在一起玩耍的过程中,更容易学会关心别人,养成善良的人格,学会坚强和乐观。在家庭中,孩子往往很崇拜爸爸,当爸爸做的一些有责任心的事,孩子都会记在心里。和爸爸相处久了之后,就会更加有责任感和担当。

爸爸对塑造孩子对人生的看法,起到决定性作用。撒切尔夫人之所以能成为影响世界的女政治家,离不开父亲对她从小孜孜不倦的教导和陪伴。她忘不了父亲对她从小说的那些话:"永远坐第一排""凡事要有自己的主见"。这些话影响了她的一生,当她成为英国女首相时,她站在举世瞩目的唐宁街10号说:"我的一切成就都归于我父亲罗伯茨先生对我的教育培养……"

美国心理学家发现:同样一句话,爸爸说出来的效果,对孩子的影响力远远大于妈妈。

最后送给家长朋友们一句话:其实最失败的家庭教育就是,爸爸们不出力,妈妈们用蛮力,最后的结果是孩子们的不努力。

2020.6.20

重视教育细节,做优秀妈妈

有一次和朋友们一起吃饭,一个年轻妈妈充满报怨地说:"我们家男人,唉,挣钱也挣不来几个,看我的xxx朋友,人家一个月的花销足有我一年的多,我对我儿子说,你爸就一窝囊废,妈妈那时候瞎了双眼了怎就看上你爸了,要搁现在,打死妈也不找你爸这种人……"

她说得毫无保留,重要的是她儿子也在身旁,就这样,她在姐妹们面前宣泄着对自家男人——孩子他爸的不满。我真想说:成功男人背后都会有一个贤惠女人,你家男人不优秀我算知道为什么了?呵呵,这样的女人,真的是一个蠢女人,我相信,她既不是一个好妻子,也不是一个好妈妈!

言语里,瞧不起自家男人,还在孩子面前发泄不满,这是最不该的行为。爸爸在孩子心目中的地位及权威性可能会就此丧失。将来,孩子心目中的爸爸又是怎样一种存在?另外,这位妈妈在贬损孩子爸爸的时候,其实也在贬低自己的素养和育儿水平,为什么这样说呢?

身为妈妈,无底线地在孩子面前斥骂孩子的爸爸,数落自家男人的无能,这给孩子的是一种极为糟糕的家庭教育,久而久之,孩子眼里会瞧不起父亲,既然瞧不起,父亲的权威性就会渐渐丧失,更深远地影响是随着孩子的长大,他会不听父亲的话,他会不尊重父亲。我想说,教育孩子从来就是两个人的事情,你有多大能耐,贬低孩子父亲的同时,把教育孩子的任务就这么大包大揽地准备自己一个人扛着,你扛得起吗?

还有这位年轻妈妈口无遮拦的攀比,更是给了孩子坏的示范。攀比过程中,会表现出一个人的自卑、自厌、不满、嫉妒等内心情感,当然有时候,正确的攀比也会激发一个人向上的潜能,但大多数攀比都会带来负能量。

美国芝加哥大学著名教育家贝杰曼·布鲁姆和他的助手,历时五年,对120多位有成就的年轻人进行了调查,结果表明,在这些孩子的成长过程中,妈妈们给予了很重要的影响。而且这些年轻人从小对自己的父亲更是非常崇拜。

所以呢,聪明的女人,为了孩子首先从尊重、理解、欣赏孩子的爸爸做起!美国心理学家威廉·詹姆斯曾说:人类本性上最深的企图之一,就是期望被赞美、被尊重。古人有云:己所不欲,勿施于人。我们每个人都不愿意被否定、被斥骂,好孩子是夸出来的,好爸爸也是夸出来的,好男人更需要夸一夸。

　　看过一个调查资料,显示孩子最讨厌的妈妈有哪几种?其中排名第一的就是总是向孩子说另一半坏话的妈妈。一个注重家庭教育的妈妈,应该首先在孩子面前想办法树立爸爸的高大形象。

　　所以,教育贵在细节,细节就体现在我们平时的言谈举止里,我们平时的言传身教里,点滴都是教育,父母不经意间的一句话,一个神情可能会对孩子的情绪和性格产生影响,家庭教育最终形成的是家风。

　　最后,送给朋友们一句话:我们总是羡慕别人家的孩子,想想我们能不能成为别人家孩子的父母!

2020.7.23

特别狠心特别爱，努力做一名特别的妈妈

今天我和大家分享一本有关家庭教育的书籍，书名为《特别狠心特别爱》，我觉得这本书很有教育意义，对于家长朋友教育子女有一定的帮助。

其实，当我第一眼看到这本书的时候，首先是被书名所吸引的。《特别狠心特别爱》两个副词"特别"更加强了"狠心"和"爱"这两种走向两极的情感反差，这使作为妈妈的我受到了深深的触动。读完这本书，我也确实被吸引了。

这本书的作者是出生在中国上海的犹太人后裔，名为沙拉。沙拉是一位伟大的母亲，她借鉴了中国教育和犹太教育的理念与经验的精华，让原本衣来伸手饭来张口的两个儿子，不到30岁都实现了世界富豪梦。大儿子成为世界钻石商，成了亿万富翁；二儿子毕业于上海外国语学院，成为了以色列政府的劳工部官员，而立之年，他也选择了钻石领域，成为亿万富豪；女儿梦想成为一名出色的外交官，学习也特别优秀。

阅读这本书，印象特别深的是沙拉带着自己的三个孩子从中国回到自己的祖国以色列时，邻居大婶曾不留情面地训斥她：不要把那种不科学的母爱带到以色列来，别以为你生了孩子就是母亲。天下父母没有不爱孩子的，但是，爱孩子要有分寸、有原则、有方法。所有这些都促使沙拉不得不重新开始思考：如何才是对孩子真正的爱，什么才是帮助孩子获取人生长远幸福的真经。"爱"是一种情感，是一种天性，但也是一门学问，一门艺术，就如同我们掌握其他艺术一样，它是需要学习才能掌握的。

每个父母必须通过学习并付出努力才会懂得"爱"、学会"爱"。沙拉就是在不断学习中成长为一位优秀妈妈的，她教育孩子的过程中给了我们诸多的启发和思考：

中国、以色列，两个国家不同的教育方式，探究什么是真爱，什么是能帮助孩子获取人生长远幸福的真经。相信，读了这本书会让我们每一个为人父母者能够重新检视自己的教育方式，感悟别样的跨国教育，走出教育的误区，学会如何科学、理智、智慧和有质量地教育孩子。这本书非常具有教育意义，对我们教育孩子一定会有启发和帮助。

"爱孩子是连母鸡都会做的事,但教育孩子却是另外一回事了。"我们只知道盲目的无条件的爱,有时都不知道爱孩子的真正艺术。阅读犹太人沙拉的《特别狠心特别爱》,让我们明白一个非常深刻的道理:教育孩子的过程中,是我们不懂得孩子成长法则而给予孩子"超前满足""超量满足""即时满足"的结果。

《特别狠心特别爱》全书272页25万字,前后我大约用了近一个月时间才读完。越读越佩服沙拉教育孩子的智慧,越读越觉得沙拉爱孩子有特别之处,沙拉结合自身作为母亲的成长、转变经历,向所有的中国妈妈发出了劝告:不要做孩子的"电饭煲""洗衣机""清障机",不能做"孩奴""直升机父母",不能对孩子施以"未富先娇、未贵先奢"的教育理念,切忌对孩子"即时满足""超量满足""超前满足",以防把孩子培养成"草莓族"(外表光鲜,经不得挤压)"啃老族"……

沙拉用大量的例证分析阐释爱孩子的四大误区,即:素质教育与应试教育的矛盾,习惯性满足各种要求,知爱而不知教,过度抚养(关怀强迫、过度热心)。而这四大误区在中国,我们这些父母是条条中招,这是不争的事实。沙拉一再强调高尔基说过的一句话:生孩子是连母鸡都会做的事,养孩子就是另外一回事了。她告诫我们只凭父母对孩子的满腔热爱是远远不够的,还要掌握科学的理念,掌握爱孩子的艺术与学问,进而向我们推荐自己的爱子秘籍:特别狠心特别爱!

沙拉在书中,在中国大部分家族"富不过三代"和以色列的很多家族财富世代相传做比较,找出财富得以传承的根本原因是,犹太人更注重传承的是生存的技能和素质,是一种对自我人生负责、对社会负责的观念。而要做好这样的一种传承,沙拉通过在以色列教育自己的三个孩子的经验、努力和思考,为我们提出了"特别狠心特别爱"的特别之处。

犹太父母总是有意为孩子创造一些艰苦的环境,磨练孩子的意志和智商,唯恐孩子缺乏家教走上"伪贵族化"的歧途。比如,很多犹太富爸爸们经常安排自己的孩子去参加"饥饿体验",带孩子一起去其他贫穷地区参观做义工,让孩子了解这个世界。尤其是有意识培养孩子的情商、逆商、财商等,足以让我们的灵魂深处思考如何才能为人父母的问题,读到这个章节,让我再次感慨犹太人真是了不起。《特别狠心特别爱》让我们明白,犹太人的爱是让孩子长大后生活得更好为出发点,点燃孩子生命深处的技能和素质,是藏起一半爱,不是丢失一半爱,是爱得更科学、更艺术,而不是爱得越来越偏执、困惑、沉重、迷茫。

今天,我推荐这本书给家长们看,希望爱孩子的父母能从中得到一些启发性的帮助和领悟,这世界上唯有一种情感是不以聚合为终极的,那就是父母对子女的爱,它是以分离为代价的。就像当初你把孩子生出来,连着你们的脐带必须剪掉一样,你要离开他,学会放手,这样他才能飞翔。可是我们似乎都忘记了这一点,到处都是保姆式的、直升机式的家长,孩子们呢,则成了"四体不勤,五谷不分"的"公主王子"型;成了不堪一击的"草莓族",看似光鲜有个性实则是一副臭皮囊;成了无承担、无成就的"啃老族"。我们家教的方式是保守的、牺牲的、受折磨的、低效短浅的。沙拉在书中多次提到现在部分中国家庭教育的种种现象,检视一下我们自己,对号入座看看我们是不是这样的:

每当他们背书包时,我们抢过去帮他们背;每当他们出去玩时,我们总担心安全问题;每当他们怜悯街上乞丐时,我们拉着他们躲着走;当我们坐公交车时,我们总是让孩子先坐下来。于是,坚强、创造力、快乐、爱心、成就、责任与他们无缘。而沙拉为我们每一位家长树立了一个好的榜样。她教我们如何培养一个于社会有用的人。

沙拉总结了犹太家长们爱孩子的理念和方法,她将爱子秘籍,总结七个字:特别狠心特别爱,并归纳出三个内涵和对应技巧:

一、在有偿生活机制中爱孩子。"有偿生活机制"是犹太人生存教育的一个特点,它取得了很好的实际效果,不仅使犹太人子孙精明富有,而且还使得他们无论漂泊于世界的任何一个角落,都能如鱼得水地开展他们的事业。犹太人将干家务活看作孩子生存教育的基础课。

二、延迟满足,适当的"延迟满足"是以色列亲子教育的重要方法之一。"延迟满足"让孩子学会忍耐,让他知道这个世界不是为他一个人准备的,他所有的东西并不能唾手而得。"延迟满足"增强了孩子被拒绝的心理承受能力,培养了对成功至关重要的逆商。

"延迟满足"还训练孩子在延后享受中磨练意志,磨练对人生的期许,从而变得更有弹性,在学习方面也会变得更有耐心。

三、退一步,学会放手不做包办的管家,做一个参谋、观察、提醒的军师是犹太家长对自己父母角色的定位。犹太父母对儿女的爱,就是这样以终生受益为目标,他们常常比喻自己的家教方法说:我们不做短线投资,要做长线投资。

以色列的教育虽与中国教育有不同,但我相信"爱的教育"却是相通的。每一个孩子都有着自己特有的禀性,孔子的"因材施教"确有着它的科学所在。但犹太民族的独特的教育方式和方法确实也有值得我们学习的地方。用爱的名义创造"条件""环境"来培养孩子,让他们独立、让他们学习、让他们体验。这过程必定是玉蚌濡血的痛和忍,请不要心疼,请把爱深藏,默默地在一旁守候,孩子们会交给我们一份满意的答卷的。家长学会爱,孩子才会有美好未来。

今天的孩子在物质上是最富有的一代,而精神上却是最贫乏的一代。在当前的富裕环境下更需要父母有更高的境界、智慧和勇气。爱孩子是一种情感,是一种天性,更是一门学问,一门艺术。在家庭教育中,爱孩子是教育孩子的基础和前提,没有父母之爱的孩子往往是有人格缺陷的,但爱也是一种手段。爱的目的和技巧不同,教育的效果也有天壤之别,一旦父母做到了掌握爱孩子的艺术,孩子就会受益一生。我从书中了解到以色列的教育方式和我们的方式有所不同,他们注重教育孩子的智商、情商和逆商,教育的目的是把每一个孩子教育成有独立思想的、经得起挫折的人。

"特别狠心特别爱"是犹太人的爱子秘籍,是沙拉的爱子秘籍,也是我们所有母亲的爱子秘籍,更是我们教师的爱生秘籍。"特别狠心特别爱"是绿色地、科学地爱孩子;是有温度、有理智地爱孩子;是有牺牲,更有智慧地爱孩子。正如沙拉所说:你把所有的一切,你的生命、财富、地位、时间、精力全部交给孩子,你的孩子也不见得终身幸福。为了孩子,让我们在学习中学会如何去爱吧!

2020.9.6

我们究竟想要培养出什么样的孩子来

一切为了孩子，为了孩子的一切。现如今大多数父母就是超人，负责为孩子摆平一切，孩子成了鱼缸里的观赏鱼，成了室里的花朵。许多孩子基本上就像《特别狠心特别爱》中沙拉描写的"草莓族"，外表光鲜，却经不起任何的挤压。

记得前几天看到一个名为"一个失业父亲等待女儿归"的网友在微博上发帖哭诉。内容是自己含辛茹苦积攒的320万元人民币，被女儿偷偷转入她的名下，挥霍无度，在微信朋友圈上四处炫耀。他苦苦哀求："你花的钱，是我拿命换来的，你不还钱我只能死了"。可是他的女儿却直接拉黑了他。为什么，我们千辛万苦就把孩子养成白眼狼了呢？

记得这半年开学没多久，我的一个朋友打电话说，晚上坐火车去西安，我知道她女儿考上了大学，一家子去送行。朋友长出一口气，感伤的，当时我以为是舍不得女儿离开，正要安慰她：想想交通这么便利，西安也又不算远，回家也挺方便的……，谁知道，我还没说呢，她已经开口了："你不知道，说句心里话，我早想让她走了，赶紧上学去，看得人真是黑眼定心……"

"哎哎，你咋就像后娘一样，娃难道不是你亲生的！"我开玩笑说。"关键是我把她当亲生的，她把我当后娘一样，唉，高考完两个月，我是把个女子侍候得够够了，快让她念书去！"心直口快的朋友如是说。

其实，这个假期我们一起吃过两次饭，每次见面，说起她女儿，朋友没少生气。她说，这女儿，十九岁了，高三毕业，总以为长大了，懂点事了。孰不知，两个多月，在家天天抱着个手机，不是在床上四仰八叉，就是在沙发上来个葛优躺，从来不帮大人干活，就连自己的卧室也不收拾。当妈的上班回来，家里乱糟糟，地不扫，东西不收拾，煮碗方便面，碗筷还放在水池里，也不想着自己的妈妈上班回家也没饭吃……呵呵，诸多的不满意。爱叫外卖，只喝饮料，爱穿大牌，出门抬腿就叫车，基本不走路，又懒又馋，毛病不少，生怕委屈了自己，微信付款，不知挣钱多不容易……

我说："孩子从小不做家务，急不得，慢慢来……"朋友气呼呼地说："你说说，一女孩子，就不知道心疼一下父母，养她十八年，没想到尊老爱幼没学会，衣来伸手饭来张口的习性倒是有。大人舍不得花钱，她说是守财奴，少给她点，她说那你们留着养老，以后我就没负担了。唉,真的是穷家薄业养出个富二代来……"

其实,这个假期,有几个朋友都曾给我吐槽过自家孩子,基本都是手机在手,懒字当头,不懂感恩,不知回馈,享受在先,不愿付出……,想一想,孩子这么大,不知心疼父母,没有做家务的意识,自私、懒惰、薄情、寡义,谁之过?在培养孩子的过程中,关注孩子成才,忽略孩子成人,可能就会尝到教育缺失的苦果。

犹记,有一位家长朋友曾经这么说:"李老师,我家孩子学习挺好的,我觉得我就为他搞好后勤服务就好了,他只管学习,家里什么也不用他操心!"可是据我所知,这位妈妈的孩子平时不言不语,脾气大的吓人,甚至对自己的父母也毫无礼貌,呼来喊去,吆五喝六的……,我想说:我们究竟想培养出什么样的孩子来?学习至上,成绩至上,一好百好?这样教育子女的认识我认为是有很大误区的。

这几天,有一则新闻,题目为"博士后,失联20年,母亲病危,拒绝回家。"相信许多人都已阅读过了,多少人感慨博士后的不孝和冷酷;还有一名大学生12年不回家、拉黑父母6年的新闻,还有一名大学生弑母藏尸;女硕士夺门而出抑郁而亡;研究生投河而死……,这些新闻都不得不引起我们教育的反思:作为家长,我们究竟想要培养出什么样的孩子来?

在今天这个唯成绩至上的时代,家长、学校、社会都把目光仅仅投向孩子的成绩,却忘记了一个优秀孩子应该是"德智体美劳"全面发展的。而且"德"为首,"德"为先。那么,德是什么?德是品德、是品质、是素养。再具体点,就是懂得真善美,知道假丑恶;懂得孝顺,心怀感恩,阳光、向上、积极、健康;有正确的人生观、价值观、世界观;有战胜困难的勇气;有迎难而上的决心;对生活有热望,对人生有激情……,当然对"德"的诠释从不同角度,还会有许多。

可是,在今天这样一个成绩至上的社会环境里,我们培养的孩子长大了,往往肩不能挑,手不能提,遇到一点困难就崩溃到彻底,对父母没有感恩,更何谈"老吾老以及人之老",自私却不独立,个性却不担当。这样的孩子,未来的人生路,怎不令人担心?

其实,父母最悲哀的事,就是替孩子扛住了一切,却让孩子无力面对世界。惯子如杀子,你舍不得让孩子吃苦,将来他就要受苦,他的亲人也会跟着受苦。

教育家马卡连柯说:"一切都为了孩子,为了他牺牲一切,这是父母送给孩子最可怕的礼物。"大道理谁不懂呢,可是对很多家长而言,他们很难区分开爱和溺爱。

在一个资料上看到父母们的十种典型溺爱症,我来读给大家听,看我们父母有没有中招?

1. 特殊待遇:孩子在家庭中地位高人一等,父母都是孩奴;

2. 过分注意:凡事都以孩子为中心,全家人围着孩子转,父母都放弃了自我成长;

3. 轻易满足:要什么给什么,使得孩子养成对事不能忍耐,有求必应的习惯;

4. 生活懒散:允许孩子生活作息不规律,好吃懒做,或者从来没有意识让孩子做一些力所能及的事情,并使之形成习惯;

5. 祈求央告:以低姿态央求孩子吃饭、睡觉等,丧失教育威信,父母没有了权威;

6. 包办代替:凡事都帮孩子置办好,不让孩子参与各种家务;

7. 大惊小怪:遇事惊慌失措,让孩子变得懦弱;

8. 剥夺独立:让孩子成为"小尾巴",含嘴里怕化了,吐出来怕飞了;

9. 害怕哭闹:孩子不顺心,家长立刻心软,依从迁就;

10. 当面袒护:不明是非,时刻护着自己孩子。

对照以上十种类型,父母们有对号入座的吗?其实,盆景秀木正是因为被人溺爱,才破灭了树木成为栋梁之材的梦。千万不要让自己对孩子的爱变成伤害孩子的利器!

父母之爱子,则为之计深远,天下没有不爱孩子的父母,但爱要讲究方式方法。我们陪着孩子长大,却无法陪着孩子变老。为人父母不能只看到眼前,更要为孩子的长远未来打算。成长教育核心目的是让孩子全面发展,终身受益。我们不要因为溺爱孩子,反而让孩子失去了飞翔的能力与勇气。在人生这条道路上,我们终究是要学着放手,孩子也要学着独立生活。教育孩子需要有长远的眼光和为了孩子一生的格局;目光短浅,只见眼前,不思未来的教育一定会使孩子在未来的人生中品尝到父母眼光不够所带来的苦果。

教育孩子可谓"路漫漫其修远兮",让我们不断学习,力求进步,努力做一名合格而优秀的爸爸或者妈妈。

2020. 10. 22

相看已两厌，共情有多难

因为种种忙碌，好些天不看朋友圈了，今天一看，才发现这几天一个"寻人启事"霸屏了。由不得拿起搁置许久的笔，又想写几句。

寻人启事内容是有关一个初二女孩的，开学第一天，上学路上竟然"走失"了，看着挺让人纠心的，身为父母，养育子女不容易，而孩子的任性出走（尚不知原因）给父母造成的惶恐、痛苦乃至绝望，相信孩子是很难体会到的。当然，好在今天上午孩子已经找到，让人长舒一口气，万幸啊！

身边一个朋友，二胎妈妈，这一个超长假期因为老二反复地生病住院，朋友上班是一身疲惫、满脸憔悴，看着让人心疼，她说："整整一个假期，我看见女子（女儿大，又生一男娃）够够的，哪哪都不顺眼，……"我直言不讳："你是因为照顾老二的疲惫导致对老大力不从心，其实老大挺冤的，她都成了你焦虑的接收器，成了你发泄情绪的出气筒。"身为老大，因为父母的"力不从心"，从小就要"背锅"，这是不公平的，因为她也正是贪玩、撒娇需要疼爱的年龄，她也需要父母的陪伴才能阳光成长啊！

相看已两厌，共情有多难！当父母与孩子情感上有距离，沟通上有隔阂，交流上有障碍，那么，相互厌烦，彼此不满，又怎能建立起良好的亲子关系呢？而没有良好的亲子关系又何谈有效的亲子教育？要改变这种糟糕的状况，只有父母先改变，才会有孩子的改变和成长。所以，一个问题孩子的背后一定有个问题家长。孩子出现的种种状况，都与父母的教育是分不开的，所有孩子的"任性"，诸如目无尊长，懒惰成性，网络上瘾，离家出走，我以为父母都是"罪魁祸首"。

也许有朋友会说，这也不能把罪责都归于父母呀。而我要说，父母也许很重视孩子的教育，那为什么适得其反，南辕北辙了呢？究其原因，还是父母教育孩子的方式、方法、理念都有不当和误区。

今天这个时代，父母与子女常常看起来像两个物种，有母亲为孩子学习跳楼的，有孩子为爸爸一句批评跳河的,有把父母拉进黑名单的,有永生不与父母相见的……,想想,这彼此之间的相爱相杀,演绎出多少我们已然熟悉的悲伤故事。许多的父母与子女的关系越来越尴尬,有些要么剑拔弩张,频繁吵架,要么冷淡到不愿共处一舍。一位心理学家说,这是一种"中国式亲子关系恶化"。焦虑倒挂,身份错位,长不大的孩子,捋不顺的亲子关系,让多少父母焦头烂额,悔不当初。

教育孩子没有捷径。身为父母,学习也应该一直在路上,没有哪个父母天生就是当父母的。爱孩子是一种本能,猫猫狗狗也都会,但教育孩子是一种能力,是需要后天习得的。这和有知识,有文化并不是对等关系,有些没多少知识的家长也能教育出优秀子弟,而有文化的父母也可能教育出社会小混混来,所以,教育孩子学问大着哩!

我想说,真正的教育就是父母的自我修行!爸妈们如果能彼此尊重,互相恩爱,给孩子一个和睦有爱的家,教育就成功了一半。教书这么多年,那些问题孩子往往来自于父母离异,家庭残缺的家庭。为了孩子就请彼此包容给孩子一个健全完整的家。

当然,还有,父母如果在教育孩子的时候,懂得换位思考,也就是心理学上所说的"共情",相信教育也就又容易了许多。想想许多父母一厢情愿"为你好"式的简单给予,以及孩子"不用你管我"的决绝抗拒,这共情的桥梁如何能建立起来?

孩子就是父母的一面镜子。孩子身上所呈现出来的问题多多少少带着家庭的印记。当孩子出现问题时,批评、责骂都不能从根本上解决问题,只会使亲子关系越来越疏离,只会使孩子越来越叛逆。这个时候,父母最好反躬自省,从自己身上找原因,才可能会行之有效!

最好的教育,是父母永不放弃自我的成长,学习做父母,做优秀父母,因为一个人的成长一直在路上,不管你是什么角色,做儿女,做父母……

2021. 1. 8

话有三说，巧说为妙，努力做会说话的父母

记得在一次学习中看到这样一句话：每一个孩子都是站在父母的舌尖上跳舞。当我看到这句话时，首先想到的是发生在我们办公室班主任老师和自己学生的一次谈话。

月考之后，班主任老师把班里的一名数学成绩不理想的女孩子叫到了办公室。班主任老师耐心地说："这次数学考得不够理想，要好好努力啊，如果有条件，放假了可以补一补课，提升一下。"让我没想到的是，这个女孩说："我妈老说我太笨了，根本就学不会，我爸说我就不是学习的料，以后就走单招吧……"记得当时我还开玩笑说："你是你妈亲生的吗？"她说："我爸还说，补课太费钱了。"我说："你爸怎就不想单招学费多贵，还是个专科，可你只要努力，就可能考上本科呀。"这样的父母又是多么的目光短浅呀！

班主任老师说，这个孩子因为父母对孩子学习进步的无所谓且言语中充满对孩子的奚落和打击，这个孩子上课时总是情绪低落，抱头睡觉，不交作业。我心想，这教育啊，班主任狠用力，家长们拖后腿，孩子又怎能走向成功呢？

有人说，父母的嘴，决定孩子未来的路；父母的嘴决定孩子的修养，修养决定孩子未来的高度；父母的嘴影响孩子的心态，心态决定孩子未来的方向。前段时间，有一档爆火综艺节目中，列出了"父母最伤孩子的5句话"："我什么时候答应过你？""我养你有什么用？""你再这样，爸妈就不要你了！""早就告诉过你了，你非不听！""我们都是为了你好！"

孩子之所以会越来越"不听话"，甚至和父母对着干，究其原因，其实有一个重要的原因就是家长们总是在教育孩子的时候"脱口而出"的不会说话或者说错了话。

前几天，办公室来一女孩，和语文老师交流时泪流满面的，看着让人心疼，我们几个女老师静静地听她诉说。她说，有一次周末回家，因为学习问题，她妈劈头盖脸地大骂了她一通。晚上在卧室，她抱住被子偷偷割腕自杀，当她的哥哥发现时，她已昏迷……，后来送医院，抢救了过来。她还说，她的妈妈惩罚她会两天不给她饭吃。我心想，这究竟是怎样的一个妈妈呀？一个不懂教育的妈妈，把孩子推向深渊都不自知啊！

而我以为，教育孩子，懂与不懂，首先应该从会说话做起。为人父母需要智慧，父母的智慧就是要在合适的时间做出合适的言行。对孩子的抱怨指责谩骂只会增加孩子的愧疚自卑逆反，引起孩子的反感和叛逆。武智宏曾说，如果你想让孩子对某一事物彻底

失去兴趣,那就抱怨吧。给孩子多一些鼓励,其实每一个孩子都是一个气球,你给她打气,她才能飞起。心理学中,有个名词叫皮格马利翁效应,就是说你给孩子们的鼓励,让他们认识到自己是被重视的,他们才能表现得更加优秀。李玫瑾说:"在毁掉孩子这件事上,父母有绝对的语言天赋。"与身体上的暴力相比较,语言的暴力带来的伤害更加巨大!

教育专家李玫瑾,曾经对1000名未成年人做过一项调查,分析结果发现:在家里经常被父母责骂的孩子出现性格缺陷的几率最大,有25.7%的孩子"自卑、抑郁",有22.1%的孩子"冷酷",有56.5%的孩子经常"暴躁"。几米说:"小孩宁愿被仙人掌刺伤,也不愿听见大人对他的冷嘲热讽。"因为表面的伤痕是可以看得见的,而内心的伤害是无形的。李玫瑾教授直接指出,毁掉孩子一生的杀手,不是游戏,不是贪玩,而是父母的"语言暴力"。

《以弗所书》中有一句话说得好:"污秽的语言,一句也不可出口。"孩子的世界是张白纸,当你恶语相向时,他会全盘吸收,并且把这种恶给到其他人。父母教育孩子的目标,首先是让孩子成为一个人格健全的人。

教育家爱尔维修说过:"人刚生下来都一样,仅仅由于环境和教育的不同,有人可能成为天才,有人则变成凡夫俗子甚至蠢材。"第57届戛纳国际创意节银奖作品《语言暴力》,就是一个证明。谢勇导演对沈阳市少管所的6名犯罪青少年进行了调查,发现他们都在小时候遭受了来自父母猛烈的语言暴力攻击!"丢人""猪脑子""废物""你怎么不去死"……这一个个扎人的字眼,将这些孩子推入无尽的黑暗中,最终酿成大错。对于孩子来说,听十句"你要干什么""你不许干什么"不如一句"爸爸妈妈建议你干什么"来得舒心有效。

观察一下我们自己的言行,有没有对孩子说过以下的话:"你看隔壁家的孩子,你有他一半听话,我也能省点心了;都几点了,叫你几遍了还不起床?""还玩、还玩!能不能快点给我写作业?""大人的事小孩子少管!""你再顶嘴一个试试,信不信我抽你?""我把你拉扯大容易吗?这孩子咋就这么不听话!"如果你中了以上言语一条以上,那就要注意了,这样教育,孩子只会越来越不听话,得不偿失。

用对的方式教孩子,每个孩子都会是"别人家的孩子",每个妈妈也都将变成又闲又美的"女神妈妈"。你会发现,养出一个优秀的孩子,真的可以很轻松,而焦虑、失控的家长往往是事倍功半,甚至教育的效果适得其反。

有资料显示:爱迪生在8岁的时候,就被学校赶了出来,因为老师觉得爱迪生是"低能儿"。而母亲并不这样觉得，对爱迪生说道："老师说你是低能儿，我不认同他的说法，你明天起，就不要到学校里去了。我今天在老师面前发过誓了，我会在家里好好地教育你。我已下决心，无论如何你会成为世界上第一等人物，你有没有这个信心呢？"爱迪生说："妈妈，我愿意发誓，我一定会做一番大事业，使说我低能儿的老师看了后悔。"后来爱迪生成功了，提到母亲，他说："特别感谢母亲为我跟老师辩护，从那时起，我就决定不能辜负母亲的期望！"世界上每一个孩子都有一颗积极向上的心，就看父母是如何引导了，他们都是带着使命来到世界上的。我们要接纳孩子的不足，如同接纳不完美的自己！在孩子小的时候，父母就是孩子心中的神，孩子对父母说的任何话都信以为真。

正如一位教授在《中毒的父母》这本书中说的："小孩是不会区分事实和笑话的，他们会相信父母说的有关自己的话，并将其变为自己的观念。"有研究表明，如果父母总是对孩子说一些恶毒的言语，孩子长大后出现犯罪的概率是很大的。

所以说，对孩子多一些指导，少一些批评；多一些鼓励，少一些指责；多一些赏识，少一些否定。不要把问题只放在孩子身上，孩子身上的问题很大部分源头都在父母。日常生活注意自己的一言一行，你的每一次不文明都会投射在孩子身上，让孩子有样学样。

真正好的教育，都是拼父母！我相信，当你以温柔和爱对待孩子的时候，孩子会在这个世界里，受到最少的伤害，最多的善意，最浓的自信，最充足的安全感！

2020.3.5

别人不欠你一份宽容,是你欠自己一场修行

办公室,课间十分钟,老师们谈论起一个热议话题"女子拦高铁,只为等丈夫",据新闻报导,该女子是合肥某小学教导主任,于是网上骂声一片,教师们师德欠缺,何以育人?

确实哦,我们倒是见过当街拦汽车的,拦摩托车的,你见过拦高铁的吗?此刻,又想起,这两天,一张某校教师高级职称评审公示的截图刷爆朋友圈。公示名单里,某中学女教师缪某的名字引起了网友们的关注。一位女教师只是评个职称,为何会引起网友如此大的关注?原来在几年前曾曝出过她伤医事件:2015年9月26日,上海妇婴医院一位医生被某中学一女教师打到骨折、尿失禁。知名女作家六六也曾发微博公开反对:"我反对将优秀女教师缪某引进上海。"一名教育工作者不能控制情绪,竟然把医生鼻梁骨打断,打到人家尿失禁,她纵然书教得再好,又如何育人呢?人要为自己的行为负责。过激行为得不到惩戒,社会就乱了……

更有甚者,还有毁三观的,什么大学教授,长江学者性侵女学生的;什么女教授,博导奴役男学生的;更有段子说,只要涉及老师的新闻,无需审核,尽管发。这教师,怎就落到"千夫所指"的地步?想想,谁之责,又是谁之过?

今天,在这个网络时代,你会时不时地发现,有关教师的报道,有关医生的报道,愈发多了起来。不知从什么时候开始,治病救人的医生和传道授业的教师成了世人"口诛笔伐"的对象;也不知从什么时候开始,教师、医生总是被网民们推到口水战的"风口浪尖";医德、师德总是被人们拉出来拷问,而且动不动兴师问罪,全民群情振奋,唯恐声讨不够严厉?

于是,我们总是感慨,甚至悲叹,世人离不开教师、医生,可却又对从事这两个职业的人要求越来越苛刻,甚至有些不近人情。犹记医学泰斗裘法祖老先生曾说过:德不近佛者,不可以为医;才不近仙者,不可以为医。著名教育家陶行知先生也曾说:学高为师,身正为范。可见,这两个职业对"德"的要求之高。德为魂,方可济世,德为先,才能育人。

身为教师,从业二十余载,我就从教师谈起吧。有人说,教师,不能出了校门就"任性"。如此说来,身为教师,我们要不论何时何地,都要记住自己教师的身份,因为,即使离开职场环境,在日常生活中,教师也应具有道德示范作用。这话,可能你会觉得烦,你会说,教师也是人,也会有情绪。但,你也要知道,既然选择了这一职业,就要有准备承受

世人看似充满挑剔，甚至不够善意的眼光。孔子说过："德才兼备，以德为首""德若水之源，才若水之波"。罗斯福说过："有学问而无品德，如一恶汉；有道德而无学问，如一鄙夫"。古人云："德者才之王，才者德之奴。"可见，人品何等重要！而教师，更是在大众品格的基础上，有了更高的人品、修养、境界的要求。

身为教师，有人责怪世人对我们教师太苛责，有人抱怨社会对我们太不公平。可我想说的是，我们这个行业，从业者众多，是少数无德无品之人让社会对我们这个职业有了质疑，这很正常，没有必要自怨自艾，也没有必要怨天尤人。而作为教师，我们无法改变别人，就先改变自己，或者说，也只有改变了自己，才会改变别人。

总是记得一句话："人品好的人，自带光芒，无论走到哪里，总会熠熠生辉。"想一想，我们靠叹息网民不辨是非，靠抱怨社会人心不古，这都解决不了实际问题，而很多时候，我们遭遇的所谓不公，不是社会和他人不够宽容，而是我们自己欠自己一场虔诚的修行。今天在学校，从孔子的汉白玉雕像旁走过，不禁想起《论语》中孔子与弟子曾子的对话，曾子曰："吾日三省吾身：为人谋而不忠乎？与朋友交而不信乎？传而不习乎？"反复思量，古人对待自身的修为没有任何的搪塞和含糊，是多么真诚、多么彻底、多么入骨啊！这三省，正是处事、为人、修养三方面的反观内照。关于做人准则可能有很多，而这三个方面，放在今天，也一样有现实的指导意义。若我们也能经常"三省吾身"，那么，不求如古圣先贤高山仰止，也定能提升我们为师者自己的学识修养，终能桃李不言，下自成蹊。

一个人能走多远，取决于他修行所达的深度，所以，今之为师者，只有虔诚地来一场自我修行，才会改变今天饱受社会质疑、责问、抱怨乃至嘲讽之现状，也只有我们自重，才会赢得自重者人恒重之的良好氛围，也才会种得满树桃花开，他日桃李报恩来。到那时，尊师重教定会蔚然成风。

渴盼这样一种场景：

校园处处如莲花池头，风正水清；教师个个如芙蓉朵朵，冰清玉洁。

憧憬这样一种情怀：

有志园丁，甘洒汗珠培俊秀；无私师表，乐将热血写春秋。

那么，就让我们把为师当作一场虔诚的修行吧！

2020.3.21

站在我们应该站的位置上

星期六的下午,学校创编操教练对我说:"李老师,老有队员请假,咱再挑选几个吧!"我也觉得,没有几个预备队员不行,我说:"可以,那你们再去高一年级再挑几个学生!"

高三全市通考,我正好路过高一年级教室向里望去:剩余的学生在教室很无聊的,有看课外书的,有闲聊的,当然也有偷偷玩手机的!

我说,创编操现在还需要一些同学,有乐意参加的吗?学生们不言语!我身旁正好坐着一男生,高高大大的。我说:"你愿意吗?"他说:"腿疼了。"我无语,又问了好多同学,不是脚疼了,就是头疼了,再不就是感冒了,肚子疼了,总之各种各样的原因,不能参加训练。我不禁失声笑了起来:"哦,原来都有毛病哦!预设的吧!"

为什么这样说呢?当然不是我残酷,不是我为师不尊,而是因为我知道这里面的"玄机"!

记得上周挑选参加体操训练的学生的时候,有个班级,班主任认为会影响学生学习,不主张学生参加训练。于是,选人的时候,好端端的一个班,这个有毛病,那个有毛病,许多学生都不能参加。体育老师叫苦连天,怎么就都有毛病了?

当然,不排除个别学生确实有这样那样的原因参加不成体操训练,但大部分学生却是在班主任老师的"暗示""引导"下的借口和谎言。想起这,怎不令人感慨!

我在想,为师者,教给学生的究竟是什么?

首先,诚信问题,"引导"学生撒谎,这是多么可怕的一件事。有句话是这样说的,老师是学生的镜子,学生是教师的影子,言传身教,影响多么深远!我想说,为师者,站在我们应该站的位置上,我们究竟应该教给学生什么?千教万教教会做人,千学万学学做真人。诚信,这是立人之本,古语云,人而无信,不知其可。在为师者的带领下,让学生失去立人之本,得不偿失啊!

其次，认识问题，体育锻炼影响学习。没有好的身体，何来好的学习。短短的不足二十天的操练，能影响多大的学习！俗语云：磨刀不费砍柴工。一个目光长远的老师，看到的是学生的将来，不仅仅是学生的现在！

另外，学生很少有机会参加这么重大的比赛盛事，这无疑也是学生难得的一次人生经历。在这个过程中，学生们增强了责任心，心怀集体荣誉感；在这个过程中，历练了意志，增长了才干，提高了认识……何乐而不为！

站在我们应该站的位置！生活中，工作中，我们每个人都充当着不同的家庭角色和社会角色。据社会学家统计，一个人在社会上会有上百种角色担当。每一种角色，都有自己的位置，那么如何站在我们应该站的位置上，这真的是一门学问！

2020.4.14

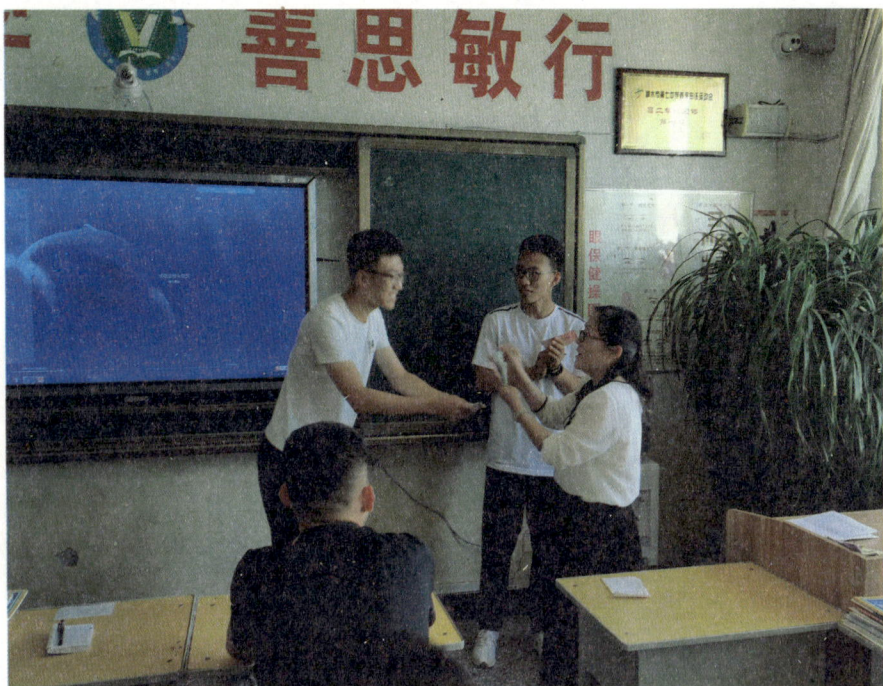

技能大比拼

这几天，全校上下，不分科目，从一线到后勤，进行着教学基本功比赛，有听写，有朗读，有钢笔字，有粉笔字，种类繁多，人人都是参赛选手，好不热闹！

身为教师，听说读写，是其最基本素质，即使不比赛，这也是对教师的基本要求。不过，现在，各种教育教学设备的与时俱进，电视、电脑、多媒体、液晶触摸屏等先进设备的投入运用，增加了课堂教学容量，提高了课堂教学质量，增强了学生学习兴趣，填补了课堂教学的不足，其好处多多，显而易见。但更显而易见的是，教师在大大减负的同时，却"荒废"了许多不该荒废的东西。就拿语文科目来说，简单举个例子，诗文朗诵，过去没有条件的时候，老师们硬着头皮去范读，其实也是可以不断地提高和进步的，现在有了这么先进的教学设备，搜索、下载，还都是名家的，老师们感觉这多省事，不用让自己"赶着鸭子上架"了，多给力。其实长此以往，是不利于教师综合素质的提高的！

多么便捷，有了先进的教学设备，语文老师不害怕范读了，数学老师不担心画图了，外语老师口语不过关也 so easy 了，物理老师不用随堂演示实验了，地理老师再不为上课画不出中国"雄鸡"图而惴惴不安了，生物老师一个个细胞裂变再不用担心好抽象了……，教学设备先进了，确实省时省力，直观了，容易理解了。可在我看来，它的弊端也正在显现，学生被逐渐丧失了想象力，没有了抽象思维能力。总之，在我看来，先进的教育教学设备，就是一把双刃剑，一定要谨慎合理地利用，才是正道！

就说写字吧，其实，教学设备的不断改进，老师们写字的概率明显少了，不论是备课还是上课，长此以往，又如何能提高教育教学的基本素养！

语文科目越来越重要了，高考的改革就是有力的证明，听说读写，一样也不能少。看来，身为语文老师，还要好好努力啦！

2020.5.29

办公室门口的一个小测试

早晨,6:40到学校,走到语文组集体办公室门口,门口边上又放着一摞作业,不由自主地让我想起上周星期五一早,我突发奇想做的一个小试验!

上周五一早,我比今天好像还到校稍早一点,也是在办公室的门口放着高二(5)班的一沓沓作业,本来我是可以"举手之劳"的,但就在进门的那一刻,一个脑筋急转弯——我想看看有多少学生进这个办公室能够"举手之劳"一下!

不一会儿,有一男学生送作业来了,放下作业,转身走了,我纳闷:难道没看见就在门口脚尖边的作业? 粗心?

男生刚走,进来两女生,拿着一水杯,要接点开水,我看见饮水机的提示灯是红色的,我说,你俩稍等等,马上就开了! 这时,门是敞开着的,我漫不经心地抚弄着我的文竹,朝门口望去,那一摞作业依然在那,没人理。我想:男孩子粗心,两女孩也没看见???

水开了,两女孩接了满满一大杯水,走了,也没与我打招呼。可我分明看见,一女生是有意地跨了一大步,从作业本上跨过去的!

这测试看来是越来越有"意思"了!

正感慨学生们的"视而不见"。好了,当我正要去一班教室的时候,来了四个女生,想想,应该是四个,文科预科班的,说要找他们的班主任,我说应该快来了,其中一女生说:"老师,那我们能不能在里面等等?"哦,她们正好就站在门口,脚尖快要触碰到作业本了,我以为……,可还是没有人弯腰,我忙说:"行,那你们先进去吧!"

四个女孩都进去了,作业本依然静静地躺在那里!

当我叫了一个一班的男生,回到办公室的时候,当然我不知道这期间,再有没有其他学生来交个作业,或接杯水。总之,作业本依然"扎根"在那里,一动不动的!

我弯腰,抱起,这时后面的男生说:"李老师,我来!"我说:"不用了!"

我不知道,如果我不弯腰,他能否看见门口的作业本?

走进办公室,几位女生依然站在那,她们距离门口并不远!

我看见,还有一位女生,在资料旁,数点着资料!

今天,坐在这想起这件事,我深思不已:这看起来是一件微不足道的小事,我相信许多人可能会认为我有些大惊小怪了,可我不这么认为。是小事,但又不见得仅仅是一件小事,在其背后,见怪不怪,司空见惯之外,我要问一句:教育,我们的教育究竟缺失了什么? 怎样的学生才是合格的学生,怎样的教育才是真正成功的教育?

因之,又想起周六开校委会,有领导说,看见高三学生借用超市的推货车把教室或宿舍用来美化的花,一盆盆推了出去。这位领导说,当时他对学生们说:"你们在这里读了三年书,毕业了,为什么不把这些花送给学弟学妹或者自己的老师?"即将毕业的高三学生说:"这是我们掏钱买的,给老师们的纪念品该给的都给了!"唉,想不来这位领导的尴尬,真的!

我想任何一位老师都不会那么"稀罕"学生们的所谓纪念品,任何一位老师也不会那么地"看重"学生留给自己的所谓的一盆花什么的,但作为一名教育者,面对这些,会是一种珍惜,会是一种欣慰,会是一种满足,更会是一种幸福!!!

今天,看着办公桌上这盆茂密的文竹,这是三年前,学生送我的,今天它依然繁茂抽枝,生生不已……

不埋怨学生,也没有丝毫针对的意思,只是有感而发:今天,我们的学校教育究竟缺失了什么? 家庭教育应该承担什么样的责任? 社会教育又该有怎样的担当?

2020.6.9

为师者的幸福与满足

下班时分,路旁一男生"李老师,李老师……"急促的叫唤声,吓我一跳,一边赶忙靠边停车!一边心里直纳闷:"谁呀?"

车还没有停稳,大个子男生已经"扑"了上来,毫不夸张的一个动作,脸上充满了热切的喜悦,激动地直喊:"李老师,自从毕业再没见你,一直说上学校看你,可一直没得空……"看他"准确无误"地认出了我,而且激动地就差"一塌糊涂"了,我真不知说什么好了,我真记不起来他是哪一届,哪个班,叫啥名谁了。好在"诚实"的我已将疑问全写在了脸上,而且毫不隐瞒自己的"失忆",张嘴就问:"真不好意思,教过的学生太多了,我真想不起你来了,你是哪届……"

想想,瞬间怎能让我想起来呢?因为眼前的小伙子,近1.9米的个头,高大、帅气、阳光,嘿嘿,堪称帅哥……

"李老师,你没变,真的,一点也没变,更年轻了……"哈哈,变是一定的,且是变老,可孩子们几年不见,依然心存老师昔日的美好,这点最是难得!"李老师,我的变化确实有点大,在大学,我的个子还长了四五厘米,而且体重增加了30公斤,我就是……"

"小石头,想起来了,对吧!"这下子想起来了,记得当时同学们都这么叫他!原来他和那一年,星光大道上石头长得有点像,而且他把石头的那句"我是一颗小小的石头,深深地埋在泥土之中……"唱得特地道!

"李老师,我上班了,在陕煤……"大个子男生,也就是过去的又瘦又高的小石头,此刻的确要"俯看"我,而我这个矮个子的小老师,真还不得不"仰视"他。几年不见,学生们从体形到穿着,从性格到气质都有很大的变化,看着自己的学生开朗、健谈、阳光、帅气,我真感觉由衷的幸福和满足!

小石头,成了大个子,在与我交流的过程中,他一直微微弯腰,谦恭地俯身,身子向前略略倾斜,目不转睛,又充满感激,就像一个孩子刚刚取得一点成绩,急巴巴地给自己的亲人汇报一样,看着他,我的内心充满了幸福,很知足!

我喜欢听到毕业了的学生说他们已经上班了,有工作单位了;我也喜欢听他们说自己现在长大了,不再调皮捣蛋了;我也喜欢听他们说日子过得不错,谈对象了;我也喜欢他们调皮地说,李老师你给我们介绍个对象吧……

为师的幸福就在学生们的一声声问候里,也在学生们的点滴成长中,真的,作为一名教师,还有什么比这些更能激起内心的幸福和感动呢!今晚,就让我在幸福和满足中甜蜜入梦!

2020. 7. 12

开学第一天，写给自己！

今天是开学第一天，有朋友感慨，放假都没感觉到就又开学了；也有朋友忙说，早上不到六点就醒了，上班的生物钟挺准时的；也有朋友说，圈里有人一周只上两天班，工资奖金分文不少……

吃饭时，和妞爸说起这件事，妞爸说，许多单位正月初七就开工上班了，你们教师真的是沾了学生们的光啦，人呀，知足才有幸福感啊！

此刻，想起有位名人曾说过的一句话：

"之所以要努力工作，不是因为这份工作没你不行，而是因为这份工作没你也行！所以嘛，工作时千万要摆正心态，切不可吃着碗里的，看着锅里的……"

我以为，人生有"两知"：一个是知道，一个是知足。知道，让人活得明白；知足，让人活得平淡。

有天下午，妞爸下班回来，就奔到厨房玻璃窗前忙说："来，你也看看，刚在电梯里，听人说，小区大门口停着一辆车，一千多万元呢，可刚回来时，真没发现它有什么特别之处呀！"

我走到窗前，朝外望去，这一千万元的车也真没看出什么特别来。我感慨道："这人也真傻，一千多万元才买一辆车，如果是我，那真不知能买多少想要的东西呀！"

妞爸笑我："你呀，说别人傻，你才真是傻出水平来了……"

"年少只知猴王勇，中年方懂悟空怂。"就是这个理。五百年，一只天不怕地不怕的猴子，被如来"猴到"取经路上。猴子跳不出如来手掌，戴上金箍，于是，天马行空有了束缚，任马由缰已是不能，当然孙悟空也随师父获取了西天真经。想想，我们又何尝不是如此。成人的世界里，每个人都有对个性自由生活的向往，但在"想过的生活"和"能过的生活"之间，我们必须懂得有些东西在现实面前，只能想想而已。有些事情我们不能太随意，太任性，现实中我们要学会知足，明白"心里想要"和"能够获得"之间是有距离的。

　　所以,生活虽然混沌而又忙碌,但想清楚自己能要的和要而不能拥有的,追求属于自己的骄傲和幸福,在自己的人生世界里不断成长,向上,向上,才是最有意义的。

　　幸福不是从天上掉下来的,而是从自己心里长出来的。"人一世物一世""急景流年都一瞬",所以,珍惜拥有,努力创造属于自己的幸福,付出着,收获着,让自身富有光芒,骄傲每一天,幸福每一天,才是我们心心念念的必须。

2020. 8. 18

老师,请不要再打扰我

"老师,请不要再打扰我……"这是我的一位学生在读书笔记上写给我的,笔记中顺带夹着200元!

这个留言条一直收在我的办公桌里,今早看到它,不禁让我想起了我的这个学生,一个我付诸心血的学生!

该同学,学习成绩本来很好,想起他细长的个子,足有1.8米,看起来很帅气,不喜言语,但很沉稳的样子。记得有一次,他在学校抽烟,被德育处抓住了,要训诫,停课一周(如果有"担保"老师,可以不停课),他到处找"担保人",这是学校为了惩戒学生,使其改过,且往后由担保老师继续监督管理的一种方式。当然问题学生,没人愿意担保,他找到了我,对我说:"老师,其他老师不愿意担保我,我就要停课了。"身为老师,我真舍不得让学生停课,我说:"我来担保。"问题解决了!

这之后,我看得出,他上课很认真,原来爱瞌睡的毛病也改了。我暗自欢喜:娃娃们,谁不犯个错呢,不犯错,能长大吗?

再后来,他母亲找到我,说,她儿子这段时间改变了,要谢谢我。其实为人师这么多年,问题学生碰到不少,我觉得只要给机会,他们都会有改变。当然,我从他母亲处了解到,他没有父亲,只靠母亲打零工,吃低保养活一家三口,因为他还有个上小学的弟弟,看他母亲比我年龄还小,生活负担如此重,但挺吃苦耐劳,且言语中不乏乐观之气,我真的心生同情敬佩之意,身为母亲,真不容易!

再后来,发现他用来练字的钢笔好旧,我就特意送他一支钢笔,我说,你好好练字,男孩子写一手好字,那更帅气!

他很认真,我也挺高兴!

但我依然从别的同学那了解到,他仍在抽烟,我曾经暗示他,我身边没有一个抽烟的人,所以我对烟味特敏感哦,我也曾提醒他,小孩子,没上烟瘾,好戒,但需要毅力和恒心……

高二下学期就要结束了,各科复习资料都要买,我悄悄地递给他二百元,我说,这段时间你进步特别大,这几科的学习资料算是老师奖励给你的! 他接受了,记得那次也是挺愉快的一次交流,他还说,老师,我知道,我会努力的! 身为人师,我知道这样的家庭,求学的孩子不容易!

再后来,过了有三四周的样子,他不按时到校,又一次抽烟,被发现了,学校要处理,班主任找他谈话,这些都是我侧面了解的,他并没有找我,为了他的自尊心,我权且假装不知道……

但让我深感意外的是,有一次读书笔记中,他给我夹了二百块钱,并写道:"老师,我知道错了,但请不要再打扰我的思绪!"

看到这张纸条,我没生气,按捺住自己的吃惊、好奇、不解等情绪,不断地去想:难道是我错了? 我反思自己的教育行为,偷偷地送他一支笔;经常在读书笔记上给他写鼓励的话;一次病句复习他做得最好,及时地表扬他;给他钱,怕伤他自尊,我倒跟做贼似的……

看到这张留言条,我谨小慎微般地,但依然装作什么也没有发生过,我好想再找他交流一下,但没有,我想,还有时间,慢慢来! 事情过去好长时间了,当然,本学期最后一次考试,他还是从预科班被调了出去,就在紧邻的班级!

开学已经两周了,我还没有看到他,好像有一次在楼道里,我远远地看到了他,他却瞬间"闪"回了教室!

我知道,这个孩子和我的人生交集可能就这么多了,我多么希望他好好学习,不要错过自己本该奋斗的美好人生! 我多么希望他能放下那份稚气的"自尊",让自己真正强大起来!!!

2020. 8. 25

守住心灵，做个简单而快乐的老师

——教师节，致自己！

时光荏苒，转眼间迎来了自己的第24个教师节，五年前的今天写给自己的文字，读来如在昨日，深夜码字，不忘提醒自己：守住初心，做个简单而快乐的老师，做一个想要的自己，活成自己期待的模样。

守住初心，做个简单而快乐的老师。每一个清晨，虽然忙碌不堪，紧张洗漱，但总是有兴致照照镜子，刷个粉底，抹个口红，出门前挑选一身心怡的衣服，蹬上一双适脚的鞋子，洋溢着活力，满怀着幸福走出家门，有心情扬头看看天空，看看晨曦……

守住心灵，做个简单而快乐的老师。不打听娱乐八卦，不操心升职发财，不谈论荣誉名利，只想做个安安静静的老师；凭本事教书，靠工资吃饭，不为升迁焦虑，不为荣誉心动；呵呵，有闲钱咱就逛街买衣裳，有闲心咱就读书写文章，有闲情咱就和朋友们邀个会吃个饭；一起嗨皮，一起自拍，不忘美图秀秀逛逛，然后再发个朋友圈……

守住心灵，做个简单而快乐的老师。眼里有粮食蔬菜，心里有诗和远方；既关心考试成绩，也关心孩子们的心灵成长；教给学生知识，也教会他们做人，社会浮躁，但不忘初心；坚持阅读，丰富自己，充盈而自足，有书卷气，让学生能在课堂上看到星空，也看到人生。教自己的书，育向上的人，每堂课都是那么舒心气畅，每次上课，都能"两情相悦"。

守住心灵，做个简单而快乐的老师。课堂上给学生传道授业解惑也，课间能与学生交流谈心话衷肠。美在教书，乐在育人，无所谓圈子也没心思应酬，下班回家，开火做饭，一日三餐，全家人围坐桌前，清茶淡饭其乐也融融。

守住心灵，做个简单而又快乐的老师。兢兢业业备课写教案，认认真真上课改作业，三尺讲台挥洒自如；一间斗室洒脱自在，牢记教书育人之根本，不流俗、跟风、马后炮；教坛喧嚣，我自有度，任它东南西北风，我自岿然不动，只求静下心来上好每一堂课；品味每一个琐碎的教育细节，反思每一次教育的得与失；在宁静的坚守中，自有风格，不盲目随大流,不轻信教书育人真有捷径。

只想守住心灵,做个简单而快乐的老师。一切的繁杂都与我无关。埋头读书,乐于码字,书人生心得,写教育感悟;一个教室,几十个学生,简单而幸福的课堂,和谐而生动,这些是我想要的幸福。也许无人喝彩,但我自执着不改……

只想守住心灵,做个简单而快乐的老师。以有涯之生,教无尽之书。心无旁骛,只为初心,无欲无求,简单快乐,让世俗浮躁渐行渐远,在自得与自在中且行且珍惜,释怀于生活不易,淡然于人生短促,不失为快意人生,自得其乐也。

深情地致自己,第26个教师节!

2020.9.10

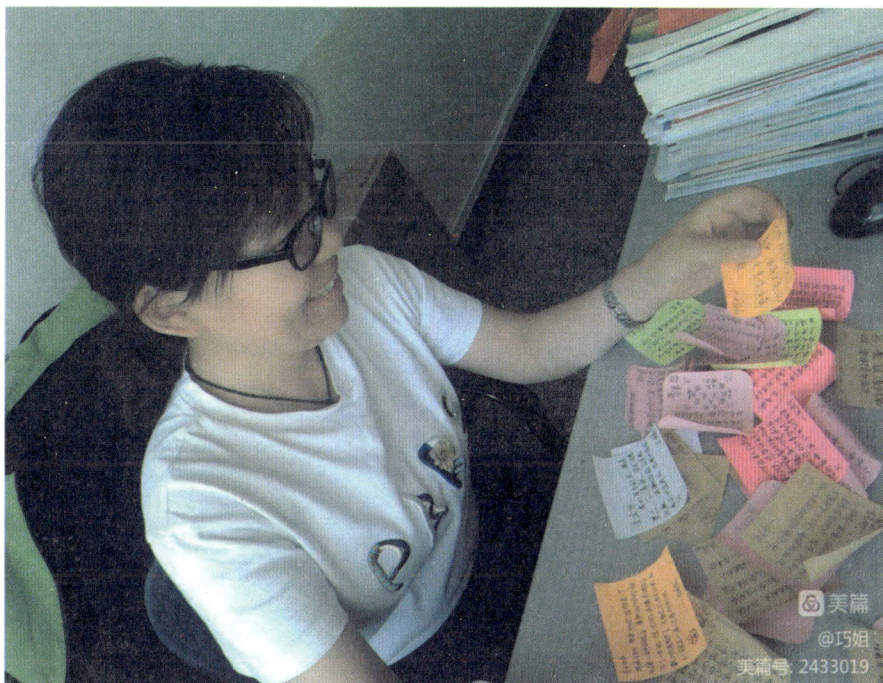

不要奢望别人会为你而改变!

这个学生已经好长时间不被我记起了,因为我只在高一时候带了她半年的课,因为调班,她到其他班去了。

今天上午,带着妞儿逛街,在梅苑酒店旁,我又一次看到了她,很羞涩的,看了我一眼,就慌得像只兔子一样迅速低下了头,闪身从我身旁走过,装作不认识我,我知道她一定会这样。因为在高一的时候,上课提问她不说话,课后面改作文她不说话,当有一次我与她交流的时候,她说:"老师,我发现所有的人都不愿和我说话,都不喜欢我……"

我反问她:"那么,你喜欢过别人吗?你主动和同学、舍友交流过吗?"

她低头揉搓着衣襟,看也不看我一眼:"没有!"回答只有两个字,简洁而没有任何感情色彩!

我告诉她,不要奢望别人会为你而改变,也不要苛求地球会绕着你转,要融入集体,首先要尝试着改变自己,只有改变了自己,才有可能改变别人……

记得谈话之后的第二天,我把我收藏的一篇短文,打印在一张小纸上,夹在她的作业本里,并在旁边写了一句话:"读了这篇短文,能和老师交流一次吗?"

这篇短文是这样的:

在威斯敏斯特教堂地下室里,英国圣公会主教的墓碑上写着这样的一段话:

当我年轻自由的时候,我的想象力没有任何局限,我梦想改变这个世界;当我渐渐成熟明智的时候,我发现这个世界是不可能改变的;于是我将眼光放得短浅了一些,那就只改变我的国家吧!

但是我的国家似乎也是我无法改变的。

当我到了迟暮之年,抱着最后一丝努力的希望,我决定只改变我的家庭、我亲近的人——但是,唉!他们根本不接受改变。

现在,在我临终之际,我才突然意识到:如果起初我只改变自己,接着我就可以依次改变我的家人。然后,我也许就能改变我的国家。再接下来,谁又知道呢? 也许我连整个世界都可以改变。

…… ……

她没主动找我交流,只在这个短文后面给我写了一句话:"没有人喜欢我,凭什么我要喜欢别人!"

再后来,我找过她许多次,但她的固执和倔强超乎常人的想象了。再后来,调班了;再后来,听说她学习一直倒退;再后来,听说她母亲带她去西安看病了……

教书十八年了,先后遇到这么三四个学生,与常人有异,父母没发现异常,又没有得到及时的心理的治疗,于是最终只能越来越严重……

经常想,孩子们不管学习如何,有一个健全乐观的心智,积极阳光的人生态度,真的是太重要了!

2020.9.14

记性太好,不见得是件好事情

今天,和一女学生谈话,她说总是静不下心来学习,因为自己的闺蜜伤害了她,让她伤心。我说怎么就伤害了你,她一下子给我讲了许多,从她们认识,她和闺蜜的所有过往,细节到一个眼神,一次吃饭,一次逛街,她觉得为了这份友谊,她付出了很多,可朋友却一直不把她当回事,总是有意无意地在伤害着她……

我说,我暂且不论你和朋友的对与错,是与非,我只想告诉你,你实在记性太好了,其实一个人记性太好了,有时真不是什么好事情!

难道不是吗?有时,人之所以会烦恼,就是记性太好了。该记的,不该记的都会留在记忆里。而我们又时常记住了应该忘掉的事情,忘掉了应该记住的事情。一个人心有多大,要承载那么多的记忆,悲喜都记心间,得失都挂心头,荣辱皆在心里,苦乐俱在心底,不烦恼可能吗?因为,所有这些情感,诸如,悲喜、得失、荣辱、苦乐,都是不相融的,都是对立的,让这么多对立的情感都存留在记忆里,时不时地让它们挑起记忆的波澜,相撞,相击,矛盾着,纠结着,一个人能没有烦恼吗?总而言之,记性太好,不见得是一件好事情。如果可以记住应该记住的,忘记应该忘记的。或者是忘掉从前,把每天都能当成一个新的开始,那该有多好。可是,说起来容易,做起来却是那么的难。

人之所以会痛苦,有时也是记性太好惹得祸。人生在世,不可能事事顺心,不要常常记得自己很不幸,其实世界上比我们痛苦的人还要多。明知道有些理想永远无法实现,有些问题永远没有答案,有些故事永远没有结局,有些人永远只是熟悉的陌生人,可还是会在内心苦苦地追求着,等待着,幻想着。其实痛苦并不是别人带给你的,而是你自己的记性太好了,把一些无法实现的,没有答案的,不可能有结局的事情,全都记在心底,挥之不去。硬要把单纯的事情看得很严重,把简单的东西想得太复杂,那样子你会很痛苦。学会"失忆",放下一些所谓的思想包袱,坦然面对一切,让一切顺其自然,这样你才会让自己轻松自在。

记性好,但要学会选择性记忆。记着家人的温暖,忽略亲人们的冷漠;心存朋友间的情谊,忘掉朋友的伤害;牢记他人的恩泽,清空所谓的不愉快。有些时候,记性太好,真不是件好事情。

我的记性怎就这么差呢?看来经常这么吼喊的我,从心底是在夸赞自己哦!!

2020.10.7

教育的指向

网上看到一篇文章,确切地说是文章题目,说好多父母让自己的孩子参观别墅。我想当然地认为,这样做的目的显而易见,就是希望孩子现在要好好努力,刻苦学习,将来过上富足的生活。这些家长们真可谓"用心良苦"。

想让孩子过上丰衣足食、无忧无虑的好生活,这是所有家长的共同心愿。但是,如果用这样的方法刺激孩子,我觉得有些不妥,甚至还有隐患。因为这么做,不一定能达到家长想要的效果,有的还可能适得其反。

我觉得教育孩子,最首要的,是教孩子怎样做人,做人的教育,是重中之重的教育。

良好德行的培养,不是一蹴而就的,要在生活中慢慢引导,潜移默化,言传身教,正确的人生观、价值观、伦理观,是引领他们一生的航标。这不能出现偏差。家长也应有这样的理念,奢望孩子各方面都出类拔萃,那是不可能的,只学着做一个普通的好人即可,好人首先要有好的品质,尊敬师长、友爱同学、宽容大度、吃亏让人、诚实守信,一个人只有先学会如何做人,然后才能学着做事。做人成功,失败是暂时的;做人不成功,成功是暂时的。做人不成功,事业也不会成功,家庭更不会幸福,生活会走入死胡同。大成凭德,财富是德行的副产品,只是生活的一部分。一个人有了美好的德行,无论是富足也好,贫穷也罢,他的日子都会过得安稳、踏实。孔子说,德不孤,必有邻。如果德行欠缺,朋友不近,亲人不亲,他真正地成了孤家寡人,不抑郁就是万幸,哪还有快乐的日子呢?

德行美好的人,胜不骄,败不馁。得势不会目中无人,失势不会一蹶不振;无论处在什么境遇,都会乐观对待,能在绝望中看到希望,阴影中看到阳光;面对困难,他也会往好的方面想,不退缩,不颓唐,对生活充满信心、乐观向上的人,本身就是阳光,这样的人,生活怎么会亏待他呢? 他美好的品行,强大的内心,足以抵挡生活中的风风雨雨。这样的孩子,无论他境况如何,即使他是打工的农民,父母也会相信,他有一颗快乐的心,他是一个成功的人。

家长真的爱孩子,就得为孩子的长远生活考虑,他过得好不好,不是物质的多与少,而是有没有一个正确看待自己,看待他人,看待社会的平和心态。善良、宽容、豁达大度、积极乐观,这是一个人最宝贵的精神财富,一辈子也不会被人抢走。一个人快不快乐,幸不幸福,关键是个人感受,就像那面对半瓶水的两个人,一个人觉得,还不错,还有半瓶水;一个人觉得,好遗憾,才有半瓶水。如果孩子是那看到半瓶水遗憾的思维,那有多少财富才能填满那无穷无尽的欲壑呢?拥有这样的心态,他如何才能尝到幸福的滋味呢?凡事过犹不及,如果欲望过多过大,力所不及,那除了带来无尽的烦恼和极度的不平衡外,什么也得不到。人的能力有大小,财富的多少,地位的高低,是能力与机遇的问题,和成功失败没什么关系。只有会不会做人,才是一个人成功与失败的关键。

社会已经够浮躁的了,欲望这浑水,早已把人心搅乱,价值观扭曲。孩子如果再把物质看得过重,被物质绑架,就会成了金钱的奴隶,他可能会为了获得金钱不择手段,甚至漠视法律,铤而走险,到那时,可是悔之已晚。财富没有止境,没有一个知足的心灵,物质再多也是贫穷。财富也要德行支撑,若德行不够,就如两条细细的双腿支撑一个粗壮的身躯,会不堪重负的。那些土豪们,花天酒地,声色犬马的所谓快乐生活,就如肥皂泡似的,在上面浮着,再多的财富,也无法填补他们内心的空虚,财富不能让他们活得有尊严,反之,不恰当地使用财富,还会给他们带来祸患。

当然,追求美好生活,并没有错,但是,做父母的,我们不能给孩子这样的理念:我学习,我奋斗,就是为了将来多挣钱,钱是多多益善。这样导引,孩子长大了除了认得钱,还认得什么?人活着确实不能离开钱,对于年轻人,财富某种意义上也是能力的体现,但年轻人更应该有一种从自己的兴趣出发,做有益于自身发展的工作,当然,更应该在追求美好生活的同时,提升自己的幸福指数,提高自己的品质修养,懂得生活的意义和人生的真谛,做一个情感丰富,追求品质,富有善心的高尚而又高贵的人!

2020. 11. 3

过去的教师

这几天,课余看一本书,名为《过去的教师》,读之,犹如在历史的大树下纳凉,那心情,真如孔子所说:"高山仰止,景行行止,虽不能至,心向往之。"

因为,从书中的一篇篇文章中,我们可以看到,过去的老师,他们活得很充实,很自得。为什么说他们充实?是因为在字里行间我看到他们相信自己胸中的知识,是真理,是人类文化的瑰宝,是应该传承给下一代的,而不是可以变成题目、化为分数、换取文凭的知识商品。为什么说他们自得?是因为他们知道自己从事的是一项救国利民、造福下一代的伟大事业,他们是一个所有人尊重的教师,被人们尊称为"先生"!

书中的老师们,都是半个世纪以前,或者更早的老师,书中许多的文章,在闲谈浅聊中让我看到了,这些"太老师"们是怎样对待自己的学生的,他们又是怎样安身立命、治学、做人的。观察他们,如同用一架望远镜,看天上的一颗颗璀璨夺目的星星,明亮而又透彻,看了以后,心生一种感慨:为什么这些老师,能够在自己的学生眼里,熠熠生辉?即使几十年之后,年近耄耋,依然对自己的老师心怀感恩,念念不忘?

过去的老师,他们也有痛苦,也有烦恼,有家国之仇,有身世之恨,有人事的纠葛,有内心的冲突,但他们毫不回避这一切,很坦诚地把心迹展示在自己学生的面前。在他们身上,你会明白一个道理:教师的品格高低,就在于他对学生的态度。为什么要做教师,就是基于对学生的爱,正如父母对待儿女一般。世界上永不磨灭的纪念碑是口碑。

过去的老师,他们了解世界,认识国家,明白自己的责任,他们知道自己在中国历史上的位置,当然他们也就清楚地意识到自己的使命和担当,于是他们就站在三尺讲台,上对历史负责,下对莘莘学子负责,他们有自己的大生格局,对国家,对人生,对学生……,他们恩施当世,泽被后人;他们润物无声,不争名利;他们春风化雨,厚德载物……

过去的老师,他们的事迹是从他的学生口里一代一代地传下来的。孔子,最伟大的教师,是一个"述而不作"的人,他的学生把他的言行记录在《论语》中,《论语》就是孔子的纪念碑,永不磨灭的纪念碑!孔子就活在《论语》中!

在《过去的教师》里,我听到了王蒙对《华老师,你在哪儿?》的声声呼唤;我看到了楼适夷《终身受益的小学教育》;我聆听到了谢冕对老师的《无尽的感激》;我跟着梁实秋一起回忆了《我在小学》;我借着周汝昌先生的文笔认识了《燕园名师顾随先生》;我也为赵瑞蕻先生的文章《我是吴宓教授,给我开灯!》中吴宓的遭遇唏嘘不已……

教育寻根,阅读《过去的教师》,就像与名师对话,有会心的一笑,有翻然的领悟,有深情的激励,有笃厚的警策……

2020.12.11

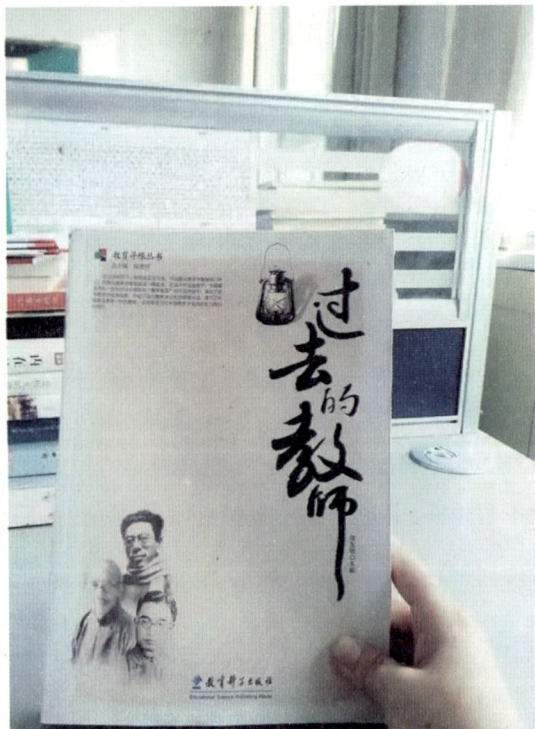

父母吵架,伤得最深的是孩子

当我在办公室备课时,走进来一位女生,说同学们都去实验考试了,想找我说说话,其实我正忙着准备下一节课,但我依然说,行,那你坐下来,你说,我听!

她不肯坐下来,坚持站着,那也行,我也站了起来。我觉得和孩子们交流,尤其这样的女孩,她一定是鼓足了勇气来找我的,给她一种亲和力,让她没有距离感,对于她敞开心扉是非常重要的。

她说:"李老师,我是留级生。"我问:"哦,为什么留级呢?是身体的原因吗?"

她看着我欲言又止,犹豫了好久才说:"不是的,李老师,家里的事情!"

看得出她有些顾忌,不想展开了说,我想可能是办公室还有一位老师正在批改作业的缘故吧!我说:"走,老师带你去隔壁办公室吧!"拉着她的手,我们走了出去。

在与她交流的过程中,她说:"老师,我高一的时候有半年时间没上学,其实我主要是没心思学习,整天烦躁不安。"我问:"为什么呢?"她说:"主要是家里的事情,爸爸妈妈总是吵架,我在学校也心烦意乱的,而且经常睡不着觉。"

我反问她:"咱们学校是寄宿制学校,在学校不就可以少看见爸爸妈妈吵架吗?那你待在家里,天天面对爸妈吵架不是心情更不好吗?"

她是一女孩子,说了一句话,让我大吃一惊:"休学的半年,我一直在外面玩,爸爸妈妈也总吵架,他们没时间管我!"

"你爸妈的心真的是好大呀!"我不由地感慨,接着问她:"那你和谁在一起玩?"

她说:"我初中同学,不念书了,她爸妈也不管她,在西安做生意呢!"我的心里挺沉重的,我没好意思问她这初中同学是男生还是女生(恕我想得多了)。

"那你们在一起,都玩什么呢?"不是好奇,我只是想对她了解多一点!

"到处瞎逛,要么就窝在家里玩手机,上网!"

"那你又开始学习,是父母的意愿还是你自己迷途知返了呢?"

她低下了头，沉思良久才说："都不是，是我的同学离开神木了，我无处可去，回到家，他们老吵架，还不如来学校……"

想想，这孩子来学校的初衷是躲避父母的吵架，而不是为了学习，试想这样的孩子在学习上又有多大的收获呢？

我和她谈了好长时间，好几次她都情不自禁地落泪，我相信，这泪水里有委屈，有难过，有后悔……

今天值周，坐在办公室里，想起这件事，不禁感慨万分：父母逞一时之快，恣意发泄自己的情绪，其实受伤最深的是孩子。父母吵架的时候，孩子看见最爱的两个人居然脸红耳赤、谩骂甚至大打出手，肯定会恐惧害怕，特别是孩子小的时候，会冲击他内心，害怕恐惧，心里会留阴影，他们会因为父母吵架而难过，胡思乱想，心理负担重就会导致学习的时候，注意力不集中、无精打采、郁郁不乐。最明显的肯定就是学习成绩了，教书这么多年，你会发现，但凡学习成绩特别差的孩子，家庭教育环境都不是特别和谐、稳定。

另外，父母关系紧张不和谐，孩子很容易耳濡目染，父母经常吵架、打架，孩子也会比较暴力，或者心情会起伏不定，一点点小事就会引发他的烦躁。如果正好处在青春期，本来就比较叛逆，再加上父母老是吵架，他一般会寻找其他方式来发泄，极有可能走上一条不好的路径，没准就会毁了孩子的一生。

所以，如果夫妻两个人的沟通模式在相处中不知不觉设置成了"争吵模式"，那对孩子的影响是非常之大的。有句话是这样说的，夫妻吵架，床头吵床尾合，想想，夫妻是和好了，但给孩子造成的伤害却是无法抹掉的。

控制情绪，不要在孩子面前吵架，体谅孩子的小心脏，理解孩子的不容易，作为父母，生而后养，是有一定的技术含量的哦！

2021.2.17

幸福全靠自己成全

记得林清玄说:"幸福是生活中的花草,粗心的人践花而过,细心的人怜香惜玉罢了。"而我一直深信,组成我们生命的最重要部分,永远都是我们的"日常生活"。

学校三八妇女节召开座谈会,主题是"做幸福教师,品快乐人生"。我一直以为幸福女人是幸福女教师的前提,因为没有幸福的女人就没有幸福的女教师,没有幸福的教师就不会有幸福的教育。

那么,身为一名女教师,我经常思考这样一个问题,在我们的教育里,我们究竟要教给学生什么? 我们许多人会说是知识,是技能,是文化。毫无疑问,这些回答都是对的,但我认为这些回答就教育的指向而言还是不够全面的。因为在我的教育理念里,我一直坚信,唯有教会我们的学生学会幸福地生活,这才是我们的教育所带给学生的最大福祉。而美国宾夕法尼亚大学的丽莎·卢卡斯教授在其《幸福力—教师的自我调节》一书中曾说"没有教师的快乐,就没有学生的真正快乐;没有幸福力的教师不可能培养出具有幸福感的学生"。作为教师本人,重视和培养自己的幸福力问题,是教师一生的必修课。

伊壁鸠鲁曾说,身体的健康和灵魂的平静是幸福的极致。做幸福女人不诱惑于事态,不妄言于生活,桃源不可得于己,自种桃花在堂前。做幸福女人,只愿蓬勃生活在当下,以前是以前,都过去了;将来是将来,到时再说,饱满地活在当下,所有的过去和未来我相信都不会太差,所以一个人,让幸福持续,持续地幸福,是需要有一颗平常心的。

做幸福女人,一如既往地要开朗,要执着,要热情地活着。有位哲人曾经说过,如果你不能成为大道,那就当一条小路;如果你不能成为太阳,那就当一颗星星。决定幸福的不是成败,而在于你每天都做一个最好的自己。不羡慕别人的幸福,不忽略自己的美好,继续加油!

这个世界，如果我们误解了幸福是什么，那么要付出的代价有时难以估算。我相信，岁月从不会亏待那些认真生活的人，认真了，也就快乐了；投入了，也就幸福了！康辉在《与妻书》中说："万千荣耀，不及日日晨昏间的琐细。"

做幸福的女人，愿出走半生，归来仍旧天真，对生活充满激情，历过岁月，阅过人生，仍保留一份纯真，简单着也快乐着。

健康地活着，平淡地过着，开心地笑着，合理地忙着，就是一种完美，就是一种财富，就是一种快乐，就是一种幸福。只有幸福的老师才能教出幸福的学生。爱是教育的灵魂，幸福是教育的本真。没有一种职业像教师一样，面对的永远都是年轻鲜活的个体，所有的付出，都是爱的耕耘和心灵碰撞；没有一种职业像教师一样，总有一种力量使自己前行，必须挺立时代潮头，和学生一起成长；没有一种职业像教师一样，年华逝去、芳华永存，最大的幸福就是目送一批批学生走向更广阔的天地，成为比自己更优秀的人。

幸福生发于我们的内心。幸福更多时候不是外界给予，而是来自我们心灵中对生活的对应、感悟、评价。守望教育的麦田，抓住教育幸福的点滴，不断提升自己的幸福力，从而把这种幸福带给学生，带给亲人，带给同事，带给朋友。

做一个幸福女人，走一段快乐人生路。

2021.3.8

语不伤人死不休！

今天早上，早读辅导。班里一男生，一大早就一如既往地昏昏欲睡，真是"今朝想睡今朝睡，但愿长睡不复醒"啊！

只剩两天上课时间了，看他这副"死猪不怕开水烫"的样子，我真是气不打一处来，当着全班同学的面，大声地，而且很是生气地说："贾亮，你小子，我今天就告诉你，等你长大了，在大街上扫大街，收破烂，卖水果，你见了我，最好装得不认识我，因为我不想我的学生因为节节，天天睡大觉，最终沦落到这种地步……"

学生们看我真生气了，一个个屏气敛神，惶恐不已。其实，教书这么多年，还真没有给学生动过气，看着学生们一个个不解的样子，我知道，三年了，在学生的心目中，我是一个和蔼中有威严，慈爱中有苛责，宽厚中有分寸的人，因为我一直在课堂上要求学生做到八个字："适可而止，过犹不及"，小到课堂内外，大到为人处世，这八个字，我一再给学生说，就是尺度的问题，就是原则的问题，就是底线的问题。

"当然，"我接着说，"不是我瞧不起这些职业，而是因为该奋斗的年龄，你虚度了；该努力的年龄你做梦了。因为，今天的你们，这么年轻，完全可以通过努力，让自己的生活更有品质些，让自己活得更从容些，难道不是吗？"学生们有微微点头的，也有神情中充满认可和默许的。

"还有，"我继续，"如果你小子，今后当了总经理，成了董事长，在大街上见了我，也一定，一定装作不认识我，因为你的优秀和我没有丝毫关系……"

最后，下课了，我看他一脸睡意，满是疲惫的样子，我说："送你一句话，希望你经常能想起它：

"每一个让你难堪的现在，都会有一个不够努力的曾经。"

此刻，想起这一席话，我陷入了一种深思：也许，许多人会认为何必呢，都快毕业了，这样的学生，睁一只眼，闭一只眼，算了；或者看见装作没看见，也不就行了。我反问自己，教书快 20 年了，你说行吗，一个来自内心的声音告诉我，不行。

高考在即，这学生没有丝毫紧迫感，每节课都在睡，教书近 20 年了，毫不夸张地说，一直深受学生欢迎，学生意见考核总是名列前茅。有一年轻老师感慨地对我说："李老师，许多老师，一年两年，或者三年五年，受学生欢迎，可是你这么多年，年年都是如此，真是让人羡慕嫉妒恨啊！"呵呵，有时，自己也挺感动自己的，近 20 年的教育长跑，自己始终如一，不曾落伍，积极投入，爱之乐之。的确，学生的喜爱，是对我莫大的回报啊！

"李老师，你的课上，这家伙竟然也睡觉？看来真是没救了啊。"语气充满质疑和不解。我说："关键是这学生节节睡，面对他我真是无计可施了：看他瞌睡了，我让站起来，可是两分钟不到，站着的他又上下眼皮迫不及待地亲密接触了；看他状态不够好，我让站在教室后排，可转眼间，靠在墙角又把眼睛给眯上了；那实在不行，我只能让他站在讲桌前，可是依然头一歪，肩一耷拉，睡着了……"

再后来，上课瞌睡了，我让他也做了俯卧撑；操场跑步也跑了；专为他拿根教棍打也打了；苦口婆心思想工作也做了……但，他就是"长睡不起"啊！

语不伤人死不休，想想，今天说话确实也够狠的，但真希望他能明白"良药苦口利于病，忠言逆耳利于行"的道理。

2021.5.21

听课感言

这周,几天时间,听了近40位老师的课,很辛苦,但说句心里话,有许多的感触和思考,值得把它记录下来。

俗话说:台上一分钟,台下十年功。在听课过程中,对这句话的体会最为深刻了。在此,我想说说听了这40位老师的课给我的思考和启发。

首先,从外观上来说,其实我并不是一个以貌取人的人,尤其在如此严肃、关乎到专业水准和公正评价的学科竞技平台,我是极为审慎和严谨的,但是我依然以为,登上讲台,教师就该有其应有的仪表和姿态。这虽然不能给你加分,但一定能给对方好感,这是毋庸置疑的。听课过程中,有一位女老师穿条花裤子,显得俗气至极;有一位男老师,穿着脏兮兮的运动衣,头发凌乱,一开口,却是教英语的,显得极为不搭调;还有老师,上课中一手插在裤兜里,一手举着课本,一直走来走去,让人感觉过于随意;还有老师,那么热的教室,却裹着一件羽绒服,脖子上还缠着一条皱巴巴的围巾,真是臃肿至极……想想,一位教师,色彩搭配得当,着装得体大方,教态自然亲切,立于讲台,那本身给学生的就是一种"美育",难道不是吗?

其次,就是对教材的处理与把握。一千个观众就有一千个哈姆蕾特,那么教师们面对同一个文本,也会有不同的理解和分析,这种理解当然基于授课者的学识深浅、积累多少、认识高低,这一方面,区别就太大了,也最能看出一位教师的授课水平和层次了。同题异构,最能看出差异,有些老师入题太浅,有些老师又挖掘太深,有些老师浅尝辄止,有些老师甚至打擦边球,于是同一篇课文,最能看出授课者的功底和实力了。

当然,课堂的驾驭与掌控能力也是教师的基本功,这一环节,最能体现的是一个老师的综合素养。记得有一位老师,上课懒洋洋的,自始至终慵懒有余,活力不足,这样的课,你再有水平,也难得到认可。一位优秀的教师,一走进教室,就一定会精神饱满,目光灵敏、鲜明地环视全班学生,会以自己的饱满的精神状态为示范,暗示学生要振作精神,尽快投入学习之中。记得听课中,有一位外语老师,一进教师,眼神炯炯,扫视一圈,"秒杀"全场,那气场真是超级强大。还有就是讲课时,要用精彩的教学语言来调动学生的热情。

吐字清晰,措辞精当,课堂语言的完整与流畅,简洁又不乏幽默,那是最能吸引学生注意力的。有些教师,上课语言随意,不讲究,不推敲,甚至词不达意,是最不能容忍的。还有些教师课堂时间管理不合理,前松后紧,甚至被学生牵着鼻子走,导致教学内容完不成,这些都是一堂优质课应该注意的。

当然,综合评价一堂好课其标准还有好多,比如教学目的明确、教学内容正确、教学方法适当、教学过程紧凑、学生主体充分发挥等。但依我而言,任何一堂课都不可能"完美",因为众口难调,只要授课者能够定位好自己,定位好学生,定位好教材内容,处理好三者的关系,并能熟练驾驭好一堂课的40分钟,那就会是一堂成功的课。

总之,听课很辛苦,但也给予了我许多认识和思考,上好一堂课真的不容易,但有一句话是这样说的,细节成就大美。教无止境,艺海无涯,扬长避短,查遗补漏,提高自己,完善自己,是我们每一位从教者的不懈追求。

2021.6.23

既然一生都要站在讲台上,就要站得优雅,教得幸福!

今天是我在教育战线上度过的第 25 个教师节。一大早,接收着同学们的祝福,记忆的闸门瞬间被打开,回顾走过的二十余年,点点滴滴浮现眼前犹如一幅幅长长的画卷徐徐展开……

我是一个特别爱搜索记忆中的故事的人,翻看相册,一张张照片都是我的教育留痕,心怀感恩,满满的都是爱和记忆!

二十多年来,念念不忘,必有回响。从青涩到成熟,从手足无措到游刃有余,从面对学生的紧张到如今的淡定坦然,我的教育人生完成了一次次的蜕变。可以说从一名需要老师的老师变成被学生需要的老师,过程是漫长的,也是幸福的!

我一直以为,教师最体面的事儿,不是评级争优拿奖,而是真正好之乐之。犹记开学第一周教研组会,我给年轻的组员们语重心长地说:"我的教龄基本与刚刚毕业的你们年龄相当。这么多年,我最大的体会和收获就是对待教育,我们要记住这几个字'敬畏、感恩'。这份职业,唯有心存敬畏之心,才会潜下心来,投入进去,才会真正懂得学生,愿意付出;也只有心存感恩之心,我们才会用心于这份职业,用情于我们的学生……"

当然,我一直很喜欢哲学家费尔巴哈的一句话——人活着的第一要务就是要使自己幸福。而我经常说在追求幸福的路上,我们一定要主动出击! 当然了,不同的人对待幸福的理解是不一样的。但终其一生,我们都是在为幸福而勇往直前,我所理解的幸福就是心情愉悦不纠结、舒畅坦然少抱怨,教育我的学生们在努力与付出中获得幸福,幸福才最有甜蜜的味道。

当然,试想:没有幸福的老师哪来的幸福学生? 但日本作家池田大作又说了——幸福不是别人赐予的,而是一点一滴在生命中筑造起来的。所以,我一直念念不忘的是:如何让学生走在追求幸福的正确道路上,不偏离方向,且能执着地走下去。幸福的人生需要你正确对待人生:眼中的功名、心里的得失、他人的褒贬,还有人生许多的猝不及防和措手不及,都需要学会智慧而理性地去面对。

于我而言,人生的幸福是既然一生都要站在讲台上,就要站得优雅,教得幸福。为师者,心里装着学生,更应该装着自己,因为一个优秀的老师,言谈举止里都是教育,着装打扮里都是审美,认识层次里都是素养,价值体系里都是导向,要让学生敬重,自己首先要做一个幸福的人;一支粉笔,三尺讲台,前半生不后悔,后半生再努力,优雅的生活,幸福的教书,此生足矣!

在我看来,成功不是衡量人生价值的最高标准,比成功更重要的是:一个人要拥有内在的丰富,有自己的真性情和真兴趣,有自己真正喜欢做的事。于我而言,安安静静地教书,开开心心地生活,投入的教书,幸福的生活,人生还何所求?心存感恩,珍惜拥有,幸福常被拥有。

脚下之路踏实走,诗和远方不能丢!作为一名从教20余年的语文老师,我一直坚信:一个真正的语文老师,一定是一个有格局有情怀的人;一个好的语文老师,一定有不同于一般人的理性精神和浪漫情怀,能与俗世保持一定距离,有属于自己的诗意世界;一个优秀的语文老师,他始终是学生"读书的种子"和"生活的引子"。而一个被语文所滋养的人,一定相信滚滚红尘之外还有风光旖旎、浩瀚无边的想象的世界,他不会把书本当成世界,而会把整个世界当成自己的书本。所以,坚持阅读是一种工作习惯;提升自我更是成长的必需。

我敬佩苦教一辈子的人,但我更想做一名乐教一辈子的老师,曾经和朋友坦言,这辈子教书,前半生不后悔,后半生更努力;如果说前半生我是通过教育学生而成就自我,不如说后半生我是通过教育学生而取悦自己。

工作很忙,但我喜欢留一点时间给生活,留一点生活给自己。特级教师郑立平说:"不懂得休息便不懂得工作;不懂得工作便不懂得生活。"所以投入的工作,快乐的生活就是我人生追求的全部意义。

既然一生都要站在讲台上,那就站得优雅,教得幸福!

2021.8.22

教育的挫败感

当一个学生站在你面前,胳膊上绑着沙袋,衣袖看起来饱饱的,甚至臃肿不堪,你会怎么想?当一个学生因为学习能把自己的大腿用针扎得肿起来,你会怎么想?当一个学生健步如飞,脸部因飞奔而有些狰狞,说抢着去吃饭,为了挤出时间来学习,你又会怎么想?

他是我的一个学生,也是我主动"帮困助学"的一个对象。一直以为"让教育的阳光照亮每一位学生",是教育者的一种情怀,一种信念,一种追求。所以,面对自己所教的学生,总是提醒自己,不能厚此薄彼,要一视同仁,因为每一个孩子都是一个家庭的全部,都是一个家庭的未来,每一个孩子都有享受教育阳光的权利,哪怕他在教育的某个"角落"里。

总以为,二十年来,教育的心得体会,教育的经验思考,再加上自己一如既往对这份工作的热爱,能够让我在面对学生时,做到理解、平等、换位、亦师亦友,进而走近他们,引导他们,启发他们……

可是,面对这个学生,我却深深地有一种挫败感:

我说,睡眠是学习的保障,晚上稍微早点睡,第二天才会精神饱满。他说,不,老师,一个人要有毅力,为了自己的人生目标,就应该好好学习。好吧,这么有志气的孩子,老师该说什么好呢!

他是学校最最用功的那一个,地球人都快知道了,可他的成绩并不理想。我提醒他,学习要讲究效率,可以效仿成绩好的学生,是如何劳逸结合,做到事半功倍的。他说,他觉得他还不够努力,他没必要也没时间去关注别人,那样太浪费时间了……

我说,孔子师郯子、苌弘、师襄、老聃。郯子之徒,其贤不及孔子(呵呵,上周学生刚背诵过的课文),为什么孔子还以他们为师,是因为孔子明白:"三人行,必有我师焉";孔子也总是提醒自己:"吾日三省吾身"。所以,关注别人,也是为了"择善而从之",为了更好地提高自己。他说,老师,时间会证明一切的……

我说,一个聪明的人,一定是善于学习,尤其善于发现别人的长处,并及时借鉴,以期使自己成为更优秀的人。他说,他不认为自己现在的学习方法有问题,他也不认为别人的方法更有效……

我说，坚持是一种优秀品质，但一意孤行，不听取父母老师朋友们的合理的建议，就是固执，这样会让你在错误的道路上越走越远，甚至南辕北辙。他说，那也是走总比不走好，他愿意走下去……

我说，你尝试着改变一下自己的学习方法，看看哪一个更有效。他说，他试着改变了，发现没多大效果……

我说，一个习惯的养成最短需要 21 天呢，你别急，慢慢来。他说，他试着改变了两周，发现这样无聊的改变很是浪费时间……

…… ……

面对他，我真有一种深深挫败感，看着他脏兮兮的手、衣服（他说，没时间洗），听着他带有偏执的辩解，我真没有一点办法了……

无奈，在他最后说这样无聊的改变很是浪费时间的时候，我发现，这次的谈话应该到此结束了，而且效果为零……

挫败中思考……

2021. 10. 12

@ 所有高三老师……

我知道,所有的高三老师都很忙碌,正如今天晚上的我们,高三老师很辛苦,别人没有星期六,我们基本上没有一个完整的星期天。所以高三的我们真的很不容易!

可我今天想说的是,高三的学生真的也很辛苦,不管他们基础如何,排名多少,身在高三,外在的辛苦,内在的压力,每个孩子都要经历。今天的一件事,深深触动了我,我想说给大家听:

上语文课,有一男孩,上半年从普通班考进预科班的,写得一手好字,学习也挺认真、刻苦。可是今早上,我发现他状态不好,情绪低落。下了语文课,我让他别去跑操了,来我办公室一趟。

坐下来,我问他近期学习情况,他说二模不如一模,这次三模他觉得成绩肯定还会退步,昨晚他给他妈妈打电话,说不想念书了……

明白了,这孩子压力大,有点扛不住了。我问那你妈妈同意吗?他说,不同意,骂了自己一顿……

高三的孩子,不容易,孩子的妈妈看到高考仅剩230余天的时间,急躁地批评责骂孩子也不难理解,因为许多家长未必真正了解孩子。可我想说的是,如果我们老师能够及时发现孩子的心理变化,给予宽慰,积极疏导,让孩子能够找准自己的位置,给自己一个合理的定位,帮助孩子找回自我,面对成绩,理性一些;面对自己,自信一些;面对高考,从容一些……

教书20余年,高三也没少带,每一届高三,只要留心观察,总是会发现一些心理失衡的学生。在我的教书生涯里,遇到过十多个这样的孩子,十多个孩子就是十多个家庭,想想这是多么需要我们付出的一部分学生,这又是多么有意义的一项教育工作,挽救一个孩子,让他拥有一个美好未来,值得我们倾注心血;而且,往往这样的学生,他们恰恰是那些懂事踏实,刻苦认真,渴望进步,想要成功的孩子;所以,他们自我加压,目标过高,力不能及;他们如果对学习突然厌倦,想要放弃的时候,没有人拉一把,也许他的心理会失衡,情绪会失控,会突然放弃自我。这个时候,作为老师的我们用耐心、爱心积极地引导他们,帮助他们走出困境,正确认识自我,乐观积极地面对自己,面对学习,面对高考,也许他们会取得一个满意的成绩,有一个光明的未来。

关注孩子们的个体差异,关心每一个高三学生,"火眼金睛"地去发现他们,及时地帮助他们,不让一个孩子掉队,帮助一个孩子就是帮助了一个家庭,每个孩子都是家庭的全部,每个孩子都渴望拥有一个美好未来……

今晚考试,巡考之际,有感而发,高三的老师们,我们一起加油,不让一个学生掉队!

2021.11.23

父母不配有我这么好的儿子

今天看一则新闻，说，一个十岁的男孩，奥数、围棋、轮滑成绩都非常好，全班考试成绩总是第一，英语口语也很棒。可是，这个小男孩居然说，父母不配有他这么好的儿子，父母没什么钱，只能开十几万的汽车，同学都拿 iPad 7，自己只有儿童手表一块……

看新闻，让人冷汗直流，我真不知道这个小男孩缘何说出这么不通人性、"丧尽天良"的话来，而且如此赤裸裸地鄙视加不满。这么现实而又露骨的话，究竟应该理解为"童言无忌"呢，还是这小 p 孩"入世太深"了些？我也真不知道这个小男孩的父母听到这样的话语会是什么心理，是自责？是懊悔？还是气不打一处来：怎么就生了这么个白眼狼？

古语有云："子不嫌母丑，狗不嫌家贫。"从前父母总是爱说别人家的孩子好，如今孩子却总说别人家的父母好。呵呵，孩子优秀了，结果父母却被"嫌弃"了，其可怪也欤？

又记宝贝女儿总是不好好吃饭，一吃饭，满家追来追去的，她还总是捂住嘴巴。有一次，我颇为生气地说："妞儿，你再不好好吃饭，妈妈就去亲洲洲哥哥呀？"妞儿吃饭真的最是惹人恼了，儿子把妞儿抓住，指着妞儿的鼻子说："你女子，学校的伙食费都白交了。"我一笑，想想，这家伙确实是这样。

说完，我转身进卫生间洗衣服去了。转眼间，妞儿追过来了，认真而严肃地说："妈妈，一个人只有一个妈妈，妈妈是不能用来交换的。"说完，脑袋仰得高高，等待我的回答。

呵呵，交换？这么一个词，女儿把它用在这句话里，而且这么贴切，不容易！我扭过头，逗她："那也行，妈妈不能交换，让爸爸去，爸爸总该可以了吧。"妞子这下子有点生气，着急地抓着我的衣袖，大声地说："不行，不行，一个人只有一个妈妈，也只有一个爸爸，哼，谁也不能交换……"

"那好吧，不能交换，那妈妈就再生一个爱吃饭的宝贝儿，这总该可以吧！"我眉头一皱，计上心来，呵呵。

妞儿若有所思，抬头："好吧，给我生个妹妹吧，不过妈妈，那你也要好好吃饭哦！"

"为什么？"怎吃饭问题又转移到我这儿来了。

"哎呀，妈妈这么瘦，生出来的妹妹比我也瘦，妈妈又要着急了呀！"妞儿一本正经地说。

呵呵，为什么稚子童心总是对父母充满依赖和爱，而稍微长大，有些孩子就无视父母，甚至对父母充满敌意，更何谈感恩与回报？

想起原来在神木中学东墙上有两句话："千学万学学会做人，千教万教教做真人。"今天我们教育孩子，在学业上成功，却往往忽略了引导他们在人生路上成材；于是今天，我们总是能看到一些不可理喻的孩子，他们冷漠、麻木、残忍，甚至于对父母大打出手，痛下杀手。想想，教育，我们的教育，究竟哪里出了问题？家庭，社会，学校，都值得反思！

文章开头这男孩的姑姑爆料说，其父母打算要二胎，这小男孩直接说，不是瞧不起父母，坑了他还想再坑一个孩子吗？如果父母再生，自己就不再上学了，反正成绩好不如有钱，学得再好，父母也是给不起什么的。

想一想，这孩子从头到尾都在强调自己的梦想和如何自我实现，看不到这孩子任何感性的表达，对父母没有丝毫的理解、感恩，俨然就是一个精致的利己主义者，一个十岁的孩子，太可怕了。

想想，一个孩子对父母都心存不满、厌弃，还何谈"老吾老，以及人之老"，一个孩子对父母都不能心存感恩、回馈，又何谈仁义博爱。

先成人，后成才，教育的规律必须遵守，这种"打鸡血"式的成才教育，其后果势必难以成人。

值得每一位教育者思考。

2021. 12. 15

给自己手动点赞

今天上午,在连排课上,给学生分享了两篇近期的杂感随想,孩子们听得很专注,有一女孩子说,李老师,我们特别喜欢听读你的文章,感觉作家离我们并不遥远。我忙说,不敢这么说,李老师只是一个爱记录生活的人而已,哪能和作家相提并论呀!

我知道,在我的朋友圈里,搞文字工作的人不少,爱好文字的人更多,我也知道,自己有时流水账式的记录难登大雅之堂,难免会见笑于大方之家,但我依然一直坚持记录生活,思考人生,呵呵,200万字的记录是需要点时间和精力的。也许有人不禁会问:是什么让你能一直这么坚持?

记得托尔斯泰在日记中也曾这样叮嘱过自己:无论好坏,时时都应该写。他为什么要这样叮嘱自己呢?我想,就是为了不让写作的习惯中断。如同任何习惯一样,写作的习惯一旦中断,要恢复也是十分艰难的。所以,托尔斯泰认为,只要习惯在,写得坏没有关系,迟早会有进步,写得好的时候。

还有,是一件小事启发了我。记得几年前,我曾特别想记录教育的点滴,思考教育教学的得与失;曾经还准备了一个笔记本,因为忙,就把想记录和思考的教育教学问题先提纲式地记在笔记本上,想着等有时间了再思考再完善;殊不知,等有时间了,再拿起笔记本的时候,已经没有了写作的冲动了,原来刹那间产生的灵感都昙花一现般一去不复返了。所以,我认为,当灵感来临时,写作者切不可怠慢,不能搁置。周国平曾说,写作是迎接灵感的仪式。当你对较差的思想也肯勤于记录时,较好的思想就会纷纷投奔你的笔记本了。呵呵,我想,是不是就像孟尝君收留了鸡鸣狗盗之徒,齐国的人才就云集到他的门下了。

当然,身为语文老师,时刻提醒自己和学生:世事洞明皆学问,人情练达即文章。观察生活,思考人生,提升自我,完善品格,才是一个人一生所求。当记录生活、感悟生命成为我每天生活的必需的时候,越来越发现,原来生活就是"不畏浮云遮望眼,自缘身在最高层"。于是人生也就豁达通透了起来。

能够一如既往坚持做一件自己喜欢,还算擅长的事情,需要自身的体贴和鼓励。所以,为自己手动点赞,继续,加油!

2022.1.8

别逼老师放弃你的孩子

寒假回老家，听母亲说起一件事。表弟媳妇在一个乡镇小学教书，因一小孩，男生，特别调皮，表弟媳妇在对其管教无效的情况下叫来家长。殊不知，这男孩在家长面前，一下子得势了起来，当着自己父母的面，斥骂老师，且出言不逊，表弟媳妇忍无可忍，也就当着家长的面，踢了这个男生两脚，这下不得了，家长孩子一起耍赖，说被踢骨折了，最终事态发展到这男孩住进了医院，长住就医，不出院了。据说，表弟媳妇赔了三千块钱，才算平息了这件事。

还有一朋友，也是教师，说她家小孩上小学二年级，在教师子弟班。当然，学校也配备了一名有20年教龄的老师，担任这个班的班主任兼数学教学工作。有意思的是，这些孩子们的家长，身为教师，自视懂教育，一天意见满天飞，一会儿是孩子中午作业多了，自家孩子做不完；一会儿是这个老师原来是教语文的，怎能教得了数学；一会儿是要给县长热线打电话，把这老师给换了……

此刻，想起这两件事，脑海里不禁就冒出一句话来：亲，别逼老师放弃你的孩子！

记得看过一本《班主任》期刊，其中有一个优秀班主任的访谈，印象特别深。他说"家长与学校配合得越好，教育越会成功。凡是家长不与学校配合的，结果都是悲剧，这在我的教育经历中无一例外。"

想想，表弟媳妇当着家长的面又能使出多大的劲来踢孩子？而家长对孩子漫骂老师却视若罔闻，真是养不教，父之过呀！当家长"护犊"心太切，不懂教育规律，一味指责教师，这无形中会让孩子有"狗仗人势"的优越感，可想而知，这样不可理喻的家长怎能不教育出一个问题孩子出来？再有这样的孩子，还有哪个教师再敢亲近？

当然，也有自认为懂教育的教师家长，不从自家孩子身上找解决问题的突破口，比如，作业多、不调查、不对比，是只有这一个班作业多，还是同年级都一样？是自家孩子做不完，还是大多数孩子做不完？有时家长心里真的特别怪：呵呵，既想孩子出成绩，又想让孩子少付出；既想让孩子优秀，又不想让孩子多花功夫。自认为懂教育，却不知大多数孩子需要熟能生巧，而真正能够举一反三、灵气十足的孩子毕竟是少数。

今年同事家孩子在高新一中就读，考取了同济大学，记得同事在我面前多次提到他家孩子经常学到半夜一两点,作业做不完,娃真的很辛苦,说自家孩子总是比别人慢,可从没有听同事说要给学校反映作业多,还有要求换老师。呵呵,想想,教师子弟班,师资应该很不错,为什么有问题先不从自身找原因而是去刁难任课老师?倒是让我想起一句话来:"本是同根生,相煎何太急?"

其实,很多时候孩子在学校被忽视不是因为孩子有什么错;很多时候,老师根本没想放弃某个孩子,而是被一些家长们的行为伤了心,慢慢地放弃那些孩子。

现在很多家长会觉得,教育是服务行业,我交了学费,老师就应该给我的孩子提供最好的服务。但是,教育不是服务,它更是心灵层面的引导和滋养。

所以说对待老师最好的态度是尊重、理解和信任,因为也只有这些才能激活老师内心最崇高的情感,才能让老师用心去对待孩子,给孩子一份最优质的教育。

换位思考,心存感恩。真的,千万别逼老师放弃你的孩子。

2022. 2. 19

不急，慢慢来，成长需要等待

今天楼下邻居上来借一把钳子，看到我们家阳台上这盆花，吃惊地说："这盆花长得绿油油的，黑绿黑绿的，看起来挺好。"接着问我："长了多久？"

我说："应该有十余年了吧！本来应该还能长大些，只是这几年没再给换个盆子，因为浑身带刺，实在不好换了，担心换花盆会折损了这盆花。"

邻居一脸失望地说："十多年呀，我还以为两三年就能长这么大呢，太费时了，那就不买了……"听这言语，满是等不住，没耐心啊。呵呵，我心想，这耐心，适合买一盆现成的回来。这成长的过程，确实漫长了点！

犹记这盆花刚买来时的情景：清明节前后，百姓家园，广场附近，时不时可以看见挑担的外地人，装着各种刚刚栽培出来的各种花卉，有十多个年头了。路过百姓家园，看到这盆花，小小的，只有我的一拳头大；可很有形，参差错落的，真是具体而微，好景致；十五元一盆，盆是塑料的，很小，里面也就一抔土，浅浅盖住了它的根部。呵呵，我甚至不知道它叫什么名字……

十余年的时间，它就长成了这般好景致，层峦叠嶂的，错落有致。亲戚朋友到访，这盆花总是很抢眼，它总是第一时间就被亲朋们看到。然后，就有诸多的疑问：

这么一大盆，多少钱买的？自己栽的，不可能吧？这么长时间呀？倒了几次花盆？这么好看，修剪吗？……

十多年，它一直默默地生长着，妞爸除了浇点水，也很少修剪，任由它自由自在地生长，偶有亲朋好友要一枝，剪了便是。一个月两个月，甚至半年，你也不会发现它长了多少。但是十多年后，它就这么引人注目，受人夸赞。呵呵，真是"十年寒窗无人问，一举成名天下知"啊！

育花如育人，急不得，要懂得成长过程中等待的意义。要有足够的耐心，关注它，让它慢慢成长，在慢慢等待中，耐心观察成长的过程，耐心倾听成长的声音，触摸岁月的痕迹,感受成长的美好过程,不急,不催,不躁,不烦,刚刚好。意大利教育家蒙台梭利曾说:"每个人的成长都有一个程序,他在某个年龄特征段该领悟到什么样的问题,其实是固定的,你没有办法强求,过分人为地加以干涉只会毁了他。"

成长,需要时间,需要等待;所以告诉自己也记着告诉孩子,不急,咱慢慢来……

2022.3.11

教育的细节

昨天去给女儿开家长会，倒是让我想起一件事，好多天了，一直想把它记下来，可总是忙。今天一大早，好不容易熬得一个大礼拜，却习惯性地睡不着了，干脆起床，记录下来。

女儿是班里最小的。年龄最小，个子最小，刚开始上学，宝贝胆怯，不自信；懵懂，听不懂。回到家，说她听不懂老师上课说的话，甚至还说她想放弃学习，看得出，宝贝压力挺大的。这个时候，我也有点着急，难道真的上学太早了？一段时间，看到宝贝辛苦地背个大书包上下学，我都在质疑自己：难道真的不该让宝贝上一年级？

有一次，中午送女儿上学，来到学校门口，正好碰上女儿的班主任——李美丽老师。美丽，这名字多好听！我发现，她喜欢穿大红和亮白，看起来特别明快和靓丽，就像她的性格一样，直爽开朗。女儿见了老师挺胆小的，只见美丽老师刚看见女儿，就迎了上来，嗓门挺大的："哇，看我们班的环保小卫士漂亮不，太漂亮了呀！"下午学校要进行"我是学校的环保小卫士"捡拾小垃圾活动，笨笨的我和宝贝一起做了个头饰，美丽老师一眼就瞅见了。接着，身材高挑的她就弯下腰，个子比较高，可弯腰毫不含糊；女儿小小的个子，老师弯腰，深深地，贴近，摸了摸女儿的小脑袋，亲昵的就像自家孩子……

我说："我家女儿就是不……"我这话还没说完，美丽老师就接住了话头，对着女儿说："高艺嘉小朋友这段时间进步特别大，老师最喜欢了……"

没轮上我插嘴，美丽老师又接着说："高艺嘉小朋友可聪明了，回答问题把手举得老高老高的……"

特别注重教育细节的我，送完女儿到了学校，我和同事们说起这件事。我说："一路上我在想，美丽老师为什么没等我说完那两个对孩子来说非常重要的字，就接住了话茬？她一定是不愿我家女儿听见，听见妈妈说她有些胆小，有些不自信，她一定是为了让我家宝贝不要产生心灵上的负担……"

同事燕青说："我也能明白了，为什么孩子们这么喜欢这位老师了，真的太会教育娃娃们啦!"

"微教育"，此刻，让我想起这样一个词。我所理解的微教育，就是教育者要时刻注意用自己的一言一行作为资源去影响孩子，包括仪容谈吐，包括学识修养，包括为教者的点滴。阅读过朱永通教授所著《教育的细节》一书，感触颇深。一个注重教育细节的老师，一定是有爱的老师，有真爱的老师，有大爱的老师。

教育，贵在细节。老子曾说："天下难事，必作于易；天下大事，必作于细。"正所谓一滴水能够折射太阳的光辉。教育是爱的教育，爱是慢的教育，我以为不只教育，其实做任何事情，都是细节处见精神，入微处见功夫。

2022.4.3

有没有比这更好的教育方式……

教育之事，得失寸心知。今天，记述两个教育的案例，思考有关教育的点滴。

"唉，我女儿今早上去学校，又要站着上课了！"同事这么说。

我知道他女儿今年也上小学一年级，我边改作业边问了一句："为什么要站着上课呢？"

"上周四，她们老师上课，她笑了一声，所以老师要罚站一周。回到家女儿说，她只是觉得老师说得有意思，所以就笑了，可是老师认为不该笑，唉，孩子今天去学校，心情也不好……"听得出，这孩子不开心，这同事也很无奈！

"看来这老师的笑点太高，你家宝贝的笑点有点低，和人家老师不合拍……"同事开玩笑地说。

"一年级娃娃，这么惩罚，是不是太过分了，一周罚站，这老师也忍心！"也有同事这样说。

我在想，有没有比这更好的教育方式，既能给孩子以惩戒，又能不伤孩子的自尊心？有，肯定有……

还有，接女儿放学回家时，有家长说起一件事，也是有关教育的：幼儿园小朋友感冒了，下午妈妈去早了一点接孩子，发现自己感冒的孩子正被罚站在走廊里，且衣服也敞开着，爱子心切的妈妈对班主任老师的做法不能认同，理论了几句，拉起孩子就走。结果第二天，这个幼儿园的园长发话了：两种选择，劝退或转学。这位家长很是生气，幼儿园不是讲如何教育，动不动就劝退或转学，这学校是他们家的……，这位家长对教师几近辱骂之辞，站在旁边的我听了浑身不自在！

我在想，当幼儿园也急功近利，把惩罚作为教育的惯用手段时，那我们的教育也真正出问题了！这么小的孩子至于劝退或转学吗？这学校是不是把对家长的意见全部让一个无知小孩子来承担了呢？

有没有比这更好的教育方式？有。我只说一点（相信这个问题有多种思考角度）。我总是认为，尊严是一个人灵魂深处的面子。这份面子，不分年龄，不管大小，每个人都有；所以，顾全一份面子，教会学生爱惜自己的面子，就是成全一份尊严。而一旦学生不看重，无所谓了这份面子和尊严，这孩子可能就破罐子破摔，无所谓以致无所顾忌了！所以，尊重是前提。尊重孩子，让他在每一次受教育的过程中，让他学会自尊，懂得自爱、自重。我相信教育才会指引一个人走向自立，走向文明，走向未来，我所理解的教育是为受教育者一生服务的……

那么，教育是什么？教育是引导，是感化，是教化，是培育，是需要仁爱之心的。目光短浅者，急功近利者做不得教育；缺乏爱心者，没有耐心者做不得教育。教育不是短兵相接，是春风化雨；教育不是立竿见影，是润物无声。雅斯贝尔斯曾说："教育是人的灵魂的教育，而非理性知识的堆积。"教育本身就意味着一棵树摇动另外一棵树，一朵云推动另一朵云，一个灵魂唤醒另一个灵魂……

教育的方式真的很多，用点心，增加点爱心，再有点责任心；多点情怀，换位思考一下，教育的效果可能截然不同！

教育之事，得失寸心知！

2022.5.16

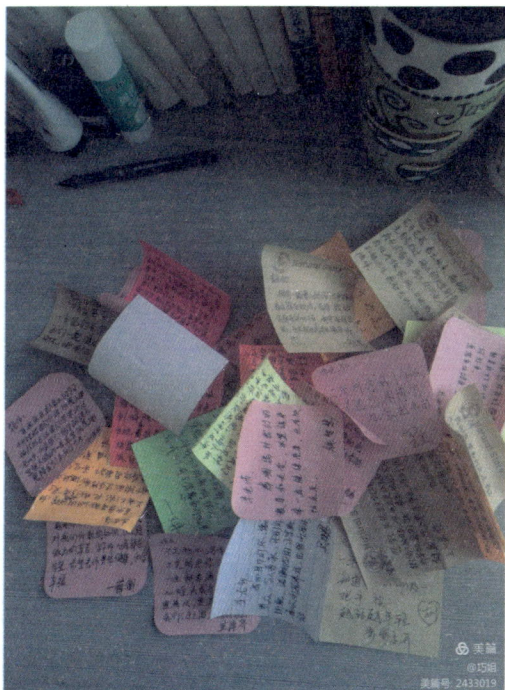

把根留住……

看着妞爸又在侍弄眼前这盆"玉树临风",我不禁感慨地说:"这盆花,也就多亏了你,它才起死回生,枯木逢春啊!"

"把根留住,就有重生的希望!"妞爸一边精心地修剪着,一边若有所思地说。

这盆花,在我们家也有十余年了,今天看着它粗壮的枝干,油绿油绿的叶片,不禁让我陷入了思考。

今年搬家时,看着它只有光秃秃的一根躯干,而且顶头部分干枯色黄,了无生机。我说:"这盆花,咱扔了吧,我看已经死了。"

妞爸左看右看:"你知道家里的盆栽,躯干能长这么粗需要多少年?"

"反正这盆花在咱家也有个十余年了吧,好像和旁边那盆差不多时间!"印象中这盆只有躯干的花,应该比旁边那盆挺拔而长、已颇有姿态的临风玉树还要早些。

其实,我早就想扔了。不知什么缘故,它就硬生生从腰部给折断了,看折断的新茬子,中间好像有点腐烂了;就这样,妞爸把它放在了阳台上的角落里。不过,每次浇花的时候还不忘观望它,有时就用手给淋点水。

"这光杆杆也有两年了吧!"我问妞爸。

"嗯,你看,足有两年时间,这花一直积聚力量,蓄势待发!"妞爸的言语里充满欣赏。

"是你给了它重生的机会和可能,若是我,可能早就把它给扔了!"我说。

…… ……

当然,搬家,这盆花终究是没扔。今天,这盆"临风玉树",已经冲出了困境,正以不断向上的力量,蓄势而发。粗壮的躯干,支撑起顶部绿而厚的叶片,很是好看,又似在昭示:两年的沉寂,就是为了从今而后的生机和活力。

"把根留住,就有希望。"妞爸不经意间说的这句话,现在想来,多有深意啊!

育人如育花,需要耐心,也许就成就了一个学生,如妞爸一般;更需要爱心,可能就成全了一个孩子,如妞爸一般。细细想来,教育的道理也就在这寻常的生活里。

已去西安教书的李颉妹妹的今日读书摘录里写道:"以教育的眼光看周围的世界。我无论读什么书,都能读出教育;我无论看什么电视节目,都能看到教育;我无论遇到什么事,都能想到教育。"

不断提醒自己,努力做一个有心的教育者。

2022.6.23

为师者的言语底线

同事的孩子,三年级了,回家给奶奶哭着说要转学,怎么回事呢?同事焦虑地给我们说了其中的缘由:孩子三年级,上课时,她们班小朋友在黑板上算一道题,答案写错了,老师就说,你脑子让驴给踢了?还说,你脑子进水了?

这老师,怎能这么跟小孩子说话呢?有损师德呀!作为一个大人,还是教师,她才脑子进水了!同事们你一言我一语,很是生气。

我问,那小朋友们把题如果做对了,这老师会怎么说呢?同事说,孩子回来说,如果题做对了,老师会说,滚下去吧……

听到这儿,我好生气,我都怀疑这老师会说人话不?同事的孩子,小女生,因为作业没写完,这位老师一大早让孩子背着书包回家去,别来了……

我在想,对学生进行惩戒教育确实是必须的,也是行之有效的。可是能不能采取温和一点的方式,以尊重学生为前提,这样做会不会更有效呢?"良言一句三冬暖,恶语伤人六月寒。"这种语言暴力往往杀人不见血,语言暴力的杀伤力是非常大的呀。

我们想想,从表面上看,语言暴力比体罚似乎显得文明些;但我认为,它带给学生的伤害绝不会比体罚小。从某种程度上讲,可能还有过之而无不及。想一想,体罚更多伤害的是学生的身体,其痛苦可能是短暂的;但语言暴力的伤害却可能是长久的,是诛心的呀,因为带有侮辱性的言语,不仅伤害了孩子的人格,损伤孩子的自尊和自信,破坏学生心理健康,严重的还可能会导致学生心智失常,丧失生活勇气,引发厌学、逃学……

有一朋友,她弟弟就因为在初中时候,受到老师在教室里公开的批评和谩骂,就产生了换班想法,家长也没多想,导致这孩子厌学,弃学。而今,年近而立,抑郁在家,不出门,不工作,也不成家,父母急白了头……

也许有人会认为,难道现在的学生就批评不得啦,不就是一个个案吗?有那么严重吗?我认为,事情不是这么简单,对于一个教师来说,"年年岁岁花相似,岁岁年年教不同",可能在一个人的从教生涯里,会遇到许多许多的学生,但对于一个家庭来说,一个学生就是他们的全部,就是全家的希望啊!所以,教育,首先是人的教育,是人格、尊严的教育,没有人格、尊严的教育,所谓的知识文化教育就无从谈起。

看过一个材料,有专家调查和研究发现,学生的自我认识水平很低,他们主要是根据别人,尤其是心目中崇拜的老师或父母的评价来认识自己。如此一来,老师们具有"权威性"的负面评价,会使学生深信不疑,并且产生严重的自卑感,不知不觉中会按"笨孩子""坏孩子"的标准行事。长此以往,他们就可能真的变成"笨孩子""坏孩子"了。

我始终认为,一个合格的教育者首先应该是善于控制自己的情绪与行为的。不把个人情绪带进教室,进行"投射",这是起码的要求。而且赏识教育要比惩戒教育有效的多,好孩子都是夸出来的,从教二十多年,我一直这么认为。教育应建立在对学生们最真挚的爱心基础上,要对自己的行为好好反思,而且要将心比心、换位思考。

对学生说话,我认为,怎么说和说什么一样重要。为师者说话的底线就是不要让自己的语言成为"软暴力",去伤害学生,攻击学生。一个老师连这点常识都没有,只能是德不配位,如她自己所说,滚下去!

2022.7.12

父母健在,却无处为家!

早晨6:50出门,碰见邻居匆匆忙忙,左手忙着拉鞋上脚,右手忙着甩包上肩,我说:"这么早,不迟吧?"她忙着说:"我们班一个学生父母闹离婚,把孩子带到咱小区大门口了,我赶紧……"话音未落,脚已迈出电梯门了……

邻居是位教师,看着她风风火火的样子,我心想:多么任性的家长,这一大早就闹离婚,可以想见,一个晚上应该是各种折腾;把孩子给老师送来,可以想见,这家长朋友有多奇葩和多不负责任!对于孩子来说,父母健在,却无处为家,这又是怎样一种无助无奈而又无力啊!

接下来,在大门口,我就看见了一对年轻父母,女得披肩长发凌乱不堪,对着旁边的男子哭诉不止,且恶言相向,男的拖着一男孩,孩子是二三年级学生吧,无辜而又胆怯地站在爸爸身旁……

此刻,想起一句话来,心理学家大卫·范德说:"成长中的孩子有一个特性,那就是只会记住刺激性强烈或对自己印象很深的东西,如果爸爸或者妈妈经常在孩子面前发脾气,即使你也有温柔的一面,在孩子的印象中,你依然是一位脾气暴躁,歇斯底里的家长。而且孩子是家长的复制品,特别会复制父母的坏情绪。"

想起上半年,我的一个女学生上课偷偷抹眼泪,我把她叫到办公室。她说,父母要离婚,总是冷战、吵架,还有打架,她恨自己为什么有这样的父母,她恨父母为什么这么自私,她一点也没心思学习……

教书这么多年,会发现,身边有多少孩子,性格孤僻,学习成绩差;有多少孩子自卑、抑郁、乖戾、叛逆等等。细究成长过程,不和谐的家庭往往是最主要的原因,父母难辞其咎。家庭是孩子的第一成长环境,父母恩爱能让孩子有安全感,父母阳光向上,给孩子的也是满满的正能量。反之,有问题的孩子往往背后都有一个有问题的家庭。

一个脾气不好的妈妈,会扼杀孩子的童年,泯灭孩子生活的乐趣,让孩子丧失安全感;不会控制情绪,跟着情绪走的妈妈,很容易让孩子有样学样,因为许多种情况下,孩子会复制大人的情绪。阿德勒说:"幸运的人一生都被童年治愈,不幸的人一生都在治愈童年。"怨妇一样的妈妈,孩子也会像吸入二手烟一样,不自觉地被影响。

我们身边不乏这样的父母,他们觉得孩子还小,什么也不懂,只要瞒着他,或者加倍对他好,孩子就不会受到伤害。离婚对孩子的伤害,从来不会因为离婚的普遍而减轻半分。当父母还沉浸在自己的痛苦中,无暇顾及孩子时,殊不知孩子已经被伤得遍体鳞伤了。据调查,离婚家庭的孩子在辍学、出现行为障碍、离家出走、自杀等行为上的比率要远远高于正常家庭的孩子。

毕淑敏在其《女心理师》里描述了一位高中女生,名为娜娜,就是这样一个例子。原本,她活泼开朗,成绩优异,拥有一个幸福的家庭和光明的前途。可意外得知父母已经离婚,爸爸嘴里的出差,只是不想住在家里的说辞后,她陷入了强烈的不安和自责中。而当娜娜发现只有自己受伤,父母才会像以前一样留在自己身边时,她开始用伤害自己的方式挽救这个破碎的家庭。第一次,她假装不小心,用水果刀割伤自己;第二次,她把自己浸泡在一浴缸的冰水中,让自己发烧;第三次,她从楼梯上一跃而下,摔成了骨折……就这样,伤害不断升级,娜娜却从未停手,因为她比谁都更想要保住这个家。

记得一位心理学家说:"长期矛盾,吵嘴,打架,冷战以致离婚对孩子造成的创伤,甚至比父母离世更严重。"美国教育研究所的一项调查表明:父母不和或离婚极易引发孩子成绩下降、缺乏成就感、迟到、早退、旷课等问题。

《养育男孩》的作者史蒂夫·比达尔夫曾说:父母能给孩子的最好的礼物,就是稳定的夫妻关系。在我所带的学生们中间,通常性格开朗、富有爱心的孩子的成长背后,总能找到温馨和谐家庭的影子;一个人形成不健全的人格,也可以从其家庭中找到充满冲突和矛盾的因素。

特别有意思的是,昨天给学校一女教师介绍一对象,男孩发过来自己的一段简介,自我评价是:很上进的年轻人,因父母的格局不错,从小受了不错的家庭教育,所以性格开朗,博闻强识……看到这段文字,我似乎看到了小伙子阳光开朗的模样,似乎看到了他的父母携手相伴的模样,也似乎能看到其父母营造的和谐家庭的美好模样……

愿每个孩子都能被父母温柔以待,愿所有父母都不要太任性。想想,这样的孩子有多幸福!

2022.8.18

给孩子家长打个电话

"喂,你好!我是高某某同学的语文老师,姓李,今天给你打电话是想和你沟通和交流一下高同学的学习情况!"我从班主任老师的学生信息表册里获得这位家长朋友的电话号码,班主任老师给我介绍说,这位家长是一位警察,打电话时之所以补充我姓李,是因为在家长会上我没看到这位警察叔叔,我发现是孩子妈妈来开的家长会。

"哦,李老师,我儿子学习不够努力,我昨天还好好训斥了他一顿。"孩子家长刚听我开始说话,就忙说训斥了孩子一顿,我一听,这家长看来挺关注孩子学习的。

"你好,我今天给你打这个电话,是因为你儿子学习太努力了,看来你对你儿子的了解远远不够!"我能明显感觉到对方沉默了下来,估计这位家长朋友在纳闷,我儿子我能不了解?孩子努力学习也有错?

其实,这个学期,我已找这位同学谈了几次话了,我发现他不管什么时候总是眉头紧缩,目光充满冷漠没有一丝和暖之气;和其他同学了解,也说他课间从不说话,一句话也不说,只是埋头苦学,即使上趟卫生间也是跑步前进;找他的舍友了解,说他在宿舍里从不与人交流,总是在看书,早晨起床很早,自己一个人走,也从不叫醒舍友,舍友说,他就拿我们所有人像空气一样(这个比喻很夸张)……

这么多信息,让我明显地感觉到了这个孩子学习状态有点问题,性格也有点问题,多次和他交谈,我说要学会与人交流,要学会面露一个微笑给自己给他人,要学会劳逸结合……,可他改变并不大。

犹记有一次早自习,我把他叫出教室,询问他近期的学校情况,之后他走进教室时,他的座位被另外一个同学坐了,当时的他,两只拳头紧紧握在一起,下巴微微向前伸出,两眼直视对方,一句话也不说,我没说话,继续观察他,发现他的拳头在微微发抖,嘴唇微开微合,不知想要表达什么……

我和他座位上的同学开玩笑说:"难道这个座位是风水宝座,坐在那儿背诵得就快了吗?哈哈,赶紧起来,风水宝座的主人回来了哦……"

和警察叔叔交流,我希望他别给孩子太多压力,平时周末回家,多交流,询问一些学习以外的话题；因为这个孩子对我说，每个周末他回家，基本也不和父母说话，他们玩他们的手机，他玩他的电脑……

经常想，每一个孩子都是家庭的全部，让孩子们能健康、阳光、向上地成长是我们教育者的职责，能够让每一个孩子明事理、有担当、知感恩是我们教育者的愿望，每每遇到有问题的孩子，我总觉得发现、教育、引导这样的孩子，就是在挽救一个人，挽救一个家庭，其教育的意义是无比深远的……

让教育的阳光照亮每一个孩子！

2022.10.28

校园欺凌事件离我们有多近

今天再次观看影片《少年的你》，身为老师，内心很沉重，此刻想起影片中的一句台词："高考完，我们就变成大人了。但是，从来没有一节课教过我们，如何变成大人。"这是对教育最为沉重的拷问，我们的学校教育、家庭教育及社会教育缺失太多太多了！

想起七中高二的一个孩子给老师诉说起她初中时候的经历来：

"老师，我初中就在咱神木某某中学上的学，有一次，我去厕所，有几个女生正在打一个女生，被打的女生跪在地上，头被强压在厕所的蹲坑里，吓死人啦……"

想一想，这个被欺凌的孩子还有欺侮人的这几个女生，她们的家长知道孩子在学校发生的事吗？如果孩子不说，大概无从知道，这也正像影片里的陈念和魏莱等人，所以当警察去欺凌者魏莱家里调查取证时，魏莱的母亲振振有词："我们这样的家庭（家境不错，母亲挂着一副眼镜）能教育出欺负同学的孩子来吗？你们警察办案是要讲证据的呀！"

欺凌者魏莱没有未来，因为她被陈念失手推下了台阶死了。魏莱是高三复读生，父亲因为她复读已一年没有和她说话了；还有母亲，孩子的心事也不懂。魏莱家庭的骄纵和父亲的错误教育让她在压抑中心理失衡变态，没有同情心，以欺人为乐；逼死同班同学胡晓蝶，致其跳楼自杀，依然不知悔改，变本加厉，恶上加恶……

而小北，父亲跑了，母亲再嫁失败认为小北连累她；在小北十三岁时，给孩子买一顿肉包子，痛打一顿也跑了；小北成了社会小混混，大多数被流氓打，偶尔他也去打别人。

陈念，影片中没有父亲，母亲卖面膜到处跑，因为是假面膜，导致过敏反应，要钱的索债的一直找上门来；后来陈念高考仅剩 60 天，母亲扛一麻袋面膜出门去了，决战高考之际，母亲走了，丢下一个陈念……

看完电影，回家路上，妞爸对我说："给孩子一个完整的家是孩子顺利成长的前提啊。"我说："走近孩子，了解孩子，孩子的心事父母要懂！"

学校，校园里满满的横幅，都是励志高考的。高考成了很多老师、学生、家长追求的唯一目标，有多少人走进过孩子们的内心，知道他们有多少压力也需要开解和释放？知道他们除了高考，人生还有多长的路需要走？知道他们走好人生路，除了成绩，更需要的人生品质是什么？

　　还有影片中的警察叔叔，校园有人跳楼自杀，案件不了了之，导致一个受欺凌的孩子需要一个社会小混混来保护；当案件再次发生时，只是一味地责备受害者：你为什么不报警？我在气愤地想，报警有用吗？

　　陈念说，长大了的愿望是保护世界，小北对陈念说，长大了你保护世界，我保护你！两个孩子谁也靠不上，互相取暖，彼此保护，听着就让人心疼！

　　"高考完，我们就变成大人了。但是，从来没有一节课教过我们，如何变成大人。"这是对教育最为沉重的拷问！

2022. 11. 12

做孩子的金箍棒

孩子的成长只有一次,与他们一起成长,是责任,是幸福,也是一门艺术。

在孩子的成长过程中,我觉得父母做孩子的金箍棒要比做孩子的紧箍咒要快乐得多,于孩子更是如此,因为在这个双向奔赴的过程里,金箍棒能帮助孩子,让孩子阳光、自由、向上,并充满力量,而紧箍咒只能束缚孩子,让孩子无助无力,无所适从,懦弱自卑。

记得李镇老师说过"和许多年轻的父母一样,我非常爱我的女儿,但我不把我曾有过的'科学家梦'、'艺术家梦'强加给她。我抱定一个信念:我要让她成为一个快乐的人……"那么,作为家长,我们又何尝不是这样期盼的呢?

我经常告诉身边的人,这辈子,不管是我们自己,还是自己的孩子,都是渴望彼此能够奔着幸福一路前行,为什么在追求幸福的过程里,有些人南辕北辙了,却还执迷不悟,一往无前呢?记得有这样一句话:每个孩子都是站在父母的舌尖上跳舞。身边有位年轻的妈妈,孩子成绩不好就口出脏话,百般生厌,什么狠话都能对着孩子说,自己也变得焦虑,神经质,最终亲子关系极不和谐,乃至剑拔弩张。我想说,其实在孩子成长的过程里,为人父母者总是以"我认为你应该成为什么样的人"来要求孩子,在孩子的成长过程里,没有想过"孩子自己想要成为什么样的人",命令式语气,强迫式思维,父母以为为了孩子,结果却适得其反。终其一生,我们要明白一个道理:亲子关系不是一种恒久的占有,而是生命中一种深厚的缘分,共同成长,彼此成全,才是亲子关系的真正期许。

《以弗所书》中有一句话说得好:"污秽的语言,一句也不可出口。孩子的世界是张白纸,当你恶语相向时,他会全盘吸收,并且把这种恶给到其他人。"作为父母,学会好好说话,有话好好说,是育人路上最大的修行。

苏霍姆林斯基就曾说,对一个家庭来说,父母是根,孩子是花朵。父母常看到孩子的问题,却不知这其实是自己的问题在孩子的身上'开花'。热情大方的父母,常常会教导孩子大气热情;温和善良的父母,也常常会养出善良友爱的孩子;有集体观念和规矩意识的父母,才能养出有规矩懂敬畏的孩子。很多时候,我们的孩子为什么会习惯、行为迥异,并不是天性使然,而是后天的环境所致。说白了,就是好好的一个孩子,被父母制造的垃圾环境污染了。当我打开自己的学习笔记,看到自己摘抄的这段文字,不由自主地心生感慨:开学了,提醒自己,和孩子一起成长,做高质量的父母,对孩子的爱要真正能够让她阳光、向上、积极、乐观……

陪伴孩子,和孩子一起成长,携手走过美好的日子,努力做孩子的金箍棒,帮助孩子在成长路上"除妖斩魔"、"披荆斩棘",一路前行。

开学第一天,看着女儿开心的笑脸,兴奋的模样,不由想写一段文字,再次提醒自己,孩子不够优秀,但她一直很努力,那就不要辜负了孩子。做孩子的金箍棒,少念点紧箍咒!

2022. 12. 21

好的教育

再次拿起唐江澎老师《好的教育》,想起他在2021年7月19日来神木中学给教师们做的那场精彩的报告。

好书不厌百回读,翻阅《好的教育》是因为突然间想起唐江澎老师在2021年两会期间,接受记者采访时曾经说,真正"好的教育"应该是培养"终身运动者、责任担当者、问题解决者、优雅生活者",当时引起了广泛关注和讨论,用时下流行的词语来说,就是"霸屏"了。什么是好的教育?我相信,这是学校、家庭、社会一直以来发出的根本之问、经典之问和热点之问。

唐江澎老师提出的"四者"教育,令人深思。那么,我所理解的这"四个者",其一,"做终身运动者",就是要教育学生关注生命的载体——身体本身。我们经常说,身体是革命的本钱,唯有好的身体,才会有好的生活,这是前提。好的身体意味着生命是健康的、是旺盛的、是充满活力的,是扛得住人生路上的风吹雨打的。而爱好运动、终身运动,又能够看得出一个人身上的自律的品格,坚持的状态。

其二,"做责任担当者",一个人懂得责任才有担当,懂得感恩方能远行。感恩父母,感恩社会,感恩时代,感恩国家,精神就会充实而又高贵,人生就有目标有追求,愿吃苦,能担当,知奉献。一个没有责任和担当的人,其学习的目标就不会明确,其学习的动力就会不足,其学习的状态就不会持久,其对人生的热望也会渐行渐退,所以,让一个年轻人有责任有担当就是要让他懂得:优秀的人没有谁不在负重前行,是责任让一个人更能勇往直前,是担当让一个人更加行稳致远。

其三,"做问题解决者",细观人生,我们不难发现,人生的整个过程无不是在解决问题中度过的。学习与生活中,遇到问题不会处理,碰到难题就沮丧,就抱怨,就要死要活,比如中学生伤人事件等,告诉我们,人生最大的智慧就是要学会解决问题,学习的、生活的、工作的、集体的、亲人之间的、朋友之间的、同事之间的,人的一生,就处在一个巨大的关系网中,就活在一个一个问题之中,会解决问题才是聪明人,才是有智慧的人。生活中,有的人总是一地鸡毛,有的人却能举重若轻;有的人焦头烂额,有的人总是云淡风轻。当然做问题的解决者,这需要不断的学习,不断的历练,不断地在成长中总结经验。

其四,"做优雅生活者",我以为,这是教育的最终目的,而且如果没有前面三个为基础,又如何能在漫长而又短暂的人生路上优雅的生活?何谓优雅?优雅的人对人生有热望,对生活有追求,他们懂得用知识武装自己,用智慧点燃自己,用通达点醒自我。优雅生活与物质不那么紧密,与世俗不那么关联,优雅是一种气质,是一种修养。优雅生活者对世界保有一种感受力,他们善于发现美、体验美、乐于表达美,且能以身示范地去创造美、引领美。优雅生活者,他们心态平和而从容,乐观而自信……

唐江澎校长,睿智多思,对教育有着深刻独到的见解。现在读来,越能发现,原来好的教育正如他所说,不过是常识。

2023.1.5

呵护成长

今天下午,当看到我可爱的学生说她不再焦虑了,逐渐乐观起来了,和同学们相处也融洽了。身为老师,感慨孩子能走出心灵的困境,摆脱心理的阴影,是多么不容易的一件事!

犹记语文课后,她跟在我的身后,默默地,不说话,但眼含泪水,就那么两手揪着衣角不说一句话,我放下书本,伸手拉起她的手,发现冰冰凉,湿湿的,我知道她想要什么;我走上前,给她一个深情的拥抱,拍拍她的后背,摸摸她的手臂,我要给她一种力量,一种安抚的力量,让她的无助感消失;让她明白,学习不是一个人在战斗,身边有老师愿意援助,愿意分担她的负担……

她说,总是紧张,上课压抑,担心学不会,担心考不好,担心名次会退出前三名……,我知道她给自己施压,而这种压力大多不是来自自身,更多的是来自比较,来自周边学习水平相当的同学,她太关注别人了,太害怕别人超过自己了。我说,你今天上课觉得自己专注吗?你听懂了吗?你的作业课后会做吗?她的回答都是肯定的。

我说,那你担心什么?她无语了。其实她知道自己的担心,只是不好意思说出口罢了!我不语,她无言。后来,我在她的作业本里,总是给她鼓励,让她自信,让她和自己的昨天比,今天收获了什么;和自己上周比,这周收获了什么……

一个乖巧懂事上进的女孩,但又敏感多思。在这之前,她多次找到我,说同桌翻书的声音让她静不下心来,她要换座位;同学们早读的声音让她心烦意乱,她和周边同学总是发生矛盾;考试时,旁边的同学比她答题速度快,让她想逃离考场……

一个多思的女孩,一个敏感的女孩,一个要强的女孩,一个不甘人后的女孩。当多次和我交流后,她对我更多了一份依赖和信任,像老师,像朋友,像妈妈。我知道她已经很是愿意向我倾诉,向我吐露心声了……

慢慢地,她由求助转为自助,由经常找我谈话到作业本里给我夹张小纸条:老师,我今天很好！还会在旁边画个笑脸，可爱的模样！

再后来，她会在开心的时候，课间给我一块巧克力，给我一颗奶糖，给我一块小饼干，给我一个小纸贴……，我可爱的孩子，老师也谢谢你，得到你们的喜欢、信任、依赖，这是老师莫大的幸福啊！这份职业的幸福，是能陪伴你们一起成长，带领你们走出迷茫和困顿，看着你们阳光、乐观、向上，真的是一件非常有意义的事情啊！

欣慰的是，她慢慢学会了自我安抚，学会了调整心理，给自己积极的暗示，这些都是自救的法宝！

看着她的微信留言，我真的很幸福！

2023. 3. 5

这么多年,最大的收获就是坚持着我的坚持

大约有一周没有记录生活了,有可爱的学生微信我:老师,这几天看不到你的文字,工作很忙吗?注意身体,多休息哦,好想阅读你的文字。老师,你写的内容总是很生活、很细节、很真实、也很感人……

哈哈,没想到,有心的学生这么关注我。细想这一周多虽说没记录,但不是没生活啊?人有时就是这样,生活的记录,只要有心,点滴都能入文,甚至觉得每天都有精彩,每天都有值得记忆的东西;但如若不动笔,越不写越觉得没法写,越觉得不想写,也越觉得无话可说,没内容。真的,有时,就是这样,昨天过去了,今天再想记录也就没有了那份热情和动力了,确实有些东西攒着攒着也就没有了,经常使唤着,往往能生机焕发,一旦塞涩,便觉无味,也懒得动脑更懒得动手。

生活,只要我们愿意用心感受,处处时时都是生动的,都是鲜活的,都是有意义的。但当我们觉得每天不过是周而复始,只是在按部就班,亦或是循规蹈矩,那么日子也确实稀松平常,寡淡无味,没有什么特别的感觉,难道不是吗?

我不是一个写作者,我只不过是习惯于记录生活而已,有长有短,有深有浅;当然,有时还似流水账,甚至有时很俗气,但那就是生活的点滴与真实。所以,感受生活的细节,记录本真的生活,思考生活的意义,进而让自己的生活时刻充满美的意义。有时,翻动记忆,深情回味,沉浸在生活的往昔里,总是能让自己充满怀想与感恩;对过去,对未来,都有了较为清晰的认识和理解、思考和把握。

记得原来看过一本名为《你的坚持,终将美好》的书,其中记录了好多个激励、暖心的人生故事。每一个故事,都在告诉读者一个共同的话题,即无论正在经历什么,只要是对的,都请你不要放弃,因为从来没有一种坚持会被辜负。

确实,有时候,当我偶尔翻阅自己在忙碌的工作,繁杂的生活之余,记录下的一个个生命的片段,一段段生活的故事,总是会有一种甜蜜涌上心头,让人回味无穷。

在昔日的文字里,看到儿子和女儿成长的点滴,有快乐有幸福,更多的是甜蜜与感动;在过往的记忆里,看到一届届学生们,入学了,毕业了,有喜悦有欣慰,更多的是收获

与满足；在一段段记忆里，看到生活的忙碌和忙碌的生活；在字里行间，有自己对生活的观察与记录，有自身对生活的感悟和理解，更有自己对人生的思考和领悟。于是，在文字记录里，自己在和所有身边的人：爱人、孩子、亲人、朋友一起成长、一起进步……真的，每每读到这些文字，似乎眼前充满了一幅幅动人的画面，一个个动人的场景，时空在文字这个平台上得以穿越、聚合，这是多么美好而又令人神往啊！

同事改珍妹妹总是说，巧霞姐，你出本书吧，我负责给你整理。很感激改珍妹子。记得曾国藩有句座右铭"莫问收获，但问耕耘"；面对生活，观察着、体验着、思考着、启示着；殊不知，稍做统计，也竟有了三百多万字的生活记录，被自己感动着；也不由又想起那句话：你的坚持，终将美好。

真的，你的坚持，终将美好，只要你愿意，因为从来没有一种坚持被辜负。坚持的意义大概就是，在未来的某一天，你会发现自己当初所有的努力和不放弃都是有意义的。

在坚持的路上，每一步都是值得的！

2023. 4. 12

作为母亲,请努力提升你适时闭嘴的能力

今天下午接到一家长的电话,是原来的邻居因为中午在家里和孩子言语不和,争吵了起来,导致孩子中午没有吃饭,生着闷气就来学校了,作为母亲,她担心孩子会不会逃课,所以打电话。我说,下午第一节课上完了,如果孩子没来,班主任会及时联系你的。不要用你的琐碎心理低估孩子在学习上的自觉,因为我还是比较了解这个孩子的。

前几天和一朋友交流,她自责的样子让人心疼,她反省极深,但遇事时嘴巴总是"先声夺人"。我能清楚地感受到:她明明提醒自己遇事要冷静,可是一有事,总是不计后果,脱口而出;明明告诫自己,看不惯就看看而已,可一看见,不由地大发言论,不吐不快;明明发过誓,面对孩子,要知道接纳,要懂得共情,可一张嘴就是自以为是,牢骚满腹……

犹记海明威说:一个人学会说话要用两年,学会闭嘴却要用一生。

母爱是会伤人的。作为母亲,牢骚不断却不自知,关心过度却不自省;总会将自己的不满归咎于孩子的不听话,将自己的标准强加于孩子的身上。生活中,我们总是会发现,有些妈妈对孩子各种过度关心,给孩子造成不满,产生压力,以致母子不合,鸡飞狗跳,一地鸡毛。记得我曾经给我一情同姐妹的朋友说:适时闭嘴,是一个母亲的智慧!

前几天和高二的一女生交流,她说:我妈发起脾气来和泼妇没啥区别,什么脏话都能说出口。她说她最不喜欢回家,一回家,她妈妈的嘴就闲不下来了,嫌她不好好学习,怪她被子没有叠,不满意她交往的同学……总之,她妈妈的嘴巴就像一个动力十足的马达,突突突,又像一支机关枪,主射自己,也扫射了她的爸爸弟弟,全家都得打趴下……

记得去年和我的一个学生交流。他说，李老师，我觉得我也很尽力，可周末回家，我妈说我"躺平"了能考上大学？摆烂给谁看呢……李老师，我有时候会想，我妈一定没见过真正的"躺平"，我就给她"躺平"看看。孩子很委屈，觉得大人不理解他。其实，有些家长就是恨铁不成钢，说话太随意，可是，孩子意识里却觉得针对性很强，这种"标签"式、"定义"式教育最要不得，孩子可能会越躺越平给你看，越摆越烂让你瞧。说到底，每个孩子都喜欢被尊重、被认可，而不是不断地被否定；人都是在不断肯定中逐步成长的，孩子更是如此。适时闭嘴的好处，首先是不会让孩子与父母关系疏远，其次是不会让孩子质疑你为父母者的爱的能力。

《小王子》中有一句话：世界上最有征服力的武器是语言，一句话可以让一个人心情跌入谷底，一句话也可以让一个人重振力量。每每看到针尖对麦芒的母子，常常看到水火难容的母女。我就在想，难道让一位母亲闭嘴真的无异于拿着枪逼自己的影子"离我远点儿"，有这么难吗？有些女人，面对孩子，自以为先声夺人，以势压人，其实是色厉内荏，以势压人，除了比孩子虚长了年龄，再没有什么长人之处。

语言是有杀伤力的，伤人于无形，毁人于无意。生活中，每天被催促吃饭的碎碎念；学习中，时时被提醒考个好大学的喋喋不休……母亲，有时就是在各种牢骚里疏远了亲子关系，在各种唠叨里让孩子唯恐躲之不及。于是，微信被拉黑，朋友圈看不见。呵呵，这样的母亲还真的是吃力不讨好，付出没回报，想想，怨谁？

为人父母，是一场修行。教育孩子，最重要的不是抵达生命的终点，而是陪伴的过程。其实，闭嘴，不是不可以说话，而是要懂得什么该说，什么不该说。你以为的对对方的好，并不一定是真的好；如果对方能感受到好，那才是真正有意义的付出。

适时闭嘴，是一个人的智慧，更是一个人的能力。许多的话说了不如不说，那最好别说。有意思的是，有些话自己都知道说了没用，可能还是反作用，负能量，可有些时候，不说就是憋得慌。于是，祸从口出。呵呵，人生路上，学会闭嘴，还真的是门大学问啊！

说话是一种本能，闭嘴却是一种本事，提升自己适时闭嘴的能力，更是修养和格局！

2023.5.11

教育是一场修行，是用生命影响生命，用生命温暖生命的过程。课堂教学要有温度，有广度，有深度，学生才会亲其师，信其道。

教与学的互动,妙不可言

今天上课,发现学生在教室后面的黑板上赫然书写了几个字:"读人读己,贵在自知。"我问谁写的,这么有水平。一个男生站了起来,我说能否解释一下,他侃侃而谈:"老师,我写这八个字,是深思熟虑过的!"我一惊,呦,这娃今天看来是有备而来的,我欣然说,给你三分钟,继续!

这学生也毫不示怯,朗声说道:"人有一双眼睛,生来可以看世界,读别人。而要看自己也只能在镜子中看到自己。我们总在不知不觉中打心底里笑读别人,读别人的骄傲,读别人的喜怒哀乐。读别人却看不清自己几斤几两,无端放大自己的优点或极度消沉悲观……"

哇!这么深刻!我不由自主地竖起了大拇指,这时,学生中有人喊道,李老师,他就是我们班的哲学家,可厉害啦!

我也由衷地说:"这么深刻地想一些人生的道理,这个年龄挺不容易的!一个善于思考的人,一定是个深刻的人!……"

借题发挥,想起了原来看过一篇文章《读懂自己才能读懂人生》,印象特别深,给学生感慨道:"是啊!人们一直提倡读书,读好书,但是很少提及要好好读自己。"看清别人不容易,读懂自己更不易。然而,真正能读懂自己的人绝对可谓心灵上的君子。

在解读自己时,常常有不少人总是戴着"放大镜"无限放大自己的优点;对于缺点,更喜欢用戴一副墨镜模糊而抹杀之,这个时候用的最多的方法是"自欺欺人",首先不愿意自己剖析自己的人,永远也读不懂自己……

只读别人不读自己的人,注定与自己有些遥远。即便是偶尔愿意读自己,也未必准确。那个活生生的真实的你,躲在成功与失败的背后,只有静下心来,用心去触摸碰撞!

总之,一个人,只有先认知了自己才可以去读别人,才能够去读别人或天下。可以试问一下自己,当你读别人的时候,是否带着自己的观点,自己是否已经有了是非的答案?

这个时候你已经读了你自己。因为你已经用了自己的道德标尺去衡量了别人。答案的精准与否,完全取决于自己的认知度。

有一句话"旁观者清,当局者迷"。说的就是人们常常把自己放在一个特定的环境下,看不清自己,这就需要我们时时把旁人当作一面镜子,与他们沟通,善于聆听他们的点拨,才能更好地做到自知自省!而不善于甚至不敢解读自己的人,永远与真实的自己隔着一堵厚重的墙,这是一种巨大的悲哀!因为读不懂自己的人,首先就没有一个清晰的标尺去领悟别人和衡量世界。

事实上,读懂自己很难,塑造一个好的自己更难。在我心中,读懂自己就是要用纯洁的心去塑造自己。读懂自己,就是要不断地与自己谈心,要与自己过意不去,在成功的时候总结失败时的教训,在失败的时候查找成功时的经验。让自己每时每刻都要保持一个理性的头脑才可以更加理性而全面地读天下。

只有读懂自己的人,才能真正读懂人生这本大书,因为这部书的作者是自己,读者也是自己……"

学生掌声雷动!

此刻想想,是学生的"深刻"触动了我的灵感,让我也神采飞扬,挥洒自如了一番,真是痛快淋漓!

学与教、教与学,唯有互动才有灵感和才情,这样的互动,真是妙不可言!

2018.4.25

优质的生命总是与细节为伴的

下午，等候晚上的听课，随手拿起必修教材，不经意间就翻到了《林黛玉进贾府》一文，走进文字，品读其中精致入微的细节描写，脑海中呈现出一幅幅画面，不禁感慨经典小说《红楼梦》，它的成功不仅仅是表现在刻画人物形象方面如何如何栩栩如生，而是贯彻始终的细节所起的重要作用。《红楼梦》细到什么程度，可以说是事无巨细的程度。小到药丸、服饰、茶事，大到建筑、布局、人情世故，可谓包罗万象，所以有人将其称为百科全书自然是不无道理的。

读一本书，不单单要读它的情节，更要读它的细节。因为读细节方能知道其中的内涵和深意，文学作品中的人物，是细节描写让他们一个个鲜活、生动起来的。有谁敢说《红楼梦》不是靠细节取胜，而是靠人物刻画和情节赢得读者的心？其实，人物刻画和情节归根结底也是依托于细节描写的。

轻轻合上书本，林黛玉的形象依然萦绕在脑海。我在想，文学作品依托细节让人物形象鲜活生动，那么，一个人生于世界，活于当下，也是靠生命的细节成就着自己。我坚持认为组成生命丰富的不止是知识和情感、阅历和经历，还有学识和记忆以及精神与内涵，这些如果说是构成生命强大而精彩的元素的话，那么日积月累的生命细节就是提供心灵判定或者左右人在处理事物成败的关键因素。

一直固执地以为，一个不讲究生命质量的人，是不可能与细节联系在一起的。一个不注重细节的人，生活可能有宽度，但未必有厚度，一个不注重细节的人，生命可能有高度，却未必有深度。注重细节是一种人生品质，是一个人内心充盈的必需。生活中，一个注重细节的人，说话一定娓娓道来，不会强词夺理；做事一定有条不紊，不会慌里慌张；为人一定谦逊有礼，而不会咄咄逼人。一个个细节，诸如说话、穿衣、吃饭、为人、做事，就将一个人活脱脱塑造了出来：有人说出了高雅，有人穿出了得体，有人吃出了优雅……说到底，这些都是细节浸透出的美。

举个简单的例子,身边有一朋友,和她相处,总是能给人一种舒服感,和她打电话,话说完了,她总是等别人挂了电话,她才挂电话。后来,她对我说,每次和别人通话,不管认识还是不认识,是熟悉还是不熟悉,她总是通话完了再等三五秒,因为这样,不会让对方因为自己急切的挂电话而产生不舒服感。一个小细节,能够成就一个人,让人高贵优雅起来,当然,有时一个小细节也会出卖你的素质和道德水平。

在散淡的岁月里,我始终坚信不疑:生命无论何以卑微,抑或何以高贵,都该是细节的使者,人生之旅的轨迹其实全然仰仗的是细节的铺就与支撑。何为细节,曾经看过这样一个形象的比喻:如果说生活是脊椎,细节就是脊椎的每一个骨节,少了哪一节足以让躯体瘫痪。细细品味,细节竟然如此的重要!

如果说生命的活力靠知识、精神、涵养来保证的话,那么心灵的深度就完全依赖细节的丰富了。所以说,优质的生命总是与细节为伴的,是细节成就了一个人的完美与高贵,也是细节最终成就了"人"字。

2018.5.9

翠翠

沈从文的《边城》这节课就这样上完了，上得让人感觉不咸不淡的，蛮不舒服！

影视作品中，翠翠和爷爷看赛船，来到船总顺顺家旁，已经朦胧中对傩送有丝丝爱意的翠翠面对爷爷的邀请，即上到顺顺家的楼上去看赛船，翠翠羞涩地说："我不去！"接着又说："爷爷去吗？爷爷去，翠翠陪着爷爷去！"学生们看到这个镜头，有的说，看，翠翠多会装；有的说，小小年纪，也太矫情了；还有的说，感觉特假……

听到学生们的议论，我无语了！我不知为什么学生们会如此世故，如此有城府！在学生们看来：翠翠的天真是一种做作；翠翠的单纯有点伪装；翠翠的纯真那就是一种矫情！

听到学生们的议论，我为他们而感到可怜！可怜学生们在这个物质的社会里，很难再体会到《边城》中描写的那种纯情的美了；可怜学生们在这个浮躁的社会里，沉不下心来，永远也领略不到文学作品给人们带来的心灵的愉悦了；可怜我们的学生所停留的阅读层面，是多么的低俗而又浅薄！

这是一个令所有语文教育工作者感到尴尬的教育难题！语文的学习，已经只停留在课堂教学的层面上了，而我们强调的阅读积累，语文素养，人文精神，都是可望而不可即的教育梦想，语文的学习，师生都停留在课堂上对文本的解读，做题技能的培养上，那追求更高层次的文学素养、人文精神，都是痴人说梦！

今天下午，我不由自主地再一次重温心目中的翠翠，于是，找到《边城》中对翠翠描写的文段：

翠翠在风吹日晒里长养着，把皮肤变得黑黑的，触目为青山绿水，一对眸子清明如水晶。自然既长养她且教育她，为人天真活泼，处处俨然如一只小兽物。人又那么乖，如山头黄麂一样，从不想到残忍事情，从不发愁，从不动气……

这样的翠翠，会装吗？这样的翠翠，矫情吗？我不禁要问！

2018.5.13

旅人的选择

下午,给学生寻找一则作文材料,于是在手里的杂志中用心地翻阅,在《思维与智慧》中看到这样一个材料,倒是蛮有深意:

一个旅人在路旁看到许多盛开的鲜花,他一边走一边采。沿途的花一朵比一朵大,一朵比一朵美,一朵比一朵香,到黄昏的时候,将近旅程的终点,他看到一朵巨大的奇异的花,在暮色中散发着沁人心脾的芬芳。他喜出望外,抛掉了手中的花,奔跑过去,但他却因跋涉的疲劳而显得脚步有些沉重。他终于赶到了那朵花的面前时,那朵花已经枯萎了,他绝望地握住花梗,手一摇动,花瓣一片一片地掉了下来。

这材料,简单但寓有深意,叫了两个学生过来,我说这材料,如何审?两个学生良久都未言语,看来已经陷入了沉思!

其中一学生说,老师,材料告诉我们,人应该懂得知足;另一学生说,人不能太贪婪;我说,你们的两种说法,其实是一个意思!

一会儿,一学生又说,老师,如果他不留恋那些小花而大踏步地一直向前走,就可能得到那朵奇异的花……

那又该如何立意呢?哦,这样的角度,已经在求新求异了!

学生困惑在此,不知如何去阐发其意义了,我说,顺着这个思路,能不能这样去总结,即,一个人在人生的道路上,追寻目标的时候,不应该驻足留恋路边所谓的美景,而应该心无旁骛,方能成其大……学生点头默许!

我又说,这故事,你们看能不能做出这样的理解,想想这位旅人,就算他得到了那朵令他喜出望外的奇异的花,当他回眸时,也会以同样的心情遗憾错过的那么多芬芳的无名的小花,也许就在这不起眼的无名小花丛中会有一朵更让他心驰神往,更让他感慨不已,更让他喜极而泣……

人生是一个遗憾的过程,正因为有了无数个遗憾,我们的人生才变得如此精彩、如此美丽。稍不经意的一次回眸,满眼往事中最令人难忘和记忆犹新的注定是曾经有过的些许遗憾,就像我们常常忘记夏日清晨的凉爽,而记住了难挨的燥热,忘记了冬日午后的暖阳，而记住了严寒的冷酷。其实，每一个遗憾给我们的都是凝重的思索，每一个遗憾留给我们的总是流年的感动。重要的是不要因为一次遗憾，而忘却了我们每一个人的人生都是一次风雨兼程的旅行。

许多人因为没有得到而抱怨而放弃而沉沦，智者会因为没有得到而奋起而执着而追求。人生有时因为遗憾，前方的路才会走得更坚实；人生有时因为遗憾，未来的日子才不会有太多的遗憾。也许，带着遗憾远行，人生旅程才会更精彩！

两个学生面对这样的思考角度有些沉思！

所以说，面对路上的花朵，旅人有自己的选择，那么，面对旅人，我们每个人都有自己的思考，这就是人生，就是多姿多彩的人生！

希望学生能够明白，面对人生，不同的人有不同的思考！这就是思考的求异求新，这就是人生的千差万别！

2018.5.24

《将进酒》也是可以唱着教给学生的

古典诗词浩如烟海,但真正被后人谱曲传唱的经典不过也就耳熟能详的几首。近期李清照的《一剪梅》,李煜的《虞美人》,办公室的同事们竞相哼唱,有基本在调上的,有自愧走调的,但老师们有这样的"示范"意识,我认为就挺好了。总之,在我看来,能让学生唱的,就不要学生读,背诵抽查,也以"抽唱"的形式进行,有同学不好意思,有同学唱着走调,但能让同学们开口唱这些经典诗词,已属不易啦!

今天上《将进酒》这一课,《中国古代诗歌散文欣赏》第三单元赏析指导"因声求气,吟咏诗韵",所以指导学生有感情地吟咏、诵读作品很是重要。开课之前,给学生课前准备了中央电视台主持人任志宏、演员濮存昕、全国朗诵冠军胡乐民的《将进酒》朗诵视频,当然也给学生们准备了著名科学家陈涌海吟唱的《将进酒》,给学生们特意早早地放在多媒体"电视"黑板里,让他们两饭时间观摩名家朗诵,体悟作品情感!

今天上课,我将诗歌的情感脉络:悲——欢——愤——狂,带领学生一起梳理之后,开始指导学生"因声求气,吟咏诗韵",同学们渐渐地找到诵读的节奏,效果很是给力!

请学生范读,其中一个同学,激情满怀,豪放洒脱,很是有"范儿"地朗诵了一遍,同学们报以热烈的掌声,可他似乎很是享受这个"舞台",同学们掌声停息,我乘机激励:"折旭昭同学,迟迟不落座,看来是好戏在后头呀!"话音刚落,他很是落落大方地说:"李老师,我还想像那位科学家一样给大家唱两句!"

"把吉他也拿上!"同学们热情高涨,这时,已经有同学把扫把递给了他,只见旭昭同学也不扭捏,拿起扫把,那一姿一势,还真像极了科学家陈涌海,一张口,音调准确,豪情满怀,激动处,抱着"吉他",很是投入,还真有科学家范儿……

沉醉在学生们《将进酒》的吟唱中,我也跟着哼唱起来,好诗就需要这样来传唱,经验告诉我们,唱比单纯背诵留给人的记忆更持久!

是学生激发了我上课的灵感和激情。最后,我总结道:"同学们,一切艺术都是相通的,科学家陈涌海在弹唱时,旁听的那位老人就是我国著名画家、雕塑家钱绍武大师,视频中,唱者,听者,入迷,陶醉,音乐是最没有界线的一门艺术,任何人都能借助音乐放松心情,陶冶情操,激发灵感。世界著名科学家爱因斯坦也曾说过,如果没有音乐,无论在哪方面我都将一事无成。众所周知,爱因斯坦是物理学家,但他同时也是个小提琴演奏家。中国的导弹之父钱学森,小提琴拉得非常棒,他也有个音乐认同,认为在科学道路上音乐起到了举足轻重的作用。同学们,没有人不喜爱音乐,既然大家如此地喜爱音乐,老师多想大家若能因喜爱唱歌而对古典诗词加以传唱,那是对传统文化最好的传承!

好了,我也赶紧学唱《将进酒》呀,好明天和学生 PK 一下吧!

2018.6.14

埋头苦教,也要抬头看路

有幸今年暑假能奔赴上海华东师范大学参加高三教师高级研修班的培训,觉得教书二十余年的自己,确实需要这样的平台与机会在教育教学的理念上得以革新与提升。

在教育教学一线已经二十余年,这么多年,掐指算来,已带了九届毕业班,面对这份工作,也还能不忘初心,始终如一热爱这份职业,能够全身心投入到工作中来,忙中有乐,但如若不接触新的教育教学理念,不主动积极革新思想,那真的就像应俊峰教授所说,一张旧船票难以登上教育革新之航船。

和我一样,埋头苦教的人不少,身边比比皆是,可我想说,埋头苦教的精神是可敬可畏的,但是要让工作有突破和发展,还要学会抬头看路才行。只有抬头看路,你才能明确方向,少走弯路,不偏不倚地抵达目的地。如果只是一味埋头苦教,不懂得抬头看路,最终往往会事倍功半,甚至“竹篮打水一场空”。

对于教师而言,抬头看路,就是在教育教学工作中,勤于思考勤于总结,在埋头苦教的时候,也能积极学习先进经验,革新教学理念,创新工作方法,提高工作效率。

埋头苦教是一种踏实、认真的实干精神,而抬头看路是把握方向、提升效率的关键。埋头苦教,是态度,是行动,是实践;抬头看路,是方向,是航标,是灯塔,可以开阔思维,少走弯路。两者相辅相成,缺一不可。

所以,教育同仁们,我们既要埋头苦教,更应抬头看路。因循守旧,闭门造车,终将会跟不上教育教学改革的步伐;唯有与时俱进,积极创新,才会革故鼎新,不被时代淘汰。

犹记十多年前温家宝总理在北京大学与学生共度“五四”青年节时,有学生蘸墨写下“仰望星空”的诗句来欢迎总理,总理则挥毫相和,写下“脚踏实地”四个大字赠送给学子们,而且温家宝总理更是诗兴大发,创作了一首诗,题为《仰望星空》,此刻,夜已深,难入眠,令人怀想不已。

教书育人永远在路上。抬头看路,仰望星空,是理想,是追求;埋头苦教,脚踏实地是作风,是行动。

期待中……

2018. 6. 17

有关磨课

今天中午，听了高一郭蕾老师的一堂课，古诗十九首之《涉江采芙蓉》，至此，高一年级的"一课三磨"算是告一段落了。记得中午听课的时候，祁老师"不怀好意"地对我说："咱这课磨上劲了，不如你们高二、高三也上《涉江采芙蓉》，咱磨上它个八九回，看磨出个什么样法来！"呵，我心想，别人磨不磨课，暂且不论，就让出主意的某些人磨上一磨，看能磨出个啥样法来！

磨课，还是模课？为这，组内还争论了半天，我且不管，几个人"磨"，难道还"模"不成？

古诗十九首之《涉江采芙蓉》，全诗寥寥几句：涉江采芙蓉，兰泽多芳草。采之欲遗谁？所思在远道。还顾望旧乡，长路漫浩浩。同心而离居，忧伤以终老。三个老师同上这一课，确也是风采各异，各有千秋。小田老师这一课，侧重意象分析，情感渗透；朱婷老师，侧重分析内容，点滴引导；郭蕾老师侧重分析形象，拓展提升。三位老师对文本的解读，各自有侧重，个体有差异。首先体现在导学案的编制上，在课堂流程部分，看得出，三位老师没少下功夫，三个导学案，体现了三种授课思路，同中有异，突出个性。另外，三位老师上课的特色也很鲜明：小田老师，诗人本色，尽显诗情；朱婷老师简笔板书，形象新颖；郭蕾老师娓娓道来，沉着老练……

听完三位年轻老师的"同课异构"，真心感觉，年轻老师成长速度之快，进步之大，真是后生可畏啊！不得不感慨：教书，还是年轻好，有活力，有激情，有思想，有创新！听课，让我收获不少！

本来，想到这两周要听九节课，心里蛮有负担的，但听了高一年级的三节课，我倒是对下周的高二、高三年级的"同课异构"，充满期待了！

2018.8.26

这课上得怎一个课如其人

今天,午自习和晚自习,各听了一节课,高二年级的磨课,两位老师共同上了周邦彦的一首词《苏幕遮》。

想想这两堂课,我觉得最有意思的是上课老师的安排:王丽丽,活泼好动型的;郭晓妮,安静少言型的。两位年轻老师,性情的迥异,直接表现出的是上课风格的天壤之别!

晚上评课,我说最大的感受就是一个词:课如其人!

丽丽的课和晓妮的课相比较,真是一动一静;一是动中有静,一是静中显动;一是松,一是紧;一是大处着眼,一是小处入手;一是快人快语,一是字斟句酌;一是放得开,一是收得紧⋯⋯

两位老师,在平时,一个动若脱兔,一个静若处子;一个谈笑风生,一个静默矜持;一个有点女汉子,一个更像闺中小女子;一个大大咧咧,一个小心严谨;一个笑声能穿墙破壁,一个笑也掩口抿嘴⋯⋯

于是这相同的一首词,上出了不一样的味道,记得有老师评课说:一个新潮,一个古典。挺精准的!

想想,今天听完这两节课,我感慨,一个人的性格对一个人的影响是多么的深远啊!性格不同,兴趣不同,爱好不同,取舍不同,对待同一件事物,也就有了千差万别的认识,这性格影响人一辈子。人们经常说,文如其人,字如其人。我今天说,这当老师的课如其人,这"人",就是一个人的性格使然!

2018.9.2

又讲苏轼

必修四,苏轼词两首《念奴娇·赤壁怀古》和《定风波》,超喜欢苏轼,喜欢他这个人,喜欢他流于后世的名篇佳作,每带一届学生,每次上苏轼的词,都感觉不是重复,而是又一种崭新的领悟,对苏轼又有了一种全新而深入的解读,对我而言,苏轼是百读不厌的,是常读常新的!

苏轼的外儒内道,苏轼的旷达、洒脱,苏轼的胸襟、气度,都是那么得让人高山仰止,给学生上课,带着一种对苏轼的崇敬和仰慕,甚而有一种深深的敬畏,上课时,甚至会突发奇想,假如苏轼坐在学生群里,听到我对他的解读,听到我对他诗词的传授和充满自我与个性的欣赏,他会不会因为我的浅薄而闭目塞耳,会不会因为我对他的"误读"而充满不满和伤心! 真的,我在想,许多次地走近苏轼,未必就读懂了苏轼,苏轼的"高大"与"伟岸",与我就像谜一样,值得我倾尽心力去思考!

《念奴娇·赤壁怀古》雄浑大气,起首"大江东去,浪淘尽,千古风流人物。"细想,作者眼前,这东去的江水冲尽了往昔的风流故事,却化不开词人心头的一片片苦闷。唉,一切随波而逝,唯有作者怀古时的惆怅与无奈经久不息,绵绵不绝。

"乱石穿空,惊涛拍岸,卷起千堆雪。"月光下的江水似乎愤怒了,这滔滔江水击打的何止是水中乱石,何止是绵延江岸;卷起的又何止是层层江浪,阵阵风波? 遥想三国赤壁之战,决战决胜的少帅周瑜,何等潇洒、何等睿智、何等意气风发! 再想今日的自己,空有一腔报国热血,却壮志难酬。于是这奔流不息的江水卷起的是心中难平的心绪,拍打的是仰慕英雄却悲叹一事无成的心灵,穿空的是此时慨叹人生失意的精魂。

"人生如梦,一尊还酹江月。"这,就是苏轼:一个永远屹立不倒的人,终将心绪抚平,笑看世间潮起潮落。一杯酒祭奠英雄豪杰,仍不变愿与英雄豪杰为伍的壮志雄心! 苏轼这个一生沉浮在进退荣辱、悲欢离合的人,怎不慨叹"人生如梦"。又记:"古今如梦,何曾梦觉? 但有旧欢新怨。"是啊,古今如同一梦,而许多人未能从梦中醒来,却在旧欢新怨的怪圈中轮回、反复。这才是人生的最大悲哀。但苏轼依旧清醒。因为,人生的痛楚,摔打练就了这样一个敢爱敢恨,豁达超然的一代词宗。

《定风波》，"莫听穿林打叶声，何妨吟啸且徐行。竹杖芒鞋轻胜马，谁怕？一蓑烟雨任平生。料峭春风吹酒醒，微冷，山头斜照却相迎。回首向来萧瑟处，归去，也无风雨也无晴。"这首词，每个字，每句话，都是我的最爱，我恨不得，嚼碎了它，咽在肚里，化为血脉，流淌在我身体的各个角落！

"一蓑烟雨任平生"，一生的风雨换来苏轼泰然自若的一笑。没有人比他更超然物外，更兀傲伟岸，更刚烈坦荡的了。就是这样一个傲岸的人，虽然时运不济，命途多舛，写就的诗词却依旧雄健奔放，挥洒自如，仍旧志不灭，心不死。"风雨"不怕"斜照"、"相迎"不喜，无可不可，便是参透后的一种超然物外的至高境界。

想想，我挚爱的词人，一生虽未能"定风波"，却未随波逐流，泯然众人，终是一生坦荡，无怨无悔。就那一句："回首向来萧瑟处，归去，也无风雨也无晴。"怎能不成就作者的豁达人生！

这便是苏轼的如梦人生。

2018.09.12

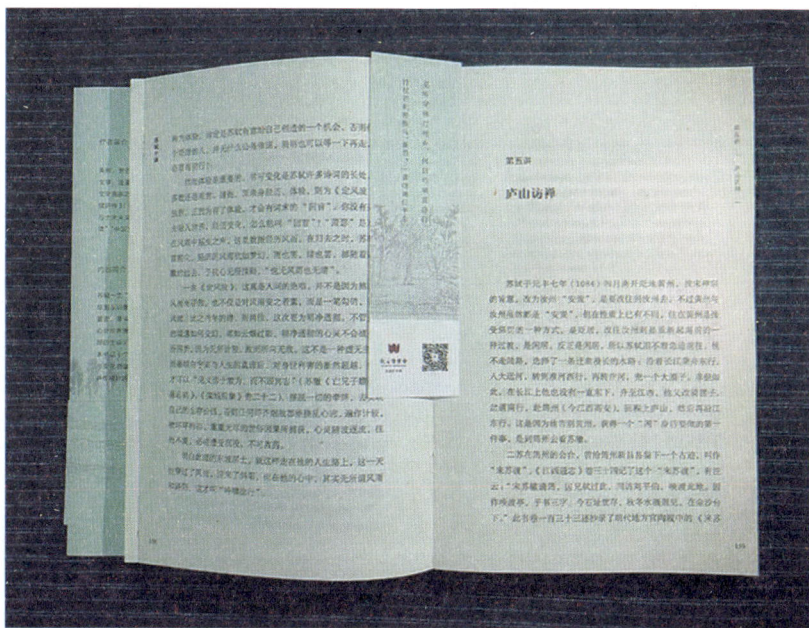

猜谜语,执手相看泪眼,竟无语凝噎

上柳永的《雨霖铃》一课,特别欣赏词中"执手相看泪眼,竟无语凝噎"一句,寥寥数语,将离别时的情态描写得淋漓尽致,不禁勾起读者的想象,脑海中浮现出一幅动人、动情的画面:即将分别之人,泪眼迷惘,四目相对,满含深情,相看无言,唯有泪千行,无语中更将送别之情描述得柔肠百结,伤心失魄,哀伤难禁:叹息自古至今离别之可哀,千言万语不知从何说起,双手紧握,不忍分离⋯⋯多么凄美而动人的画面,怎不令人浮想联翩!

学生们认真听讲之余,我其实很明白,我们的学生不见得能真正体会到这种情感,尤其这一句所表现出的那份难舍难分,那份不忍分离的痛楚和不得不分离的现实,学生们真的很难真切地领悟。尽量我一再结合当时的社会现实,交通不便,没有现在这么好的通讯工具,这一别,真是"此去经年,便纵有千种风情,更与何人说⋯⋯"

课上完了,布置作业,改写这首词,批改作业的时候,我的一学生在作业本上写了一句话:"李老师,看得出,你很喜欢柳永的这首词,批改作业,请您开心一刻",我一看,他给我出了一个谜语,谜面就是"执手相看泪眼,竟无语凝噎!"要求打一市政用语,调皮的学生还说,李老师猜中有赏,猜不中明天上课表演节目!哈哈,我的学生是活学活用啊!看来我要认真对待这一作业题了,否则,明天上课,人就丢大了!

我思来想去,这怎么能猜一个谜语呢?

2018.9.30

课本剧《窦娥冤》，孩子们很给力

今天上课，学生们表演了课本剧《窦娥冤》，尽管有不尽如人意的地方，但我依然很欣慰！

课前交代和要求了两次，学生们自创自演，也还有模有样。

演员们很忘我！之前，我要求不管你是谁，登上舞台，你就是窦娥，你就是蔡婆婆，于是学生们表演之时，尽己所能，尽管有些稚嫩，但也还差强人意！！

演员们很敬业！认真地准备，全情地演出，于是就有了"蔡婆子"哭得泣不成声；也就有了"张驴儿"泼皮、流氓差点把窦娥气哭；也有了菜市口"窦娥"哭天抢地；当然还有赛卢医被逼问毒药的战战兢兢……

演员们很投入！"窦娥"那一声"爹爹、爹爹……"的深情呼唤，感动了在座的许多同学，"窦娥"带着刑具，踉跄地走上刑场，咯噔一声跪倒在地，满目悲怆，令人动容！

演员们准备很充分。学生们集大家的智慧，群策群力，于是，窦娥带上了用纸箱子做的刑具，背着"斩"字，很形象；窦娥发下三个誓言，阴风阵阵，全班其他同学一起"呼、呼、呼……"特逗人；窦娥被斩，血溅三尺白练，于是红墨水瞬间泼上准备好的白纱，超逼真；六月飞雪，可爱的学生，准备了碎碎的纸屑，应时飘散开来，纷纷扬扬，很应景……

演员们很有表演天赋。张驴儿的扮演者尚蓉国同学，最后高票当选2014年"最佳新人奖"、"最佳表演奖"、"最佳男配角奖"、"最具表现力奖"等多项大奖，一举成名，于是，发表了获奖感言，很幽默："感谢CCTV，感谢总导演李老师，感谢这个团队……"

最后，给主要演员各奖励了田旭哲老师刚刚出版的诗集《低头仰望》！

很有感触，学生们的兴趣在于适时地激发，学生们的潜能在于积极地挖掘，学生们的成功要及时地肯定……

2018. 10. 12

做个有情人

在这样一个秋雨滴答、湿冷浸骨的夜晚，想起非常喜欢的一句诗，纳兰性德的：夜雨做成秋，恰上心头。此刻，此诗，甚是应景……

今天上课，和学生分享了一篇自己的应景之作，是因为批改学生作文，我发现，学生的作文过于程式化，没有情感，东捏西凑者有之，无病呻吟者有之，对生活缺少观察，没有体验，更不会思考和感悟，所以一篇篇作文没亮点，缺少发现生活美的眼睛，读来千篇一律，味同嚼蜡……

给学生分享这篇昔日拙作《夜雨做成秋，恰上心头》中两段文字：

秋日将尽，冷雨袭面，萧萧雨幕，潺潺雨声，在这寂静之夜，更显声响，滴滴答答，没个消停，真是细雨绵绵助天凉啊！夜已深，人不寐，兀然独醒，看秋意如织，思绪翻飞。记忆在删繁就简中，总是有些东西挥之不去，悄悄叩击，让你沉浸在过往中，在碎碎念念中，撩起放下，原来，人生之所以丰富，全在于收藏和赋予其意义。

秋雨惆怅，秋风乍寒。秋，只因一个"意"字，就意蕴丰厚了起来。于是我们就在文人"秋风秋雨愁煞人"的殇情里，感怀诗人的情意。我在想，是秋有意，才让人伤怀；是秋有境，更让人动情，难怪历代文人骚客总是把对秋的偏爱，以独自的情怀娓诉来……

有人喜爱，于是有了"秋气堪悲未必然，轻寒正是可人天"的畅意；有人豪迈，自有"自古逢秋悲寂寥，我言秋日胜春朝"的激越；有人懊恼，"最是秋风管闲事，红他枫叶白人头"；有人多情，在"寒山转苍翠，秋水日潺湲"里寻觅诗意；有人悲怀，有人伤感，有人愁苦，有人遗恨……诗人们在秋日里恣情抒怀，秋日在诗句里摇曳多姿，那么，究竟是秋意造就了诗人，还是诗人的才情令秋意如此迷人？

…………

我说，孩子们，老师希望你们做个生活的有情人，日子寻常居多，但做个有情人，人生自是与众不同。有情，山水因你而多姿；有情，日月因你而光彩；有情，人生因你而丰富。

人生唯有处处用情,才会意蕴丰厚,相反,一个冷漠寡淡之人,再多彩的人生在他眼里都是黑白片。当然,做个有情怀的人,就会拥有诗意人生。还有,有情之人,未必多愁善感,因为多愁善感的人,往往容易用情太深,因深而生愁,而生怨,而生气,反倒又看不到生活的美好和人生的诗意来了……

所以,做个有情人,用情去感悟生活,体味人生,但不滥情、殇情,生活处处都是好风景!

2018. 10. 19

写人叙事作文,给学生示范一篇:

爱说大话的母亲

我的母亲是一位非常平凡的母亲,在母亲走过的这六十多年人生岁月里,记忆中没有什么惊天动地的大事,母亲一辈子,就是全心全意地操持着我们这个家,勤恳地拉扯着我们姐弟三个,一直到我们都大学毕业,参加工作,母亲似乎才松了一口气。

在我的印象里,母亲总是喜欢说大话。今天我依然清晰地记得我和双胞胎姐姐读高三的那段日子。尽管我和姐姐都很用功,但是对于即将到来的高考,我们还是感觉没有十足的把握,每天复习特别紧张,于是心情也就格外地烦躁。每每有人来我们家串门,母亲总是会说:"咱就外面坐坐,我们家两个娃都忙着复习,今年一定能考上大学。"不管人家问没问,母亲总会补充上这一句。更令人不解的是,当时高考在七月,天气非常的炎热,我的母亲每天都是早早地坐在我们家的大门口,手里还在不停地忙活着,一有左邻右舍来我们家串门,母亲总会压低嗓门,似乎害怕家里的我们俩听见,低低地说:"娃们在午睡,我可睡不着,马上就要高考了,大学走的时候,我要给她们姐俩一人织一件毛衣,现在不打,走的时候,怕拿不上。"每每听到母亲"十拿九稳"的"豪言壮语",我总是羞得脸都红到耳根子去了。

有一回,我生气地对母亲说:"妈,你以后能不能不要这样说了,我都羞得出不了门了,我们俩要是考不上了,看你的脸往哪搁?"即使这样,母亲依然不管不顾,大热天仍然坚持不懈地打毛衣。有一次,当我再一次准备给母亲忠告时,却看到母亲手上虎口的位置,那红红的毛线已经拉下了一道道洗也洗不掉的印记。大夏天,母亲身上不断的出汗,手心手背都是水渍,拉不动毛线的时候,母亲就赶忙在衣服上擦一擦,于是衣服上也是毛线的红红印记。我终于忍住了,悄悄地退了出来。心里想:"哎,说大话的妈,我真是服了你了!"当然,我和姐姐后来都考上了大学,而且上大学的时候,我们的行李包里,都装着母亲在三伏天给我们织的人生第一件红色的纯毛毛衣。

上了大学,我和姐姐花钱都非常地节省,我们俩总是在书信里,互相"攀比",看谁花钱花得少,如果这个月我多花了,那么下一个月一定要想尽办法把多花的钱省出来。母亲在来信时,总是要提醒我们不要节省,家里有钱,你们正在长身体,饭要吃饱了。但是我们的心里知道,父母供养我们两个上大学的,还有读小学的弟弟,家里又怎么会有钱呢?

那年放寒假,我和姐姐偷偷地说起学校花钱的事,不知什么时候,母亲已经站在了我们的背后,当我们俩回过头的时候,母亲情绪激动,声音很大地对着我们高喊:"谁说家里没钱了! 谁说家里没钱了! 我和你爸挣钱能供得起你们念书! 以后你们要再比着谁花钱少,妈知道了,看不收拾你们?"说完,母亲非常生气地摔门走了出去。可是,在母亲转身的那一刹那,我分明看见母亲的泪珠已滑落到她的脸庞。

记得大学毕业的那一年,小姨来我们家,语重心长地对我俩说:"你们俩总算就要毕业了,这么几年,你妈真是不容易,自从你们上大学以来,几年就没有穿一件像样的衣服。"是啊,那几年,母亲是多么的不容易呀,尽管每次上学的时候,母亲总是早早地给我们凑足了学费,在我们面前装出毫不费力很轻松的样子,让我们心安理得,不要太节省,但是我能想来,好面子的母亲为了这些钱,不知费了多少周折,操了多少心!

刚参加工作那年,回家的时候我给母亲买了一块围巾。回到家,我说:"妈,我给您买了一块围巾,过年的时候您围上它,一定好看!"母亲接过围巾,爱不释手地反复看着,比划着,这时,我看见,母亲的脸上,流淌着比太阳还明媚的笑容,可是母亲回过头来,教训我说:"以后,自己挣得钱,攒起来,妈有,再不要给妈买了!"那天晚上,当我睡眼朦胧地睁开眼睛的时候,我看见母亲坐在炕头,怀里放着那块围巾,还在细细地、慢慢地用手抚摸着。在微弱的灯光下,我看见母亲的手粗糙了许多,头发灰暗发白,几道深深浅浅的皱纹像刀刻般横亘在脸上,我的眼角一下子湿润了。要强的母亲,真的老了,为了我们,母亲不知道付出了多少! 可是,女儿的一丝丝回报,母亲却是那么的满足和自得。临走,母亲还在不断地叮嘱:"妈什么都有,以后可不能乱花钱了。"这时,姐姐和我都笑了,我们异口同声地说:"妈,真有还是假有啊,又说大话了吧?"母亲不好意思地扬起了手,高兴地笑了,笑得很甜很甜。

去年,弟弟打电话说,母亲胆结石,痛得厉害,就是不愿意住院,害怕影响我们的工作。我打电话回去,母亲却平淡地说:"啥事都没有,人老了,谁还没有个小病小灾的,你好好工作,娃娃们当紧!"放假回去,我才发现母亲的胆结石已经很严重了,可是母亲依然在安慰我们,总是说一点也不疼,生怕给我们增添一点点麻烦。

时至今日我终于明白了,平凡的母亲给了我们多么伟大而又真实的爱! 真的,聪明的母亲一直用这样的大话影响着我们,激励着我们,在母亲的大话里,我学会了什么是乐观,什么是坚强,什么是自信,什么是感恩。在艰苦而又贫寒的岁月里,是母亲的大话给我们撑起了一片富足祥和的天空,教会了我们在困难面前如何自立自强地挺起胸膛。现在想来,有一个爱说大话的母亲,真是幸福啊!

教师下水作文 2018.11.1

由周考作文题想到的……

下午,语文周考,喜欢这次考试的作文题,讲一个故事,悟一种道理:

一个年轻人在海边徘徊,闷闷不乐。"什么事想不开?"一位老者问。年轻人说,他做人做事尽心尽力,但得不到承认与尊重。

"看好了,"老者拈起一粒沙子,随手一丢,"能找到它吗?"年轻人苦笑,摇摇头。"我有颗珠子,"老者掏出一颗珍珠,掂量一下,轻掷在沙滩上,"不难找到吧?变成了珍珠,就没人忽视你了。"有道理啊!年轻人点头深思。

"不过,沙子一定得变成珍珠,才能被人承认与尊重吗?"年轻人还是有点疑问。

看到这个题目,我不由得想起另一个故事,挺有意思的,大意是这样的,说有一富翁在海滨度假,见到一个晒着太阳安于现状的渔夫。富翁劝他说:"你应该有长远打算,攒钱买条大船,再雇几个帮手出海打鱼,这样才能挣更多的钱。""然后呢?"渔夫问。

富翁回答:"你可以再买几条大船,办一家捕捞公司。做大后把公司上市,再去投资扩大生产。如此一来,你就会和我一样,成为亿万富翁了。"

"成为亿万富翁之后呢?"渔夫又问。

富翁说:"你就可以像我一样到海滨度假,晒晒太阳,钓钓鱼,享受生活了。"

渔夫听了,不屑地说:"我每天都在海滨晒太阳、钓鱼,难道你不认为,我一直都在享受生活吗?"

富翁笑着回答:"如果都像你这样,终年守着这块狭小的海域,不敢出去闯荡,一生甘于平庸、无所作为,你觉得,这样的人生有意义吗?"

想想这两个故事,我觉得挺有意思的,年轻人的困惑,在我看来那就是庸人自扰,记得一句话:一粒沙里看世界,半瓣花上说人情。其实,人生一世,重要的是"自重""自惜",自己看得起自己,活出个人的精彩就够了,何必在乎别人的所谓的认可、尊重,就像可爱的渔夫,有自己的"阳光"人生,谁说那不是一种精彩,难道说富翁的选择就是一种人生,而渔夫的人生就那么的不堪吗?不是的,在我看来,是年轻人没有渔夫的大智慧,难道不是吗?我知道,每个人的人生是不一样,但平淡未必就不是一种精彩,人生百态,个人对人生的理解和把握才是最重要的,幸福根植于心,所有的生活体验、人生顿悟,都是来自于我们强大的内心,做个有"心得"的渔夫其实挺好的!也就是说,那个故事中的年轻人其实选择做一粒沙子,也未必就没有了价值!

当然,这个作文题目的导向一定不在此,算我胡思乱想了!

2019. 2. 5

复制与清空

早晨上班，走进办公室，对师弟师妹们说："今天我要上《定风波》这一课了，多少有些忐忑！"

《定风波》这一课，给学生已经上过几遍了，但每上一次，都感觉对作者作品的解读不一样，作者苏轼那博大的胸怀，乐观的人生态度，洒脱的追求，不羁的情怀，豁达的品质，在这一首词里可以说体现得淋漓尽致！

喜欢这首词，哪怕是词的小序，都能读出苏轼的令人击节称赏的一面。其中"同行皆狼狈，余独不觉"，就已经道出了作者对风雨人生的一种与众不同的体悟！

犹自喜欢词的最后一句"归去，也无风雨也无晴。"在给学生解读这句词的时候，我说："在此，苏大学士，用自然的风雨喻指人生的逆境，仕途的不顺，用晴天隐喻人生坦途。那么，一个归去，所有的得与失，福与祸，成与败，喜与悲，都无须再记挂在心上，一切都是过眼烟云，唯有内心的体验才是最本真的。"学习这首词，让我想起了今天的电脑用语"复制"和"清空"，生活中，许多人都说我好心态，是因为我这人，一天中自己所经历的，比如不好的情绪，所谓的烦恼，我都不会让它过夜，我会在睡觉之前"清空"，绝不存留，哪怕"剪切"，我都不愿意，因为这样，还可能会被"粘贴"。于是，每个黎明的到来，我都是那么的轻松，没有负担，不背包袱，"轻装上阵"迎接新的一天！生活中，我们要学会时不时"清空"大脑，而且有必要把积极的、乐观的一面进行"保存"，或"复制"给他人！那么我们的人生一定是充实的，也是阳光的！

纵观全词，苏轼的那种醒醉全无、无喜无悲、胜败两忘的人生哲学和处世态度对于我们来说可能无可企及，做到他那种物我两忘的境界，需要有强大的精神支撑，更需要有厚实的思想底蕴，但我们可以尝试着"放下"，悲喜不萦怀，得失不挂心，名利无所谓，荣辱置身外，那么，人生其实也就透亮了许多，也简单了许多，不是吗？读罢全词，我相信，人生的沉浮、情感的忧乐，在我们每一个人的理念中自会有一番全新的体悟。

好一个"归去，也无风雨也无晴！"，是苏轼，让我对人生有一种顿悟；也许，随着时间的推移，阅历的增加，我会对这句词，有着更深的体悟，真正做到"清空"人生，把握当下，珍惜拥有！

2019.3.4

经典诗文朗诵比赛

　　必修四诗歌单元上完了,经过近一周的准备,高二(1)班的经典诗文朗诵比赛,今晚如期举行!

　　班里共有四十二人,十八位参赛选手。本来我觉得人有些多,准备海选一次,再来个淘汰赛,最终有十二人参赛就可以啦,但是看到学生们积极性较高,就想利用一个晚自习,十八个参赛选手都上,给学生们一次锻炼的机会!

　　晚6:40分,评委老师樊会武、朱婷、田旭哲、贺小娟、李瑞、王小燕准时到场,真的很感谢他们,百忙之中能给我面子,参加我们高二(1)班的诗文朗诵!

　　比赛开始,三个主持人,有拘谨,有生涩,有忘词,但有胆量站在那里,我觉得对他们来说,就是一种进步,一种收获。学生们缺少锻炼的机会和展示的平台,三个主持人还算闯过了开场这一关,我坐在下面,真为他们捏一把汗,但也为他们能迈出这一大步感到无比的高兴!

　　十八个选手,有很投入的,比如白楷同学;有特别自信的,比如高健、折旭昭同学;有超放得开的,比如白浩宇、刘洋同学;有表现自如大方的,比如刘美学,谢宏同学;当然更多的是紧张的,胆小的,忘词的,和放不开的。其实,这都是我意料中的,缺乏自信,没有语感及一点点感情注入,缺乏朗诵技巧等等。在准备这场比赛的时候,我已经感受到了学生的水平和实力,但我依然决定认真地、高规格地举办这场比赛,因为我知道学生们太缺乏锻炼的机会了,尤其理科班学生!

　　比赛结束了,有成功的经验,也有失败的教训;有收获,也有不足。我相信,今晚,上台的和未上台的,都会有所思、有所想。因为我在总结的时候,我说,同学们应该珍惜每一次锻炼自己,提高自己的机会,每一次的参与,都是人生的积累,都是对自己的肯定,都是一种收获和进步!

　　为学生准备这次诗文朗诵比赛,我忙活了几天,尽管今晚学生的表现不是很尽如人意,但我依然认为是值得的!因为为师者的幸福就在学生的点滴进步之中!哪怕这进步和付出不成比例,哪怕学生们的提高微乎其微,但只要一如既往地肯付出,我相信为师者的幸福是会春暖花开的,是会一路阳光铺洒,收获满怀的!

2019.3.26

心为形役为哪般

今天把《归去来兮辞》这一课上完了,给我印象特别深刻的是"既自以心为形役,奚惆怅而独悲。"这两句诗。感慨陶渊明对"心为形役"的深刻理解和感受!

给学生讲解:役者,差使也,引申为影响,制约。指人的思想为环境所制约困扰,这是普通人的心理常态,心态容易为名、为利所累。心神被生活、功名利禄所驱使。形容人的思想不自由,做一些违背自己心愿的事。我相信,学生字面意思可能是弄懂了,但未必在思想和精神层面上真能懂,因为印象中,我在上高中时,根本不理解这句话的深意!

又记得最近看胡适文章,里面有一句话:"人生在世,是以心为形役呢,还是立德、立功、立言? 大主意还要靠自己拿。"细细想来,生活中我们许多人都是心为形役,才导致诸多的不自在!

在今天这个竞争日益激烈的现代社会,人们要关心收入、职称、住房,关心孩子的学习、就业、婚姻,甚至于有些人还要关心上司的意图甚至神情,关心自己的仕途升迁……心被各种现实问题塞满的现代人,怎能心不被形所役? 于是,生活中,有人不满意自己的工资,有人抱怨自家的房子小,有人羡慕别人的豪车,有人眼红别人的生活富足……心一直被形所役,诸多的不痛快、烦心事自然也就接踵而至了!

那么,我们怎样在喧嚣的尘世中让心中积郁的块垒得以消散,怎样在繁杂的市井声中让浮躁的心灵获得宁静,且让我想象一下陶公归家的情景:宽袍大袖,迎着清爽的河风,立于船头,在晨光熹微中,奔向温馨的家园,他的神态是那样的幸福、轻松、安详、超脱,这时的他实实在在就是一只"久在樊笼里,复得返自然"的小鸟!

心不被形所役。于是,陶渊明能够"引壶觞以自酌,眄庭柯以怡颜",也就有了"悦亲戚之情话,乐琴书以消忧"的自在,多好! 心不被形所役,陶公乐意"晨兴理荒秽",即使"戴月荷锄归",依然"草盛豆苗稀",陶公也是沉浸在"此中有真意,欲辨已忘言!"的乐趣之中!

心为形役为哪般? 感慨陶渊明作为智者对生活的取舍,他大智大慧,在得与舍之间,寻求到了内心的平衡。于是,在心灵的需求中,归隐田园,乐在其中;不为得失,只为内心的安宁和自在!

我在想,人若真如此,心又怎会被形所役呢?

2019.4.6

夸父死在了半路上

上午 9:00 整,有幸带着我们读书社团的学生们去神木县图书馆报告厅聆听了榆林学院文学院院长贺智利老师的"平凡世界里的路遥"专题讲座,受益匪浅!

一早,顶着清明节后让人意想不到的瑟瑟寒冷来到学校。看同学们的体操训练,瑟瑟寒风吹骨冷,想着一会儿,把读书社团的学生们带到图书馆,自己赶紧回家,实在冻得不行了!

来到图书馆,贺智利老师开讲,风趣幽默中又不失学者严谨渊博的风度,一下子吸引了我!

讲座中,让我更加深刻地了解了路遥。开讲之初,看似遗闻轶事,但生活经历的点滴之中,透视出一个平凡的路遥,一个不寻常的路遥。其中,贺智利老师讲道,贾平凹说,路遥就像一个逐日的夸父,死在了半路上! 好经典,路遥的文学人生定格在了年轻的 42 岁,惋惜、遗憾、痛心!

上海作家王安忆来陕北,面对路遥,百思不得其解:如此贫瘠荒凉的土地,怎值得你如此的全情的爱。为此,路遥甚至有些嗔怪于女作家,这片土地是贫穷,但值得我们去关注,去奉献。贺智利老师动情地吟诵起艾青的诗歌:"为什么我的眼里常含着泪水,因为我对这片土地爱得深沉!"

我们读书社团是以"《平凡的世界》开讲了",拉开了序幕的,借着电视剧《平凡的世界》的热播,我想带着对读书有一点点兴奋的同学们首先走进《平凡的世界》这部崇高而又伟大的著作,走进作品,走近主人公,了解这片荒芜贫穷的土地上,演绎的不平凡的世界,不平凡的人生!

在我看来,读一读《平凡的世界》,对于学生的影响是非常深远的,有人说只有陕北人能读懂它,其实未必,淘宝总裁马云,著名电影导演贾樟柯等人,都觉得在自己的人生历程中,《平凡的世界》对自己的影响是非常之大的!

"《平凡的世界》开讲了",我的系列讲座已经讲到第四期了,我给学生的讲座侧重于这部著作,贺智利老师的讲座更侧重于作者路遥这个人,所以今天的聆听,增补了我对作家路遥的又一次认识,丰富了我的知识库! 接下来,我给学生讲析,会更加自信!

感谢贺智利老师精彩的讲座!

2019.5.12

鸿鹄焉知燕雀之乐

朋友着手弄一课题，问我参加不，我说今年高三，比较忙；另外中午给儿子做饭，下午接女儿放学，实在没时间。朋友甩过来一句话："你说你，就知道忙做饭，忙接娃，你能忙出个什么来了嘛？"言语间，满是不屑和奚落。

朋友直爽，我已很习惯与她这样的交流模式。朋友当然也很优秀，因为已经是个名人了，一天走南闯北，参观了，学习了，交流了，总之，看起来她很享受自己的工作及现有的状态，谈话间，始终志得意满的，在电话的这头，我都能感受到她声音里踌躇之志的饱满，及眉宇间得意飞舞的神情……

古人常说："燕雀安知鸿鹄之志哉。"毋庸置疑，鸿鹄的志向是远大的，可鸿鹄又焉知燕雀之乐呢？

相信，在我们读书时，老师在讲到《陈涉起义》这篇文章时，定会语重心长地这么说："同学们，现实生活中存在两种人，一种是像燕雀一样，不思进取，安于现状，自我满足的人；一种是像鸿鹄一样，胸怀远大志向，不会为现状所满足，敢于超越的人。像燕雀一样的人，往往会碌碌无为，终老一生；而像鸿雁一样的人，则会超越自己，成就非凡人生……"老师讲到这儿，一定会抑扬顿挫，激动异常地大声一问："同学们，那你们是选择做九天之鸿鹄呢，还是绕梁之家雀呢？"同学们的回答那一定是异口同声且又高亢有力的："鸿鹄——"。

老师的教导是对的，但是，今天，历经岁月的磨洗，相信许多人会发现，老师其实一直就没欺骗我们，但现实越来越让我们明白：选择燕雀，也并非碌碌无为，只是平凡和普通罢了；选择鸿鹄，也未必志在必得，有时也是受名利所惑而已。

呵呵，当然，应该肯定的是，鸿鹄的志向是高远的，是常人不可企及的，当鸿鹄展翅高翔，鹏程万里之时，燕雀可能正檐下绕梁，嗷嗷哺幼；当鸿鹄志存高远，立誓卓尔不群之时，燕雀可能正衔泥筑巢，唯愿飞入寻常百姓家。鸿鹄有鸿鹄的人生选择，燕雀有燕雀的安居之乐,孰对孰错,孰高孰低,不好评说!

如果将不断攫取,以满足自己人生欲望的人比作奋力冲上云霄的鸿鹄,那么,安于现状的人就会比作麻雀。鸿鹄翱翔于蓝天之上,固然一览众山小,风光无限;但燕雀偏安于一隅,看尽人间春风秋月,享受平凡之乐,也未为不乐?

子非鱼,焉知鱼之乐?古语云,君子无入而不自得,鸿鹄也好,燕雀也罢,守住人生的愉悦,经营内在的心灵需求,才是人生的真谛。

2019. 6. 10

蜡烛的前世与今生

今天,给学生讲评一套高考模拟试卷,其中讲到诗歌阅读部分,赵令畤的《乌夜啼·春思》:

楼上萦帘弱絮,墙头碍月低花。年年春事关心事,肠断欲栖鸦。舞镜鸾衾翠减,啼珠凤蜡红斜。重门不锁相思梦,随意绕天涯。

我说,就这首诗而言,"舞镜鸾衾翠减,啼珠凤蜡红斜",老师最最喜欢了。对仗工整自不必说,尤其这"啼珠凤蜡红斜"一句,写出了抒情主人公深宵不寐,痴对缀有凤凰形象的蜡烛,看它不断消融的红泪直到蜡残斜坠的相思之苦,这就是诗歌言有尽而意无穷的魅力所在。

啼珠凤蜡红斜,在今天这个充满电光的时代,同学们都想象不出红烛落泪的情景来了,有同学调皮地说:"李老师,上次停电,我们上晚自习,用的就是蜡烛,两个多小时,我们的蜡烛就没有您说的'啼珠红斜'呀?"

我说:"同学们,今天的蜡烛,质地坚硬,制作工艺精良,这蜡烛,老师也发现它们真的都不会落泪了。不如,让我给大家讲一讲蜡烛的前世与今生,好不好?"说到这,同学们都充满了好奇,前世与今生,蜡烛的?

在古代文人墨客的笔墨中,蜡烛是充满灵性的,是知晓人情的。记得最有名的是李商隐《无题》"春蚕到死丝方尽,蜡炬成灰泪始干",其中"蜡炬成灰泪始干"这一我们耳熟能详的千古名句,是比喻自己为不能相聚而痛苦,无尽无休,仿佛蜡泪直到蜡烛烧成了灰方始流尽一样。思念不止,终生以随。想想,这是怎样一种至死靡思的眷恋啊!当然,李商隐还在《牡丹》一诗中"石家蜡烛何曾剪,荀令香炉可待熏",以烛喻人,写出了意中人的曼妙与清新。可以看出,在古诗人李商隐的眼里,蜡烛有义也有情。

红烛照人,情丝脉脉。古人有李商隐"何当共剪西窗烛,却话巴山夜雨时"的浓浓爱意;有杜牧"蜡烛有心还惜别,替人垂泪到天明"的深深别绪;有晏殊"蜡烛到明垂泪,熏炉尽日生烟"的凄凄愁意;有王建"秋夜床前蜡烛微,铜壶滴尽晓钟迟"的痴痴等待;有冯延巳"蜡烛泪流羌笛怨,偷整罗衣,欲唱情犹懒"的涩涩情思……

古人习惯以"蜡烛"入诗、入词,可以看出,在古代,红烛是与多情多思联系在一起的。它燃而滴珠,似泪洒一地,颗颗红珠寄寓着人们最为美好的深情厚意,那滴滴红珠,一粒一粒洒在红烛身前,欲滴还休,似落非落的状态,甚是牵人绵绵情思。有时,我会想象,多情的诗人每每凝神静气,专注地看着这根根烛火,燃烧、消逝,滴泪、成堆,他们的内心会是怎样一种百转千回啊!所以,让我说,蜡烛的前世是充满情谊的,是令人怀想的;它,就是一相思之物,它是情感的化身,是一真真正正的情种子。

而今,生活中,我们能看到有形似蜡烛的带电的蜡烛,我称之为"电烛",看起来身姿不变,光焰闪闪,但全然没有了蜡烛落泪成滴的浓浓诗意了。有时,我们去街市买蜡烛,还会特意挑选"无黑烟,不流泪,耐燃烧,不变软,不弯曲"型的,今天的蜡烛,真的不会流泪了。感慨社会进步之余,内心也不免生发一种淡淡的失落和伤感;眼前挺直且不再落泪的蜡烛,再也牵不出一种情绪来了,也不再寄寓任何的感伤和相思了,偶尔有之,也不过是"发思古之幽情"而已!

随着蜡烛在我们生活中的渐行渐远,它给予我们的记忆也是越来越淡了,让我说,蜡烛,它的前世是意蕴笃厚,令人怀想的,它的今生没有了丰富和充盈,让人不免心生失落和感伤,呵呵,为什么呢?因为,看着课桌旁,学生们一个个小巧精致的充电台灯,让我怎不生起一股留恋和怅惘之情呢!

2019.7.7

闭门造车写作文，没可能了

高三年级第三次模拟考试，作文所给材料是有关微信圈里投票这一话题的，呵呵，岁末年尾，圈里各种类型，各种名堂的投票点赞确实多了起来。在此，且不说，拉票、刷票这种行为的是非长短，对错褒贬，也不说这次作文审题立意的角度与重心，单看学生分量不足，联系不广，缺乏思考，深度不够的作文。上课时，我感慨地说，同学们，发现没有，闭门造车写文章的时代已经过去了，学生们也会意而且尴尬地笑了。

近年的作文材料，多涉及时代热点，社会焦点，关乎热词、流行语，似乎我们平时积累的素材都有些派不上用场了。曾几何时，高考作文仿作、套作盛行，李白、杜甫、苏轼玩转高考作文，牛顿、高尔基、居里夫人频频出现在考场作文里，这些材料可谓以不变应万变，真正起到了以一当十的效果，而且，这些材料确实是"横看成岭侧成峰，远近高低各不同"，似如万能材料，什么话题，什么主题都可变换角度运用这些"多面"材料。所以许多考生，高三复习，不重视语文，而是用三五则所谓的典型作文素材就想"独步"考场，以为"万能"素材在握，就可以赢得高考语文，殊不知，这种语文学习已经很难应付高考语文了。

今天面对这种紧扣社会热点，贴近生活的任务驱动型作文，学生傻眼了，考场上面对需要思考，需要联系现实，需要分析的作文题，平时只顾刷题，当然刷的还不是语文题的学生们来说，真是老虎吃天，无法下手了。

我以为语文学习的目的，并不仅仅是识记、阅读、提升语言运用能力，语文学习的终极目的说简单些，就是用来解决问题的；就是用来关注社会，指导生活，引导人生的；语文承载着道德、精神、文化，语文包蕴着历史、人文、文明。所以，语文的作用实是引领人生，指导生活，思考社会，透视天下啊！而今天高考作文题的"接地气"、贴近生活，正是这个目的的一种有力呈现。有多少学生平时学习是"两耳不闻窗外事，一心只读教科书"，不关心社会民生，不知道时政要闻，视野狭小，格局受限，写出的作文空泛、乏味；要么纸上谈兵,要么闭门造车,脱离社会,远离现实,似空中楼阁,又似镜花水月;满篇文字口号多、倡导多,而联系现实却欠缺许多,解决问题基本没有,这可以说是今天学生写作的通病。

"风声雨声读书声,声声入耳;家事国事天下事,事事关心",今天的高考,尤其作文题目,彰显的正是这一点。所以不读书,不关注现实,不了解时政要闻,不知道社会民生,是很难写出高质量的作文的。

2019. 8. 19

又是一年秋雨时

"一层秋雨一层凉",此刻,想起郁达夫《故都的秋》这篇文章里的这句话,真的很是应景!窗外,秋雨淅淅沥沥、清清冷冷;秋风袭过,哪怕是隔着窗户,依然凉意顿起;思绪也随着这雨声,越来越密。秋雨夜,最易断肠时。想起李清照"乍暖还寒时候,最难将息。"早早关上窗户,抱着妞儿慵懒地倦卧在床,听着窗外滴滴答答的雨声……

记得对秋雨最有质感是在高中时,我的语文老师推荐的张爱玲的散文《秋雨》。开头写道:"雨,像银灰色黏湿的蛛丝,织成一片轻柔的网,网住了整个秋的世界。天地是暗沉沉的,像古老的住宅里缠满着蛛丝网的屋顶。那堆在天上的灰白色的云片,就像屋顶上剥落的白粉。"连用几个比喻,把秋雨及作者处境、心境融化为一。老师在给我们赏读的时候,是直接朗诵出来的,那声音低沉而缓缓,似乎那雨滴也随之直接敲击着心之坎!至此,我似也有"为赋新词强说愁"的懵懂与矫情。二十多年后的今日,想起依然沉浸在老师的声音里、作者的思绪里,雨意绵绵……

突然想起林黛玉"留得残荷听雨声"的诗句。她为了爱情哭干了眼泪,因为姻缘而肝肠寸断。她那多愁多病的身体,怎么能不是"冷月葬花魂"的凄凉;再想想李清照"旧时天气旧时衣,只有情怀不似旧家时"的落寞:深秋因有心而愁,秋雨因有心而泣。那个倚窗遥望,多情流泪的女子啊,在秋夜惨淡的秋风与秋雨声中,独自对着一盏残灯,倾听窗外淅淅沥沥的秋雨,细细诉说着无言的心事……

秋风秋雨愁煞人,如刘禹锡所言"自古逢秋悲寂寥"。夜深了,想起的都是女人及女人之思。喜欢张爱玲,即使有生之年最后一部作品《小团圆》也似无"团圆"之意,倒和她最终异乡客死,无人问津的孤独似乎形成一种无法言说的矛盾及冥冥之中的诉求;还有李清照的哀婉多舛,林黛玉的殒命情殇……怎说呢,其实我并不是个伤感的女人。今天想到这么多,是因今天下午4:30,一个在雨声淋漓、雨意绵绵中去世的人。一个女人,癌症,历经两年多卧床,疼痛的煎熬,非常人所能承受的苦痛,终于未能再站起来。唉,听到她所经历的身体上的疼痛,心理上的煎熬,记得我伤感地对我家孩子爸说:"人如果知道自己临死时,要经历如此的病痛和折磨,不来世间,不过此生,也罢!"我家孩子爸看着我,沉默良久,无语……

秋雨轻轻地敲打着玻璃窗,发出滴答声。一滴、两滴、三滴。一声、两声、三声。声声入耳,不觉得它单调,也不觉它扰人心绪……

2019.9.9

情到深处……

情到深处始动人,今晚听朱婷老师的一堂课——李清照《声声慢》,写作者用情,讲读者用心,听课者投入。于是文本在这一刻走心入情,深入我心,这真是最为动人的时刻,最为美好的情感。

坐在旁边的方方老师说,高中时候,也读了这首诗,怎就不觉得李清照有这么深郁的愁思呢?

年少不知李清照,若能晓得人已老。记得清人张潮在《幽梦影》中曾写道:"少年读书,如隙中窥月;中年读书,如庭中望月;老年读书,如台上玩月,皆以阅历之浅深,为所得之浅深耳"。今天听课,对这句话更有感触。在人生的不同阶段,读书的境界是不一样的。少年时读书,往往仅从字面上去感受;中年时读书,就会用人生的历练去理解,去体会;老年时读书,那是用全部人生去把玩,去品味。

当然,我以为读书的境界与年龄有联系,但也不是一一对应的关系,老年人的理解不一定深刻,年轻人的理解不一定肤浅。关键是要结合人生去读书,融会贯通,细细品味书中的喜怒哀乐,深深体会蕴藏在文字后面的历史真实、人生道理、人心善良和审美情韵。

课后,给朱婷老师留言:

@朱婷,你读了,我哭了,最美丽的诗歌都是最绝望的,字里行间都是眼泪。

朱婷老师用自己对作者、对作品的准确把握和理解,用真情配乐朗读。那一刻,我分明感到,那悲戚的声音就是李清照的悲苦诉说,那动人的情感传达的就是作者的最为真实的情感;那一刻,似乎有一种感觉,这声音就来自千百年前,就来自衰寂落魄的李清照本人……

"才下眉头,却上心头",今晚,吟易安入梦……

2019.10.9

唤醒另一个自己

"同学们，你们可曾和另外一个自己对话过？和另外一个自己对话，会是怎样的感觉，又会有怎样的收获？苏轼的一生颠沛流离，但是他无论何时都能洒脱逍遥、乐观自由，大家知道苏轼有什么样的人生秘诀吗？"

这是学习苏轼《赤壁赋》时我的开场白。

前几天，带领着学生一起学习苏轼《赤壁赋》，给我最大的感悟就是苏轼之所以成为苏轼，之所以在中国文学的长河里那么耀眼，那么熠熠生辉，那么独一无二，成为我们许多人精神的标杆、人生的指引，其中可能有一个重要原因就在于他能够在困厄穷途之时，能够与自己对话（此处不谈儒释道这么高深的话题，谈了学生也未必能有所悟，我想从浅处开挖）。身外名利与自我追求在自我对话中得以变得明朗而清晰；个人得失与自我平衡在自我交流中得以激烈地碰撞；美丑与善恶在自我纠结中最终得到了正确的取舍。于是，苏轼在"问汝平生功业，黄州惠州儋州"的坎坷仕途中能够洒脱自在，旷达逍遥！

上大学的时候，心理学家佛洛伊德最为流行，其人格结构理论将人格从里到外分为：本我、自我和超我。自我是从本我中分化出来是受现实陶冶而渐识时务的一部分，而超我即能进行自我批判和道德控制的理想化了的自我。备课时，我在想，《赤壁赋》中的主客问答正是这一理论的一个验证，虚幻的痛苦的"客人"和社会的叫做"苏子"的主人，他们对立又统一，统一于作者本身，也形成了《赤壁赋》人性和哲学上的熠熠闪光。

《赤壁赋》中这位感伤英雄无常，慨叹生命短暂的"客人"，我更倾向于是另外一个"苏子"的这种认识和说法（当然，这位"客"即使确有其人，也并不影响行文主旨的表达）。我在想，为什么我们有些人的生活越过越糊涂，有些人的人生越活越走进了死胡同？其实我以为有一个重要原因就是我们没有意识到或者说从来未曾和自己的灵魂对话；从未和生命中另外一个自己进行深入的交流；我们从未留出时间和另一个自己来一场"你来我往"的争辩。于是面对人生困惑时，我们缺少从容，缺少沉淀。更多的时候，在

"莽撞行事"中事与愿违;在面对成败得失时,我们不曾思考,不知纠结,于是在"瞎打乱碰"中迷失了自己……

而被林语堂喻为"无可救药的乐天派"苏轼则不是这样,他在困厄不堪中,始终在与另一个自己的对话中,不断释放着自己,提升着自己,让自己在任何时候都能在自我纠结中不断清醒地认识社会,认识自我,在与自我的对话中,不冲动、不莽撞、不迷茫,任何时候,都能"此心安处是吾乡",这是怎样的一种超然与洒脱啊!

犹记文化学者余秋雨曾说,苏东坡的这种自省,不是一种走向乖巧的心理调整,而是一种极其诚恳的自我剖析,目的是想找回一个真正的自己。他在无情地剥除自己身上每一点异己的成分,哪怕这些成分曾为他带来过官职、荣誉和名声。他渐渐回归于清纯和空灵。而我一直以为,可能正是这种与自我的不断对话与争辩中,苏子才"竹杖芒鞋轻胜马,谁怕?一蓑烟雨任平生",越活越通透。

今天,我们说起苏子,他的魅力不仅在于诗词的豪放不羁,其实更在于人格修为上的乐观豁达与逸怀浩气。尘世一遭,一个人可取得的最高成就,并非功名有多大,或者财富有多少,而是将自己的精神提升至最高境界。古典诗词研究专家叶嘉莹说过一句话,我觉得是对苏轼一生最简洁、也是最准确的概括:"苏轼是在苦难之中完成了自己的一个人物。"还记得董卿在中国诗词大会上提到苏轼时所说的一句评语:"在最低的境遇,活出最高的境界。"网上流行一句话:"用心甘情愿的态度,过随遇而安的生活。"苏轼便是如此。他能在与另一个自己的对话中,发现更好的自己,活出自己想要的样子。

我想说,另一个自己其实就是自己最忠实的朋友。我也想问,朋友们,你唤醒了生命中的另一个自己了吗?你可曾推心置腹地和他对话,同他交流,甚至争辩,在这个过程中,能像苏轼那样,找到更好的自己,活成自己喜欢的样子?

2019.10.23

旧文不厌百回教,常教常新意更深

苏轼《送安惇落第诗》有曰:"故书不厌百回读,熟读深思子自知。"带领学生一起学习王安石的散文名篇《游褒禅山记》,上课时,我不禁化用苏轼这两句诗,感慨道:"'旧文不厌百回教,常教常新意更深!'啊……"

《游褒禅山记》这篇文章,高中时老师讲过;大学时课本里有过;教书时自己给学生讲过好多遍;也听别的老师讲过这一课。但每次学习、授课、听课都会有收获,都会有更深的思考。

王安石于褒禅山之一游,在未尽力以探寻到奇景的遗憾中结束。而这一游不仅仅就这样结束了,而是带给了他不断的反省和深刻的思索,从而他得出"尽吾志也,而不能至者,可以无悔矣,其孰能讥之乎?此余之所得也"这一感慨。这是王安石游山而得出的感慨,而这一感慨给予我们后人的启迪是无穷的。

王安石褒禅山之游,其实只能算是一次半途而废的游历。呵呵,把这样的经历写出来,究竟有多大的意义呢?或者说谁又愿意为这样的一次游历"浪费"笔墨呢?看资料,王安石也是很郁闷的,所以他迟迟没有动笔。三个月之后,在这一年的七月,他写出《游褒禅山记》,这时,他已经不是在写一篇单纯的游记性的文章了,而是对"如何成功"在做理性的思考了。这确实有些小题大做,但这篇小题大做的文章,却成为宋代游记独出机杼的佳作。我给学生小结课文时说道,一次不成功的游历,引发了一个成功的思考;一次成功的思考,造就了一篇脍炙人口的文章。我说王安石在年轻时候,就做好了成就大业的心理准备。"无限风光在险峰",这位被列宁誉为"中国十一世纪的改革家",用自己对生活的领悟和思考进而去指引自己的人生,这是一个优秀出类之人的能力和品质,而王安石他就具备了这样的能力。

"世之奇伟、瑰怪,非常之观,常在于险远,而人之所罕至焉!"非常非常喜欢这句话,真的是"片言只语便通玄,何用经书千万篇"啊!

　　人这一辈子，有时若能参透含有"人生哲理"的某一句话，就能指引自己，成就自己的一生，这么多年，王安石的《游褒禅山记》，常读常新，百读不厌，就是这个理!

　　之所以写这篇短文，是因为上周末，给学生布置了一篇小作文——《游褒禅山记》读后感。今天批阅才发现，学生们要么三言两语应付了事，要么满篇废话感悟寥寥，要么神思游荡不知所云……两个班，只有几个同学还能写出点思考和感悟来，所以，我打算自己写点，明天范读引领一下。

2019.11.5

我是不惮以最坏的恶意来揣测人的……

今天,语文课,学习杜甫《登高》。在开讲之前,用了一节课的时间,将杜甫的人生追求,个人经历,诗文创作进行了讲析,将杜甫一生的四个时期及相关诗文进行介绍,以期能带领学生走近诗人、了解诗人、感怀诗人,做到知人论世,以利于必修二杜甫诗三首的学习。

走进《登高》,找意象,明意境,悟情感,懂方法。

当分析到尾联"艰难苦恨繁霜鬓,潦倒新停浊酒杯"时,引领学生联系作者长年漂泊,年老多病,孤苦无依,壮志难酬,又时值凋零之秋,作者之悲有自然之秋,人生之秋,社会国家之秋,感怀作者的家国之思,愁郁满怀……

"唉,早点死吧!"有一个学生如此说。

我震怒不已……

犹记鲁迅先生曾说过:"我向来是不惮以最坏的恶意,来推测中国人的,然而我还不料……。"真的难以想象,基础教育九年,进入高中阶段的学生,心思能如此之坏,心意能如此之恶,我真无语了。

我忍无可忍……

"同学们,从小到大,伟大诗人杜甫的诗作我们接触不少,对杜甫也有一定的了解。那么,我们如果对伟大诗人杜甫都缺少敬意,真的让老师失望至极……"说到这,我停顿了下来,学生看到了我严肃的面庞,掩饰不住的神情,顿时教室安静到出奇。

"孩子们,对崇高不能缺失了敬意! 伟大诗人杜甫,心怀"致君尧舜上,再使风俗淳"的治国理想,哪怕"残羹与冷炙,到处潜悲辛",依然矢志不渝,"穷年忧黎元",一首首,一篇篇忧民忧国忧天下的至真至情之作,今天读来,似乎都能令人触摸到作者一颗滚烫的爱国心啊……"继续继续!

"杜甫,他的伟大,他的崇高,容不得我们轻薄,因为我们没有资格,高山仰止,我们只有崇敬,而你的不负责任的言语,恰恰体现的是你的浅陋、无知、愚蠢,还有你的阴暗、低俗、恶毒乃至龌龊的内心⋯⋯"

现在想来,个别学生价值观崩塌,人生观失衡,缺少起码的认知,太可怕,这样的学生,如果走向社会,那真的太危险了!

真的,我越来越不惮以最坏的恶意来揣测这些学生了,我无法原谅这个学生的无知与恶毒⋯⋯真的,我们的教育,问题出在哪了?

2019.12.7

再思心为形役为哪般

必修五陶渊明《归去来兮辞》，开讲啦！我对姐爸感慨地说："说句心里话，这文章我给学生讲有七八遍了，但每次的上课体验与感受都有所不同，我甚至觉得，年轻的时候，就文本中最能体现作者心灵感悟与智慧的语言"心为形役"，我都没给学生讲明白，只是停留在字面意思，也就是翻译的层面上……"

今天，我和同事们交流，随着年龄的增加，阅历的丰富，对生活的理解及对人生的感悟，就马云的不差钱和陶渊明的困守本心做了一番比较与思考，感慨陶渊明志在本心，困顿不改其志的难能可贵。年轻的同事说："李老师，你这么说，那我真的就停留在了翻译字面意思的层面了啊……"

心为形役，为哪般？每次给学生们上这篇课文的时候，我就对这四个字有一种全新的领悟和体会，原来真是：少年读书，如隙中窥月；中年读书，如庭中望月；老年读书，如台上玩月。古人之语，皆以阅历之深浅为所得之深浅耳，唯有心中无挂碍方得智慧之精髓啊！

犹记假期，与朋友小坐，有朋友说，最不喜欢他们的领导一天阳奉阴违，为霸称王的样子，总是天下老子第一的说话模式，上班一看那副小人得志的模样就不舒服，呵呵……

我说，送你一句话，《梁冬说庄子·齐物论》里有一句话，我挺喜欢："好的人生，就是把世间所有的不如意、抱怨活成了玩笑。"这玩笑，有所谓自命不凡的，有所谓自以为是的，有所谓目空一切的，还有所谓目中无人的，终归都不过是一"玩笑"而已，一笑而过罢了！

犹记鲁迅先生曾说："人们的悲欢并不相通，我只是觉得他们吵闹"。对，我想说，世间唯聒噪而已，又何必放在心上呢！

今天给孩子们上陶渊明《归去来兮辞》一课，上完课，坐在办公室，再次感慨陶公"心为形役"的"惆怅而独悲"，再次为他顿悟"今是而昨非"点赞，为他"已往之不谏，来者之可追"的智慧而击掌。陶渊明的这份真诚淳朴、洒脱自然，千百年来戳中了多少红尘中疲惫的心灵。"天下熙熙皆为利来，天下攘攘皆为利往。""长恨此身非我有，何时忘却营营"……确实世间有太多的牵绊，人生有太多的不得已，滚滚红尘，熙来攘往，要想坚守本心,质性自然,确实不容易。

特别喜欢两句诗:"宠辱不惊闲看庭前花开花落,去留无意漫随天外云卷云舒。"流光容易把人抛,不知不觉,岁已至半,冬去暑来,周而复始,熙熙攘攘,人事烦扰,喧嚣不已。如何在这样的尘世之中,把持住自我,骄傲而有尊严地活着,这需要勇气,一种放得下的勇气。

百日一瞬,难得自省,心为形役,不正如此? 心本自由之源,以心役形乃人生之本。亦唯有持此自检之念,心或许不会永为形役,终有一日归去来兮,真正做到事违而心不违,世逆而心不逆。陶渊明任彭泽令,不愿束带见督邮:"吾不能为五斗米折腰,拳拳事乡里小人邪。"辞去了彭泽县令之职,从此结束仕途,回归一心向往的田园生活。田园生活是陶渊明身在仕途十几年来,心为形役、惆怅而独悲后的领悟与选择。回归田园后,他的心变得轻松恬静。富贵非吾愿,帝乡不可期,他在意的是大自然的良辰美景,农家生活的锄草耕种,自由自在地悠游山水,登上高山任意舒啸,伴着清流吟诗作赋,顺应自然,乐天知命,真正是"悟以往之不谏,知来者之可追"的觉今是而昨非的彻悟。

名利得失皆如平衡木,得之,又盼;不得,又伤。红尘之大,不过是诱惑之大,安于自己的一箪食、一瓢饮,就不会为隔壁的满汉全席而垂涎。红尘之痛,不过是纠结之痛,若气定神闲,又怎会追逐东风上下狂。

半生追逐一时休,是选择内心的充实和滋润,还是追求外在的虚名浮利? 不拘于形,不役于心,不牵于物,不困于心,最是难得。

心若不为形役,即为自由;呵呵,想想,不过是"古今多少事,都付笑谈中",又何必营营苟苟? 心为行役,又何必追名逐利,置本心而不顾? 人,生而为人,首先活得要像一个人,堂堂正正,仰不愧天,俯不愧地,不为世俗所动,顺应本心,追求自然,实是智者所为,才无愧于坚守之志。

当我们困惑于喧嚣的尘世,我们要努力寻求消散心中郁积的途径;当我们纠结于繁杂的世俗,我们要积极突围内心的浮躁和不安。放下、清零、删除、垃圾回收才能"久在樊笼里,复得返自然",内心获得安宁和清静。

生在当下,要活得明白而通透!

2019. 12. 22

牛死在庖丁手里，也是幸福的

今天和学生一起学习《庖丁解牛》这一课，上课时，我不无感慨地说："一头牛能死在庖丁手里是多么幸福啊。"同学们个个昂头，充满疑问："老师，为什么这样说呢？"

想起童年时的一件小事来，记得小时候，过年了，看大人杀鸡，小孩子们围一圈，只见大人们抓住鸡的翅膀，一刀子进去，红刀子出来，鸡血淋淋，喷射开来，疼痛不堪的鸡使尽浑身全力挣脱开来。于是，满院子沸腾了起来，鸡在前面跑，血淋淋的一地，大人在后面追，孩子们惊恐不已，喊叫着，躲闪着，痛苦不堪的鸡扇动着翅膀，躲避着，一颠一簸奔跑着，鸡血随着鸡毛齐飞。可怜的、任人宰割的鸡在百般挣扎中结束了自己的生命，完成了自己一生最惊心动魄，最痛不欲生的表演。每每想及，我就会感慨：为什么不能一刀结束它的性命？

想想庖丁这位"名厨"："手之所触，肩之所倚，足之所履，膝之所踦，砉然向然，奏刀騞然，莫不中音，合于《桑林》之舞，又中《经首》之会。"娴熟的动作，和谐的节奏，富有动感及音乐感的场面，充满艺术化的享受。呵呵，这哪里是宰牛，分明是一场视觉盛宴。场面不血淋，牛也不惊悚，没有痛苦，舒舒服服地"享受"着死的过程，生而为牛，能死在庖丁手里，也算是"祖上积德""三生有幸"啊！

庖丁解牛，技术的关键所在就是"依乎天理，批大郤，导大窾"，绕开障碍，不以刀碰骨。"技经肯綮之未尝，而况大軱乎？"经验丰富的庖丁沿着牛体内的空隙走刀，绕开障碍，不碰硬节，于是"十九年刀刃若新发于硎。"庖丁，我估计是有文字记载以来，最早的、最出名的大厨了，是芸芸厨师的祖师爷。

又记前几天，妞爸炖了一只鸡，说炖了近两小时，儿子说好费牙，嚼不动。呵呵，我就老想，这只可怜的鸡呀，临死前，不知经受了怎样的痛苦折磨、恐惧、惊悚、肌肉紧张，以致肌肉纹理发生改变，筋结皮厚，导致坚硬难啃。呵呵，估计庖丁解牛，牛在"安乐"中结束生命，那一定肉质细腻，鲜美可口。呵呵，我这人不吃肉，但我相信我的大胆猜想一定有据可寻的哦！

留给学生两个思考题：

1. 良庖的成长历程，能够给大家在学习方面带来哪些启示？

2. 文惠君曰："善哉，吾闻庖丁之言，得养生焉。"这解牛之道和"养生"之道有什么联系？

2020.1.4

阅世·越世·悦世

阅世,则眼界更开阔;越世,则心胸更豁达;悦世,则生命更圆满。较之于王国维《人间词话》中的人生三境界,我觉得"阅世·越世·悦世"这新三境界一样的耐人寻味,启人思考。

必修四《苏轼词两首》,其中有《念奴娇·赤壁怀古》和《定风波》今天开讲,各种设想,却不知如何上好这两首词,其实这两首词我已经在三尺讲台上带着学生一起学习欣赏过许多次了。

非常喜欢苏轼,上周听年轻的樊雨薇老师的公开课,讲的是苏轼的《定风波》。评课的时候,我说:"在古代文人墨客里,我最喜欢苏轼。"余光中说:"如果要去旅行,我不要跟李白一起,他不负责任,没有现实感;杜甫太苦哈哈了,恐怕太严肃;可苏东坡就可以做很好的朋友,他真是一个很有趣的人。"我相信,不喜欢苏轼的人也没几个。在他的"回首向来萧瑟处,归去,也无风雨也无晴"里,有多少普通人不曾拥有的豁达,就有多少普通人不曾经历的苦难。也许正是因为内心的这份景仰,让我每次带领学生学习这首词,都倍感不轻松。

今天,再读李亚伟《人间宋词》,感慨苏轼"一生混砸过多次,照旧无往而不乐"的大智大勇。苏轼的一生,虽曾在"长恨此身非我有,何时忘却营营"里犹豫,但更多的是"且陶陶,乐尽天真"的真性情;在《金山自画像》里,苏轼用"问汝平生功业,黄州惠州儋州"概括自己的一生;纵观他不是被贬就是在被贬路上的一生,我们不由好奇他能将降级贬谪当成自助游的这份大气和逍遥;苏轼的一生,成就了自己独一无二的"生命美学"。今天,有许多人喜欢苏轼,但我以为,只能效仿,难以超越。

想起前几天阅读金惟纯的《人生只有一件事》,纵观苏轼一生,我发现,苏轼的人生确实也只有一件事,那就是一直在努力地活好,于是所有的磨难都被他四两拨千金般举重若轻,所有的遭际都已成为他行走江南的底气和资本。其进可安天下,退能山水怡自身的心态与格局真非常人所能及。

他的人生用三个词来概括就是阅世、越世、悦世。阅世的苏轼是投入的；越世的苏轼是通透的；悦世的苏轼是丰盈的。今天我们许多人喜欢他的原因就在于他的人生态度。苏轼一生豁达自由，他可爱的灵魂融入在文字中，传承千古仍旧引人拜读。他用最宽阔的胸襟去拥抱这世上的所有，无论身处何种境遇，都能发现美好的存在。不论生活多么的不称心、不如意，苏轼都能全心全意地对待，且是百分百的用心用情。他曾在很多年里都被黑暗裹挟，但始终心怀光明，不肯被黑暗吞噬。年少读不懂苏轼，懂时已是诗中人。

心有东坡词，人生无难题。就在于苏轼的词里有态度、有格局，能够帮助我们化解愁苦，消解苦难。

《南方周末》写道：闲来无事，读读苏东坡吧，在这漫长人生中，有他为伴，定不孤单！

2020. 2. 12

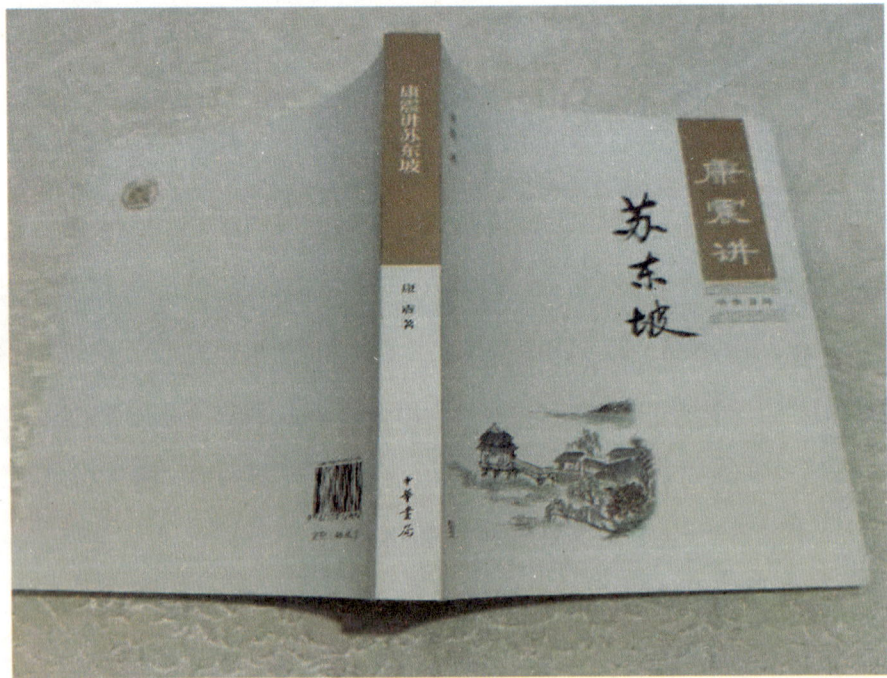

一言半句便通玄,何用经书千万篇

今天听了三节课,同课异构《归园田居》,由衷地喜欢陶渊明,喜欢他的气节,喜欢他无适俗之韵,有丘山之乐的淡然情怀,感慨他"名利最为浮世重,古今能有几人抛?"的追求与气度,我和办公室的同事们说:"其实,有时候啊,人生只要参透一两句话,就能影响甚至指引人一辈子。"真正是:

一言半句便通玄,何用经书千万篇!

因为今天听课,又想起陶渊明给我印象特别深刻的两句诗:"既自以心为形役,奚惆怅而独悲。"我说,年龄不同,阅历不同,人生体验不同,每次想起"心为形役"这四个字,感悟也就不同,收获也就不一样了。说真的,我对陶渊明"心为形役"的思考和理解是持久的,是常思常新的,这四个字给予我的影响和指引也是深远的,我总以为,今天我的个人气质,思想观点,人生领悟都与这四个字有着密不可分的关系。

夜深了,翻开曾经的日志《心为形役为哪般?》,我在想,这三年前所写的日志能否和今天的我心意相通?

心为形役,给学生讲解:役者,差使也,引申为影响,制约。指人的思想为环境所制约困扰,这是普通人的心理常态,心态容易为名、为利所累。心神被生活、功名利禄所驱使。形容人的思想不自由,做一些违背自己心愿的事。我相信,学生对字面意思可能是弄懂了,但未必在思想和精神层面上真能懂,因为印象中,我在上高中时,根本不能理解这句话的深意!

又记最近看胡适文章,里面有一句话:"人生在世,是以心为形役呢,还是立德、立功、立言? 大主意还要靠自己拿。"细细想来,生活中我们许多人都是心为形役,才导致诸多的不自在!

在今天这个竞争日益激烈的现代社会,人们要关心收入、职称、住房,关心孩子的学习、就业、婚姻,甚至于有些人还要关心上司的脸色意图,关心自己的仕途升迁……心被各种现实问题塞满的现代人，怎能心不被形所役。于是，生活中，有人不满意自己的工资，有人抱怨自家的房子小，有人羡慕别人的豪车，有人眼红别人的生活富足……心一直被形所役，诸多的不痛快、烦心事自然也就接踵而至了！

那么，我们怎样在喧嚣的尘世中让心中积郁的块垒得以消散，怎样在繁杂的市井声中让浮躁的心灵获得宁静，且让我想象一下陶公归家的情景：长袖翩翩，迎着清爽的河风，立于船头，在晨光熹微中，奔向温馨的家园，他的神态是那样的幸福、轻松、安详、超脱，这时的他实实在在就是一只"久在樊笼里，复得返自然"的小鸟！

心不被形所役。于是，陶渊明能够"引壶觞以自酌，眄庭柯以怡颜"，也就有了"悦亲戚之情话，乐琴书以消忧"的自在，多好！心不被形所役，陶公乐意"晨兴理荒秽"，即使"戴月荷锄归"，依然"草盛豆苗稀"，陶公也是沉浸在"此中有真意，欲辨已忘言！"的乐趣之中！

心为形役为哪般？感慨陶渊明作为智者对生活的取舍，他大智大慧，在得与舍之间，寻求到了内心的平衡。于是，在心灵的需求中，归隐田园，乐在其中；不为得失，只为内心的安宁和自在！我在想，人若真如此，心又怎会被形所役呢！

丰子恺《不宠不惊过一生》诠释了我所理解的"心为形役"，即：不滞于物，不殆于心，思而惆顾，行而桀黠。

一言半句便通玄，何用经书千万篇。

人若不为形所累，眼前即是朗然天。

请相信，一句话给予人的力量，有时在常思常新中，这一句话给予人的影响是深远而持久的。

2020.3.2

跳吧,赶紧跳吧

"妞子,走,爸爸陪你写作业,你妈妈的学生今让你妈妈受伤了,看样子,还伤得不轻……"

必修二第二单元的《离骚》节选,还没有开课,老师们就说这节课不好上。确实如此,因为学生的知识储备、基础能力、阅读理解等因素都决定了这篇课文越来越难讲授了。所以备课环节,了解学生,解读文本,占有相关资料非常重要,如何让学生能够通过《离骚》节选的学习,走近、了解屈原,内心充满敬意和崇高感,并能理解这位伟大的爱国诗人的品格节操,这是我思考的重点。

上课时,花了半节课时间,通过精心准备的PPT,串讲了这位历史文化名人他的学识修养、政治追求以及心系苍生和胸怀天下,介绍了他"信而见疑,忠而被谤"却能不改初衷,耿直忠贞,不畏强权,坚持"美政"的人生理想,让学生能够被这种民族精神所影响,能够在传统文化的浸透里渐渐拥有一种情怀……

犹记在开课前,我问学生:"屈原,这个名字,作为关键词能够让你想起相关的哪些信息?"

有学生笑嘻嘻地大声说:"放假三天。"还有学生说:"吃粽子。"我说:"同学们,屈原身上承载的是民族之魂,民族之根。大家所说的只是一种皮毛,是一种浅薄。屈原之死是中华民族心中永远的痛,也留给了世人永远的感动,因为:

在众人皆醉的麻木空气里,屈原选择了清醒;在众人皆浊的世道上,屈原选择了清白;褪去华服,屈原选择荷衣制成衣裳;逐出京城,屈原选择汨罗江的滚滚波涛。屈原身上有一种熠熠生辉的东西照耀千古,那就是信念,就是追求,就是人生的意义,就是……"

后半节,专门下载《思美人》这一屈原传记式影视作品,选择最后半集,通过演员形神皆备的演绎,集中展现屈子的超凡卓绝的一生。感慨今天给学生上课,媒介的多选性,平台的多样性,让学生可知,可见,可感……

"跳吧，赶紧跳吧！"正当电视中的屈子来到汨罗江畔，愁思百结，回忆自己一生的政治坎坷和人生追求不得实现而踟蹰在汨罗江畔时（其实这也正是我选择的原因，导演运用蒙太奇手法，在几分钟内，通过主人公的回忆，浓缩地展现了他的一生），有学生竟然说出了这样让我难以忍受的话……

不可原谅！屈原，我们民族的脊梁，两千多年来已经深深烙印在我们的传统文化里了，岂容"无知小儿"如此轻薄，我真无语了……

下课了，我非常严肃地说："同学们，一句'跳吧，赶紧跳吧！'伤了我的心，更伤了屈原，我真不能原谅个别同学的低俗、浅薄和无知，更不能原谅你如此轻薄践踏我们的民族魂。中华上下五千年，正是有诸多像屈原这样心系苍生，胸怀天下之人，为民请命、勇当舵手、敢为人先的先贤们，才成就了我们民族之精神，这样的人需要我们高山仰止，景行行止，值得我们去敬仰，并传承这种精神和美德，不容任何人去轻贱、去亵渎，因为你不配……"

课后，我呆坐在办公室无语，我为我出语的严厉，也为学生的无知。

今天的学生，他们长这么大，究竟学了些什么呀？高一学生了呀！

犹记大学毕业时，分配到神中，踏进校门，第一眼看到的就是东墙上的红色大字：

千教万教教做真人，千学万学学会做人！

…………

感慨良多啊！妞爸说我，把课再上简单些，这不是你的错。可我总以为，高中三年，正是学生"三观"形成的重要时期，上了大学，专业课居多，传统文化相对就少了许多。高中学习，作为语文老师，有责任让他们知美丑，懂善恶，辨真假，更有责任引领他们在文学作品的徜徉里，提升自我品格，拥有传统文化的美德，做一个有情怀的人，有担当的人……

受伤了，因为屈原，更因为学生……

2020.3.16

第二次月考,学生考试作文很不理想,给学生示范一篇。

弘扬"工匠精神",成就"匠心人生"

古之成大事者,不惟有超世之才,亦必有坚韧不拔之志。干一行,爱一行,钻一行,精一行,是所有大国工匠们身上的共同品质,他们用行动涵养"匠人"品质,用追求磨砺"匠人"精神,于细微处见精神,于成果中显品质。

"工匠精神"最重要的事业精神就是敬业、勤业、精业。被评为"2021年度大国工匠"的艾爱国,古稀之年依然坚守工作岗位,"焊位"在工作第一线,四十年如一日,不断研究,积极创新,成为焊接第一人,追求着职业技能的极致化,靠着传承和钻研,凭着专注和坚守,诠释着大国工匠的精神。正如艾爱国自己所说,所有的付出都源于热爱,因为热爱,所以甘吃"三更灯火五更鸡"的勤勉之苦;因为热爱,所以愿尝"板凳甘坐十年冷的孤寂之苦";因为热爱,所以肯受"衣带渐宽终不悔"的坚韧之苦。敬业者初心不改,勤业者执着不懈,精业者一丝不苟。

"工匠精神"最突出的工作品质就是专心、专注、专一。荀子《劝学》有云:"蚓无爪牙之利,筋骨之强,上食埃土,下饮黄泉,用心一也。"中国吉利控股集团李书福说:"我们必须静心、专心,要耐得住寂寞,经得起诱惑,要有工匠精神,要专注每一个零件,专一每一次工作,练就工匠精神,成就精彩人生。"一丝不苟是工匠精神的最美注解;精益求精是大国工匠们的永恒追求;卓越创新更是匠心独运的价值体现。

"工匠精神"最显著的做事风格就是做实、做细、做精。北京APEC会议上,我国送给外国领导人及夫人国礼之一——"和美"纯银丝巾果盘,是国家高级工艺美术技师孟剑锋师傅在只有0.6毫米的银片上,经过上百万次的精雕细琢才打造出的"丝巾"。啃下"硬骨头",拿下"拦路虎",中央电视台评选出的大国工匠们,无一不像孟剑锋一样,无数次的实验,无数次的失败,在追求卓越,不断超越中,将各自领域的研究和创新做到了完美与极致。

弘扬"工匠精神"就是"不驰于空想,不骛于虚声",秉怀"匠心独用"要有"风雨不动安如山"的坚定信念;涵养"匠心品质"需要"咬定青山不放松"的拼劲韧劲;提升"匠人精神"需要有"化作春泥更护花"的奉献精神。精雕细琢,匠心筑梦,有追求的踏实和认真,有梦想的初心和坚守,有信仰的热爱和执着,一生择一事,一事成一生,弘扬"工匠精神",成就"匠心人生",是每一个渴望优秀的人的永恒追求。

2020.4.11

最后的体面

不是我悲观，而是部分学生的表现让我从来没有这么清醒和深刻！

开学第一课，就是必修三的《林黛玉进贾府》，老师们在上课前进行了多次讨论，初登讲台的几位年轻老师更是诚惶诚恐，唯恐轻慢或者亵渎了这部伟大的作品，所以课前充分准备，热烈讨论还不够，年轻老师节节听老教师的课，课后再查遗补漏，丰富自己的课堂……

寒假放假前，老师们给学生布置的作业之一就是阅读《红楼梦》，厘清主要人物关系，了解故事情节，把握作品的主旨，可以着重阅读前五回，并积累一些宝黛钗的小故事。

开学上课，你会发现，没有学生走近《红楼梦》，所谓的"小故事"也是在百度上输入关键词，搜索出来的。人物之间的关系，性格特征，故事情节自然是浑然不知，一头雾水。学生们没兴趣，可以想得见。今天社会，网络发达，资讯泛滥，娱乐过度，学生们宁愿"抖音"一小时，也不肯阅读一章回；宁愿游戏到"躺平"，也对《红楼梦》提不起些许兴趣。

于是，上课，走进《红楼梦》，老师们一厢情愿地激情满怀，学生们却是心不在焉、索然无味，今天上午课间操，和学生们相跟着下楼梯，前面有一男生说："这《红楼梦》都上一周了，我都够死了！"旁边一男生说："咱这些老师真有意思，她自己喜欢就好像我们也非喜欢不行，什么逻辑……"

今天，我们的学生没有兴趣走近古典小说，静不下心来阅读整部作品，更不要说钻研和深究，时代的发展，网络的盛行，娱乐的俗浅等等因素，让我们今天的年轻人很难完整地读完像《红楼梦》这样的作品了。

《红楼梦》，这部古典小说的巅峰之作，被誉为"中国封建社会的百科全书"，在中国古代民俗、制度、诗词、建筑、石刻、服饰、中医、养生等各领域都有不可替代的研究价值，蕴含着丰富的传统文化价值。而我们今天挂一漏万式的文本教学，蜻蜓点水式的简单介绍，给学生恶补《红楼梦》，教师们掏心掏肺式的教学，倾囊相授的热情，也许只能是填鸭式的、灌输式的，许多学生被动接受，加之不了解情节，不知道人物，于是学生上课一脸茫然……

谁也不否认，《红楼梦》这部伟大作品的文学地位，历史价值，可是基于学生不爱读不想读不愿读的现状，如果高中语文借《林黛玉进贾府》对其进行的只是概念式的教学，框架式的传授，那么其效果，我估计仅仅是"聊胜于无"式的自我安慰罢了，当然，这种安慰也仅仅在教师层面。

所以，对于当下的学生而言，他们对这部伟大作品的学习，大部分也许只能止步于高一的《林黛玉进贾府》，终止于一章回的了解而已。

由此，我在想，如何让中华文化瑰宝《红楼梦》得以学习传承，教材的改革时不我待，版块式编排、讲座式教学、专题式切入等等也许不失为一种较好的选择。

我在想，近百万字的浩浩巨著，如果仅靠《林黛玉进贾府》撑着学生学习的兴趣，那么，真可以说，这也是《红楼梦》最后的体面了！

2020.4.28

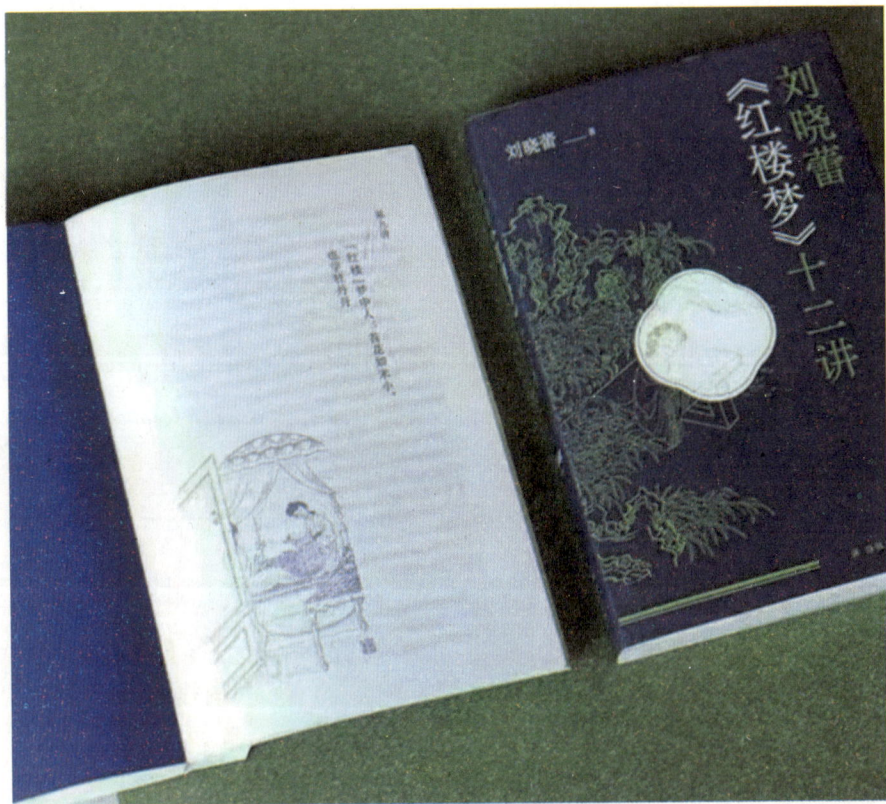

告诉你一个不《平凡的世界》

今天社团活动,和同学们交流了阅读的心得和体会。活动中,请同学们每个人从《平凡的世界》中,找出最能打动自己的语段和大家一起分享。在这个过程中,发现同学们很有思想,找到的文段都特别耐人寻味,值得反复咀嚼和玩味。

和同学们一起整理了这些经典名句,觉得挺值得摘录出来,记在本上,刻在心里:

1. 在最平常的事情中都可以显示出一个人人格的伟大来。

2. 只有努力工作,才能叫人尊重。

3. 在这个世界上,不是所有合理的和美好的都能按照自己的愿望存在或实现。

4. 一个中学生要养成每天看报的习惯,这样才能开阔眼界;一个有文化的人不知道国家和世界发生了些什么事情,这是可悲的!

5. 人们宁愿去关心一个蹩脚电影演员的吃喝拉撒和鸡毛蒜皮,而不愿了解一个普通人波涛汹涌的内心世界……

6. 你曾打开窗户,让我向外面的世界张望;你还用生硬的手拍打掉我从乡里带来的一身黄土,把你充满炭烟味的标志印烙在我的身上,老实说,你也没有能拍打净我身上的黄土;但我的身上确是烙下了你的印记!

7. 即使没有月亮,心中也是一片皎洁。

8. 人处在一种默默奋斗的状态时,思想就会从生活的琐碎中得到升华。

9. 生活不能等待别人来安排,要自己去争取与奋斗!

10. 你能痛苦,说明你对生活还抱有希望!

11. 人的生命力,是在痛苦的煎熬中强大起来的。

12. 我要扼住命运的咽喉,它绝不会使我完全屈服。

13. 只有劳动才可能使人在生活中强大,不论什么人,最终还是要崇尚那些能用双手创造生活的劳动者。对于这些人来说,孙少平给他们上了生平极为重要的一课——如何对待劳动,这是人生最基本的课题。

14. 权威是用力量和智慧竖立起来的!

15. 活着,就要时刻准备去奋斗!

学生们能够认真地把这些有思想、有分量的语段认真地摘抄在自己的笔记本上，且能够根据自己的理解，谈出自己的感受和心得，这一点挺不容易的。

在今天能够引领学生们读点书，读点好书，也是为师者莫大的幸福啊！

路遥曾说："我是一个地道的农民的儿子，我认为这个世界是个平凡的世界，平凡的世界是个伟大的世界，无论我们生活中有多少困难、痛苦和不幸，我们都应该为我们生活过的土地和岁月而感到骄傲和自豪。"我想通过小说阅读过程中，引领学生"寻章摘句"，体会作品的魅力所在，那就是，在平凡的世界里，演绎不平凡的人生。

2020. 5. 13

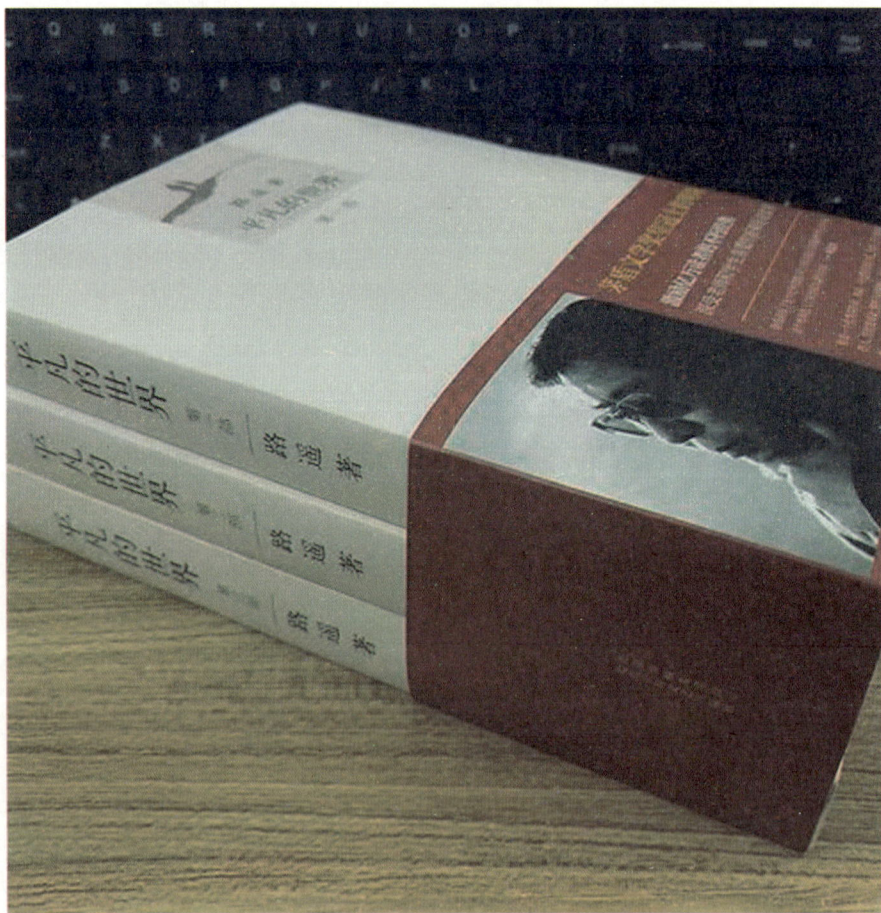

旧书重读，经典永恒

年年岁岁花相似，岁岁年年教不同。总是这样感慨自己近20年的教书历程。可是，又一届学生的社团读书活动开始了，我给孩子们推荐的第一部著作依然是路遥的《平凡的世界》。读书社活动，我给学生的推荐词是：

没人能够否认路遥的英年早逝是因为写作《平凡的世界》而耗尽心血；没人能够否认凝结着路遥心血的《平凡的世界》是一部杰作。在当代文学作品中，《平凡的世界》无疑树立起一座丰碑。每一个阅读过这本书的人，都能找到自己想要的东西。对于路遥来说，用自己的生命让一部优秀作品的诞生是无怨无悔的选择。

作为一个陕北人，不读《平凡的世界》是一种遗憾。作为一个读书爱好者，我觉得，《平凡的世界》在人生的任何一个阶段拿起来进行品读，都可以读出深意，都可以带给我们无尽的思考和启迪。

读一本好书，如得一位良友，时时给你勇气与力量，催你奋进。《平凡的世界》就是这样一本好书。"人生，有苦，有甜，但不能没有滋味；人生，有悲，有喜，但不能不去面对；人生，有成功，有失败，但不能停止拼搏。"这就是每一次读《平凡的世界》带给我的启示。

平凡中孕育着伟大，伟大中又映现出平凡，书中不仅仅有着乡土人物的苦难成长历程，更表达着普通人物对美好生活的向往和不懈追求，尤其是书中主人公在面对艰辛坎坷面前表现出那种不屈的高昂斗志。这本书启蒙着无数即将或已经踏上社会的青少年前行的方向，关于善良、关于追求、关于真诚、关于拼搏。作者通过普通人物命运的描写一味地强调着"不惧怕艰辛的人生才是壮美的人生，不屈于逆境的灵魂才是高昂的灵魂！"这样的伟大主题！

《平凡的世界》，这书名，自有一种洗尽铅华的沉香，是一个有着丰富的人生经历的人，在经受了各种苦难的折磨之后，回头再望来时路的时候，所表现出的一种宽容。想当初选择读这本书，也是被这书名所吸引。在读这本书的过程中，我不得不一次次地停下来,慨叹书名的妙处,同时也不停地问自己,究竟什么是平凡? 什么是伟大? 什么是生活?

我想读了《平凡的世界》,最大的收获就是,能让一个人认识到平凡的人的平凡的生活是最伟大的,能够让人在努力奋斗的同时提醒自己保持一颗平凡的心。

这些都是我愿意与所有走进《平凡的世界》,走进路遥的人,一起交流和分享的。这些也是值得一个人一辈子拥有的精神指南。

走进我们读书社团,《平凡的世界》,就是必修的一课。

2020. 7. 2

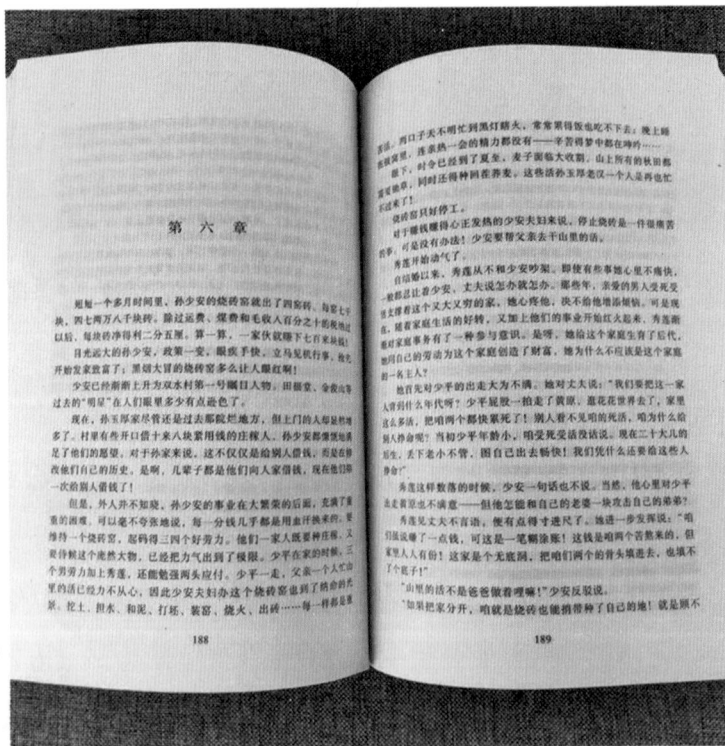

洗尽铅华,出彩素课

今天,看到小师妹上课这动人的表情,可爱的面孔,不由想起昨天中午,全组老师一起在高三(13)班所听的一堂本真而又灵动的"素课",真正是讲究实在、实际、实效的一堂课!

提起素课,这应该是今天教育教学课堂大回归的一个流行词,严格意义上说,这里的"素"不与"荤"相对,而是与"秀"相较。

昨天这堂"如何读懂文言文",没有花架子,没有取巧之态,少了投机之意,只有平实、朴实,让人看到的就是一堂守素抱朴的、原汁原味的、不事雕琢但处处可见功夫的一堂课! 这就真正应了"素课"二字。

素课,顾名思义,是指崇尚自然、简约的一堂课。素课,是与当今浮躁、包装过繁、形式多样的课堂相对立的课堂形式。"素"为朴素,有正本清源之意。所谓"素课",也就是用朴素的语言,朴素的构思,上出朴素的课。汪潮教授说:"素课"追求的是简约、质朴,去除华丽,但求朴实!

想起毕淑敏的一篇题为《素面朝天》的文章,作者认为,素面朝天,应该是所有女人都应该选择的生活方式,文中有一句话,让我记忆犹新:"磨砺内心比油饰外表要难得多,犹如水晶与玻璃的区别。"很喜欢这句话,素淡之美,何以动人? 因为它是朴素之美,简单之美,洁净之美。叫人亲切,叫人适意,叫人清爽。和那些花里胡哨、光彩耀眼、招摇张扬之类相比,自有一种底蕴,自是一种境界。因为它是朴素中蕴高雅,简单中含丰富,洁净中有真纯。

记得苏轼曾评价陶渊明的诗,有这样两句话"质而实绮,癯而实腴",意即貌似枯淡,而中实膏美。一堂成功的素课,与之异曲同工,看似平淡无奇,实则内容丰富;看似简单易操作,实则体现的是扎实的教学基本功,这样的课,易看,不易学!

老子说:"万物莫与朴素争美。"为什么呢? 因为素,即大美、至美。调色盘把百味搅匀后,出来的是淡。山珍海味吃多了才知道一碗豆腐的清甜,因此我觉得平实、朴素,才能经得起时间的考验,才是最真。想及,教育教学,唯有返璞归真,才是王道,当一切有关潮流的上课模式被噪得沸沸扬扬,有人叫嚷,有人效仿,有人摇旗呐喊,有人东施效颦,教学课堂是"山不转水转""你方唱罢,我方登场",乱糟糟的,都是"砖"家,归根究底,脱离不了一个"秀"字了得!

教书这么多年,可能与性格有关,总是不喜欢华而不实的,只喜欢实在、实效的;不喜欢红火热闹的,只喜欢平实、素净的。在我看来,真正的好课,应该是清水出芙蓉,天然去雕饰的!

所以,小师妹的一堂高三语文复习课,可谓洗尽铅华留本色,素课也能出华彩!

2020. 8. 5

极饿的滋味

极饿，而不是饥饿，看了《许三观卖血记》中许三观过生日时，给一家人用口炒的"精神大餐"，你才能真正知道，什么是"饿极"的滋味！

今天，社团活动，引导学生赏析作品的细节描写。其中"许三观过生日"这一章节的细节描写，给我印象极为深刻，记得原来读到这一文段的时候，有点想不通：人能饿到这个份上，不可能吧？再读的时候，感慨：当时，怎就能穷到这个份上！这次跟着学生一起阅读，读到让人流泪，读到让人心疼……

细节描写摘录如下：

这天晚上，一家人躺在床上时，许三观对儿子们说："我知道你们心里最想的是什么，就是吃，你们想吃米饭，想吃用油炒出来的菜，想吃鱼啊肉啊的。今天我过生日，你们都跟着享福了，连糖都吃到了，可我知道你们心里还想吃，还想吃什么？看在我过生日的份上，今天我就辛苦一下，我用嘴给你们每人炒，你们就用耳朵听着吃了。你们别用嘴，用嘴连个屁都吃不到，都把耳朵竖起来，我马上就要炒菜了。想吃什么，你们自己点。一个一个来，先从三乐开始。三乐，你想吃什么？"

三乐轻声说："我不想再喝粥了，我想吃米饭。""米饭有的是，"许三观说，"米饭不限制，想吃多少就有多少，我问的是你想吃什么菜？"

三乐说："我想吃肉。""三乐想吃肉，"许三观说，"我就给三乐做一个红烧肉。肉，有肥有瘦，红烧肉的话，最好是肥瘦各一半、而且还要带上肉皮。我先把肉切成一片一片的，有手指那么粗，半个手掌那么大，我给三乐切三片……"

三乐说："爹，给我切四片肉。""我给三乐切四片肉……"

三乐又说："爹，给我切五片肉。"许三观说："你最多只能吃四片，你这么小一个人，五片肉会把你撑死的。我先把四片肉放到水里煮一会，煮熟就行，不能煮老了。煮熟后拿起来晾干，晾干以后放到油锅里一炸，再放上酱油，放上一点五香，放上一点黄酒，再放上水，就用文火慢慢地炖，炖上两个小时，水差不多炖干时，红烧肉就做成了……"许三观听到了吞口水的声音。"揭开锅盖，一股肉香扑鼻而来，拿起筷子，夹一片放到嘴里一咬……"

许三观听到吞口水的声音越来越响。"是三乐一个人在吞口水吗？我听声音这么响，一乐和二乐也在吞口水吧？许玉兰你也吞上口水了。你们听着，这道菜是专给三乐做的，只准三乐一个人吞口水，你们要是吞上口水，就是说你们在抢三乐的红烧肉吃。你们的菜在后面，先让三乐吃得心里踏实了，我再给你们做。三乐，你把耳朵竖直了……夹一片放到嘴里一咬，味道是，肥的是肥而不腻，瘦的是丝丝饱满。我为什么要用文火炖肉？就是为了让味道全部炖进去。三乐的这四片红烧肉是……三乐，你可以慢慢品尝了。接下去是二乐，二乐想吃什么？"

二乐说："我也要红烧肉，我要吃五片。""好，我现在给二乐切上五片肉，肥瘦各一半，放到水里一煮，煮熟了拿出来晾干，再放到……"二乐说："爹，一乐和三乐在吞口水。""一乐，"许三观训斥道，"还没轮到你吞口水。"

然后，他继续说："二乐是五片肉，放到油锅里一炸，再放上酱油，放上五香……"二乐说："爹，三乐还在吞口水。"许三观说："三乐吞口水，吃的是他自己的肉，不是你的肉，你的肉还没有做成呢……"许三观给二乐做完红烧肉以后，去问一乐："一乐想吃什么？"一乐说："红烧肉。"许三观有点不高兴了，他说："三个小崽子都吃红烧肉，为什么不早说？早说的话，我就一起给你们做了……我给一乐切了五片肉……"一乐说："我要六片肉。""我给一乐切了六片肉，肥瘦各一半……"一乐说："我不要瘦的，我全要肥肉。"许三观说："肥瘦各一半才好吃。"一乐说："我想吃肥肉，我想吃的肉里面要没有一点是瘦的。"二乐和三乐这时也叫道："我们也想吃肥肉。"

一乐、二乐、三乐接着许三观的话，一人跟着炒了一下，许三观立刻制止他们："不，只能炒三下，炒到第四下就老了，第五下就硬了，第六下那就咬不动了。炒三下以后赶紧把猪肝倒出来。这时候不忙吃，先给自己斟上二两黄酒，先喝一口黄酒，黄酒从喉咙里下去时热乎乎的,就像是用热毛巾洗脸一样。黄酒先把肠子洗干净了,然后再拿起一双筷子,夹一片猪肝放进嘴里……这可是神仙过的日子……"屋子里吞口水的声音这时又响成一片,许三观说:

"这爆炒猪肝是我的菜,一乐、二乐、三乐,还有你许玉兰,你们都在吞口水,你们都在抢我的菜吃。"

说着许三观高兴地哈哈大笑起来,他说:

"今天我过生日,大家都来尝尝我的爆炒猪肝吧。"……

我知道,今天衣食无忧的学生们很难体会到作品中那种"饿极了"的滋味,学生们会觉得不可能,作者在胡扯淡,我提醒学生,看没有看过刘振云的《1942》,学生们有的说,书没看过,但看过电影。其实,《许三观卖血记》较之《1942》,人物少了些,场面小了些,情节弱了些,但其给予读者的震撼不比《1942》少!

有人说,这书太沉重,可唯有沉重,带给人的思考才是深远的!

2020.9.25

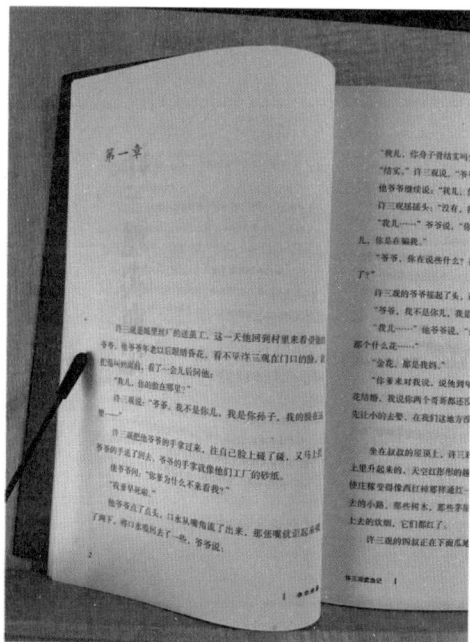

练出成绩

毕业班,理科,38人,30个男生,8个女生。好一部分男生,字写得"惨不忍睹":七倒八歪者有之,飞龙走蛇者有之,大而化之者有之,蝇头蚁脚者有之。更有甚者,作文交上来,没几天,叫过来,一问,自己也左看右看认不出来者大有人在!

经常给学生们说:"同学们,你们如果能够把每一次的平时练习、作文、考试,都能够像面对高考一样,认真、严肃,我不相信写不出一手好字;更不相信,高考取不得好成绩。相反,正是因为你们把平时的作业、考试从不放在心上,于是久而久之,学习成绩总是踏步不前,没有进步……"

想想,我们平时认为的许多次的练习,其实就已经是人生的一次次答卷,交了,就无法更改。

这周,学校开展的"金点子"之一,就是让学生在正式的高考作文样纸上进行写作文、练字。下午,交上来几个同学的作业,发现还是多少有些改进。只是,我担忧,这高三了,还来得及练字吗?

回首我们走过的人生路程,确实有在草稿上写字的那种心态,以至于使得人生的许多愿望都没能实现。其实就是因为从不在意写好写坏无关紧要,于是态度不端正,心思不投入,所以,一次次的人生作业都草率为之,一次次的考试都不用其心,所以一次次人生的真正考核也不过关,进而失去难得的人生机遇,白白浪费了一张又一张的人生好纸。对于一个没有目标,没有恒心的人来说,平时,不论干什么,总是会以一种非介入的心态做事,只是把生活里的许多事情当成演习,而不是真刀真枪的实战,所以就没有完全发挥出自己的潜能和专长,更没有全力以赴地去做事,结果就可想而知了。

许多时候,不论是学生还是我们,老是在犯这样的错误:总把希望寄托在明天,不珍惜当下;对待人生就像完成作业一样,往往不注重字写得怎样,质量怎样,而只是看写了多少张纸,作业应付完了没有。

　　人的一生,没有草稿,没有预演,没有彩排,每一个过程,都是考核,都得交卷。因为我们所认为的练习,其实就已经是我们人生的答卷,无法更改,亦无法重写。所以我们要珍惜每一次作业,认真对待每一次人生的作业,且能保质保量。

　　想想身边那些优秀的学生,以及走在工作岗位上的佼佼者,看看他们的人生历程,其实都是能够把人生的每一次"不经意"都能演绎出精彩华章的人,他们的人生经验就是时时处处认真,点点滴滴投入,从不轻视任何一次所谓的练习、作业还有考试。所以说,珍惜生命中的每一次练习、每一次测试,摈弃随意率性,保持投入认真,待到学业有成,硕果累累时,才会真正懂得生命的快乐就在于每一次"练习"的严阵以待,就在于每一次"作业"的全力以赴。

2020. 10. 21

《许三观卖血记》社团活动

今天下午,社团活动,在前几次阅读与欣赏余华《活着》的基础上,再次带着同学们走进余华的另一部作品《许三观卖血记》。这是一个关于用生命抵押幸福的寓言故事,故事情节简单而集中,人物形象鲜明而突出,虽说是长篇,但不算太长,很利于社团活动学生们阅读与交流。

课前,给学生布置一作业,即在阅读时,摘寻出作品中值得人深思,且又耐人寻味,启人心智的文段,活动中共同交流、讨论。同学们完成得很不错! 主要是我在备课时,在阅读中找到的、勾画出的文段,学生们基本都找到了! 很欣慰。

比如,有一个同学找到作品中非常经典的一句话:"事情都是被逼出来的,人只有被逼上绝路了,才会有办法,没上绝路以前,不是没想到办法,就是想到了也不知道该不该去做。"几个学生站起来都表达了他们自己的理解和感悟,我觉得很不错。

还有,一位男生找到这一句:"不是我多有钱,有多么大的智慧和成就,而是我把一切给你。关键时刻,替你挡风遮雨。"她说,特别感动这种高尚的情感,这句话体现了男人,不论穷富,不管贵贱,都应该有责任,有担当! 我发现,其实,只要积极引导,学生们也很会思考人生啊!

我补充了文中的一句,我说,余华,总是让主人公来代言,其中有一句是这样的:

在时代和个人的种种不幸中,我却看到了生活的种种幸福。酸甜苦辣是食物的味道,喜怒哀乐是生活的味道。我说,这句话有深意,就在于它道出了生活的真谛——生活,就是酸甜苦辣都得有,喜怒哀乐总得尝。人生,它五味俱全啊!

还有一同学非常深情地朗读了文中非常精彩的一段文字:

生活中的各种事情带来的味道总是相伴而来,有时这个味道重点,有时那个味道重点,这样才真实。质朴之人,秉持真性情之人,不是一定什么都看得开,不是一定什么都做得对,不是一定什么问题都能解决,但是生活在他们眼里,就像他们的性情一样真,他们的生活中有所守护,有所坚持,有所为,有所不为,他们的生活即使无奈,但总是有一种可以用来面对无奈的幽默,生活的种种不幸中总会弥漫人性的暖意。

我说，这段话，体现的是一种人生的大智慧，同学们，其中的道理显而易见，但特别值得我们在今后渐长渐成熟的人生里，慢慢去体会。

当然，文中还有类似："人活一辈子，谁会没病没灾。谁没个三长两短？遇到那些倒霉的事，有准备总比没准备好。聪明人做事都给自己留一条退路……"这样的文段，在阅读中点醒着学生们的智慧，启迪着他们的人生之旅！

最后，我说，读完《许三观卖血记》，我相信，每一个人都会产生一种悲喜难辨的复杂感受，对于这部小说的主人公"许三观"，真的很难产生一种比较明确的情感态度，当然这首先是因为"许三观卖血"的故事本身就是悲喜双重因素相互交织的；而"许三观"本身，在故事中恰恰又是一个善与恶两方面都表现平平的庸人形象。其实，阅读任何一部作品，都会有许多的切入点，只要我们在自己的年龄段，捕捉到了应该捕捉的，鉴赏到了自己这个层次和水平应该鉴赏到的，这本身就是一种收获。相信，随着年龄的增长，阅历的丰富，文学作品中的点滴都会在某一个节点，升腾在我们个人的记忆里，提点我们、启发我们，其实，这就是阅读的魅力所在啊！

2020.11.18

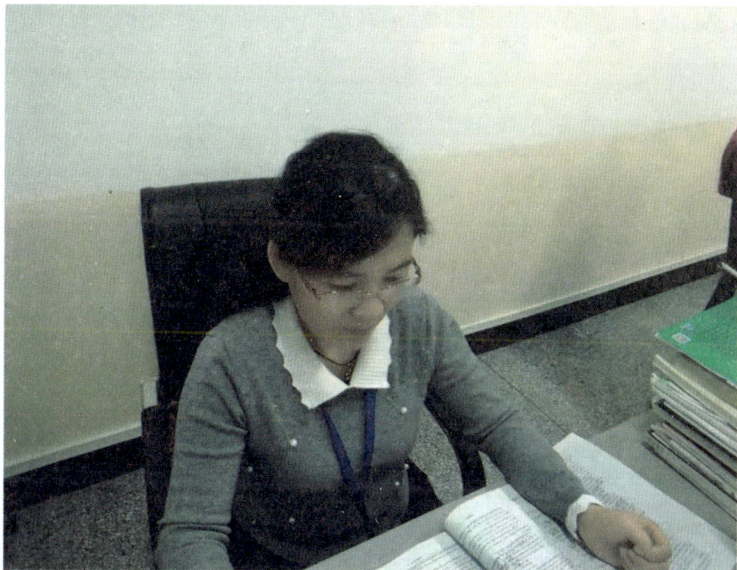

不富不贵，焉名富贵

今天的读书社团活动，同学们在自身阅读的基础上，这次活动的主题，我定为分析作品《活着》主人公"富贵"这一人物名字的内涵，即，"不富不贵，焉名富贵？"

本想借助"无所不能"的百度，搜索一下相关材料"坐享其成"一下，搜索才发现，强大无比的网络也没有现成的素材可借用。不禁纳闷，难道余华的《活着》，只有我这个"智慧"的人，才会有如此"独特"的欣赏视角和"与众不同"的阅读审美？心里着实地臭美！

在讨论交流期间，学生们出了不少"状况"，让我很是为其"单纯"而困惑和担心：

有学生说，老师，当时社会太黑暗了；有学生说，老师，富贵这人太窝囊了；甚至还有学生说，老师，社会怎就那么穷呢？……

我亲爱的学生们，我想说，作品中的富贵，物质上、生活上是贫贱的、悲惨的，但他真正意义上担得起"富贵"二字，而今天的同学似乎是"富有"的，但思想和精神上，却是多么地匮乏啊！

想想富贵的一生：父亲因儿子败家一命呜呼，母亲因体力透支一病丧命，儿子因抽血过多顷刻停止心跳，女儿因产后大出血撒手人寰，妻子因长年劳累落下软骨病不治身亡，女婿因遭遇飞来横祸被水泥板砸死，外孙苦根因饿极了吃多豆子而被活活撑死……生命中至亲至爱之人都一一相继倒在田地坟头，离他而去；可唯有富贵没有一句抱怨的话，依然"友好"地对待着人生，善良地迎接着命运；贫困至极，不偷不抢，劳累至痛，不哭不泣，悲惨至深，不怨不恨……这怎不令人肃然起敬！

在作者眼里，富贵，不是"不富不贵"，而是"既富且贵""大富大贵"：当富贵亲历所有患难与共的亲人颓然逝去的悲痛欲绝后，孑然一身的他意念上并未对死的阴霾与召唤俯首就擒，他仍不屈不挠地执着于生，毫无抱怨地认真活着。"他喜欢回想过去，喜欢讲述自己，似乎这样一来，他就可以一次一次地重度此生了！"他的顽强乐观，传达出一种状态，一种精神，生命诚可贵的本身是活着，如此，人的力量，人的意义……，便不辜负了地球上最高级形态生命的美名！

正如余华写的："活着的力量不是来自于喊叫，也不是来自于进攻，而是忍受，……，去忍受现实给予我们的幸福和苦难、无聊和平庸"，活下去本身就是一种力量。富贵，在贫困悲惨的人生历程中，痛苦和空气一样，时时包裹着他，对于富贵而言，死是一件很容易的事,而选择活着却需要勇气,需要耐心。岁月的沉淀,岁月的大喜大悲让老人懂得了很多。

作品中,富贵老人说:"话不要说错,床不要睡错,门槛不要踏错,口袋不要摸错。"这样朴素的生活总结,这是一种经历生活之后对生命本原的认识。当一切化为尘土,一去不回,富贵老了,也释然了,平静了,平和了。这种平静、平和何尝不是人老后内心的一种精神总结,可谓未"盖棺"已"定论":一个人活着,需要坚忍,需要忍耐,需要包容,需要承受……

富贵是作者喜爱至极的作品角色,于是在众多的死亡面前,作者让他"活着";富贵又是作者尊重至极的作品角色,于是作者用冷漠至极的笔触让富贵在"无与伦比"的贫困、悲苦、残酷中,一次次"活"下来。作者在这样的环境中成就着"富贵"的人生,也成就着人生的"富贵"!

富贵老人,既富且贵,难道不是吗?

社团活动结束了,希望同学们能有一种阅读的收获!

2021.2.26

碰触心灵的坚守与传承

这周社团活动,给学生推荐电影《百鸟朝凤》,有同事说,李老师,一看你给学生推荐《百鸟朝凤》这部电影,就知道你有多传统,多老派。

确实有些老派,但在我看来这部电影带给我们的对传统文化的思考却是丰富而又深刻的。

是的,在物欲横流的今天,有多少导演在商业大潮里,为票房而"变节"。可吴天明导演却依然以他最淳朴真挚的手法,致敬传统,探讨不同时代的文化冲击和表达对传统文化消亡的哀愁,因之而触动了坚守传统文化的人内心最柔软的部分,不禁令人对吴导这部绝唱充满深深的敬意。

坚守与传承?传承与创新?面对这部作品我的思考重心究竟应该倾斜在哪个词上?

围绕这两组词,引导学生分析作品,不失为一种很好的突破口。

传统文化的渐式渐微,一言以蔽之,已经映照出一种事实——中国文化的根,放到世界大同化的今天,路究竟在何方?

看看今天的传统节日,意义在哪里:

清明、端午、中秋,需要用"小长假"来维系,这些千百年来蕴涵着文明和精神的传统节日,今天对许多的年轻人来说,也不过意味着可以休息,可以旅行……

春节,也不过变成了段子高手们和红包族的狂欢,变成了移动、联通、电信们的利益争抢,变成了QQ、微信的狂轰乱炸……

当然,还有许多的传统文化,没有了生存的土壤,只能靠着"非物质文化遗产"来唤醒我们沉睡的记忆……

如何面对传统文化?从无双镇的焦三爷、游天鸣身上,我们看到的是悲哀,是酸楚,是无奈,也是唏嘘……

电影看到结尾,让人越来越无助,越来越无力。的确,我们不能扭转甚至放慢时代变迁的脚步,也几乎不可能再使唢呐等民间技艺重拾曾经的荣耀和辉煌,我们也很难去改变时代改变的这个现实,那么如何在瞬息万变的时代,留住根,留住永恒?这是每一个在传统文化中成长的我们,应该面对的一个严肃问题。

带领着学生,深一脚浅一脚地,分析着,讨论着,交流着,思考着……

为同学们传统文化"要继承,更要发展"的思考而鼓掌;为同学们"要发展,就要忘却"的直言而感慨;为同学们"传统文化是根,不能丢,要想办法留住它"而欣慰;为同学们"传统文化,也要注意取舍,不能盲目对待"的思辨而高兴……

读书活动,观影讲座,在引导中走向思考,在启发中激发智慧,在点拨中发现闪光点,于是思维在碰撞中越来越明朗,思考在交流中越来越深邃……

估计,这也是我这学期最后一次读书观影讲座了。

2021.3.11

最是那一"低头"的……

这周大礼拜,给学生布置了一篇作文,题目是:

阅读下面的文字,按要求作文。

台湾著名绘本作家几米为自己的作品《希望井》配上了这样的文字"掉落深井,我大声呼喊,等待救援……天黑了,黯然低头,才发现水面满是闪烁的星光。我总在最深的绝望里,遇见最美丽的惊喜。"

在你的生命中,是否也曾遇见过"最美丽的惊喜"?

请以"最美丽的惊喜"为题,写一篇不少于 800 字的文章。

因为喜欢,喜欢几米简洁的图画,及寥寥几句却又耐人寻味、诗意盎然的文字,所以选择了这样一个题目。

这幅《希望井》,我看过 n 多次,十多年前,还在神中教书的时候,学生送给我一本《几米绘本》,至今令我爱不释手!

掉落深井,低下头,就能看见美丽的星光。在人生的路上,在困境面前,换个角度,用新的视线捕捉,一份美丽的惊喜将会照亮你的心,照亮你前进的路。低头,不是放弃退让屈服,而是转换视角,是从另一个角度去发现生活的美丽,去开拓生活的另一番天地。换一个角度看困境,以豁达的心态面对,不以困境为意,去寻找生活的美丽。在无助的时候,有很多东西值得我们去欣赏、借鉴。在无助的时候,努力去发现生活中的美。人生路上没有真正的绝境,有的只是对绝境绝望的人。大门紧闭也未必是一条死路,有时我们可以为自己打开一扇窗,去获取新鲜的空气与阳光。

这就是几米《希望井》告诉我的!

人生不会风平浪静,生活不会一帆风顺。任何时候都有可能出现困境,这时候,你应该学会低下头看一看。当事业陷入低谷时,没有了指点江山的豪迈,没有了一呼百应的威风。何必手足无措? 低下头,你可以看见亲情的温暖。当这份温暖支持你走出困境时,低下头,你又将会看见自己收获了乐观的性格和坚韧的品质。谁能说,这不是一份美丽？当学业出现困难时,何必惊慌？低下头,你看见师长的耐心指导、友人的殷切鼓励。当学业进步时,你又将收获一份努力后丰收的喜悦。又有谁能说,这不是一份美丽？民间有句非常贴切的谚语："低头的稻穗,昂头的稗子。"越成熟,越饱满的稻穗,头垂得越低。只有那些果实空空如也的稗子,才会显得招摇,始终把头抬得老高。

这也是在几米的绘本中读到的！

老子说,当坚硬的牙齿脱落时,柔软的舌头还在。柔弱胜过坚硬,无为胜过有为。我们学会在适当的时候,保持适当的低姿态,绝不是懦弱和畏缩,而是一种聪明的处世之道,是人生的大智慧、大境界。"水往低处流"是智慧之"水"往"低处"流,"人往高处走"是汲饱了智慧之"水"的人才走向的境界。如果把我们的人生比作爬山,有的人在山脚刚刚起步,有的正向山腰跋涉,有的已信步顶峰,但此时,不管你处在什么位置,请你记住:在浩瀚的社会里,你只是一个小分子,无论处境如何,都要在人生舞台上唱低调,在生活中保持低姿态,把自己看低些,把别人看重些,把奋斗的目标看高些。即使"会当凌绝顶",也要记住低头。因为,在你所经历的漫长人生旅途中,总难免有碰头的时候。掉落深井,低下头,就能看见美丽的星光。

几米的绘本,绝不仅仅只告诉我这些……

绝望中,要自己去寻找生路……

最是那一"低头"！

哈哈,我连讲评作文的课也一起备了！

2021. 8. 27

一道题与一篇文章

今天上课,借着一道题,给学生读了自己写作于去年初的一篇短文,题、文相得益彰,教书、育人有机结合,为自己的"临机一动",做个教育的有心人而感到欣慰,这是职业的快乐与幸福!

高三复习的正是压缩语段这一专题,记得题目是这样的:

根据以下两段文字,概括出"半糖主义"的特征:

1.半糖哲学之一:一半成熟一半幼稚,做人才有意思。

半糖哲学之二:一半聪明一半愚笨,大智若愚最好。

2.写程序的时候也要注意劳逸结合,入迷了也不好,不入迷也不好,要有所入迷,还能迅速退出,尝到甜头就走,所以叫半糖程序。

那么,什么是"半糖主义"呢? 学生们在对具体的描写进行抽象概括时还有些生疏,当然在引导中学生们还是抓住了"适中、恰当"等关键词,后来由第一段的两个层面概括,学生概括出是一种"处世原则"或"生活态度",由第二段概括出是一种"工作方式",答案出来了!

我问学生:"同学们,半糖主义就是一种适中、恰当的生活态度或工作方式。那么你们真正理解它了吗?"

"没有,老师,抽象啊!"

"那好,借机老师正有一篇相关的文章想和大家分享,好不好?"

学生们喜欢我以这样的方式来调节学习气氛。

当然,课前我已准备好了这篇短文,于是我给学生朗读了我的《半糖主义》这篇文章。全文如下:

同事的微信名为"半糖主义",我一直不甚懂,望文生义,应该是有时候"半"比"全"好,一勺太甜,半勺,虽微甜,但不至于太腻,却可留有念想。恰好,中午开车,车载广播上,主持人莎莎播放了一曲 S.H.E 的《半塘主义》,没听过,感觉很好听,歌词中唱道:

> 我要对爱坚持半糖主义

永远让你觉得意犹未尽

若有似无的甜才不会觉得腻

我要对爱坚持半糖主义

真心不用天天黏在一起

爱得来不易

要留一点空隙彼此才能呼吸

有多少温柔何必一次就用尽!!

此刻,静想,虽然,年轻人唱出的是"半糖"的爱情,这爱情,要距离,要适度。可在我看来,半糖主义,"推而广之",应该是我们对自己生活中方方面面分寸的把握,说白了就是凡事要有个度。记得我每带一届学生,第一节课就我上课纪律方面,我只要求八个字:适可而止,过犹不及。想想,这八个字,也即半糖主义中的"半",即分寸,即有度!

人与人之间的交往,中国的一句老话"君子之交淡如水",其实与半糖的主张有异曲同工之妙,有一点亲密,有彼此的关心,但又不会太近,不会妨碍他人的私密空间。

工作中,我们应该努力争取,积极面对,但又不急功近利,不奢求强求;生活中,对情感的向往,应该懂得珍惜,好好把握,但不束缚他人,给对方足够的自由快乐;对婚姻的态度,应该常常在一起,但又懂得亲密有间的道理。甚至我们的穿衣打扮,一日三餐,都该学会"半糖"——不过分、不过度、刚刚好,这样才会最好地摒弃生命里的"苦",品尝到生活中的"甘"。

当然,说到底,半糖主义代表的是一种健康的生活态度,太苦的日子会使人沮丧失望,非我们所愿;过甜的日子容易让人不识甜为何物,不懂珍惜,也许生命的最佳状态就是不回避烦恼与苦难,并学会给自己的日子加半勺糖,在若有若无间体味生命的香甜,领悟甘苦参半的人生真谛。

生活需要"半糖主义"!!!

…………

一堂课上完了,思考的地方有很多,做个教育教学的有心人,课堂生成才会适时、恰当!

2021.10.26

对一篇作文的再讨论

前几天,在圈里就学生中期考试《一个有罪者的自述》进行了如何给分,给多少分的一次交流。发现这篇作文确实争议很大,有给50分的,也有给10分的,这样的差距,足见此文在写作上是很有特点,很有个性的,它挑战了阅卷老师的阅卷经验及平时的教学模式。

今天教研组会,就这篇文章全组又展开了热烈的讨论,依然各抒己见,难以统一,我觉得这样的讨论真的很有意义。

讨论中,有老师想起2014年江苏卷那篇颇有争议,差点"含冤而死"的《姨婆的草籽枕头》一文,专家组在阅卷中印发的简报称,此文一评45分,二评59分,三评45分;在抽检样卷中,专家组终评满分,即70分。这显然是一篇极优秀的考场作文。为何三位老师中有两位老师给45分?暂不考虑那两位给45分阅卷老师的责任心,这篇作文如果不是给专家组或复查组给发现了,不就是45分的命运吗?这个事例虽然是个个案,有点夸张,但它的确是真实的。

这个概率极小的典型案例告诉我们,对一篇作文的审评,一个人的"口味"与"喜好",不仅决定了这篇作文的命运,也决定了这个学生的高考命运,真是下笔要慎之又慎啊!

今天,高考作文的"被体制化",已经直接导致高中语文教师瞄准高考写作,迎合高考阅卷模式,揣摩和研究出一套较为行之有效的写作套路和方法。这样的写作,不求新求异,只求稳打稳扎;不求写作的灵动与个性,只求投阅卷老师所好。这样,学生的作文倒更像是流水线上产生出的产品,于是,求同不求异,看看大多高考满分作文,模式化的有多少。所以我总以为高考作文只是简单的写作,与文学创作无关,说白了,它只是人才选拔机制的一部分,这样的写作早已与真实的写作离异,所以这种考试化的写作就具有了迎合、取悦、言不由衷、无用等所有坏毛病,当然这些"坏毛病"也不过就是为了取得一个像样的分数而已。

　　但是，当有学生在考场上写了一篇技法简单，但有一定的创作特点的文章的时候，我们却不知如何评判了，这也是今天从事一线语文教学老师的困惑。

　　比如《一个有罪者的自述》，小小说样式，主人公莫纳卡是个小偷，偷窃过一个妇女和一个孩子，后来一个偶然的机会得知那个妇女的钱是用来给儿子治病的，因为未能及时得到治疗，孩子发烧过度，脑子烧坏了；而被他推进湖里致死的小男孩的父母因之而一个抑郁，一个疯了。在得知这些消息后，莫纳卡径直向当地警察局走去……这个故事，仔细阅读，还是扣住了材料，他看懂了人生，看透了自己的罪责，有朋友说，点题不够，可我以为，小小说最大的特点就是"微、新、密、奇"，最忌讳的就是直接点题，结尾出人意料又在意料中，贵在主旨的含蓄，耐人寻味。细读，文中的"镜子"就是那些间接受害者，是他们让莫纳卡看懂了自己，开始真正忏悔……

　　但是，这篇文章也存在情节安排、细节描写、主旨隐晦、扣题不够直接等不足，所以大家讨论的结果是给一个中规中矩的平均分比较合适。

　　这篇文章，这么大的争议，也提醒这位同学，这样的写作，很难保障自己的得分，就高考阅卷的特点来说，这样写作有些冒险，那么如何引导这位同学继续自己的"创作爱好"（因为他每次作文都以这样的形式出现），又能让他不会失利于高考，这也应该是语文老师既"浪漫"又"现实"，既尊重个性又不忘高考的教学命题。

　　有老师说，千万别在我们手中扼杀掉一个有"创作热情"的年轻人！

　　呵呵，不管怎么说，语文老师既要遥望星空，又要脚踏实地，不容易啊！

2022.3.4

当时只道是寻常

和学生们一起欣赏了董卿主持的以"眼泪"为主题词的《朗读者》，其中老戏骨斯琴高娃朗读的贾平凹的《母亲》，感动了学生也感动了我。尤其老艺术家在朗诵的过程中，几经哽咽，声泪俱下及对在场观众的反复叮嘱，更是让人思绪良多，感慨万分。

欣赏完后，给学生总结。我说："此时让我想起了纳兰性德的一句诗'当时只道是寻常。'老艺术家斯琴高娃之所以如此动容动情，也许就是在文章的字里行间，让其想到了老母亲在世时的点滴，只是当时并未觉得它有多值得珍惜，可看似寻常的生活却已一去不复返，留下的只是思念，还有些许遗憾，这怎不令人慨叹呢？"

是啊，生活中，看似平常的一桩桩、一件件，有时当它成为过往，成为记忆的时候，我们的心倘若偶尔被某一件东西、某一句话，乃至某一个动作而撩动时，我们就会瞬间落入一场无法释怀的思念里不能自拔，而这些记忆当时是那么的普通，那么的平常，此时，却是那么温暖，那么令人感动，可遗憾的是这些记忆都已成为过往，且一去不复返啊！

前天，和大学毕业整整20年的同学通了一次电话。她，大学同窗，一个宿舍，朝夕相处。于是电话刚一接通，我们都很激动，听到她熟悉的声音，我眼角湿润，20年了，"巧霞，你好！"就这一声问候，一下子就将我拉回到记忆里：延安大学，秘九四，202宿舍，艳明，同桌，还有还有，红砖楼、野猪林、延河畔、卷烟厂，二道街……一个个名词，一串串记忆，奔涌而来，记忆的闸门轰然而开，猝不及防，老同学激动万分地说："多少年了，经常晚上梦见大学时期的生活，想想那时虽然穷了些，但大家很快乐。"于是，你一言我一语，勾起了一幕幕的回忆，沉浸在回忆里，幸福满满啊……

"当时只道是寻常"，是啊，寻常的烟火，才是最真实的记忆；寻常的日子，才是最真实的幸福；寻常的一情一景，才是多年后再次回眸的惊喜。也许，光阴的转角处已是物是人非，但那些寻常的日子，那些点点滴滴组成的烟火，那些用丝丝缕缕连缀的记忆，在似水流年里，最是让人剪不断理还乱啊。

　　光阴一去不返,老去的背影里也开始了积累和沉淀,尘封的陈年旧事也都已泛黄。但是,只要经历了,它就是记忆中的一部分,就像胎记,是无法抹掉的,而且注定会在某一年的某一天,以一种不曾意料的方式抖出来,任我们揉碎在情感里,是温暖,是幸福,是欣慰,是满足,五味杂陈。

　　人生若只如初见,当时只道是寻常。此情可待成追忆,只是当时已惘然。

　　生活本寻常,且行且珍惜!

2022.4.16

教书,是一件多么美丽的事

下午上课,铃声响起,走进教室,12 班的同学们说:"李老师,我们给你准备了一首歌。"我惊讶地说:"今天什么日子,很特殊吗?"

学生们七嘴八舌:"不特殊,老师,我们就是想把这首歌唱给你听。""哦,明白了,好呀。"课前三分钟,班长起句,同学们齐唱:

让我掉下眼泪的不止昨夜的酒

让我依依不舍的不止你的温柔

余路还要走多久你攥着我的手

让我感到为难的是挣扎的自由

分别总是在九月回忆是思念的愁

深秋嫩绿的垂柳亲吻着我额头

在那座阴雨的小城里我从未忘记你

成都带不走的只有你

和我在成都的街头走一走

直到所有的灯都熄灭了也不停留

你会挽着我的衣袖我会把手揣进裤兜

走到玉林路的尽头坐在(走过)小酒馆的门口

分别总是在九月回忆是思念的愁

深秋嫩绿的垂柳亲吻着我额头

在那座阴雨的小城里我从未忘记你

成都带不走的只有你

和我在成都的街头走一走

直到所有的灯都熄灭了也不停留

你会挽着我的衣袖我会把手揣进裤兜

走到玉林路的尽头坐在(走过)小酒馆的门口

和我在成都的街头走一走

直到所有的灯都熄灭了也不停留

…………

学生们说："老师,这首歌的名字叫《成都》。"下课后,我专门百度了一下,歌词好美好美。此刻,沉浸在孩子们的歌声里,内心的感动,溢于言表;那一刻,我坚信,我,就是天下最最幸福的人!

教书,是多么美丽的一件事,真的,感动,真情,付出,拥有,幸福而难得!

2022.5.18

189

高考作文,又到古人复活节

高考在即,要求学生整理典型作文素材,今早检查,发现学生真真正正做到了"两耳不闻窗外事,一心只在课本中"了。

学生整理的素材,除了屈原、杜甫,就是苏轼、李白,当然还有陶渊明、李清照,全部来自课本,很少有课本以外的素材。想想,多令人担心啊!难道一年一度的高考作文,真的又到了古人的复活节?

记得于德龙老师在高考阅卷之后,感慨地说:"现在的考生,有趣得很,无论出什么样的作文题目,考生都会以不变应万变地引古人入题。"许多作文,总是可以让阅卷老师看到"屈原从汨罗江里幽幽地走上来了,苏轼从赤壁矶旁徐徐地走过来了,李白从醉酒杯中飘飘地走过来了……"想想,久而久之,阅卷老师怎不会有"一读百厌"之感。

平时,我们语文老师的确没少强调这些经典人物、经典素材,而且这些素材确实能够一以当十。另外,这些素材来自课本,阅卷老师也很熟悉,读来很有亲近感,容易唤起阅卷老师的共鸣。但细想一下,阅卷老师一天阅几百篇作文,时不时地冒出个李白,不断地出现苏轼,千人一面,千腔一调,阅卷老师怎能不心生厌倦呢?

所以,以一当十的经典素材是很重要,但与时俱进的现实生活可能更能赢得阅卷老师的青睐。毕竟,"在故纸堆里讨生活",有些老旧;"老吃别人嚼过的馍",终究难香。

一篇文章见语文,文章最能显示一个人的阅读素养和文化底蕴了。韩寒在《三重门》中曾就高考作文有过一段话:几个例子,莫不过居里夫人、爱迪生,勤奋学习加上爱因斯坦,淡泊名利的是居里夫人,废寝忘食是牛顿,不畏生死是许虎,身残志坚是张海迪……就是这些定死的例子,造就了一个个高考写作高手。其实,韩寒,语言犀利中确实给我们一种深刻思考,高考作文,在应试作文的框架上,如何写新写活,从材料入手思考推陈出新,不失为一个有效之法。

的确,高考作文,作为应试作文,有它写作的不足和弊端,但,作文素材求新求活,则是赢得高分的有效法宝。古今中外，与时俱进，能够做到"人云亦云我不云，老生常谈我不谈"，作文素材在积累经典素材的同时，更要体现时代感，要亲近生活，要鲜活，让阅卷老师在学生的考场作文中，读到一种信息，即学生开阔的视野，广泛的涉猎，良好的阅读素养，而且更能让阅卷老师深切地感受到，我们的学子是"风声雨声读书声，声声入耳；家事国事天下事，事事关心。"这才最能打动阅卷老师的心。

"问渠哪得清如许，为有源头活水来。"高考在即，积极引领学生积累现实生活中的典型素材，关注现实生活，捕捉社会热点，抓住焦点事件，引导他们深入材料，学会分析，也许能够在作文教学方面，能够临阵磨刀，不快也亮。

预祝：

莘莘学子翻新篇，佳作美文纷至来！

2022.5.29

写一首情诗吧

今天,批阅完了两个班学生们的读书笔记,认真阅读了每一个学生写的情书,感慨少男少女们对爱情的憧憬和渴望,以及可爱的学生们在字里行间流露出的对爱情稚嫩而又懵懂的理解。

《长恨歌》这篇长篇叙事诗上完之后,给学生们布置了一个作业,写一首有关爱情的小诗,让我没想到的是平时胆小羞涩的几个女生,在小诗里也毫无保留地表达了她们的丝丝情愫,几个调皮外向的男生也是文采飞扬,情意深深,一篇一篇读来,充满感动,感动学生们的真情流露,也感动他们在我面前的坦诚和率性。呵呵,我可爱的学生们。

上课,讲评了几首诗,我说:"爱情,美好的男女情感,我们在座的每一个人迟早都会遇见。那么,我想问大家,面对爱情,你们准备好了吗?"

调皮的一男生举手,问我:"老师,谈恋爱还要准备什么呢?"

我说:"为了不使爱情成为一种'长恨',其实我们应该准备很多很多,才能经营好它。那么,现在请同学们分别用一个双音节词来概括。"

于是,在交流和互动中,学生们总结出以下二十多个词:

了解	真情	信任	欣赏
担当	理解	尊重	关爱
体贴	分担	分享	独立
空间	浪漫	专一	坚持
平等	自省	体谅	换位

…………

年轻的学生们,渴望爱情却不懂得爱情。我提醒他们:"爱情是美好的,但如何拥有一份长久的爱情,则是一门学问。在每一个令人羡慕的爱情生活里,都需要我们拥有以上这些美好的词汇,这些看似平常而又熟悉的字眼里,潜藏的要么是对待爱情的态度,要么是男女双方都应该具有的一些呵护爱情的优秀品质。所以说,当你们在追寻爱情的人生旅程中,你的行囊还没有准备好以上这些东西,那就请别轻易去谈情说爱,因为,结果很可能是一种'长恨'……"

呵呵,这语文课上的!我所理解的语文,它有时就是一种人生的态度,就是一种人文情怀……

2022.6.23

由"凝脂"一词说开去

"春寒赐浴华清池,温泉水滑洗凝脂",白居易《长恨歌》中的两句诗,给学生讲到其中"凝脂"一词,不禁令我浮想联翩……

记得在延安大学上学时,有一男老师,姓张,矮矮的,胖胖的,在讲到这句诗时,曾说,"凝脂",就是凝固的脂肪。班里边的同学们每每说起,总是说,想起老师在上课的时候讲道,凝脂嘛,就是凝固的脂肪,对杨贵妃产生的美感瞬间也就荡然无存了。哈哈,难道上大学时,老师对"凝脂"一词解释错了吗?

给学生讲到这句诗,我让学生展开想象,这"温泉水滑洗凝脂"中"凝脂"究竟写出了贵妃怎样的肤质之美?

学生们争相发言,这凝脂,写出了贵妃沐浴后肤质是水水的,嫩嫩的,滑滑的,白白的,润润的……,哦,我总结说,大家的意思是这凝脂,写出了贵妃水润、光滑、白嫩的娇美肤质,作者用这两个字,既写出了肤之色泽,也表现出了贵妃的肤之质感,嗯,学生们的想象很丰富,可以说正是这两个字极富表现力之所在。

课后,我和同事们说,在鉴赏辞典里,这凝脂也是形容皮肤白嫩滋润,犹如凝固的脂肪。而且早在《诗经·卫风·硕人》中就有"肤如凝脂"一说,为什么上大学的时候,老师这么一讲,大家都有一种不认同感呢?

旁边有同事说,你们见过冻住的猪油吗? 其实就那感觉。呵呵,相信我们大部分人会认为,冻住的猪油,想来也是冷冰冰、硬邦邦的,这哪有什么美感可言?

几个同事你一言,我一语,竞相发言,最后大家一致认为:猪油,刚刚凝结,既有色泽上的白润、光滑,又有质地上的绵而不软,油而不腻,作者在此形容贵妃的皮肤再合适不过了……

细细想来,大学时候,老师讲得是对的,只是由于老师讲得过于呆板乏味,未能引导和调动学生的想象力,还有身为学生的我们缺少基本的生活经验和常识,才导致对"凝脂"一词的理解有了偏差……

此刻,想起课堂内外有关"凝脂"的讨论交流,不禁感慨,文人墨客留于后世的许多优秀作品,正是在这样的揣摩、推敲、品析中产生了丰富多彩的文学魅力,对文本的解读赏析也正是在这样的讨论交流中,发现和发掘着其言有尽而意无穷的文化内涵……

2022.7.22

想起一句话

高三第二次月考结束了。看成绩,有几个学生总成绩不错,可语文成绩不理想。下午找他们谈话,之后各赠送他们一本我自己的杂志书:《人物周刊》《看天下》,还有《高考满文作文》等。看着孩子们乐不可支的样子,以及临走开心愉快的背影,我也特别欣慰,于是瞬间想起原来看过作家刘墉的《冲破人生冰河》中的一句话:与其拥有而不爱,不如让爱的人拥有。而且作者还为之注解道:当你拥有他而不爱他的时候,你犯了双重错误:其一,你该爱而没去爱;其二,你剥夺了别人爱他的权利!

对于书,总是有一种挚爱的情怀,家里有许多的书,上次整理书柜时,发现家里还有自己读高中时订阅的杂志,1992 年的《读者》《星星诗刊》《微型小说》。想想这时间,都20 多年了,自己都觉得挺不可思议的,而且蛮感动自己的,原来爱书是自己多少年来一如既往的一种情怀!

不过这几年,自己也明白了许多的道理,在对待书这个问题上,不那么小家子气了,今年把自己订阅了十多年的《作文与考试》近百本,很是大方地给了学生。若是过去,那是根本不可能的,有同事借书,我宁愿给他买一本也不舍得把自己的给了别人,这方面确实有点抠,我承认!

与其拥有而不爱,不如让爱的人拥有! 说得多好。自己拥有了,过后不爱了,确实应该分享给别人,想想,其实,不只是书。说简单点,可能实物最直观,某个东西,一支钢笔,一个文具盒;一个帽子,一双鞋,一件衣服,一块表……,分享给需要他们的人,这是一种爱,一种真心之爱!

当然,还有人,生活中经常可以看到,有些人因爱而生怨,而生恨。不爱了还不肯放手,还要苦苦纠缠,抱着一种"我不爱,别人也不让爱"的自私心理,很是小人的占有却又不愿真正拥有,这种爱,很偏执,也很自私!

真正的爱,是一种放手,是一种包容,更是一种分享! 就让我们学会去爱吧!

2022.9.12

占有不是一种真正的拥有

记得周末放假前的一堂语文课,复习的专题是长短句变换。其中有一道题,非常典型,上周我是作为例题进行分析和讲解的,而且一再强调,长句变短句,记住方法,一"提"二"分"三"提"。

上课时,我有意把一个学生叫起来,结果是做过的原题,依然不会。不禁让我感慨地对学生说:"同学们,占有不是一种真正的拥有!"

我说:"同学们,想想我们每一位在座的同学,占有的师资是一样的,占有的学习材料是一样的,占有的学习环境是一样的,每一个人每天都是 24 小时,谁也不少,谁也不多,可为什么,我们的学习成绩千差万别呢? 想一想,其实这个问题,我想用一句话来回答,那就是:

占有不是一种真正的拥有!

难道不是吗? 占有了书本,不见得就拥有了书本上的知识;占有了金钱,不见得就拥有了快乐;占有了房屋,不见得就拥有了温暖;占有了时间,不见得就拥有了丰富的人生……"

这样的感悟来自我最为真切的人生体验。很喜欢肖川的教育随笔,记得十多年前,曾经在《教师博览》中读到特级教师肖川的《创造适合学生的教育》,那时的我,初登三尺讲台,被这篇文章中所阐释的观点深深吸引,后来又在《中学语文教与学》《中学语文教学参考》中陆续读到肖川的诸多文章,很喜欢。终于有幸在 2003 年秋去北京高考研讨的时候,买到了一套刚刚出版不久的《肖川教育随笔》,一套四册,爱不释手。

北京回来,翻看了不知有三五页没,工作忙碌,就束之高阁,慢慢地也就忘记了这码事。去年吧,当我在当当网上购书的时候,又看到了这套书,当时就毫不犹豫地选择了购买。书回来了,我才发现,自己十多年前已经有了它。只是因为生活工作的忙碌,而置于一边多年不顾……

不禁感慨:许多东西,占有了,不见得就真正拥有!

面对书本,唯有勤奋、刻苦,才能拥有其知识;面对朋友,唯有坦诚、真挚,才能拥有其真心;面对家庭,唯有勤俭、付出,才能拥有其幸福……

占有不是一种真正的拥有,许多人不明白这个道理,或者说明白它,却在生活中总是忽略它。于是,遗憾自己错过了;后悔自己失去了;悔恨自己不该当初了。

生活中,我们总是简单地以为,占有了,就是拥有了,其实大多数情况下不是这样的……

2022.9.14

研学促成长，合作谋发展

为进一步加强校际之间的互动交流，提升办学水平及办学特色，学习忻州一中成熟的管理经验及领先的教育教学模式，加快学校名校建设步伐，学校一行40余人于3月20日早7点40从学校出发，乘车4个小时，赴忻州一中进行为期一周的特色研学活动。

高一年级21名品学兼优的学生充满期待，整装待发，孩子们，加油！

中午两点来到久负盛名的忻州一中北校区即忻州高级中学。忻州一中校训，四个字：爱敏慎勤。这四个字，简洁大气，意蕴深厚。忻州一中，百廿与时俱进，正是：木茂乃因根本深固，流长皆由源泉邃远！孩子们，走出校门，代表的就是神中人，抬眼望去，看到孩子们整齐的步伐，端庄的身姿，严肃的神情，求知若渴的眼神，不禁感慨：每一个孩子都渴望优秀，每一个孩子都对未来充满期待！

座谈会上，忻州一中陈汉明校长着重介绍了忻州一中的办学理念及办学成果，阐述了学校在管理、教改、文化、科研及教师队伍建设等方面的经验、做法，特别强调了"三备两研"在教学中的重要性，对老师们很有启发和思考！

座谈会上聆听陈校长的讲话，惊讶忻州一中骄人的高考成绩，更被陈校长肺腑之言所感动，陈校长一再强调，所有成绩的取得都是不断而持久的努力和付出，每一个清北孩子的背后，都是吃苦在先，这个世界上所有优秀的人都是不断努力成就的！相信听君一席话，胜读十年书，每一位老师和学生都受益匪浅！

20日晚7点参加忻州一中北校区的对抗赛总结大会，被全场的群情振奋、斗志昂扬、激情满怀深深震撼了，想起有老师说，不来忻州一中你会遗憾，来忻州一中感受一回，你会被深深震撼，果然是名不虚传，实至名归！

对于学生来说，激情教育必不可少，目标教育更是关键，如何激发学生的强烈的求知欲望，且能持久不衰；如何引领学生葆有一种学习的动力，且能日渐蓄势；如何让学生知耻而后勇，不断拥有一股向上的力量，精气神不断加持，这是需要教育的力量的，这也是需要不断思考的！在对抗赛现场，师生斗志昂扬，充满热望，在场的人都被深深感染到了！

参观忻州一中校园，每一块墙壁都有教育的箴言，每一个角落都有教育的启示，时时不忘教育，处处都在教育，教育无处不在！参观忻州一中学生早操，整齐的步伐，响亮的口号,昂扬的状态……这就是青年学生向上的力量,蓬勃的生机,应该有的样子! 参观早操课间操、班级晨训和激情早读等活动,聆听了忻州一中教师们的公开课,深入了解忻州一中的课堂教学模式,并走进各科教研组,观摩了特色的教研活动,与学校教师交流探讨。忻州一中教师和同学们对工作、学习的认真态度,饱含激情的状态,给老师们留下了深刻的印象。

老师们认真听课,提升自身业务水平,谦虚请教,提高个人教学能力!

百忙之中的陈校长,再一次抽出宝贵的时间和老师们座谈,倾囊相授,分享经验,感受到了一位教育家的真正情怀!

埋头苦教,也要抬头看路。埋头苦教,是态度,是行动,是实践;抬头看路,是方向,是航标,是灯塔。这次校际交流研学活动,卓越引领,励志培优,相信在与忻州一中交流合作互助发展的平台上,老师和同学们通过这次研学活动,定能开阔视野,激发热情,踔厉奋发,再谱新篇!

2023.3.21

走出校园,榜样引领;对标一流,交流提升

——神木中学师生忻州一中研学札记

名校领航,励志培优;师生研学,携手前行!

一周研学,从早晨开始! 一年之计在于春,一日之计在于晨。一天的好状态从早操开始,看吧,早晨 5 点 50 分,忻州一中的操场上,迎着晨曦,充满希望,带着目标,操场集合,学生们睡眼惺忪但状态饱满,斗志昂扬,口号响彻校园,激情满怀心胸!

6 点 20 分,早操之后的早读,士气不减,更加富有学习的热情,书声琅琅,迎来熠熠朝辉,勤学孜孜,期盼焯焯人生! 身在这样激情荡漾的读书声中,我们怎会不由衷地去祝福孩子们,怎会不欣慰于孩子们的努力和付出……

忻州一中一周的参观学习,能够感受到一种力量,一种激情,窥斑见豹,早操的气势,早读的状态,就让老师们感触颇深。神中的老师们,珍惜每一个研学的日子,忙碌地穿梭于忻州一中高一、高二、高三的各个教室、备课室里,听课,研学,交流……

努力的孩子越来越自信,自信的孩子越来越优秀,优秀的孩子越来越幸运!

忻州一中的孩子课堂上的表现很让老师们羡慕! 可爱的孩子,继续加油!

快乐拔河,追逐梦想,放飞未来,齐心协力,勇争第一。上午 10 点 10 分-10 点 40 分课间操拔河比赛进行时,个人的努力,团队的力量,集体的荣誉,加油声里释放学习的压力,互相协作里体现个人的价值,团队的力量……

每天的 10 点 40 分,第四节课,听课室都有示范课展示,老师们精心准备,精彩的展示,丰富的经验,娴熟的技能,让听课老师受益匪浅!

中午 1 点 50 分,每一个教室都是这样的朗朗书声,整个教学楼都在读书的声音海洋里,孩子们求知的激情,向上的力量,奋进的脚步令人心生敬佩,这样的孩子怎能不成功,这样的学校怎能没名气!

3 月 23 日(星期四)下午 3 点,神中老师和忻州一中的老师们进行校际友谊篮球赛! 三分线外,手起足落,完美弧线,引爆篮球魅力,忻中携手神中,男老师们友谊第一,比赛

第二,赛出水平,赛出风格!

3月21、23日(周二周四)下午4点40分,参加忻州一中的教研活动,边教边研,教研结合,以研促教,研教携手,注重教研工作,突出教研的重要性,是忻州一中成熟育人模式的重要组成部分!

忻州一中,北校区与主校区教学联动,教学与管理均按照忻州一中"大三步"教学法模式进行:以学案为依托,引导学生课前自主预习、课上合作探究、课后检测巩固;课堂教学因材施教,既面向全体,又满足不同层次学生的需求,在"大三步"教学法课堂教学模式的实施过程中,无论是学校建设还是教师的个人成长,都取得了显著成绩。

教学一枝花,全靠研当家。教因研而深,研因教而实。忻州一中扎实有效的教研活动,很好地促进了教师的优势互补、共同提升、互助成长,值得我们学习和借鉴!

忻州一中的"三备两研":学校教育教学的主阵地是课堂,而高效课堂高效的重要保障之一就是备课和教研,坚持"以教促研、以研优教"方针,构建了"三备两研"教学教研模式,其中"三备"指的是"备课标,备教材,备学情"。"两研"指的是"研题教研"和"研课教研"。在实践中不断探索和优化,忻州一中走出了一条独具特色的备、研之路。

教而不研则浅,研而不教则空。忻州一中积极推动教研工作的深入开展,增强广大教师的教育科研意识,使教研真正为教学服务。

周四下午5点多钟,从高一教学楼下来,碰到一女孩,眼泪汪汪,手里拿着一盒药,我问:"你不舒服吗?"她的眼泪吧嗒吧嗒地掉,给我点头,我上前给她一个拥抱,拍拍她的肩膀,我说:"能坚持吗? 不行可以请个假?"她说:"老师,谢谢你,我行!"我再次给她一个拥抱,再次轻轻拍打她的肩膀,我说:"如果实在不舒服,就休息一下,记住,磨刀不误砍柴工!"她感动地说:"老师,谢谢你!"

多么美好的邂逅,孩子可能不知道我不是她们学校的老师,我也将于周六返回神木,但我依然相信,教育的力量就在情感的传递里,哪怕只是一次偶然相遇,也是充满无限温暖! 周一和周三晚7点,在忻州一中北校区和主校区,参加了他们两次对抗赛总结表彰大会,很是印象深刻。

在激情昂扬的舞狮表演、武术展示中,忻州一中班级对抗赛阶段性成果总结表彰拉开帷幕,胜负双方班级互换挑战誓言,班主任带领本班同学下达战书,年级主任带领高一年级甲乙两组班主任高喊年级口号,彰显志在必得、迎考必胜的信心和勇气。

在表彰大会上,班级和班级之间进行对抗,年级甲、乙两组之间进行对抗,从而激发学生昂扬向上的拼搏斗志,从考试中吸取教训、汲取经验,查漏补缺,改进提高,在一次次的做题中发现问题,解决问题,夯实基础,进而积少成多,蜕变成长。

在总结中明确航向,在对抗中不断超越。这样的激励大会,进一步激发了师生争先创优的内生动力,营造了比学赶超的浓厚氛围,弘扬了优良的学风、班风、校风,激励着忻中学子砥砺奋进,用坚韧的意志和信念实现更宏远的理想!

晚上9点,行走在忻州一中的校园,观察忻州一中的教室,静悄悄的,学生们奋笔疾书,埋头苦读,想起一句话:一个人现在有多自律,将来就有多自由。可爱的孩子们,加油吧!

双甲淬砺,百廿辉煌。24日(星期五)下午,神中教师参观了忻州一中校史博物馆,全馆展陈面积500多平方米,馆藏珍贵文物、文献、实物一千余件。藏品涵盖了瓷器、古建筑构件、石雕、古籍善本、古钱币、历史文献史料、校史档案、古代家具等门类;展陈设计以历史时序为轴线,分为"秀容书院""新兴学堂""旧忻县中学""新忻县中学""忻州一中"五大板块,以及专题展区;博物馆格调庄严优雅,将古典韵味与现代气息有机地融为一体,气度不凡。穿行其中,穿越历史,可以感知120年校史文化的深厚底蕴,激扬传承血脉、报效家国的豪迈激情。

心之所向,素履而往;征途虽远,初心不忘。朝阳与星空,都是前进的方向;书页与笔尖,都是奋斗的征程!

研学即将结束,教学永不停息!

学而不思,收获减半,记录里有思考,思考中有收获,不虚此行,受益良多!

2023.3.24

第三辑 我和我的学生

学生喜欢没有教育痕迹的交流，喜欢没有心理距离的对话，喜欢促膝谈心的氛围，亦师亦友才会真正走进学生的心理世界。

巧姐，孩子们也这么称呼我

上午周考，有学生递过来两篇文章，说让我修改一下。呵呵，这一修改，让我幸福感爆棚，没想到，她在文章里竟称呼我"巧姐"，还是"时尚谦虚的巧姐"，出乎我的意料啊！

"你们怎会称呼我'巧姐'，太让我吃惊。呵呵，当然，也太让我有幸福感了！"我乐呵呵地说。

"同学们私下里也经常这么叫你了，大家都喜欢叫你巧姐，你就是我们的知心姐姐，真的，有巧姐三年的陪伴，我们的人生之路永远不会孤独……"这位同学说。好感动孩子们的一声"巧姐"，让我深知教书育人是需要真心地投入，耐心地付出，才会有学生们的喜欢。

平常日子，学校年轻的同事总是叫我"巧姐"，女同事们有时也会能能地，非常亲昵地叫一声"巧姐姐——"，呵呵，说句心里话，一直喜欢同事们这么称呼我，这份亲切，这份融洽，这份情意，总是让我内心美美的。

今天，高二即将毕业的孩子们，也这么称呼我，真的好开心，好幸福！

犹记在前不久的家校师生联谊会上，好多学生的父母比我要年轻，有的还不足四十岁，我比好多学生的父母年龄都要大。呵呵，孩子们竟然称呼我"巧姐"，说句心里话，教书二十一年了，越教越老的我好感谢孩子们，让我在他们纯真的心里依然这么年轻，更感谢这份职业，让我一直葆有一颗年轻的心。喜欢跟孩子们在一起，这么多年，从不曾懈怠过这份职业，从不曾后悔过自己的选择，这份热爱更多是学生们给予我的厚爱，感谢我可爱的孩子们。

大学毕业时，朝夕相处的舍友，在毕业留言册上给我留言，其中有一句至今印象深刻："请相信，你的人生都会从这个'巧'字上来！"我知道她喜欢《红楼梦》，刘姥姥给王熙凤之女大姐儿改名为巧姐，刘姥姥意寓生逢不遂之事，都会从这"巧"字上来。呵呵，扯远啦！今天又想起二十多年前大学毕业时的同学寄语，好感谢这份祝福。

怎一个"巧"字了得，嘿嘿，蛮喜欢"巧姐"这个令我年轻、富有愿景的称呼！

2018.5.27

老师,我可以抱抱你吗

下午高考前最后一次仿真模拟考试结束了,没回家等着晚上的试卷讲评。不想吃饭,可肚子不争气,经常想着减点肥,可到点了,一口也没少吃。呵呵,走出办公室,心想,吃点啥好呢?

"李老师,咱们合个影吧!"叽叽喳喳,几个女生跑过来了,亲昵地拉着我到校园的熟悉的角落里长凳上,摆个 pose,咔嚓、咔嚓,记住了孩子们的笑脸,记住了三年的师生情。

又跑过来几个男生,三年,孩子们的个儿真长了不少,一个个高出我一个脑袋还多。这老师,呵呵,确实长得有点小啊!

"巧姐,和我们也一起照个相吧!"几个大个子男生围了过来,三年了,即将毕业的这一刻,学生们的留恋和不舍挺让我感动的。

"李老师,我可以抱抱你吗?"闫雨乐同学,1 米 87 的身高,俯身对着我说。

我抬头看他,还没来得及说话,旁边几个学生都一齐围了过来:"李老师,我们把你抱起来吧!我们抬得动你……"

一群调皮捣蛋的孩子,看着他们,真觉得即使高三了,可是在老师的眼里依然是孩子,在这即将分别的时刻,学生们把老师当作最亲切的人。

"不行,不行,我都老胳膊老腿了,万一摔坏了,你们对得起你们的学姐学哥吗?当然,更对不起你们未来的学弟学妹啊!"哈哈,确实老了,真的不耐摔啊!

合影了,闫雨乐同学把手搭在我的肩膀上,还说:"李老师,我妈妈和你个子也差不多!"好感动啊!孩子们愿意拿老师和自己的妈妈相比,当然,我的年龄也刚好和他们的父母相仿。

我这小个子老师,被同学们簇拥在中间,这一刻,好幸福啊!

又一届,毕业了!付出着,也收获着,终究还是甜蜜的。此刻,想起一句话:告别的时候不妨用力一点,多说一句,说不定就成了最后一句,多看一眼,说不定就成了最后一眼。

2018.6.3

学生的读书笔记

今天批改学生们的读书笔记，为他们在笔记上摘录的内容而动容，谁说他们没思想，又想起今晚语文考试，看到学生们在黑板上写着"内美以修能"五个字。想想，其实他们也在懵懵懂懂中希冀着自己人生的层次和境界，尽管他们还不知道这句话可能是需要人一生的不断追求、不断提高、不断完善才可能拥有的境界和修为。

再看他们在自己读书笔记上的摘录，正是体现了年轻的他们对生活对人生的感悟和思考。我知道，没有生活阅历的他们对这些语段的理解只是停留在很浅的水平和层次上；但我相信，在未来的日子里，这些包含人生哲理的点滴之语可能会像茫茫大海中的灯塔，在看似忽明忽暗中会指引他们的人生航程！重要的是我也习惯地像做笔记一样把它们记录在我的笔记里！

真的，每一句话都值得我们去思考去实践：

1. 每天告诉自己一次，我真的很不错。（年轻的时候，也曾这么提醒自己！）

2. 生气是拿别人做错的事来惩罚自己。（所以我尽量不生气！）

3. 生活中若没有朋友，就像生活中没有阳光一样。（我一直觉得朋友不见得多，知心最要紧！）

4. 明天的希望，让我们忘了今天的痛苦。（我一直渴望做个乐观向前看的人！）

5. 愚者用肉体监视心灵，智者用心灵监视肉体。（很深刻的一句话！）

6. 获得幸福的不二法门是珍视你所拥有的、遗忘你所没有的。（我一直在实践着它！）

7. 贪婪是最真实的贫穷，满足是最真实的财富。（最喜欢这句啦！）

8. 你可以用爱得到全世界，你也可以用恨失去全世界。（经常用它来提醒自己！）

9. 没有了爱的语言，所有的文字都是乏味的。（我自己写东西一直是以此为律的！）

10. 真正的爱，应该超越生命的长度、心灵的宽度、灵魂的深度。（喜欢它很深刻！）

11.爱的力量大到可以使人忘记一切,却又小到连一粒嫉妒的沙石也不能容纳。(看爱的对象是谁,很有道理!)

12.当一个人真正觉悟的一刻,他放弃追寻外在世界的财富,而开始追寻他内心世界的真正财富。(一直是这么认为的!)

13.每一件事都要用多方面的角度来看它。(生活中,我一直这么要求自己!)

14.所有的失败,与失去自己的失败比起来,更是微不足道。(经典!)

15.上帝从不埋怨人们的愚昧,人们却埋怨上帝的不公平。(所以不要去埋怨让自己变得愚昧![呲牙])

16.美好的生命应该充满期待、惊喜和感激。(提醒自己永远对生活充满热望!)

17.世上最累人的事,莫过于虚伪地过日子。(人应该真实地活着!)

也算是我今天的读书笔记。

2018.7.8

人活着,真没什么意思吗

昨天下午,批阅学生的读书笔记,有一位学生在读书笔记上写下这样的一段话:"这辈子学到什么时候是头,人活着,真没什么意思,可悲!"作为师长,我不忍心熟视无睹她承受着厌倦的煎熬,在她的读书笔记上写了一段鼓励的话语:"人活着享受的就是过程,往往那些美好的岁月在经历的时候,都是辛苦和厌倦的,只有在我们经历过之后,再去回忆的时候,才会感到它的充实与幸福!加油,莫负青春好年华!"批阅完,脑海中浮现出这位学生的模样,女娃,刻苦,认真,安静中带点羞涩,我的心里一阵失落。本以为别人会来安慰我这个四十岁的人要自信,要安于生活的重复,适应并且挑战生活中的厌倦。但事实却恰恰相反。

经常会看到有人在朋友圈里发出抱怨社会和厌倦生活的语言,不是抱怨人际关系的纠葛,就是抱怨社会关系的不和谐。其实,一个人经常处于抱怨的心态中,那他对生活只能越来越失望,因为抱怨、不满已经成了他生活的"主旋律",成了生活的常态,这样的人,即使幸福来临,也不会感受到其中的快乐!

有这样的一句话:"要想不辛苦一辈子,就要辛苦一阵子。"这阵子可能是 1 年,也可能是 3-5 年。其实,每个人在世界上生存,都会有不得已的时候,只要懂得调理自己,休息身心,人的心性就会好起来。最后就能战胜厌倦,迎向更加开阔的人生!实际上现在很多人都明白这个理,但还是不由自主地选择沉迷于厌倦和疲惫,被生活的凄风苦雨迷蒙住双眼,迷失自己前行的方向。原因就是过得盲目和浮躁,过于注重消费和享受,没有辛苦地付出,没有厌倦后的转变,哪来甜蜜的收获?

有些时候,我们之所以觉得累,就是因为我们徘徊在厌倦和无聊之间举棋不定,不敢决策。

其实人生最美丽的时光,就在我们不断前行的路上,只是我们在迷茫和厌倦的时候,忘记了适当的调理和休息自己,从而没有心情去欣赏路边的美景,而对于这些美好的时光置之不理、视而不见。用我的学生的话说：可悲！所以每个人都不应该在厌倦中错过属于自己的每一片优美的风光，年龄稍长如此，青春亦如此。

那我们应该做些什么呢？就是停止厌倦，学会适应一切厌倦，厌倦是人生最宝贵的经历，这样当你去回忆的时候，你有话说，你会有理由骄傲地说自己很自豪，因为你人生的每个阶段都没有儿戏，每个阶段做得都非常棒，这就足够了，这就是人生的一个体验，每个阶段都获得了最好的体验，而不要那个不死不活的体验，而是一个令人敬仰和欣赏的生命体验！

所以说人这一辈子，要经得起痛苦，受得了厌倦，忍得住孤独，才能给自己一个迂回的空间。学会思考，学会调整，你才会发现，很多时候，人生所需要的不仅仅是执着和热情，更需要在经历了厌倦之后的那种深刻的顿悟和改变。

2018.8.20

再回首,已十五年

原以为时光的流逝,生活的沉淀,使我这年已不惑且迈步天命之年的语文老师激情不会再来。然而,师生离别十五年,当我们重新聚首,又看到同学们那一张张可爱的笑脸,我情不自禁地激情满怀,我似乎又回到了十五年前。那时的情,那时的景历历在目。忘不了你们那青春活泼的身影,忘不了我们之间那真挚的师生情,忘不了教室里渴求知识的眼神……

聚会前一天,充满期待的我拿起神木中学 2003 届高三(10)班毕业照,看到你们年轻的面庞,稚气的神情,我就在想,再见到你们,是不是一个名字也叫不起来了,毕竟十五年了呀!可是,当同学们在班会上介绍自己的学习、工作和家庭的时候,我发现,其实,你们仍然在老师的记忆里,这么多年的封存,并未忘却,在聚会这一刻,记忆的闸门大开,扑面而来的你们历久弥新啊。在一张张久别重逢亲切而又陌生的笑脸上,我搜寻到了记忆中的你们一个个的模样,追寻到了你们同学少年时代的容貌和音迹,我不断在感慨:

嗯嗯,王飞同学,声音一点没变,可是头发少了,也胖了;嗯嗯,康慨同学,瘦瘦的,小小的,也长高了,长大了;史奇瑞,记忆中的模样,可胖了许多;刘得良,小个子,一下子长得这么这么地高啊;周建雄,班长,长得好饱满,够坚实,像个陕北汉子;李霞,会打扮了,漂亮了!

刘国栋,好瘦呀,为什么不长肉呢,还像当年一样……

在记忆中穿梭,一个个在记忆里,在眼底眉前有变化,但老师依然能认得,多好啊,十五年,一路走来,我们的师生情更浓了,同学情更深了。今天走进高一(1)班教室,恍惚间脑海中闪过,曾经的你们也如他们坐在教室里,听老师讲恰同学少年,风华正茂,激扬文字……

日月穿梭,光阴荏苒,岁月给每个人脸上写满了成熟的沧桑,就像王飞同学在发言时所说,你们一个个也已经有了啤酒肚,长了水桶腰。但在老师的眼里,你们依然是那么年轻,那么活泼,充满着积极向上的力量。岁月的无情可以带走我们年轻的容颜,但永远带不走我们师生的情感。

十五年里,你们竞争搏击,历经磨砺,接受了诸多生活的洗礼和考验,你们长大了,也成熟了,你们在各自的岗位上建功立业,创造着美好的明天与事业的辉煌,书写着自己欢奏的乐章。在你们的脸上,我看到了自强和自信,勇气和力量,智慧与成熟。

同学们,弹指一挥十五载,当初小树已参天。莘莘学子齐相聚,师生共话大观园。老师希望你们永葆一份热情,秉持一份真情,怀有一种激情,在生活工作中充满热望,努力奋斗,不断加油,因为这个年龄正是奋斗人生的年龄,正是厚积薄发的年龄,正是再坚持就会有美好人生的年龄……

这次聚会,圆了我多年的梦想。因为2003届的你们,是老师我陕师大进修两年回到教学岗位的第一届学生。那时的我,有激情没经验,肯投入缺方法;那时的我们师生共同学习,一起进步。现在想起来,对教育充满热望的我和充满求知欲望的你们,携手并进,共同迎接高考,那三年,我们师生一起年轻,共同奋斗。现在想起,老师对你们充满谢意,是你们,让我在教与学,学与教中成长着、进步着;是你们,让我慢慢懂得教育、享受教育;也是你们让我一路走来更加珍惜这份职业……

当然,非常感谢筹备组同学们的精心组织和策划,为大家的欢聚交流,提供了一个良好的平台。同学们,对我而言,这次聚会是不寻常的一次聚会,是极其有意义、内涵极其丰富的一次聚会,是充满师生浓情厚谊的一次聚会,是最感动的一次聚会。

还有,老师希望同学们自此以后,多沟通,多交流,人生路上互帮互助,同舟共济,共同创造更加美好的未来。

生命中有你们很幸福,我可爱的学生们,谢谢你们!

2018.8.29

初恋女孩，我想对你说

刚上班，高一（1）班班主任找我，说在他们班有一女孩，晚饭后谈恋爱，在教室动作暧昧，被一副校长逮住了，让领回家去反省反省！

我把女孩叫到办公室，她很腼腆，不说话。我问，什么时候开始的。她说，也就几周。我问，你爱他吗？她不言语，一直不说话，直到离开！

初恋的女孩，我想对你说，初恋，顾名思义是说，人的爱情萌发的最初阶段。也可以说是人第一次尝到"情"的滋味，但这不一定是真正的爱情。这种感情很朦胧、很美好，但充其量那只是一种好感，所以很难走到尽头，而且，它往往是以荒废学业、浪费青春为代价的！你伤不起！

初恋的女孩，我想对你说，作为女孩，最需要的是矜持。也就是我们常说的要"端"着些，不要那么随意地、不过大脑就把自己的情感这么简单地交付给一个男生，这是对自己人生极为不负责任的！女孩，要学会"贵气"，眼光不要那么浅！不要把自己就像一棵秋后的大白菜，给"贱卖"了！

初恋的女孩，我想对你说，你要为你的青春负责，爱情这两个字，很重很重。你"单薄"的身子现在承受不了这个重担，包括那个男孩，如果他懂得责任，知道担当，那么他不会这么轻易地涉足"爱情"这片神圣的土地，所以说，一个没有责任和担当的男孩是不值得你为之付出情感的！

初恋的女孩，我还想对你说，为了自己人生的幸福，首先应该"武装"自己，这里的"武装"，不是你现在精致的手指甲，及一眼就看得出的你身上价格不菲的品牌服装，不是这些外在的用金钱可以置备的东西，而是知识、品格、气质、修养、谈吐等。这些是伴随一个人终身的财富，它们不会贬值，不会过时，不会缩水，是你一生的拥有！有了它们，相信你的爱情是崇高的，情感是丰富的，人生是有品位的，且一定是幸福的！！！

初恋的女孩，我想对你说……

2018.9.22

你的脸，会是什么谱

今天中午，刚进办公室，就有一位女生"闪"了进来，吓我一跳。一般学生还是喊一声报告的，这女生"游"在我身边，为什么说"游"，因为我感觉她像飘过来的一样，毫无声息，近身一看，一脸愁怨，看来我今天的角色首先将会是一位"倾听者"，继而就是"精神导师"了。于是，我给自己倒了一杯水，还没落座，女生已开口了：李老师，我讨厌别人，也讨厌自己，我有时都特烦……本来神经为之紧张的我，一直耐住性子听完她的絮叨，最后，她不说话了。我说："那你讨厌我吗？"女孩很不解地赶紧说："李老师，我很喜欢你！"我说："跟你开玩笑呢！老师能感觉得到！但是你能不能像喜欢老师一样喜欢别人呢？"她直摇头，我又问："你和别人有矛盾吗？吵架了？"她说没有。我说："那你就应该尝试着改变一下自己了，记得有人说，生活就像一面镜子，你笑，它也笑；你哭，它也哭！……"说了半天，我是举例加证明，感觉自己蛮有经验的，可她依然一脸苦大仇深。我又说："你信任李老师吗？"她很虔诚地点头。我说："你今天下去，能不能主动和你的同桌交流一下，在下课，在吃饭时都可以……"最后，我使尽浑身解数，她答应我愿意主动尝试，改变自己，但她走的时候，我知道她还在犹豫不决，因为她的脸告诉了我她的内心。其实，我在想，一个人内心长期的某一种情绪，会把一个人的表情定格下来，长期积累下来，面貌就会发生改变，形成一张天然"脸谱"。有人说，爱贪小便宜的人，每动此念一次，脸颊就收紧一次，长此以往，就生出贪相；爱偷懒混日子的人，每动此念一次，脸颊就松懈一次，长此以往，就会生出懈怠相；爱怨恨的人，每动此念一次，长此以往，就会生出"怨妇"相；爱笑的人，每动此念一次，嘴角上扬一次，长此以往，就会生出笑脸相……也就是说心态决定着一个人的脸谱！下班了，我要赶紧回家照镜子，我的脸，会是什么谱？

2018. 11. 3

生命的重心

今天上午，准备下班的时候，一学生姿势很优美地在我面前转了一圈，立得端端地，大声说："老师，可不可以占用你点儿时间？"专心致志走路的我，着实吓了一大跳！

看他一脸严肃，我就知道这已经不是可不可以的问题了，是必须。

因为，这个学生，用"个性"来概括，最准确；用"特殊"来形容，一点也不为过；用"具体"来评价，也能说的过去！学校"沁园"读书社团，他就是其中一员，在社团活动中，总是很喜欢出点风头，耍点花子，弄个响动，玩个噱头，以期引人注目，我太了解这一类学生的心理特点了。所以，有时我对他表现得"爱理+不理"的，他也讪讪，很不自在的，乖乖听我讲课；有时我对他表现得"关注+欣赏"的，他就"狂"得不知脚手高低，得意得手舞足蹈。所以，面对他，既不想挫伤了他的自尊，也不想助长他的"特殊"；既不想扼杀他的个性，又不愿包庇他的自大。时间久了，我把这个充满挑剔，眼高手低的男生给驯服得妥妥帖帖。这次来找我，我更相信了我的教育效果！

我示意他："说吧。"他默默跟在我后面，垂着头，不说话，我知道他在思考一个切入话题的角度！等等吧！

抬头，直视我（这不是一般学生能做到的，这么无礼），开口说："李老师，我们班重排座位了，6个人一组，我想调整到其他组，可我们班主任不同意，还把我训了一顿！"我问："为什么不在自己的组里待着？"因为我知道，中期考试结束后，有些班主任会根据本班学生的学习成绩，进行一次有益的调整！

这学生说："不为什么，就是特别讨厌我们组的一个人。"我问他："其他的组员你也都讨厌吗？"这学生说："不是，其他的都挺好的，就是不想和他坐在一起……"

我劝导他，与人相处，要大气点，宽容点，另外，求同存异，是交友、处世的基本道理！

殊不知，他竟然说："李老师，反正我不愿意和他坐在一起，实在不行的话，我就转班呀！"

好大的口气，够个性，我说："你这娃，组也不好调整，转班不是更不好办，你想……"

他直接打断我的话："我想好了，这理科班我不念了，我转到文科班去，学校总该给转吧！再不行……"

话说到这，我整明白了，这矛盾看来是"水火不相容"啊，比"阶级斗争"还厉害，只能是"有我无他，有他无我"了呀！［呲牙］［呲牙］

我忙说："老师弄清楚了，这个人在你生命中非常重要，对不对？"

这学生以为我在开玩笑，很是不解地说："老师，你根本没弄明白，哪是重要，我都讨厌死这个人了！"

我说："我觉得他在你生命中很重要，一个组的人留不住你，一个班的人留不住你，甚至你要抵上自己选择文理科的代价，为了离开他？你还敢说，这个人对你不重要吗？"

他无语了！埋头一直走，不说话……

我说："你想想，你为了他，现在愁眉苦脸，怀恨在心，其实，爱一个人比恨一个人要简单得多。记得看过毕淑敏的一篇文章，其中写道：敌对的关系有时要比爱的关系来得更痛苦，恨一个人要比爱一个人付出更多的情感。你若一直处于跟某个人的抗争中，慢慢就会失去自己，让自己的心房变得狭小；当你把整个焦点都集中在那个人身上时，他就涵盖了你的整个世界，成为你生命的重心，于是身边其他的美好你都视而不见，充耳不闻了。老命（我现在特别喜欢用"老命"来称呼我的学生），这样的结局，你愿意看到吗？……"

不管怎么说，在我说话的时候，他再没有插嘴，再没有那么个性地打断我……

小孩子，要明白，还需要一个过程……

2018.11.24

二胎时代

"我对我爸妈说,你们如果生二胎,我就和你们断绝关系!"昨天下午社团活动的时候,我们读书社团的社长如是说。

昨天下午社团活动,和同学们一起讨论交流了莫言的名作《蛙》,有几个同学能够简单复述作品的故事情节。于是带着几个问题,诸如作品为何命名为"蛙";小说中"我姑姑"是怎样的一个人;作为时代的参与者、见证者及制造者,"我姑姑"的人生能带给我们怎样的思考?"我姑姑"人生的后半生一直受失眠、梦魇的折磨,为什么? 这部作品的历史意义、现实意义何在……

由"我姑姑"这位妇产科医生的人生故事,自然而然就讨论到了"二胎时代"这一热点话题。读书社团共有 27 人,有 6 个孩子是独生子女,当我问起他们想不想让父母再给自己添个弟弟和妹妹时,同学们反映各不相同。其中坐在我身旁的庹玲青同学,态度非常坚决地说,她不喜欢,父母有她一个就够了;还有一个女孩,说父亲 45 岁了,母亲 44 岁了,他们自己说年龄大了,不想要;有两个男孩说,无所谓;有一女孩说,母亲 41 岁了,正在怀孕……

他们的父母都四十余岁,和我年龄不相上下,这个社团是由高二年级的学生组成的,我的儿子也在读高二。我和同学们的父母是同龄人!

于是就"独生子女""二胎时代"等,和同学们进行了深入的交流和讨论,感慨今天学生的张扬个性和他们的幼稚单纯,感慨孩子们的懵懂和迷茫,也感慨在社会时代的大潮中,有许多许多人,不论是父母还是子女的被动和屈从……

记忆中,读书时代,小县城,身边也确有一部分双职工家庭的独生子女;那个年代,他们确实表现出了令人羡慕嫉妒恨的优越感,因为父母工作,又是独生子女,所以吃穿用度,自然与众不同;而非独生子女家庭,父母要么务农,要么单职工,子女又多,这样反差就更大了。记得当时,好多同学对独生子女真的真的是羡慕极了。

昨天社团活动,给同学们读了一篇好久之前写的一篇文章《给儿子找对象原来要求这么多》,说到身边一同事,独生女不找,双女户不找……记得当时,另外一位老同事说,我家女儿找对象，身为丈母娘，我也是这么想的。呵呵，原来独生子女，在这个时代，也有落寞的时候啊！！！

感谢莫言，写出《蛙》这样极具历史感、时代感的作品。《蛙》是作者酝酿十余年、笔耕四载、三易其稿、潜心打造的一部触及国人灵魂最痛处的长篇力作，带给这个时代以疼痛和反思，这种反思，已无可弥补一代人的缺憾。

社团活动即将结束，我说："亲爱的同学们，独生子女，享受了额外的关爱和疼惜，那必然在不远的将来，要承受更多的负担和责任，因为，获得和付出永远是基本持平的。"

下课了，我的可爱的社团社长同学收拾完活动室，追出来好远，气喘吁吁地问我："老师，国庆放假，我回家和爸爸妈妈商量呀，老师，你说，我是不是有点自私？"

可爱的孩子，多有意思啊！看着她远去的背影，我不禁哑然失笑。呵呵，这读书社团活动上得……

2018.11.30

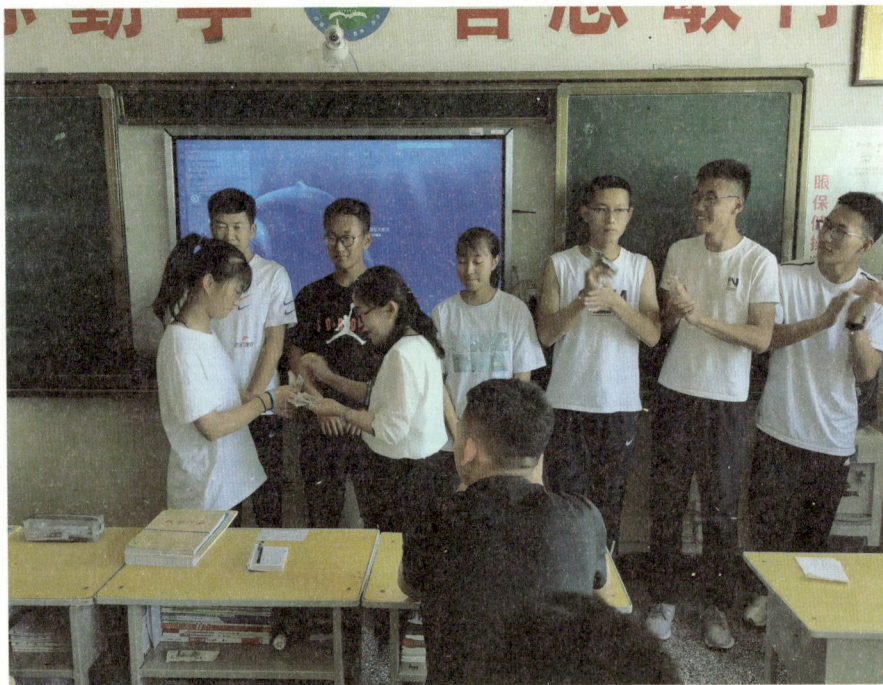

一份"委托书"

讲一个故事给大家听,故事的名字叫《一份"委托书"》。这个学期,开学三四周左右,有一天,我的语文课代表白雪来到办公室递给我一张折叠起来、看起来非常精致的一张纸,说:"李老师,这是咱班刘鑫雨给你的一份'委托书',麻烦你看一看!"说完,递给我,转身就跑了。

委托书?给我?什么事?这么正式?现在的孩子好有意思,我一边想一边打开这张写满内容的纸。一看,确实是一份委托书,在这张纸的正中央,郑重地写着"委托书"三个字。

看完内容,我知道了委托书的内容。原来,这位同学确实有重要的事情要委托于我。

委托书大体内容是:

中午上自习前,他在教学楼四楼东侧捡拾到了200多元钱,他站在原地等了大约十来分钟的样子,可是没有人来认领这个钱。正在他着急的时候,因为马上要上自习了,正好过来一位女生,是他初中时候的一位同学。当他和这个女生说起这件事情的时候,这个女生竟然一把抢过钱,很是霸道地说:"好啦,好啦,现在哪有你这种人呢?这钱不是你的,那毫无疑问,就是我的啦,现在哪有捡到钱还找失主的人呢?你傻不傻呀,这钱就是我丢的,给我吧!"说完,就把钱装起来,且扬长而去……

可是,刘鑫雨同学知道,这钱确实不是她丢的,那该怎么办呢?所以,他写信告诉我,说想要让我为他想想办法,帮他找到失主。

那么接下来我就想,这个孩子好心细啊!他担心如果他直接索要,这女孩子肯定不会给;又担心丢钱的学生,这时候正处在焦虑之中。所以,他找到了我,希望我帮他想想办法。多好的孩子啊!

看完这份委托书,我就去了他们的教室,他从教室出来,跟着我到了中楼梯的拐角。

当我和他面对面交流的时候,我看到了他的那份诚实和单纯。而且他的诚实让我感动,我说:"好的,刘鑫雨,老师接受了你的委托。那么,接下来,你认为老师该怎么做呢?既不让那个不够诚实的女孩子尴尬,又可以先把钱要回来……"

我和他商量之后,他就把我带到了那个女孩子所在教室,并叫出了那个女孩。我说:"你好,非常感谢你帮刘鑫雨看管刚才捡到的钱,我已经找到了钱的主人,谢谢你!"

这个女同学可能是心虚吧,什么话也没说,匆匆从衣兜里掏出钱,很不好意思地就把这钱给了我,我也再没说什么话,拍了拍她的肩膀,转身离开。接下来,在办公室和刘鑫雨同学一起把钱数了一数,有284块钱。想想,这么多钱,一个高中学生丢了,应该很着急吧,这可是一周多的生活费呀。这位丢失钱的同学,一定是非常着急的。

"特别感谢老师,"刘鑫雨说,"李老师,你帮我解决了一个大难题。"我说:"你放心,我会帮你找到失主的。"后来,我就在学校教师QQ群里给老师们发了一条信息,希望教学楼四楼的班主任老师及任课老师们问询一下自己的学生。

第二天,有一位女孩子来到了我的办公室,认领了这笔钱。之后,我把刘鑫雨同学叫到了我的办公室,我真的特别感动于他的诚实。我呢,就借这个机会给他奖励了三本书,都是学习方面的。我说:"你真是一个诚实的孩子。你的诚实,让我看到了人性最光辉的一面,老师真的非常感动,希望你能好好学习。"临走,我给了他一个大大的拥抱。

当然,鼓励的力量远远不止于此,这孩子后来在月考中竟然考出了年级第9名的好成绩。因为,我知道他录取进这个学校的时候,应该是二百名开外的学生。可是,因为他的努力,他竟然考到了第九名,真是进步惊人啊!我再一次地奖励了他,在班上奖给他一本书,我希望他学习上继续努力,争取在中期考试的时候,哪怕前进一个名次,都是一种进步,我和他约定,前进几个名次,就奖励他几本书,一言为定哦。当然,中期考试,他又前进了,考了年级第七名,刚拿到成绩,他就跑到我的办公室,兴奋地说:"老师,我真的又进步了……"当然,我记着自己的承诺,由他在我的书堆里任意挑选两本书。

今天想把这个故事讲出来,是因为我发现,其实只要我们给予孩子肯定,适时给予鼓励,孩子们能够体悟到老师的殷殷关切。特别有意思的是,有次上课,就坐在讲桌前第一排的他给讲桌上放了一颗糖,临下课了,他悄悄地说:"老师,送你的。"语文作业本上,画一个小卡通人物,旁边写着"I love you!"开家长会,他把自己的妈妈专门带到我的办公室,就文理分科问题来咨询我……

这个有关一份"委托书"的故事,我一直记在心里。真的,我自己也特别感动。感动什么呢?感动教育是一件多么美好的事情,它是心与心的碰撞,是情与情的交流。在这份心的碰撞、情的交流中,每一个人都是幸福而甜蜜的,都是有收获。

2018.12.12

请不要拿"如果"说事

今天早读，一学生一直昏昏欲睡，走过去，揪揪他的衣袖，他依然睡意浑沉，我真不知说什么好了。为了他的睡觉问题，我真没少说他，办法想了许多，谈心、交流、开导、鼓励，可他依然"睡"字当头，不管不顾！

记得一次月考，成绩不理想，我把他叫在办公室，还没开口，他就辩解道："如果我这两周好好复习，再前进 50 个名次，没一点问题……"

我说："请不要拿"如果"说事！想想这个世界还有比"如果"更虚弱的词吗？没有。如果，是懒惰者的借口，是失意者的托辞，是无为者的自我安慰，是无奈者的自嘲……"

人世间，总是有些人，生活在"如果"的过眼烟云里，于是在看不见摸不着的记忆里思接千载；当然，也总是有那么一些人，在"如果"那里，寻找过往的虚妄的辉煌，神游万里，不知所终！

如果，总是给予成功者借鉴；如果，也总是成为失败者的借口。这个弱弱的词，总是流转在失意者的唇齿间，失意也总是用它来聊以自慰，抚平伤痛！于是，有些人，就生活在"如果"的温柔乡里：如果，我那时候用功点，一定会比某某强；如果，我的股票能够出手早点，那我现在已经拥了多少多少财富；如果，我那时能够再坚持一下，我早就不是现在这个样子了……一个个"如果"，膨胀着落败者的幻影，成为他们安抚心灵的"灵丹妙药"，以至于生活在自欺欺人的阴影里不能自拔！

历史的墨迹，从没有如果的存在；人生的历程，也不会有如果的往复。所以，把握当下，不做"如果"的幻梦，只求"结果"的真实。

最不爱听有些人"想当年……"的胡吹冒撂，这样沉醉在"想当年……"，多数人是对现实的一种不满足，也是在如果的世界里让自己风风光光，让自己志得意满……身边，张嘴就"如果"的人，多是人生充满期待，却又不好好把握现在的人，所以当"现在"成为过去的一部分时，这种人也只能闭口就是"如果"了！

所以,不要拿如果来说事!想想,这如果两个字,多么虚弱了,用它又怎么能承受住人生的重负呢?它真的承受不起!

没有谁会为"如果"立传,"如果"从来都是缥缈的,虚幻的,不真实的。年轻的生命应该把握好"当下",这个词,应该是生命历程的关键词。

我相信,每一个"当下"把握住了,那么,人生暮年,就会用一个个"如果"来充实自己的回忆,而不是后悔和哀叹!

年轻人,没有如果!

2018. 12. 29

没有户籍的女孩

想起周五面改作文的女孩王思凡,站在我的面前,怯生生的,足有1米65的个头,青春发育期,身体适中,一双大眼睛看人时,很是无辜,充满卑怯,头发微黄,梳根马尾辫扎在脑后,看起来也还算穿戴整洁。但我知道,她出身农村,从小没有母亲,父亲一手把她和姐姐拉扯大,姐姐已经出嫁,家中就剩父女两人,父亲又因外出打工受伤,卧病在家,不能劳作,所以生活很是不容易!

十八岁了,在今年之前可怜的女孩一直是"黑户",没有户口。给她代课一年了,女孩总是默默无语,很用功,当听到她都上高一了还没有户口,我多少感到吃惊!当然,让我感动的是班主任老师在了解这一情况后,非常着急,当听说班里一位同学的父亲在公安系统上班时,班主任老师多方协调,多次与两位同学的家长联系,终于给王思凡同学解决了户口问题。还记得,当王思凡同学有了户口的那几天,她本就比较沉闷的脸颊,有了些许笑影儿,上课从来埋头的她也时不时和老师有了目光的交流!而班主任老师办完这件大事那份高兴劲溢于言表。记得有一次,王思凡同学拿着一小塑料袋好像装着的是几个苹果,给班主任老师放在了办公桌上,百般推辞,硬是放下了。我说:"娃儿知恩图报,懂得感恩,本身就是一种品质,你要给她表达的机会!"现在想来,班主任老师办完这件大事那一脸的幸福,是为师者的幸福啊,若没有一颗"爱生"的心,又怎么会愿意如此地想学生所想,急学生所急呢!

王思凡同学站在我的面前,两手揉搓着衣襟,不善言谈。我说:"思凡,其实这次作文你写得不错,你给老师作文中夹的小纸条,老师看见了,谢谢你!老师今天叫你来,就是想告诉你,有困难,要说出来,老师会帮助你的,一定要努力学习,改变自己的生活状况,高中阶段,不要和其他同学比吃比穿,心无旁骛,才能有所收获……"

刚开学,说了很多,希望她能够健康、阳光地生活、学习!衷心希望她能有一个美好的未来!

2019.1.5

拿什么拯救你，孩子

今天，我把你叫到办公室，倾心交流！因为既然昨天成为你的帮教老师，我觉得我有责任这样做！

开学刚一周时，刚刚调到预科班的你，就和你的"宿敌"因为一句话而大打出手，结果是你被对方用小而短的美工刀捅了一刀，本以为不很严重，可结果是事态发展到不可收拾的地步，你昏迷不醒，继而做了脾割除手术！真是"一失手成千古恨"啊！

昨天，你重返课堂了，找我当你的担保人，忙碌中的我，差一点没有认出你来，可当我知道你身体暂无大碍，恢复不错时，我欣慰，继而毫不犹豫地给你签了字，因为我认为读书、上学，对一个年轻人来说，是再重要不过的事情啦。年轻人谁也会犯错误，但给一次机会，挽留一次，也许会知错就改，人生也就会因为这一次挽留、一次机会步入正轨而少走些弯路！

可今天，我了解到的情况是你的手术费花了四万多，你父亲又向伤你的同窗家人索要五十万元，钱到手了，不签字，反而还要将伤你的人向检察院起诉，追究其刑事责任。

重要的是，我还了解到，你在初中三年，因打架等原因先后由五中到八中，后又到九中，三年就读了三个学校……

想到这些，我的后背一阵阵发紧，为什么呢，我想到一句话：我拿什么来拯救你，孩子！

今天，我找你谈心：

孩子，我发现你也很强势，你不是一个怂人，一个巴掌拍不响，整个事情的发展，你也有很大的责任，伤人者脸上也缝了几针，你受伤更大，但你及家人却是"得理不饶人"。孩子，得饶人处且饶人，给别人出路，就是给自己生路，不是吗？伤人者，农村人，已拿出了五十多万，若再苦苦相逼，老师真担心伤你的，你曾经的同窗，还有他的家人，会被逼上绝路的！

孩子，退一步海阔天空；让一让，风平浪静。人心宽了，天地也就宽了！对方也不至于想要置你于死地，可能是失手，是误伤。所以，原谅对方一次，也是对自己的一次救赎！

孩子，你已年满十八岁了，要学着如何做人，你要有担当，有责任，你要做个聪明的学生，理智的孩子，你的父母二十岁的年龄就生下了你，足见你的父亲还担当不起为父的责任，就这样一路教育你长大，这个过程太令人担心了。所以，你有责任告诉你的父亲事情的原委，及如何处理才是公正的，不伤己也不伤人的！

孩子，人心向善最难得，做个善良的人，于是与人相处也就不那么难了；吃点亏，也不至于受不了了；有点分歧，也不至于恶语相向了；即便针锋相对，也不至于大打出手了；孩子，人太强势了，伤了别人，最终也伤了自己！

…………

说了许多，口干舌燥，为师者记得一句话：千教万教教做真人；千学万学学会做人。求知的最高目标还是做人！人做不了，满腹知识，又有何用。孩子，与你的交流与对话才刚刚开始，我希望在高中剩下这两年里，走近你，了解你，打开你的心扉，让你向善些、理智些，慢慢长大，变得成熟些！

2019. 3. 19

他乡遇学子，师生情谊浓

今天看到你，我可爱的学生，事业有成，家庭幸福，老师真的很欣慰，也很幸福。我想说，在你身上，坚持配得上你的成绩，付出配得上你的收获，努力配得上你的梦想。

这个世界，机遇总是留给有准备的人，可以说你充分地印证了这句话，感谢你今天放下自己的事务，执意驱车带着我们去枇杷园见识什么叫重庆火锅，你还想带我们去这去那，你想把你眼里的美好都分享给我们，当然，也非常感谢你至今依然记得我上课时的样子。

今天，你说，李老师，其实我更愿意叫你姐姐。老师真的特别特别幸福！你说，你一直记得老师上课不仅教语文，更教给了你许多做人的道理。其实，老师领进门，修行在个人。不管带哪一届学生，也不管我教了多少年书，我一直告诉学生的一句话，就是：

千教万教教做真人；千学万学学会做人。

今天，我又重复，学会做人，人这一辈子，最难的是做人。呵呵，有点老生常谈了。

今天，你有这样的人生收获，得益于你的努力，你的坚持，你的付出，你的打拼，更得益于你对人生的理解和领悟。天道酬勤，这句话什么时候都不会过时。可你这么感恩、惜福，真的让老师们无比温暖和幸福，谢谢！

你说老师没联系你，你心里别扭。你的心意老师真真切切感受到了。只是老师行程匆匆，不习惯因自己的小事打乱别人的日常节奏。你们出门打拼不容易，成业难，守业更难，知道你们出门在外的辛苦，也知道你们的不容易！

最后，感谢你的盛情款待，也感谢你的盛情邀请。呵呵，下次若来，一定会叨扰你的！

2019. 4. 17

懂得低头，甘于示弱

又记周二早上上课，我作为帮教老师，发现你上课特别认真，当我上到《廉颇蔺相如列传》让同学们分析其"和合精神"的历史意义及现实启示时，同学们都很踊跃，有说人要大度，有说人要宽容，有说让步不是无能，有说成大事者要懂得低头，甘于示弱，有人说所谓的逞强不过是匹夫之勇，其勇不是真正的勇……我走在你的桌旁，用力拍了一下你的肩膀，你回头朝我笑笑，相信你明白老师的良苦用心！

下课了，我把你叫了出来，想适时地给你鼓励一下。你出来，走近我，满楼道的学生。你比起我，好高，你俯身，贴近我这个小个老师的耳朵，悄悄地对我说："老师，我爸把字给签了，你放心好了！"我啥也没说，重重地拍了两下你的肩膀！你会意地朝我笑了，很开心！

我想说，孩子，生活有时会给我们设置一扇扇门，大的，小的。而且，不可能每一扇门都符合我们的身高、体形，它们或矮或窄，智者懂得弯一弯腰，侧一侧身，而固执者则常常碰壁，甚至被撞得头破血流。一个人要想有所作为，面对人生旅途中一个个低矮的"门框"，必须学会低头，这并不代表软弱和妥协，也不意味着放弃，这不仅是一种待人处世的风度与修养，也是一个人立身成事的策略。

当然，懂得低头，它是一种豁达的胸怀。我们的生活又何尝不是如此，自认怀才不遇的人，往往看不到别人的优秀；愤世嫉俗的人，往往也看不到世界的美好；只有敢于低头并不断否定自己的人，才能够不断吸取教训，才会为别人的成功而欣喜，为自己的善解人意而欣慰，才会在挫折面前心安理得。

生命之中没有不能承受的重量，隐忍会让你蕴蓄无限的力量。柔韧的荷叶承受住了雨水的重量，于是有了"接天莲叶无穷碧"的无限美景；柔韧的雪松承受住了大雪的重量，才有了"无限风光在险峰"的奇观。

在现实生活中学会低头，懂得屈伸，灯火阑珊处终会灯火通明。

"人"字好写，做起来却难。在人生中既要有昂头拼搏的精神，又要有低头的智慧。低头，是一种品格，一种姿态，一种修养，一种胸襟，一种谋略，一种智慧，也是我们做人的最佳姿态。欲成事者必须要宽容于人，进而为别人所悦纳，所欣赏，所钦佩，这正是人能立世的根基。

不经历风雨，怎能见彩虹。低头是智慧的心曲，是思想的灯盏，是灵魂的美韵。学会低头，会使我们的信心更加坚定深厚；学会低头，就会有登临彼岸时的放松与释然；学会低头，也会使我们心灵充盈完美。

当你面对人生变故中的各种打击和煎熬时，不妨低头，让你的心灵拥有一处葱茏的绿洲。低头不是萎缩不前，不是自暴自弃，不是胆小懦弱。适时的低头就是一种智慧，它不是自卑，也不是怯弱，它是清醒中的嬗变。有时，稍微低一下头，或许，我们人生的道路会更精彩！

学会忍让，学会宽容，受得了委屈，不能老是昂着自己的头，有句话：低头是稻穗，昂头是稗子。越成熟、越饱满的稻穗头垂得越低，只有那些空空如也的稗子才会显摆招摇，始终把头昂得高高的。

学会低头，甘于示弱，人生会更加精彩。

2019.4.22

我不相信，你没"装"过

今天上午，中期考试，在巡考的过程中，从后门走进一个考场，发现有一高一的男生，坐得端端地，正奋笔疾书，就在我即将走过他的身边，下意识地随意一个低头，发现他的手依然在写，可什么也没写出来，再仔细一瞧，原来蹊跷在笔头上，他拿的笔，只有笔杆，没有笔芯，我纳闷得很，这家伙，这是为何呢？瞅向他的脸，哦，熟悉！原来是上次值周时，带手机被我查住了，于是害怕被学校德育处知晓，一直央求我，后来我让给我写了一份检查的那个1.82米身高，极其帅气的小伙儿！

考试结束，我问他，为何？他说，不会答，又怕瞌睡，被监考老师逮住，所以就想了这么个办法——装，装着认真答题，监考老师竟然都没发现！我晕，这"装"，真是够可怜啊！

你装过吗？我不禁想问。相信我们许多人都有"装"的经历！生活和工作中，装着睡着了，装着吃饱了，装着看见了，装着没钱了，装着摔倒了，装着要走了，装着累了，装着晕了，装着吐了……哈哈，我不相信你没"装"过一回！

宴席上，关键的时候，醉了；适当的时候，醒了。这一定是个装醉的人。集体工作，活多的时候，肚子疼了；结束的时候，突然好了。这一定是个装病的人。这些所谓的"装"，也还能让人接受，可能人家是本身不能喝，或者是正好赶上心情不好，也说不定！

最最让人讨厌的是有些人装模作样，动不动，端个架子，摆个样子；时不时，做个姿态，走个过场。当面一套，背后一套；说的一套，做的一套。这让人难辨真假，不知虚实，面对这样的人，最好"敬"而远之，

最最让人恶心的是有些人装腔作势，这些人，超级喜欢拿腔拿调，总是惺惺作态，处处虚情假意，时时故弄玄虚，这种人一派道貌岸然，满肚子酸汤辣水，很是恶心，面对这样的人，最好的办法就是三十六计，"走"为上策！

当然，最最让人鄙夷的是有些人装疯卖傻，你和他讲事实，他与你摆乌龙；你和他谈道理，他和你卖关子。总之他打太极，玩虚招，还装作一脸无辜的样子，面对这样的装，你

还真没辙!

不过,有时候,装一装,挺好,适时地装聋作哑,是一种善意;应景地装傻充愣,也不失为一种智慧。但在我看来,偶一为之尚可,若时时处处都如此,那就可能城府有些深,且深不可测啊!

简而言之,最好不要装,路遥知马力,日久见人心,"装"得了初一,"装"不过十五,为人坦荡,活得真实,且还不累,多好!

你别说,你没有"装"过??

2019. 5. 25

心若向阳，必生温暖

今天批改学生的读书笔记，其中一篇给我印象特别深，一女生，中期考试没考好，家长会遭到了父亲的批评，把手机没收了，自己感觉似乎班里的同学也有些另眼相看。总之，她的心情特别的糟糕，满篇文章，字里行间流露的都是抱怨、低落、消极和不满，看完了，我长舒一口气，这样的笔记，我该给她写点什么呢？

哦，写点什么好呢，提笔，猛然想起八个字：心若向阳，必生温暖！

对，心若向阳，必生温暖。我把这八个字送给她！

晚上开会，下午没回家，把她叫到办公室，我让她坐下来，促膝相谈。我对她说，近期她一切的表现都源于她的一颗心，其实，细想，同学们也没有另眼相看，老师也没有区别对待，父亲说话的口吻也一如从前，只是自己的心态导致一切似乎发生了改变，难道不是吗？一个人的心态决定着一个人思维方式，看问题的角度，人生的态度！所以，心态至关重要！

她听得认真，似懂非懂地一直点头！最后，她给我说，她会努力的，为了留在一班，她说她再不怨天尤人了，她还说，她记住了"心若向阳，必生温暖"这八个字！

最后，我说，好好学习，其实这八个字值得你用心品读一辈子！

她走了，我陷入一种沉思……

对的，难道不是吗？我们每一个人活着，终究不过是一份心情。其实，纵然人生如戏，从来也都来不及彩排，每一场都是现场直播，但戏中导演，却是我们自己！剧情或悲或喜，其实都是取决于我们自己的内心，拥有怎样的内心直接决定着我们自编自导自演的是一幕悲剧还是喜剧。

心若向阳，必生温暖；心若哀苦，必生悲伤！然而，向阳也好，哀苦也罢，人这一生，再达观的人也有困惑难解的时候，再阳光的人也有面对阴影的可能，重要的是，我们要懂得适当调整自己，平衡自己！不以物喜，不以己悲，时刻保持一种"向阳"的心态，提醒自己不要陷入悲观，不要走进低沉，永远有一种热情、阳光、昂扬的心态，生活也就面朝大海，春暖花开！

心若向阳，必生温暖！不埋怨，常微笑；不贪心，懂知足！不浮不躁，不争不抢，不去计较浮华之事，不去在意卑劣之人，经营好自己的人生，不消沉、不靡废！

心若向阳，必生温暖！人生就是一趟单程车，没有返程车票。早晨，同事们还说，一个人活到一百岁，也不过才三万多天，人生苦短啊！来不得我们恣意妄为，不允许我们随性挥霍。记得在一篇文章中看过这样一段话：人生中，那些走过的，错过的，都不再回来；丢掉的，失去的，都不复拥有。所以我们不要走得太匆忙，该爱的要用心去爱；该留的，要真诚挽留；该感受的要充分感受，该珍惜的要好好珍惜。该记的记下，该忘的忘掉，来的欢迎，走的目送，泰然若处，冷暖自尝！

心若向阳，必生温暖！纵然繁华三千，看淡即是云烟，任凭烦恼无数，想开便是晴天。

2019.6.17

老师,你先走

早晨,第二节课结束,学校举行了"神木七中学生逃生演练"。早自习,德育处就给所有第二节有课的老师们开了短会,进行了安排部署。我心想,真和学生参加逃生演练,还是第一次,一定要组织好学生有序而快速地疏散!

上课了,我一直装作什么都不知道,还镇定自若地在给学生们上《滕王阁序》,临下课了,心里直嘀咕:怎还没有警报声呢?一抬头,噫,隔壁班的学生已经开始行动了。我赶忙对学生们说:"同学们,着火了,一定要镇定,前三组走前门,后三组走后门,不要拥挤,有序下楼……"话还没说完,学生们大声说:"李老师,快,你先走!"我心想,哈哈,假戏真做,我对同学们说:"同学们,时间就是生命,快走,下楼!"态度很是坚决,那意思就是什么也别说了,命最当紧!

这时,有一同学说:"李老师,紧张啥哩,假的,我们班主任昨晚就给我们通知演练了,还安排了逃生路线!"

哈哈,原来都是假的。那么,"情急"之下,那一句"老师,你先走!"也是预设的啦,刚开始,我还挺感动的,我们的学生,在紧要关头,心里想着老师,装着老师,哦!原来,学生们早就知道了,我还真以为假戏真做呢。这,这,学生都知道了,看来彻底是假的啦,嘿嘿,想想,自己有点二,嗯,确实够二的!

此刻,我在想,如果真的发生火灾,学生们会在临危时刻,动情地喊一句"老师,你先走"吗?那么,身为老师,在生死攸关的时候,能不能做到镇定自若,进而组织学生快速而有序的撤退?

时穷节乃见,不管是老师还是学生,在面对演练时,我相信,所有的回答,都应纯属假设,不值得推敲和深究,难道不是吗?也许现在说老师先走的同学,到时比谁都跑得快;也许现在说老师哪能先于学生而逃的老师,到时早已比谁都逃得快;也许现在说,还是自己的命最当紧的老师,到时会先学生而急,而后自身焉……

当然,所有的假设,都需要一个验证的平台,但我相信,人们情愿活在这一个个的假设中,而不愿去证实什么!难道不是吗?

总之,什么也别说了,我只想文绉绉地来一句:你若安好,便是晴天!!!

好了,下班,回家!这绝对不是演练!!

2019.7.6

心不能太碎，情不能太醉

下午，一班的刘美学同学来到办公室，我知道她想要调换座位，心一直静不下来，投入不到学习当中，我已经找她谈话好几次了。

今天过来，她依然重复着前几次的情绪，朋友不理她，不知自己哪里得罪了朋友，害怕朋友再交新的朋友，彻底抛弃了她……

交流了许多，我感慨她心思之细碎，真是让我始料不及，反复地给其强调学习是当务之急，识时务为俊杰的重要性，可她依然沉浸在对自己朋友的乱糟糟的情绪里……

我对她说，记得我在上大学的时候，上普通话课，老师让我站起来说一段，当然是用普通话。当时，我说起了自己的父亲，多年来给予我们的无私的关爱，就像一座灯塔，照亮我们成长的路，让我们幸福满溢……记得当时，情到深处，我不能自已，声音哽咽。之后，普通话老师给我说的一句话，让我一直记忆犹新，老师说，人不能感情太细碎，否则成不了大器。记得当时我还心里很不服气，一个人如果没有了感情，那不成冷血动物了吗？一个人如果感情不细腻，有多少值得记忆深藏的东西会被忽略？现在想来，那位老师说得也还是有一定道理的。其实，一个人能不能成大器，在我看来，倒并不是很重要，但一定要学会处理自己的心绪。淡定、从容地处理生活中的喜与悲，得与失，荣与辱，时常记着"清空"自己的垃圾情绪，提醒自己"删除"内心负面的、消极的东西，也许我们会自在许多，轻松许多。生活中，我们有时候总是拿得起，却放不下，许多的忧愁怨恨聚集于心，不懂排解，于是最终受伤的是自己。所以，有时不是烦恼太多，而是我们的心太碎，时不时地挤捻着、揉搓着不值一提的小事，把自己的心房拥堵得水泄不通，那何来轻松自在可言。

简而言之，一个人的心大了，世界便小了；一个人的心小了，世界便大了。记得有人说，心过满会碎，情太深会醉。面对任何事情，我们都要懂得取舍，知道轻重，而不能自怨自艾，或是深陷情感的泥淖而不能自拔。

尘世烦杂，若卢梭所言："人生而自由，但无往而不在枷锁之中。"其实，这里的枷锁许多种情况下，都是我们自己制造，自己桎梏自己，内心充满遗憾、愁怨、不满、憎恨等等坏情绪。那么，人生就会变得烦恼越来越多，快乐越来越少；愁怨越来越多，自在越来越少。长此以往，何谈幸福！

讲了许多，最后，刘美学同学开怀地笑了，我希望她能忘掉所谓的烦恼，投入到学习中去。我说给你照张相吧，看你这么开心，老师也很幸福哦！

2019.8.21

爱的致命伤

爱是好东西,好东西也伤人,伤人最深的,往往是最爱。

中午上班,有一学生因选文科理科的问题,拿我的手机给自己的父亲打了一个电话,言语间,我听出父亲要求选理科,孩子执意要选文科,听得出,父子俩意见根本无法统一,孩子很坚持,父亲很固执,我发现他们父子俩僵持不下,孩子言语中满是不满和厌烦……

在孩子和父亲意见难以统一时,孩子很是生气地挂断了电话,虽说这孩子我没有给代过课,但我还是对孩子说:"你稍等等,让我给你父亲打个电话吧!"这男孩说:"老师,我爸谁的话也不会听,很固执……"

我说,来我试试好吗? 孩子点头同意了,当着孩子的面,我打通了电话,我说孩子意愿很明确。没想到,这家长就急躁地说:"孩子选科很关键,我知道了!"为了这个孩子,我没有在意他的态度,我依然说:"孩子选文科或理科,要看孩子的基础和兴趣,孩子说他坐在理科班教室,头疼,什么也学不进去,尊重孩子很重要,兴趣是最好的老师!"家长来一句:"我知道,现在就让他回理科班!"

电话挂了,孩子看着我,眼神里依然希望我能劝一下他的父亲,可又听出了父亲的固执,这男孩终于哭了起来,眼泪汪汪,鼻涕也流了下来,我赶忙递给他纸巾,孩子一边哭一边说:"老师,真的,长这么大,我什么也要听他的,不听就家暴,用棍子打!"

男孩已经不能自已,尽管我不曾给他代过一节课,但此时他好像特别需要向我倾诉似的,我拉住他的手,想平复一下他的情绪,他不由自主地把另一只手也搭在了我的手背上,伤心地说:"从小到大,我如果不顺他的意,他就打我,把棍子也能打断,现在我长大了,他打得少了,但什么事都要听他的……"

确实,这男孩有一米八的个头,高高大大,可能他的父亲打不动了吧。可是,言语间,孩子一直用"他"来指自己的父亲,足见父子之间情感的距离有多遥远,父亲的一意孤行给孩子带来的伤害有多大。

我安慰孩子："你爸爸也是爱你的，只是方式方法不妥当罢了，你也要理解！"

男孩一边抹眼泪一边擦鼻涕，很是激动地说："他理解过我吗？没有，从来就没有，老师，你知道他吗？周末回来就赌博，再不顺心就打我……"

我说："刚刚月考，我们的作文材料是'为你好'成为父母的口头禅，所有的一厢情愿的理由都是为你好，做父母的确实有需要改进的地方啊……"

男孩说："老师，上次作文我就写的我爸，他就是一口一个为你好，却从不问一句我是怎么想的，这公平吗……"

下课铃响了，他跑到教室，把月考试卷找来让我看，我发现他写实也写虚，文章结尾畅想自己和父亲彼此理解，互相尊重，有愿景，有憧憬，真是难为孩子了！

感慨现在有多少家长爱孩子，却又不会爱孩子，子女已经受伤，作为分泌爱的父母亲却浑然不觉，且丝毫不以为意，强势的父母之爱任意泛滥，反正一切都是为孩子好，反正将来孩子一定会知道的。

父母爱的施予与子女爱的接受之间有太多的误差和歧路，父母的理想主义与孩子的资质爱好有太多悖逆和矛盾，多少父母都是我想要孩子成为什么样的人，而不是孩子想要成为什么样的人，于是母不慈子不孝，父不爱女不顺，多少家庭因之而一地鸡毛，甚至鸡飞狗跳啊！

父母爱子女是真爱，但要会爱，要给予子女正确的爱，这个过程需要学习，男女结合，一纸结婚证被许多人误以为是为人父母的通行证和资格证，做父母是需要学习的，做父母我们一直在路上，希望身为父母的我们能够早点明白这个道理，幸福一定会敲响我们的大门。

2019.9.22

我是交话费赠送的

当一个身高 1.85 米,看起来英俊帅气的小伙儿站在你面前说,我妈说,我是交话费赠送的,你会有什么感想?还有,他有些委屈,甚至于眼圈红润地说,他的妹妹,才上三年级的小女孩,她就是一个演员,你又会有什么感想?

办公室里,站在我面前的这位学生,身材挺拔高大,戴着细框圆形眼镜,很是精致的那种,皮肤白净,斯斯文文,衣着整洁时尚,还不乏年轻人潮范儿,尤其那副很有特色的细框圆形而又精致无比的眼镜,总是让我能想起二十世纪二三十年代那些知识分子,徐志摩,呵呵,没他高大;朱自清,呵呵,没他英俊……。呵呵,他真的是同龄人里很有气质的一个,而且那么的与众不同。

今早上语文课,我让他背诵《春江花月夜》,不会,而且态度不够好。我说,全班同学绝大多数都已背会了,那你给我个准话,什么时候能背会,他很是有情绪地说,下周。我说,下周,时间段太长,确定点。他说星期三。我当时当着全班学生的面毫不客气地批评他:"一个人,想要做个智慧的人有点难,但做个具体的人,说句心里话,不学也会,今天,我就让你见识一下咱俩谁更具体。"说完,我让语文课代表把他的"承诺"写在后黑板的左上角,而且要求下周三前不允许擦掉……

下课后,他跟着我来到办公室,很有眼色,因为教书这么多年,课堂上还真从未发过这么大的脾气,他应该是感觉到了,我不由心想,这孩子,不是个笨娃。

交谈中,他说今天情绪不好,是因为"起床气"。哦,听明白了,昨晚没睡好,年轻人,呵呵还挺情绪化的哦,看着眼前高我一头多的他,想起了也在读高二的我儿子,不禁哑然失笑,呵呵,这孩子,个子长得蛮大的,其实还蛮单纯的,挺可爱的。

交流中,他说,他每次周末回家,他妈妈总是专挑最容易做的,他最不喜欢吃的饭给他吃,他甚至还说,他妈妈做的饭比学校的还难吃,我不禁开玩笑说,不能吧,我都怀疑你是不是你妈亲生的?殊不知,他竟然不假思索地说,我妈说了,我就是交话费赠送的……

接着,他说话的时候有些委屈,以至于眼圈红润,他说,他妹妹三年级,就是一个演员。呦,我纳闷,演员,什么意思?他接着说,每次周末回家,他妹妹总是和他无理取闹,接着就像一个演员一样,嚎啕大哭跑到父母那去告状,父母就会以为是他这当哥哥的不懂事,就会训斥他……言谈中,我能感觉到,他似乎认为自己家是没有公平和道理可言的,无论和妹妹发生什么,只要妹妹像"演员"一样,那么,自己就永远是做错的那一个。

这交流太有意思了。说句心里话,看他平时的着装,耐克,阿迪达斯,看起来一身名牌,及骨子里透出来的那种非富即贵感,我一直以为他可能是独生子,是集万千宠爱在一身的那种孩子,没想到,他也似乎有一种"同胞竞争障碍症",而且这心灵的小船说翻就翻,甚至于翻成这样了。

此刻,想起早上和这位学生的谈话,不禁让我陷入一种沉思。我感慨,其实,和他一样在读高二的儿子,会不会也有这样的心思。不过,妞儿一直比较懂事,儿子也越来越懂得谦让妹妹,应该不会吧。可是儿子近期有些叛逆,显得很冷漠,不太愿意和我交流,看来,当妈妈的我真应该引以为戒啊!

生活中,我们做父母的总以为,儿子长大了,十七八岁了,应该懂事了。殊不知,他们其实很单纯,甚至于有些幼稚,因为这些孩子,兄妹年龄差距较大,再加上生活条件较好,从小基本上是以独生子女的标准抚养大的,他们不是独生子,甚是独生子。所以,真应该关注他们的心路历程,了解他们的思想动态,因为他们毕竟还是孩子,他们可能不再是"我开心,要抱抱",但他们同样需要你关注,需要你理解,尤其要走进他们的内心世界,帮助引导他慢慢成长,渐渐长大……

2019.10.13

世界这么大,我想去看看

昨天,曾经在我面前说世界这么大,我想去看看的学生,终于以一种令我不可思议的方式,离开了学校,在高考仅剩 170 天的时候,当然,他还是一个复读生。

前段时间,他给班主任留了一张假条,请一个月假,当我知道这一消息时,去班里找他的时候,他正无比开心地和班里同学在打闹中话别。我把他叫在办公室,苦口婆心地反复陈述了利弊,可是他就一副满不在乎的表情,回了一句令我吃惊的话:"老师,世界这么大,我想出去看一看!"

哦,多么富有创意的回答,他自认为自己的回答很高超,当时,我毫不客气地对他说:"知道吗,老命,你是第二个吃螃蟹的人!"

当然,再后来,我给家长打电话,反复劝说,不管怎么说,最终还是留住了他。

可是没有想到,不到两周,他竟然以一种匪夷所思的方式,达成了自己不想上学的愿望,真是令人感慨万分啊!

世界这么大,我想去看看! 这一句曾经红遍网络的经典个性的宣言,让许多人有了走出去看一看的冲动,记得当时,有多少人羡慕那位女教师的率性而为,又有多少人流露出心有余而力不足的遗憾,当然还有那么一部分人以过来人的口吻告诉大家,外面的世界很精彩,外面的世界也很无奈。

我想说的是,这位我只给代了六周课的学生,世界真的很大,是应该出去看一看。可是,首先,年轻人应该记住一句话:识时务者为俊杰,一个人应该分清事务的轻重缓急。高考在即,还有什么比人生这一考更为重要的呢? 在高考面前,像这样的选择是可以缓一缓的。因为,世界什么时候都可以看,可高考不等人啊! 高考,人生能有几次? 如果真的想去看一看,等到将来条件具备了一场"说走就走"的旅行,都是可以的。

当然,世界这么大,我想去看看。其实,不只你想,许多人都在想。为什么别人在行动前总是有一定的顾虑,什么工作了,生活了,等等都要安排妥当,而你却在高考这一桩大事前,如此轻率且不计后果地做出这样的选择呢?究其原因,不是你"初生牛犊不怕虎",也不是你敢闯敢干,更不是你有魄力有胆识,要我说,你这是逃避,是退缩,是对自己及家人的不负责任。

世界这么大,我想去看看,能做出这样选择的,并不是任性所为,而是三思而后行的。据说,这位想去看看世界的女子,研究生学历,中学教师,也就是说,她做出这样的选择是有基础的,是深思熟虑后的选择,是真正追求精神的一次旅行。

的确,哲人尼采也曾说:"成为你自己!你现在所做、所想、所追求的一切,都不是你自己。"那请问,做回自己,难道就是不管不顾,没有责任心,没有危机感,没有担心,没有牵挂吗?总之,我还记得,有人说,尼采嘛,其实就是半个疯子。

2019.12.9

别把眼睛给宠坏了

每天上午九点,我都有课,在第二节。那么每天我都会进教室重复一个动作,即关灯。九点,外面阳光普照,阳光,亮到刺眼,明晃晃的;教室里,前后九盏电棒,亮光光的,可谓日光与灯光齐亮,太阳与电棒共明。

多少天了,我一直想以自己默默的关灯动作,提醒学生,外面都艳阳高照了,教室里应该关灯了,可我发现,每天这个灯,依然是由我来关,今天亦如此。

今天上午九点,铃声响起,我跨进教室,习惯性地抬手关灯,而且补充了一句:请别把你们的眼睛给宠坏了,好不好!学生们笑了。

我问学生,你们家里九点灯还亮着吗?学生摇头。

我又问学生,关了灯,你们看不见吗?学生又摇头。

我再问学生,那为什么没人关灯?学生无语。

我接着问学生,学校的灯,学校的电,没人心疼,对不对?学生不说话。

我说,大家太宠爱自己的眼睛了,知道你们为什么戴眼镜的越来越多吗?呵呵,就是因为我们的眼睛太"养尊处优"了,就像一个从没有历练的孩子一样,经不起考验,看过资料,宇航员在夜间凝视一固定物体来练视力,运动员在暮色中打羽毛球来提高视力水平,潜水员在漆黑一片中捕捉动态的物体来提高视力,现在物质条件好了,近视的人却多起来了,固然和电子产品、用眼习惯有关,但古人说,凡成大事者,必先劳其筋骨,饿其体肤,空乏其身,增益其所不能……我以为人的眼睛也是这样的。

还有,当所有人对浪费习以为常,且视而不见的时候,这是一种非常可怕的现象。看看身边有多少单位、集体,大白天外面太阳亮光光,屋里电棒光亮亮。有一次去一家单位大楼办点事,下午三点,外面亮堂堂的,许多办公室的灯都是亮的,我真有一种上去关灯的冲动。呵呵,还好,没做这傻事,不然估计会被人说成个具体婆姨的。

记得有朋友说,他们学校卫生间总是会散发出异味。有人说,这样吧,让水龙头一直开着。呵呵,朋友当笑话给我讲。我心想,呵呵,真是林子大了,啥鸟都有,真是一个奇葩人啊!

说简单点,你浪费了电,至少是增加了发电量啊,增加了煤的燃烧,增加了大气中的二氧化碳,增加了环境污染,肯定对人类生存有影响啊,而且还消耗大量资源,最严重的就是可能带来人类文明的毁灭哦。据资料,我们国家由于节能、节电意识薄弱造成的电能浪费占相当大的比重,一年浪费的电,都够非洲好几个国家的发电量总和了。

呵呵,扯远了,古人有句话,由俭入奢易,由奢入俭难。太有道理了。

当我在家里的开关上贴着"节约用电",洗菜池子旁、卫生间里贴着"节约用水"的标识时,有亲戚说,你们连水表也不安装一个,只管用呀,你看你们院子种的菜都有好几百箱子,人家可不节约,呵呵,确实,大院一百二十户人家,大家用水,只安装一个总表,有好多邻居在院子里种菜用家里水浇地,可我不习惯,我以为这是公德问题,也是素质问题,当然,也许是多少年来养成的习惯吧,怕浪费,不习惯浪费!

呵呵,从来不是个抠门的人,其实就是有些不习惯浪费。

2020. 2. 23

爱自己要有底线

中午上班，在路上碰到一女孩，她躲开我，从我身旁走过，我知道她认得我，也看见了我，只是不愿意和我打招呼而已。这个女孩，我没有给她代过课，但就在高三上学期，我曾经和她有一段过往，我们之间发生过一段她认为不愉快的事。

高三上学期，模拟考试大约是第四次，十月份，在一次监考中，我发现有个女孩怀中抱着一个显眼的东西，红色的，走近仔细一看，竟然是一个暖手宝，她就那样左手抱在怀中，右手执笔答题，我默不作声，站在她的旁边，等待，等待什么？其实就是想等待她的一个解释，胃疼，肚子不舒服，哪怕是一个借口，一个美丽的谎言，我也愿意因之而给她一个台阶，毕竟这是学校组织的一次严密的高三年级的模拟考试。

她什么也没说，好像考试抱着个热宝是一件再寻常不过的事。教育的耐心，让我选择转身，如何给她颜面，又不伤她的自尊，我在想。我踱步到讲桌前，再看她，只见她右手放下笔，扬起到脑后勺，很是美的样子，把自己的马尾辫向后用力一甩，又直又长的头发，从后面划出一道美丽的弧线，这头发定是拉过直板的。接着两只手同时抱住热宝，舒服地坐在那，给我感觉，坐在那里的她是来暖手的，而不是来考试的。

再次走到她身旁，我说："你知道吗？我发现你是一个特别爱自己的人，但我要告诉你，你又是一个最不会爱自己、也不懂如何爱自己才是真正地爱自己的一个人！"

她抬头瞥我一眼，那眼神冷冷的，我直视她的眼睛，不说话。终于，她极不情愿地把热宝放在了身后的桌子旁。

尽管她不是我们班的学生，但考试后第三天的一个午自习，我把她叫到我的办公室，我说："一个人爱自己要有底线，教书20年，怀抱热宝考试，你是第一个，一个舍不得委屈自己的人，尤其年轻人，舒服了一时，却舒服不了一生啊……"

且不说古人悬梁刺股、映月读书，也不说古人程门立雪、带经而锄，单就看身边有多少人在拼搏高考，而你却如此享受安逸，……

年轻人，大好年华是用来奋斗人生的，不是用来享受和挥霍的，唯有足够努力才配得上你对未来人生的美好期待,否则,今天你享受得越多,明天你吃得苦会越多,一个不懂"逼一逼"自己,只知道顺着自己心意的人,一味地向学习妥协,只知向困难低头,爱自己突破底线,是不可能赢得高考,收获美好人生的。

推而广之,生活中,一个人疼惜自己、爱自己没有错,但一定要有底线,只顾自己的感受,而不顾及他人,或置纪律、法律、社会公德于不顾,以满足自我为先,我行我素,不惜给他人带来不愉快甚至难堪,这个人一定不会赢得他人的尊重,也一定不是一个有修养的人。一个会爱自己的人,首先懂得自持自重,明白生活中,有些东西不是总能占有的,有些事情不是总围着自己转的,有些人也不是总能包容自己的,要懂得要求自己,约束自己,控制自己,唯此,才能提升自己,完善自我,才能收获自己期待的美好人生,这才是真正地爱自己。

今天在路上偶遇,是什么心思让她躲着我?我不多想了,你说呢?

2020. 2. 22

远方未必不苟且

剩两个月就要高考了，高三语文课最是不好上。为什么呢？因为学生及一部分老师这个时候会更加坚定语文这一科已经定性的，没有了多大提升空间的这一想法。所以，上语文课，也是和学生们"斗智斗勇"，学生们上课"挂羊头，卖狗肉"者有之；"装模作样"者有之；"声东击西"者有之；"身在曹营心在汉"者也不少，呵呵，语文老师上课一定要"一心二用"，一手抓教材，一手抓学生，火眼金睛，高度警觉……

今天上课，讲评模拟作文，我说："同学们，不好好学语文，世界这么大，你们准备拿什么去看看？"

"李老师，世界这么大，我们准备拿命也要去看看！"

"为什么？"

"因为生活不止是眼前的苟且，还有诗和远方呢！"好几个学生抢着说，呵呵，这句名言真是深入学生的心啊！

"亲们，拿上命也要去看世界，说句不好听的话，那就是一介莽夫，我们应该带上一颗心去看世界。有人说，咱神木有个土豪来到名胜滕王阁，感慨地说，他妈的，天黑成这么个了，鸭子怎还这么多，一会咱逮几只回去烤了吃……呵呵，同学们，看到如此美景，未能想到千古名句：落霞与孤鹜齐飞，秋水共长天一色，而是有了占有之私、口腹之欲，这样的远方除了苟且，还有什么……"

呵呵，此刻坐在办公室，想起学生上课时的情景，我在想，对于许多人来说，远方未必不苟且。

远方未必不苟且，眼前未必不是诗。为什么我要这样说呢？"诗和远方""眼前的苟且"在我看来不是固定搭配，"诗""远方""眼前""苟且"这四个词是可以自由组合的。有人柴米油盐酱醋茶也能在日子里过成诗，有人游山玩水走四方也不过是个走马观花的看客而已。

记得美国前总统约翰逊曾说，"一个人在旅游时必须带上知识，如果他想带回知识的话。"我也以为，有了知识的翅膀，沿途的风景便成了凝聚人生智慧的源泉，而缺乏深度思考的能力,没有文化知识的积淀,到哪里都不过是"到此一游"而已。"诗和远方",需要心灵的感悟和文化的欣赏,需要不断地积累和沉淀,才能仰观宇宙之恢宏,俯察万物之丰盛,游目骋怀,融情于景,真正到达人生的诗意与远方。

今天,我们许多人已经成为了"标题党""头条控",以为这样的碎片化提取海量信息,说起来好像"上知天文,下知地理",听起来好像"家事国事,事事关心"。其实这样的信息海洋淹没不了知识的方舟,真正的知识营养从来不是在"片言只语"中获得的。

心里有,眼里就有;心里没有,眼前有,眼里也未必有。用心来感悟,带着心去体悟,诗和远方就在眼底心尖,而说走就走的旅行,也不过是一种率性而为,其实与诗和远方未必有多大关系。

所以,远方未必不苟且,眉前眼底也有诗。"到此一游"或"诗与远方",全在于知识的厚度,心灵的广度,灵魂的高度……

2020. 4. 7

孩子们毕业了

今天学生们终于迎来了毕业这一刻！看着他们开心、快乐、全身心放松的样子，老师也由衷地为他们高兴。

高考，不论你是否准备好，不论你愿不愿意面对，它都不管不顾地在悄悄地逼近你。

想想，高三，总是把脑神经弄得迷迷糊糊，总是把生物钟搞得乱七八糟，总是要把身心忙到疲惫不堪。铺天盖地的卷子，反反复复地模拟。真是生命不息，学习不止；高考不到，做题不停啊！

看着学生们脸上突兀地冒出的颗颗青春痘，看着有同学苦学的少白头，看着他们疲惫不堪的身影，身为老师，既为他们成绩不稳而揪心，也为他们劳累付出而宽心。确实啊，十二年寒窗苦读，高三可以说是大苦与大乐的结合点，唯有大苦，才能大乐。

其实，纵观人生，总有几步是要跑一跑的，尤其是在年轻的时候。如果说，人生面临的考试，小升初，你还懵懵懂懂；中考时，你还漫不经心；那么高考，每一个人都是一定要全力以赴的。看看今天成功挤过高考独木桥的人们，哪一个不是在过桥的时候，紧追不舍，不甘人后呢？

高考，说来就来了。昨天，看到高考倒计时牌子，有同学直接改为：距离回家仅剩0天时。看着坐在讲桌下面的学生们刻苦认真地、依然在努力上好最后一节课，当然，瞌睡不学习者也照旧我行我素……

不想了，也不说了，为了学习，老师们没有少唠叨，估计许多今天幸福地躺在自家床板上的学生依然记忆犹新。相信付出者终有获得，但也要相信不是每一次努力都能成功，但每一次成功都离不开艰苦的努力。

毕业了，在最后一节语文课上，没少叮嘱。毕竟，年轻的学生，人生的道路才刚刚开始，希望孩子们阳光、健康、积极、向上、热爱生活，拥抱美好人生，好好做人，做个好人，真的，希望他们好运常随！

2020.6.4

老师，我找到工作了

高考结束几天了，这几天，收到最多的信息就是："李老师，我找到工作了！"当然也有同学在 QQ 里会感慨，唉，找了一整天，没找到工作，好累啊！

记得毕业前，我曾经提醒学生们，高三毕业了，距离高校录取开学，有近三个月的时间，希望同学们认真地给自己拟个计划，最好找一份工作，能够借机走近社会，了解社会，提高自己的认知能力、实践能力。另外，若能利用这段时间，努力工作，给自己上大学之前，储备一份行装，或者通过自己的努力付出，给自己买一部心仪已久的手机，这是多么令自己开心和自豪的一件事情啊，而且父母也会为你们的成长而欣慰不已的！

孩子们7号、8号高考一结束，9号聚会一天，有同学10号就开始上班了，在群里提醒同学们，一定要注意安全，遇人遇事切忌冲动，不可意气用事，要三思而后行……同学们很懂事儿地说，李老师，记住了；李老师，不用担心，我们长大了……看着他们有的去宾馆当服务生了，有的去超市当收银员了，有的去手机店卖手机了，有的去做网管了……很为同学们肯迈出这第一步而高兴，还有同学，晚上感慨："找了一整天工作没找到，好累呀！"我回复："生活重在努力的过程，加油哦！"其实，高三毕业的学生，没文凭，没经验，找工作确实也只能找一些服务性的工作。但是，在我看来，同学们能迈出这一步，就已经挺不容易了，为我可爱的同学们点赞，我知道，一个月一千多元的工资，能让他们在认知生活，体验生活的过程中，去发现生活，思考生活，进而体味生活之大不易，去理解父母，感恩父母。也许更长远一些，会让他们在未来的高校学习中，认清社会，认清自己，面对自己的人生，更加努力。

当然，就这么几天，张东同学上班骑的电动车的电瓶被人偷走了，他在群里感慨："一个电瓶也有人偷？"我说，真是不食人间烟火的高三毕业生啊，贾苗同学感慨，哇，这个假期，给自己挣个小米 5s 有难度啊，哈哈，我可爱的孩子们，钱啊，还真不是那么容易挣得啊！

我想对同学们说，加油，你们都是最棒的！

2020. 6. 18

若不是因为爱着你,怎会不经意就叹息……

如果把教书比作一场恋爱,那么,许多老师可能会有这样的感慨,这场恋爱,应该是这样的三部曲,由甜蜜的热恋,到深沉的暗恋再到无奈的自恋。

同事是陕西师范大学的研究生,学识广博,积累深厚,在办公室感慨:唉,教书这几年下来,咱就像和学生谈一场恋爱一样,怎就只能暗恋了呢? 呵呵,我心想,这热恋也罢,暗恋也好,自恋也行,不管怎么说,我们面对这份职业依然要保留"初恋"般美好的情怀!

相信每一个从事教育的人,登上讲台都有一种美好的畅想:想着师生之间能够像恋爱中的男女一样,互相爱慕,互相欣赏,彼此默契,似有灵犀,所有的努力都能被理解,所有的付出都能被认同,师生之间如热恋中的男女,误会总会消除,矛盾总会释怀,为师者体谅学生的苦,为生者理解教师的心,师生关系是甜蜜的,互相尊重的,学生能敬师如父,教师能爱生如子,学生能亲其师信其道,老师能务其本尽其责。我相信,这样的关系是师生之间最美的一种境界。如此,为师者是幸福的也是幸运的,也相信每一位教师都曾为之孜孜不倦地努力过,兢兢业业地付出过,有过欢喜也有过收获……

再后来,时间的打磨,现实的残酷,为师者都牢记自己的职责,都知道每一个孩子的背后都有父母的期盼,孩子们的身上都承载着家庭的希望。多年的付出,让从事教育职业的每一个人都不断地提醒自己,为了学生的一切,为了一切学生,也不断地告诉自己,你的教鞭之下有瓦特有爱因斯坦有牛顿有……所以即使学生不爱学习,上课睡觉看小说,课间抽烟谈恋爱,你也总是相信一句话:山不来就我,我便去就山。可是,为师者的伤感往往就在于"山有木兮木有枝,心悦君兮君不知。"呵呵,调侃一下,正如那句流行语"世上最遥远的距离,不是生与死的距离,不是天各一方,而是我就站在你面前,你却不知道我爱你。"我相信,每一位老师对学生的期望都是发自内心地希望其好,没有一点私心;我也相信,每一位爱学生的老师都希望自己的学生能够有一个美好的未来,这份感情是真挚的。莫文蔚有首歌《爱情》中唱道:若不是因为爱着你,怎会不经意就叹息。呵呵,不正是"暗恋"着学生的老师们最真实的写照吗?

再后来,无情的学生让老师不得不"自恋"。老师们总是感慨,现在上课,好多知识都在课堂上转了一圈,又还回来了。许多的老师都进入了"自恋"期,多年的知识积累,几十年的教学经验,让许多老师上课能够深入浅出,举重若轻,可是学生们不爱学习啦!今天,老师们总是感慨现在的学生太懒了,懒得求知不用脑,记录不用手,积累不用笔,听课不用耳,总之做一天和尚也不愿撞一天钟,得过且过者有之,坐等高考者有之;多少老师进教室带着知识,出教室带着遗憾,又有多少老师自嘲,我们整天都在自我陶醉啊!老师们多想倾囊全出般把知识都给了学生,可是,对不起,学生不需要!

可我想说,我们不能"失恋",这份职业需要一种情怀,这种情怀就是"纵然你虐我千遍万遍,我依然待你如初恋"。这份职业,值得我们一如既往地为之付出且一直不离不弃。一位办公室同事工作十年选择转行,去了神木最热门的一个单位,半年后毅然返回,半年的时间,他发现诸多的应酬他不习惯,繁杂的人际让他头晕,无味的打发时间让他没有方向感,重新选择教书育人,也许这个职业出人头地很难,谋个一官半职也不容易,但早出晚归,忙着备课上课他觉得忙碌而充实,心静而安,神宁且定。面对学生,只要我们一如既往地去爱护,去关心,去努力,去付出,我想说,莫道学生没长进,顽石也能炼成金。这么多年,一直记得神中东墙上的一句话:千学万学学会做人,千教万教教做真人。十年树木,百年树人,教书育人,美在教育。

爱,就一个字:

爱你没商量!!!

2020.9.18

请别假装自己很努力，高考不会陪你继续演戏

"同学们，请别假装自己很努力，高考不会陪你继续演戏，下课……"铃声响起，说完走人。

中期考试刚过，分析中期考试试题，你会发现八个名句填空，都来自必修三课本，每篇课文都销号，考前再给学生整理出来，都是理解性默写，要求记诵，临考前上黑板默写，全部考查过，黑板上一一纠正过，结果答题卡上，错别字举不胜举，讲解试卷之后，要求在作业本上完成一遍，应该不会出错了吧？殊不知作业本上依然是一错再错，今天上课，课前三分钟，再叫几个学生在黑板上进行听写，结果，错的依然让人"触目惊心"，唉，面对这样的学生，我真的是醉了，无语了……

我可爱的学生们，我经常喜欢说一句话："占有不是一种真正的拥有。"我们和其他学生，也就是神中四中等学校的学生是一样的，都享受的是神木十二年免费教育，再往小了说，同一所学校，同一个班级，资料一致，任课教师一样，每天 24 个小时，每一个人都一样多，为什么学习效率学习成绩就有了天壤之别呢？

我觉得，其中一个重要的原因就是我们有一部分同学在"假装"学习，上课端坐，不闭目但已养神；自习看书，只是看在眼里不往心里去；平时作业，应付老师大于自身需要……

学习，不是"我要学"，而是"要我学"。于是在学生看来，学习都是为家长，为老师，而不是为自己。学习没目标、没动力、得过且过者大有人在，自欺欺人者为数不少；一上课瞌睡走神，一下课欢奔打闹。让努力配得上你的梦想，可是遗憾的是，这些孩子就没有梦想，这努力也就无从谈起了！

我可爱的学生们，未来美不美，取决于你现在拼不拼，别总是那么心安理得，也别总是爱理不理，学习路上没有一个是轻松的。不吃苦就想获得，古今中外能有几人？

别假装自己很努力，高考不会陪你继续演戏！同学们，别总是抱怨自己不够幸运，其实是你欠了自己一份努力……

天道酬勤自古有，不劳而获怎可能？自欺欺人终有时，奋起直追不算晚。做老师的多想看到学生奋力学习的美好画面啊！

2020.10.11

生命是一袭华美的袍，爬满了虱子，咋办？

有意思的是，在学生读书笔记中就看到了张爱玲作品中的这句话，而且学生接连写了三遍重复的。

下午这个学生来办公室送作业，就一男生，帅帅气气的，我开玩笑说："把你那华美的袍子上爬满的虱子捉了没有呀，痒死人了，知道没？"

他一怔，转眼间笑眯眯地说："巧姐，捉捉，马上就捉，放心好啦，好在还没痒到我！"

"嗯嗯，记住，袍子永远比虱子重要，多看袍子，少盯着那几只虱子，人生才称得上华美！"我拍拍他的肩膀。

"生命是一袭华美的袍，爬满了虱子！"这句话出自张爱玲的《天才梦》，当时她才18岁，是大一学生。一直以来，就觉得这句话充满悲观，想想，生命这件长袍，华美是其特质，要多悲观的人才会只重视附着在上面的那几只虱子。犹记上大学时，第一次读到这句话，我心想，呵呵，袍子多好，把虱子抖抖，捉了不就完事了吗？何必纠结呢！

其实，细思这句话，张爱玲是用一暗喻，写出人生看似美丽，实际包含了无限烦恼，它体现了张爱玲对人生、对生命的理解和感悟：看似辉煌的人生，往往暗藏着最最悲凉的底色，华美的袍子人人可见，但虱子大约唯有自知。

我心想"生命是一袭华美的袍，爬满了虱子！"是说人生看起来光鲜亮丽很美好很风光，但在享受这些美好的同时，不得不忍受各种各样的烦恼。这种种"虱子"就是我们穿"袍子"的代价。

作家张爱玲是一个兰心蕙质，感觉敏锐，心理细腻的人。所以，她认识到生命的美丽，故而她把生命比作了华美的袍，但同时又由于她敏锐的感觉，使得她是一个孤独的人，不长于交际，也使她认识到了世界的丑恶和生活的艰辛，而这些却又是生命中不可或缺的事物。纵观张爱玲的一生，我们会发现，敏感的她时不时纠结于生命长袍上的虱子，困惑于生命长河中的点滴污浊，她轰轰烈烈地出过名，生活华美而高贵，却最后孤独地死于一幢公寓里。细想她的一生,准确地诠释了自己十八岁时的这句话。有人说,一语成谶,我以为还算准确。

玫瑰虽香但有刺,雪虽纯美但至寒。人生何尝不是如此。生命的景观是华美的,美得就像一袭华美的袍。但人生又不可能是完满的,这样与那样的烦恼缠绕着人,像那小小的虱子一样,藏在这里与那里,无法撇清,为生命增添了几分灰暗、烦恼、怨气等等。那么,不妨努力摆脱、放下或者忘记生命中的这些小烦恼,让这件长袍配得上华美二字,该有多好!

呵呵,关灯睡觉。今天,你遇到生活中痒人的"虱子"了吗？不管有没有,不妨睡前抖一抖,捉走它,不痒不痒,做个好梦哦!

2020.11.20

学习好才配被爱，是多少父母最伤人的逻辑

今天早晨7点，我呢，刚到校园，下车，手里提着一袋东西，就有一男孩走过来说："巧姐，来，我帮你提着！"我忙说："不用不用，谢谢你，一点也不沉！"因为不在学校吃早点，所以早晨上班，尤其周一，我总是会拿点面包呀什么的到学校。

多好的孩子啊，我心想。这个男孩我没有给他代过课，只是记得上半年每天中午我一点半到学校，他和几个学生就在我们办公室给老师们换纯净水，打扫卫生。有一次，我看到他给老师们把办公桌上的书籍、作业、笔、水杯等摆放得整整齐齐，我赞赏地说："你一男娃，看你这娴熟的动作，看来平时也经常在家里做家务吧！"

他直起身子转过头来对我说："嗯嗯，我在家里经常做家务，饭也会做呢！"

在交流中他继续说："老师，我还有个姐姐，在西北大学读书，回家什么也不干，就知道玩手机，我妈也不说，还经常提醒我，我姐学习多么多么好，我爸妈回老家，我姐不回去，嫌老家没网，结果我妈就让我也别回去了，留下给我姐做饭，整整一周，我做饭，收拾碗筷，我姐就只负责吃，什么也不干……"

我开玩笑说："别人家父母都是重男轻女，哈哈，你妈倒是不守旧哦……"

他直接说："老师，我妈眼里只有学习好才是好儿女，所以我经常被我妈责骂，说我学习不好，也不争气，她这辈子都后悔生我了……"这位男孩一边说一边懊恼地把手里的抹布狠劲拧了又拧。

想起有一次，一朋友说，因为她上班太忙，一周早出晚归，她那上重点大学的女儿，今年已经大四了，就整整一周全叫了外卖，家里外卖的饭盒和塑料袋到处都是，也不收拾，气得她不知道说什么好。原来吧，总以为只要好好学习，其他的都不重要，长大了自然也就懂了，现在想来根本不是那回事，关键是你还不能说，一说，人家脾气比你还大，门咣当一声，跟你二话没有了。

犹记开学了，有同事说，为什么大学还不开学？快点开学吧，我是够够的了，一天二十四小时手机不离手，吃饭、上厕所、走路都是手机在手，什么都不管不顾，手懒嘴馋眼里没父母，好吃懒做只顾自己，唉，我真是硬着头皮侍候着了……

今天碰到这个男娃让我不由感慨：学习好才配被爱，是多少父母最伤人的逻辑！在

许多父母眼里，学习"至高无上"，其他所有的应有的生活必备技能和品质在学习与成绩面前统统都是次要的。一切都为学习让路，殊不知，有多少孩子最终却可怜天下父母心，又有多少父母最终伤到的却是自己。

在这样一个急功近利的社会环境里，许多父母包括老师都成了"近视眼"，教育孩子目光短浅，唯学习至上，不重视孩子的综合素质的培养，其实成人远比成才重要，可是有多少父母忽略了这一点，于是就有了只会叫外卖的孩子，有了手懒嘴馋只顾自己的孩子，有了不知感恩父母的孩子……

学习好才配被爱，是多少父母最伤人的逻辑。我想说，最终千万别伤了孩子也伤了自己啊！

随手拿起床头的一本书《教育要给学生留下什么》，想想这个书名就值得许多人深思！

2020.12.18

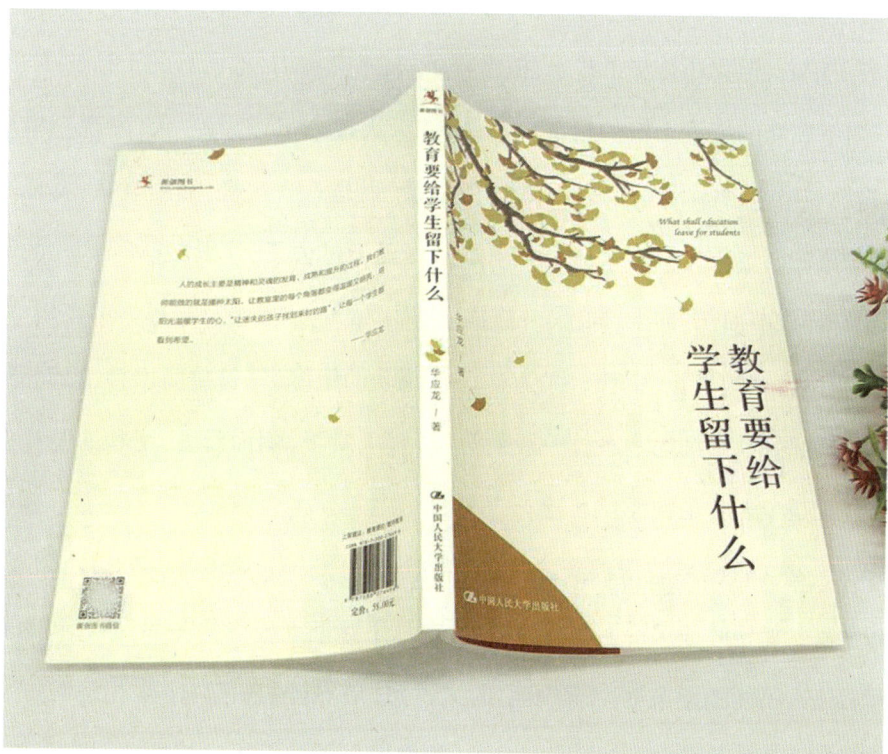

又剪文竹又添情

坐在窗明几净的办公室,抬头,郁郁的文竹就抢入眼帘,发觉它越长越有形了,很有骨感!

这盆文竹,和我很有缘,办公室一年一搬,两年来,它也随着我下一楼,上四楼,到今天,又暂居二楼,与我"形影相随"!

记得两年前,毕业了的这届学生,当时高一,就这个季节,班长给我说:"李老师,我们班这盆文竹,快要养死了,老师,麻烦你能不能端走,看活了不?"我一看,枯黄的叶子,干硬的根茎,没有了一丝丝生机,用手轻轻一碰,那细细的、绒绒的如针尖般的小小叶子,抖落的满地都是,花盆里满是学生随手丢弃的纸屑,不受欢迎地被学生随意放置在教室的角落里,我看着看着,心头不禁为之而悸动。我说,行,那我试试!

搬到办公室,看着这如干草般枯萎的文竹,同事说,李老师,妙手回春,难啊!当时,我也没有了信心,但我还是浇了些水,把土松了松,拿起剪刀,把所有的干枯的茎叶,通通剪掉,只留下秃秃的接近土壤的根部!于是,一天天过去了,忽有一天,发现一根嫩茎从土里偷偷地钻出来,冒个头,似在东瞅瞅,西望望,很是惹人欢喜,细细观察,发现文竹真如竹子,一夜之间也拔出一节来……。于是又一天天过去了,这根"起死回生"的嫩绿根茎像竹子一样拔节而长,向上,向上,一直向上,周围的老茎似乎总是尽力腾挪出空隙,让新的茎芽自由自在的生长,生长。我为这一枝蓬勃的嫩绿,每每望而出神,思而感动,通身上下都是绿绿的,细细的茎有竹一般的分节,直上直下,侧面看去,网状的叶片变成薄薄的一层,很是令人驻足神往!

今天,这盆文竹已然苍翠欲滴,浓浓郁郁,煞是可爱了。新叶片,老叶片,层叠而出,都细如麦芒,又如松叶般扇形而整齐地排列,在那下端渐渐成熟的茎部,似有一圈圈护身的软甲刺,让人不能随意亲近,看着眼前的文竹,总是不自禁想起"刚柔相济"这个词来!

当然,现在的它抽茎拔条,恣意而长。有时,调皮地长长地甩出一根节来,搭在我的书桌上,偶或轻撩过我的脸颊,绒毛似的小叶片,轻落在手掌、桌几之上,轻轻一吹,或微微一抹,飘浮起轻如毛,细如针的小小叶片,甚是让人欢喜……

备课之余,因久坐而舒展腰身,常常看着文竹出神,总感觉文竹很是高雅,如苍松翠柏,使人心旷神怡!

今天,又拿起剪刀,修剪那些旁逸斜出的枝条,越发感觉它特别像黄山上那棵有名的"迎客松",似一个缩版!不禁感慨陪伴了我两年的文竹,给了我多少情思,想用一首诗来赞美它:

一丛袅袅案边盈,清韵依依点室宁;

细叶层层说云趣,纤枝茎茎显松情。

2020.12.26

请珍惜人生中的每一个七天

学校的阶段测试结束了,有同学来办公室找我:"巧姐,唉,这次考试没考好,是因为上周没好好复习,还有,其实因为没考好这周我也没在状态……"今天又有学生来办公室问我:"巧姐,什么时候中期考试呀?我有点紧张,这两周一直心思乱乱的!"我拉住她的手说:"两周不在状态,确实有点问题,一定要学会调整,两周不比两天,这可是一个比较长的时间段哦!"想起昨天有朋友说:"唉,上周七天喝了五天酒,整个一周都是昏昏沉沉的,这周不能再喝了!"

开学前几周,周末也是连轴转,两三周的时间,近20天,学生和老师就都有些吃不消。也许有人会说,家里待的时间太长了,都有惰性了,应该不是。想想其实是我们每一个人体内都有一个生物钟,规律的,长期的,即一周七天就是一个轮回,这轮回里,有生命的一个小周期,有心理的一个小周期,劳逸结合,张弛有度,就好像一个人生曲线图,高涨又低落,低落又高涨,周而复始,人生也因之而慢慢丰盈而厚实了起来!

所以,我想说,七天是时光消逝中比较重要的一个单元,七天是一个节奏,七天是一次停顿,过好了每一个七天,也就过好了人生,这样想来也是不无道理的。

其实,决定我们生活的关键,有时候就在自己的一念之间,我们许多人在某一刻都会意识到,不该再这样让自己处于慵懒的状态,但总是会以这样那样的借口,比如,这周就这样了,下周再说吧等等理由来推诿和拖延,让人生总是在期许中落空。

此刻,我在想,人的一生如果按80年(呵呵,有点长,许多人可能觉得有点奢望)计算,那应该有(80×365÷7=)4000余个七天;那么对应这个数字,我们每个人从出生到现在过了多少个七天?又大约剩余多少个七天?凝视这组数字,相信大多数人可能与我的感受相似,剩余的七天和过去的七天相比,确实少了许多!

林清玄曾说:"当我们活在当下的那一刻,才能斩断过去的忧愁和未来的恐惧,当我们斩断过去的忧愁和未来的恐惧,才可以得到真正的自由。"每一个七天,就是一个重要的当下,在这个时间里的重要单元里,学习、工作、休整、闲暇,生命的周期合理把握,生活的全部得以妥善安排,这七天努力着付出着,当然也改变着收获着,人生总是在付出中获得,抓住人生的每一个七天,珍惜在当下,努力在当下,这应该是生活中的最好的状态。

　　所以,我想说,只有在每一个七天的日子中踏踏实实地度过,把七天里的每一天都牢牢地抓在手里,才不会愧对生命的意义。过好每一天,就是过好每一周;过好每一周,就过好了一生。也许以后的生活会怎样,我们谁也不知道。陶渊明曾曰:悟以往之不谏,知来者之可追。不念过往,只争朝夕,只要我们努力过好每一天,那人生也就一定不会差到哪里去。

　　上周语文正式进入了高考复习阶段,第一节课我送给学生一句话:日日行不怕千万里,天天做不怕千万事。你要把应该走的路走得漂亮,才可以走想走的路。作为高三学子,把每一天每一周都在学习中度过,充实着也提高着,进步着也收获着,我相信只要努力了老天爷都不会辜负你!

　　想想,每一周看似都相同,实则每一周都不一样,每一周都有每一周该做的事情,于是一周一周下来,就不一样了,不信你试一试!

　　把这段文字送给把握现在,珍惜当下,渴望拥抱未来的朋友们!

2021.2.20

教会学生正确看待生命

今天,看一新闻,说一个十六岁的男生,因为参加某名校的高一入学选拔考试,成绩不理想,就选择轻生,幸好父母发现及时,捡回一条生命,但依然昏迷不醒。

生活中经常有人感慨,压死人的往往是那最后一根稻草,今天的孩子,究竟是压力太大了,还是承受能力太差了,这个问题值得我们深入思考。有人因之而痛批学校教育,甚至于气愤填膺,我以为因个案而全盘否定我们的教育成果是极不合理的,但是反观我们的教育,我总是能感觉到今天的孩子,生命意识太淡薄,对生命缺少一种感恩和敬畏。我们说,悲剧的形成,是有一个漫长的过程的,今天,不论是学校,还是家庭,往往都忽视生命品质的培养,于是学生人格发展就不健全。今天的学校,重知识灌输,轻人文培养;今天的家庭,重成绩排名,轻心理引导,大到学校,小到家庭,缺失了生命教育这一重要课题。在今天的学生心里,他们对生命是缺乏认识和感知的,所以就更谈不上对生命的尊重和敬畏。于是,稍有"不顺",这些孩子们就可以"轻生",不管不顾。

今天许多从事教育的人,都没有认识到生命教育是多么重要的一门课,它对孩子们的影响有多大,有多深远。

今天,"生命教育"四个字,一直萦绕在我的脑海。我在想,我们该如何弥补我们教育的缺憾和不足,该如何让每一个孩子,不管优秀还是不优秀,不管平庸还是卓越,都能看重生命,珍视生命。许多老师都会粗浅地以为,生命教育就是让学生认识死亡,这样的认识太浅薄了,甚至于许多老师还会认为这和自己的学科无关,是生物老师应该讲解的,或者是德育处的职责所在,那就更不称职了。我以为,生命教育是贯穿每个人一生的教育。因为每个人从出生一直到生命结束,整个过程的经历、对每一件事的态度等,都成就了不同的生命。所以,生命教育应是一切教育的前提,同时也是教育的最高追求,生命教育应该成为指向人的终极关怀的教育,所有从事教育的人,都不可推卸这个责任,当然孩子们的父母更是责无旁贷。

我所理解的生命教育,就是教会我们从出生的这一刻开始,如何用更好的方式来活出更好的自己。对于孩子来说,我们对他进行生命教育,应该是给他强大的内心。对于父母来说,我们给孩子最好的教育并不是技巧或者知识,而是教会他每个人都要活出最好的自己。

生命教育是一场生命过程的教育。在这个过程教育里,我们应该教会孩子肯定自我的生命价值;每个人都是独一无二的,生命是不可逆的,人生来就有价值,每个人都有自己的独特性,唯有活着,生命才有意义。

老师和父母给孩子一生受用的生命品格应该是,帮助孩子"发现自己,掌握自己,发挥自己",帮助孩子知道自己的幸福是什么,自己的幸福在哪里,尽最大的努力去追寻幸福,也让他人幸福。

记得看过一个《龟兔赛跑》新编,挺有深意的,第一次比赛,乌龟赢了;第二次比赛,兔子赢了;第三次比赛,乌龟定的路,中间有一条河,结果乌龟赢了。这个故事告诉我们:如果你的孩子是兔子,那你就让他离水远一点,如果你的孩子是乌龟,那么就把他放得离水近一点。天才就是放对位置的人。我们家长最重要的责任不是替孩子安排补习班,而是了解孩子是什么。上天把他送给我们时,还给了他什么特质? 我们怎么让他发挥潜能,变得更优秀些? 家长必须帮助我们的孩子找到与生俱来的特质,了解孩子的这些特质。按照这些特质替他提供可以发挥的环境和途径。不要只看重成绩和排名。

一直以来,总是这样认为,生命教育就是要帮助孩子学会肯定自我的生命价值,深入了解自己生命的本质;知道对自己来说最重要的是什么,要做的是什么;知道自己为何而活。这样,孩子才能承受生存和生活中大大小小的问题。

生命,活着,生存,多么沉重的话题,谁也无可回避,唯有直面和正视,才是有意义有价值的,否则,人生还有什么念想?

所以说,死,真的是最不用急于求成的事情。一个重视生命的人,永远不会用毫无意义的自杀行为来伤害那些关爱自己,心疼自己的亲人们。选择自杀,就是选择了懦弱,选择了逃避,而且以此来伤害所有关爱自己的亲人们,说到底,这种人是极端自私的,他们用这种自残方式,对自己所谓"失败"的人生作了最没有意义的了断,这种人只顾自己死得痛快,死得洒脱,他们的内心缺失了对亲人,对他人的关爱,他们的内心又是多么多么的凉薄,他们对于生命的认识是多么的粗浅和幼稚!

珍视生命,敬畏生命,这是每个人的必修课!

2021.3.16

假如给你三天黑暗……

记得有一次和学生说起假如给你三天黑暗,你会怎么做,有学生高声说那我就睡三天,我说,那三月,三年,三十年,你都准备睡过去吗?同学们不再言语了。

周末陪妞爸去榆林北方医院看眼睛,出人意料的是北方医院的眼科,大人小孩,那是人山人海,眼见这场景,真吓我一跳,一个眼科,人满为患,挂个号都排出了老长老长的队伍!

有家长们在旁边不无抱怨地说自家小孩就知道玩手机,劝阻说会把眼睛看瞎的,小孩还振振有词:不让我看手机,以后瞎了会后悔的!还有家长说自家小孩不让玩手机就绝食了三天;更有奇葩的一个小孩因为不让玩手机,就把父母反锁在家里不让去上班……

想想,现在的小孩这思维逻辑多么可怕,且不说眼睛对一个人的生活学习有多重要,单就这个世界有多少美好的东西值得我们去注目去欣赏,可在这些孩子的眼里,就只剩下一部手机了。

不由让我想起海伦·凯勒《假如给我三天光明》一书。海伦·凯勒一生处在黑暗中,儿时只拥有过的十九个月对光影对声音的存储成为她人生全部的记忆和向往。人的一生可能会有三万天(比较长寿),可海伦·凯勒只奢望三天光明。我就想说,孩子,假如给你三天黑暗,请你试试!

假如给你三天黑暗,你会怎么生活呢?试想,从黑暗走向光明会让人对这个世界充满好奇与欣喜,会给人以无限希望和可能;可是从光明走向黑暗,那会是怎样的场景?我想,享受过光明福分的人一定会瞬间因不适而不安,进而焦躁或者绝望,对生活也可能渐渐失去了信心。

当然,生活中可能没有人主动这样尝试过,因为没有谁会"愚蠢"地把自己关在黑暗里,看不见,听不见,哪怕只是三小时,毕竟也是一件很煎熬人的事啊!

犹记 CC 讲坛《心目影院》电影讲述人王伟力老师说,其实许多人不能真正了解盲人的心理,他们其实很孤独,很无助,很难融入社会,他们的苦那是真苦,他们的痛那是真痛。试想当一个人处在无边的黑暗里,那一定是再熟悉的家都会觉得陌生,再熟悉的路都会产生不安,恐惧常伴左右,危险总在身边,这是多少正常人难以体验到的啊!

　　失去听力和视力的海伦用细腻的笔触,写出了一个盲聋人用心感受到的世界:她去骑马、划船、游泳、划雪橇甚至独自一人月夜泛舟,用心去领略月下荷塘的美景;她去参观博物馆,"听"音乐会,去"欣赏"歌剧……她用自己的亲身经历告诉了我们一个人对生命的珍惜,对大自然的渴望……这些都是正常人唾手可得,或者再寻常不过的事情,熟视无睹或者视而不见了,可是,于海伦而言却是一种奢望。经常给学生们说,占有但不能真正拥有,这是许多人的人生状态,不懂珍惜,不知感恩,等到失去的时候才追悔莫及,人世间最悲苦的事大概莫过于此了。

　　犹记有一学生说,老师,不过是"假如"而已。呵呵,孺子难教,真让人无话可说了!一个人不能体味到三天黑暗的痛苦,又怎能感受到海伦对三天光明的渴盼与欣喜! 又怎能懂得珍惜自己的拥有?

2021.4.12

你的微表情出卖了你

"帅哥,来我办公室一趟!"下课了,我让班里的一男生不要去上早操了,直接来我办公室。

一米八身高的帅气男生跟我进了办公室,我说:"说说,我为什么叫你?"

他不言语,看着我,我拍拍他的胸脯:"呵呵,长得太高了。"倒是想拍拍他的肩膀,可够不着呀,我对他说:"说吧,你心里清楚,你的微表情已经出卖了你!"他不好意思地低下了头。

语文课,开课两分钟,扫视全班,我就发现坐在倒数第二排的他眼圈有些发红,眼角湿润,拳头紧握,再看一眼他的同桌,似用胳膊肘在偷偷地碰触他。呵呵,以我的经验,这孩子上课前一定有"故事"发生。当我再去看他时,只见他拿起试卷走到了我的讲桌旁,自觉地坐了下来,我们师生就这么默契,平时只要上课走神、打瞌睡的同学,我瞅瞅,他们就心领神会。好,这孩子主动坐在我的讲桌旁,这节课我安心了!

他看着我,不好意思开口,我说:"那你听听,看老师猜对了没有?你和同学闹矛盾了,出了口,还动了粗,对吧?还有,你的表情告诉我,你愤愤不平,觉得还需要再来一场酣畅淋漓地对打,男子汉只有这样才解气,我说对了吗?"

他露出吃惊又有些意外的眼神:"李老师,上课时我确实这样想的,可现在,我想通了,我决定不打了,没意思!"

我上前,握住他强有力的手:"好,想通了就好,老师知道你是个聪明的孩子,以后遇事一定不要冲动,年轻人有火气不是错,但一定要学会冷处理,有些事情,生气时不争个你死我活就好像对不起自己一样,可当冷静下来时,却发现根本是区区小事,哪用得着大动干戈,要学会控制自己的情绪……"

下午放学,有学生说:"李老师,咱班同学说,你会读心术,厉害着呢!"我得意地大笑:"哈哈,才发现呀,来来,我看看你有没有谈恋爱?"调皮的学生边跑边回头说:"不谈,不谈,李老师,不能让你看!"

呵呵,老师学点微表情心理学,还是很有用的哦,它可以让我们对学生准确地进行"察言观色",预知学生动向,及时了解学生,防患于未然,帮助学生成长,真的很有意义!

2021.6.13

别拿假委屈说事儿

高三模拟考,周六至周日,学生只有周日下午半天休息时间,课间教室里有学生大声说:"凭什么呀,刚开学就模拟考,没有休息时间,这高三也太委屈人了呀!"我摸摸他的脑袋:"你傻呀,其实你就没资格这样说,年轻人就应该多受点所谓的委屈,高三还不想委屈自己,那就别成就高考了,早卷铺盖早回家,该干嘛干嘛去!"

想起马未都在一次电视访谈中曾说过的一句话:这委屈,就两种,一种是真委屈,一种根本就是假委屈。什么叫假委屈?假委屈就是你觉得你受了委屈,可别人都不怎么觉得,领导也不怎么觉得,同事也不怎么觉得,就是你觉得你自己受了委屈啊,呵呵,多有道理啊!现在许多学生把成长中的必要的历练当作委屈,这思维让我说就是巨婴式思维。

想想,一个人的成长总是要付出一定代价的,可以说没有委屈就没有成长。要经历很多痛而不能言的苦,一个人才能懂得人生的艰辛,才能知道成长的滋味。试问,韩信的胯下之辱几人能承受?勾践卧薪尝胆又有几人能担得起?没有委屈何来成长,其实,所谓的委屈不过是成长过程中的必要的历练而已,可有些人却把这种历练归结为人生的委屈。孟子有云:天将降大任于是人也,必先苦其心志,劳其筋骨,饿其体肤,空乏其身,行拂乱其所为,所以动心忍性,曾益其所不能。孟子的话,用现在的话简而言之,就是我们常说的能承受多大委屈,就能成就多大的事儿!

冯仑有本书,名字是《伟大是熬出来的》,生活中那些跨不过去的坎、咽不下去的委屈,熬不过的困难,都是走向成功的垫脚石。当然,对于那些斤斤计较、拈轻怕重、总是抱怨、不懂感恩的人来说,也会成为他们人生失败的绊脚石。

前几天在《作文素材》上看到一篇文章:曾国藩在衡阳求学时,同舍有一名杨姓同学,家中有权有势,读书时就对他百般刁难。曾国藩中举后,这位杨同学更是大发雷霆,责难曾国藩的书案抢了他的好风水。当大家纷纷为曾国藩不平时,曾国藩却劝解众人,不要为这点小事再与之争论。纵观曾国藩的一生,印证的就是一句话,即只有吞得下生活的小委屈,才能吐得出人生的大格局。

又记《艺术人生》里有一期采访了奶茶刘若英,朱军问她:"为什么你总能给人一种温和淡定,不急不躁的感觉,难道你生活中遇上难题的时候你不会很气急败坏吗?"刘若英淡淡地说:"那是因为我知道,没有一种工作是不委屈的。"很多人都知道,刘若英在出道前曾经是她师父著名音乐人陈升的助理。刘若英在唱片公司里几乎什么都要做，甚至要洗厕所，她跟另外一个助理两人一周洗厕所的分工是一三五和二四六，这另一个助理的名字叫金城武。他们经常会被骂得"昏三晕四"的，李绍唐说："被骂是一种能力。"原来呀，人生在世，注定要受许多委屈，这是成长的代价。

其实，日常生活从来就是制造各种委屈的高手，不被理解，付出没有回报，该是你的却被别人专属等等都是日常所见，但是，在一定意义上说，面对委屈，选择什么样的态度，就会有什么样的人生。有的人容得下委屈而成其大，盖因其胸怀襟度得以被委屈撑大；有的人受不得委屈而处其微，实因格局不够而被委屈撑破。心胸狭窄的人，受不了委屈，斤斤计较的人受不了委屈，患得患失的人受不了委屈，敏感多疑的人受不了委屈，当然受不了委屈，也就谈不上襟度，谈不到格局，那当然了，他人生体验和感受到的自然要促狭些，无味些，单调些……

曾经给学生开玩笑说，鸡汤挺好，但不适合你喝！学生问为什么呢？我说，比如鸡汤文《不要再委屈自己》，这是写给中年人的，因为他们曾经委屈过自己，在人生的前半场，吃过苦，流过汗，受过累，有过委屈，熬过累过辛酸过，而你们一点委屈都不想受，何来人生？

生活中你会发现，受得了委屈的人总是在感恩生活；而受不了委屈的人总是在抱怨生活。当然你也会明白，受得了委屈的人，别人的两句坏话他不会耿耿于怀，多吃点苦他不会怨声载道，他可能懵懂但他能承受，别人打他左脸，他可能会把右脸迎上去，别人觉得他傻，可他乐在其中，所以，一定程度上，面对委屈的姿态，就是一个人行走世界的基本姿态，那些消化不了"委屈"的人，一定不是成熟的人。

呵呵，现在的学生巨婴式思维假委屈还真不少见，高一军训一周，有学生因为训练委屈到哭鼻子，女生因宿舍打扫卫生问题，委屈到找班主任评理，不交作业被老师训斥几句，委屈到给家长哭诉，凡此种种都是"矫情"的假委曲，大可不理不睬，因为过度关注"假委屈"，可能孩子们真把它当回事儿了！

人生风浪急，笑面去相迎，生活有没有委屈，"我"是一切根源！经历委曲，记住美好，这才是成长！

当然，那些"假委屈"就请别拿出来说事儿了！

2021.8.30

生命吹弹间

高三，倒计时 240 天，班主任老师过来说他们班的一女生心情不好，让我有时间和娃交流交流。

下午，我把这女生叫到办公室，还没说话，女孩的眼泪就夺眶而出了……

听孩子絮絮说来，不禁感慨生命短暂，生死无常！

因高一高二期末考试，高三年级放假两天，女孩回到大保当租住的地方，晚上父母回老家去了，只留她和上大学刚放寒假回来的姐姐还有九岁的弟弟在家，姐弟三人玩得正开心，九岁的弟弟突然说头有点疼，两姐姐说不玩了，第二天上三年级的弟弟还要考英语呢，于是懂事的弟弟就睡去了，眨眼工夫，弟弟说头疼得厉害，不一会儿说想吐，难受，接着就手抓脚蹬，姐妹俩慌了神，赶忙给老家的父母打电话，父亲着急地就给房东打电话，到了大保当医院，孩子就已经不行了，转榆林二院，医生也回天无术，短短两三个小时……

原来孩子是小脑血管突然破裂，先天性血管纤细，我这学生说，她母亲近 40 岁的年龄才生下弟弟，谁曾想，孩子就这样瞬间夭折，父母亲悲疼不已，几近昏厥……

唉，生命短暂，听之令人唏嘘不已，无比感慨！真是天有不测风云，人有祸福旦夕，生命是多么地脆弱啊！其实，人生啊，活着看似容易，可是一瞬间的意外总能让生命变得特别渺小与脆弱。说来，生命的旅程真的匆匆太匆匆，且只有一次，人生路上烦恼和喜悦、得到与失去常常环绕着我们，有时我们会在无数的纠结中让生命流逝，以至忽略了人生旅途的美景，可是，能够健康地活着，这一切的得与失又能算得了什么呢？所以，把握拥有，活在当下，才是王道。因为谁也不知道，明天和意外哪个先来。亲们，我想说，人生除了生死，其他的事都是小事。

来日并不方长，且行且珍惜！

2021.9.18

走出别人的眼神，活出心灵的自由

昨天，有一女生对我说，李老师，我初中的一个同学，马上就要高考了，却回家了，说参加不了高考了。我问为什么？这位女生说，她的这个同学性格挺内向的，不喜言语。初中时，有一次来例假了，裤子弄脏了，她自己不知道，课间十分钟，跑出去玩，让同学看见了，有一女生尖叫了一声，从那以后，她就慢慢变了，不说话，爱躲着人走，现在还经常问我，当时不知道有多少个人看见了，他们肯定现在还在嘲笑……

明白了，敏感的性格，遇事放不下，走不出，最终导致这样的结果，有些令人惋惜！

细细想来，生活中你会发现这样的人还真不少，本不是什么大事，可在这些人眼里就是趟不过的河，爬不过的山，就这个女孩来说，这么一件事，发生了也过去了，可她却还一直牢记在心，反复地咀嚼，后悔不已，自责不已，最终导致心理出现了问题，以致高考倒计时不足一百天，学习压力过大，挺不住了。

生活中，我们会发现，敏感的人往往就是这样，做错了一件事，受到了别人的嘲笑，过后，别人都已经忘了，他却一直还记得，觉得别人也都还记得。这样的人还会反复地告诉自己"他们一定会怎么怎么地看我，我该怎么办呢？或者他们一定还给别人说了，还有会给谁说了呢，他们知道了会怎么想我呢……"呵呵，"世上本无事，庸人自扰之"说的就是这一类人吧，无限地想象、放大一件事，一件不好的事，于是，久而久之，浑身负能量，最终心理出问题了。

唉，其实，一个人放不过的一直是自己的内心。有时所谓的痛，都是自己强加给自己的。生活中，能给自己添麻烦，找不自在的也往往是自己。记得张瑞芬曾说：永远都不要期待谁能带你走出一场浩劫，聪明勇敢的人，他们都懂得自我救赎。

比如，那件让你感觉丢人的事，别人也许早已经不记得了；那个让你尴尬的衣服上的污点，别人也许早就忘记了……只有你自己还在无时无刻不舔舐自己的伤口，在告诉自己那些不能忘记。人，最可怕的是给自己负能量的暗示：太丢人了，怎么办呢，别人都会笑话我的……长此以往，内心怎不扭曲失衡？

生活中，有些人不是活在自己的心里，而是活在了别人的眼里，这样的人总归是内心不够强大，太在意别人眼中的自己，最终丢失了自我。想起去年的动画片《哪吒之魔童降世》中的那句名言：我命由我不由天！也许人生啊，只有不需要依赖外界对于自己的评价,我们每一个人的内心才足够强大,走自己的路,让别人去说吧,那是绝对内心有"我"的人才能做得到的!

曾奇峰老师说:自救的力量永远是最有效的。的确如此,外在的力量永远是有限的,真正的强大永远来自内心,每个人都有重生的能力,没有必然的受害者,也没有必然的伤害,一个人要有自愈的勇气和决心。

人生要想活得自在,没必要太在意别人。不是有这么一首小诗嘛,他强由他强,清风拂山岗,它横由它横,明月照大江。我们做好自己便是,偶尔出点小状况也不过是人生的小插曲,何必那么在意呢!对生命说声谢谢,因为不管一个人活成什么样,生命决不会主动放弃你,除非有些人自己先放弃了。

人生的路上,把自己在别人的眼里是什么样的人看得太重的人往往纠结就多,烦恼也不少,走不出别人的眼,也活不出自我。生活中,有的人拿到手的是一副烂牌,也能想办法打好这副牌,凭借的就是自身的强大和不断地自我疗愈;而有人明明拿到手的是一副好牌,最终却打得稀烂,为什么?其实全在一颗心,这颗心就是遇事的心态!

一句话:你若不放过自己,没人能让你重生!

2021.10.14

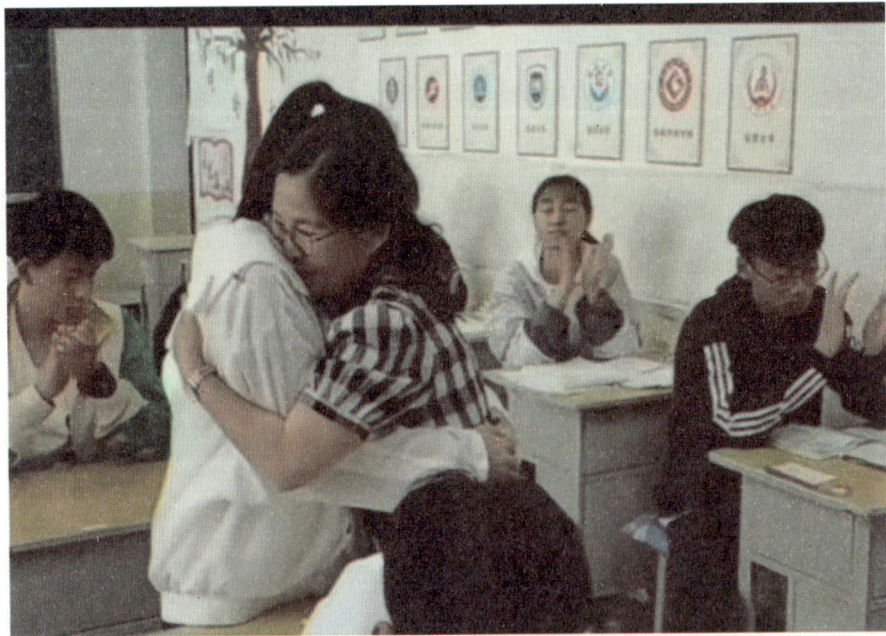

为娘不刚，情何以堪

今天，拿起一直放在笔记本里面的这张小纸条，终于有时间想把它记录下来，这半年工作太忙，让我错过了许多次这样思考教育的细节，每天忙到倒头就乏困，今晚，觉得有必要把这一教育的小小场景记录下来了。

这张小纸条上是这么写道：老师，对于上次哭的事情，其实我现在想起来也觉得不好意思，我也知道自己错了，希望您原谅我。因为我们家里的原因，所以我很依赖我妈，会想我妈，我怕以后没时间，念大学走了就更没机会了，所以我很珍惜假期时间，对不起，老师！（我不希望您只记住我是个哭鼻子的女生，而是一个敢承认错误的人，我很感谢您，谢谢您的宽容）……

记得刚开学第二周，上课因为作业的问题，我批评了她几句，她就那么旁若无人地哭了起来，弄得我都不知所措，站在她的身旁，摸摸她的头发，拍拍她的肩膀，许久，她平静了下来……

教书20多年，身为老师，深知为师者言语的分量和影响，另外出语不伤人是为师者的语言底线，所以，对学生的批评自认为也是慎而又慎的。过了几天，她给我写纸条，看到上面那段文字，不由得对这女孩心生怜悯和同情。

其实，这孩子我是了解的，她的父亲和母亲都很硬气，动不动就吵架，有时还打架，以致在她初二时离婚了，她随娘，弟弟随了父亲。而她的母亲，这几年来，沉闷，痛苦，总是在她面前抱怨发脾气。有时她周末回家，她妈就给她发一通火，连饭也不做；有时半夜醒来，听见她妈在哭鼻子；有时她周日返校，她妈呆坐在家里也不给她收拾呀，做饭呀……

下午我和这位女生交流，我说："其实呀，我觉得不是你依赖你妈，是你不放心你妈，即将高中毕业了，要上大学了，你的心思更重了，对吧？"她看着我，眼泪吧嗒吧嗒地往下掉。

可怜的孩子，遭遇这样的家庭，想一想，她的母亲沉醉在自己离婚的负情绪里，让十多岁的孩子承担起了多少重负，回到家，装着自己像个大人，这个年龄段的孩子，高三学生，多么需要父母的安慰和鼓励，可她没有，于是，在教室，我只是一句简单的话，就让她情绪失控，不能自已。我知道，这孩子在家里有多强大，在我面前就有多脆弱，在母亲面前有多自立，在我面前就有多无助……

感慨父母离异，有多少孩子经历着痛苦、复杂、漫长的情感磨砺，有多少孩子因为这样类似的家庭而心思沉重，不喜言语，性格孤僻。又有多少女人在面对家庭变故时，不懂得自我调整情绪，自私失控，让孩子背负起了这不该背负的心理负担。有些孩子的家长，真的都不如这些孩子们有担当、会理解人。由于自己的草率和不负责任，拿着婚姻当儿戏，说结就结了，说离就不顾一切地离了，其实真正伤害的，只有这些无辜的孩子。

记得前几天看一篇家教类文章，其中写道："人的一生上孝父母、下养子女这是天职，人什么德都可以缺，但这上孝父母、下养子女这德分可不能缺。你要是缺了这德分，那你以后的生活一定好不到哪去"。现在想来，这话说得有道理。

想想这个孩子，她的父母有选择离婚的自由而她却没有选择父母的自由，多可怜！这当母亲的没有能力应对离婚后的种种痛苦，却让自己可怜的女儿默默承受这一切，公平吗？

为母则刚，那是女人慈爱、担当的觉醒，也是对女人付出、奉献的褒奖，像这样的母亲，自私、软弱，不知反省，我不知她身上还有什么值得孩子学习的东西。

为娘不刚，情何以堪！孩子能如此，娘不汗颜吗？

2021.11.9

放自己一马，不是认怂，而是认清了自己

前几天和我十多年前的学生们一起吃个饭，学生们也已是两个孩子的爸爸妈妈了，有意思的是，学生们叫我"巧姐"，却让他们自己的小孩子叫我"师奶奶"！

几个学生都已三十多岁了，其中一个小马同学，言语中对自己的不满意让我倍感压抑，说话酸溜溜的，语气里各种不甘心，我说："老大不小的，三十多岁的人了，能不能放过自己，总是这么怨天尤人的，不懂得放自己一马，你开心吗？"

他们几个学生，同一届一个班，有调皮的，有沉稳的，有特健谈的，也有默默不语的。小马同学上学时属于反应快，记性好，悟性高的那一类学生，背诵《阿房宫赋》，他俩早上就背完了，其他人一周下来也磕磕绊绊的，当然了，聪明的学生，自信，高调，也自负，他就属于这一类型。

谈话间，同学们说起一位张同学，印象中闷闷的，不爱言语，但踏实认真，小马同学说："谁能想来了，那会儿的他，从不说话，成绩也一般般，现在都当副局长了……"听得出，满满的都是羡慕嫉妒恨等复杂心情。

我说："对了呀，人家的闷闷，那叫勤奋踏实，闷闷的人不浮躁能沉得住，对吧！想想你上学时，聪明有余，勤奋不足，这也是你的特点，对不对？"

同学们，你一言我一语的，说起了高一上学的时候，他们几个没上体育课，被体育老师拽着去见班主任，小马同学被班主任老师踢了两脚，结果他半年里不是肚子疼就是脚疼一直没上体育课，现在说起来还耿耿于怀，而那位已是副局长的闷闷的学生当时也被踢了两脚，后来跟个没事人似的，上体育课总是帮体育老师找器械呀，捡篮球呀……

此刻，我在想，小马同学这心胸和格局，十几年过去了，还耿耿于怀，多少年了，依然放不下，依然不认为逃课是错误的，骨子里透露的是小格局，爱计较，不反省，就这三点，和已经当了副局长的同学比一比，这三点，人家恰恰没有。人活一辈子，智商管学习考试，情商管做事做人，这话是有道理的。

其实,喜欢抱怨自己现在不如意、命不好、运不济的人,不明白现在自己的命运,就掌握在以前的自己手中,没有什么东西好似凭空产生的一样,凡事有果便有因,有因便有果,种如是因,收如是果。我想说,人呢,不能一直停留在对未来的想象中,这样十分消耗比高原氧气还稀薄的那点自知。一个人一旦失去自知,人就很容易窒息。

有多少人总是沾沾自喜于自己的拥有,比如天赋、智商、家境,却看不到制约自己更加优秀的不足,比如谦虚、勤奋、坚持、受挫力、沟通能力等等。于是当自己没有达到期望值时就会怨天尤人、愤世嫉俗……记得在《我真的很棒》一书中有这样一句话:在多元思维里,事情不仅有一种视角,更有象征、动机、原因、情绪、背景等其他视角。只有综合运用正确运用多元视角,人生才会走向积极的自己想要的那一面。

一个人要想从容不迫地与岁月相处,接纳自我应该是最好的选择。但凡活得总是纠结的人,都是看不清自我也看不懂别人的人。硬实力不行,还盲目自信,以为学习成绩好就可以在人生路上所向披靡,无所不能。其实走向社会,求学阶段的文凭学历往往按下了暂停键,真正影响人一生的还得要靠软实力,比如执着力,行动力,协调力,沟通力等等,软实力可以说无所不包。说来说去,我以为人生就像一扇门,开合之间,你看见了这个世界,世界也看见了你,而进出之间,你懂得了多少,成长了多少,也造就了你现在的人生境遇。

人生总是如此,时光和岁月终会在某一天悄悄逝去,有的人活成了自己喜欢的样子,有的人面目全非,其实接纳自己,让心高气傲的自己和现在不够优秀的自己和解,才是最明智的选择,因为所有的果都是由无数个看不见的因结出的。放自己一马,不是认怂,而是认清了自己。不是妥协,而是妥妥地接纳了这个世界,当然也包括自己。

人生啊,就怕你无知,还把无知当自信!

2021.12.5

觉得他在炫耀，是因为你不曾拥有

犹记一本书中有这样一句话：不要在苍蝇面前拉屎，因为它会觉得你在炫耀！

上一届学生，今年都大四了，非常苦恼地对我说："李老师，前段时间，我被评为学校优秀班干部，我在朋友圈晒了一下，没想到，有同学说我嘚瑟，有同学说我能伤了，还有同学说我太炫……，李老师，其实，我只是想分享一下自己的喜悦而已呀！"

电话里，他很苦恼，觉得同学们好像对他和过去不一样了，甚至有同学见面还总是阴腔阳调的。我说："不至于吧，首先是你自己太多心了，另外，也说明你太在意别人对你的评价和态度了。"

他说："李老师，我关闭了朋友圈，伤人心了。"我开玩笑说："哈哈，就这心态还想混迹于朋友圈，这承受力有点差哦，你看李老师，晒自己的朋友圈，让别人去各种看吧！告诉你，内心一定要像李老师一样强大点哦！"

想起贾平凹有一篇散文《像树一样吧》其中写道：像树一样吧，无论内心怎样的生机和活力，表面总是暗淡和低沉。当我刚刚看到这句话，我的第一反应就是我不想像树一样！为什么要像树一样？因为在我看来，一个人内心有多丰盈，表达就有多热烈，唯有滚烫的内心，才有热气腾腾的人生，这才是最真实的生活。

我可爱的学生刚刚拥有想要分享的一点点个人荣耀，就被扼杀在朋友圈的回评里，不由让我想起了著名心理学家荣格说的一句话：没有什么比羡慕、嫉妒乃至愤怒更赤裸裸地、更彻底地暴露出一个人的自恋、自卑、自大和自诩！

生活中，你会发现，有人总会酸酸地说："越缺什么，越爱晒什么。"可我想说，从心理学的角度去深挖，有些人，其实是越在乎且越不屑别人所炫耀的，可能越是自己想要的。

当然了，你也会经常听到有人总是很有思想地说："真正长得漂亮的人很少发自拍；真正有钱的人基本不怎么炫富；真正恩爱的情侣用不着怎样秀恩爱；真正玩得愉快的时候没有时间来自拍；真正幸福的人并不需要刻意地向别人去炫耀自己的生活……"

可我想说，看到别人的漂亮，能欣赏，而不是羡慕嫉妒恨，那才是良好的心态；看到别人的幸福，能祝福，而不是妒忌乃至憋出内伤，那才是真正的格局。

在一些脆弱的人眼里，别人发个自拍就是"装纯"了，人家写个自己的感受，就是在

"煲鸡汤"了，人家夫妻合个影就是"秀恩爱"了……。呵呵，要我说，生活中，老觉得别人在炫富，那是因为他太在乎物质；老觉得别人在秀恩爱，那是因为他内心的渴望无法得到真正满足；老觉得别人在炫的人，根本的内心是看不惯，自己缺失，且不曾拥有。

人是一个奇怪的物种，有时候生气的原因，不是因为别人有，而是因为自己没有。许多人，在乎的不是自己有什么，而是跟别人比，自己没有什么！

有时候，一个人最悲哀的事情，莫过于自己没有能够炫耀的优点，只好将自己的缺失，以令人生厌的抱怨和不满表现出来，来掩饰自己的焦虑和不满。

所以说，如果一个人不想暴露自己的缺短，就不要随意去攻击别人的"炫耀"，不管他是否是真的炫耀，因为这只会暴露自己的小心眼，仅此而已。

当然了，既然勇于发朋友圈，就要有承受各种言论的心态。要我说，既然要活在自己的快乐里，就不要活在别人的言论里，因为万事不可求全，二者不可兼得。发自己的朋友圈让别人去看吧，就像走自己的路让别人去说吧，这是一个道理。我们无法改变别人的态度，但也不要被别人改变，这就是自娱自乐的强大素质。

呵呵，人生本潇洒，庸人自扰之，一个资深晒圈人的感言，想晒圈那就学着点哦！

2022.1.19

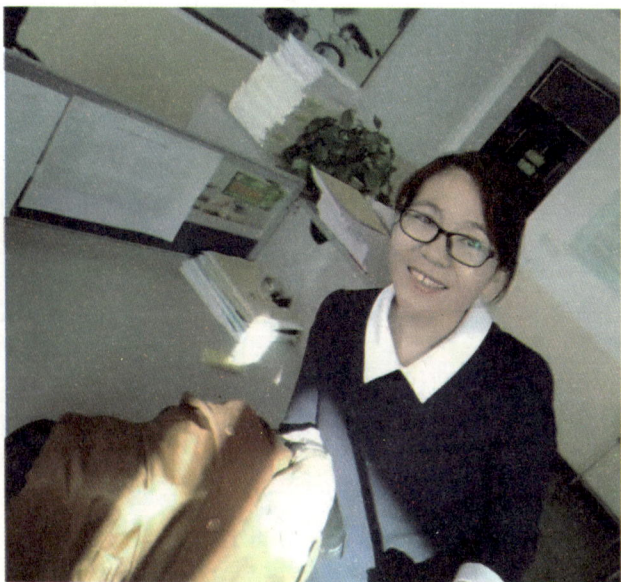

老师，你别生气啦

早晨七点钟走进办公室，刚刚端起一杯水，我们班的语文课代表和一男生喊报告走进来了。

课代表解释了这位男生在昨天上课时的错误表现，男生也反复道歉，说自己错了。我说："行，你有不假思索犯错误的冲动，也有知错就改的勇气，很好，但第六周月考进班级前 30 名（我知道他开学考试是 35 名），语文成绩上 90 分，昨天的事情咱俩就一笔勾销了，你看行不？"这位男生说，行。我说，那好，成交……

男孩转身离开，刚走几步，又转过身，诚恳地说："老师，那你别生气了，行不？"

学生走了，我不由笑出声来，多可爱的孩子，昨天生完气其实我已经忘记了，可是这孩子可能一晚上都在想着今天怎么来找我认这个错。教书 25 年，没有离开过课堂，没有离开过学生，这么多年了，很少有生气的时候，昨天上课，我很生气，发了教书 25 年少有的一次火。

此刻，我想给学生们说几句心里话：老师为什么生气呢？

同学们，老师生气，是因为害怕你们荒废了青春年华。因为青春是用来奋斗的，你们正青春，应该向未来，努力为未来作准备。我们可以平凡，但绝不能平庸。青春须早为，岂能长少年，不要在十六七岁的时候活出了五六十岁的疲态，看着你们学习不够认真，老师真的很着急。有人说，这个世界唯有两种人爱你是最无私的，一是父母，二是老师，每一位老师都是由衷地想让你好，想让你青出于蓝而胜于蓝。

还有老师生气，是因为担心你们没有准备何以面对未来。说真的，迟早有那么一天，年龄会成为你的短板，那时候，你靠什么来过这一生！所以不要在本该奋斗的年纪选择了安逸。现在你不努力让自己过上想要的生活，那你以后，就会用大把的时间，去应付自己不想要的生活。努力成为你想要的人，要吃得苦，肯吃苦，不怕苦。有句话说得好，不怕万人阻挡，只怕你自己投降。生活中，但凡活得很怂的人，都是因为对自己太好了。现在的你不对自己狠一点，生活将来就会对你下狠手，而且是毫不留情面的那种。

老师生气,是因为忧心于你们如果浪费了这大好时光,就再也没有弥补的机会了。记得我曾说过,人从出生的那一刻起,就开始了死亡的倒计时。这话是冷酷了些,但却是无可置疑的事实,生活中,比你优秀的人,往往比你更努力,那你又有何资格不勤奋?生活中,许多人落伍,许多人抱怨,许多人被淘汰,这许多人其实都是与"懒"同行,对自己太好了!

此刻,放学了,办公室只有我一个人,学校广播室的播音员用自己稚弱的声音在朗诵一篇散文:我们渴望舒适地过一生……

同学们,一个人能舒适地过一生,那一定会很幸福,但这舒适里,一定是以苦为乐的,一定是甘之如饴的,一定是先苦后甜的。年轻人太过舒服,那一定是一场灾难。因为,你怎样度过一天,便会怎样度过一生。

时光不负追梦人,岁月不枉有心人,在前行奋进路上,"躺平"不可取,躺赢不可能。请记住,成长路上,越努力越幸运,从来没有一种坚持会被辜负。

2022.3.3

一个不求上进的学生有多可怕

开学第六周,学校精心组织了一次月考,阅卷过程中,让老师们无奈又痛心的是,有同学在第 13 题,文言文翻译两道题 10 分的答题卡上,玩个性,耍酷,装帅地写下如此答案:

1. 五分不要也罢,成大事者不拘小节;

2. 相同的话重复第二遍就是废话。

相信任何一位阅卷老师面对这样的答卷都难以做到心平气和。想想,这样的学生,不求上进,没有学习目标有多可怕!

古语有云:宁欺白须公,莫欺少年穷。说的就是不要看不起身处困境的年轻人,因为年轻人的前途都不可限量。但是想一想,不可欺的少年往往都是胸怀大志的人,都是积极上进的人,懂得吃苦,不怕受累,并且有很明确的目标而为之努力。在七中工作也已近 20 年了,说句心里话,孩子们的入学成绩是差点,但任何一个七中老师都是全力以赴,不抛弃,不放弃,都希望高中三年孩子们能有进步,能有提升,追赶超越。七中的有些孩子确实三年高中生活争分夺秒,刻苦钻研,转变了自己的学习态度,提高了学习成绩,也改变了自己的命运。

然而,有那么一小部分同学,入校即"躺平","佛系"到极致,对自己的现在和未来都没有什么要求,浑浑噩噩地过着每一天,乃至直接摆出一副"死猪不怕开水烫"的模样。有句话说得好,你永远无法叫醒一个装睡的人。记得在《热爱点什么,才能与世界相爱》一书中有这样一句话"不求上进是一种精神癌症。"因为人的精神支撑着一切社会活动和社会行为,不求上进则意味着精神支柱的倒塌,没有了精神的支撑,人就等同于没了灵魂,就是得了不治之症。当然,我认为不求上进更是学生学习上的毒瘤。一个不求上进的人,一定是没有正能量的人。他的生活中,这种情绪和态度就像一颗毒瘤,会给他带来空虚、寂寞、疾病、痛苦、沮丧、悲哀,让他死气沉沉,没有生活的动力和生命的激情!

　　有句话说得好,明天生活得好不好,取决于你今天怎么过。年轻人总该是要有点目标,有点追求,有点梦想的。因为心中有了方向,未来之路才不会跌跌撞撞。

　　看看我们身边的有些学生,把无知当个性,用幼稚来耍酷,拿无能来做作……殊不知,所有的个性、耍酷和做作,最后都要用自己的卑微和底层来买单。多想大声地对学生说一句,语重心长地告诉他们:不要让未来的你讨厌现在的自己。这个世界,穷不怕,丑不怕,就怕你没有上进心。汤木老师曾说:我之所以这么努力,是不想在年华老去之后鄙视自己。

　　不管是谁,不管人生处在哪个阶段,都应该始终相信努力的意义。

2022.4.6

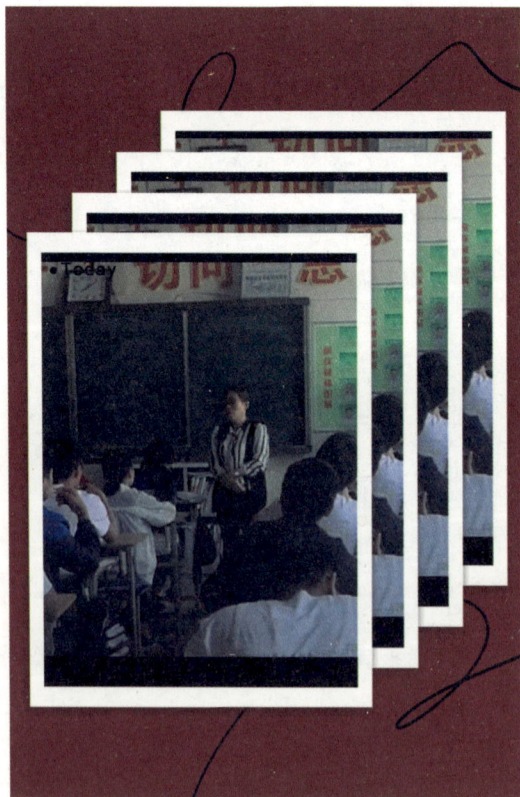

认错是人生成长的捷径

傲慢而不自知,是最大的生活障碍。前几天,班里有两女生闹矛盾,一女孩找到我,说她感觉因为这次同学间的矛盾,她被周围的同学给孤立了起来,所以现在很无助也很不开心,学习也受到了影响。

我问她,那就这次同学间的小摩擦,你们俩究竟是谁错了,你想过吗？一个巴掌拍不响,想没想过自己有什么问题？自己应不应该认个错？

女孩无语,两手搓着衣角……

此刻,想起最近读的一本《人生只有一件事》,作者为台湾有着"第一才子"之称的金惟纯先生。他在书中有这样一句话:人生的捷径就是认错——学会道歉。给我印象特别深刻。

生活中,我们总是会发现,那些活得有些拧巴的人,那些婆媳不和,夫妻不睦,朋友互妒,邻里相仇的人,他们很少去思考,问题是不是出在自己身上。三省吾身,主动认错,这些人不去换位思考,只会利己而思,于是越想越委屈,越想越吃亏,越想自己越对,还哪来什么认错、道歉,于是一错到底,错上加错,生活越来越不如意,对应的人际关系也越来越紧张。金惟纯在书中写道:如果一个人能够学会认错,就是通往更好人生的路径。犹记《你为什么不道歉》一书里说,"对不起"是人类语言中,最有治愈力量的话语。当我们发自肺腑地作出道歉时,这三个字能有效缓解我们对他人造成的伤害。

有朋友总是唠叨自己的婆婆,在她眼里,婆婆各种错,各种不对,各种妖蛾子,于是婆媳失和,矛盾不断,爱人受着夹板气,夫妻吵架不断。我曾直言不讳地告诉她:你满脑子就你一个人,不肯委屈自己一点点,你的意图被别人违拗,你就认为别人错了,从没有换位思考意识,身边所有亲近的人都得围着你转。你也不想一想,你算老几,在你眼里,道歉就是示弱,是认输,是吃亏,是无能,于是,一味的强势,你得到了什么？

朋友得到了什么？我在想。朋友得到的是同事们背后的指点,说她为人苛刻,不懂孝敬公婆;朋友得到的是爱人受着夹板气,在家冷眉冷眼;朋友得到的是公婆不上门,孩子只能自己带;朋友得到的是生活忙到乱七八糟,工作忙到只能应付;当然朋友自己也是怨气冲天,牢骚满腹,妥妥的就一怨妇。所以,有句话说得好,放过了别人也就放过了自己!

前几天有学生 call 我,说她整宿睡不着觉,也没心思学习,我问为什么?她说一个宿舍分成两派,打了一架,闹在学院了。女生宿舍,能打起来?不简单,再细问,原来不过是些鸡毛蒜皮的小事,互不相让,各自为阵,于是就一地鸡毛。我感慨,今天有多少人不懂得内省,只顾外求,不自知,还盲目地去要求别人,不自醒,只会抱怨他人。

人非圣贤,孰能无过,知错能改,善莫大焉。人往往有错不承认,自己迁就自己,为自己寻理由找借口,怕丢了面子和自尊;人往往在生活中有了矛盾摩擦,一味地怨恨别人,找别人的错处和毛病,却不愿冷静地反省自己,承认自己的过错,相互指责的结果,变得矛盾重重,甚至演变成深仇大恨,造成人生的悲剧。

星云大师说,认错是人生最大的修行。勇于认错,此乃智者之举;不肯认错,终将失去进德的机会,殊为可惜。作家刘慈欣写在《三体》里有这样的一句话:"弱小和无知不是生存的障碍,傲慢才是。"予人方便,就是待己仁厚。人心是相互的,你让别人一步,别人才会敬你一尺。人心如路,越计较,越狭窄;越宽容,越宽阔。不与君子计较,他会加倍奉还;不与小人计较,他会拿你无招。宽容,貌似是让别人,实际是给自己的心开拓道路。

大智者必谦和,大善者必宽容。道歉是气度、修养,也是智慧。我们要学会认错,认错其实是人生最高修养。黑格尔有一句话:只有永远躺在泥坑里的人,才不会再掉进坑里。生活中,只有敢于认错的人,才能从错误中汲取经验,提升自我。

2022.5.14

且轮不到你来说什么云淡风轻

大学开学季，我可爱的学生临走之时，到学校取材料顺道和我道个别，作为老师真的很幸福，我可爱的孩子们有心了。工作很忙，但我依然想写点文字给我刚刚毕业，正在迈入大学校门的学生们！

就在前几天，我看到高三刚刚毕业的孩子在朋友圈云淡风轻地来一句："人生真的很简单，用漫不经心的态度，过随遇而安的生活，安逸、舒适，如此甚好……"还配上一幅消遣安逸的照片。我不由感慨，孩子们，我一直以为，云淡风轻的生活是需要你经历了丰富的人生，体味了复杂的生活，懂得了得失的真谛，才会拥有的一种智慧人生。云淡风轻，这是需要人生的历练和资本的，而我相信，现在的你一定没有这样的资本。我可爱的孩子们，记得有句话这样说的，在一无所有的年纪，且轮不到你来说什么云淡风轻。老师想把这句话再次送给你们！

人生总是充满因果。相信你也如我一样地明白，你的今天是由你的昨天决定的，你的未来是由你的今天决定的。一个人，现在有多放纵，未来就有多拘谨；一个人，现在有多努力，未来的人生就有多自由。

高中毕业是你学习的节点，而不是终点；大学是你掌握专业知识、强化各项技能、培养综合素质的最好平台。我的孩子们，高考可能让你错过了迈入好大学的机会，如果我们再错过大学四年的努力，那你的人生真的一点翻盘的机会都没有了。美好的生活人人想要，如果现在的你再不努力，生命就不只眼前的苟且，还有未来的苟且。

我可爱的孩子们，你要明白，在某种意义上来说，人世间各种其他的责任都是可以分担和转让的，唯有对自己的责任，每个人都只能完全由自己来承担，一丝一毫也依靠不了别人。如果未来的日子里，你想要拥有一个你说了算的人生，那么你必须努力，也只能努力，否则，未来的人生你会越来越感觉被动、不如意，甚至总是身不由己，事与愿违。

一个人在二十岁的年龄就已经开始想着什么时候可以不努力、什么时候能得过且过,这是非常非常可怕的一件事情啊,这份可怕,是因为这样的人生必然是会被荒废的。毕竟,在一无所有的年纪里,且轮不到你来云淡风轻。

我一直认为,贪图享受的人才会急着岁月静好,不思进取的人才会总想着随遇而安。一个对自己对家人对社会有责任心的人,永远不会放慢自己渴望上进,追求优秀的脚步。

我可爱的孩子们,生而为人,很少有人能随心所欲,我们不能靠仰望星空过日子,人生唯有脚踏实地才能过得长久,来得自在。

唯愿将来的你不要厌弃现在的自己,同学们,年轻的你们真的可以更优秀,如果你懂得坚持与努力的意义。犹记十多年前看日本漫画《龙樱》,其中有这样一句:

当天真的你们被无情地抛入社会后,等待着你们的,只有充斥着不满和悔恨现实!二十岁的你们不能让自己总是那么"天真无邪",你们应该早早明白当你的生活越来越稀烂的时候,是因为过去所有的日子都需要问责;你们也应该早早知道当你的人生越来越向好的时候,是因为过去所有的日子都值得你说声谢谢!

我可爱的同学们,人生总是应该相信一些东西,就李老师走过的这四十多年的人生历程而言,我相信了我一位老师的谆谆告诫,记得我的一位高中老师曾说:"人活一辈子,吃的苦是有定数的,上半辈子少吃苦,下半辈子就要多吃苦……"所以趁着年轻能吃苦,有体力有精力应该多付出多努力,是对的。

同学们,活成自己喜欢的样子,真不是件容易的事!但只要你能认准方向,不断努力,终究你会攒够实力,活成一束光,照亮别人,温暖自己!

2022. 9. 6

红枣传情，情深意厚

"李老师，这是你们绥德的红枣！"看着王丽红同学非常恭敬地双手呈上来的一大袋红枣，刚刚上完课的我，真的不知所措了，纳闷：红枣，绥德？

"李老师，这是你们绥德三十崖的红枣！真的，你吃，可甜可脆了！"王丽红再一次地热情提醒我！

看着眼前这个家境窘困，心地善良，向往美好生活的可爱女孩，我感动到不知如何表达！

感谢她记得我，记得我说过的一句话！记得有一次，周日考试结束，回家时，看到王丽红同学和另一位学生同行，步走回家，我停车在她们身旁，决定捎带她们一程。一路走来，丽红说，她的一个姐姐出嫁到了绥德三十崖村，她准备国庆去看望姐姐，我感慨地说，那里是我外婆家，我小时候经常去，现在想想，自外婆去世又有好几年没有回去了……

没曾想，心思细密的丽红，一个十七八岁的孩子，竟然记住了它，竟然记得看望姐姐的时候，给我——她的老师，带来家乡的礼物，一颗颗大红枣！看着眼前懂事的王丽红，我拣了两颗红枣："谢谢你，丽红，你吃一颗，我也吃！"真的这枣，好甜，好甜，吃在嘴里，甜在心里！

我可爱的学生，谢谢你，谢谢你记得老师说过的一句不经意的话！

下午放学了，调皮捣蛋的张亮同学，手捧一大箱红枣："李老师，给你的，大——红——枣！"大红枣，三个字，声音拖得好长，好长！这孩子，嘻哈是特点，调皮是本色，高三了，上课时，我拿的那根又长又硬的教棍，没少在他身上发挥作用，记得一次，他上课不认真，我啥也没说，径直走到他旁边，他胆怯地说："李老师，上次打得我还没好呢，这次能不能轻点？"我知道，上次，我一棍下去本来准备敲他的屁股，没成想他用手去护，打在他的手背上，当时他牙齿咧咧，我知道，那一棍，真的不轻！今天，他依然一如既往地，像高一、高二的国庆收假一样，给我带来一大箱红枣，身为师者，感慨孩子们的懂事，他们都在长大,我能陪着他们一起长大,何尝不是一种幸福!

当然,这一箱红枣,情深意长啊!下午,我二〇〇三届的高中毕业生(那时我还在神中),此时他和我一样,也成为了一名老师,十多年过去了,这孩子开车给我送来了一大箱红枣。看着这一大箱子红枣,我感慨万分,这么多年过去了,孩子们依然记得我,这是怎样的一种幸福啊!

红枣情深意也厚,好些同事也给我带来这份秋收的甜蜜,看着家里阳台,阴台,厨房,到处的一箱箱的红枣,我真的觉得自己是一个多么幸福的人啊!

2022. 10. 7

请不要假装努力,结果不会陪你演戏

同学们,这个学期,疫情已是第二次强势入侵和我们面对面了,疫情打破了传统的教育方式,习惯于在学校学习的你们也不得不拿出手机、打开电脑听网课。网课学习给我们带来了不小冲击,网课在很大程度上需要我们自身的重要学习品质——自律。网课中,自律的重要性不言而喻。一个人想要多优秀就看他能控制住自己到什么程度,不管是学习、工作还是生活都是这样。

习惯的养成并非一朝一夕,自律的面前总是充满了各种诱惑,而自律能够让人与众不同。对我们来说,许多人会认为网课不算是正式上课,身边没有老师盯着,也没有同学陪伴,一个人盯着电脑、手机听课难免觉得无聊,时不时开会小差,玩玩游戏,抄抄作业都不是事儿。但是正如网上所说:划水一时爽,考试做文盲,你是假装认真还是真的偷懒,等到考试就会一见分晓。你可以自欺欺人,但成绩却不会无中生有。只有自律,无论是上网课,还是在现实课堂中,在学业上都能取得突破,将来走上社会,也一定能够脱颖而出。

最好的疗愈是读书,最好的自爱是自律,自律更是我们弯道超车的助力器。在新闻报道里,我们看到疫情期间,总有一些孩子在家努力学习的身影。他们也拿着手机,开着电脑,可他们没有停下来心安理得地去娱乐、去享受。疫情是场说来就来的灾难,越来越多的人开始明白,人要掌握一点真本事,才不会在灾难来临时手足无措。而这些真本事,都需要靠基础的知识学习来打地基。同学们,不要让疫情成为你糊弄学习的开始。明明可以抓紧时间查漏补缺,实现弯道超车,却因为一时的放纵和懈怠让自己持续性地堕落,这样的人生真的太可惜了。

好运藏在自律里,你要眉毛上的汗水,还是眉毛下的泪水?就看你能否与自律相伴。师生隔着屏幕,不能保证每一位同学都在认真听课,更不能保证每一位同学都能按时提交作业。那些在学校就常常不交作业的孩子,起初可能因为要树立新的 flag 或者出于好奇心，还能准时交作业。然而"日久见人心"，过不了几日，这部分学生必然原形毕露。自律的学生，最不愿意浪费难得的时间。他们会积极完成作业、看更多的书、练字、学英语……自律者不需要老师和家长频繁地唠叨，他们会主动安排好自己的时间。而这种习惯，也将持久地影响他们的一生。在未来漫长的人生中，自律者也会走得更远，也能够见证世间更多的美好。

同学们，成功的金钥匙是养成自律的习惯，良好的自律能力，不仅对当下的网课学习大有裨益，这种能力对于求学的人以后的成长之路也都影响深远。

同学们，愿你自律，因为越努力，越幸运；越自律，越优秀。时机和运气永远只是一时的。想要有所成就，真正靠得住的，只有自律、坚持和勤勉。请记住：每一个令你难堪的现在，都有一个你不努力的过往。

2022.11.22

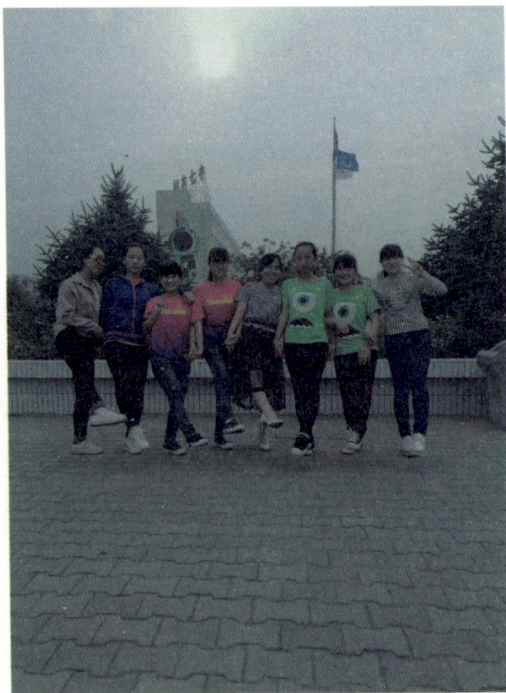

快乐的单招学生

今天,在上班的路上碰见三个学生,看起来一脸轻松,甚是开心,我问他们,为什么不在学校,他们说,自己已经单招报名了,正等待考试通知了。

提前三个月,结束紧张的高三备考,我知道,学校里像他们一样走单招的学生为数不少,据说,单招的学生,有些甚至不用笔试,只需面试就可以了。这大学想来确实挺容易上的呵!

被单招的他们,看起来很快乐、很开心,有一同学甚至手里还叼着一根烟,看到我,有些不好意思地藏在了身后。我想说,你们应该好好复习了,据说今年单招也不容易考,因为报名的人数比较多,恐怕不容易被录取。可是看他们迫不及待的样子,我又忍住没说,因为这些学生我没有给他们上过课,只是在学校见过几次面而已。

我知道,提前三个月结束高三备考,踏上所谓单招的快车道,一部分学生此时是高兴的、兴奋的,因为不管怎么说,他们十二年寒窗苦读提前结束了! 当然,也可能这些走单招的学生,虽然寒窗,却未必苦读过!

想想,这些走单招的学生,其实有些学生是可以考上三本的,有些通过高考还会有更多的学校与专业选择的权力,但这些学生却耐不住三个月的刻苦,不愿意继续三个月的奋斗,多少我还是有些遗憾和惋惜,真的是行百里者半九十啊!

记得前几天看随州二中校长的开学升旗仪式的讲话稿,其中有一句话印象特别深:怕吃苦,苦一辈子,不怕,苦一阵子。

也许,这些目光短浅的学生们,正暗自庆幸自己不用高考,可以早日脱离苦海了;也许,这些不肯吃苦的学生们,正洋洋得意自己的明智之举,让自己放心地可以玩网游了;当然,也许,他们正在嘲笑还在奋斗着的同班同学们,你们傻不傻呀……

可是我想说的是,记得有位作家在给儿子的一封信中这样写道:我要求你读书用功,不是因为我要你跟别人比成就,而是因为,我希望你将来拥有更多选择的权利,选择有意义、有时间的工作,而不是被迫谋生。

是啊,如果你优秀,你便拥有了大把的选择机会,否则你只能被迫谋生。想想这些学生,今天选择了轻松,可能明天就要面对人生的重负;此刻,他们主动选择了放弃,来日可能要被动放弃许多。

放弃高考,这是一种懦弱和不负责任。这单招,一个"单"字,似乎已经将自己推向了"独木桥";一个"单"字,已经让自己没有了多项选择的机会;一个"单"字,也让这些学生的人生成了一项单项选择题!!

总之,人生的道路都是自己选择的,想起李嘉诚说过的一句话:读书不见得能创造财富,但却可以给人更多的选择机会!

这些单招的学生们,倒是从另一层面印证了这句话。

2023.3.2

只要灵魂高贵,附庸风雅又何妨

回家路上,碰到2018届一男生,乐呵呵地走过来,说:"哇,巧姐,真的是你,向你报告,我上班了!"接着非常可爱地给递过来一根糖葫芦……我说"大江东去",他马上来一句"浪淘尽,千古……"还很是装模作样地迈开一步,向我作揖,哈哈,街道旁,师徒俩开怀大笑……

他给我的印象特别深刻,因他,我还写了一篇题为《附庸风雅又何妨》的日志。想起有一次早辅导,站在教室后门,看到他正投入而忘情地高声朗读苏轼的"大江东去,浪淘尽,千古风流人物……"而且摇头晃脑,摸摸没有胡须的下巴,似在捋着长长的胡须,可爱又可笑,可他陶醉其中,忘乎所以……

有学生在旁边高喊:"哈哈,附庸风雅,非你莫属啦……"还有学生在起哄,嬉笑嗔骂,孩子们看起来挺开心的样子,即将毕业,同学们相处多融洽,这一幕倒是感动到了我。

在我的印象中,这个学生平时爱朗诵,记得高二时学校组织的诗文朗诵比赛,他积极准备,在预选中却被淘汰出局,可他在高考临近,依然这么"自娱自乐"……

铃声响起,走进教室,学生安静了下来,我说:"同学们,只要灵魂高贵,何妨附庸风雅,我要为他点赞……"

众所周知,"附庸风雅"似乎是文人名士的"专利",这个词常常被用来贬责用文化装点门面的人,有"打肿脸充胖子"之嫌。犹记2016年5月25日,杨绛先生去世,当时有一个链接,题目为《杨绛死了,你们的朋友圈是不是又一次"如丧考妣"?》的文章,(呵呵,原题目中"如丧考妣"为"如丧考比")大体意思是不懂杨绛,就没有缅怀杨绛的资格,若表达这份敬意,就是做作,就是附庸风雅,记得当时我为此曾感慨:

我不喜欢这篇文章,但我依然分享给大家,其原因是,从表演型性格来看,本文以批判别人来突显自己的做作,只是反向做作罢了!另外,我认为,对崇高的向往与尊重,是每一个人潜在的善意与表达,我们不够风雅,我们渴望风雅;我们不够崇高,我们向往崇高。不见得只有什么"杨绛通""钟书通"才有资格,只有偏狭和不厚道的人如本文作者才会如此贬低别人,来做作自己……

所以,我一直固执地认为,那些正当的、剥离了虚荣心的"附庸风雅"的行为,总是没有错的,究其本源,支配这种行为的,终归是一颗追求上进和高贵的心。

"吴侩之弟买画"的典故,可谓真附庸了风雅;黛玉葬花,这份别致的风流,硬要效仿,恐怕也只能落得个东施效颦;而史湘云大嚼烧烤鹿肉,黛玉打趣,史湘云还击说:"你知道什么,是真名士自风流,你们都是假清高,最可厌的!我们这会子腥膻大吃大嚼,回头却是锦心绣口……"谁又敢说湘云的洒脱与不羁不是一种风雅……

《永远的附庸风雅永远的风花雪月》,张远山所著。有人认为,这部著作是中国文化史上第一部为人类正常的文化欲望辩护的文集。在作者看来,人类天生迷醉风花雪月,人类天生喜欢附庸风雅,正如人类天生追求幸福生活。革命家因为憎恨贵族的风花雪月而反对平民迷恋附庸风雅,哲学家因为憎恨平民的附庸风雅而反对贵族吟咏风花雪月。风花雪月在革命家眼里是高雅的麻木,附庸风雅在哲学家眼里是粗鄙的麻木。这样的文化欲望辩护,我超喜欢,因为作者很中肯,很辨证,也入木三分,直中要害。作者甚至说:"我相信,抨击风花雪月和附庸风雅的革命者,骨子里是反革命者;抨击风花雪月和附庸风雅的哲学家,骨子里是伪哲学家。"呵呵,够尖刻,也够透彻,佩服佩服!

"春花秋月入诗篇,白日清宵是散仙",才女鱼玄机如是说。我想说,就凡夫俗子而言,虽不是人人都有"春风秋月入诗篇"的能耐,但若能有"白日清宵自散仙"的心态与情怀,也挺风雅的,如果硬要扣上一顶附庸风雅的帽子,未免失了偏颇与气度。

追根溯源,风雅一词源自《诗经》,《诗经》分《风》《雅》《颂》三部分,其中《风》是周代各地的歌谣,是劳动人民智慧的结晶,从思想性和艺术价值上看,三颂不如二雅,二雅不如十五国风。呵呵,历史变迁,风雅似乎就成了文人名士的"专利",呵呵,我以为这极不公平。

所以哪怕是被冠以"附庸风雅",只要不是虚荣心作祟,我以为,若真有追求风流雅致的本心,现代人当中,多一些风雅之士未必不是一件好事,至少,有那么那么多的人还在追寻着诗与远方,因为眼前真的不只有苟且。

每个附庸风雅者,无疑都是向善者。张远山如是说。

呵呵,做一个向善求美的附庸风雅者,有什么不可以呢!

2023.3.28

纠结的爱情

今天,在QQ里,有学生发来一信息:"李老师,你知道的,我们从神七到西安,已经恋爱了三年了,可现在,她要与我分手,非分手不可,我们总是吵架。老师,你说我该怎么办呢?……"看到这条信息,倒是让我想起了他们俩的模样,高中三年,高三开始,互相欣赏,很是投缘,我曾多次找他们谈话,他们说有分寸,不会影响学习,当然,后来竟然考在了同一所大学,再后来,就是看到他们每个节日发来的共同的祝福,再后来,就是今天这个很是突兀的信息……

这一届学生,只代了两年,感谢他们这么信任我,即使高三,不给他们上课了,他们依然有什么困惑,愿意与我交流和谈心。感动自己,教书这么多年,总是有学生能够如此地贴心,把我视为师长、朋友、心灵导师……

真的不是很了解,这几年,他们之间的感情发展到了几何! 但我想说的是,不管这段感情最终能走向何处,请不要伤害过往的美好!

相信,曾经为了这段感情,他们都互相投入过、陶醉过,那么,今天,不再拥有的时候,也请好聚好散,否则曾经的美好,也会在互相的猜忌中、埋怨中变得苍白而不再深情。为什么在无法拥有的时候,不能爽快地放下,重新开始!

其实,生活中,许多的事情总是在经历过以后才会懂得。一如感情,痛过了,才会懂得如何对待自己;傻过了,才会懂得适时地坚持与放弃,在得到与失去中一个人才能慢慢地认识自己。我想说,既然默默相守已失去意义,莫不如立即斩断心中那情思缕缕,放弃曾经属于过的、今日已不再拥有的,重新选择。其实,生活并不需要那些无谓的执着,真的情到尽头,没有什么就真的不能割舍。既然对方已不愿拥有,就应该痛快地放下,既然双方不合适,又何必纠缠与强求呢?

很喜欢这样一副对联:得失失得,何必患得患失;舍得得舍,不妨不舍不得。也许人生的过程就是一个不断放弃,又不断得到的过程。关键是要学会放弃,因为放弃,也是人生的一种选择。

记得前几天早辅导,我可爱的学生在大声地背诵美文选段:放弃一棵树,你会得到整个森林!放弃一滴水,你就拥有整个大海!放弃一片洼地,你就会占领一座高山……!哈哈,我想在此补充一句:放弃一段无法拥有的爱情,你就可能重新踏上美好的人生旅途!

不要悲伤,况且有些事情放弃了并不等于失去,当你放弃了对这份伤痕累累的感情的追求,你会发现原来有些东西,坚持本身就是对彼此的伤害。

放弃一段感情,需要勇气,需要果断。身边有多少人,因不愿放弃,即使最终走向婚姻,也是强扭的瓜不甜,彼此不咸不淡,生活也索然无味。其实放弃绝不是对自己过往感情的背叛,放弃一段飘渺的感情,你就会变得踏实、如释重负、清清爽爽。对于爱情来说,放弃一段无法掌控的感情不是怯懦,不是自卑,也不是不珍惜,更不是陷入绝境时渴望得到的一种解脱,而是在痛定思痛后做出的一种选择,是一种对双方情感的高度负责。

当爱情要演变成婚姻的时候,面对抉择,不再是面子问题,不再是对与错的问题,而是合适不合适的问题。如果不合适,不如早点放手,否则,走得越远,伤害越深。所以说,适时地放手,不是逃避,更不是甘拜下风,而是在发现了双方脾气不合,兴趣相左,爱好有异后做出的一种理性的选择。

放弃意味着什么?放弃意味着结束,但也意味着开始;放弃意味着失去过去,但也意味着拥有未来……

有时放手,不失为一种正确的选择!

2023.4.17

学霸女生的困扰

今天，一毕业十多年的女生来电，谈了许多，欣慰的是这么多年，她一直记得我，愿意与我交流她生活中的点滴。电话挂了，不禁让我想起一句话，一句经典的台词：书念得比较多的女人，最容易高估内在美对男人的吸引力。

我的这一女学生，2004届高三毕业，本科读完读硕士，硕士读完又在读博士，属于特别有心劲的学霸级别的。2023年，38岁了，还单身，自己都有点着急，说过年不想回来了，父母念叨得不行，弟弟小她三岁，已经有两个小孩了……

闲聊中，我提醒她，有合适的就把自己嫁出去，这年龄，真不小了！其实，我知道她前年读研时，谈过一同级的男生，只是后来，这男生，找了一个比他小4岁的大一俊俏的小女生！

她说："李老师，这年龄大，长相又一般，越来越发现自己已经成了骨灰级的剩女啦！"听得出，看似轻松的言谈掩饰不了她内心的一些尴尬和无奈。放下电话，我也真替自己这个只顾学习，长相一般，注重内在美及内心强大的大龄女学生有些发愁了！

"他爱上的是你的内在，而非你的外表"，对这句话的诠释，我想说，没有哪个故事比《简·爱》更让女人心潮澎湃，对自己高质量的爱情充满憧憬之情了。因为，简·爱，一个长相平平的女人，不是一个美女，故事中的女主角，最终获得了男人最深挚的爱。简·爱，相貌寻常，但却内心丰富，自尊倔强。她做家庭教师期间，暗暗爱上了男主人罗切斯特先生。没想到的是，她的内在美，竟然早就深深地吸引住了对方。相信看过名著《简·爱》的人，都会脱口而出那句荡气回肠的宣言："你以为我穷、不好看，就没有感情？我们的精神是同等的！就如同我跟你经过坟墓，将同样地站在上帝面前！"

这名著中，令人震撼的爱情故事让我们相信，那些真正有思想有品位的男人，会眼光独到地抛却外在的一切，只为了女性的内在而爱上一个女人。事实果真如此？简·爱最终与罗切斯特厮守时，他已失去了财产，双眼再也看不见美丑。我想说，如果男主人公没有双目失明，没有失去财产，谁能保证他不会再一时情迷，跟另一个美艳的英格拉姆小姐生个孩子呢？

生活中，书念得多，又不漂亮的女生，往往会鄙视那些被男人围着转的"有胸无脑"的漂亮女人，而且坚信她们徒有美貌却没有灵魂。确实，书读得多的女性，内心是丰富的，灵魂是充实的，可是现实却总是令人无话可说。记得2007届还有一女学生，身材高挑，长相俊美，可是给人感觉笨笨的、呆呆的，没有一点灵气，学习特差，除了妖娆、时尚，没有一点内在的东西，可人家照样嫁得很好。这残酷的现实，让人不得不明白，为什么英雄爱美女的佳话俯拾皆是，诸葛亮娶丑妻之举千百年来却只此一例。

现实生活中，在大多数男人的眼里，丑女是不配有爱情的。校园里懵懂无知的小男生，也懂得肆意取笑相貌稍逊的女同学：恐龙。你可以说男人虚荣肤浅，但面对尴尬的现实我们不得不承认，在男人眼里，原始的欲望始终大于精神上的欣赏，在择偶问题上，漂亮的女子总是占便宜。生活告诉我们，男人，有时更注重的是面子，当然，里子有了更好；没有，对于男人来说，似乎也无妨！

女人，自信的女人，当然可以自豪地说，让这些没有品位的男人，见鬼去吧！但淋漓痛快地宣泄之后，女人，又不得不面对这样的现实，那就是，天底下大多数男人在择偶时，都是以满足原始欲望为先的！

希望2023年，我的学霸级女生能够找到一个欣赏她的、注重内在的男生！

2023.5.4

面对别人的坏情绪,所有的退让都是给自己的奖赏

在有些人面前,宁可保持沉默像个呆子,也千万不要一开口就证明自己和有些人一样是个妥妥的混蛋。

今天下班回家取个快递碰上一学生说:"李老师,今倒霉死了,遇到个路霸,车子被刮了,还被人家狠狠地吼了一顿!"我说:"你就把自己当个新手,认栽了,难不成你要和垃圾情绪的人去较真? 记住,在仅有一次的生命面前,所有的退让都是给自己的奖赏,都是无比荣光的,懂吗?"

和她一边走一边说。我说,我先给你讲一个我经常给别人讲的故事,是我的亲身经历。记得有一次一大早上班路上,五龙口大桥上,红绿灯路口,一开霸道车的男子在我的车后想要变道,而我似乎堵住了他的车;本来绿灯亮,时间足,他也是可以通行的,都是直行,可他不知什么原因就想变道至另一个直行道,示意我挪车,可我觉得我就要贴上前面的车了,当然可能在他看来我还可以向前挪一点的,总之,可能没有满足他的心愿,绿灯亮了,过了十字路口,他从侧旁过来,开着车,和我并驾齐驱,摇下车窗玻璃,破口大骂,各种脏话脱口而出,关键是长长的五龙口大桥,从桥头到桥尾他就这样坐在自己的霸道车上居高临下地骂人,还特别的嚣张。我未还口,只是想着,该不是遇上个垃圾人了吧,惹不起咱先闭嘴,一大早的,年轻人哪来的这么大的起床气?

到了办公室,我开玩笑说:"今天,我让别人的快乐和威风建立在了我的大度和包容上了,说句心里话,成全一个人的低素质是需要极大的耐心和隐忍的哦……"

有句话说得好:常与同好争高下,不与傻瓜论短长。孔子在《论语》中说:"只与智者争,不与傻瓜辩。"不禁想起一个流传甚广的故事来:清晨,子贡在大院门口打扫院子。有人来到,问子贡:"你是孔子的学生吗?"子贡答道:"是的。有何指教?"来人说:"听说孔子是名师,那么你一定也是高徒吧?"子贡曰:"惭愧。"来人说:"那我想请教你一个问题,其实,我的问题很简单。就是你说说一年有几季?""四季。"子贡笑答。"不对,一年只有

三季！""四季！""三季！！""四季！"子贡理直气壮。"三季！"来人毫不示弱。然后就争论不止，很长时间也不停。孔子听到声音，从院内出来，子贡上前讲明原委，让孔子评定。孔子先是不答，观察一阵后说："一年的确只有三季。"来人见此，大笑而去。待来人走后，子贡忙问老师："这一年应是几季？"孔子答："四季。"子贡不解。孔子继而说道："这时和刚才不同，方才那人一身绿衣。他分明是田间的蚱蜢。蚱蜢者，春天生，秋天亡，一生只经历过春、夏、秋三季，哪里见过冬天？所以在他的思维里，根本就没有'冬季'这个概念。你跟这样的人那就是争上三天三夜也不会有结果的。"说完，子贡立刻明白了。

我想，这个故事一定不是真的，但是重要的是给我们揭示一个很深刻的道理。有句俗话叫："天雨虽宽，不润无根之草；佛门虽广，不度无缘之人。"这是洛阳白马寺后殿门上的对联。对于根本不懂的人不需要和他争辩，因为你与他们谈的即便是真理，可是由于他们自身条件的限制而永远也无法理解，这类人通常被称为是"三季人"。"三季人"的故事启示我们：无论说什么，先要看清对象，对象错了，讲得再多也没有用。

所以，永远不要和层次低的人争辩，他会把你的智商拉低到和他一个水平线，然后用他所谓的丰富的经验打败你，拉垮你，让你不知不觉间和他为伍，成为一类人。记住：你和什么样层次的人争辩，就注定了你将会沦为什么样子的人，不要因为和别人计较而拉低了自己的教养！

2023.4.26

第四辑　各类活动讲话稿

抓住学校各种教育的契机和场所，提高学生认知，帮助学生成长。

创建书香校园, 打造文化学校

——读书节开幕式动员讲话稿

老师们, 同学们: 上午好!

今天, 我们利用升旗仪式举行我校读书节的开幕仪式。

众所周知, 读书, 是我们中华民族几千年流传不息的优良传统。西汉刘向有言曰: "书犹药也, 善读之可以医愚。"可见古人对于读书的重视。书中自有大千世界, 纵横上下五千年, 诗文经道, 舞乐仪礼, 风土人情, 山河大川, 无不包罗其中。王安石也曾说过: "贫者因书而富, 富者因书而贵。"读书, 可以让一个人拥有无可估量的财富, 知识的积累形成智慧的沉淀, 举手投足之间自有儒者风范, 学士气度。正所谓"腹有诗书气自华", 一个人的品德气质的养成在很大程度上与其读书的多少好坏有着密切关系。古人以读书为训, 无论诗人、学者, 还是纵横家、谋臣策士, 都有着广博的知识和深厚的文化积淀。孔子"韦编三绝", 杜甫"读书破万卷, 下笔如有神", 赵普"半部《论语》治天下", 都是很好的例证。春秋更替, 历史流转, 无数事实告诉我们, 唯有读书才能使我们的人生更富有内涵, 读书是每个人生命的需要。

读书, 不仅对于个人尤为重要, 对于促进一个民族的发展也有着不容忽视的作用。新教育实验的倡导者朱永新教授曾说: "在一定意义说, 一个人的精神发育史, 就是一个人的阅读史, 而一个民族的精神发育水平, 在很大程度取决于这个民族的阅读状况。充实而有意义的人生, 应该伴随着读书而发展。"民族是每个人的民族, 每个人的精神品质共同构成整个民族的文化品位。一个优秀的民族必然是一个善于阅读的民族, 一个有着高尚修养的民族, 一个自立自强自尊自信的民族。

校园读书节是宣扬读书传统, 引导广大同学"多读书, 读好书, 会读书", 也是展示我校学生文化风貌与读书品位的平台。校园是读书的地方, "让读书成为习惯, 使书香充满校园"应是我们举办读书节的宗旨, 为此本届读书节为同学们准备了丰富多彩的活动: 有全校师生征文活动;现场作文比赛;经典诗文诵读比赛;读书节摄影大赛;课本剧表演赛;读书知识抢答赛等等。通过这些活动,让我们一起在浩如烟海的书籍中遨游,使我们的校园响起更多的读书声,使我们的校园溢满浓浓书香,让我们的生活充满读书的快乐!

老师们、同学们,希望通过读书活动,让我们的"校园有书香气,老师有书卷气,同学有书生气";通过"书香校园"的建设,使我们的学校更加"高雅、儒雅、文雅"。

最后我想说,读书改变人生,我们应该好读书;读书启迪智慧,我们应该读好书;腹有诗书气自华——我们应该多读书!坚持每天读书,终身读书,相信我们的人生必会有最美的收获。

2018. 4. 15

诵读经典,传承文明

——经典诵读比赛讲话稿

经典浸润人生,智慧点亮生活。中华五千年的文明给我们留下了丰厚的精神食粮。那么,诵读经典诗文就可以使我们加深对民族精神和优秀文化的理解和领悟,同时,诵读能够让我们亲近经典,而且,在亲近中热爱经典,在热爱中弘扬和传承经典。

今天,我们在这里隆重举行 2018 读书年经典诵读比赛,其目的就在于通过诵读经典,拓展同学们的经典阅读范围,培养同学们对经典诗文的兴趣爱好,不断提升同学们的人文素养,激发同学们的爱国主义情感,陶冶同学们高尚的情操和审美情趣。那么,在此,我要对刚才同学们的精彩表现点赞,比如苗宇同学一首豪放大气的《将进酒》,让我又一次感受到了诗仙李白"天生我材必有用,千金散尽还复来"的满满的自信;刘婷同学婉转而又细腻的《那一年》,我相信触碰到了我们每一个听众温柔而又焦躁的内心;还有高一4班郭正伟,6班黄星伟两位同学朗诵的毛泽东《沁园春长沙》,那种奔放,自信,让我脑海中不禁奔涌出伟人"自信人生二百年,会当水击三千里"的豪迈之语;还有……,都给我们留下了深刻的印象。

此刻,我想起了一句诗"最是书香能致远,腹有诗书气自华。"我希望通过这样的活动,引领同学们在今后的学习生活中能够增添点书卷气,拥有点书香味,我相信,一个人一旦拥有这种书卷书香的气味,这种气味就会慢慢地浸透在我们的骨头里,体现在我们的气质里,表现在我们的谈吐里,让我们变得得体而大方,优雅而自信,而且这种书卷的气味永远不会消了她的颜色,淡了她的芬芳,其实它已经内化为我们精神气质的一部分了……另外,学校也希望通过举办这样的活动,营造浓郁的读书氛围,让我们在大量的阅读实践中了解感受我们国家悠久的历史和灿烂的文化,感悟中华经典文化的博大精深,营造书香校园,促进校园文化建设。

最后,我要对本次活动辛勤的组织者语文组的老师们、对给予我们大力支持的何涛老师表示感谢,对积极参与和获奖的同学表示热烈的祝贺。

2018.10.22

书香校园，有你有我

——读书交流会倡议书

老师们、同学们：

大家早上好！

人因为有思想而站立起来。但站起来的人并非都有思想。古往今来，中外思想者为我们写下了一部又一部辉煌的史诗。每一篇章都透露出聪明与灵气，闪耀着智慧的光芒。那些闪光的智慧，从实践中来，从读书中来，从边实践、边读书的感悟中来。不读书的人，就没有个性化的思想，不读书的人，就没有个性化的灵魂。

作为教师，我们更需要读书。只有读书，我们才能拥有源头活水，滋润学生求知若渴的心田；只有读书，我们才能生成新的信息，与学生进行心灵的沟通与传递；只有读书，我们才能引领学生读书；只有读书，我们才能促进学生发展。

作为教师，就是要多一些书生气，多一些书卷气，多一些书香气，多一些天之浩气，多一些地之灵气。读懂社会，读懂教育，读懂学生，读懂自己。

为了积极投入并推进我校"书香校园"文化建设活动，落实我市"厚德神木"道德建设活动，同时也为了使每位教师成为有人文情怀、有教育理想、有人生思辨的学者型教师，我们向全校教职工发出以下倡议：

倡议教师成为学生的表率，在平日的教学活动中，应率先垂范，不仅自己读书，还要指导学生读书，指导学生写好读书笔记，让读书成为生命的组成部分。

倡议读书常规化：要求每位老师每日抽出一定的时间，专门用于读书，每学期要精读2—3本著作。

倡议教师把读书、思考、写作融为一体，让自己成为一个智慧型、思考型的教师，经常写一些随感随笔。

倡议教师把读书和专业发展相结合，让读书成为业务发展的强劲动力，让自己的事业之水源源不断,让自己成为一个学习者、实践者、研究者。

苏联当代著名教育家苏霍姆林斯基的《给教师的建议》一书共有100条建议,每条谈一个问题,既有生动的实际事例,又有精辟的理论分析。文字深入浅出,通顺流畅。学校建议全体教师共同阅读此书,诵读经典语段,并紧密联系自己的教育教学实践,或用自己的教育教学实例来深度解读书中的理论,或谈自己运用书中理论与方法的经历与体会,完成一篇阅读感悟。学校拟定于11月上旬由工会具体负责,举行我校第二次教师读书交流会,届时将邀请部分教师与大家交流心得体会。

著名学者朱永新先生说:"阅读,让贫乏和平庸远离我们!阅读,让博学和睿智拯救我们!阅读,让历史和时间记住我们!阅读,让吾国之精魂永世传承!"让我们一起走进书香芳草地,运用科学的读书方法,养成良好的阅读习惯,领略书中神奇瑰丽的风光;让我们共同努力,创建温馨和爱的书香家庭、和谐美好的书香校园,积极打造一个属于我们教师的书香人生!

2019.4.3

雅言传承文明，经典浸润人生

——经典诵读比赛领导讲话稿

老师们、同学们：

大家好！

今天晚上，我们在此隆重举行"雅言传承文明，经典浸润人生"诗文诵读比赛，首先，我代表校委会对本次活动作出辛勤劳动和付出的所有老师们表示感谢！同时也对全体参赛同学今晚的精彩表现表示祝贺！

同学们，国学经典源远流长，在五千年历史文化的长河中，名篇佳赋，灿若星河，大浪淘沙，历史为我们留下一部又一部闪烁着光辉思想和深远智慧的篇章，这些经典已经成为中华民族赖以生存的精神宝藏和心灵家园了。

有同学会问，阅读经典诗文能有哪些收获呢？我个人最大的体会就是可以使我们心情愉悦，眼界宽广；另外当我们迷惑的时候，纠结的时候，困顿的时候，走进经典，能够让我们拨云见日，柳暗花明。一篇篇经典美文，一句句哲理结晶，不仅能让我们享受阅读的快乐，还可陶冶我们的性情，让我们悟出做人的道理，从而提高人格品位，提升精神境界。

同学们，"最是书香能致远，腹有诗书气自华。"我们开展这次活动就是希望我们所有同学能够以本次诵读比赛活动为契机，在老师们的教育、引导下，让读诗文、诵经典，成为同学们的日常学习活动的一种新常态。在中华美文的滋养下，在民族文化的浸润里，提升我们的爱国情怀，增强我们的文化自信，让我们真正富有民族的自豪感，就像诗人舒婷诗中所吟唱的那样：在无数蓝色的眼睛和褐色的眼睛之中，我有着宝石般的黑色眼睛，在无数白色的皮肤和黑色的皮肤之中，我有着大地般黄色的皮肤，我骄傲，我是中国人……

最后，再次让我们用热烈的掌声再次祝贺我们所有参赛同学今晚的精彩表现，谢谢大家！

2019.9.23

传承华夏文明，诵读千古风韵

——经典咏流传诗文朗诵比赛讲话稿

老师们、同学们：

大家好！五千年文化，三千年诗韵，中华文化从未断流，诗意中国，可谓源远流长。今晚我们与时光作伴，听经典回响。一篇篇诗词乘着音乐的翅膀，穿越千古江山，缓缓流淌在我们的耳畔，浸润着我们的心田。

记得中央电视台主持人撒贝宁在《经典永流传》中曾说：让传统经典成为流行先锋是我们的责任。康震老师也曾语重心长地说，文学性和音乐性合而为一，创新性地传承经典是我们每一代中国人的使命和担当。

在今天，世界各地出现中国诗词热，中华文化热，这些现象再一次告诉我们，中华经典诗词它经得住历史的检验，耐得起时间的考验，千百年来，它始终光芒熠熠，亮丽人世，这就是经典诗词的魅力所在。

想想，中华诗词历经千百年时光洗礼，历经千万人口口传唱，可以说，它已经不再属于某个作者、某个时代甚至某个国度，它属于人类共同的精神财富，即使我们每一个人在不同的时期、不同的阅历之后，对经典的理解和思考也是不尽相同的。正如古人所云：少年读书，如隙中窥月；中年读书，如庭中望月；老年读书，如台上玩月。那么不管经典诗词谁在读，怎么读，那都是凝聚了人们对于真善美、对于艺术光辉和文明信念的共同守护，所以说，经典即永恒，中国的诗词经典已经走出国门，走向世界，属于每一个热爱诗词的人了。

今天，我们传承诗词经典，传承民族文化，不仅仅因为它是一个蕴藏丰富的宝库，更是因为我们能够从中溯源文化的根基，汲取精神的力量，滋补我们的精神与灵魂。鲁迅先生也曾说,只有民族的才是世界的。显然,民族文化是一个国家、一个民族的灵魂。文化兴国运兴,文化强民族强。文化自信是一个国家、一个民族发展中更基本、更深沉、更持久的力量。准确地说,文化自信,才是真正的自信。

那么作为老师,作为学生,就让我们从吟唱经典做起,让经典成为流行,让经典永流传。

最后让我们把掌声送给为今晚这场比赛付出辛苦的所有老师,同时也把热烈的掌声送给今晚所有的参赛选手!

2020.5.26

争做中国牛，共"犇"新征程

——升旗仪式讲话稿

同学们，十年寒窗，今日试锋，年轻的你们即将完成高中学业，开启自己新的人生，今天，在你们即将启程，奔向美好人生之际，我想送给大家几句话，希望同学们且行且思，走向更加开阔明朗的人生。

当时光的航船驶入农历辛丑牛年，中国人的时间历史掀开了新的一页，过年时，牛年大吉，牛气冲天……带有牛字的祝福成为高频热词，在中华文化里，牛是勤劳、奉献、奋进、力量的象征。在全国政协2021新年茶话会上，习近平总书记强调要发扬为民服务孺子牛、创新发展拓荒牛、艰苦奋斗老黄牛的精神……在全面建设社会主义现代化国家新征程上奋勇前进。著名作家路遥曾说："像牛一样劳动，像土地一样奉献"，这句话总能给人以心灵的触动和深刻的启迪。

同学们，人无精神则不立，国无精神则不强，精神的力量是无穷的，唯有精神上站得住，一个人才能在人生路上挺立潮头，一个国家才会在历史洪流中屹立不倒。那么，我们年轻学子在成人成才路上应该拥有怎样的优秀品质呢？

首先，作为新时代的有为青年，希望你们拥有"俯首甘为孺子牛"的可贵精神。几千年来牛与人类相伴，服务人类，其卓越之品性世人美誉，在宋代名将李钢眼中，牛代表的是"但得众生皆得饱，不辞羸病卧残阳"的忘我精神，人生没有等来的辉煌，只有拼来的精彩，一切成绩的取得，都是在"不教一日闲过"中默默耕耘出来的，每个梦想的实现都是在"一个汗珠子摔八瓣"中拼搏出来的，不辞劳苦，惓惓耕作，脚踏实地，默默奉献，这是牛身上的可贵品格，更是每一个渴望成功的年轻人值得拥有的不可或缺的精神，希望同学们在未来的人生道路上，乐于奉献，甘为人梯，成就了别人也成就了自己。

作为新时代的年青学子，希望你们拥有开拓创新的拓荒牛精神。敢蹚别人没走过的路，才能收获别样的风景；敢拓前人没垦过的荒，才能开创新的未来。唯创新者胜，唯创新者久。因为创新，深圳不再是渔村；因为创新，浦东变得繁华。创新是第一生产力，唯有改革创新，才能引领质量变革、效率变革、动力变革。国如此，人亦如此。奋斗的人生需要我们敢为天下先，善为天下先；奋进的民族更需要每一位有为青年锐意进取，勤于探索，勇于实践，坚持创新。

其次，作为新时代的年青学子，希望你们拥有艰苦奋斗的老黄牛精神。征途漫漫，唯有吃苦耐劳方可成功。宋王安石有诗云"朝耕及露下，暮耕连月出；自无一毛利，主有千箱实。"歌颂的是牛的不变初心；"晨雾行，暮雨归。千顷万亩犁不尽，一生一世阡陌行。"褒扬的是牛的本色不移。踏平坎坷成大道，斗罢艰险再出发，中国共产党百年辉煌，无不体现着一代代一辈辈中国人勤耕、乐耕精神，"干惊天动地事，做隐姓埋名人"从科技前沿到戍边前线，从疫情战场到脱贫现场，默默付出如老黄牛者比比皆是。大道至简，实干为要。习近平总书记说："伟大梦想不是等得来、喊得来的，而是拼出来、干出来的。"抬望眼，民族复兴前景光明；回首看，百年历程苦难艰险，这个伟大的时代，需要我们年轻人踏实务业如老黄牛，吃苦耐劳如老黄牛。

一世纪风雨兼程，九万里风鹏正举，同学们，时间属于奋进者，历史属于奋进者，胸怀千秋伟业，恰是百年风华，我们青年学子作为一个个平凡的奋斗者，要身体力行"功成不必在我"的境界和"功成必定有我"的担当，体悟牛的品格甘做老黄牛；发扬牛的精神争做拓荒牛；学习牛的干劲力做孺子牛，像牛一样耕耘，像牛一样奋发，乘势而上，扬帆起航！

风好正是扬帆时，不待扬鞭自奋蹄，最后祝大家金榜题名，梦想成真。

2021.5.21

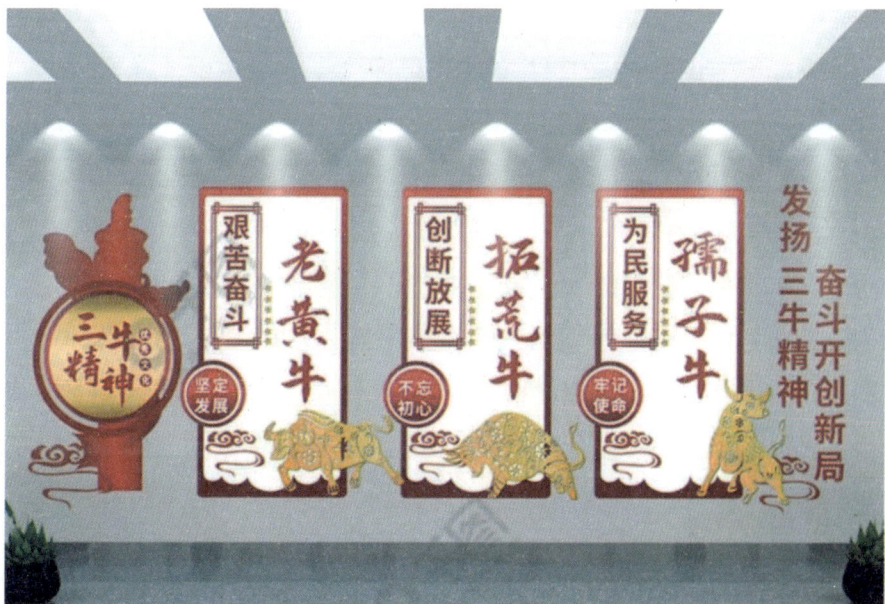

向国旗敬礼

——升旗仪式讲话稿

老师们，同学们，大家好，今天的升旗仪式，意义非同寻常，因为，再过几天，我们伟大的新中国即将迎来 72 岁华诞，今天我们升旗仪式教育的主题就是"向国旗敬礼"。

此刻，面对高高飘扬的五星红旗，不由让我想起了一件记忆深刻的事情来。记得2006 年国庆节，在北京，我们一家三口凌晨四点从宾馆出发，前往天安门广场参观升旗仪式，当我们到了天安门广场，才发现全国各地去北京参观升旗仪式的人非常非常的多。六点十一分，当国旗冉冉升起时，数万人高唱国歌，声音响彻云霄，甚是壮观。这时，身边一个七八岁的小姑娘轻声说："爸爸，你看爷爷哭了！"我微微扭头，发现一位七十多岁，华发丛生的老人，身姿笔挺，向国旗敬礼，很标准的军礼，再细看，老人双泪纵横，甚是动情，升旗仪式结束后，老人面对国旗，两眼含泪，久久伫立，不肯离去。后来得知，老人是抗战幸存人员，安着假肢，体内还有十多处细碎的弹片未取出，长年疼痛，备受煎熬。看着老人如雕刻般饱经沧桑的脸，我深深地被震动了，面对高高飘扬的五星红旗，让我们想到了那些前仆后继，毁家纾难的革命烈士们，想到了一场场艰苦卓绝，惨烈无比的战争，想到了这面用革命先烈的热血染红的旗帜是多么的来之不易，想到了我们今天的幸福生活是多么的难能可贵，想到了中华民族伟大复兴需要我们多少代人的共同努力……抗战幸存的这位退役老人，笔直的站姿是对国旗的无比敬畏，盈眶的热泪饱含着的是对过去痛苦的记忆和对今天幸福生活的珍惜，这么多年了，学校每周的升旗仪式，时时勾起我的回忆，让我感慨，大概只有经历过悲苦和生死的人才会对这面国旗有如此真切的情感，只有遭受过人生苦难的人面对国旗才会如此的动情。那么，生在当下，拥有和平幸福人生的我们如果能心存敬畏，对国旗能心怀崇高情感，这才不辜负先辈们的浴血奋战，才能对得起英烈们的无畏牺牲，同时更是对拥有幸福生活的真正感恩。

老师们，同学们，犹记几年前我曾带领着我的学生思考升旗时我们应有的仪式感，也许有人会认为我是小题大做，自作多情或者无病呻吟，可我想说，如果你用心地去面对这面充满无数动人故事的五星红旗，如果你用情地去体味旗帜背后的艰难与不易……我相信，你会觉得，向国旗致敬，所有的仪式都不过分；向国旗敬礼，所有的表达都还欠着一份深情。

2021年,神舟十二号飞行任务取得圆满成功,神舟十三号发射在即,新冠疫情得到有效控制,滞留加拿大的孟晚舟回到祖国的怀抱,这一桩桩,一件件无不彰显的是我泱泱大国屹立于世界民族之林的志气和底气,无不昭示着我们中华民族的骨气和硬气。今天,我们的祖国从百废待兴走向欣欣向荣,从贫穷落后走向繁荣富强;今天的中国人,有了从未有过的骄傲和自豪,从未有过的扬眉吐气,祖国是我们坚强的后盾,国家是我们尊严的底牌。

老师们,同学们,我们庆幸,庆幸我们生逢盛世;我们自豪,自豪我们身在中华。孟晚舟女士在25号晚十点抵达深圳宝安国际机场,发表讲话,充满深情地说:"有五星红旗的地方,就有信念的灯塔,如果信念有颜色,那一定是中国红!"被加拿大无理羁押1000多个日夜的孟晚舟事件,告诉了我们一个铁一样不争的事实,那就是有国才有家,国家强大了,我们才会有依靠。每个星期一的升旗仪式,我们抬头仰望,满含深情,面对国旗,行注目礼。向国旗致敬,是我们对祖国的爱的表达。在此,希望我们所有老师和同学都能将对国旗的深深敬意化作行动,融入平时的工作与学习中,用努力工作和勤奋学习的实际行动去践行我们对国家的无比热爱和忠诚。

最后,在祖国母亲生日到来之际,让我们共同祝福我们伟大的祖国繁荣昌盛!

2021.10.11

自律成就精彩人生

——升旗仪式讲话稿

老师们,同学们,大家好!今天我讲话的题目是《自律成就精彩人生》。

上周值周,当我看到有的高三的学生无所事事地在自习课上翻看着《火花月刊》《青春无敌》等杂志;有的高二学生无聊至极地左手倒右手摆弄着桌子上的数个好看的水杯,半天停不下来;有的高一学生桌兜里塞满香飘飘、营养快线、奥利奥等休闲食品时,我不禁感慨万分。原来,我们身边有一部分同学安于现状,不思进取,只知享受,不懂自律。

众所周知,世界上很多人都认为,人要增长智慧,要达到精神的自由境界,就一定要无限降低物质的享受水平,衣食住行上过度舒适,只会分散自己的心思,消磨自己探求真理的意志。所以想让自己的心思专注于追求崇高的精神理想,不受物质的牵绊和束缚的人都是严格自律,追求精神提升,最终实现自我追求的人。

学习要靠自觉,自觉先得自律,毕达哥拉斯曾说:自律是世界上最强大的力量和财富。在我们身边,你会发现,不论学习还是生活,自律的人永远比懒散的人要优秀,要出彩,那些不自律的人,总是会说"再歇一会儿吧""再玩一会儿吧""过几天再说吧!"或者说"我已经很努力了",或者是"人家本来就比我聪明"等等,这些话,无非是在给自己找借口寻托辞,无非是在掩饰一个人的放纵、偷懒、服输和认怂。我以为,一个人不够自律那是本能,而学会自律那就是本事,这个世界,靠本能是无法立足于社会的,唯有本事才能让一个人活得舒心自在。

新锐作家刘同在自己的微博里曾这样写道:我为什么每天都跑步?为什么每天都写点东西?为什么每天睡前都要看点东西……因为大多数人都没有每天能坚持的东西,所以任何一种坚持都能区分别人和自己。

同学们,仔细观察一下,你会发现,总是有人在你玩乐的时候,默默地在刷题;总是有人在你打瞌睡的时候,努力地在背单词;总是有人在你喊累叫苦的时候,咬紧牙关,刻苦钻研。生活中,我们很容易看到别人光鲜亮丽的外在成绩,却不知道其背后的艰辛,而只要我们仔细地观察了他们这一路走来所付出的东西,我们就不会去妄自断言,他们比我们更优秀是因为运气,是因为天赋,亦或是因为家境……

上周三第二节晚自习,各班班会的主题是"悦纳自己,超越梦想",当我看见每一个班的黑板上醒目地写着这八个大字的时候,我不禁想问,同学们,处于青春年华的你们,悦纳一个不思进取的自己,如何实现梦想?悦纳一个没有学习目标的自己,如何成就自我?我所理解的悦纳自己,是肯定自己的优点,接受自己的不足,并能努力改进自己,完善自己,让自己变得更加优秀。

对于我们身边的大多数人来说,总是不愿意"责怪"自己或者"逼"自己一把,而是心安理得地接受自己的不如别人的现实,还自我安慰,我就是不行,别人就是比我强!可是,同样是面对那些比自己优秀的人,自律的人却可以从中感受到的是"紧迫感",是"不甘人后"的冲劲,是不可遏制地让自己变得更好的欲望。

今年高考,我校文科班学生刘鑫雨,高考成绩605分,位列神木市文科高考成绩第三名,高一进校时,他其实只是一名普通班学生,半年时间,文理分科,他就冲进了文科预科班,而且一路高歌,一直领先,刘鑫雨同学,刻苦自律,心怀目标,坚持不懈,心无旁骛,可谓"千磨万击还坚劲,任尔东西南北风"。所以,同学们,请大家记住,这个世界从来没有一蹴而就的成功,只有日复一日的坚持和自律,每一个耀眼的人生,其实都是以无人能及的勤奋为前提的,要么是早起晚睡,要么是吃苦耐劳,要么是坚持不懈。

同学们,大家一定要知道,别人之所以比你优秀,收获你羡慕和喜欢的成绩,只是他们比你更早开始辛苦的旅程,更早知道时光和努力的意义。有自制力的人,学习对他而言是享受,是激励,是奖赏;没有自制力的人,学习对他而言就是负担,就是劳累,就是日复一日的受难。

老师们,同学们,最后我想送给大家一句话,与大家共勉:当一个人的人生越来越稀烂的时候,是因为过去所有的日子都需要被问责;当一个人的人生越来越向好的时候,是因为过去的每一天都值得你说一声谢谢!

我的讲话完毕,谢谢大家!

2021.10.11

作风建设常抓不懈　师德提升驰而不息

——教师演讲比赛讲话稿

老师们,同学们:

大家下午好,为了进一步加强学校教职工作风建设,推动作风建设专项行动有效开展,强化师德意识,提升师德修养,立足学校实际,弘扬新风正气,传递美德善行,今天我们举行"作风建设、师德提升"主题演讲比赛,18位参赛选手精心准备,积极参赛,状态饱满,表现优秀,让我们把掌声再次送给他们!

老师们,作风建设永远在路上,我们的党历来重视作风建设,作风建设是我们党在各个时期统一思想,转变作风的法宝。同样,作风建设、师德提升是一所学校良性发展的永恒主题。这半年,我们学校通过师德承诺、党风廉洁承诺书签订、作风自查、专题学习、中层领导培训、校长上党课等一系列措施,积极加强全体教师的作风建设和师德提升。学校希望全体教师在作风建设专项活动中,努力践行"四比四争当",即比党性,争当践行"两个维护"表率;比担当,争当攻坚克难表率;比情怀,争当为民服务表率;比实绩,争当推动学校教育高质量发展的表率。在平时的教育教学活动中,拿出争的意识、拼的勇气,闯的干劲,以过硬作风强化政治担当,激发奋斗精神,助力师德提升,保障学校教育高质量发展,在全校上下形成比、学、赶、超,奋勇争先的教书育人崭新气象。

老师们,一支粉笔,两袖清风,三尺讲台,四季耕耘。作风建设常抓不懈,师德提升驰而不息。希望我们全体教师能够以本次主题比赛为契机,加强自身作风建设,弘扬高尚师德,"君子检身,常若有过",以德修身,以德立威,内铸师魂,外塑师表,努力使自己成为言谈举止得体,风度气质优雅,品德志趣高尚,师德作风过硬的"四有"好教师。共同努力,让学校积极营造比作风,讲师德,学先进,找差距,共发展的良好氛围。

老师们,道阻且长,行则将至,行而不辍,未来可期。党的二十大报告,鼓舞人心,催人奋进。党的二十大在我国向第二个百年奋斗目标奋进的关键时刻召开,意义非凡,为我们今后的工作指引了方向。为党育人,为国育才,是我们教育工作者的初心和使命,古语有云:上下同欲者胜,同舟共济者赢。希望我们全体七中人,乘着党的二十大的东风,撸起袖子加油干,时时牢记师德修养,处处落实作风建设,让作风建设、师德提升一直在路上,不断提高工作的积极性和主动性,推动我校教育再上新台阶。

2021. 12. 10

拥抱青春,做最美自己

——升旗仪式讲话稿

老师们,同学们:

大家好,我今天讲话的主题是"拥抱青春,做最美自己"。

爱美之心,人皆有之。每个人都有爱美的权利,作为学生的你们也不例外,这绝对不是一件错事。但是,每个人对于"美"的定义是不同的:有人觉得明星在舞台上展示自我是一种美,有人觉得运动健儿在竞技场上挥洒汗水是一种美,也有人觉得专家学者在实验室里攻克难题是一种美……如果男生只认为穿衣服另类,剪的发型个性就是帅,女生描眉画眼,染发烫发就是美,那么,你对美的定义可能就过于片面和肤浅了。

同学们,试想一下,如果让专家学者去竞技场上你追我赶,让运动健儿去 PK 超强大脑,让影视明星去实验室里钻研科技难题,先不说结果如何,他们原本在各自专业领域所展现出的美一定会大打折扣,可见,美,是需要根据职业身份和所处人生阶段来定义的,适合自己这是美的前提和基础。

那么,作为一名高中生,是否想过这个人生阶段的美,究竟是什么样子呢?

这个问题我一直在思考。我相信,作为一名高中生,画眉毛,涂口红,这不是高中女生应该追求的所谓的美;穿奇装异服,戴耳环首饰,把自己由青春少女直接打扮为少妇徐娘,这更是让我怀疑你的审美和追求,更有甚者,还有个别学生,大众场合,卿卿我我,搂搂抱抱,真是让人匪夷所思。上周值周,听到有学生口出脏话,看到有学生举止不雅,说句心里话,你不知廉耻,我却为你而倍感羞耻。当然,还有抽烟留长发未必是男生青春最好模样,瞌睡打盹不交作业也绝不是正当青春的你们该有的模样。

我认为,中学校园里崇尚的应该是"天然去雕饰"的美,青春阶段的你们,有着任何年龄段都无比羡慕的青春容貌、青春状态,这种美不仅来源于你们朴素大方的穿着,更来源于你们在学习知识、塑造品格、奋斗美好人生时所展现的精神状态,唯有这种内在美才是最为难能可贵的。青春年少的你们最大的底气来自于学习,最大的自信来自于不断的努力,描眉画眼很难为你未来美好人生增加资本;无所事事不可能成就一个人的精彩人生,我们每个人要想过自己想要的生活,是需要付出代价的,年轻的你们不对自己狠一点,未来生活就会对你们下狠手。

我认为,作为一名学生,具有了良好学习习惯,保了自律向上的学习状态,拥有了拼搏奋斗的学习精神,这些足够让你引以为豪,且并不需要那些服饰、脂粉来加持,更不需要你在校园里耍威风装老大来弥补你那点可怜的自信。我相信,学习是你青春岁月最重要的实力,不是学习带给你的自信,那都是自欺欺人,妄自尊大! 这个世界,最让人惊慌和不安的事情,莫过于比你优秀的人还比你努力。怕就怕,你的青春没有一点成绩,你还自我感觉好得不要不要的,有句话说得好,二十岁以后但凡活得很怂的人,都是因为二十岁以前对自己太好了! 所以,请记住,你得过且过度过高中三年,等待你的很可能是不得已而求其次的大学生活,迎接你的更可能是人生处处不如意的十年、二十年,拥抱你的将是处处认怂,低人一等的无奈的三十年、五十年。

老师们、同学们,其实人生就是一个储蓄罐,你投入的每一分努力,都会在未来的某一天回馈于你,所以,作为七中的老师和学生,我们要趁早停止对工作和学习的抱怨,及时扼制自己得过且过,做一天和尚撞一天钟的欲望,尽快摆脱各种安逸舒适的诱惑,脚踏实地地让自己强大起来,不论老师还是学生,我们每个人的强大都是在用奋斗和汗水来换取的,青春和岁月终会在某一天失去,有的人成了自己喜欢的样子,而有的人却破罐子破摔,连自己都开始讨厌自己。最后,希望年轻的老师们能够不忘教育初心牢记育人使命,用三尺讲台丰厚自己年轻的生命,希望所有学生能够珍惜青春年华,找准定位,调整心态,拥抱青春岁月中独有的美,做最好的自己。

2022.4.21

"永远跟党走，奋斗新征程"主题演讲比赛

——主题演讲比赛讲话稿

老师们，同学们：

大家晚上好！

今天我们齐聚一堂，在此隆重举行"永远跟党走，奋斗新征程"主题演讲比赛。在回望历史与展望未来中，我们共话爱国热情，畅谈理想追求，明确责任担当。

那么，在刚才的比赛中，15位参赛选手都能紧扣演讲主题，回顾历史，联系现实，畅想未来，用生动的语言和饱满的激情带领着我们在座的每一个人重温党的百年奋斗历程，表达了青年学子对党对国家的热爱和赞美之情，展示了新时期新青年听党话，感党恩，跟党走的坚定信念和人生追求。

老师们，同学们，百年征程波澜壮阔，百年初心历久弥坚。传承红色基因，厚植红色底蕴，是我们每一个人的责任和使命。请党放心，强国有我，这句铮铮誓言，应该成为我们青年学子奋进路上的真诚愿望，强大动力，行动指南和不懈追求。

同学们，韶华不为少年留，少年须有凌云志，青春须早为，岂能长少年。我希望我们所有七中学子都能让百年光辉党史浸润自己的心田；让爱党爱国的情感点燃我们心中的理想之火；让峥嵘岁月的回忆化作我们勤奋学习的动力和号角，能够初心记心间，使命永担当。永远听党话，奋斗新征程。用刻苦钻研、奋发有为的实际行动践行我们的青春誓言，谱写我们壮美的青春华章，用初心和使命为国家强盛、民族复兴积聚知识力量和精神营养。希望我们所有同学能够砥砺前行，不负韶华，乘风破浪，勇往直前。

最后让我们首先把掌声送给高一语文组的所有老师，感谢他们的辛勤付出，让我们把同样热烈的掌声送给我们的何老师，感谢他的倾情指导，当然我们更要把掌声送给所有参赛选手，是他们的精彩演讲让我们拥有了一个学习的机会和一个不一样的夜晚！

谢谢大家！

2022.4.7

"永远跟党走,奋斗新征程"主题讲故事比赛

——主题讲故事比赛讲话稿

老师们,同学们:

大家晚上好!

"永远跟党走,奋斗新征程"主题教育活动,形式多样,内容丰富,意义深远。在我们学校,近期我们围绕这一主题,开展了高一高二年级的主题征文比赛,进行了高一年级的主题演讲比赛,还有今天晚上我们高二年级的主题讲故事比赛。

百年初心永不变,百年征程永相随。对于我们来说,了解过去,才能更好地把握现在,把握现在,才能更好地创造未来。今天晚上,我们在一个个故事中穿行于党的百年奋斗征程里,动人心弦的经典故事,感人肺腑的先进事迹,无不勾起我们对先烈先辈们的敬仰之情,无不引发我们对英雄楷模们的崇敬之意。

在刚才的比赛中,12位参赛选手给我们分享的故事里,有战争年代的夏明翰、赵一曼、刘志丹、刘胡兰,有和平时期的任长霞、杜富国、刘传建、黄旭华,他们都是共产党员,他们都用自己一生的行动诠释着共产党员的信仰和追求,践行着一名共产党人不忘初心、牢记使命的誓言和承诺。

老师们,同学们,一代代一辈辈共产党人,岁月改变了他们的容颜,却改变不了他们为党奋斗的初心,时光增长了他们的年龄,却无法撼动他们执着的信念和追求。

今天,我们聆听革命先辈、时代楷模们用热血用生命谱写的爱国故事,我们心潮澎湃,心绪难平;今天,我们讴歌英雄人物、时代先锋用初心用使命谱写的感人事迹,我们肃然起敬,满怀敬仰。是他们真实而又生动地记录了中国人站起来、富起来、强起来的不平凡岁月,他们是中国的脊梁、民族的骄傲。

亲爱的同学们,想想我们今天的和平幸福是多么来之不易,想想我们今天的富足强盛是多么的难能可贵,历史和现实都在证明:青年一代有理想、有担当,国家就有前途,民

族就有希望。所以，作为年轻人，我们的命运要和国家的命运融为一体，我们要将个人的理想与国家的发展结合起来，人生才更有意义，更有价值。

希望我们所有同学珍惜青春年华，胸怀远大抱负，努力学习科学文化知识，将来争做社会有用的人，争做祖国的栋梁之才！

2022.4.15

新学年　新起点

——国旗下讲话稿

老师们、同学们：

大家上午好！

当炎炎夏日挥手告别，凉爽秋天款款到来之时，我们相聚在神木七中这个充满活力的大家庭，刚刚过去的六月，我们送走了一批优秀的毕业生，今天我们又迎来了1163名朝气蓬勃的高一新同学和新分配到我校工作的16位优秀的大学毕业生教师，在此，我代表学校对新教师、新同学表示由衷地、最热烈的欢迎！向奋战在教育教学第一线、恪尽职守、辛勤耕耘、无私奉献，为我校教育教学成绩做出巨大贡献的广大教职工致以崇高的敬意！向努力学习、不断进步的全体高二、高三同学致以亲切的问候和美好的祝愿！

刚刚过去的2021—2022学年度，在神木七中这块教育沃土上，汇聚了上级领导、社会各界人士关爱的目光，浸透了老师辛勤耕耘的汗水，活跃着同学们积极进取的身影，书写了一个又一个喜人的成绩。今年我校高考成绩喜人，一本升学率稳步提升，二批本科上线率达70%。其中曹星月被中南大学录取，张琦元体育专业成绩为陕西省第一名，被陕西师范大学录为免费师范生，优异的高考成绩，为众多家庭送去了成功的喜悦，为莘莘学子插上了梦想的翅膀。

老师们、同学们，汗水铺就金光道，风雨不歇绘彩虹。近年来，学校在不断改革发展创新的基础上，提出了"尊重人""塑造人""发展人"的办学理念，秉承"为学生终身发展奠基"的办学宗旨，恪守"严、勤、诚、朴"的校训，践行"敬业、勤业、精业、创业"的教风，坚持"谦逊有礼、诚实善良、明理自信、奋发有为"的育人目标，形成了"一体两翼"特色办学模式，营造出"尊师、乐学、善思、上进"的学风和"明理强志，博学强能"的校风，这是我们七中人近二十年的深厚积淀，是我们七中人共同创造的教育财富。

老师们，我们肩上的责任关系着学生、家庭和社会的未来，在新的学年里，我们要勇于担当、实干创新,用崇高的师德去凝炼精神境界,用神圣的责任去拓展工作业绩,用不懈的追求去创造事业辉煌,努力营造踏实干事的正气场,不断凝聚跨越发展的正能量,齐心开创风清气正的新局面。

亲爱的同学们,你们是七中的希望,校园因你们而生机勃发,老师因你们而欣慰自豪。在此,我要分别送给高一、高二和高三的同学们各一句话:

高一的同学们,送给你们一句话,这句话就是"抓住了高一,就抓住了高中",高一的关键词是习惯。有句话说得好,人一旦养成习惯就稳定得没有一点意外,你们要调整好状态,尽快进入角色,谁适应得快谁就占得先机。首先,你们要接受学校,认同老师,要尽快适应高中快节奏的生活方式,适应高中学习坡度上陡、知识密度上大的特点,如果你中考考出高分,请不要骄傲,因为山外有山,人外有人,优秀不是一次的成功,要让优秀成为习惯还需要很长时间的努力;如果你中考考得不够理想,请不要气馁,学校会为你提供发展的空间。其次,你们要接纳同学,发展友情,珍惜难得的同校之谊、同室之情和同窗之缘,做到友爱相处,诚信相待,志趣相投,道义相助。我相信,好习惯成就好人生,七中三年,会让你遇见一个更加优秀的自己。

高二的同学们,送给你们一句话,这句话就是"抓住了高二,就抓住了高考",高二的关键词是拼搏。你们是经过七中环境熏陶的学生,你们是已经拼搏了一年的高二学子。在审视自己高中生活的得失后,你们应该感受到肩上那份沉甸甸的责任,应该想一想我们为什么出发,要到哪里去? 要不断问问自己是否专注、是否投入,有没有在通往理想彼岸的小岛上小憩分神? 同学们,此刻打盹,你将做梦,此刻学习,你将圆梦,两年后的收获要看今天的专心致志、顽强拼搏和不懈努力。

高三的同学们,送给你们一句话,这句话就是"抓住了高三,就抓住了人生",高三的关键词是坚持。坚持是对梦想的最好回答。"再难的逆境也绝不放弃""哪有什么洪荒之力,不过是在咬牙坚持",没有日常的积累,怎会有关键时刻的爆发? 在奋发的日子里,你们需要不停地凝聚力量;在困难的日子里,你们要学会将压力化作动力;在迷茫的日子里,你们需要保持初心保有梦想。把困难踩在脚下,把责任扛在肩头,把梦想化作风帆。学道不易,天道酬勤,同学们,你们有责任、有能力书写自己的美好人生,创造属于自己的精彩人生!

老师们,同学们,新的学年,新的起点,新的梦想!让我们师生一起放飞梦想,去追求真知、奉献爱心、实现自我、感受快乐!我衷心希望每一位教师、每一位同学都能以满腔的热情、高度的责任感、昂扬的精神状态,投入新学期的工作、学习中去!在奋进路上,"躺平"不可取,躺赢不可能,让我们在七中这块热土上,同心、同力、同行、共同铸就新的辉煌!

2022.8.22

在2024届学生成人礼仪式上的寄语

尊敬的各位家长、老师，亲爱的同学们：

大家上午好！

今天，我们在这里隆重集会，共同见证孩子们十八岁成人礼这一美好而神圣的时刻。首先，我代表学校，向同学们表示热烈的祝贺！向所有为孩子的成长，倾注心血的家长和老师，致以崇高的敬意！

同学们，十八岁是青春的象征，是成熟的标志，也是人生旅途真正的起点。十八而志，志在成人，成人的关键词是奋斗、自律和责任；成人的深刻含义是信念、追求和担当。今天在这个特殊的日子，在这个庄严的时刻，我有几句心里话想说给同学们听：

一是18岁的你们，要志存高远，拼搏进取，勇担大任，做一名有为青年。习近平总书记在二〇二三年新年贺词中说："明天的中国，希望寄予青年。青年兴则国家兴，中国发展要靠广大青年挺膺担当。年轻充满朝气，青春孕育希望。广大青年要厚植家国情怀、涵养进取品格，以奋斗姿态激扬青春，不负时代，不负华年。"这是习近平总书记对当代青年的评价，更是对青年一代提出的殷切期望。同学们，你们生逢盛世，定当不负盛世。伟大时代赋予了你们更加伟大的使命，只有扛起民族复兴的伟大旗帜，与民族与国家思想上同心同德，行动上同向同行，才能站在新时代的广阔舞台，升华自我，完善自我，实现我们最大的生命价值。亲爱的同学们，青春不仅是意气风发的韶华时光，更意味着一种生命价值、一种精神状态，青春的意义在于拼搏进取，勇往直前；在于不甘人后，追赶超越；希望十八而志的你们，做堪当大任的有志青年，做追求进步的奋斗青年，在"清澈的爱，只为中国"的深情表白中，在"请党放心、强国有我"的铮铮誓言中，让奋斗成为青春最亮丽的底色，让拼搏成为你们最有效的磨砺。

二是18岁的你们，要踔厉奋发，激励自我，持之以恒，努力活成自己想要的模样。同学们，理想的实现，要靠奋斗，目标的达成离不开自律。自律的好，人人都知道；不自律的苦,人人都清楚,但许多时候,年轻的你们却总是沉溺于不自律带来的短暂的舒适里,逃避自律所带来的暂时的苦痛。我们常说,自律的人苦一阵子,不自律的人苦一辈子。18岁是人生的一个重大转折点,也是人生新的起点,这个时候,同学们要时刻提醒自己、经常问自己三个问题:一是我想要成为什么样的人? 二是我该怎么努力才能成为这样的人? 三是今天的我朝着这个方向努力了多少? 同学们,请记住:今天你不吃学习的苦,明天你定会吃生活的苦。坐在教室里,你对自己下不了学习的狠手,那么毫无疑问,将来生活一定会对你下狠手。这个世界,奋斗可以让我们有更多的选择,但凡那些被生活逼进拐角的人,都是因为年轻时候对自己太好了。人的一生只有一次青春,青春是用来奋斗的,只有进行了激情奋斗的青春,只有进行了顽强拼搏的青春,才会留下温暖、充实、持久和无悔的青春记忆。

三是18岁的你们,要心怀感恩,肩负责任,懂得回报,做一个善良正直的人。就在刚才,当我看到大手牵着小手,爸爸妈妈拉着孩子们的手,列队缓缓走入会场时,我被深深感动了,这是多么平凡而又动人的场景,这是多么温馨而又美好的画面。亲爱的同学们,我们要感谢父母给了你生命,在过去的18年里,父母关心你,照顾你,为你遮风挡雨,为你含辛茹苦;我们要感谢老师给你知识,教你做人;感谢朋友和所有帮助过你的人,感恩学习与生活的点滴,甚至感恩逆境和不顺,因为所有的遇见,都会让你慢慢变得成熟,变得更加强大。在今天这样一个特殊的富有非凡意义的日子里,希望我们每一位同学能够在心里默默许下一个宏愿,感恩父母、感恩师长、回报社会、回报国家,并以此作为你们一生的理想和生活的动力。

同学们,从今往后,"责任"二字将伴随你们的一生。希望你们眼里有家国,心中有梦想,千万不要把冷漠自私当作自己的个性;把得过且过当作生活的常态;把无所作为当作人生的标配;作为神中学子,年轻的你们,一定要相信,明天所有的美好,都来自今天的奋斗;带着加速度去奔跑,时间定会给你答案;作为神中学子,优秀的你们,一定要立大志、明大德、成大才、担大任,做新时代有为青年,做国家的栋梁之材。

　　亲爱的同学们，再过几天 2023 届高考成绩就要揭晓了，而明年的这个时候你们也一定对高考成绩翘首以盼。同学们，这个世界上唯一不能复制的是时间，唯一不能重来的是人生，唯一不劳而获的是年龄，所以，每一个努力学习的日子都将成为你生命中不可复制的一天，请相信，命运不会辜负每一个用力奔跑的人。今天你们跨过成人门，开启崭新的人生旅程，希望你们在即将到来的高三，在每一个奋发的日子里，不停地凝聚力量；在一次次的模拟考试中，学会将压力化作动力；在时有起伏的成绩面前，保持初心保有梦想。把困难踩在脚下，把责任扛在肩头，把梦想化作风帆。学道不易，天道酬勤，同学们，请相信：你们有责任、有能力书写自己的美好人生，创造属于自己的精彩人生！

　　最后，祝同学们十八而志，筑梦远航！祝所有同学学业有成，快乐幸福！

　　我的讲话完毕，谢谢大家！

2023.6

我的教育人生

阅读点亮美好人生

李巧霞◎著

黄河出版传媒集团
阳光出版社

图书在版编目(CIP)数据

我的教育人生.阅读点亮美好人生 / 李巧霞著. --
银川:阳光出版社,2023.12
ISBN 978-7-5525-7222-3

Ⅰ.①我… Ⅱ.①李… Ⅲ.①阅读课-教学研究-
高中 Ⅳ.①G633.302

中国国家版本馆 CIP 数据核字(2024)第 012832 号

我的教育人生.阅读点亮美好人生	李巧霞 著

责任编辑　胡　鹏
封面设计　鸿　图
责任印制　岳建宁

黄河出版传媒集团　阳光出版社　出版发行

出 版 人　薛文斌
地　　址　宁夏银川市北京东路 139 号出版大厦(750001)
网　　址　http://www.ygchbs.com
网上书店　http://shop129132959.taobao.com
电子信箱　yangguangchubanshe@163.com
邮购电话　0951-5014139
经　　销　全国新华书店
印刷装订　洛阳市画中画印业有限公司
印刷委托书号　(宁)0028492

开　　本　889 mm×1194 mm 1/16
印　　张　17
字　　数　320 千字
版　　次　2023 年 12 月第 1 版
印　　次　2023 年 12 月第 1 次印刷
书　　号　ISBN 978-7-5525-7222-3
定　　价　108.80 元(全2册)

自序

亲爱的，你真幸福

——教师节致自己！

亲爱的你：

又是一年金秋月，中秋恰逢教师节，祝双节快乐！

今天是第 38 个教师节，也是你从教以来拥有的第 26 个教师节。过去的 25 个教师节，没有一个你是待在家里过的，今年不同，疫情原因，你和同事们只能待在家里。回首往事，转眼工夫，你已经是一个耕耘三尺讲台整整 25 年的教师了。

25 年，人生匆匆，弹指一挥间，岁月的长河中一个短暂而珍贵的瞬间，人生舞台上一个平凡而充实的片段。25 年转瞬已逝，蓦然回首时，你发现，所有的付出都是值得，所有的热爱都是福报，感恩拥有，做教师，你是幸福的！

你总是说"让教育的阳光照亮每一位学生"是你从教的梦想，当学校的墙壁上镌刻上这一句教育箴言的时候，你就好像找寻到了教育的初心一样，从"教书无非是为谋生"的短浅认识中发觉到了教育的真谛，你发现，最好的教育就是让每一位学生获得尊重，让每一个学生变得自信，让每一个孩子都能懂得幸福的意义，让每一个孩子都收获知识带来的改变，让每一个孩子都能在人生路上，阳光相伴！

你喜欢教书，这么多年了，你不曾厌倦过，不曾抱怨过，你总是说，如果让你重新选择，你不知道除了教书还有什么职业更适合你！

每一个教师节，你都不忘记提醒自己，做一个幸福的教师。因为你念念不忘的是唯有幸福的教师才能教育出懂得感知幸福的学生。走过的这二十多年，生命中最为奢华的年龄，年轻、阳光、健康，有精力，肯付出，这二十多年，平平淡淡，但最为充实；普普通通，也不乏精彩；忙忙碌碌，却也最有收获。

这二十多年，年年岁岁花相似，岁岁年年人不同，送走一届又届学生，迎来一个又一个新生，似周而复始，但也不循规蹈矩；似按部就班，却也格外不同。于是，付出着，也收获着，成就着学生也成就着自己。

教师节，让你想起第一次走上讲台的忐忑，想起初为人师的自豪和激动，想起每一次学生取得好成绩时的与有荣焉，想起每一次学生犯错时的恨铁不成钢，想起对于从教的热爱和执着……踏上三尺讲台，已整整有25个年头了，这25年值得珍藏，值得记忆。

这25年，作为一名普通教师，一路走来，点亮教师心灯，体验着生命在讲台上绽放的喜悦，享受着被别人称呼为老师的快乐，坚定着此生无悔地做一名教师的选择。

这25年，教书的日日夜夜，日子就像一杯清茶，虽没有华丽的色泽和醇厚的味道，淡淡的清香却让人回味无穷；25年，是你人生中最美好的一段时光与记忆，与学生一路同行，你是快乐的，也是幸福的。教书的日子，让你感受到简单就是快乐，平淡就是享受的人生真谛。

这25年，作为教师，你常常以"爱且深深爱，教便全力以赴"自勉，常常提醒自己"不忘初心，方得始终"，告诉自己"每个孩子都有花期，我们要静待花开"，时常提醒自己，做到教书育人俯仰无愧于心。

这25年，你要感谢自己，这么多年，面对这份职业，从没有懈怠，从没有怨言，每天和孩子们在一起，就觉得幸福，不矫情，不标榜；爱孩子，爱教书，不倦怠，不后悔，感谢自己的执着与坚守，为自己真心点赞。

亲爱的自己，这么多年，你坚持阅读，坚持写作，坚持记录教育的点滴，生活的点滴。家长朋友、学生、同事以及家人，他们在你的朋友圈里感受着你教育的快乐，阅读到你对职业的热望，他们说在你的文字里，让他们思考人生，思考教育，思考职业等等，尤其学生们说，离开了课堂，但在你的朋友圈里依然被教育着，被影响着，被引领着，你一直以来的愿望就是带领着你的学生在课堂以外的日子里一起成长，共同进步。你总是说教育的力量在于持久，在于点滴。

这25年，你不断的记录，不断的积累，200多万字的日志，包罗万象，有和学生的对话，有对课堂的反思，有对教育的理解，有对生活的认识，有对人生的思考，你一直坚信，一个真正的语文老师，一定是一个有格局有情怀的人；一个好的语文老师，一定有不同于一般人的理性精神和浪漫情怀，能与俗世保持一定距离，有属于自己的诗意世界；一个优秀的语文老师，他始终是学生"读书的种子"和"写作的引子"。而一个被语文所滋养的人，一定相信滚滚红尘之外还有风光旖旎浩瀚无边的想象的世界，他不会把书本当成世界，而会把整个世界当成自己的书本。

教师，对你而言不仅仅是一个职业，而是一种熟悉的生活，它已经是你人生不可或缺的一部分，你的人生因为这个职业而充盈，而幸福。你坚信教育本身就蕴含着丰富而动人的幸福，工作或许繁琐，但教育一定是幸福的，只是需要我们用心地去发现、去挖掘、去体味。

亲爱的自己，做老师是幸福的，工作固然繁忙琐碎，但教育却在繁琐之中蕴藏着无穷的美妙和乐趣。这份美妙和乐趣不在别处，就在教育教学中，在校园生活中，在师生相处中，在寻常工作中，在具体的教育主题、对象、条件和情境之中……

在双向奔赴的教育故事里，当你怀着真诚和善意对待孩子们时，你的点点细行也在他们那里得到回应。

愿你在教育工作的琐碎中，追寻教育的幸福！

亲爱的，你真幸福！

教师节快乐！

2022 年 9 月 10 日

目 录

第一辑 我的阅读

第二辑　我的生活我思考

第一辑 我的阅读

书能把我们托得多高，取决于我们触摸过多少文字；书能把我们带到多远，取决于我们品味过多少书香。

一个教师，知识的宽度将最终决定他所达到的高度。

没有阅读就没有成长,没有学习就不会进步

——我的阅读

我是一名高中语文老师,从教二十六年。二十多年的教育经历让我越来越明白一个道理:成长一直在路上,阅读无止境。唯有学习,树立终身学习意识,才会增长知识,丰富心灵,才会让自己的教育教学实践能够更有效的提升。所以坚持读书,用心教书,努力写作是我的兴趣,也是我的习惯。多年以来,百万余字的日志见证了我的个人阅读与成长。今天想报名参加"新网师"学习,借这个机会我就近两年的阅读作一小结,真的很好。

余秋雨说:"生命的质量需要用阅读来锻造。"首先,作为一名教育工作者,我认为要有教育的情怀和教育的理想。朱永新老师的《我的教育理想》就是我喜欢的案头书目之一。非常喜欢书的封面上这段文字:我心中的理想教师,应该是一个胸怀理想,充满激情和诗意的教师;应该是一个自信、自强,不断挑战自我的教师;应该是一个善于合作、具有人格魅力的教师……。这部充满教育情怀与理想的作品,为我们所有从教者描绘出一幅憧憬教育的美好蓝图,叙写中洋溢着理想主义情怀和浪漫主义的气息,让读者尤其是所有从事教育的人充满对教育的信心和期待;这本书是指路明灯,指引我们对教育充满热望,提点我们每一位教育者昂扬工作,不懈追求,无私奉献,为教育而付出,在付出中成就着学生也成就着自我。

《让教育带着温度落地》入选《中国教育报》2017年度"教师喜爱的100本书"。姚跃林老师情系教育,怀抱生命,"暖叔"校长用自己的教育实践,真正让教育带着理想、生命、理性的温度落地。教育信念温暖理想之花,正如姚跃林老师在书中所描绘的那样:朝看学生读书,夕观学生运动,夜览星空下水晶般的教学楼,满眼尘世喧嚣被隔离后洋溢在师生脸上浓稠的甜蜜……一种属于孩子与学校的特有的色彩和旋律,真的很为之而感动。作为老师,让教育的阳光照亮每一位学生,是我的追求和教育的理想。教育有温度、有热爱、有情感、有情怀,学生能体会到老师不仅只是"传道受业解惑",更是他们成长过程中的良师益友,亦师亦友,师生关系和谐融洽。在温暖的教育怀抱里,让学生增长知识,体验生活,增强才干,思考人生,这是多么值得我们为师者期待的一种教育啊,我经常这么想。

第一辑 我的阅读

喜欢朱永新老师的力作《中国著名校长办学思想录》，朱老师在题为《让思想的光芒照亮教育的路程》里，有这样一句话给我印象特别深刻：没有思想的教育，一定是站不住、走不远的。阅读这本著作，让我们作为一名普通教育工作者也能够视野开阔，格局大开，对教育有一种全新的思考。书中崔其升、姜怀顺、蓝继红、李烈等十多位教育大咖、名校长从教育到管理，从育人到育智，从课堂到课程，从教师到校长，各有心得，各有见解，读来受益匪浅，感受颇深。

教育方面，平时也阅读了诸如程红兵老师的《学校文化建设的路径》《老师的谎言》《活力教学》《大爱无言》等书籍。

当然，我也特别喜欢周国平老师，他的《善良·丰富·高贵》《安静》《守望的距离》《内在的从容》《把心安顿好》《妞妞》《风中的纸屑》等书籍都是我所喜欢的。周国平老师的诸多随感集及哲学著作，给我最大的感受就是宁静与平和，睿智与思考。他的散文随笔和哲学著作，既有文人的精神家园也有学者的学术思考。周国平老师我之所以喜欢他，是因为他的精神所在是平凡的，因为平凡所以更能打动平常心；更是因为他的烟火气，哲学似乎总是拒人于千里之外，给人以高高在上之感，可是周国平老师的哲学著作很接地气，一句话，一段文字，往往就能让人在某些方面茅塞顿开，周老师娓娓道来中就启迪了心智，点化了人生，看似平淡的文字总是能让人把玩不已，思考良久。

多年以来一直与学生为伴，还有自己的两个孩子都在成长求学的路上，所以阅读有关子女教育的书籍一直是我努力的方向。尹建莉老师的《好妈妈胜过好老师》、贾容韬老师的《改变孩子先改变自己》、晓丹老师的《别跟青春期的孩子较劲》等书籍都给了我诸多的启发与思考，让我明白为人父母我们都是第一次，了解孩子，尊重孩子，学会发现孩子的优点是我们为人父母的必修课。

周国平老师在《安静》中曾说未经省察的人生没有好处。而我一直认为阅读能让人自省，学习能使人进步。做一个真正的阅读人，让阅读丰满我们心灵的羽翼，让阅读凝聚我们内心的力量，让阅读充盈我们的春意盎然的生命，丰富我们人生旅程的情趣和意义。

不辜负年龄，让阅读成为生命历程的一部分。阅读的功能在于"熏陶"，而不是"搬运"，一本两本可能看不出效果，但只要坚持阅读，成长一定看得见！

2020.9

好的人生，从阅读开始

好的人生从懂得人生道理开始，而懂得道理要从阅读开始。今天学校举行读书活动，此刻，感触良多，想起昔日旧文，和朋友们共勉。

著名小说家米兰·昆德拉曾说过："生活是一张永远无法完成的草图，是一次永远无法正式上演的彩排，人们在面对抉择时往往找不到最为合适的依据。我们既不能把它们与我们以前的生活相比，也无法使其完美之后再来度过。"正是如此，我们面对人生时，需要提前懂得一些道理，帮助我们慎重做出抉择，认真对待生活的点点滴滴，从容处理生活中的各种问题，尽量让自己的人生少些遗憾，那这些道理从阅读中获得是一捷径。

人生总是碰到关于家庭、生活、工作等诸多选择题，也总是会碰到关于亲情、友情、爱情等判断题，也会碰到一些人生必须完成的填空题；这个时候，我们需要有一条建议、一句告诫、一个准则、一种底线，给我们安慰、力量、热情和希望，使我们达到"尽人事，知天命"的境界。而人生中的许多道理，不管是先哲们留下的哲理，还是人们百试不爽的道理，都要从阅读中获得，都扮演着这样一个为众生指点迷津的智者角色。

我经常和朋友们说，与其撞了南墙才回头，才懂得了一些人生道理，知道了一些人生经验，不如多在学习与阅读中领悟和把握一些颠扑不破的真理，让我们少走一些弯路，轻松走出人生困境。总是有人说，实践出真知。我深信，这句话绝对没有错，生活中强调其重要性的俗言俚语也特别多，比如，岸上学不好游泳，嘴里说不出庄稼；再比如，不登高山，不知天高；不入深谷，不知地厚；还有，不蹚河水，不知水深浅；不经一事，不长一智等等都告诉我们人生唯有经历才会懂得，唯有实践才会明白的道理。

但是，你会发现：生活中有些人，经历了苦难他会抱怨人生的不顺，经历了挫折他会责骂生活的不幸，经历了失败他会咒怨命运的不公，所以经历了未必就懂得了，却还要为之付出代价；当然你也会发现：有些人，得意了就忘形了；得到了就忘本了。等等现象都让我们明白一个道理：如果有些真知没有领悟，实践会让我们多走许多弯路；如果有些道理没有明白，生活会让你总是处处碰壁。

所以，不在"重蹈覆辙"中明白一些人生的道理，会让我们的人生更轻松；不在"蹈袭旧迹"中懂得一些人生的智慧,会让我们的人生更如意。有许多的道理需要我们在阅读中懂得,在学习中领悟。

　　记得有朋友说:读了许多书,却没有过好这一生。我当时微笑地告诉她,那我只能说,看来呀,你读了那么多书,只是你的谋生手段与立身之本;而有些书则是你行走于世和幸福一生的必备秘籍,它就如凉风之于酷暑,甘霖之于焦土,明灯之于黑夜。

　　好的人生,为什么不从阅读中懂得开始呢!

2018.5.17

生活给我们以无情、丑陋，但我们依然应该温情以待

晚上，终于有时间观看了早已热映、热议的冯小刚大作《芳华》，当然，更是因为严歌苓。观影前已经有许多的影评了，我一直没阅读，妞爸看了首映，回来说不错。所以，我也一直想抽时间看看，不看前段时间铺天盖地的影评，是因为不愿轻易被别人的观点思想所左右，而失去自己的判断和思考。

看完《芳华》，内心是平静的，但却沉浸在一种思考里。因为作品叙述是比较平缓的，不急不躁，除了五、六分钟的战争场面，其余都是情节和缓的，甚至观影到一半，我都没看到情节的鲜明冲突和发展。当然此刻细想，这正是冯小刚导演匠心独用，别具心裁之处，作品自始而终在平缓中蓄积着一种力量，这股"暗流"，在那么不经意间，最终"涌动"心海，让观影者沉思，内心久久难以平静，陷入一种人性的思考，不能自拔……

落入俗套的导演，应该是如你我想的那样：善恶终有报，天道有轮回，劝君抬头看，苍天饶过谁？应该是让林丁丁这个极度现实、精致利己的女子最终站在道德的审判席上；刘峰这个善良、正义、富有奉献精神的人成为世人仰慕的英雄；何小萍这个从小没有得到过爱的人最终感受到人间的善意和爱……可电影没有这样来表达，而是将赤裸裸的人性揭露给我们看，让我们真正认识人性，了解生活，感悟人生……

犹记，上高中时，看当时最轰动的首届新加坡国际大专辩论赛决赛，复旦大学 VS 台湾大学，辩题是人性本恶 VS 人性本善。复旦大学队蒋昌键、姜丰等最终以"人性本恶"辩题获胜，当时我还把辩论给录了下来，曾经反复播听，痴迷到不能自已。二十多年了，我依然保存着这盘录音带，为什么呢？就是因为从小，书本上，大人，老师都在教导我们做个善良的人，做个好人，因为，善有善报；三字经，开头就是"人之初，性本善……"可辩论赛最终却出其不意，"人性本恶"胜出。现在想来，这么多年，我为什么一直记得？是因为，我从不相信，人性是恶的，骨子里，我一直认为人心向善，心存美好……

可为什么"人性本恶"胜出？固然，辩论场上公说公有理，婆说婆有理。今天，看完

《芳华》，让我沉思的是：原来，人性确实是恶的。《芳华》怀旧美好的画面背后，展现出来的是无奈、丑陋和血淋淋的现实，人性是刻薄的，自私的，功利的，甚至是恶毒的，重要的是作品中善良的使者——刘峰，并没有印证这句古训，他的善良没有回报。电影没有刻意掩饰人性之本，没有故意宣扬人心向善，也没有倡导所谓的正能量；导演也没打算引导我们，启迪我们，就是客观真实的人性再现，留给我们自去掂量，各自评说，不得不佩服冯大导演的智慧。在这，由衷地点赞。

也许有人会说，影片结尾的旁白就是创作者的主题导向，萧穗子的独白声中，故事悄然落下了帷幕：每次同学聚会，别人都是一脸沧桑抱怨着生活，而刘峰和何小萍，却显得平静温和，看起来比别人更幸福……

这旁白，在我看来，隐讳到可以忽略，因为，在电影里，大众集体"为恶"的群体性事件里，"活雷锋"显得"寡不敌众"，刘峰越发"势单力薄"，以至，在今天这个超级物质化的时代，有多少人看了这部电影，会认为善良一文不值，人善被人欺，善人没好报，人性本就是恶的，别相信有什么好人……

呵呵，如若这部电影看到这个层面，那就又有些粗浅了，电影最后，定格在刘峰、何小萍平静温和的画面，就是想让我们明白，生活给我们以无情、丑陋，但我们依然应该温情以待。因为，成为一个好人，心中自有美好世界，这就是做好人的最大福报。

自古以来，人善被人欺，马善被人骑，特别是这个恃强凌弱的社会，善良好像变成了一个很多人不愿意去触碰的词，它不再和优秀的品质关联，反而容易变成别人欺负你的理由。也许，有人认为作品主人公刘峰悲剧的源泉，就是因为太善良，甚至怀疑，我们应该不应该善良？

我想说，我们善良不是为了回报，只是为了成为一个有道德的人，因为成为一个好人，心中自有美好世界，这就是做好人的最大福报。古语有云：人为善，福虽不至，祸已远离；人为恶，祸虽不至，福已远离。

孟子云：仰不愧于天，俯不怍于人。这就是人这一生最大的底气和福气。

2018.6.4

奈何桥上孟婆汤，别喝

《摆渡人》，有些恐惧，有些小紧张，所以几次都是深夜时分，暂时搁置一旁，因为有两次我竟然吓得差点失眠，真的，想到鬼，想到死亡，想到神灵……。以我看书的习惯，从来都是一鼓作气的，可这本书却读了好几个晚上。我在想，如果很多年很多年以后，当我们也要行走在自己的荒原中，那会是一番什么景象？我们的摆渡人会是什么样子？我们会如何走过那片荒原呢？……不敢深想，甚是奇妙。

突发奇想，中国故事里，奈何桥上喝孟婆汤，忘掉前世，投胎转世，这孟婆神祇和书中的神秘男孩崔斯坦，某种意义上都是摆渡人。那如若选择，会选择哪一个作为自己灵魂的摆渡人呢？也许这里面有很深厚的东西方文化内涵与差异吧。

其实，我一直以为作品中的女主人公迪伦是火车灾难事件唯一一个幸存者，然而我错了，她其实竟然是唯一一个遇难者……，有意思的是，书的结尾我才看明白。

故事的女主人公迪伦，一名女中学生，父母离异，学校的同学和老师非常不友善、嘲笑……她多次和母亲琼争论甚至哀求母亲，她要去另一座城市探望父亲……

最终她踏上了通往父亲城市的列车，她迫不及待地想见到父亲，索性编辑一条短信要发给父亲。此时，列车通过一隧道，信息始终没发出去，时间永远定格在这一刻……火车出现意外……

当她的灵魂从火车破门而出，仓皇走出黑暗的隧道，在隧道一端的出口，左侧的小山坡上她看到了她的灵魂摆渡人——崔斯坦，一个看上去16岁的男孩子……后来他们一起翻越群山、沼泽、湖泊，随时与恶魂、魔鬼们搏斗……一路上迪伦和崔斯坦感情产生微妙的变化……从开始的茫然、怀疑、不屑……到后来的互相信任、鼓励、相爱……崔斯坦将她送到所谓的终点，迪伦应该去的地方，所谓的"家"；当然还有崔斯坦因为迪伦的"摆渡"，最终越过边界线，"还魂"到阳间，有了新的人生……

所以说，这是一个关于摆渡人和被摆渡人的故事，一个关于灵魂摆渡的故事，一个关于生存、死亡和爱情的故事。

那么，当我们面对生死存亡，会是什么给我们力量？

我不相信人有灵魂，可是如果有，诚如本书，那么，人死之后，灵魂又将会在何方？

其实，乍一看《摆渡人》特别像一个魔幻故事，又像一个爱情故事，但是通读全书后，你会发现这是一本以爱为基础的著作。这种爱贯穿全书，也是全文的主线，它支撑着女主角的执着，支撑着女主角在穿越荒原时保持乐观向上的心态，遇到困难不抱怨、不妥协，哪怕明知前途困难重重，哪怕自己要付出一定的代价，自己也勇敢地跟着爱前行；在我看来，这种爱是一种超越爱情的爱，是一种大爱，不仅是爱情，也是对生活的热爱，这种爱指引着我们前行，为我们带来了光明与感动，所以作者设置灵魂摆渡人的意义就在于此。

一个个人生的渡口，不可能永远都有为我们摆渡的先知和导师，那该怎么办呢？

秘诀就是："如果我真的存在，也是因为你需要我。"那么究竟谁是你的摆渡人？奈何桥上孟婆神祇，是让一个人忘掉前世今生，投胎重新做人；而崔斯坦则是让一个人在阴阳两界，不断超越自我，战胜恶魔，获得新生。呵呵，东西方文化的差异，不言自明。

奈何桥上孟婆汤，是中国道家思想和神话传说的结合，在这种投胎转世里，有传统道家思想的忘却与逃避；而摆渡人崔斯坦则是给予亡灵以勇气，以信心，以执着，以纯真，以善良，当然更重要的还有爱，正是这些优秀的精神品质让迪伦穿越荒野，获得新生。可以说，这也正是这本书之所以能够成为畅销书，能够被喻为"心灵治愈的小说""人性救赎之作"的一个重要原因吧。

生命在摆渡，人生在摆渡，其实我们似乎一直存在于人生的孤独的河流之中，每一个人都需要在摆渡中，到达人生的彼岸，这个摆渡人可能是亲人，可能是朋友，当然也可能是自身；可是遗憾的是，有些人，在生命的长河里从来没有出现一个真正的摆渡人，于是他的人生最终走向了荒原，不可逆转……

所以，奈何桥上孟婆汤不过是一碗虚无的忘却汤而已，请别喝，因为它谈不上摆渡，我们真正需要的是能够摆渡我们的内心。

2018.9.30

那些年，我们回不去了

下午阅读，看到《半生缘》中的一句话，思绪停留在这句话上，百转千回，感慨万分！沈世钧和顾曼桢十四年后再次相遇，相顾无言，所有的情感都在人世沧桑中轮回，四目相对，顾曼桢说："世钧，我们回不去了……"

我们，回不去了，看似一句多么轻描淡写却又意味深长的话语，而此刻，当我默默念出声的时候，却发现是那样的艰难，嘴巴苦涩，心里溜酸，原本简简单单的六个字在此刻却仿佛字字千斤，张开嘴，却发不出声，只有低头，然后是一声长长的叹息和丰富的记忆……

想起上周学校举行青年教师岗位验收比赛，看到年轻的教师们，准备充分，积极参与，而自己似有置身事外之感。一个多小时的答辩环节，看着年轻教师们，有竹筒倒豆子，伶牙俐齿的；有紧张不已，腮颊绯红的；有沉着老练，自信满满的；有准备充分，舍我其谁的……

看着他们，想起年轻时的自己！大学毕业，分配到神中教书，面对前辈们的老练和自信，自己也曾战战兢兢，秘书专业出身的自己，其实当时也谈不上对教育工作的热爱，只是觉得有了一份工作，身份卑微的父母不用再为自己的工作而四处奔波，看人脸色。毕竟，自己为家里减轻了负担！

再后来，要强，好胜，工作中唯恐被别人说，你不行；唯恐被同事瞧不起，于是很努力。很用心，非科班出身，只能边教边学，边学边教。也曾为同事说上课语速过快而不服气；也曾为岗位验收不过关而暗暗较劲；也曾为领导检查教案打成 C 而心里不平衡……，那些年，回不去了，但回不去的那些年，深深埋在了记忆里。那些年，虽年轻，但肯付出；那些年，没经验，但很努力；那些年，在揣摩中不断前行，在付出中收获着一次次的认可和赞许！

记忆中，那些年，也曾面对年轻的老师声严厉色；也曾因为一堂课，把年轻人批评得一无是处;也曾在工作面前,从不讲情面;也曾要求着年轻人;也苛刻地对待着自己,工作不能马虎,总是要求自己做到最好。三个班的语文,依然斗志昂扬,激情百倍,也曾为领导的鼓励而激动不已;也曾为同事的赞许而满心欢喜;也曾为学生们的认可而暗自得意……

今天的我,看到年轻的同事,想到了年轻的自己。想当年,自己也曾和他们一样,想要被认可,不服气;想要干出点成绩,不气馁;想要一比高低,不认输,很努力地工作,很认真地生活……

那些年,回不去了!但忆及当年,不遗憾,因为自己一直尽力而为;不失落,因为自己从未荒凉日子。那回不去的岁月,满是沉甸甸的记忆!在记忆中行走,才发现,今天的自己,得益于昨天;不经意地回眸,发现华年逝水,苍老了时光,但丰富了记忆;人生匆匆,斑驳了岁月,但积淀着智慧。

正是那些年,回不去的那些年,让今天的自己不随物欲而膨胀,不随世俗而逐流,不因得失而困扰,不因荣辱而悲喜;回不去的那些年,让今天的自己,经得起名利的诱惑,经得起生活的历练,让自己变得从容而淡定,乐观而阳光,豁达而幽默……

人生漫长但永不重复,每一个年龄段都有它的必须,都有它的意义,所以,才有儿时的天真与无邪,少年时的懵懂与浪漫,年轻时莽撞与激情,中年时的稳健与沉着,老年时的睿智与通达……。所以说,人生的每一个阶段都是特征鲜明,如果不曾经历,就已长大,那生命也就寡淡无味了许多;如果不曾历练,就能成熟,那生活只能是一厢情愿的单调!

那些年,我们是回不去了,但它却一直与我们如影随形,时时刻刻牵引着我们,提示着我们……

我想说,那些年,我们回不去了,但也无妨,那就不如好好珍藏吧!

2018.10.24

且以优雅过一生

《杨绛传》，这本书，是我在学生那看到的，只能借阅。几天的阅读，我发现，这是一本富于人生启示的传记，细腻追思杨绛百年人生的珍藏读本；几天来，不禁被作者的温情与细绵的文笔而打动，为杨绛先生不俗与优雅的人生而感动，在字里行间参悟杨绛先生的百年人生智慧。我相信，世间女子都渴盼做一个如她一样明媚、从容、淡定、优雅的女子。

杨绛先生，世间能担当得起"先生"二字的女子屈指可数，杨绛可称得上一位。在她105 年漫长的人生旅程里，历经曲折动荡，饱经岁月打磨，但她始终不改初心，始终保持明媚、从容、淡定、优雅。她把她的一生，活成了一个典范。她被钱锺书誉为"最贤的妻，最才的女"，"绝无仅有地结合了各不相容的三者：妻子、情人、朋友"。她被周国平如此评价："这位可敬可爱的老人，我分明看见她在细心地为她的灵魂清点行囊，为了让这颗灵魂带着全部最宝贵的收获平静地上路。"这位著名作家、翻译家，跨越了105 年漫长岁月，成为令人仰慕的一代才女。

"不乱于心，不困于情。不畏将来，不念过往。如此，安好！"——杨绛先生将丰子恺这锦言妙语给参透凿凿。作者说："于时光的荒野里，她始终如兰芷，如清水，在这纷繁的尘世里寂静欢喜。"好喜欢这样的文字，及与这文字相合相契的杨绛先生。

杨绛先生，她虽生于乱世，却自始至终怀有一颗与世无争之心。外界给了她颇多赞誉——坚忍、从容、睿智、宁静……但这些于她不过浮华如花，开过即谢，她并不曾为此动容，不曾改变过一分一毫。她始终还是那个如深谷幽兰般的女子，在岁月里温婉如初。她的才情卓然于世，她的爱情珠联璧合，她的文学成就举世公认，她的家庭幸福完满（除却世事无常），常常令人感叹，世上竟有这样一位美好的女子。

百年岁月，在苍茫的历史洪流中不过是弹指一挥间，然而在个人的身上却是一段至为漫长的时光。从出生到去世，她跨越一个多世纪，跨过了 105 年，但岁月的风尘未曾真正侵蚀过她的光华。读这本书让你走近一位智者，亲近一位长者，让你顿觉人性之美好，人生之不凡，世间之有意义。

2018.11.29

读书有感

中午放学没回家，整理了一下办公桌，周国平系列，六本，断断续续花了近两年时间，基本读完了，也做了一本厚厚的读书笔记，算是一种阅读留痕吧！

此刻，翻阅自己的读书笔记，一行行抄录，一页页感悟，发现都是一年成长。就像今天中午，有学生放学了，拿着答题卡一道道询问自己的失分点，焦虑自己考试成绩，交流了一个多小时，误了饭点，我邀请他出去吃了一碗面。他说，李老师，我发现，现在的你就是人生最好的状态。我问，何以见得？他说，因为同学们总是谈论你，说你走路特别有节奏感(哈哈，这也能和人生最好的状态挂上钩)，接着他又说，我们学生感受到的你总是阳光、向上、积极、乐观，一进教室，就是一种气场的存在。哦，明白了，这人生最好的状态，是我即将高三毕业的学生送给我的，由衷地感谢，孩子们的褒奖。

最好的状态，也不尽然，因为，我一直努力，努力在生活中我不断地追求着更好的状态。在生活中感悟，在教学中提升，在学习中升华，才有人生的思考与状态。

作为一个感性的人，不敢说自己对哲学有多少认识，只能说对哲理性的文学还是比较感兴趣的，我感觉一个人无论处在人生的哪一种情绪里，哲学都能让我有一种"行到水穷处，坐看云起时"的率性与洒脱。

有人说于丹的话都是正确的，但都是正确的废话，也有人说，周国平的哲学是哲学，但都是伪哲学，可我不这么认为。于丹能让"束之高阁"的儒家学说得以普及，并很接地气，而周国平能让哲学亲民化、通俗化，并能指导、引领我们的人生由繁杂走向简约，由急促变得坦然，由盲目无所适从变得淡定而不失从容，这不失为哲学的一种指引。呵呵，令人费解的是哲学一旦落地生根、发芽，有人就叫嚣开了，好像哲学就应该是"稀缺品"，就应该被少数人掌握，否则不惜喊爹骂娘……

也有人说，严格意义上讲，中国当下就没有一位真正的哲学家，周国平不是，他的哲学缺乏深刻与朴素。可是，呵呵，我就喜欢他用文学的语言对哲理的表达，而且，重要的是，因为文学的语言，生涩的哲理变得生动了起来，难懂的道理顿觉豁然开朗了；有人还说，周国平的哲学肤浅而不严肃，那么我就想不通了，难道哲学就是高高在上，遥不可及的吗？哲学就是艰涩难懂，拒人于千里之外，令人费解的抽象理论吗？因为大多数人不懂而称为哲学,那又有何现实意义呢?当然,如果肤浅、接地气能帮助人获得精神的指引,进而拥有满意的人生,肤浅也罢,可是我觉得挺好。

读了周国平的《经典随感》系列,会不断得到一个个生命的启迪和发现,去体验现实生活中不经意而呈现出的美丽,能从他的文字中收获一种智慧和超然。作为一个总想提升和丰富自己的知识女性,年逾不惑,有自己的选择,不随人所好,有自己的判断,不随波逐流,就是一种大智慧。

"男人不可不读王小波,女人不可不读周国平",呵呵,妞爸和我真真正正是这句话的见证者。记得看过一个评论,说周国平的哲学,俘获的多是少男少女的心,呵呵,有道理,也正说明,年逾四十的我,因阅读周国平而越来越年轻了。

我的偶像,男神级人物蒋昌建老师说过:"我们仰望了星空之后,也要看看岸边的沙粒。你们拿起的沙粒尽管非常小,但是它也是千万年因果化成的结局。沙是如此,更何况是人。"

2018. 12. 21

做一个有温度的人

《我不是药神》，影评铺天盖地，有谈医患关系的，有谈医疗改革的，有谈天价药品的，有谈白血病患者生存现状的，不一而足。这部被冠以喜剧片的热播影片，以非常严肃的现实题材为依托，引发了人们的热议和思考，这一点很难得。之所以这样说，是因为在我看来，电影人承担了他们应该承担的社会角色。当然，人云亦云我不云，老生常谈我不谈。观影之后，我想谈谈我个人的感受，与众不同的思考，其关键词是：温度。

《我不是药神》值得肯定的是没有浪费现实这个题材，而是给予了充分的尊重，甚至尽可能地减少艺术加工。于是，在肩扛摄影微微晃动的画面下，呈现出了略带冷酷的质感，以及贫与富、生与死的强烈反差。整部电影铺垫、蓄势，最终喷涌而出的是人性的光辉，于是，我的内心被电影中的小人物深深震撼到了。影院里，刚开始，因了幽默还有些许笑声，可慢慢地，影院里安静了，悄无声息了……

甚至宝贝妞儿表情严肃压低声音悄悄地说："妈妈，你看他的两个朋友都死了，他是不是很伤心呀……"，这两个朋友是主人公程勇认识的慢粒白血病患者吕受益和黄毛。看到程勇的难过、内疚、自责，以及冒着坐牢危险，重操旧业，从印度购买格列宁仿制药，2000元一瓶，给患者卖500元，自己倒贴1500元……，所有人都会因之而感动，那一刻，我被"电"到了，我的内心进出一句话：一个有温度的人。

温度，来自于感动；温度，需要善良；温度，不能没有仁爱。影片里，程勇是个有温度的人。他的持续升温，源于私利，自于同情，来于善良，发于仁爱……，止于担当。一个有温度的人，能让警察动容到宁可承受处罚也选择放人，宁可不办案子也要坚守内心的温度；一个有温度的人，能让利欲熏心的假药贩子重拾良知，在警局也不愿出卖对方；一个有温度的人，即使坐在囚车里也赢得夹道的目送与尊重……

这个时代，需要有温度的人，而身上有正能量的人，才能释放出温度。有温度才能去温暖他人，身上的这份特有的温度，就是一份同情，一份善良，一份担当，一份责任，……

用温度来丈量人生的程勇,用自己的坚持和温暖感动了观众,当看到程勇被押往监狱的途中,戴口罩的病人纷纷前来送行,冒着被病菌感染的危险,摘下口罩向自己的救命恩人致敬这一感人至深的画面时,我看到妞爸还有周边的人都在擦眼泪⋯⋯,"救人一命胜造七级浮屠",这算是积善行德之事,令人欣慰的是,那救命的瑞士进口药格列宁进医保了,程勇用自己的温度,温暖了他人,也温暖了社会,社会小人物成就了一个大写的人。

　　《我不是药神》的故事不煽情,也不刻意地博同情,甚至还不时地穿插一点徐峥的小幽默。生活不是电影,生活比电影苦太多。《我不是药神》的成功,或许便在于用最真实的生活给了我们以最纯粹的感动,这份感动,只有一个关键词,那就是温度。

　　努力做一个有温度的人!

2019. 1. 9

懂得极简，生活才不会负重前行

这几天，先后把家里两个鞋柜的鞋子整理出来，扔了十多双的时候，发现鞋柜宽松了许多，呵呵，《极简》这本书还没看完，我就付诸行动了，呵呵，该舍就舍，唯有舍得，生活才不会负重前行，因为生活的羁绊从来都是自己的生活态度与方式造成的。

犹记去年花了几万块钱买一个地下室，妞爸说，地下室就是一个垃圾中转站，不买也罢。其实我也知道，放地下室的东西，最终可能都没用，都要扔，可有些东西我们却总是不能"即刻扔"，舍不得，放个两三年再扔，好像才对得起当初的花费。还有妞爸也时不时地提醒我，这冰箱啊，使用不当，有时也充当了食品垃圾中转站，甚至让人不自觉地浪费粮食，什么剩菜剩饭，本可以不做那么多。呵呵，亲们有过这样的体验吗？

阅读《极简》，我们似乎首先从扔东西开始，其实这本书是让我们拥有一种认识，即懂得人生的减法：物质的，精神的，观念上，态度上，行动上。有朋友说，阅读《极简》，首先让她控制了自己的购买欲望。亲们，有没有这样的体验，淘宝、京东、唯品会、苏宁、微商、云集 VIP，这些购物平台，让你有时购买欲望爆棚，手指点点，付款成功。于是，钱哗啦啦没了，东西买回一大堆，有用的，没用的，快递小哥每天都有送。犹记和朋友们一起吃饭，有一朋友说，网购让人感觉钱不是自己的，这一年就没攒下几个钱，全网购了，都成月光族了，唉……

阅读《极简》中的一个个小故事，让人明白只要我们稍稍彻查内心，就会发现，我们想要的东西太多，而真正需要的其实很少。其实很多我们想要的并不是我们需要的，只是社会的各种营销促使我们想要，我们有时被各种网购和天花乱坠的促销给绑架了。之所以买东西到无意识，花钱到月光族，就是因为我们成为了"想要"的奴隶，慢慢地放弃了对"需要"的觉知，这是时下购物"慢中毒""深中毒"的典型现象。

在《人物周刊》杂志上看过一篇文章，其中写到当下日本出现一类人，而且越来越多，叫"极简民"，所谓"极简民"，源自英文的 Minimalist，在日文中意为"极简主义者""极小限主义者"，日文汉字统称为"极限民"。"极限民"的特征是：舍弃一切可有可无的东西，过简约的生活。

有朋友曾调侃说，如今日本商家一看到说中文的人，就两眼炯炯发光，犹如猎人遇到猎物。每一位中国游客，都是一只可以自行移动的钱包，塞满了钞票和购买欲，正鼓鼓囊囊地朝他们奔过去。而日本商家要赚他们自己国人的钱却很难。是因为大多数日本人越来越遵循"少即是多"的极简主义原则工作和生活，物质上减负，精神上减压，才会轻装前行。当然，极简也不是禁欲，而是讲究实用和有效，讲究不过度，知限度。

米开朗基罗·博那罗蒂的雕塑《大卫》在意大利展出后，震惊了整个欧洲。大卫英姿飒爽地站立着，双目炯炯有神凝视前方，仿佛随时准备投入战斗。记者问："你是如何雕出大卫的？"米开朗基罗·博那罗蒂答："我去了趟采石场，看到一块巨大的大理石，在它身上，我看到了大卫。于是，我凿去多余的石头，只留下有用的，《大卫》就诞生了。"然后，米开朗基罗说了一句话：美就是净化过剩的过程。人生就是如此，要想活得美，就得删繁就简，去掉多余的东西。

俗话说：月满则亏，水满则溢。《吕氏春秋·博志》中道：全则必缺，极则必反，盈则必亏。把人生规划的太满，名望、权力、金钱，会让我们在追求中陷入困境，在纷繁忙碌中丢失自我，没有了方向，失去自我。为自己的生命的行囊减负，为自己的人生留白，放下奔忙的脚步，给自己一个闲适的心灵空间。遇花赏花，遇景观景，适度和放下才是一种明智的人生态度。生命需要的是一种极简的处事原则。周国平提倡减法人生：用勇于放下和敢于失去的方法，减缓脚步，移开牵绊，为自己的人生减负，让心灵轻凉，用最简单的处事原则和方式，纾解压力，这是一种人生哲学。

畅销书《断舍离》让我们断绝不需要的东西，舍弃多余的废物，脱离对物质的执念。星云大师的《人生就是放下》告诉我们人活在世上，就是要追求快乐；快乐源自于放下、自在，不为旁人一句话而恼，不为他人一件事而怒。人生唯有少执着，多放下，对名利不执着，对权位不执着，对人我是非能放下，对情爱欲念能放下，才能享受随缘随喜的解脱生活。

弗格斯·奥康奈尔在《极简主义》一书中告诉我们："如果换一种角度看世界，你会发现事情其实没有那么复杂，解决问题的方法也很简单。"人生需要的是这种极简的生活态度和处事原则，给生活一份闲适，遇花赏花，遇景观景，适度和放下才是一种明智的人生态度。只有这样，人生才会更有意义、更有幸福感。

所以，懂得极简，做足人生减法，人生就会将苦活出甜来，幸福人生其实就是这么简单。

2019. 2. 28

读书推荐

姐爸给我强力推荐《南渡北归》，说："《南渡北归》读后，令你对民国大师充满敬意，明白真正的大师是什么样的，当然，更让人怀疑历史，真假难辨，但'大师远去再无大师'这句话，我真的信了。"写到这，想起今天下午备课曹操《短歌行》，说到他的雄才大略，说到他的《求贤令》，再说到他戏剧的脸谱化，办公室的姐妹们不由慨叹：呵呵，我们可能一直在书本中看到的是个"假"曹操啊！

《南渡北归》系台湾作家岳南所著，分为《南渡》《北归》《离别》三部，全景再现中国最后一批大师群体命运剧烈变迁的史诗巨著，描绘了抗日战争时期流亡西南的知识分子与民族精英多样的命运和学术追求。

读了一半明白了书名，所谓"南渡"，是指上世纪大批知识分子冒着抗战的炮火由中原迁往西南之地；而"北归"，则是指他们再回归北上中原的故事。

这部几百万字的作品，时间跨度近一个世纪，所涉人物囊括了上世纪人文科学领域的大部分大师级人物，如蔡元培、王国维、梁启超、梅贻琦、陈寅恪、钱锺书等。作品对这些知识分子群体命运作了细致的探查与披露，对各种因缘际会和埋藏于历史深处的人事纠葛、爱恨情仇进行了有理有据的释解，读来令人心胸豁然开朗的同时，又不胜唏嘘，扼腕浩叹。

《南渡北归》最吸引人的地方就是对民国大师们的描述，每个人都是独一无二的存在，他们身上总能散发出一道光芒，让你肃然起敬；而他们又是一个整体，一个推动中国科学和文化向前迈进的整体，让后世学者无不仰慕和钦佩。"大师之后再无大师"，读来恐怕不仅仅是作者一人的慨叹！

举个例子，在第一部《南渡》中记录有这么一段文字：

1926年3月16日，梁启超因尿血症久治不愈，在协和医院做了肾脏切除手术。极其不幸的是，手术出现严重失误，好肾切掉、坏肾留下。此时西医在中国立足未稳，大受质疑。为了维护西医社会声誉，以便使这门科学在中国落地生根，梁启超作为受害者，非但禁止徐志摩等人上诉法庭，不求任何赔偿，不要任何道歉，并艰难地支撑着病体亲自著文《我的病与协和医院》，为协和医院开脱。梁启超用他的生命来维护他笃信的科学和进步事业，这样的牺牲精神又有几人能有？我们又怎能以一介凡夫之心态来评论梁公"白丢了腰子"？倘若梁公大动肝火，不"白丢腰子"，西医在中国的立足又不知要迟上多少年……当然，特别指出一点，不太喜欢作者的文笔，从历史著作的角度来看，作者的语言有些太随性，不够考究，臆想、虚构，且个人情绪渗透太多，就比如，张学良、金岳霖、林徽音等人物的记叙，有失历史的水准。

好吧，读书，不尽信书，也是我读书的经验吧！

想起一句诗来：行人莫问当年事，故国东来渭水流。

2019. 3. 30

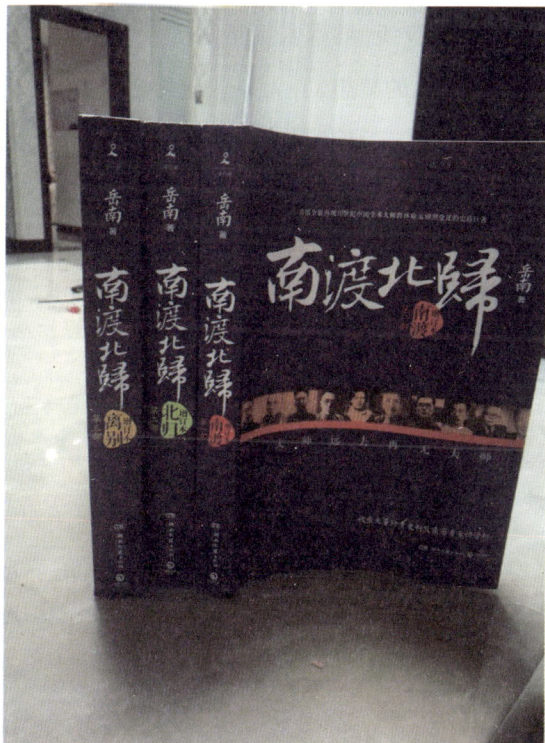

愿你一生清澈明朗

感慨,在这样一个繁忙芜杂的年月里,要读完一本书,有多么不容易啊!

丰子恺《愿你一生清澈明朗》,这书放在枕边案头已有些日子了,并不厚的一本书,我却断断续续读了有数月。今天终于翻阅到了最后一页,写几句,作为仪式,聊以慰藉自己多日的疏懒,也提醒自己,唯有坚持才能成就所愿。

"在复杂的世界里,做一个简单的人。只有让自己内心富有充盈,才能从容抵御世间所有的不安与喧嚣,成就美好的人生。"书的腰封上这句简单而富有深意的话,我把它非常认真地摘录在了读书笔记上。

巴金说,我的脑子里有一个"丰先生"的形象,一个与人无争,无所不爱,一颗纯洁无垢的孩子的心。我以为看文看画,我们都看到了作者的清澈与明朗。

"愿你一生清澈明朗,所求遂所愿。做你愿做之事,爱你愿爱之人。愿我们都能像皎洁明月一样,内心纯净,看世间繁杂却不在心中留任何痕迹。"书中朴素的这么一句话令人深思。在浅浅淡淡的文字中能够了解到丰子恺的恬淡率真的诗意和与世无争的内心。读丰子恺散文让人向往于平平淡淡,细水长流的人生。使人热衷于一点一滴的平凡日子,热爱于身边事物,拥有着平凡的梦想,心无杂念地为之努力,无宠不惊过一生。

丰子恺热爱生活,把生活中的细微场景看在眼里,记在心中,画在纸上。作者的生活虽清苦但却掺杂着诸多的童趣与欢乐。丰子恺一字一句,一日一月的艰苦付出成就了他令无数人敬佩的人生。他没有正式求学的福分,所以"看见闲坐在青草地上,桃花树下,伴着了蜂蜂蝶蝶、燕燕莺莺而读英文数学教科书的青年学生,我羡慕得真要怀疑……"对读书的向往和憧憬读来令人感动!

想想,今天的学生埋怨的学习在作者的眼中是一件多么美好而令其神往的事情啊。我在想或许是今天的学生没有吃过苦,也或许是我们不够热衷于自己的梦想……读完这本散文集,给人最大的领悟就是有价值的人生不必拥有着荣华富贵或是任何虚无的事物,而是应该有一个坚定并且热爱的理想,在追求理想的路上磨炼自己,再苦再累在那个美好的理想前都不值得一提。我相信那些挥洒过的汗水终会化作黑夜的头顶的星,在无助痛苦时指引我、扶持我。

这本散文集每篇都值得在一个人的时候,品一杯茶,享受着阳光清风,静静阅读,细细欣赏,我以为这样最美。私塾生活的小趣事,车厢社会的人生百态,中举人的父亲,深爱孩子的作者,有趣的爆炒米花,令人怀想的梧桐树……一篇篇短文,浅显中自有深意;他谈图画与人生的关联,谈艺术、山水间的生活,其中"爱一物,是兼爱它的阴暗两方面"尤为印象深刻。世间没有什么事物只有明而没有暗,明与暗往往相互益美。同山水间的生活,有利亦有弊。

众所周知,丰子恺擅长于创作漫画,画风纯真,有赤子情怀。有着自己独特的艺术风格,同时他也可以说是语言的巨人,简单易懂的记录自己平凡却独特的生活,可谓大巧若拙。文章里,有对美景的眷恋,有对梦想的奋斗,也有对亲人们的关爱。最值得一提的是,书中间或出现的一幅幅简约而有趣的画,与平实浅淡的语言相得益彰,绘画与文字,相得益彰。

在复杂的世界里做一个简单的人。人生的美好在于有一颗澄澈的心,不求波澜,只为静水流深,人生苦短,看淡那些不安与喧嚣,成就平静与安宁。

唯愿在平常岁月里,时常温暖在身,阳光拂面,活成自己喜欢的样子。

人间有味是清欢,无宠不惊过一生,我以为,这是人生的大境界!

2019. 7. 20

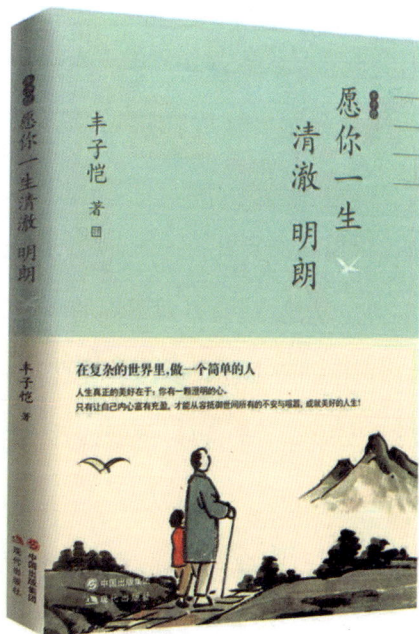

纸中方知书滋味

安静而清闲的午后，阳光明媚，微风拂面，一高贵典雅的女子，手捧一卷书，端卧在沙发一角，轻轻掀开膝上的书页，手指轻轻划过纸张，细细品读，感悟蕴含在只言片语中，那一字字，一句句带有情感，满含温度的句子……，这是一幅画，上中学的时候在一本杂志中看到的，那时的我就常常想，什么时候，我能成为画面中的那个女子，多美！就比如今天，一个人坐在办公室，静静地，泡一杯桃花茶，翻开一本书，做点笔记，呵呵，自己就觉得很美。

关于阅读，每个人都有自己独特的情感，在科技不断发展的今天，新的媒介横空出世，各种讯息层出不穷，将人们渐渐包裹，但我依然固执地认为，即便是同样的内容，阅读纸质书籍却更加容易唤起人灵魂深处的共鸣。所以，当身边爱学习的朋友们纷纷开始阅读电子书，听书的时候，我依然固执地喜欢买几本书来看，清新温暖的白底，清晰沉静的黑色，那纸张翻动时发出的声声脆响，仿佛是一扇扇阅读之门，需要我们轻轻扣击才会开启，又仿佛是读书人与作者的一次次邀约和交流，于是那一段段文字便不再是文字了，而是读者与书本的一次次密切接触，更是读者与作者的一次次亲密对话。所以，我总以为，比起指尖轻轻一触便可跳跃数章的网络阅读，书本的特有质地更给人以年代感和厚重感。

犹记假期，我想再读一遍《穆斯林的葬礼》一书，心想，朋友们都说电子书特方便，于是也打开电子书，可是读了不到一章，总是找不到阅读的味道，不由感慨，原来有些习惯不是说改变就能改变得了的！再比如听书，我也一直不习惯，主要是在听书的时候，我的心总是无法走进文本，总是感觉安静不下来，再好的朗读者，越听越觉聒噪，于是说到书，我还是喜欢纸质的，能够安静地投入。

白岩松曾在《白说》中写道："时时医治，偶尔治愈，常常抚慰"，我以为这句话说的就是读书的意义。今天，许多人把阅读定位在浏览网页，翻翻头条，看看电视，知道点热点新闻,搜一搜明星八卦,打探点奇人异事,瞅瞅又有几个"老虎"被调查,于是津津有味,然后与志同道合者大摆龙门阵,各种海阔天空,似无所不晓,百事通一般,这其实已拉低了阅读的意义,我以为浅阅读带给人的只是谈资,缺失了阅读的真意。

今天许多人不喜欢阅读了,因为值得我们关注,吸引我们眼球的东西太多太多了。所以,你会发现,许多孩子不喜欢读书,比如我家妞子,不太喜欢读书,却喜欢听书,这段时间,《平凡的世界》很上瘾,我不知道她能领悟多少,但她很喜欢这样的学习方式。我觉得应该是她从小就开始听读,已经养成这样的习惯了,就好像固执的我或者你一样,小时候的条件就是仅有的几本书,除了书我们再没有获取知识的渠道了,而今天,则大为不同了,所以,孩子们的学习方式已然无可厚非,时代使然而已。作为一个比较固执的读书人,坚持着也认同着……

我知道,今天许多人已习惯阅读电子书了,可我依然喜欢手捧纸质书本,享受与古圣今贤对话的乐趣,于墨海书香中品味文学与人生。记得严歌苓在思考美化灵魂的途径时曾经写道:"阅读是其中易走的,不昂贵的,不须求助他人的捷径。"今天,有许多人轻视或者质疑阅读一本书的意义,可我以为,念念不忘,必有回响。读的书,最终是渗透在你的骨髓里,浸润在你灵魂里的,正如一位音乐家所说:"当我还是个孩子的时候,我吃过很多食物,现在已经记不起来吃过什么了。但可以肯定的是,它们中的一部分已经长成了我的骨头和肉!"阅读的意义也是如此,腹有诗书气自华,最是书香能致远!

纸中方知书滋味,摘录美文乐其中。这么多年,阅读时做笔记已成习惯,看着自己的一本本笔记,有个人成长,有教育感悟,有婚姻爱情,有子女教育,有记录有思考,沉甸甸的,原来,一份小小的坚持,就能成就一份美好!

此刻,愿意对着自己的书本和笔记,说声:谢谢!

有你们陪伴,真好!

2019.12.25

原谅，我也是第一次为人父母

这几天阅读《原谅，我也是第一次为人子女》这本书，感慨颇多，夜深人静，陡然心生一想法，为人父母的我们，面对这样的书名，何不也提笔写一篇《原谅，我也是第一次为人父母》的文章来！让父母与子女彼此了解互相懂得，那么原谅里就有了理解，有了宽容；接纳里也就有了欣慰，有了幸福……

这本散文集子，收录了诸多名人的作品，诸如女作家严歌苓、六六，也有王朔、高晓松等社会名流，当然也有一些小人物，他们用温婉细腻的笔触，叙写着一个个父与子、母与女的小故事，爱得磕磕碰碰，怨得稀里糊涂，在你来我往的小矛盾、小风波、小战争里，给我们上了一堂长长的修行课。一碗面条、一块月饼、一缕灶台上升起的油烟，都充满了暖暖的人间烟火气象；一次训斥、一场误会、一声胸腔里吼出的爱意，满满的都是感动，氤氲着我的眼睛，令人泪流满面……

文中多个父亲和母亲的形象，无一例外，他们都爱着自己的孩子。站在儿子背后的父亲，冲在女儿前面的母亲，有的苛刻，有的霸道，有的卑微，有的睿智；为人子女者有的怨恨，有的不满，有的出走，有的反抗。但待他们养儿育女为人父母后，才深深地感慨：无论什么时候，父母都是那个最温暖的存在。只是，有的已是"子欲孝而亲不待"，字里行间的懊悔和遗憾，读来令人唏嘘不已！

阅读这本文字平实、内容真诚，充满亲情的情感类小书让人懂得，血缘亲情没有什么是不能原谅的，此生为家人，就是所有人都抛弃你，但我不会离开你。即使相顾无言，青春叛逆，仍是一生一世的父母子女。

购买这本书是源于这个书名。看到这个书名，我最初的想法是站在为人父母的角度。我心想，第一次为人子女者恳请父母原谅，那这些子女们却忘了父母也是第一次为人父母啊！有多少子女用温柔的眼光看世界，却用挑剔的眼光看父母；又有多少父母总是用妥协和接纳来对待世界，却用严苛和指责来对待孩子。彼此要求，互相指责。其实，父母与子女之间，只要懂得换位思考，抱怨就会减少很多，懂得将心比心，感恩就会越来越多！

犹记以前看过的一部韩剧《请回答1988》，其中德善的爸爸成东日说"爸爸也不是生来就是爸爸，爸爸也是头一次当爸爸"，这句话不知戳中了多少人的泪点。细细想来，人生没有彩排，每一秒每一场都是现场直播，出故障，有差错，起冲突，这是必然。不论是父母，还是子女，如果都懂得原谅，知道包容，用心理解，那该是多么美好的人生画面！

我想说，或许父母做的很多决定，让你不能理解，或许父母做的很多事，不合你的心意，又或许父母啰啰嗦嗦，你觉得很烦。可是别忘了，他们也是第一次为人父母。所以彼此包容，互相理解；你养我小，我照顾你老，才是父母与子女此生最好的相遇！

抱歉，我们都是第一次，不论是为人父母，还是为人子女，那就在共同成长的道路上，珍惜彼此，感恩拥有，互相理解，懂得宽容，且行且珍惜！

2020. 2. 28

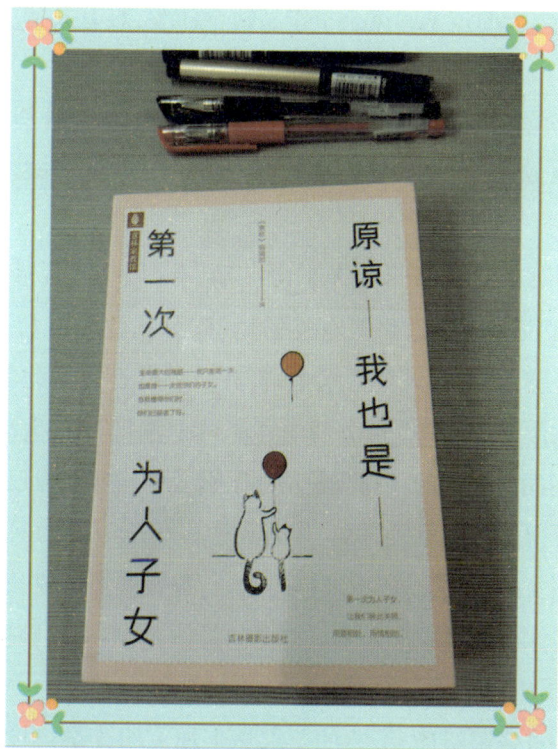

没有一条道路是重复的

喜欢余华的作品，而且更喜欢他所有书的这个黑色封皮，家里所有余华作品都是这个版本。我简单地以为，这是余华表里如一、真实而深刻的黑色幽默。

犹记董卿曾在《朗读者》里这样评价过余华："他的文字冷静，透着力度，就像一把泛着银光的手术刀。"而这把"手术刀"冷峻锋利而又充斥着黑色幽默。

在我眼里，作家余华的小说一直都是与以深重的苦难相连接，比如说《活着》中的富贵那令人唏嘘不已的苦难人生；《许三观卖血记》里的许三观那悲惨至极的命运。可以说，生活在我们今天这样一个时代，阅读余华的作品，某种意义上来说是需要点勇气的。

记得原来在学校带文学社团，给学生推荐《活着》《许三观卖血记》，带领着他们一起欣赏一些痛在心底的富有时代特点的优美文段，我可爱的学生曾经这样质疑：老师，人真能穷在这个份上吗？这么沉重的苦难，社会上真的有吗？生活真能这么难吗？这样的人生谁能挺得住……？今天的孩子阅读余华作品缺少体验，难有共情，更没有勇气去面对，所有的质疑里都是不可思议，怎能面对！

余华，我一直喜欢他的写作视角，欣赏他的黑色幽默，作为社会的观察者，生命的解读者，他叙述的目光无微不至，几乎抵达了事物的每一条纹路，读来沉重、压抑，又不乏批判和思考。

前段时间去书店买了一套《余华随笔》，共三册，有《温暖和百感交集的旅程》、《音乐影响了我的写作》及《没有一条道路是重复的》。昨天拿起这本《没有一条道路是重复的》，居然有一丝轻松感，读来令人舒适顿生，富有一种贴近人生的美感！这本书是余华先生的随笔和演讲稿合集。分两个部分的内容："两个童年"和"生活、阅读与写作"。在"两个童年里"作者用同一人物的不同身份讲述了孩子的童年和自己的童年，读来真是妙趣横生。特别是在初为人父的那段时期，作者和中国千千万万的父亲是一个样的，可是他比普通的父亲们更多的是感受，那么细碎的生活，那么琐屑的成长，在作者眼里都是值得观察记忆的。于是你会感慨原来人生更重要的是体验，唯有体验生活才富有了更加生动的画面，而且极富美感。

还有今天我们一直强调阅读，不断的要求学生加大阅读量，粗浅的目的之一无非是为了应付高考。又有多少人真正给学生强调过阅读给人带来的生命的深刻影响和指引，余华在这部随笔里道出了阅读的真谛：我觉得自己二十年来最大的收获就是不断地去阅读经典作品,我们应该相信历史和前人的阅读所留下来的作品,这些作品都是经过了时间的考验,阅读它们不会让我们上当,因为它们是人类智慧的结晶和人类灵魂的漫长旅程。当一个人在少年时期就开始阅读经典作品,那么他的少年就会被经典作品中最为真实的思想和情感带走,当他成年以后就会发现人类共有的智慧和灵魂在自己的身上得到了延续。我不由问自己,难道还有比这更深刻的阅读体悟和思考吗?

作家先生告诉我们:没有一条道路是重复的,也没有一个人生是可以替代的。诺贝尔文学奖获得者彼得·汉德克也曾说,文学对于他来说,是不断明白自我的手段。作为儿童、作为父亲、作为阅读者、作为作家,余华有一个丰富深刻的灵魂,又有一副平凡的血肉之身。在我们能看到的层面,我们阅读余华的作品,在我们未曾窥探的那些时空和岁月里,余华用文字书写着自己的独特而不可为人效仿的人生。

每个人都在经历着只属于自己的生活,没有一条道路是重复的,这个世界所有人的人生都需要"亲力亲为",因为每一种人生都值得我们用心来过,都值得珍惜!

2020.8.20

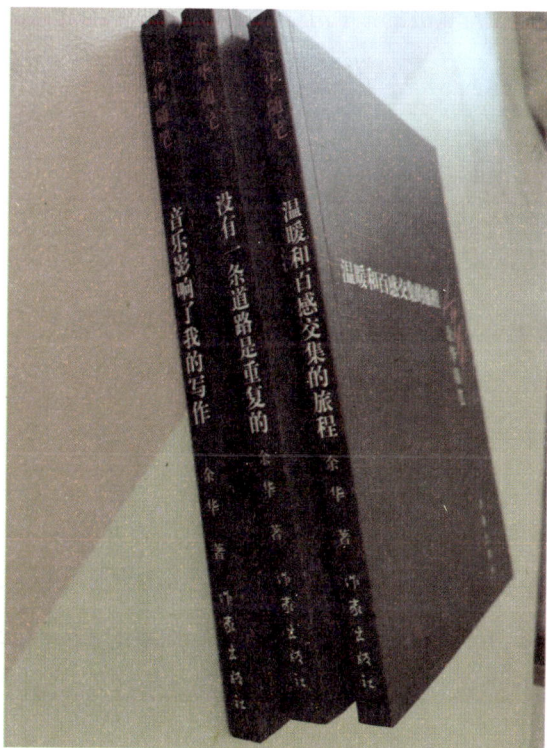

做人生的主角

一周时间，和妞爸共同阅读了陕西籍作家陈彦的大作，70万字小说《主角》。读完《主角》，掩上书本，秦音犹存，感叹戏如人生，人生如戏。

就像上学时那样，周末，可以不吃饭，可以从中午两点读到晚上，可以读到半夜，沉浸于书中，这种感觉真的非常美妙！

好长时间没有读到让人"一气呵成"般想要读完的作品了。小说主线分明，用近七十万字的篇幅，四十余年的时间跨度，讲述了忆秦娥一步步成为"秦腔皇后"的故事。同时，也深度地刻画了忆秦娥被迫卷进纷争的沉浮，依然秉持自己的坚守，任风吹浪打，我自岿然不动；任世事变迁，我自坚守本心，非常令人感动。

全书形象地描绘了改革开放四十年期间一位秦腔名伶的成长史和奋斗史，刻画了人物鲜活的秉性和心路历程。也力透纸背地说明了成为主角的道路上，须抵挡"急雨射仓壁""漫窗若注壶"的逼渗。在艺人一生的演绎中，不仅要抵御世俗的利益诱惑，也须在艺术道路上执着于渐行渐远的古老腔调。

《主角》是一部一个秦腔演员的成长史和奋斗史。书中的女主人公，也就是主角忆秦娥，原名易招弟，曾改名易青娥，后改为忆秦娥，不管如何改名，其姓却是易。这不禁使人联想到易的本意。易说的就是变易、变化、变革，从易招弟，改名易青娥，再改名忆秦娥，这是姓名之变；从牧羊女到烧火丫头，从县剧团跑龙套到主角，调到省剧团后，从B角、A角到主角，这是角色的变化；从秦腔小皇后到秦腔皇后的赞誉，这是荣誉的变化。万变不离其宗的是忆秦娥的奋斗精神，如果不奋斗，忆秦娥就不会从牧羊女考入剧团；如果不奋斗，因舅舅入狱牵连被贬为烧火丫头的她就可能从此一蹶不振。正是一股奋斗精神使忆秦娥蝶化为县剧团演员，也正是奋斗精神使忆秦娥走出低谷。潜龙腾渊，凤鸣岐山，一跃成为县剧团的台柱子。从县剧团调入省剧团初期，并不被待见甚或受到排挤，如果没有继续奋斗的精神，也可能就是一个B角，充其量是一个A角，正因为秉持一种生命不止，奋斗不息的精神，忆秦娥才一步一步从B角到A角，从A角到无人撼动和取代的主角，成为无可争议的秦腔小皇后甚或秦腔皇后。所以呀，"易"中有年龄的增长，有人事的变迁，有传统艺术秦腔的兴衰，有人性的变化，有社会的巨变，有时代的滚滚向前；而在"易"中不变的永远是易秦娥的单纯、坚守和奋斗，于是，变易中初心让易秦娥走向成功，坚守让易秦娥成为一代名伶。

《主角》一书让人思考，在易秦娥身上，让人懂得：人的一生总需要有热爱的东西来支撑着。就如易青娥一般，无论训练多苦多累，她都坚持每天练习，心无旁骛，只为了在台上展现最完美的表演。人生之路在自己的脚下，坚持是成就自我的唯一出路，奋斗无疑是艰辛的；但艰难困苦，"玉汝于成"，只有艰辛才能赢得成功，正所谓"梅花香自苦寒来。"就像剧作家秦八娃所说的那样："主角就是把自己架到火上去烤的那个人。因为你主控着舞台上的一切，因此，你就需要比别人更多的牺牲、奉献与包容精神，有时甚至需要宽恕一切的生命境界，惟其如此，你的舞台，才可能是可以无限延伸放大的。"

作为一个秦腔演员，靠的是功夫。台上一日名，台下十年功。从烧火丫头到主角，从秦腔小皇后到秦腔皇后；两次婚变、离婚、儿子智障、死亡，演出戏台坍塌；茶楼一次演出大款抛出百万"橄榄枝"诱惑等等惊心动魄的考验……忆秦娥数十年始终不变的是本分做人、练功不辍，唯有如此，才练就一身硬功夫。

在《主角》一书中，我看到了作者努力寻找和刻画人性的闪光点和温暖的一面，作者在书中为勤劳吃苦、敢于拼搏的普通人立传，为小人物带去心灵的慰藉，那就是，秉持内心的美好，坚守初心，为之努力，终会获得。

2020.11.24

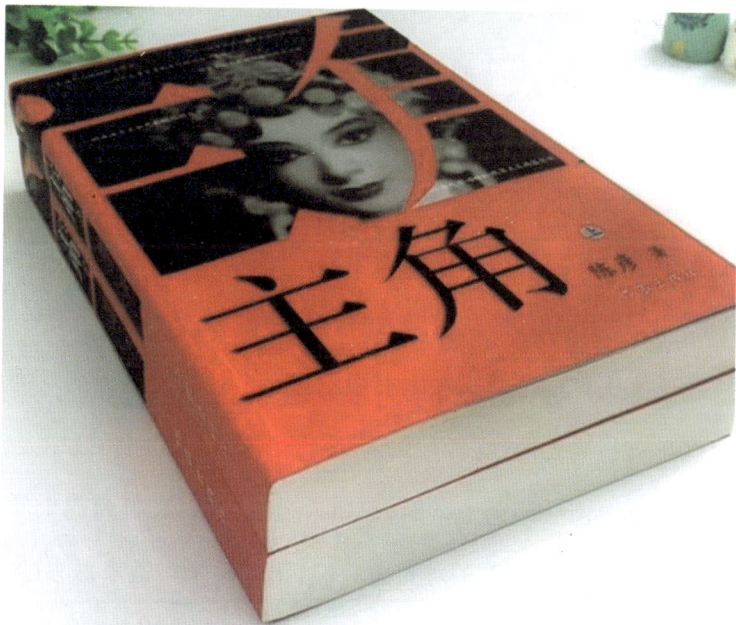

人生的兴致皆在生活的缝隙里

品读汪曾祺和其儿子汪朗合著的散文集《活着，就得有点滋味儿》，内心不由感慨：人生的兴致原来都在生活的缝隙里，平常日子用心来过，生活的意义就是生活本身！

犹记在书店看到这本书时，我更多的是被这极富内涵的书名所吸引。翻阅着书中一篇篇充满生活滋味的小散文，发现作者所谓的滋味儿，其实既有着美食的关联，更有着美食背后品读出来的人生哲理寓意。

活着，就得有点滋味儿。汪曾祺的散文里，字里行间让我们参悟到一种道理：再繁忙的生活，也要懂得闲闲脚；再忙碌的日子，也要知道散散心。于是生活中那一盏茶、一杯酒、一顿饭的时光都充满了人间滋味。原来呀，人生至美最纯的滋味，还是要从生活的点滴之处去寻找。一杯蜜茶，半支素烛，一碗面食，生活的真谛都在烟火人生里，浅淡中蕴含着生活真意，平素里透露着人生要领。

本书讲述的是有关美食，如果你觉得美食的文章无非是一篇篇介绍"吃"的文章，那么走进这本书，你对美食的认识，一定会有所改观。作者借酸甜苦辣咸说尽人生百味，借素饭淡菜道出生活真谛。读汪曾祺的文字，字里行间流露出的就是：活着，光吃饭就已经很美好了……

尝遍人间美食，看尽人间烟火，人生本来很简单，大道至简，悟在天成。不记得在哪本书中看过这样一句话：你对生活的理解越深刻，可能活得越"肤浅"。此刻觉得这句话用在汪曾祺身上，很是"恰到好处"。被誉为"抒情的人道主义者，中国最后一个纯粹的文人，中国最后一个士大夫。"的汪曾祺在本书中就像一个超级爱吃也会吃的可爱老头，不经意间，你会认为他就一妥妥的"吃货"，"专注"于天南地北的美食：辽宁人爱吃的酸菜白肉火锅，北京人爱吃的羊肉酸菜汤下杂面，福建人爱吃的酸笋，扬州的干丝，淮安的狮子头，苏州的腐乳，镇江的肴蹄，宁波的黄鱼鲞……，汪曾祺张口就来，如数家珍。当然，如果只是一个"吃"字，那就真的有些口腹之欲了，重要的是在美食中作者品味着人间美味，也参悟出生活的真谛,同时也告诉我们一个道理:生活的意义无处不在。

最喜欢汪曾祺写文章的那个"味",生活的味道和生命的欢腾,都在字句间酝酿成醇香的佳酿,让人心中升起一层暖意。生活的味儿,就是很平淡的生活的百态。人生兴致皆在生活缝隙中,无论是家常小食,还是地方风味,甚至生活中平淡无奇的一碗热汤,都添了一份闲趣。去找寻属于我们的那份滋味儿吧!正如汪曾祺所说,人的口味要宽一点,杂一点,"南甜北咸东辣西酸",都得去尝尝。

其实汪曾祺的一生并非均如他笔下的文字一般单纯而美好,相反,他经历过不少苦难。然而,可能正是这些苦难让作者对生活对人生有了极高的领悟。《活着,就得有点儿滋味》一书,以食喻事,竭力告诉大家"虽然生活中存在种种不济,但仍然有美好的人或事物存在",这些美好大多不动声色,却一直存在于你的周围,一低头就能看见。

人生的最高境界,就是把烟火生活过成了粗茶淡饭、家常小菜、人生百味。忽然想起了杨绛先生,她才是将生活活出了一种属于她的、特有的滋味儿,将生活过出了自我的升华。最令人不能忘怀的是她说:我们曾如此渴望命运的波澜,到最后才发现,人生最曼妙的风景,竟是内心的淡定与从容……我们曾如此期盼外界的认可,到最后才知道,世界是自己的,与他人毫无关系!

我经常在想,凡俗人生,哪有那么多抬头仰望的东西,也许你汲汲一生,也没有到达彼岸,也许你攀登一世,也没有登上顶峰;那么,回头想想,是不是有可能出发的时候就选错了路,是不是有可能强己所难也只能无果而终。许多人把奢望当目的,于是人生总是渺茫,却也失去了眼前的美好。所以,活在当下,珍惜眼前,爱之能爱,爱之所爱,品味平常日子,于平淡处见人情,于琐细里品真意,活着,才真的有滋有味儿。人生,就得简单纯粹一点儿。存其本味,实为真意。

"人生若寄,切莫错过一盏茶、一杯酒、一顿饭的时光。"引用汪曾祺的话来结束本文。

2021.1.17

我们都是世间小儿女，享有人间小温暖

读汪曾祺的《我们都是世间小儿女》，脑海中会浮现出一幅画片：一位长者，一手摇着蒲扇，一手端着茶壶，坐在自家大院里，慢慢地跟你聊，聊生活、聊家常、聊人生。在聊天中他会调侃自己是平凡得不能再平凡的一个人，他会说，生活平淡，要不是文革中被打成右派，人生怕是更为平淡……

铁凝曾这样评价汪曾祺：他就是他自己，一个从容地"东张西望"着，走在自己的路上的可爱老头。这个老头，安然迎送着每一段或寂寥、或热闹的时光，用自己诚实而温暖的文字，用那些平凡而充满灵性的故事，抚慰着常常焦躁不安的世界。

生而为人，我们在世间平凡又渺小，在广阔的宇宙中，只不过短暂停留。"红黄蓝白黑，酸甜苦辣咸，每个人都带着一生的历史，半个月的哀乐，在街上走。"尽管生活几番离愁别恨，几多辛酸不易，在汪曾祺的世界里，生活是有乐趣的，因为我们都是世间小儿女，享有人间小温暖。

在《我们都是世间小儿女》一书中，汪曾祺好似闲话家常一般，讲述了一个又一个平凡又特别的故事和人物。这些故事并不是惊天动地、惊骇世俗的稀奇事，人物也不是大人物，却值得品味，让人很平静，很喜欢。仿佛故事中的某个人就是你身边的人，每一个人物都是那样的真切朴实。是亲切、是柴米油盐，也是人间烟火。

艺术来源于生活，又高于生活。读完本书，你会发现汪曾祺善于观察、勤于思考、勇于创作。他笔下的许多人物都能够在生活中找到原型，每每有什么经历，他也着力于把它写入自己的故事。他的二伯母在失去丈夫后变得古怪，就是小说《珠子灯》中孙小姐的原型。因为曾经避难在庵里住过，所以有了《受戒》里和尚的生活。因为经历过右派的生活，在他的作品里也有这样的人物。楼下闲坐的三个大爷，身边性格各异的大妈们，做生意的和尚，世间百态，故事早已和现实融为一体，于细微处体现世间小儿女的平凡生活，流露人间温暖。

"外面的世界很精彩，我的世界很平凡"汪曾祺认为自己的人生平平淡淡，所以他笔下没有重大题材，没有性格复杂的英雄人物，没有强烈的、富于戏剧性的矛盾冲突。

细读本书，我们不难发现，他经历了无数苦难和挫折，幼年丧母，青年背井离乡，饱受战乱之苦，中年被划为右派，下放农村改造，老年遭受不公平的对待。他的一生跨越民国和新中国两个时期，见证了民族的解放和国家的发展。然而这一切在他的笔下是那么的不经意，那么轻描淡写。那些受过的苦难，流过的泪水，仿佛只是过眼云烟。从他朴实温暖的文字中，我们几乎感受不到他的悲痛与伤感。他始终保持平静旷达的心态，并且创造了积极、乐观、诗意的文学人生。

实实在在经历过苦难的人，笔下大多都是世间小儿女的平淡生活和绵长柔情，温温润润，含情带意，似涓涓溪流。这是对苦难的回避，也是对快乐的追求、对生活的热爱。两个母亲的故去，没有过多笔墨，但是字里行间流露出的悲伤真实可感。就连躲庵里，跑警报这样生死攸关的事情，在他的笔下也是云淡风轻，好似是别人的故事。被划为右派，生活艰难，那便苦中作乐，烤土豆吃、炸蝈蝈吃。白天劳动，夜里读书，和乡亲们打成一片，没有其他琐事打扰，也是难得的安静。

读到这样的文字，我想用汪曾祺先生自己写的一句话来概括我的感受："家人闲坐，灯火可亲"。平淡生活平凡日子自有千钧力量，我们不会都是英雄，也过不来波澜壮阔的人生，但是人生短暂，唯有用心生活才不辜负，人生没有一帆风顺，我们总会经历自己的高峰和低谷，但人生的每一刻，我们都应该真诚而勇敢，坚韧而从容。因为人间烟火，最是暖心。

随遇而安，是汪曾祺的处世哲学，值得每一个世间小儿女学习。我们都是世间小儿女，不妨以世间小儿女的姿态，认真地生活，不畏艰难，积极向上。纵然长路漫漫，然而未来可期，一切值得。

2021. 3. 21

三分诙谐，七分悲苦

从来没有哪一本书让我阅读的如此艰难，一个人，命运如此多舛；一段爱情，守望如此痛苦；一个时代，岁月如此惶恐；一段历史，记忆如此不堪……三分诙谐，诙谐里有沉重；七分悲苦，悲苦里有思考。

开学至今，花费近一个月的时间，阅读了严歌苓的《陆犯焉识》，这个故事再次印证了一句话——时代的一粒灰，落在个人头上，就是一座山。主人公的遭遇告诉读者，被压真难受，翻越不可能，这座山，摆不动，挪不走，只能咬紧牙挨着，还能怎的？

我知道张艺谋执导，陈道明、巩俐主演的电影就是改编自《陆犯焉识》，电影上映，好评如潮。可我一直没有观看，因为我一直认为优秀的文学作品，其文字的表现力要远胜于各类表演，另外未看原著就观影，很容易困囿于演员的表演，影响了阅读体验和自我发挥，进而限制了阅读的无穷想象和无限拓展所带来的阅读魅力。

有人用情节来推动故事发展，有人用文字来演绎故事升级，我以为严歌苓属于后者。阅读伊始，真正吸引我的不是人物，也不是故事，而是其天马行空又入丝入扣的语言，是其总是悖谬却又合乎情理的文字，让我惊讶于文字的异样组合和任性排列竟会产生如此绝妙的表现力。于是这本书让人欲罢不能，爱不释手。可以说严歌苓对文字的掌控，已臻化境，绝对技高一筹。也许有人会说作者在有意"卖弄"，将那些字、词组与句子玩弄于股掌之上；但是我们又不得不承认她卖弄得那么独特、精巧，让人不得不承认那一丝似有若无的"匠气"正是她区别于其他作家的地方。

《陆犯焉识》读完之后给我的感受就是：三分诙谐，七分悲苦，十二分震撼。这本书故事背景在解放后西北监狱里的"老几"和解放前的公子哥陆焉识来回交错，巧妙地让故事里棘刺丛生，颠簸不止，起伏不定。读之，悲之，叹之，唏嘘不已……。虽然全书400多页，但正是这种时空穿梭的戏剧感使得这部小说可读性很强，很有沉浸感。

不能说我对这本书有多喜爱，因为"喜爱"这个词是一种让人能够感觉到愉悦舒服的情绪，而《陆犯焉识》带给我的，则是内心一份抓挠啃咬的、挥之不去的痛，为了终于熬过了那二十年的陆焉识，为了一生都在苦苦守候的冯婉喻，也为了没能走出那个时代的刘胡子、徐大亨、知青小邢……一个时代，一代人。

但是我又非常喜欢这部作品，以至于我读的过程中都不忍心一口气把它读完，而是慢慢地、细细地，读着，品着，玩味着，思考着。每个晚上读二三十页，不急不躁，整个阅读过程是一种享受，享受文字所带给人的那种全新的阅读体验和玩味，这种体验不是故事本身，也不是人物，而是文字，很少有作品能给人这样的文字体验了。

书中，近乎残酷的真实感，让人有些怀疑其现实性，可近乎现实的残酷性，又让人坚信其内容的真实性。对陆焉识监狱生活的描写最能体现出这一点。沙滩上被草草掩埋的一具具尸首，能带着人奔向远方的沙暴，号子中被害牙疼病的犯人用头撞击出来的大大小小的泥坑……这些都在告诉读者，这些都是陆焉识亲身经历过的，让人丝毫无法怀疑其真实性。除了真实感之外，严歌苓的书还有一点就是没有夹带个人的政治立场倾向。那么直白，那么现实，那么没有忌讳，那么逼真……，还原一个时代，还原一段历史，严歌苓在其没有明确的政治立场倾向的文字里引导着读者打破身份标签的定义，更多地去关注人性，关注人，这也是我喜欢看严歌苓作品的原因。

无疑，严歌苓是一个无可挑剔的写作高手，我真的很喜欢。

2021. 5. 15

人生从来都靠自己成全

走进书店,妞爸拿起《人生从来都靠自己成全——林徽因传》这本书递给我说:"这本书,你喜欢!"

接过书,拿在手中,瞬间爱不释手。充满设计感的装帧十分吸引眼球,专色印刷,切口烫金,硬壳外装,外观的精美让人无可挑剔。淡粉色的封面外包,书的侧面是闪烁着的金色,每一页都闪烁着光芒,一种奢华高贵的气质油然而生。这样装帧的书还有三本,作者给了它们一个有点庸俗但却十分贴合的名——《金粉世家》。仅从这样的书名中就能猜测到这书中的主人公皆是大家闺秀,过着优越的生活,有着金光闪闪的过去,而这之中最具有代表性的主人公非林徽因莫属。这本书是林徽因传记,小标题却显得更加突出:"人生从来都靠自己成全"。不错,自己的人生,应当自己做主。而林徽因,足以称得上是这样的一个女子,这书我怎能不喜欢呢!

小心翼翼地翻开书页,生怕将上面的金粉蹭掉,但随着书中文字的映入眼帘……,哈哈,尽管岁月留痕,但感谢自己依然有一颗少女心!

林徽因,有关她的传记作品,先后读过白落梅的《你若安好,便是晴天——林徽因传》、陈清平的《林徽因传》、林杉的《林徽因传》,还有这本程碧的《人生从来都靠自己成全——林徽因传》。也许你会说,一个传主,看四五遍有必要吗?可我却发现了许多阅读的比较点,阅读的收获自是不同,对传主的认识也有了甄别,真的好玩极了。

白落梅素以文采斐然著称,所以她的传记不免充满诗情画意,浓墨重彩于传主的情爱;陈清平的传记则读来平实朴素,波澜不惊;林杉的传记则更着眼于林徽因的才女形象;而陈碧的这本"金粉世家"系列作品初读以后,给我感觉,在林徽因身上感性与理性齐飞,生活与爱情和谐共生,这样的林徽因也是我心目中苦苦寻觅的一个才女,一个传奇女子形象。

我知道,关于林徽因,人们谈到她,总是津津乐道她和三个男人之间的关系。徐志摩是她的初恋,在懵懂的时光爱上的那个有才华的男人;梁思成是她的丈夫,一位趣味相投、志同道合的爱侣;金岳霖,一个忠诚的蓝颜知己。我一直思考的一个问题是,凭什么她能收获这么多优秀男人的心？在我们知道的逸闻趣事以外,她是如何活成一个传奇女性的？

看林徽因,突然就想起了张爱玲,张爱玲高傲而犀利,在爱情面前她却可以这样放低姿态:"喜欢一个人,会卑微到尘埃里,然后开出花来!"爱的卑微,爱的被动,像世间所有为爱而苦又非常感性的小女子,最终尘埃没有养分,爱情也没有开出花来;而林徽因面对性格炽烈的徐志摩,她理性得不像一个16岁的小女生,其一生中众多男子的仰慕,就像丰厚的养料,滋养着她的才情。纵观林徽因的一生,情感是热烈的,思维是理性的,而且关键时刻,她的理智总是占了上风,表现得那么坚定而又独立,明白而又果断。

不由想起一句话:"好看的皮囊千篇一律,有趣的灵魂万里挑一。"上天赋予了林徽因美貌,但林徽因却用她的智慧和人格魅力,让自己的"美丽"更加地大放光彩,成为一代佳人。正如作者在书中写道:"她活得很用力"。她是"比你聪明比你出身好还比你努力"的女子。书中有一句话我喜欢:"好像任何人到了林徽因那里,都颓不了。"就像今天比较流行的一句话,照亮了自己,也温暖了别人。林徽因就是这样一个女子,她好像自带磁场,身边的人围着她转,是心甘情愿的,于是彼此似乎也产生了诸多的能量交换。

林家有佳人,绝世而独立。林徽因将自己活成别人羡慕的样子。她的人生从来不依赖别人,关键时刻清醒而又理智,独立而又果断,于是她活成了一个传奇。如此想来,人生从来都靠自己成全,什么样的人成全什么样的人生!

她是诗人,是作家,是建筑师;她是林徽因,她是人间四月天。

2021.7.24

这个世界上最重要的事情是成为你自己

乍暖还寒，周末宅在家里，杨澜的《大女生》刚好签收，于是冷冷的春日，暖在沙发上，速读一本书。

其实，买这本书，刚开始，是因为这个名字。大女生，多么富有想象的字眼，多么令人心动的词汇，看到"大女生"，直接想到的是"小女人"，在我看来，什么"不跟女人一般见识""女人头发长见识短"，等等都关联的是"小女人"，柔弱、没见识、需保护、小心眼、爱耍性子等等都是小女人的代名词。再仔细一想，大女生，多好的女人模样，不似女汉子那么强势，不似女强人那么能耐，但温柔里有坚定，娇美中有大气，似《致橡树》中的那株木棉，有共享的美德，有分担的能力，红艳但不俗气，温婉但也坚贞……哇，不知道，杨澜是否如我所想？于是带着一种阅读的期待，走进这本书……

阅读过程中，我发现作者以《大女生》为名，破除传统对女性"小女人"的定义，重新让我们看到女性具有的品德、价值、理想和生命的意义，喜欢书中这句话：人生由我，是一种态度，是一种选择，与年龄无关。

书中有一句话，杨澜如是说：这世界上没有理所当然的"男人样"，也没有理所当然的"女人样"，只有你自己的样子。喜欢这句话，在我看来，没有什么理所当然，只有你自己想要的样子。其实所有的理所当然，都是别人眼中的你，未必是你想要的样子。杨澜说，女人最富有的不动产，就是做自己。而我一直以为，作为女人，有自己的爱好，有自己的坚守，这些都与他人无关，什么别人的眼神、看法、态度、言论，都与自己无关，人活着与其取悦他人，不如讨好自己，丰富自己。

生活中许多女人随着岁月的变迁不断演绎着不同的身份，唯独忘记演出一个真实的自己；许多女人不断地迎合着所有人的目光，试图让所有人满意，唯独忘记了满足自己。犹记作家梁文道说过："一个女人一定要有自己过好日子的能力，要有别人没法拿走的东西，这很重要。"

杨澜在《大女生》这本书中，以"我是谁""成为谁""与谁同行"三个层面，贯穿女性一生的自我找寻与自我成长，给我们带来启发的同时，也让我们看到除了传统社会、家庭赋予女性的角色外，我们还可以不断地发掘自身的潜能，勇敢地活出自己。

　　生活中,许多女人之所以活得不自在,郁郁寡欢,并不是命运使然,而是将独一无二的自己活成了"别人"的模样,不断地丢失自己。在这个过程中,自己始终小心翼翼地做事,审时度势地做人,全然忘记"我就是我,不一样的烟火!"哈哈,像我,晒自己的圈,让别人去笑吧;写自己的文字,让别人去看吧;唱自己的歌,让别人去听吧……人就应该心中有"我",才能拥有一个"真我"!

　　人生短暂,真正由自己做主的日子细细想来其实真的并不多,所以如果真如作者所说,无论处在何种年龄层,都能像大女生一样,拥有大格局、大视野,大胆突破自己的局限,自信地做回自己,从而塑造大气行走四方的底气,想想那真的是件令人向往的事!

　　我在想,如果我们经常问自己一个问题:究竟愿意在多大程度上活出自己,又情愿为此付出多少努力? 那么,一个小女人,一定能活成一个大女生!

2021.9.28

清净心看世界，欢喜心过生活

对于许多的 70 后来说，喜欢散文的伊始可能就是林清玄，我就是这样的 70 后。走进书店，触目所及，林清玄《气清景明，繁花盛开》一书，封面上部是浅浅的蓝，下面腰封是淡淡的白，蓝白相衬，明彻净心，腰封上一行小字不显眼但很醒目：以清净心看世界，以欢喜心过生活，以平常心生情味，心柔软心除挂碍。好生欢喜，隐隐中触挠着心底最柔软的地方！

于今天读完了他的《气清景明，繁花盛开》，在此前也读过他的随笔录，林清玄的散文集于我而言从没有擦肩而过，所以家里书柜有他的八本作品集。这本书中有些文章在他的随笔录当中读过。这几天，这本书中再读一遍也算是重温了，好书不厌百回读，是有道理的。因为每每读他的书总如这本集子的名字一样，便感觉气清景明，尤其是他的散文，宁静而不单调，简洁而不敷衍，柔软却又不失力量，而且，只可意会不可言传。

翻开书页，阅读着一个个细腻的文字，饱含着一个作家纯善而不被这浑浊世俗污浊的心。他的文字如同他的名字一般——林清玄，清新淡雅。用寥寥数笔勾勒出人们内心的柔软。他的文章不像张晓风的那般华丽、生涩难懂像是雾里看花；也不像毕淑敏的一般篇篇都惊乍地发现些什么。他的文字细腻而朴素，善于捕捉生活中的小细节，林清玄有一双擅长挖掘与发现的慧眼，可以从一个细微的现象甚至一个动作，通过奇妙的联想，从而得到许多受益匪浅的人生启迪。"我们如果光是对人有情爱、有关怀，不知道日落月升也有呼吸，不知道虫蚁鸟兽也有欢歌与哀伤，不知道云里风里也有远方的消息，不知道路边走过的每一只狗都有乞求或怒怨的眼神，甚至不知道无声里也有千言万语……那么我们就不能成为一个圆满的人。"林清玄如是说。

林清玄拥有天真的、纯善的、庄严的心，能在这混沌的世界，保持清明；能在这悲伤的人间，拥有快乐，其清澈灵动的话语，犹如一道清泉，在这浮华人世里涤荡心灵，开启心智。应对世事纷乱，人心迷惘，林清玄以自身体验和思考，将佛理修化作完美的情绪，在无言中冥合真谛。每篇文章不长，但其中蕴含着深刻的道理滋润着我干涸的心田，那几行文字令人平和安宁，心如止水。

　　林清玄的散文总有一种哲学的意味和一点"禅"的味道。读他的散文犹如一次心灵的洗礼,总能给人深深的启迪。其文章总是远离庸俗与污秽,更没有咄咄逼人的气势,而是清丽悠远、沁人心脾。这些文字里,有花的鲜美、月的皎洁、风的温柔、自然的博大,更有人性的芬芳。它如同生长在人心中的一株树,虽然孤独,但忠实地为我们守住了天上皎洁的明月,让生活在纷繁世界中的我们看到,在世界上的某些地方,还存有一些纯净。他的散文是唯美的,淡淡地道来,慢慢地述说,绝少雕饰,犹如"清水出芙蓉";而他的故事也是很平民的,就发生在我们身边,他写的就是你,就是他,就是我们中的某一个。这些文章,初读自是清新异常,再品更是心开意解。他的文字每每读后都会让我们的内心充满宁静与关爱。文如其人,没有高雅的品位和水晶般纯净的心,怎能写出美得沁入人心的文章?

　　"你心柔软,却有力量。"他的文章给我的感觉也是如此。他的书不像其他文学作品,只有你亲身去体会了,才明白其中滋味。《气清景明,繁花盛开》便是一篇篇柔软而有力量的散文集。

　　林清玄的散文,让人豁然开朗,生命的价值别有洞天。作者纯善的心,描绘的不是普通的清澈的心,而是在尘世扎根,出淤泥而不染的心。

2021.10.17

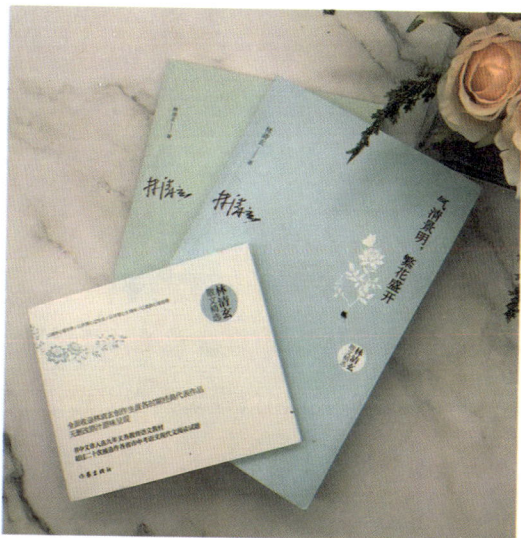

世间的女子谁不想芬芳在一路的岁月里

五一小长假，真正过了自己的劳动节，拾掇家，洗衣服，换被罩，翻找全家人的夏季衣服，春季外套大衣清洗整理打包入柜……哈哈，勤快上瘾，感觉劳动还不够彻底，卸下沙发套子，大洗一遍，明天上班，看着衣柜整齐划一，瞅着家里物各有属，整理有序，纤尘不染，这五一劳动节，过得值了！

当然这几天里，劳动之余，阅读了一本书，江婉余《董卿——高级的美，一定是独立与优雅》。喜欢董卿，喜欢这本书素净淡雅的封皮，喜欢封面上耐人寻味的文字：所有的出口成章，都是厚积薄发；所有的游刃有余，都是百炼千锤。经常告诉自己：读而不思，收获减半。所以阅读已毕，不由想趁着阅读的热度，记录点滴。此刻，静夜闲坐，因由于董卿，想起一句话来：世间的女子谁不想芬芳在一路的岁月里？

书籍的内页侧封里，有这样一段美丽的文字：一个优雅的女子，懂得从容淡定，方能享受人生。然而，没有女人天生就优雅动人、底气十足，要走过多少崎岖小路，才能履于薄冰上也摇曳生姿；要见过多少山峦倾颓，才懂得在人人失色时谈吐风流。独立优雅的背后，是时间的代价，经历过不易，方能走得从容……

这本书介绍了董卿的人生经历，向我们展示了董卿是如何从一个平凡的女孩一步步走向今天的成功。同时希望每个女孩都能像董卿一样，用才情装点魅力，发掘属于自己独特的美。这是本女性励志的书，适合每个想要"活成自己想要的样子"的女孩子来阅读，我相信每一个人阅读了，都会对"从邻家女孩到家喻户晓主持人"的董卿有着更加全面的了解。董卿，从春晚的优雅大气到中国诗词大会的大气从容，从主持人大赛的敏锐智慧到朗读者中的知性温婉，相信，许多女性朋友都把她作为仰望的那一个，许多男性朋友更是把她作为自己梦中追求的那一个，端庄不失柔美，优雅不失大气，惊艳了许多人。

在惊艳董卿的全方位的成就之时，我相信许多人会去思考她背后的故事，因为聪明人都知道，任何一个人都不是随随便便就优秀起来的，许多人都知道，任何一个人的成功都不是随随便便的，可我一直以为，"成功"对一个人的定位远没有"优秀"更能令人心生敬意。因为,在我眼里,成功的人有时未必是优秀的人,因为成功可能仅指一个人在某一领域某一阶段达到了一定的目标,而优秀则更多的是对一个人品质、修养和格局的综合评价。

多年以前,我一直在想一个问题,如何让自己在生活中真正能够"心有所属"?后来我发现,唯有积极阅读,认真工作,投入生活,人生才不会寡淡无味,生活才会有滋有味。因为唯有热爱没有被辜负。

书中写道董卿持久的一个爱好就是读书。生活中,很多女子都懂得气质才是女性最美的灵魂,内涵才是女性最大的富有,可是人间烟火里,更多的女子往往更沉迷某件衣服、某款包包、口红、香水等,却从不肯投资一点点在一本书上。犹记有一次去买化妆品,店员拿起一套化妆品,一千左右,我说太贵了,店员很是不屑地就收了起来,而旁边有几个女孩,不足 20 岁,四五千的化妆品随随便便地就拎走了,我正诧异于她们的"出手豪横",那个店员很不经意地说:"现在的女孩子最舍得花钱在自己的脸上了!容颜才是女孩子最大的资本。"可是有人曾问董卿,到底用怎样的方式来保养自己,留住青春,她这样说:"女人外表的美丽永远是短暂,所以唯有用知识涵养修饰自己,才能拥有一生的美丽。"董卿属于那种好看的皮囊与有趣的灵魂我都要的那种人。正如有人说,四十岁之前的容貌是父母给的,四十岁之后的容貌是自己给的。就是说,一个人的后天修养是可以转化其气质的,所以年轻时的高矮胖瘦美丑有更多的天生的成分,而人过中年之后的容貌气质则逐渐受到个人追求、内在修养、职业特征的影响而呈现出来。

回看董卿,你会发现,她身上所有的幸运都来自她的热爱,她的坚持,她的努力,她的自律,当然还有她每一次的勇敢选择。

喜欢读书,就是因为读一本书,其实就是旁观着别人走过了的岁月,而我们可以用读一本书的时间,去做关于一个人生活经历的思考,这是多么难得的机会。

记得冰心有首小诗这样写道:成功的花,人们只惊羡她现时的明艳!然而当初她的芽儿,浸透了奋斗的泪泉……

2021. 12. 6

人生只有一件事

在繁琐凌乱的日子里,我们总是会面对各种问题,于是,当你看到这本书的书名《人生只有一件事》时,你一定会疑惑,人生岂能只有一件事?

在烦乱纷扰的生活里,家庭的,工作的,各种问题扑面而来,接踵而至,让人应接不暇,疲于应付,这个时候,你更会质疑这个书名,它会不会就是一个噱头? 或者说,你会思考:人活到了什么样的境界,人生才会只有一件事?

人生绝不只要一件事,如果只有一件事,什么事?

作者说,没有比学怎么活更重要的事!

我一直以为,学会怎么生活,幸福地生活,这是人生的必修课!

妞爸问,这书好看吗?

我说,这本书是需要有一定阅历的人来阅读的,因为能共鸣;或者说,生活阅历少些,但懂得思考的人阅读,也会有收获,因为能启迪。

九九归一,返璞归真,人生只有一件事,那一定是最重要的事,是最大的事,那么,基于最重要,最大这两个特点,我们该如何把这件事做好?

学怎么活,看来这件事也如老话说的那样:活到老,学到老。

学习一直在路上,开读……

2022. 2. 22

与母亲未曾谈起的事

因为一个女孩的一封信，让我想起了书架上的这本书。

《与母亲未曾谈起的事》这本书已买下好长时间了，一直没时间阅读，放在书架上，书的边棱已被调皮的皮蛋啃咬破了，这几天，放假了，拿起这本书，是因为我曾看到的学生的一封信，这封信不禁让我感慨，孩子们的秘密身为母亲又能知道多少？

想起学生的这封信，其中写道，自己7岁的时候，在村子里被骑摩托车的陌生男子猥亵，长大后在家里被自己的父亲性侵，可她又看着父亲打工养活一家人感到很可怜。上高中谈恋爱，被男朋友抛弃，有两个最亲密的女同学知道她被抛弃，于是嘲笑她，这些隐藏在心底的秘密让她心理失衡，导致抑郁，甚至想死……

一个女生，这么沉重的心理负担，在那些孤独的日子里，可能最想寻求的帮助来自于母亲，但母亲却因为粗心或因为无知等等忽略或无视这一切，这也成为了这位女生后来对爱情没有正确认识导致深深的痛苦以致抑郁不能自拔。那些本该与母亲分享的一切被压在心底，或者烂成不可愈合的伤，或变成一堵密不透风的墙。想想，女生不愿说给与自己最为亲密的母亲，哪怕倾诉给一个相识仅仅不到一年的女老师，却也不肯求助于自己的母亲，这看似亲近实则疏离的关系怎能不引起身为母亲的女性朋友们的思考。

这几天阅读《与母亲未曾谈起的事》，十五位美国知名作家首次打破沉默，袒露"难以直言的隐秘"，十五个人，十五个家庭，十五种人生，因了与母亲的关系，影响到了他们的一生。这本书的十五位作者中，有的与母亲关系疏远，有的则十分亲密，但无不透露出浓浓的哀伤。他们有的以第二人称隔空直言，有的以第三人称深情回忆，用优美的笔调、真诚的沟通、克制的叙述，表达对母亲毋庸置疑的爱、不解、困惑乃至怨恨……

每个人都有一位母亲，这是我们人生的第一段亲密关系，缘分深深浅浅长长短短，我们每个人都有一些希望能和母亲分享的东西，但也有不会开口的时刻。非常感慨，十五位作家能够借助文字，从心理的角度，挖掘心灵深处的隐秘，说出了那些最可耻的部分，难以原谅母亲或被母亲原谅的部分，也是他们人生最疼痛的部分。在他们与母亲的关系中能让我们看到社会的诸多议题：性侵、阶层、婚姻、人际、交流与信任等。这本书令人震撼的是避免了有关亲子叙事的陈词滥调，除了对母爱的少数抒情，十五位优秀作家对生活的真相进行了残酷的分析，书里的母亲们，有在新家庭里忍气吞声不敢言语的母亲，即使对方侵犯自己孩子也不敢声张;有控制欲极强的母亲,她让孩子知道她们的身体就是她的;有经历多次婚姻的母亲,她们把婚姻的痛苦发泄孩子身上;有一些经济地位发生改变的母亲,她们失去了原有的独立性和非物质性;也有一些真正的母亲,自始至终地关心孩子,却无从表达……。私密的痛苦与读者毫无保留地分享,让人不得不思考再亲近的关系,哪怕是母子父女彼此都会有深藏心底的秘密,可能至死都不会交流和分享。

想起伍尔芙在《达洛维夫人》里说过的一句话:万千遗憾,都因不曾说起心中所感……这句话,我觉得特别适合放在这本书前做导语。

作者曾说,这本书可以成为一座灯塔,为那些无法说出自己或者母亲人生某个真相的人照亮一条路。但,这本书,亦可以成为我们每一个母亲必读的一本书,这与我们身为母亲的成长有关,也与我们自己的孩子成长有关。

和母亲未曾谈起的事,你有吗? 你的孩子会有吗?

2022. 3. 11

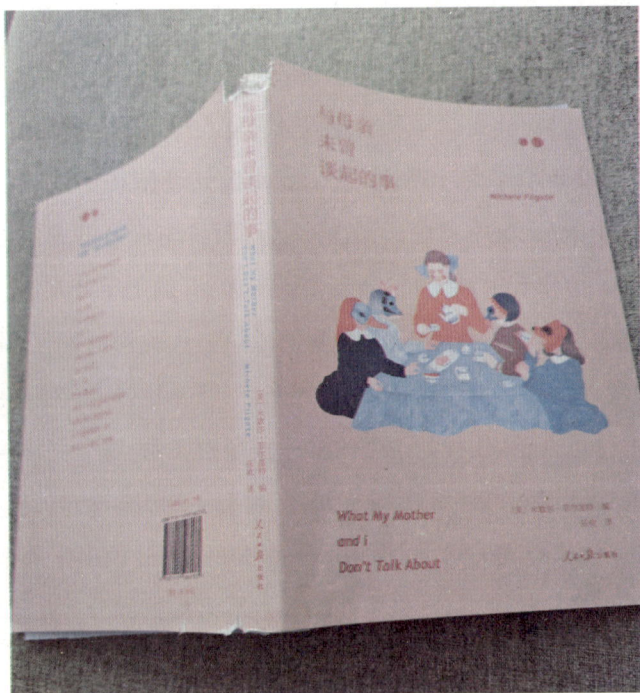

活到自己好看，别人才会把你当风景

今天拿起咖啡店里书架上的一本《三毛文集》，有一句话再次深深触动到了我，三毛说：我来不及认真地年轻，待明白过来时，只能选择认真地老去。于是，学会在深远的人生路上，留住最初的那个自己，在生命的光阴里，柔和以待。

记得给学生上课，我说，人生是一个一次又一次苏醒的过程，在苏醒中不断成长，你们青春年少，在成长；其实，已逾不惑之年的老师也在成长，只不过我们成长的要义在不同年龄段体现的成长诉求不同罢了。生命就是一次历练，从鲜衣怒马，到银碗里盛雪；从青葱岁月到白发染鬓，人总是会在经历中成长；在经历中懂得，从而一步一步走向成熟，修炼一颗波澜不惊的心。

在我看来，成长的过程就是不断趋于平和的过程。过去，火烧火燎，犟驴子一个，现在，知道拐弯，懂得退让。从前有人夸几句，总会兴奋好几天，而现在，微微一笑，只当鼓励；从前有人批评，总会伤心难过，而现在，懂得面对，为的是做更好的自己；从前有人讥讽，总会找人理论，而现在，不会再为别人犯的错误来惩罚自己。

年轻的时候，总是想拥有的更多，别人有我为什么就没有？要强好胜，想得到的就拼命地去抓住不放，得不到的也不会轻易放下。随着年龄的增长，越来越懂得放手，明白命里有时终须有，命里没有别强求，是生活的智慧，内心安然了许多。

其实，有些东西你越抓得紧流失得越快，就像手握流沙，用劲过大，适得其反，不如顺其自然，要学会睿智地去生活。人生的四季，怎能永远都是春天？一季有一季的味道，都是岁月恩赐与馈赠，学会与时光相互包容、接纳、删繁就简地奔着自己的喜好而去，说明内心已变得成熟了。

年轻人，总向往鲜衣怒马，其实，热闹之外才是生活，无论何时，都要在心中为安静留一个位置。学会放缓脚步，让慢下来的生活不急不缓，一杯暖茶，一本闲书，也能打发半天时光。开始学会思考，孤独是生命的常态，静水深流方是人生，从而审视自己，让内在变得温润,让灵魂变得丰盈,保持着内心的清宁与干净,不卑不亢,温暖明媚,这世间的美好,来自你对生活的温柔以待。

生活中,我喜欢和让自己开心的人在一起,和阳光的人在一起,不喜欢充满负能量的人。学着远离那些影响心情的人和事。其实,人活着,最大的本钱是一个好的心态,只有心底的明媚,才能让自己活得快乐。

四十多岁,总是希望活得明白些。通透些,开始提醒自己,真正想活成什么样,什么才是自己想要的,努力把生活过成自己想要的样子;开始学会照顾到自己的一颗心,不再被他人的言行所左右,多了一份简单岁月的纯朴、沧桑后的成熟和荣辱不惊的坦然。

不惑之年已远,知天命越来越近,不再感叹时光无情了,毕竟岁月未曾饶过我,我也未曾饶过岁月,认真地活着,优雅地老去,活到自己好看,别人才能把你当成风景。

2022.5.21

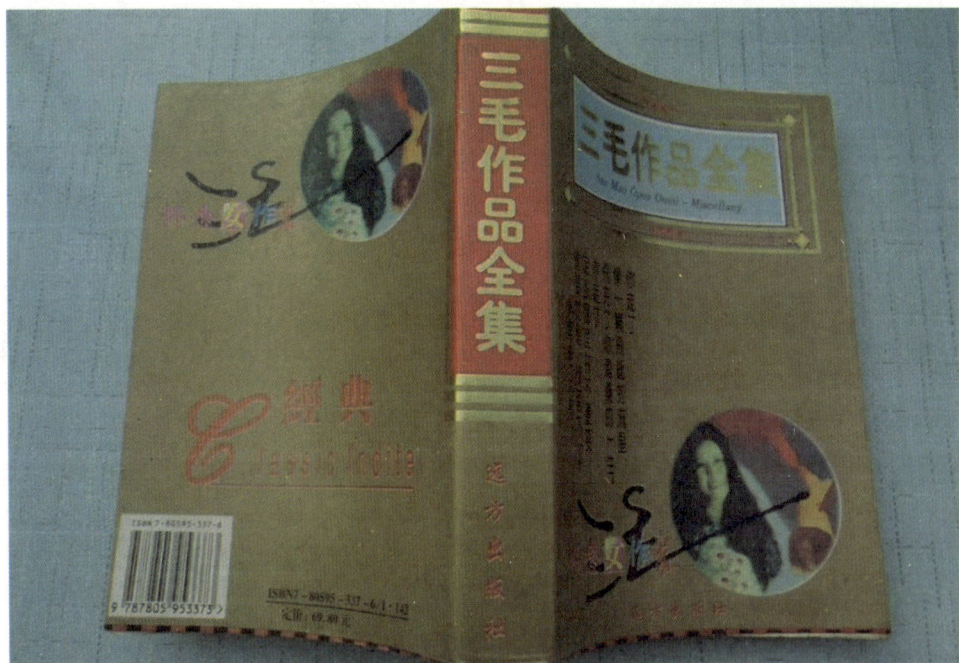

写作是从惦念开始的

看《人物周刊》中"我从杭州来"系列访谈栏目,其中访谈到杭州的名人有阿里巴巴总裁马云、女演员汤唯、"中国好舌头"华少、灵隐寺光泉法师等,但给我印象最深的是写出畅销书《解密》《暗算》《风声》《听风者》的当代知名作家——麦家!

倒并不是因为喜欢他,其实他的作品我基本没看过,是因为麦家的作品多以谍战小说为主,而我这人,生活中从不愿"紧张",对于文学及影视作品涉及到枪战、间谍、命案等内容的,我也从来都是敬而远之,因为我从内心深处渴望平和、安静、从容,所以看这样的作品总是会让我感到心悸、害怕,于是有意回避,坚决不看,生活中我就是这样一个追求平静、从容,害怕紧张、躁动的小女人!

写作是从惦念开始的。这句话是在访谈麦家时看到的。几天来,这句话一直萦绕在耳畔、心海,让我因之而陷入一种沉思。说句心里话,我对生活的极其单纯和简寥的记录,是不能称其为真正意义上的写作的,但这句"写作是从惦念开始的",却让我感觉到久违的一种心音,让我这样一个爱好文字,喜欢阅读的人有一种内心的温暖和感动!

写作是从惦念开始的。在我看来,这份惦念是对过往的不舍,是对逝去的感恩,是对失去的负责,是对短暂人生的一种记录和思考,更是对生活的一种积淀和释放。在文字的记录里,让我看到了教育的持久的快乐,让我感受到了亲情的无比美好,让我触摸到了生活的真谛,让我思考人生的要义!

再没有什么方式比用文字抒写更能表达"惦念"这份情怀了!生活,正是因为时时刻刻的"惦念",而充满诗情画意;人生也正是因为角角落落的"惦念",而充盈饱满。想想如果不是因为"惦念",怎会有周国平那充满父爱的《妞妞》;如果不是"惦念",池莉的《立》,又怎会写得那样的荡人心怀……

因了一份"惦念",有的人儿女情长,用文字去记录婚姻、家庭、妻儿子女的喜怒哀乐;因了一份"惦念",有的人高瞻远瞩,用文字去思考社会、人生;因了一份"惦念",有的人心怀天下,用文字来记述历史,启迪家国……

写作是从惦念开始的。于我而言,这份惦念,是我个人生活的一份份记录,是我个人情感的一次次滤尘,是对过往的一种怀念,是人生的一种总结,更是一种释怀!

惦念,源于感动,源于思考。一个人缺少感动、从不思考,那这份"惦念"也就无从谈起了!

经常"惦念"着,于是用文字来记述,在记述中思考着,积淀着,释放着,倒是又让我想起了那句话:

勿忘初心,方得始终;

念念不忘,必有回响!

2022. 6. 18

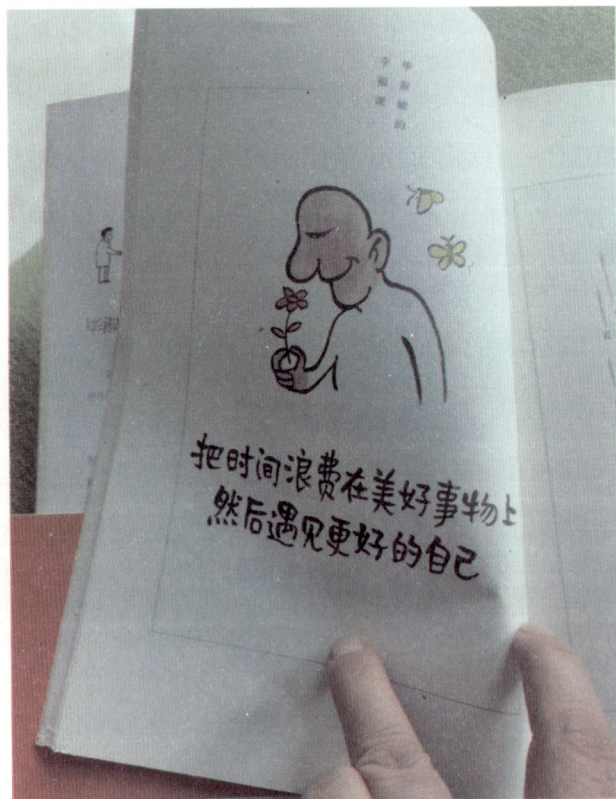

种种有情，种种可爱

用温柔缝补荒凉，让可爱填满期许，从生活的渊泽里捞起种种不尽的可爱。张晓风的《种种有情种种可爱》一书，字里行间透露的是生活的温度和认识的高度。

犹记许多年前读到张晓风的《春之怀古》，作者心目中"春天必然曾经是这样的"那执拗的坚信深深烙印在她心灵的诗笺，引人遐思，让人神往。再后来，读到她的散文《母亲的羽衣》，生活的缝隙里深藏的都是母亲的爱与付出，脱俗生新，匠心独具。再后来零零碎碎读到她的许多散文作品，感慨身为女性，她细腻的观察总是能从自然风物中感悟生活的雅趣；她深刻的思考总是能从生活的雅趣中揭示生命的真谛。在她的笔下，大自然的一花一草一木，都充满灵性，给人启示，耐人寻味；在她的笔下，人世间的一碗一勺一筷，都满含深情，给人温情，令人动容。

昨天晚上，妞爸说，一则新闻里，重庆挖出一具遗骸，戴着六公斤重的铁镣，脚踝处钉着四颗巨大铆钉，是失踪48年的红军师长王光泽……，我不无感慨地说，今天的我们每一个人没有理由不努力而幸福地活着。

由之想起张晓风书中的一句话："想要成为一个幸福的人，内心深处紧紧环抱不放的，一定是求真求善求美的渴望。"正是她常用美的眼光、真的态度、善的心地，去看待世间万物，去思考人生的意义，去探究生命的价值。因此，许多看似平凡的事物，便焕发出了光彩，在公众的视域里，也因此变得真、善、美了起来，于是幸福也就无处不在了，幸福是自找的，没错。

张晓风在生活的种种里告诉我们幸福的真谛：从捏合饺子边皮留下的指纹，想到天地和文明在一刹那化为炭劫；从萝卜就是肥肉，番薯就算是瘦肉的过年，到打起精神对自己说，喂，你爱吃肥肉还是瘦肉的辛酸生活；从煮熟变馊变坏的大米，到随着时间越加香醇的女儿红美酒，就是差了酒曲的发酵，无论是时光，抑或是个人，我们也可能是米，也可能是酒，关键就看我们是否会怀抱善意地生活，去坚持不懈。

张晓风在种种生活里，也告诉我们幸福的秘籍：常人眼里再普通不过的口香糖，在她心中，却是一种悲惨的食物：因为它太像人生。"口香糖开始于清甜芳香，但越嚼越像白蜡，终而必须吐之弃之，成为废物"。我不得不佩服她的思考能力，口香糖像人生，真是个恰到好处的比喻。口香糖最好的部分在于一开始，甜味包裹了整个舌头，芳香充斥着整个口腔，就像我们人生，最好的部分在于年少。那时，我们有紧致姣好的面容和身材；我们有惊人的记忆力和在追梦时"壮士一去不复返"的豪情壮志；我们有青春、有朝气、有梦想、有热情、有整个世界。然而，岁月走过，剩下的"菡萏香销之余的残梗"，也是"玉柱倾圮之后的废墟"。口香糖的情节急转直下，落入深渊，最为悲凉。口香糖可以不吃，但是人生不能不过啊，怎么办呢？她也给出了答案：学会珍惜现在，珍惜此时口中的清凉与芳香，珍惜此刻光阴，在有限的时间里创造一个不同的人生。待到味尽之时，人生却因之前的累积而硕果累累，成就不断。于是不再香甜的口香糖霎时变成了经典。

书中无数个故事，无数段旅程，无数个甲乙丙丁路过的全世界，从春雷到隆冬，从青丝到白发，她用她的眼，一笔一画为我们勾勒出一个全新的世界，教会我们热爱生活，发现生活中的美。

发现生活里的可爱，可能是用善意去对待这个世界，可能是用真诚打动人心，可能是没有理由的热爱，还可能是抛去繁华，珍惜当下的时光。学会用发现美的眼光看待生活，学着用诗意描摹世间美好，用温柔疗愈岁月沧桑。在充满冷暖的人间，她坚信"树在，山在，大地在，岁月在，我在，你还要怎样更好的世界？"把活着当作人生中最重要的事，因为生命是如此充满了愉悦，我们为什么不呢？

《种种有情种种可爱》这本书，推荐语是：张晓风用其温柔笔触描摹人世间的种种般般，有浓得化不开的情，有厚得举不动的爱，有远得看不尽的生，也有近得摸不着的死。这是张晓风笔下的有情有味的世界。喜欢这精致的推荐语言。

《种种有情种种可爱》中有欢喜也有忧烦，有豁达也有焦灼，有开阔也有琐屑。有人世间的冷暖起伏，有生命所应有的刚刚好的温度，更有人生所能遇见的，最美好的相逢。

《种种有情种种可爱》中张晓风写生命的困顿，也写生命的喜悦，她说，"我喜、我悲、我贪恋、我舍弃"，她更如是说："生命的厚礼，原来只赏赐给那些肯于一尝的人。"用诗意描摹世间美好，用温柔疗愈岁月沧桑：张晓风的文字总是有种专属于女子的淡淡柔情，柔情中却处处透着那种仿佛知悉了世间所有秘密的理性，就算是普通的生活场景，也能让她品出人生。

2022.7.23

余生还长，慢慢品味

有人说阅读白落梅的文字："如果做不到平心静气，心无旁骛，看完就是扯淡，完全是浪费时间！"我深度同意！

曾经在《读者》《散文》等杂志阅读过许多白落梅的文章，感慨其简单自持的秉性，空灵禅意的文字。犹记去年有一女学生阅读她的《人世间有一种清光》，是本散文集。我说，不建议你这个年龄段来阅读白落梅的作品，因为其文字里流露的多是出尘脱俗，修身养性，缺少年轻人需要的勇气和动力，更缺少一种生活的热情和冲动，年轻人阅读白落梅的作品，我认为你读不懂！我说这句话其实并不武断，因为，阅读白落梅的文章，没有点阅历你看到的可能只是如人身着华美衣服般大量堆砌的辞藻；没有点禅意你感知到的可能只是无病呻吟般的矫揉造作；没有点悟性你感觉的只是作者七弯八绕、空洞玄乎的文艺腔。

呵呵，我知道，喜欢白落梅文字的人为数不在少，如我，刚开始阅读她的文章，我都倾羡于她灵动飞扬的文字，空灵脱俗的禅意，让人神往于这是怎样一个洞察世事，素雅出尘的女子，在我的脑海里总是浮现出的是一个身着旗袍，焚香煮茶，听着复古音乐的女子，缓缓慢步而来，超凡脱俗，遗世独立……

这几天，闲来无事，拿起她的散文集《岁月静好现世安稳》，慢慢读来，你会在作者出尘的文字里感受到其修身养性，自我禅悟，总是在挖掘生命中的美好。她的作品中，蕴含着她作为接近四十岁的女性独有的观察力和睿智，这些东西，都是需要阅历和成长来吸收与理解的，并非一朝一夕之功。所以，读这样的书，远不比小说来的那么情节起伏，引人入胜，欲罢不能。我以为读白落梅的散文集，应该放于床头，在悠闲安逸的午后，在夜深人静的子时，细细品味，慢慢邂逅那一段段令人遐思，给人启迪的文字……

当然了，看一篇有关作者的文学评论，有人说，白落梅，华美的语言藻饰，似有以辞害意的空洞文风之嫌？而且这种缺陷既足以拘束她自己，也足以消耗读者意气。一篇一篇读过去,一种莫大的审美疲倦便如沉沉瞌睡不可遏止。这些文字里,到处是概念化、类型化、标签化、模式化的矫饰,乃至矫情。

很明显,我在阅读中也不无质疑:在这本散文集子中,几乎每篇文字都在说到自己于黛瓦白墙的梅庄,焚香煮茗,静坐修禅,种梅植柳,看云赏月,抚琴窗下……众多文字似只有一个归属,缺少内容的丰富性,思想的深刻感!

但,我以为,看一本书,就像认识一个人,何必求全责备呢? 余生还长,慢慢品味,也许我们会更了解生活,更理解人生,更能走进作者的精神世界。

2022.8.30

将俗进行到底

不紧不慢，不急不躁，看书的节奏一改往日"一口气"看完的习惯，就犹如《装台》这部小说的叙述节奏一样，款步有声，舒缓有序。掩卷沉思，这部小说，给我最深的印象是什么呢？脑海中陡然闪现出一句话：将俗进行到底！

首先，俗言俗语，怎一个俗字了得。该书由戏剧家陈彦所写，作品里的语言那真是豪放直白，豪放直白到有些粗鄙俗气，有如骤雨倾盆。看这样的书，就语言文字来说，很直观，不生涩，也没有多少耐人寻味。因为俗气，所以感觉像拉家常；因为俗气，所以总是雅俗不拘，跌宕自喜；因为俗气，所以总是以为邻居大爷在讲故事。俚言俗语，十足的口语化的地方语言反映了生活的真实，这里的俗即接地气，即生活化，语言随性随心，浅思浅行，可谓俗中有真意，欲辨已忘言。

其次，俗人俗事。主人公刁顺子，一个"装台"工。未读此书，我不知"装台"能成为一种行业，能让人养家糊口，而且这么苦逼的职业却成为刁顺子一辈子的"饭碗"。主人公刁顺子，活得憋屈而又窝囊，低微而又卑俗，让我们看到了生活底层人的挣扎、奋斗，他们从来没有可能在自己的人生舞台上体面地唱一出大戏，可他们却本分地辛苦劳作求生活、攒钱财。顺子一辈子都在忙碌着，生活从来都没有迁就过他，他也好像从来都没顺心过！他就像我们身边的某个路人甲或者路人乙，每天睁眼就为了生活忙碌奔波，含辛茹苦，忍辱负重在卑微中求生。虽然他苦，他累，他被人嫌弃、鄙夷，可他善良，有底线，他靠自己的双手辛辛苦苦、老老实实地劳动求生活，他会为了朋友倾囊相助、雪中送炭，他也会有些微神圣的责任感。

顺子，普通而又平凡，低微而又卑俗，忙碌而又辛苦，何尝不是我们普通人的写照，顺子有时为儿女，有时为亲人，有时为朋友，当两难境况无能为力时，只好逆来顺受，听天由命，顺其自然。书中的顺子看得让人有些憋屈，一味地委曲求全最终两败俱伤，让恶人猖狂，良人受伤。也许，顺子最后也认识到正是因为自己的懦弱柔怯，才造成了女儿的飞扬跋扈、自私残忍，让蔡素芬和韩梅这两个他生命中也同样重要的人大年三十被逼出走、无家可归后做出了悲剧的决定：一个离家出走，一个远嫁山村。所以，顺子最后在女儿问话时毫不犹豫地承认周桂荣母女，让人倍感欣慰，他好像终于不再靠"卖惨"在夹缝中生存了，他也终于有点大丈夫的担当。顺子可以说就是千万俗人中的那一个，俗气有余，硬气不足。

还有，俗情俗世。作者陈彦在《装台》后记中这样写道：底层与贫困，往往相链接，有时人生只要有一种叫温暖的东西，即使身在底层，处身贫困，也会有一种恬适存在。最可怕的是，处身底层，容身的河床处处尖利、兀峭、冰冷，无以附着，再加上贫病与其他生命行进装备的胡乱组装，有时连亲人也不再相亲，儿女都羞于伦常了，更遑论其他。问题是很多东西他们都无法改变，即使苦苦奋斗，他们的能力、他们的境遇，也不可能使他们突然抖起来、阔起来、炫起来，继而让他人搭台，自己也去唱一出体面的大戏。他们永远都不可能在森林里遇见连王子都不跟了，而专爱他们这些人的美丽公主，抑或是撞上天天偷着送米送面、洗衣做饭，夜半飘然而至，月下勾颈拥眠的动人狐仙。他们只能一五一十地活着，并且是反反复复，甚至带着一种轮回样态地活着，这种活着的生命意义，我们还需要有更加接近生存真实的眼光去发现，去认同。这个世界英雄甚少，俗人繁多；可我们许多人总是会用英雄、名人的生活来奢求，却不懂俗人俗世才是大众，是主流。

当然，俗义俗理才是作品的精华。这部作品闪光的地方更是在俗人俗事、俗情俗世中让我们明白了俗义俗理。作者匠心独用，印象特别深的是，蚂蚁在这书中多次出现，开头就是蚂蚁结队搬家，在蔡素芬离去后，刁顺子甚至梦到自己也成了一只蚂蚁。在蚂蚁的世界里，感受着在人世中未曾有的温暖与尊重，小说结尾又是一大群蚂蚁在搬家……刁顺子所求的也只不过是温暖，但在现实里：亲生女儿刁菊花却像恶灵般驱散他珍惜的人，工作中寇铁克扣工资，来自外人的鄙视与嘲笑。看完之后，确实让人唏嘘不已。刁顺子认为蚂蚁搬家托举着比自己身体还沉重几倍的东西，却有条不紊地进行，这个过程很自尊、很庄严，尤其是很坚定，是需要舞台追光的艺术品。人很伟大，也很渺小。在这个社会中，人与蚂蚁无异，都是负重前行，这前行的过程也很自尊、很庄严、很坚定。一滴水可以见太阳，刁顺子，一个其貌不扬、身份卑微的城市底层小人物，尽管生活充满艰辛，胸中却有大格局，身上闪耀着的都是人性不平凡的光辉。刁顺子，就是一个吃苦耐劳，脚踏实地的老实人；克己待人，以德服人的工队头头；胸怀感恩，知恩图报的善良人；做事认真,不打马虎的实在人。细细品味这些散落在平凡小人物身上的品质,是那么的熟悉而又真切,这些品质就在成千上万的普通人身上,熟悉到被忽略,平凡到看不见,卑微到尘埃里,刁顺子小学老师说:"人都不容易,老师从来不喜欢什么'不想当将军的士兵,就不是好士兵'这句话,都当将军了,谁当士兵呢? 靠自己双手吃饭,活得干干净净、堂堂正正的人,不比谁低贱……做人腰挺起来,再挺直些。这不就行了吗?"这俗义俗理我们都懂,我相信,一个人不论身处什么位置,拥有了这些品格,一定会稳稳地立足社会,尊严需要自己努力才会获得。

《装台》作品结尾,刁顺子又娶了一个老婆,老婆还带一个娃,恶煞刁菊花又回来了,好像他的生活又一个轮回再次拉开了序幕。有人说,好的文学作品都是悲剧的故事,悲剧的结尾,伟大的作品尤是如此。罗曼·罗兰说,世界上只有一种英雄主义,就是看清生活真相后依然热爱生活。刁顺子又一段人生即将开始……

将俗进行到底,就是刁顺子的人生,也是千千万万普通大众的人生。在俗世中过普通人的生活,在平凡的日子里让俗中自有真意,变得不俗起来,这才是能耐!

2022.10.1

幸福是一种能力

幸福是所有人追寻一生的命题。到底什么才叫幸福,每个人都有自己的定义,有人穷尽一生也找寻不到。《毕淑敏的幸福课》带领我们去体验幸福,让你明白幸福是要学习的。你的第一责任是使自己幸福。

毕淑敏老师在《百家讲坛》20 讲中提炼浓缩,其中部分形成的书稿《毕淑敏的幸福课》,48 堂幸福课,教你喜欢自己,尊重自己。阅读的过程中,你会越来越明白一个道理:让自己"幸福"也是一种很必要的能力,唯有有幸福能力的人,才会给自己的生活以温情,给自己的生命以能量,给自己的心灵以抚慰……

"理想的人生,恰似朴素的草编,柔软轻快,韧而持久,令人舒适,永远带着不动声色的暖。"看到《毕淑敏的幸福课》中的这句话,让人对这不动声色的温暖充满神往!

定义幸福:你的第一责任是使自己幸福。

许多人都会认为幸福就是努力让自己成为家人眼中的依靠和别人眼中的优秀者。试想一个人眼中没有了自己,又怎么可能是拥有真正的快乐幸福可言?

幸福的定义是什么呢?是拥有用不完的金钱,还是能活着就是幸福。如果说有钱就是幸福,那些富豪就应该很幸福,可事实却不然。如果活着就是幸福,那些终日为三餐忙碌、远离家乡孩子、在外打工的低薪群体何来幸福?

我们对待幸福的认知有四种类型:饮鸩止渴型、黄连团子型、馊馅儿饼型、幸福的包子型。看的过程中才明白,从心理学角度看——幸福,最重要的是要有目标感。

觉得不幸福,那是用了不正确的打开方式。

幸福的四种打开方式,比如包子型,包子总共分为两部分:皮和馅儿。包子皮表示当下的开心。包子馅则表示我们长远的对美好生活的追求,吃包子的时候都是先咬到皮再咬到馅,这就表示既能把握当下的幸福,也能获得美好的未来。当然还有三种错误的对待方式。比如饮鸩止渴型、黄连团子型以及馊馅儿饼型,所谓的饮鸩止渴,就是通过大量的及时行乐来让自己觉得幸福,而忽视有利于自己未来的长远目标。黄连团子型是指包着黄连的团子,黄连为馅儿,面饼为皮。这一类型的人在中年忙碌认真攒钱,把幸福全部推迟到以后,从而忽略了眼下的小确幸。之前说到包子这一种好的幸福模式,而馊馅儿饼则是错误的幸福方式,馅儿饼如果馊了就应该扔掉,馊馅儿饼的这种幸福观也是不正确的,这一类人通常放弃了幸福,这类人们常常有一个统一的现象,叫做习得性无助,觉得自己不该拥有幸福。

人的一生追求的终极目标,就是要做一个幸福的包子型人。要学会留一点时间给自己,更要留一点当下的幸福给自己。只有自己幸福了,也才能有使别人幸福的能力。而不是忽略掉自己的付出,那样只能算是一种伪幸福吧。

量化幸福:关于幸福度的自我测评。

关于幸福度的自我测评。当今社会,为什么人们普遍认为自己的幸福指数不高呢?本章中,毕淑敏老师首先将一张心理健康自我鉴定表提供给读者进行自测。人在这种时候,一般不会自欺欺人。坦然面对真实的自己时,才能看出问题的真实面目。

原来一个心理不够健康的人,当机会来临时,多为不敢显示自己的才华,反而会谨小慎微、畏葸不前。那种被压抑的才华和躁动,最终会变成杀死自己的癌症和抑郁症。想想,都觉得不寒而栗。

认清幸福的敌人:你不必讨所有人喜欢。

你不必讨所有人喜欢。人如果想要幸福,就要学会与自卑对抗。这个地球上,没有一个十全十美的人。生而为人,特别是一个普通人,或多或少都会认为自己有一点两点上的小缺点。而要做一个幸福的人,就得学会在与自己的自卑抗衡中茁壮成长。我们的生命不因别人的喜欢而存在,也不会因别人的厌恶而消失,我们的幸福属于我们自己,与他人无关;有时,就是因为我们太在意别人眼中的自己,而让幸福也悄然而去。

生活本没有意义,所以我们要让它变得有点意义;生活本身并不幸福,所以我们要幸福地生活!

宣泄悲伤:那些击倒我的,必将使我更强。

寻找幸福,不如经营幸福;等待幸福,不如创造幸福。其实说到底,幸福就在我们身边,期盼着与我们相拥,愿你我皆能尽早地发现它、珍惜它。

幸福其实很简单,大多是朴素的,它不会像信号弹似的,在高空的天际闪烁红色的光芒。它披着本色外衣，亲切温暖地包裹起我们。幸福不喜欢喧闹浮华，常常在暗淡中降临。幸福有时会同我们开个玩笑，乔装而来。机遇、友情、成功、团圆……我们要提高对于幸福的警惕，当它到来时，请尽情地享受每一分钟。幸福并不与财富、地位、声望、婚姻同步，它只是你心灵的感受。

什么是幸福，不同的人有不同的回答。功利心过重的人认为权力财富的不断提升为幸福；知识分子更偏向于主张精神荣誉快乐为幸福；普通老百姓更多追求小富即安为幸福；精致的利己主义者则只要自己快乐就是幸福……

在《毕淑敏的幸福课》这本书中，毕淑敏老师用温柔而坚定的笔触为我们传递了她的幸福观，徐徐铺开了向阳绽放的生活画卷，也让我们重新审视自己的内心，把握幸福到来的瞬间。

所以，当我们就算一无所有时，我们也能够说：我很幸福，因为我们还有健康的身体。当我们不再享有健康时，那些最勇敢的人依然会说我有一颗健康的心，我很幸福。那些连心也不存在时，那些人类最优秀的人仍旧可以对着宇宙说：我很幸福。因为我曾经生活过。

放过自己：在焦虑的世界中安静下来。

许多时候，我们感受不到幸福，是因为我们能放过别人，却不肯放过自己、轻饶自己。生活焦虑，工作压抑，人生不过百年，放过烦恼，烦恼才会放过自己。凡事看淡一些，不牵挂，不计较，是是非非无所谓。无论失去什么，都不要失去好心情，幸福才可能款款而至。

能够困住自己的，永远是自己；不放过自己的人，一直是自己。不再较劲，放低标准。随便吧，没什么大不了的，好心态最重要！真正幸福的人，很努力，但懂得变通，懂得知难而退，懂得量力而行！

幸福是什么？没有一个固定的标准，每个人感受幸福的能力也不一样，就如同莎士比亚说的"一千个人眼里就有一千个哈姆雷特"一样，我们无法给幸福下一个定义。但是，我们可以通过自己的努力让自己幸福起来。对于一个小孩子来说，可能一颗棒棒糖，或者一顿好吃的就能让他们感到幸福。但是，作为成年人，幸福有时并不容易，如何让自己幸福，真的是一个人一生的必修课！

打开枷锁:锻炼追求幸福的能力。

常常提醒自己注意幸福,就像在寒冷的日子里经常看看太阳,心就不知不觉暖洋洋,亮光光。

正如书中结尾处所言:从现在开始,从这一分钟开始,去争取独属于你的幸福!让我们的灵魂在艰窘的挣扎中飘逸出香气,如麝香、如檀香、如雪花之香、如淡水之香!

没有谁能知道自己的一生会遇到多少个困惑和挫折,而能健康地走出,才能算正常的成长。否则,大大小小的困惑就会把人桎梏捆绑,严重时甚至会一蹶不振,跌入低谷,所以拥有幸福这种能力,你才会真正获得幸福!

我就是我,在追求幸福的路上很专注也很执着哦,幸福就是一种心态,我们要努力拥有;幸福就是一种能力,我们要加强锻炼哦!

公主从来不在意别人的眼光,只在意自己的裙摆有没有脏? 幸福是自己的,与他人无关!

2022. 10. 23

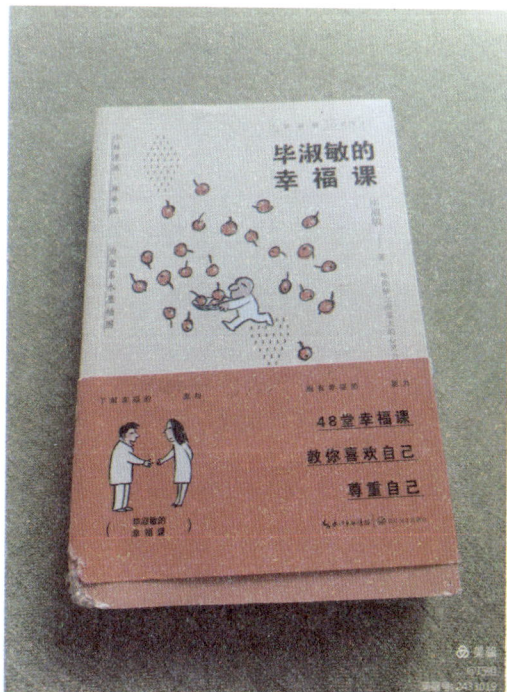

什么叫做理想生活？

亦舒说,什么叫做理想生活?吃得太好、穿得太好、住得太好,但必须自由自在,不感到任何压力,不做生活的奴隶,不受名利的支配,有志同道合的伴侣,活泼可爱的孩子,丰衣足食,已经算是理想。

今天有朋友说,唉,其实吧,说句心里话,我也不想陪领导吃饭,我也想早点回家陪陪两个孩子,孩子越大越不好管理,学习成绩也在退步,一天工作忙,应酬多得呀,唉,烦都烦死了!

我说,呵呵,其实你已深陷名利场了,也算是人在江湖,身不由己啦,不过任何时候勿忘本心,有些人活着活着就不由自主了,就身不由己了,就心无所属了,就随波逐流了,你想想,是利还是害呢?

极简人生,教会我们有效实现自我。西方有句谚语:如果你不知道自己要驶向哪个港口,那么无论东南西北风,对你来说都是无所谓的。人生,唯有极简,目标单一,才能活出生命的真意。圈里的朋友们总是问我,你一天怎就那么多时间呀,码字、练琴、遛娃,啥也不误,学习、交流、分享,样样不落,我笑而不语。其实,不做无谓浪费,坚守自我,知道自己的人生取舍,哪怕有人说我不谙世事,哪怕有人说我不尽情面,我都无所谓。呵呵,生活中的人多了,不只我一个,不盲目,有判断;不跟风,有目标;删繁就简成就一个想要的自我。

"不雨花犹落,无风絮自飞。"昨天越来越多,明天越来越少,心为形役又为哪般呢?我曾无数次地提醒自己:人,在任何时候都要懂得珍惜,舍得放下。智慧的人总是会在人生的紧要处质问自己:人生岂可求全?周国平曾说,这世界终不能如你所愿,是你要求太多了。犹记《踏雪寻梅》女主角春夏在一次访谈中曾感慨地说:"我们不能左右的事情多了,那抛开一些,我能做的就是现在这一点点。年纪轻轻,竟有如此深透的感悟,真是了不得。因为喜欢这个出身不易的女演员,我记住了她也记住了她的这句话,我发现,有些人年龄大许多也未必有这样的顿悟。

　　知道什么是自己想要追求的,什么是应该放弃的。我经常想,人生啊,得到的未必是得到,失去的也未必是失去,得失自在人心。不对生活要求太多,生活才会时时充满惊喜。

　　人生总是有取有舍的,我们要学会珍惜,也要舍得放下,凡事看得淡一些,开一些,不牵挂,不计较,是是非非无所谓,得彼失此,内心隐隐作痛但依然要勉为其难,千万个不愿意也要强颜欢笑,何苦呢? 我以为,无论失去什么,都不能失去内心的安宁。犹记看一个中央电视台的警示教育节目,多少高官入狱之前意气风发,入狱后灰头土脸;意气风发时颐指气使高人一等,灰头土脸时无人问津沦为笑柄。感慨人生其实就好比一架飞机,不在于飞得多高,关键是能平稳着陆;人生更像一列火车,不在乎跑得多快,主要是顺利抵达终点。

　　有同学充满失意又不乏落寞地抱怨道,唉,看看我们班有人都混到正处级干部了,咱了,还是一平顶老百姓,人比人气死人啊! 我心想,人啊,最悲苦的莫过于总是攀比,总是找不准自己的位置。同学羡慕我自在自得,一天看看书,上上课,练练琴,有学生一声声巧姐呼喊中的幸福,有儿女们的点滴的关心中的感动,洒脱得让他们羡慕嫉妒恨,问我什么时候修炼出这德行? 我说,其实,人生贵在提醒幸福,时时叩击心灵:什么才是自己想要的人生状态。

　　这么多年,我总是提醒自己,千万不要活在周围人的期待里,永远忠于自己的内心。我们终其一生,就是活出一个自己想要的模样和状态来,那么我们就要有选择的勇气,取什么,舍什么,自然是得什么,丢什么。什么都放不下,什么都想获得,人生难免会内心失衡,顾此失彼间总会让人难以权衡的。

　　生活就是这样,你越是想要得到的东西,往往要到你不再追逐的时候才姗姗来迟。所以,人生,需要努力,更需要学会选择。无论是在何种情况之下,生活不是简单的取与舍,汲汲营营未必就是真获得,柳暗花明或许才最能让人自在不已。

在变老的路上，一天天懂得：与光阴道寻常，与生活话执着；感谢时光，让我懂得：珍惜当下，洒脱最好，"行到水穷处，坐看云起时"，多少人内心渴望着，可走着走着就偏离了人生的航向啊！

人这一生，路上会遇到很多属于自己的风景，不曾错过是幸运的，也会遇到许多不属于自己的东西，放手路过才是快乐的，如果得陇望蜀，往往就会纠结于心，困顿百肠。所以，有爱人儿女，能携手同行，是我们的幸福，别等孤单的时候才知道；有父母朋友，能陪伴前行，是我们的快乐，别等失去的时候才明白。

人生也是一场旅行，带不走的要舍得放下，路上背负太多容易累，也走不到遥远的地方，只有懂得珍惜，舍得放手的人，才会充盈而简单，从容而淡定，才会被这个世界温柔以待！

2022. 11. 5

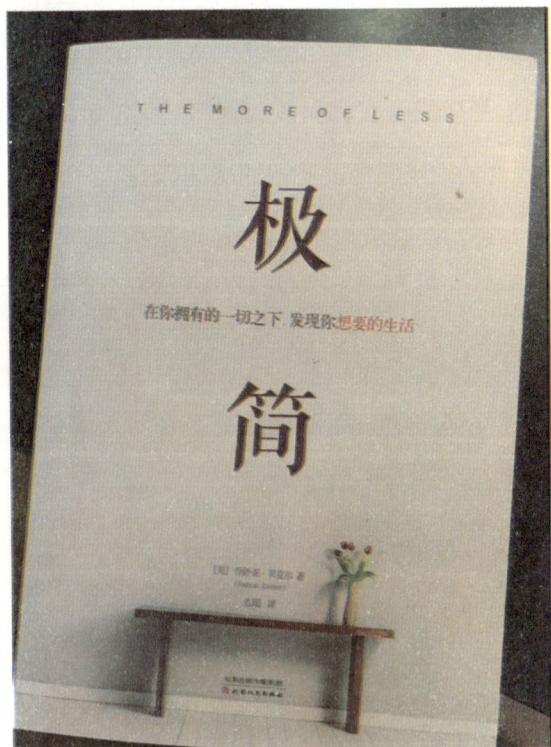

一封信的力量

《致加西亚的信》，一本老书，上大学时坐在图书馆读过，二十多年了，今日再捧，犹故人相见。是因为这几天翻看自己的读书笔记，笔记上记录了美国前总统乔治·布什对这本书的评价，他说："这本书太可怕了，它把一切都说了！"于是动了心思，再读一遍，即刻网购。

妞爸去取快递，我说是一本书，一本老书，妞爸一边抬脚出门，一边说："老书还买……"哈哈，旧书不厌百回读，常读常新，另外，我一直坚信，书非买不能读也！身边许多朋友已经与时俱进，习惯了电子书阅读，可我依然旧习难改，总是习惯于捧一本书，坐在桌前，一页一页翻着，一句一句读着，偶尔拿起笔，一行一行勾画着，再或放个笔记本，摘录几句，固执地以为，这才是读书该有的样子……

"少年读书如隙中窥月，中年读书如庭中望月，老年读书如台上玩月！"今日再读《致加西亚的信》，想起有人问一位钢琴家，你弹过那么多的钢琴曲，你现在记得有多少？钢琴家说，确实有许多曲子记不起来了，但弹琴就和吃饭一样，一个人记不起小时候吃了什么饭，但我们吃的每一顿饭，一定化成了我们的血和肉，成为我们身体的一部分……的确，吃完饭，你会饿；读完书，你会忘；但吃完饭，会给人营养，读完书，会给人智慧，这应该就是读书的意义吧！

要说这封信的影响，我先讲一个故事：日俄战争中，前线的俄国士兵每人都有一本《致加西亚的信》，日本士兵从战死的俄国士兵身上搜到了它，直觉告诉他们这本小册子一定很有价值。于是，他们马上将其翻译成了日文，紧接着便有了日本天皇的敕令：每一个日本成年人必须有一本《致加西亚的信》！

《致加西亚的信》写于1899年，作者说仅用一个小时就完成了。但120年了，这封信一直被人打开，时常被人阅读，依然盛销不衰。时至今日，《致加西亚的信》全球销量已达8亿册，是世界上最畅销的读物之一，创造了出版史上的奇迹。书中，哈伯德以英雄人物罗文的故事为基础，结合自己的所见所闻，讲述了工作态度的重要性。哈伯德感慨，有些人大半生都在与工作打交道，却始终不明白一个道理：你是在为自己干活儿，你生产的产品就是你本人。

　　的确,身边许多优秀的人在自己的岗位上脱颖而出,是因为他们从不计较自己的工作。所以,我一直认为拖垮一个人的不是工作,而是工作的心态。二十多年的教书工作,让我深刻明白一个道理:其实工作就像一面镜子,你放弃它,就是放弃了自身的成长;你糊弄它,就是在糊弄自己的人生。正如心理学上著名的"慢马定律":偷懒的慢马,上一秒还在嘲笑卖力的快马活该受罪。下一秒,暗自得意的它就被主人送进了屠宰场。

　　给加西亚将军送信的罗文,有担当,不抱怨,敬业、诚信、勤奋、合作、自信以及不折不扣的执行力,这些都是优秀品质,让罗文跨越120多年,总是被人记起。想起一句话来,这个世界到头来,所有偷过的懒,躲过的清闲,吼出的不满,都会变成打在你自己脸上的巴掌。

　　罗文是如何给加西亚送信的?有兴趣的朋友可以看看,信不长,作者只用一个多小时就完成了,阅读也不费力,但我相信只要我们提炼出罗文身上的几个关键词,一定会让我们受益一生!

2023.3.19

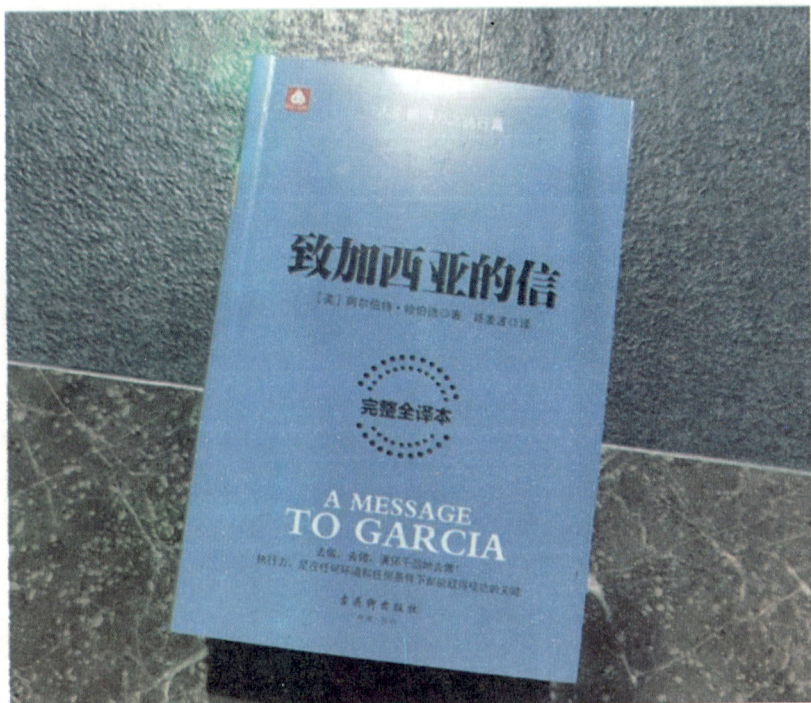

这是一个反面教材

　　茨威格《一个陌生女人的来信》，适龄女性都值得一读，但我坚信，理性的女人一定不会感动得痛哭流涕，哭得死去活来，不值。因为我一直想不明白"我爱你，与你无关"，这是什么脑残逻辑，要命的是它还圈粉无数，让许多不自知的人爱得理直气壮，一往情深，最后失望到心底凉透，绝望至极。

　　我实在想不明白为什么有人会说看一遍哭一遍，哭得肝肠寸断，哭得不能自己，哭得天昏地暗，因为我再次阅读完这封作为文学作品只有 32 页的短信时，我是没掉半滴眼泪，不仅如此，我还为之憋了一肚子气，那些多情的女人应该是差点哭死了，可是，我真的是差点气死了，因为我哀其不幸，怒其不争。想不明白，女人为什么活到尘埃里还自得其乐；女人为什么活得丢失了自我还心甘情愿；女人为什么糟践了自己的尊严搭上了自己的性命，还美其名曰那是"自己一生的信仰"……

　　因为，我坚信，作品中的"我"，这位为爱痴狂的女子，她所谓的爱的一生就是一部反面教材，而且很典型，很极端，甚至有些病态；我相信，智慧的女人会去反思，什么样的爱情才值得为之付出情感，在我看来，所有的不计回报的单相思都是自残自虐，所有的丢失自我的恋情都会自食其果。

　　作品中的"我"是一个典型的反面教材，她单恋一根草，还是一根"渣草"，花心大萝卜，处处留情，时时滥情，这些都在女主人公的眼里，可愚蠢的女主人公竟然不自知，陷入其中不能自拔，她那自我催眠式的爱情让人深感不可思议，当然那些因之而感动到一塌糊涂的女人可能会认为爱情不正是这样子的吗？我用尽青春，只为寻你，而你绝尘而去，不带走一点云彩，哈哈，值吗？只能说可怜之人必有可恨之处，太有道理了。

　　作品中的"我"是一个极端的反面教材。人们都以为她的情感是爱情，因为她的所作所为，所思所想，完全符合爱情的表象特征，但深层挖掘，你会发现，这只不过是女主人公的执念而已。多少年的一往情深，对方毫无察觉，更可气的是发生三次关系，肌肤相亲，缠绵缱绻；可是后来几次相遇，这个渣男竟然没有认出女主人公，可女主人公依然如醉如痴在自己的犯贱里,在犯贱式的暗恋里让自己怀孕,生下孩子,一人抚养,以至于就这么周旋在众多男人的怀抱,彻彻底底丢失了自己,孩子死了,自己也生无可恋,抑郁而终。

作品中的"我",是一个病态的反面教材。掩书而思,我在思考一个问题:为什么男主人公对于女主人公有那么大的吸引力?也许弄清楚这一点我们才能深刻明白这种心理扭曲的过程。阿德勒曾说:"幸福的人用童年治愈一生,不幸的人用一生治愈童年。"我相信作品中的"我"一定属于后者。女主人公这样的病态式的情感一定与她的原生家庭有很大关系。

作品中女主人生长在一个单亲家庭,父亲去世,母亲又很粗线条,所以当一个青年才俊降临到她眼前时,她突然觉得自己的人生有了方向,生命似乎也有了意义。这个优雅的男作家就像一道光,驱走了她现实里无法逃避的黑暗。他就是上帝派来的使者,拯救她于水深火热之中的。她把他当成了自己整个生命的支柱。当她还是小女孩时,她常常从自家的门孔里窥视男主的一举一动。亲吻他握过的门把手,收藏他丢弃的烟头,倾听他的脚步声;再后来,整夜整夜地仰望着他的亮灯的窗口,哪怕知道对方正和一个女子在极尽寻欢之事;她不求回报,只渴望成为他的女人,这种病态的情感让她一而再,再而三地丢失了自我。由此可见,一个从小缺失父爱的人,一个在不健全家庭长大的女孩,一个没有得到完整的父母之爱的女孩,一个丢失自我的女人有多可怜!

波伏娃在《第二性》里写道:作为女性自身的意义是什么?把命运掌握在自己手里,而不是委托给男人。如果专注于学习、运动、职业培训、政治社会活动,她就摆脱了男性的困扰,大大减少关注感情和性的冲突。其实,在我看来,女性最大的幸运就是懂得爱自己,任何时候都不要迷失了自我,要自尊自爱,要看见自己,更要接纳自己,对待感情,不能自欺欺人,不能自轻自贱,不能一厢情愿,因为,不求回报的爱情注定是悲剧,爱情首先应该平等,应该彼此看得见,否则,免谈!

女性在婚姻关系里,唯有看见自己,才能被看见。

2023.3.13

爱情快速奔跑，婚姻慢慢成长

因为我自爱，我遇见了美好的你，因为你爱我，我遇见了更好的自己。这样一个<u>丝丝</u>雨夜，再次翻阅杨澜的《世界很大，幸好有你》。书的首页写"谨以此书献给我的丈夫吴征，纪念结婚20年一起看世界的日子"。蒋昌建先生在给这本书的提言中写道"我本来以为，即便是献给丈夫吴先生的书，杨澜也会让文字独立自主地起舞，甚至将这本书看作是在先生面前的一种不带半点娇羞的炫耀。然而，并不是。二十年，光环照人，无比成功的杨澜依旧依靠在吴征的臂弯里。"书中的故事很多有他们夫妻两人携手共进的影子。想起黑格尔谈到爱情时说的一句话："什么是爱情，一个主体感到自己只有在对方的意识里才能获得对自己的认识。"

《世界很大，幸好有你》，这是一个富有温情且充满感恩的书名，因为喜欢杨澜，阅读过她的《幸福要回答》《一问一世界》，满满的都是一个知性女人对家庭、对工作，对家人、对朋友，对生活、对人生的独立思考和感悟，很能给人启迪和思考。其实这本《世界很大，幸好有你》，因了这个书名，我就"一见钟情"了！这几天拿起这本书，这几天捧书再读，依然让我富有收获。

掩书而思，想起克里特夫《爱》这首小诗来：

我爱你，不光因为你的样子；

还因为，和你在一起我的样子；

我爱你，不光因为你为我而做的事；

还因为，为了你，我能做成的事。

请相信：好的婚姻一定是彼此共同努力用心经营的。

封面上的杨澜留着干练的短发，眼神和善，穿着白色上装。虽没有娇美的外貌，却明眸皓齿，白皙干净的脸上满溢美好平和的笑容，这就是杨澜。她虽然算不上那种惊为天人的美女，但身上却散发着一种说不出的气质，我所理解的独立、自信、淡定、从容、睿智、通达都在这气质里，我还看到了成功、幸福，知足和自得……

和妞爸交流，我说杨澜的书，文笔一般，但字里行间能让人读到一种阅历，一种成长，还有杨澜身上所具有的知性、聪慧、明理和优雅。妞爸回我，这样的女人写书不需要文笔，其见识的丰富和内在的充盈就已经光彩熠熠了，语言只是一种介质，无需华美。有道理，非常有道理。

书中有一句话感动到了我：爱情快速奔跑，婚姻慢慢生长。就如两棵树，有独立的树干，又将根与枝重重叠叠交织在一起……

因之想起了舒婷的《致橡树》，婚姻中的我们会发现，好的婚姻，彼此相爱，互相尊重是前提；接纳包容，理解互补是关键；彼此欣赏，互相成就是根本。而未能经营好自己婚姻的人，往往是自我个性放在了最前面，忘记了对方；不愿去寻求改变，一味地消费婚姻，最终一拍两散，两败俱伤。婚姻是让彼此更好地成长，杨澜的婚姻无疑是做到了这点。字里行间，我读到了聪慧的女人杨澜对对方的认同、肯定、欣赏和感恩。其实，我一直在想，一个智慧的女人，婚姻中一定是懂得进退，知道取舍，更明白求同存异的。她在谈到自己所获得机会与成长时，并未像当下那么多人说的孤独自我奋斗，而是感恩于家庭的选择与努力，不得不说杨澜的自我修养与成长并非是她个人的，而是得益于家庭的熏陶和自我选择。

相信杨澜的人生是许多人所羡慕的，但是阅读《幸福要回答》《一问一世界》还有《世界很大，幸好有你》，我们会发现她的幸福来源于对自我内心和能力的不停探索与成长。她的勇于抉择和善于自省给人与众不同的沉思。世界很大，幸好有你。这个你，是爱人，家庭，朋友，观众，事业，视野，是她人生的所有。从丈夫到儿子，从婆婆到朋友格兰特到马斯克、乔丹，从朴槿惠到奥尔布赖特，到希拉里。公主的倒水递茶，古道尔的小布偶，查尔斯王子的腼腆。这些故事谈人谈事，在一个个访谈的花絮中，我被杨澜广博的学识，开阔的视野，丰富的内心，细腻的情感而深深地折服了，字里行间，能读到一位优秀女性的情感态度，价值取向……

我想，无论是像杨澜这样的社会精英，还是我们每一个普通百姓，在工作和生活中，我们都要更加懂得珍惜、懂得尊重，感恩所有。这样的人生，才是积极的人生，这样的人生，才是饱满的人生。这是一本给人智慧的书，它讲述了婚姻、和孩子相处、如何教育，以及她事业生涯中遇到的无数精彩生命的历程，等等一切感人心扉的事迹，看流年似水，愿人生繁盛。我想只有思想站在一定高度上的人，才能这样宽阔而不带偏见地去细数人生的喜怒哀乐，去总结自己在人生中的得与失，去感恩生命中的那个"你"。

爱要轻拿轻放。杨澜在写作过程中语言虽轻，用情却极深，这本纪念杨澜与丈夫吴征结婚 20 年的集子，取了"世界很大，幸好有你"这个书名，不由让人想起马克·吐温说过的一句话："爱情是奔跑速度最快的，却又是生长最慢的。"阅读这本书，杨澜用自己 20 年的婚姻告诉我：

人与人容易有乍见之欢，难得能久处不厌，放下苛求，懂得欣赏，知道改变，记得感恩，让婚姻中的你我共同成长。

2023.4.5

慢读秋雨

犹记上大学时,应该是余秋雨作品最为盛行之时,因为前几年收拾自己的书籍,发现上学时买过《文化苦旅》《行者无疆》《千年一叹》等余秋雨的作品。

对于当时的学生们来说,几乎人手一本余秋雨的作品。但是,今天再读,我才发现,其实年少之时,自己还真不曾读懂过他的许多作品,感慨年少不懂余秋雨,再悟已是中年时!

钱钟书说:"如果不读书,行万里路,也只是一个邮差。"有人曾问余秋雨老师:"读万卷书,行万里路,两者关系如何?"他回答:"没有两者。路,就是书。"的确如此,脚步丈量不到的地方,书本可以帮助我们抵达,思想到不了的高度,作者可以带领我们去触及。而今,有条件了,所有的盗版书都在搬家的时候扔弃了。今天,看着这高高一摞从新华书店买回的余秋雨散文集,感慨没钱买书的时候有读书的时间和热情,今天有钱买书却没了时间和热情,再读余秋雨作品,恍然间已是中年,可谓,年少不懂余秋雨,待到懂时已中年。真的是少年读书,如隙中窥月;中年读书,如庭中望月;老年读书,如台上玩月!

近期阅读《慢读秋雨》,脑海中会呈现出一幅幅画面:或在断壁残垣边,或在人文山水前,或在莽苍边塞外……智慧的作者一会儿陷入沉思,一会儿赞叹不已,一会儿仰天而望,一会欲步又止……他叹惋、他感动、他震撼、他敬仰……

你会发现,没有深厚的文化底蕴,写不出这样婉约至深的作品;当然,没有对文化的极度热爱,也断不能从他的文字中听到那些对历史沧桑的喟叹,对传统衰落的迷茫,对文化重建的呼喊。有人说,余秋雨老师是一个用文字去触摸生命,在书写中找寻自我的人,并能够带读者一同走进这个苍茫而底蕴深厚的文史世界的人。

读余秋雨老师的散文,如读着一本厚厚的历史,更有万象的人生及世态和丰富的个人情感。评论家说:余秋雨的心是年轻的,他的心又是迟暮的。有着儿童的天真,有着老人的睿智,因而有了天真的向往新奇的心,有了发自内心的对历史的感悟。有了老人的睿智,有了儿童的心情,方有正视历史的勇气。

　　初次接触余秋雨是他的第一本散文集《文化苦旅》，读完，深深被作者深厚的文化底蕴折服。他思接千载，天马行空的联想，对历史、对文化渗透着的领悟力，让人叹为观止。其实，我没有读太懂。而后接触到他的另几本著作，谈史谈鉴的《山居笔记》、阐述立身处世的《霜冷长河》《行者无疆》，以及对比几大文明的《千年一叹》，还有类似回忆类的封笔之作《舍我一生》。读完后，多少想写点什么，因为我一直认为，读而不思，收获减半，可是一直未敢动笔，只怕自己的浮浅，读不出余秋雨老师的深邃，写不出其要表达之一二，很是惭愧。

　　非常感慨余秋雨老师对语言有一种超乎常人的领悟力和极为娴熟的驾驭能力，他的散文语言集感性的描写、理性的思考于一体，在抒情中融着历史理性，在历史叙述中也透露着生命哲理，他选择恰当的、富有诗意、表现力的语言加以表达，而他的高超之处更在于富于语言诗意的审美，把复杂深刻的历史思想和文化说得那么深入浅出，平易近人，可读性很强。阳春白雪但不高高在上，下里巴人但又远离乡风俗气，我总是诧异于他游刃有余的语言运用能力！

　　《慢读秋雨》，其中多篇散文都已读过。今天，再读这些作品，不禁想起贾平凹对余秋雨的评价来：余秋雨是难得的人才。余秋雨无疑拓展了当今文学的天空，贡献巨大。这样的人才百年难得，历史将会珍重。在他的笔下，赋予文字灵魂，赋予风景思想，才让这一章章的散文有了如同历史般的厚度。

　　木秀于林，风必摧之；堆出于岸，流必湍之；行高于人，众必非之。偶尔会看到一些大咖对余秋雨老师的评论，比如王朔，比如易中天，当然更有金庸、余光中等大咖，总之，喜欢就是喜欢，不受他人影响，哪怕他是什么大咖，这是一个中年读书人的心得，比如我！慢下来读一读，值得！

2023.5.22

不因嫉妒而失态，是修养

东野圭吾曾经说过："这世界上有两样东西不可直视，一是太阳，二是人心。"

东野圭吾，年轻人喜欢看其作品，儿子曾推荐给我，我说不感兴趣，因为，人性真的经不起推敲，而东野圭吾的小说素以解读人性著称，总是感觉在其绵密的解读与推理中，对人性的深度挖掘简直就是对人性的赤裸裸的拷问和控诉，读来令人心生不安，那种坐卧不安的不安！

阅读东野圭吾的小说，最大的感受就是，在他看似平淡的文字里，永远不缺少对人性的深度思考和生命感悟。比如，《恶意》这本小说会淋漓尽致地告诉你，人性能有多恶：我终其一生不能成为你，只能将你毁得彻底。

《恶意》中野野口修和日高邦彦是自小一起长大的好友，年少时，日高的家境不如野野口修，语文成绩也不如野野口修。在野野口修眼里，长大后的日高也该是平凡的，是不如自己的，然而，现实却完全背离了他的预想，日高成为了他向往已久的畅销书作家，而他只是一名普通的老师，生活条件、居住环境、社会地位都被日高甩出了几条街……

心理严重失衡的野野口修心生"见不得别人好"的恶意，开始用一系列令人难以想象，颠覆人性的计谋要整垮昔日好友日高……人性的恶拉开了序幕，就好像潘多拉的盒子被打开一样……

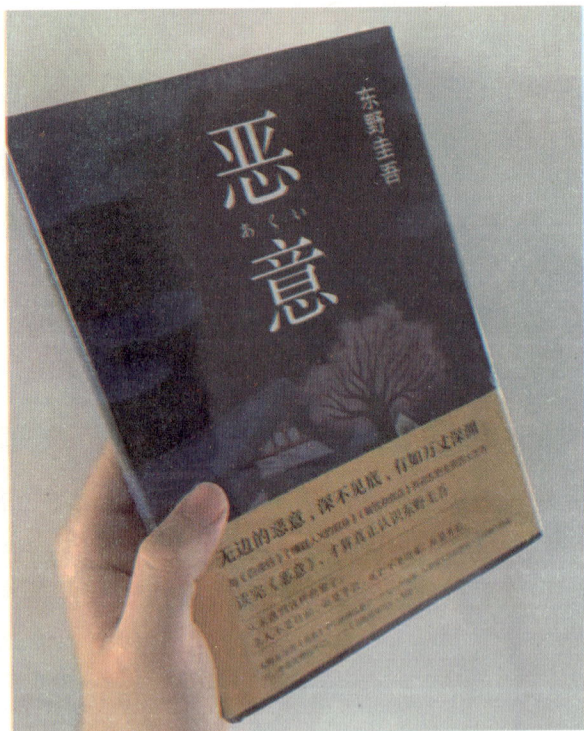

培根说过："人可以允许陌生人的发迹，却绝不能原谅一个身边的亲近的人上升。"就像书中野野口修的自白："明明你是我最亲密的朋友，明明你是那么善良，可我就是恨你，我恨你优越的生活，我恨你抢先实现了我的理想……"

犹记心理学上有个词，叫"螃蟹效应"。把螃蟹单独放进水桶里，任何一只螃蟹都会凭借自己的本事爬出来，但如果放上很多螃蟹，就一只也爬不出来。为什么？因为在下面的螃蟹，会拼命拉住上面的螃蟹。呵呵，生活中可能确实有那么一小部分人，我好不了，你也别想好，不如我们一起待在黑暗的深渊里。人性里难道真的有种恶，叫见不得别人好？看了《恶意》我心生不安，但我信了！

《东邪西毒》里有句台词：任何人都可以变得狠毒，只要你尝试过什么叫嫉妒。而我以为，见不得别人好，是一种病，得治。记得朋友说，她有一闺蜜，成天用她的车，吃她的饭，她一有好东西也总是记着她的闺蜜，可是她却听到别人说，自己的闺蜜总是说她不好：人丑还那么有钱，真服了老天爷也有不睁眼的时候！朋友想不通，自己的闺蜜怎能这样？我和朋友开玩笑说：呵呵，你洪福齐天，就因为你格局大，有雅量，就别和小心眼的人计较了，有些人就是见不得别人好，那是病！

生活中，见不得别人好的人有吗？肯定有：无中生有者有之，胡捏乱造者有之，造谣诽谤者有之，恶语中伤者有之，诬蔑诋毁者有之，诽谤陷害者有之……

确实啊，有些人，由于嫉妒，从不去在自己所拥有的事物中汲取人生的快乐和满足，却总是从他人所拥有的事物中汲取怨恨和痛苦，我以为这是修养问题，或者说这就是一种病，得治，否则他会心理失衡，迷了心窍，失了心性，就像野野口修一样。

周国平有句话："嫉妒是人性，不因嫉妒而失态乃至报复则是修养，我们无法压抑人性，但可以做到有教养。"呵呵，羡慕别人过得好比自己好，这很正常，这是人性；而见不得别人好，那就是没教养，人品不够！

真是应了一句话，社会经不起细看，人性经不起深究！

所以我不太喜欢东野圭吾，只因其揭露出的赤裸裸的人性，让人心生害怕，怀疑人生！我宁可"掩耳盗铃"、自欺欺人地相信人性是善良的、也是美好的！

2023.5.30

第二辑 我的生活我思考

我们总是在说生活繁琐，其实那只是我们不懂得品味。生活需要思考，思考能够让我们的人生更有品质。

生命的丰盛属于内心装满喜悦平和的人

想起前几天吃中午饭的时候,妞儿脾气有点大,嘟嘟嘟就嚷嚷开来,哈哈,丫女子,好利索的嘴皮子,我不由偷笑,可妞爸却感慨地对妞子说:"妞子,好好说话,你看你们学校大石头上有四个字'喜悦平和',这四个字,于人的一生都是有教育意义的。"喜悦平和,这四个字,趁机把孩子也教导了,不由挺佩服妞爸的。

妞儿学校有一文化景观石上镌刻着四个大字:喜悦平和。经妞爸这么一说,我也好像有点印象了。细细想来,这四个字蕴含了多少教育者的教育思想和教育期待啊!

古人有云:"山无石不奇,水无石不清,园无石不秀,室无石不雅"。石头乃大千世界的缩影,已成为中国文化中一个有着特殊内涵的意象。石头,是一个承载极其丰厚的历史积淀和审美蕴涵的特定文化符号。校园文化景观石是校园文化的一部分,往往具有永久性与激励性的特点,对于发挥学校环境的育人作用具有重要意义,所以许多学校都有文化景观石。景观石上镌刻的文字往往是一个学校管理者的育人理念和教育思想等,比如学校文化景观石上有镌刻"博学""笃行""厚德载物"的,也有镌刻"求是""善思""天道酬勤"的,不一而足,多是劝人上进求真向善的,而妞儿学校"喜悦平和"四字,在我看来却更多寄予了一种人文的情怀,令我陷入一种思考。

犹记《能量大课堂》中有句话是这样说的:决定你生命质量的,不是外在的财富,而是内在的喜悦与平和。此刻,细想这普通的四个字,确实意义深远啊!

那么,我所理解的喜悦与平和,是什么呢?在我看来,喜悦与平和,是对生活的接纳与输出,是对自己、对他人、对人生、对社会的一种积极态度与素养。喜悦,是一种阳光与积极的人生态度,不消极,肯投入,不对抗,愿接受;平和是一种睿智与豁达的处世哲学,不焦躁,懂平衡,不抱怨,知进退。如此想来,生命最好的状态,就是喜悦平和地活在当下,活在此时此刻,其实,活好当下也就会拥有一个美好未来。

一个时时充满喜悦的人生命力一定是旺盛的,因为在我看来,一个人内心充满喜悦,生命体验是与众不同的。古语云：皇宫里也有哀怨，茅屋里也有歌声；今天歌词里唱道：风也含情，水也含笑。其实蕴含的是同一个道理，即人的性格态度对外界接纳的不同反映。当一个人内心自然喜悦时，对外界的感知是积极的、主动地接纳，那么展现出的一定是阳光健康的一面；反之，一个人内心悲苦郁闷时，对外界的感知往往是消极的、被动地接受，那么展现出的一定是悲戚不快的一面。久而久之，不同的反映就会成为性格的一部分，因为在我看来，情绪具有一定的储存功能。喜悦的人气场大，格局也大，悲苦的人满眼都是不爽，自然接收到的信息都是负面的，消极的，重要的是久而久之，他的价值观人生观也会偏离航向。

一个拥有平和心态的人内心一定是富足的。因为这样的人面对学习、生活、工作等等时，能够如王勃"失之东隅"不悲观，"得之桑榆"也知足；能够如陶渊明不消沉于"以往之不谏"，积极迎接"来者犹可追"；内心平和的人得而不喜，失而不忧，内心宁静；成而不骄，败而不馁，心灵和谐。内心平和的人能够积极地面对人生，忧喜在外，顺其自然。得失从缘，随遇而安。在绵长的岁月里，平心静气，方能不困于事，不困于心。

看得开，放得下，忍得了孤独，耐得住寂寞，守得住繁华。得意时不骄不躁，失意时不卑不亢，做一个内心真正强大的人。反观现实，真正能做到喜悦平和的人，其实是精神贵族。内心强大的人一定有一颗平静的心和温柔的心肠，以及智慧的头脑。一个内心真正充满喜悦平和的人，我相信即使经历狂风暴雨，体验高山低谷，见识人生百态，内心也会波澜不惊，泰然处之。

人的一生，唯有练就了内心平和，才能不焦虑、不急躁，随时做着人生中最坏的打算，却往最好处追求，所以，做一个内心充满喜悦平和的人，很多事就会看得开，放得下，不会因执拗而伤害自己；不会因纠结而失去自我，不会因偏激而灼痛自身，因为内心喜悦平和的人，有些事更容易想明白，不会被瞬息万变的信息牵着走，能清晰判断什么事物能带给我们真正的快乐；智者不锐、慧者不骄、谋者不露、强者大多不暴，这就基本上做到了内心平和。

喜悦平和，是一种智慧，也是一种修养。喜悦平和的人往往通透、豁达、坚忍、乐观，知道人生没有真正的输赢，坦然面对着起起落落。杨澜曾在访谈文章里写过，她在国际论坛见到昂山素季时的印象，瘦小的身材，穿着素雅的印花裹裙，鬓边一如既往地插着一朵花，神情舒展平和。有人提起她所遭遇的苦难，她只是淡然一笑。有人提到她的成就，她也只是低头合掌表示感谢。不管周围聚集了多少人，她不急不躁，不慌不忙，和声细语一一作答。被安保人员保护时，满怀歉意地和周围人打着招呼。但如果你了解她曾经遭遇过父亲被暴徒杀害、自己被非法囚禁多年、无数次与死神不期而遇，就无法不对这位坚忍勇敢的女子产生敬意，多么伟大的女性，世事待她并不温柔，可她依然保持平和安然，在不慌不忙中从容一生。

从古至今，心态平和的人，大都在经历荣辱时，来时坦然，去则泰然。因为他明白：知深浅，方能无悲喜；懂进退，才能冷暖自度。性格决定命运，心态影响人生。马德说过："世界和自我是可以兼得的，当一个人最好地靠近了自己的内心，喜乐、轻松、平静、淡然，也就最好地靠近了自我！"这样才能守住底线，懂得审时度势，灵魂滋润成长，人格日渐丰盈，久而久之，成为一个富足的人。

不以物喜，不以己悲，生活中真正的快乐是心灵的快乐，它有时不见得与外在的物质生活有紧密的联系。真正快乐的力量，来自心灵的喜悦平和，这才是一个人真正的富足。

喜悦平和是一种素质，是一种高层次的素质。如果一个学校老师能够以喜悦平和之心育人，学生在喜悦平和中成长，我相信，如果孩子们能够养成一种平静、从容而豁达的心态，拥有一种乐观、淡定而自在的素养，那么人生一定会充盈而富足，人生的幸福也就自带光芒。

2018.7.8

锅台·讲台·舞台

人生的舞台究竟有多大，广告中说："心有多大，舞台就有多大！"但于我而言，我人生的舞台就是锅台和讲台！

为人妻，为人母，作为女性，最最本职的工作，就是把家经营好，就像周立波调侃女人，努力做个"极品"女人，不要把家搞得像个"招待所"，而应该把家整得像个七星级的酒店，这是家庭女主人的职责和能耐，女人上得厅堂的前提是下得了厨房。我在想，一个女人为了工作顾不上家，为了事业舍弃家庭，那实在是个蠢女人，这样的女人即使在外风光无限，她的内心在夜深人静之时，一定会煎熬难平！女人真正的幸福的源泉在家里，是孩子他爸穿上了自己给擦得锃亮的皮鞋，那会心的一笑；是他爸下班钥匙转动锁心的"吱吱"声；是尽管饭做得不好吃，他爸依然狼吞虎咽般的满足样；是儿子亲昵地靠卧在身旁，耍赖不起身；是女儿和哥哥你追我赶的嬉闹声；是上班时女儿拽住提包死死不让走的撒娇哭闹……

锅台，就是家，就是一家人的吃喝拉撒，就是一家人的欢声笑语，就是一家人的健康快乐；女人，守住了锅台，就守住了家，也就守住了一生的幸福！

当然，女人要想长久守住自己的幸福，也要在内心开垦出一片属于自己的天地，那就是个人的爱好和追求。开学典礼，当我再次领到"最受欢迎的老师"这一沉甸甸的水晶奖杯时，我的内心是激动的，教书十八年了，一直能得到学生的认可，这是对我多年教育工作的一种褒奖！为师者，能得到学生的喜爱，这是莫大的荣耀！拥有"锅台"的幸福，追求"讲台"的人生价值，让自己做一个知识女性，在三尺讲台提升自我，为自己的人生加分，给自己"锅台"女人添彩，锅台与讲台，相得益彰！还有什么比这更让一个女人开心和满足呢！

当然，人生的舞台，不只是锅台和讲台。兴趣广泛，自娱自乐的我在学校的舞台上，演过小品，唱过歌；说过三句半，也跳过舞；朗诵也曾不怕丢丑，讲话也还不紧张，身为女人,有个人的爱好和情趣,懂得家的意义和内涵,明白个人的社会价值和归属! 我想,人生即使不精彩,但一定是平实的,生活即使是平淡的,但一定是有滋有味的!

我的生活我做主,我的人生"三个台",那就是锅台,讲台,舞台! 这三台,有序而不乱;三台,有侧重也各有精彩!

记忆就是一根软肋,它碰不得! 今天,翻看大学舍友在朋友圈里发的这几张近二十年前的老照片,不禁想起马提亚尔曾经说过的一句话:"回忆过去的生活,无异于再活一次!"此刻,我正是用写作在敲击着回忆之门!

匆匆流年,许多事,许多人,会随着时间流转,保持不远不近的距离,平行而不相交,那是生命中值得在心里留存的记忆,是遥远而又真实的存在。可是,岁月又能经得起多少等待,生命中,有些人没来得及说再见就已经离开了;时间又能经得起多少怀念,生活中,很多事还没来得及去做就已经成为过往了……

轻轻地,不想惊动眼泪,真的,面对这珍贵的老照片,勾起昔日的同窗情,只想就那么沉浸在流逝的岁月里,不喜不悲,不念不忘,不惊不叹。可是,面对岁月流转间突现眼前的这些老照片,那些深刻的人与事,不经意间就这么扑面而来,没有任何预告,快速地翻转着每一个敏感的神经,让人再一次将那些已经被尘封的点点滴滴,深深浅浅的痕迹,重新拾捡,不禁悲喜交加,泪眼婆娑,不忍目睹。原来,记忆,它就是一根软肋,是碰不得的!

想想,时间永远也回不到开始的地方了,生活中有些东西原本就是在回忆中才能触动灵魂的,因为现实生活中,有那么一些人,一些事,与过日子无关,与柴米油盐无关,与吃喝拉撒无关,但这些人和事,又总是让你怀念,让你难忘,他们或远或近,或亲或疏,在不经意间触动着我们的感官,扒拉着我们的记忆,充实着我们的过往与来生。

看时光仓促地流转,那些难忘的人和事都将成为记忆。恍惚间,总感觉记忆输给了岁月,因为渐行渐远的人生点滴,有些真的经不起岁月的大浪淘沙,存留的往往是指间沙漏;可有时,又觉得是岁月在印证着记忆,因为岁月的流淌,总是让一些记忆变得更为真实可感,更为经久难忘!

又记老狼的《青春无悔》歌中,那深情的两句儿"开始的开始,是我们在唱歌,最后的最后,是我们在行走。最熟悉你我的街,已是人去夕阳斜,人和人互相在街边,道再见……"人生路上,不管我们在深情的欢聚时,还是在动人的离别时,彼此多么地用情,如何地提醒"勿忘我",再三叮咛"铭记在心",其实,我们最终还是发现,流年终归是易逝的,因为我们一直未曾停止"在路上"……

记忆有如瓷上细纹,是岁月的沉淀,是光阴的磨砺,是剪不断,理还乱地萦绕,是我们在细碎的流年里的低眉,是厚重光阴里的深思,是不忍回看的蹙额,是总是放不下的怀想,……正如诗云:"欢会纵多容易散,旧游回忆更堪伤。"过去终究是回不去了,不管你有多一往情深,应了一句诗:此情可待成追忆,只是当时已惘然。

在记忆面前,且行且珍惜!

2018.7.25

黄山,爱你没商量

"你不是去过黄山吗,还去?"同事们这么问我,可在我眼里,黄山的美不是"去过"就能饱览的,也不是"去过"就能阅尽的。所以紧张而忙碌的上海华东师大研修结束后,和李婕、贾艳两位美女,选择从上海出发,赴黄山游览。

2009年,高三毕业,第一次登临黄山,我就像"触电"般爱上了这座拥有"天下第一奇山"称号的黄山,看不完、看不够的奇山、怪石、云海、劲松,每一处风景都是美的,都是令人啧啧赞叹,流连忘返的。我甚至想,能做个黄山人,真是天下一等一的幸事,因为每时每刻都浸润在黄山的气息里,每分每秒都能领略到黄山远近高低各不同的风景。今年有机会再登黄山,可以说是圆了我的一个念想,黄山太美,百看不厌。我和同事们说:"其实,还有一个重要原因,是我想检验一下自己的体能,时隔十年,我的体能有没有下降,呵呵。"黄山归来不看岳,别有天地非人间,不论原因,只因为它太美,我想再走走,再看看。

2009年那次登黄山,我们徒步从前山出发,犹记导游说,黄山的前山陡峭雄伟,像挺拔健壮的男子汉;后山秀丽多姿,像小姑娘,2009年的时候,我们一行是从前山慈光阁到光明顶,路途较长,且陡峭难爬,奇险的天都峰就在前山,呵呵,一鼓作气就爬上去了,没觉得有多累,而且我和学校其他几个同事又徒步下山,呵呵,觉得自己体力、耐力都挺不错的。其实我一直以为,爬山贵在自我完成的这一过程,坚持,毅力,超越,这些在领略美景外,更是一种难得的收获和体验。

这次登黄山,时间安排比较紧,所以选择从后山出发,即云谷寺到光明顶,一路攀登,非常轻松,当然也领略到了和前山不一样的美景,本可以徒步下山,可因为还要去5A级景区,有"画里乡村"之称的宏村,所以选择坐缆车下山,有人说,黄山是"山上气管炎,下山关节炎",呵呵,对于爱运动、爱爬山的我来说,什么气管炎,关节炎,没有丝毫体验,而且比上次爬山还轻松了许多。

"大自然是崇高、卓越而美丽的,它煞费心机,创造世界。它创造了人间,还安排了一处胜境。它选中皖南山区。它是大手笔，用火山喷发的手法，迅速地，在周围一百二十公里，面积千余平方公里的一个浑圆的区域里，分布了这么多花岗岩的山峰……"

登览黄山，我们总会想起课本中徐迟《黄山记》中开头的这段文字来，因为我们都背诵过。因了"它是大手笔，用火山喷发的手法……"这句话，我对黄山充满了向往和憧憬。登山途中，有一古稀老人，精神矍铄，边走边说："这第一个登此山者是黄帝，他和浮丘公、容成子上山是来采药的。他一来到，黄山就命了名，所以嘛，黄山的渊源深着呢。老人用富有阅历和充满磁性的声音娓娓说出这段文字，让我顿觉登山是一件非常美好的事情。

登山路上，我们拾级而上，一路走来一路拍，美不胜收，三个女侠客（出发时，同事送我们的美称），走走，看看，拍拍，时不时被眼前的景色所吸引，所感染……

一路上，挑山工们特别多，看着他们被重重的挑担压弯了腰，汗水淋淋，我不禁肃然起敬，人生谁也不容易，姐妹们感慨，看着劳累至极又天天如常的他们，上山买东西，多少钱都值，一口价，绝不还价。不禁想起一首小诗：

世人都说路不齐，回头看看庄稼汉；

别人骑马我骑驴，比上不足下有余。

感恩，珍惜，知足，人生无比好！

登上黄山，扑面而来的都是让你赞叹使你陶醉的美景，而当我真正面对这大好河山的时候，却觉得平日里积攒的所有华丽词语都无以来描绘它，一切华丽的语言在这里似乎都显得那么苍白无力，黄山带给我们的，绝不是美妙的语言所能描绘的，也不是其他山脉所能比拟的，黄山之美只能美在我的眸子里，美在我的心里。明朝旅行家徐霞客登临黄山时赞叹："薄海内外之名山，无如徽之黄山。登黄山，天下无山，观止矣！"五岳归来不看山，黄山归来不看岳，这应该是对黄山的最高评价了。

一边登山，一边观赏，搜索记忆，两次登黄山，让我对黄山有了多角度的了解，黄山在我头脑中形成了多维度美丽轮廓：黄山无峰不石，无石不松，无松不奇，并以奇松、怪石、云海、温泉四绝著称于世。山中有名可数的就有三十六大峰、三十六小峰，这些大大小小的山峰,或崔嵬雄浑、或俊俏秀丽,布局错落有致、巧然天成。莲花峰、光明顶、天都峰为黄山三大主峰,海拔高度都在一千八百米以上,并以三大主峰为中心向四周铺展,跌落为深壑幽谷,隆起成峰峦峭壁,呈现出典型的峰林地貌,可谓美不胜收。

游览黄山,给我留下很深印记的当数莲花峰,这座山峰看似不高,但山路却极其陡峭难行,特别值得一提的是"一线天"和"百步云梯"这两段,非常惊险。上次登山由"一线天"而行,此次登山因未去鳌鱼峰,而没走"一线天",选择了"百步云梯",去往玉屏楼,观赏迎客松。百步云梯,陡而直,双手抓住绳索,一步一台阶,累是必然的,但回头看,一路上都是用我的双脚踏过来的,真正感到了骄傲和自豪……

所以,爬山的过程,也是一次自我完成的过程,一直以为,固执地以为,赏山上美景,贵在一路攀登,如若坐缆车上去,呵呵,趣味聊聊。想起王安石的《游褒禅山记》中所写:"世之奇伟、瑰怪,非常之观,常在于险远,而人之所罕至焉,故非有志者不能至也。有志矣,不随以止也,然力不足者,亦不能至也。有志与力,而又不随以怠,至于幽暗昏惑而无物以相之,亦不能至也。然力足以至焉,于人为可讥,而在己为有悔;尽吾志也而不能至者,可以无悔矣,其孰能讥之乎?"

今天,缆车索道已解决了大文豪登山的所有困惑,但也再不会有人写出王安石这样的心得和思考了,这么深邃,值得人用一生来体味的哲思之语了,是今人之幸,古人之"不幸",还是……啊!

"绝美的风景,多在奇险的山川。"黄山归来后,心中不免有些许遗憾。这种遗憾是留在下次游黄山来消除的,因我与黄山还有个美丽的约定。

黄山之行,给我留下了深刻的印象,我觉得不虚此行!我还想登临它,观黄山新景,赏黄山新姿。

"无限风光在险峰"。无论多险,多累,多恼,可是你一旦到达顶峰之后,就觉得所付出的是多么值得!那烟雾缭绕的感觉,那"手可摘云"、那"我为山峰"的气势,仿佛把你带入了仙境!那一刻,你就是活神仙啦!

两次登临，由于天气原因，也领略到了云雾缭绕之美和艳阳高照之景，观赏到了微雨迷蒙和天高云淡之美。让我更加相信，黄山之美，美在季节，美在气候，美在云雨变换，来也匆匆，去也匆匆的我，只是领略了黄山奇幻美景的一部分，所以，于我而言，仍然渴望再次与黄山相见！

2018.8.2

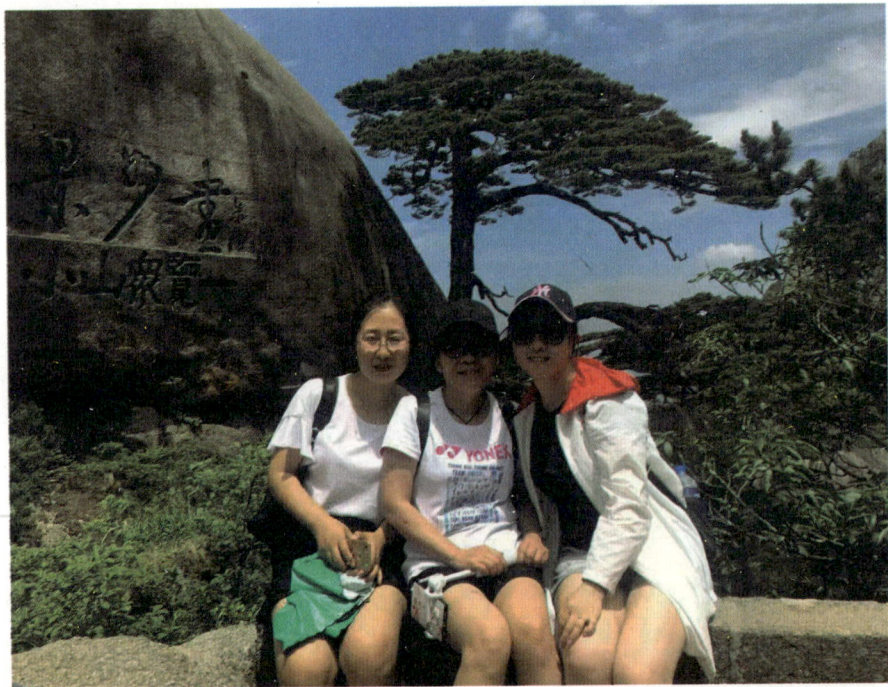

人生至境是不争,恬淡出尘心自宁

看到墙角这一簇簇小花,无人欣赏却也一派烂漫,墙角一隅也能尽显春色,不禁想起贵州乡村教师梁俊带领孩子们演唱的清代才子袁枚的小诗《苔》:

白日不到处,青春恰自来。

苔花如米小,也学牡丹开。

非常喜欢这首小诗,短小精炼,却富含哲理,发人深思。喜欢它对人生的态度,而此刻也最能表达我的心绪!周末,一家人忙着去杏花滩看杏花,一路堵车,无地停车,已然坏了一大半好心情,去了一看,满眼的人和车,不像赏春,倒更像是赶会,空气中弥漫着麻辣串串的味道,一席草坪,还未"浅草才能没马蹄",已然被站着,躺着,坐着,跑着,走着的人肆意地践踏着。我在想,这小草,啥时才能拔节而长,估计那"草色遥看近却无"的春景是无法领略到了,哎,了然无趣,也没有了情致,于是早早就回家了。

然而,回到家,老公拿起手机给我看几张照片,一簇簇紫色的小花,你挨着我,我挤着你,正努力地"争奇斗艳",我纳闷:"这是杏花滩哪呀?我怎就没看见?"老公说:"你猜猜看?"结果我左猜右猜,愣是没猜着,急性子的我忙问:"哪呀?说吧!"老公说:"就是咱院子。""哎,不可能吧?"仔细一瞅,哦,原来就是我们院子楼下一不起眼的荒凉的一角里,挤在石板缝下,独自努力地绿着的,尽管它仅有一小簇,但依然奋力地绽放,烂漫的紫色的无名的小花儿,显得孤单、弱小,但它依然是春天的一部分——渺小而又顶天立地的一部分。

记得英国诗人兰德有一首诗是这样写的:"我和谁都不争,和谁争我都不屑;我爱大自然,其次就是艺术;我双手烤着生命之火取暖;火萎了,我也准备走了!"是啊,不争,是人生至境!小小的紫色的一簇簇花儿,它们没有在万花苑里姹紫嫣红,没有在满园春色里,争得自己的绽放,但角落里的它,也能盎然春色,自成一景!

开车,去杏花滩,车多,人多,吵声多!争着去看春色,春景!一时发觉,其实,春景就潜藏在自己的身边，它不在乎有没有人在乎它，它也不在乎有没有人欣赏它，它只愿，哪怕在角落一隅也有自己的春天，是啊，"野百合也有自己的春天！"

其实，人生的四季，是否也应该如这墙角一隅的无名小花，可谓，不争春意春满园，无心示情情已深！

2018.9.7

幸福在哪里?

晚上,宝贝女儿嚷嚷着要学习,我说听儿歌吧,倒是让我想起小时候唱过的一首歌,大家都会唱的《幸福在哪里》。幸福在哪里?朋友啊告诉你:……旋律很美,今天哼唱起来,真是往日情景再现。幸福在哪里?我想说,它在你晶莹的汗水里,更在你闪光的智慧里。

细细品味歌词,很美,但我觉得,拥有幸福,闪光的智慧才是最重要。因为在我身边,总是能发现,有朋友用晶莹的汗水在创造着幸福,却没有闪光的智慧去拥有幸福,守住幸福。

拥有幸福,需要闪光的智慧。生活中总会有一些值得我们记忆的东西,也有一些必须要放弃的东西。放弃与坚持,是每个人面对人生问题的一种态度。勇于放弃是一种大气,敢于坚持何尝不是一种勇气,孰是孰非,谁能说得清道得明呢?如果我们能懂得取舍,能做到坚持该坚持的,放弃该放弃的,那该有多好。别让自己活得太累!应该学着想开,看淡,学着不强求,学着深藏。适时放松自己,寻找宣泄,给疲惫的心灵解解压,那幸福就不会离我们太远,没有远离的幸福正是闪光的智慧给予我们的正确选择。

还有人留不住幸福,其实有时就是大脑里存储太多,该记的、不该记的都会留在记忆里。而我们又时常记住了应该忘掉的事情,忘掉了应该记住的事情。为什么有人说傻瓜

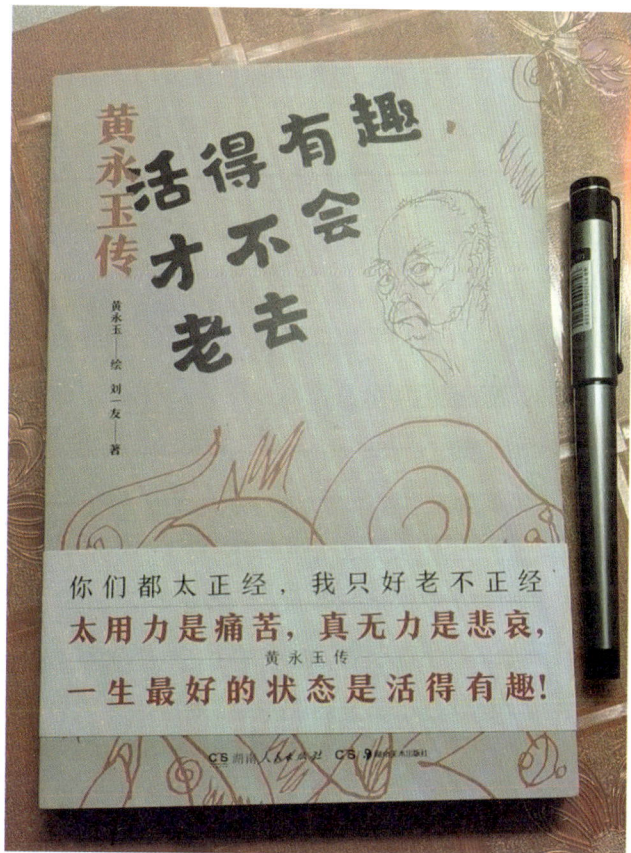

可爱、可笑，因为他忘记了人们对他的嘲笑与冷漠，忘记了人世间的恩恩怨怨，忘记了世俗的功名利禄，忘记了这个世界的一切，所以他活在自己的世界里随心所欲地快乐着，傻傻地笑着。当然，大多数情况下，人们宁愿让自己不快乐，也不愿意去做傻瓜。给大脑中的垃圾文件清空，是特别需要闪光的智慧的。

人生在世，不可能事事顺心，不要常常觉得自己很不幸，其实世界上比我们痛苦的人还有很多。明知道有些理想永远无法实现，有些问题永远没有答案，有些故事永远没有结局，有些人永远只是熟悉的陌生人，可有些人还是会在苦苦地追求着，等待着，幻想着。这样的人因为智慧不够，所以也留不住幸福。

人之所以不快乐，就是计较得太多。不是我们拥有得太少，而是我们计较得太多。人的欲望是无止境的，俗话说知足者常乐，但又有几个人能达到这样的境界。人不是因为拥有的东西太少，而是想要的东西太多。大千世界无奇不有，有着太多太多的诱惑，我们不可能不动心，不可能不奢望，不可能不幻想。面对着诸多的诱惑，有多少人能把握好自己，又有多少人不会因此而迷失自己？迷失了自己，又何谈拥有幸福。

幸福是一种感觉，需要用心去体验和感受。幸福的距离，有时近，有时远，以为就在咫尺，转眼却还在天涯。平静的生活就像一杯白开水，喝起来淡而无味，却不知道正是它的纯净无瑕才让我们的生命幸福，懂得生活的人才会在平淡中品出甘甜和幸福。幸福就是这样的缥缈不定却也真实地存在着。对幸福开始渐渐地有所感悟。人生数十载，面临着许多考验，也会有很多的得到和失去，也有许多的成功和失败。

人，永远是矛盾的主体，经常处在犹豫和憧憬的困惑中，夹在世俗的单行道上，走不远，也回不去。人，又是一个难以琢磨的生灵，许多人了解自己又不了解自己。我总是傻傻地告诉自己：开心是过一天，烦恼还是过一天，那为何不让自己开开心心地过上一天呢。

幸福在哪里，在晶莹的汗水里，更在闪光的智慧里！亲们，我们辛勤地创造着幸福，更要懂得如何守护幸福！

2018. 10. 2

山登绝顶我为峰,无限风光在险峰

十月一日,刚上大一的儿子坐火车早八点十分刚进家门,我八点半出门,他外婆打电话批评我,很是直接:"有你这种娘了,娃第一次出门上学,放几天假就是奔着娘回来的,你是娃前脚进门,你后脚就走,你这娘当的呀……"言语中满是不解,哈哈,母亲也一定无法理解爱爬山的我对此行的向往和期待。

山西芦芽山,一直是我的一个念想,去过的朋友们都说很美,推荐于我,对于爱爬山的我来说,这次与朋友们一行十二人,快乐前往,是非常开心的一件事。姐妹们在一起,一路有聊不完的话题,文静娴雅的玉春妹妹说:"我们车上三个爱说话的女人,能唱一台大戏了。"哈哈,改珍,美丽还有我,说起来,那真是志趣相投,话题多多呀。

此次登芦芽山,未走正门,因正门修路,所以改走后山,后山风景之绝妙恰是我最为喜欢的。因为后山整个攀爬的过程,目力所见,令人啧啧赞叹大自然之奇特与永恒……

森林里,棵棵树木高大挺拔,直插云霄,树根更是盘根错节,被雨水冲刷,裸露在外,似龙爪,像绳索,条条深嵌在泥土里、石缝里,似乎都在用狠劲,抓住底座,以期托起棵棵参天大树,任凭风雨也无阻,看到这景象,不禁感慨,每一种风光背后都有人默默付出不计辛劳,就如眼前这似青筋暴露,布满沧桑的条条树根……

有意思的是后山初登之时,起步有百米左右,特别陡峭,有一十七八岁的男生,刚登不足百米,就仰头问已快下到山脚的我:"阿姨,还有多远,好累呀?"呵呵,芦芽山,海拔有2736米,这小伙儿刚走不足百米,就问还有多远,这问得可真有意思啊!我心想,小伙子,江山无限好,还须肯登高呀!

芦芽山,拾级而上,或陡或缓,所谓的台阶,要么是一块块人工制造的长方石条,要么更多的是树根交错盘桓自然形成的台阶,走起来,感觉就像一棵棵大树伸开臂膀在托举着你,根根条条指引着游人,不断向前,不断向上,很有力量感。

我问朋友,为何称"芦芽山",是因为山上芦笋多吗?朋友告诉我,芦芽山因形似"芦芽"而得名。

登到半山腰有一平台，供游客们休憩补给之用，当然，由此往上，可有两条路可走，一条通往主峰太子殿，一条通往马仑草原。据介绍，马仑草原海拔 2721 米，面积 6000 多亩，形成于 75 万年前的新生代第四纪冰川期，与芦芽山南北相望，是华北地区最大的亚高山草甸之一。有许多游客就此选择下山，不继续攀登，又让我想起了王安石《游褒禅山记》中的登山感言："世之奇伟、瑰怪、非常之观，常在于险远，而人之所罕至焉。"其实，我们这次选择主峰太子殿，我发现，真正的美景，芦芽山令人惊叹，令人感慨大自然之鬼斧神工，恰恰是在半山之上，需继续攀登才可观赏。

休憩片刻，拾级而上，大自然就开始毫无保留地展示它的奇特，展示它的玄妙，展示它千万年积聚的力量，太神奇，太壮观，奇山峻石，嶙峋而立，尖峭挺拔，巍峨壮观，真是美不胜收，尽在眼底：

登山远望，满目的广茂与苍翠，极目远眺，心胸大开，原来大自然之神奇就在于你能真正融入其间，且能与之心神相通，才能得到不一般的领悟啊……

一块块硕大无比的石头，或立或卧，或躺或倚，力与力在这里寻到一种恰如其分的平衡，石与石在这里觅得一份恰到好处的和谐，在互依互靠，互撑互持中成就着彼此。此刻，大自然所给予我最大的启示：平衡成就万古之谜，和谐能获得永恒。

在金蟾含珠处照相，回过神来，被金蟾嘴巴中那一块珠石彻底震到了：硕大无比的石头，其一侧仅有一小块石头托举着，且那么稳妥，成千上万年，就这么沧海桑田，举重若轻，这是大自然给予我们深刻而不乏深情的启迪啊，和谐、平衡，才能成就万世之美啊！

每次登山，给我最大的快乐就是超越与领悟：超越自我，领悟自然。可是，行走在距离主峰太子殿仅有一步之遥处，我却突然止步不前了，改珍妹妹说："巧霞姐，登山你可从没有半途而废啊，这不是你的风格呀，走……"说句心里话，近在咫尺的主峰太子殿，就在大约仅有 10 平米的石顶之上，下面是一块块巨石如人工垒叠一样，摆放齐整，巍然托举着，眼前这一幕，让我陡生敬畏，一种从来没有过的对大自然的崇高的敬畏之情，让我突发奇想：会不会因了我的小小体重，让这硕大的石头倾斜；会不会因为人类的介入，破坏了大自然的千古平衡。改珍妹妹说："巧霞姐，你不会像杨震坤（我们随行的一男孩，一直打退堂鼓，最终没继续登山）吧？"这一声，打断了我的冥想，其实，害怕倒不是，只是骤然升起一种敬畏之情……

登顶远眺，荡胸生层云。心胸因之而开阔起来，"会当凌绝顶，一览众山小。"杜甫登泰山而小天下，让我明白泰山的崇高和伟大不仅是自然的也是人文的，每个人登山的意义和领悟不同，也就赋予了大自然双重的含义。有人看山是山，有人看山不是山，有人看山还是山，自是思考和领悟不同。

同事的妈妈和我们一同前往，六十七岁，步伐矫健，因上山太陡，阿姨到半山腰休息的地方闲下来，坐等我们。特别有意思的是，阿姨在下山时分享了她登山的快乐：在等候我们的时候，阿姨和小店的老板熟络了起来，中午时分，登山的人较多，老板娘方便面非要十五元一桶，结果好多人不买，阿姨出了个主意，说："你就十元一桶卖了，也有赚头的，游客们都走了，你一分钱也赚不到了，薄利多销多好。"老板娘采纳了这个不错的建议，结果一下子人就多了起来，忙不过来，阿姨还帮着卖了有二十桶方便面。老板娘还给阿姨泡了一杯奶茶，临走还挥手告别，相约下次再见……

阿姨说得高兴，满是得意和幸福。素不相识却能彼此相信，且熟络热乎起来，能听出可爱的阿姨好有成就感。我听着，不禁感动阿姨的古道心肠，人与人之间的这份偶然相遇的美好，多朴素，多真诚！相信年逾花甲的阿姨回到家还会絮絮叨叨给邻居，给孩子们，成为阿姨美好而幸福的话题。想想，这是多么美好的相遇，多么动人的情感啊！

山登绝顶我为峰，无限风光在险峰！

每一次登山都能让我感怀万分，感谢每一次的相遇，相聚！

在一起，就是有缘人，就挺好！

2018. 10. 6

写给儿子十八岁

儿子,这是妈妈无比正规地写给你的一段文字!此刻,想起《触龙说赵太后》中的一句话:"父母之爱子,则为之计深远!"相信你明白其中的深意。所以,在你十八岁生日之际,妈妈有好多话想说给你听!

明天是你18岁生日。18岁就意味着你正式成年了。今年,你考了大学,第一次独自外出,爸爸妈妈无比欣慰,妈妈想说:"无论你走多远,身后都有爸爸妈妈无比关切的目光!"所以,借着这个特殊的日子,妈妈把"目光"里的关切都说给你听!

相比紧张到爆棚、压力到山大的高中学习,大学生活应该是轻松了许多,也自在了许多,你拥有了大把大把的充裕无比的自我空间和时间,妈妈就在想,外在约束相对少了的你,能有效掌控这些时间吗?

周末爸爸打电话,你说高中同学约你打羽毛球,还要参加一场篮球赛,哦,自己还报了个培训班,晚九点多,爸爸要微信语音,你发来照片,正在阶梯教室培训,妈妈好欣慰,因为你有自己张弛有度的学习和生活,比我想象的要好得多,真的长大了!

时间稍纵即逝,如白驹过隙,四年大学生活,其实也一晃就过去了。大学生活,相对自由自在,会让很多人有"温水煮青蛙""混"过去都不知不觉之感!犹记20多年前,妈妈上大学,军训刚刚结束,系里的辅导员就语重心长地说:"大学几年,一个班里的学生,学与不学的差距,就是同为一个班,毕业时,努力学习的学生,可以给不努力学习的当老师,也还绰绰有余!"这句话,时至今日,犹在耳际,给妈妈的影响是无比深远啊,希望你也能把这句话记在心里,时时扣击!

十八岁,意味着成人,也意味着独立,所以你要提醒自己,不断强大,靠知识来武装自己,靠各种活动来锻炼自己,提高自身能力,今天上课,有关积累,妈妈刚说:"同学们,拾到篮子都是菜。"学生们就异口同声地大声说:"书到用时方恨少!",妈妈笑了,和学生开玩笑说:"老师我经常说的这两句'李氏'名言,可不能'名句补全'哦!"妈妈经常对自己的学生这样说,希望你也能领悟。有句话说得好,靠山山会倒,靠人人会跑,靠自己最把稳,所以趁着年轻,好好加油,为自己的将来好好努力,有本书的名字《将来的你一定会感谢一直努力的自己》,给你买过,也不知你认真看了没有。

当然,妈妈一如既往地希望你持久地热爱一项运动,因为运动既能强健体魄,也与一个人的耐力、毅力、恒心分不开。重要的是,今天好多大学生成为网游、手机控,以致荒废甚至中断学业,你能不为之所控,能从中摆脱出来,有自己的爱好,这真的很好。

另外,妈妈希望你能珍惜同窗情谊,与人为善,求同存异。与人交往,诚信厚道不苛求,友好善良少抱怨,大度宽容不记恨。为人做事,少斤斤计较,多换位思考;少怨天尤人,多反躬自省。四年同窗,朝夕相处,不是兄弟,胜似兄弟,每个人的家庭情况,成长环境都不一样,所以尊重理解是前提,体谅互信少不得。

还有,再唠叨几句,有关恋爱,妈妈知道这个问题迟早你要面对,我想叮嘱你,感情不能"轻举妄动",若动,就要动真情,要有责任心,爱情很美好,但最是伤不起;还有,恋爱基于现实,止于浪漫,两情相悦,也要考虑周全,因为在强大的现实面前,有时感情不得不让步,这是很无奈的。所以,妈妈希望你对自己负责,为所喜欢的人负责,这样最好。

人生贵在过程,得与失,成与败,有时未必能尽如人意,所以要有进取心,更要有平常心,懂得平衡自我,明白走过的每一步都算数,这就够了。

四年大学生活,看起来很长,过起来其实很短,妈妈希望你毕业之季能够自豪地说:这四年,我努力着,付出着,也收获着;这四年,我成长着,进步着,也提升着……妈妈同时也希望,这四年,对你来说,是无悔的四年,是充实的四年,也是你破茧成蝶的四年,展翅翱翔的四年……

儿子,夜已深,妈妈就不再叨叨了,衷心祝福你生日快乐,学习进步!

爱你的妈妈

2018. 10. 29

这二十年,我们很努力

人与人容易有乍见之欢,难得能久处不厌。岁月匆匆,眨眼间,一晃就二十年。这二十年,经营生活,经营爱情,我们真的很努力,牵手人生,一起行走在婚姻里,彼此相惜,就像大 V 店创始人哈爸和其妻子合作的一本书的名字那样:最美好的婚姻就是在结过婚的日子里,还能一次又一次地爱上对方。

97 年大学毕业,98 年结婚,至今整整 20 年,这是值得纪念和怀想的。读书时,就特别特别喜欢叶芝的《当你老了》:

当你老了,头白了,睡意昏沉,

炉火旁打盹,请取下这部诗歌,

慢慢读,回想你过去眼神的柔和,

回想它们昔日浓重的阴影;

多少人爱你青春欢畅的时辰,

爱慕你的美丽,假意或真心,

只有一个人爱你那朝圣者的灵魂,

爱你衰老了的脸上痛苦的皱纹;

垂下头来,在红光闪耀的炉子旁,

凄然地轻轻诉说那爱情的消逝,

在头顶的山上它缓缓踱着步子,

在一群星星中间隐藏着脸庞。

…………

因了叶芝这首诗,我一直在想:怎样的女子才会有这样的爱情收获,多少人爱你青春欢畅的时辰,爱慕你的美丽,假意或真心,只有一个人爱你那朝圣者的灵魂,爱你衰老了的脸上痛苦的皱纹……又是怎样的婚姻一路走来,能够念念不忘,恩爱至深……当我在婚姻里且行且珍惜时,我才发现,诗歌中的爱情是令人怀想,令人憧憬,也是需要一路努力的。

时光荏苒,日月如梭。一眨眼二十年日子就这么不经意间从身边悄然流逝,穿越时空的隧道,回顾这辛苦而又忙碌的二十年,从相识相知相恋相惜,到牵手步入婚姻的殿堂,虽然没有豪华浪漫和海誓山盟般的婚礼,只是领了一张结婚证,我就匆匆去陕师大进修,没有婚纱,没有婚房,没有宴请,所有的仪式都浓缩在一纸结婚证上。现在想来,我们似乎有些草率,有些太简单,但婚姻在我们心中却是庄重而又神圣的,因为我们彼此明白,珍惜拥有,懂得感恩才能携手一生……

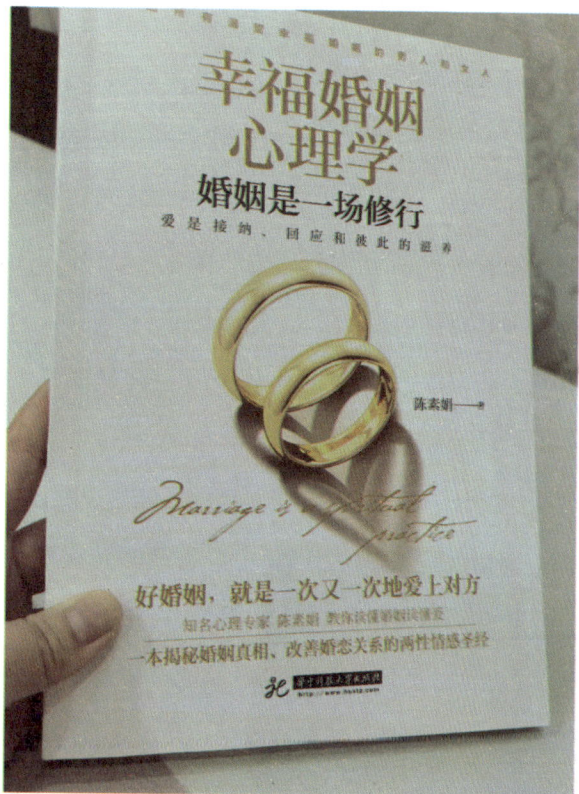

有人说,前世五百次回眸,换来今世的一次擦肩而过;前世五百次的擦肩而过,换来今世的一次相遇;前世五百次的相遇,换来今世的一次相识;前世五百次的相识,换来今世的一次相知;前世五百次的相知,换来今世的一次相爱。每每想到这句话,我就在想,两个能携手一生的人,需要怎样的深情款款和浓浓爱意配得上这前世的弥足珍贵的缘分啊!所以两个人能走到一起,最终能够结婚是一件多么不容易的事情啊。既然携手,唯有尊重,互爱,感恩,珍惜,才能不辜负此生的相遇与相守。

十年修得同船渡,百年修得共枕眠。且行且珍惜才是要紧之事。柴米油盐酱醋茶,酸甜苦辣咸香涩,生活离不开琐碎,少不得矛盾,盆碗相磕,锅勺相碰,在所难免,好在二十年来,琐碎的生活我们让它简约起来,矛盾的人生我们让它和谐起来,所有生活的不愉快,我们从不让它扩大化,影响到孩子,影响到家庭,因为我们能够彼此体谅,互相宽容,从不伤害这份情感,珍惜我们最初的情意和彼此的初心,携手并进,一起经营好婚姻,经营好家庭，才是我们的目标。所以，面对孩子成长，面对家庭和睦，所有的个性，所谓的情绪都得统统让步。

一生守候不是一句简单而苍白的山盟海誓，而是无数个平淡的日子同舟共济，相濡以沫！结婚二十年是瓷婚，我总是感觉这二十年才是瓷婚，这瓷，不是还不够结实吗？后来查阅资料才知，所谓瓷婚中的瓷并不是我们中国人眼中一贯认为的瓷器一跌就破的概念，在西方，特别是在过去，瓷器是相当珍贵的东西，就是摔碎了还会捡起来把碎片镶在首饰上。所以，瓷婚就像金婚、银婚一样是到了一定的年份的婚姻状态，是对结婚二十年的一种认证和奖励。因为瓷，它珍贵，它稀有，所以二十年相爱相守，是一种考验，是一种收获，更是一种成就。有朋友小白妹妹知道我已结婚二十年，送我一句话：美好的婚姻都像一句话，好看的皮囊千篇一律，有趣的灵魂万里挑一。感谢朋友的祝福！

想起邓丽君深情演唱的《我只在乎你》："如果没有遇见你，我将会是在哪里……任时光匆匆流去，我只在乎你，心甘情愿感染你的气息……"轻轻吟唱，溢满内心的是深深的谢意，好的婚姻都是彼此成就的。一路走来，这急性子，这犟驴子，这牛脾气，在孩子他爸面前，都被消解了。随和、善意、宽容，让一个人能变得无地自容；耐心、包容、接纳，更能让一个人自惭形秽，所以说，好的婚姻还需要双方自知、自醒与自省……共同在生活里成长，不断提升自我，走向婚姻的不断成熟。

爱在平淡的生活中，爱需要我们用心去体悟，用一辈子时间慢慢地体会。每一个人都渴望在婚姻里能够执子之手，与子偕老，编织憧憬着的幸福美好生活，"当我们慢慢地变老哪也去不了，你还依然把我当成你手中的宝"，这是多少女人梦中老去的模样，将生活过成诗是我人生的梦想，诗，取于现实，成于浪漫，看山看水看风景，心境不同，收获自是有别。人生中最美的故事，莫过于一生一世执子手，不离不弃共白头。风雨齐闯，苦乐同享，即使两鬓都苍苍，与你还能十指紧扣看斜阳……，这是多么浪漫的故事，多么令人期待的美好画面啊！

2018.11.1

人总是要有所爱好的

今天中午,下楼取一快递,快递小伙一边给我撕签单,一边轻声哼唱着周杰伦的《算什么男人》,很投入,很用情,看他转身,潇洒地开着电动三轮,伴随着突突突的声音,疾驰而去的背影,我相信,爱好唱歌的快递小哥,起码心情是愉快的。

此刻,想起快乐的快递小哥,不由自主地想起林特特《以自己喜欢的方式过一生》一文中给我印象特别深的一段话:

不是所有的爱好都要有用。只要这爱好带给你快乐。人总要找到一件喜欢的事,让你变得和别人不一样,让你成为一个有趣的人。不影响正常的生活,有些无用的爱好有何不可? 遗憾的是,我发现身边有许多的人,不论是学生、同事,还是朋友,他们把每天看作必须;把学习、工作,看作人生必答题。所以这一部分人,生活中总是显得那么地被动,那么地不愿投入,于是人生也就缺少了乐趣,更谈不上情趣。

在我的读书笔记上,有一段英文摘录:

"No matter what one loves in the world,but love something one must."

这是著名作家玛利·韦伯说过的一句话,她这句话的意思就是说:不论你爱什么都可以,但是,你总得有所爱好。一个人有所爱好,精神才会有所寄托,心灵才有所附着。

记得多年前,在《读者》上看过一篇文章,说到这位女作家,她本身所爱好的有两样:一是大自然,一是文学。她那有些促狭的园子里,四季都开满了各种漂亮的花,她晨夕守望在花园里,内心充满了不可言喻的喜乐。她为了使人分享到她园中的芳馨,同时,更愿以极诗意的工作来减轻丈夫生活的重负,她常是黎明即起,将一些带露的花朵剪了下来,放置在挑筐里,掮负到城中去呼卖,往往在午前才能回到家中。有时她中途遇雨,回来时满头满身都湿淋淋的,但她并不以为意,一边用帕子拭着她头上额间的雨水同汗珠,一边笑着对她的家人说:"我已经完成了一件美的工作了!"

我想说,一个有所爱好的人,人生总是充满活力的,富有激情的,正如这位女作家一样,生活窘困,靠卖花填补家用,依然快乐得像只小鸟一样。爱好大自然,爱好写作,让韦伯的人生变得丰富而多彩,即使衣衫破旧,住屋简陋,她的内心却始终不怒不怨,不尤不愤,而是每天充满感激地迎接大自然的恩赐,继而把生活诗意化、艺术化。

在我看来,我们活着一日,就应使心灵有所寄托,有所爱好。一个人的工作,可以是一种爱好,但,我想说,不妨在工作之外,更有所爱好,那便会是世界上最幸福的人了。

想起邻居二楼的老马,每天坐在大院里的石坑台上,有模有样地支起二郎腿,竖起二胡,咿咿呀呀地拉起生涩的曲子,看他摇头晃脑,陶醉其中的样子,我明白,退了休的老马,这样一个爱好,让他的晚年不会那么寂寞了。

想起父亲,多少年来喜欢养鸟,八哥、鹦鹉。父亲给鸟儿们做一个精致的小窝,每每有鸟儿们要下蛋孵化时,父亲总是要找些细草之类的,给垫在窝里。有时,父亲会捡个木棍,用根细带子,绑在笼子里,让鹦鹉闲来荡个秋千。父亲眯着眼睛,瞅着它们的时候,我知道,父亲再幸福不过了。

想起常常看到离家不远的梅苑酒店旁,一位扫大街的老人,穿着黄色制服,左手拿铁盘,右手提扫把,脖子上还不忘挂着一个老年收音机,扫除完地上的垃圾,就一屁股坐在边角的石棱子上,入神地听起了高亢的秦腔。

…………

人生几十年,有人总是感慨光阴似箭,有人却觉得度日如年。其实每一个人的光阴都是一样的,只是有那么一部分人,总是能给自己培养一些爱好,看书、听歌,哪怕静思、闲坐,或者洗锅涮筷做家务,也能乐在其中,于是人生就不再无聊,不再漫长了。而且渐渐地在这样的兴趣与爱好中,能够体悟到生命的意义。于是,人生有兴趣也有情趣了。

不管怎么说,一个人生活着,有所爱、有所好,才能使生活趣味化、生动化、优美化。

2018.11.17

放一支口红在自己的包包里

生活中，小女子我总是在早晨一进办公室，就会很习惯地从包里拿出一支口红，这个时候，为了引起办公室兄弟姐妹们的注意，我会很招摇地提高嗓门："看啊，我又要开始'点绛唇'了哦！"

这个"点绛唇"，是办公室一同事，平时总是爱咬文嚼字，喜欢附庸风雅的一位男老师给我起的招牌名号，呵呵，我倒是挺喜欢的！点——绛——唇，这三字，多好，似乎涂抹之间，自有一种诗情画意在其中，呵呵，这名，多古典啊！

放一支口红在自己的包包里，亲们，不论你喜欢不喜欢，在我看来，这是女人的随身必备品。口红，之于女人是多么美好的东西，一支口红，润泽鲜亮的红，是一种多么有力量的妖娆，它可以让一个女人瞬间变得美起来，许多时候，微举一口红，轻点于唇间，这一刻，女人就从容而又光鲜地驻足在了光阴里，留恋着，怀想着……这情景，想想，该有多美。

其实，我本不是一个讲究的人，从没做过美容，也没有去过美容院，一向也着装追求简单、得体；从不化妆，就是清水面容，涂点护肤而已。但我又是一个特别追求精致的女人，简单着装也注重搭配到位，基础护肤也要光彩照人，一支口红在手，轻轻一抹，立刻神采奕奕，生活中，口红于我，是不可或缺的。

记得一句时尚界的经典语录：如果你没涂口红，对不起，我不想和你说话。想不起这句话是哪位时尚达人说的。总之，言语间，这口红，已不再是一支简单的口红，而是对一位女子生活质量、品位、境界的一次全面而又精准的考量。生活里，为工作而马不停蹄，为家庭而忙里忙外的姐妹们，一定要给自己一个美的空档。其实，拥有一支口红，不需要多少钱，涂抹它，也不花费多少时间，但放一支口红在自己的包包里，在我看来，那是一个女人是否看重自己，是否心疼自己的一种表现。

有人说，口红与女人的关系，不止是随身闺蜜，甚至能预示着经济走向。著名的"口红经济学"是指每当经济低迷，口红的销量反而会明显上升。口红可以对使用者起到一种"安慰"作用，尤其是当柔软润泽的口红接触嘴唇的那一刻。恰如伊丽莎白·泰勒的名言："给自己倒杯酒，然后涂上唇膏，一切都会好起来。"

看过一篇文章,其中写道:"女人可以不描眉,不施粉,可以素面朝天,但至少要涂口红,只要涂了口红,就能让整个脸盘光鲜起来。"的确,每个女人都应该有一款适合自己的口红,因为,涂口红是女人最擅长的行为艺术。不信,你试试,轻轻一个"点绛唇",感觉镜中的自己一下就变得精神了,阳光了,自信了。更奇妙的是小小的一个修饰,能让平时素面朝天的你,增添些许女性的妩媚和温柔。不由得使我想起美国著名化妆师卡尔·皮杰丝在《口红与女人分分秒秒的关系》一书中所说:"口红的消费观念永远不会静止,因为女人总是生动活泼的天使。"

谁都知道才女张爱玲用她的第一笔稿费买了一支口红,张爱玲以为,女人拥有的第一件化妆品就应该是一支口红。身边许多朋友,护肤产品走马灯般地换,但从不肯为自己准备一支能"点亮"自己的口红。其实,女人拥有一款适合自己的口红,恰能体现其积极的人生态度,彰显其健康阳光的个性,更能让一个人看起来精神焕发,干练自信。

放一支口红在自己的包包里,亲,试一试,你会发现一个别样的全新的自己!

2018.12.13

我们只有足够努力,才配得上孩子欣赏的眼光

宝贝女儿一直嚷嚷着要和妈妈穿一模一样的衣服,在她充满期待的目光里,我分明能捕捉到一种信息,那就是她认可自己的妈妈,在小小宝贝的眼中,妈妈是美的,妈妈就是自己模仿的对象。呵呵,为了女儿的这个小小心愿,我和宝贝共同挑选了"母女装",可宝贝纠正说:"妈妈,这不是'母女装',是'姐妹装',知道不?"生活中,每次宝贝对我"言听计从"的时候,妞爸总是会说:"妞子,你就是你妈的小迷妹,也是你妈的忠实粉丝!"可我想说的是,也许,只有我们父母足够努力,才能配得上孩子欣赏的目光。

忘记是谁说过的一句话:你希望孩子成为什么样的人,最简单的方法就是你去做什么样的人。未来,在孩子真正懂得的时候,她会对你有爱,也有尊敬。

好朋友曾给我留言说:"你,一直活得热气腾腾。"呵呵,喜欢朋友对我的褒奖。其实,热爱生活,阳光向上,充满激情,爱好广泛,求真向善,珍惜拥有的我,在生活中,很在意孩子眼中的自己。我一直渴望宝贝眼中的妈妈是一个懂得生活、注重审美,阳光灿烂、勤快能干,知道感恩、分清善恶,积极向上、明辨美丑的人。

身边的女性朋友们,其实我们都懂得一个道理,父母的言传身教对孩子潜移默化的影响是非常大的,家庭教育从来都是在耳濡目染中完成的。可是在生活中,我们却难将自己的认识转化为行动,相信宝妈们大多和我一样,要么没时间,要么没恒心。

犹记去年我曾写过一篇文章,其中写到上海某些学校招生简章中特别要求,父母若过于肥胖,其孩子录取要受限。相信许多人会认为这样的要求令人费解,可是学校给出的理由却是:父母连自己的身材都管理不了,说明父母的自律能力差,"推而广之",孩子的自律能力也令学校产生质疑。呵呵,我相信,许多人不以为然,甚至会怒斥学校,可人家学校还就这么"我行我素""一意孤行"了。

试想,一个不自律的家长,如何让孩子自律;一个不自爱的家长,如何让孩子学会自爱;一个总是怨气冲天的家长,如何让孩子心平气和;一个自私狭隘的家长,如何让孩子

学会宽厚包容;一个脏话连篇的家长,又如何让孩子学会礼仪文明;一个邋里邋遢的妈妈,如何让孩子学会整洁有序;一个从不进厨房的妈妈,如何让孩子学会做家务……

网上有句流行语:一流的父母做榜样,二流的父母做教练,三流的父母做保姆。而父母能够给孩子最好的榜样,身体力行,以身作则。

家是孩子的第一所学校,父母是孩子的第一任老师。孩子的未来,藏在父母的一言一行中,更藏在父母的三观里。而我也一直认可这样一句话:优秀的家庭,始于陪伴,陷于教育,忠于三观。

学着去爱孩子,学会爱孩子,爱孩子,永远在路上!

学着做父母,学会做父母,做父母,永远在路上!

所以说,我们只有足够努力,才能配得上孩子欣赏的目光!

宝妈宝爸们,加油哦!

2018.12.21

2019,写给自己

一年 365 天,跨年其实只是一瞬间。你听,2019 的脚步声,阵阵响起,2019,就要来了……

时光如水,转眼间,已是 2018 年最后一天了。每到年底,总是习惯于梳理、回顾和反思自己这一年,这种充满仪式感的岁末小结,承前启后,继往开来,于我而言,很有意义。往事随风去,且将这一年所有的美好记在心头……

2017 年 12 月 31 日,我写给自己的一句话是:流年无恙,光阴留香。这句话既是过往,也是未来;既是总结,也是期待。2018 年,坚持着自己,努力成就一份期待,一份美好,生活平淡也充实,日子简单却也丰富。家庭与工作,生活与学习,亲人与朋友,都能兼顾且能彼此成就,共同成长。这一年,努力着,也收获着;期待着,也满足着……

张望 2019,这一年,我希望,别在最好的年龄,辜负了最好的自己!正如尼采说:"每一个不曾起舞的日子,都是对生命的辜负。"人生每一个阶段都是与众不同的,每一个阶段都是往而不复的,所以,人生的每一个阶段都值得我们用心地去精彩,精彩地过好每一天。时光荏苒,岁月有痕。今天一早,当我立于镜前时,蓦然发现一根,不,两根,可能还有根根白发已悄然站在了黑发的队伍中,道道鱼尾纹已偷偷摸上了额头,而且唯恐别人不知道它的存在,总是那么的抢眼,且一览无余,还有……想想,原来,你再努力,一天天老去这已是不可逆的现实,三毛说:"我来不及认真地年轻,待明白过来时,只能选择认真地老去。"好吧,提醒自己,认真老去,也还来得及!

春夏秋冬,不惜时间的煎熬;四季轮回,不惜环境的严峻。他们总在等待合适的时机活出自己最想要的样子。作为一路平凡的我们,也亦如此。

犹记在一本杂志上看过的一段文字:有一天,"我"字头上丢了重要的一撇,就变成了"找"字,为了找回那非常重要的一撇,"我"问了很多人,那一撇代表什么?商人说是金钱,政客说是权力,明星说是名气,军人说是荣誉,工人说是工资,学生说是分数……最后生活告诉"我":那一撇是健康和快乐,否则什么都是浮云!

对于人生而言,没有任何事情值得抛弃"自我","我"字头上那最重要的一撇若是真的丢了,"我"便真的不是我了。

2019 年,提醒自己:一个女人最美的样子,是从不放弃自己的初衷,一直努力,努力让自己变得更好,这里的好,包括乐观、向上、阳光、健康、聪明、贤达、智慧、通透,一定要努力活成自己喜欢的样子!

相信,每个人都想活成自己,但是总是在岁月的无奈,时光的辗转,生活的消磨里,一不小心,到底还是在不自觉中,活成了别人期望的样子,活成了并不想要的那个自己。其实想成为一个什么样的人,把自己活成什么样子,重在我们的念想,在念念不忘中,努力着,坚持着,自信着,那个心中的"我"就会姗姗而来,翩翩起舞……

此去经年,无论世事如何变迁,我执着于自己的初心,简单丰富,明媚阳光,积极乐观,总是憧憬着这样的自己:人生即使历尽烦恼和琐碎,归来依然是少年翩翩。

提醒自己:时光荏苒,别忘了继续着每一个年初的热忱与期待,记得爱自己才是一切美好的开始。轻轻地对2018说声再见,然后,大声地向2019道声你好,整装待发,以最好的姿态迎接2019年的每一天。

2019年就要来了,善待时光,善待自己,不纠结,少抱怨,多感恩!爱自己才是一切美好的开始,2019,且行且珍惜……

2018. 12. 29

自媒体时代

前两天,据说,有一中年妇女在神木的某小学"抢"小孩,好像不到一小时,大多数神木人民就在 QQ、微信、微博上得知了这一消息。没过几小时,据说,神木县公安局公开辟谣,说此中年妇女有精神病史,而且已遣送回家,而且给予第一个散布消息者警告处分,至此,事情好像告一段落了。可是,当天下午,又有人在微信群里说,在杏花滩这一妇女又差点"抱"走小孩,而且有图片为证,相信对于这件事情许多人都晕了:该信还是不信,又该信谁的呢?

感慨,在这个自媒体时代,我不知道这样的概括是否准确,但我所理解的"自媒体时代",是指我们每个社会个体都享有"麦克风",人人都有"话语权",个个都是"撰稿人",大家都是"评论员",新闻自由度空前提高,再加上网络平台的发达至极,我甚至在想,全中国,全世界,都处在了一个巨大的朋友圈里,所以其交互性、共享性极具时效性,因而信息的传输,也做到了即时性的最大化,所以极其容易产生"群体效应"和"蝴蝶效应"。

在我的朋友圈里有一朋友,最喜欢发链接了,什么紧急通知:大米有毒了;什么惊天大揭秘:钢锅致癌了;什么出大事了:吃黄瓜乳房会增大了;什么你若不看,今晚定会有血光之灾了……每每看到这样的转发与链接,我都快要崩溃了。我不知道,我的这一朋友,天天生活在这样的不安与恐惧中,累不累呀?当然,后来,我干脆屏蔽了她,谣言惑众,这是很庸俗而又很低级的互动与共享,这是一种不得不提防的负能量。我和她开玩笑说,我屏蔽你了,因为你那么粗暴地让我和你一样,也即将生活在不安和恐惧中。你,一小小女子,真有点唯恐天下不乱之感啊,我不想被你的链接给"绑架"了。

陈凯歌导演的电影作品《搜索》,想必大家一定还有印象,讲述的是女主角叶蓝秋在公交车上没有给老人让座,却被并不在现场的网民无限丑化,甚至将其逼迫致死,而不让座的原因仅仅是因为刚刚得知自己患了癌症。中华民族的传统美德是一种约束,而不是一种强制。试想站了一天的售票员,非要给出门买菜的大妈让座吗?当人们不知前因后果就"同仇敌忾",甚至还要"铁肩担道义",发誓"转死她",不转不罢休时,想想,这已经是一种道德上的犯罪了啊!

今天,在互联网上,每一个账号都像一个小小媒体,发帖子,转微博,评新闻……,信息,观点,态度,瞬间便汇入了互联网的比特之海。于是,有可能我们一个小小的"发声",都会起到推波助澜的作用,所以,不明真相之前,"三思而后转(载)",真的是智者之举,因为荀子有言:"流丸止于欧臾,谣言止于智者。"

记得一个寓言故事:

昔者曾子处费,费人有与曾子同名族者而杀人。人告曾子母曰:"曾参杀人!"曾子之母曰:"吾子不杀人。"织自若。有顷焉,人又曰:"曾参杀人!"其母尚织自若也。顷之,一人又告之曰:"曾参杀人!"其母惧,投杼逾墙而走。夫以曾参之贤与母之信也,而三人疑之;则慈母不能信也。

这个故事,告诉我们了一个"三人成虎"的道理,当有三个人告诉曾母,你的儿子杀人了的时候,曾母害怕至极,扔下织布之机梭,端起梯子,越墙逃走了。细想,文后这一系列细节描写,让人不禁感慨万分:虽然曾参贤德,他母亲对他很是信任,但有三个人怀疑他(杀了人),连慈爱的母亲也不相信他了,真是流言可畏啊。

这则故事告诫人们,应该根据确切的事实材料,用分析的眼光看问题,而不要轻易地去相信一些流言。"一犬吠影,百犬吠声"的道理大家都懂,所以,面对捕风捉影之事,任何一个明智之人都不会"随大流",面对耳食之言,我们也应该"一笑而过",面对空穴来风,我们更不能以讹传讹,去忽悠更多的人,去掀起更大的谣言之风。

众口铄金,积毁销骨,听信道听途说,而没有自己的善恶之分、是非之辩,那么,只能随波逐流,甚至于推波助澜。

所以,在这个信息泛滥的自媒体时代,我们应该尽量避开"信息噪音",明辨信息真伪,不信谣,不传谣,还朋友圈一个平静与祥和。

2019.1.19

过后不思量

"相逢开口笑,过后不思量。人一走,茶就凉……有什么周详不周详。",今天中午放学时,车载广播里,听到京剧《沙家浜》里的阿庆嫂正唱这一选段,我也熟悉地哼唱了起来,一下子,妞儿探过头,发现新大陆般的吃惊,那眼神分明是:"妈妈,你竟然会唱???"其实,我就会那么几句唱词,因为原来听过,这句"过后不思量"给我印象特别深,当时就特喜欢。尽管我不喜欢后面跟的唱词"人一走,茶就凉……",但今天就让我"断章取义"一次吧!现在想来,喜欢它,是因为"过后不思量"这五个字,给人总感觉有种是非面前的果断,取舍之间的明白,实在是"拿得起,放得下"得很!

过后不思量,当忘则忘,当断即断,不犹疑不决,不优柔寡断,不瞻前顾后,不拖泥带水,好喜欢!也许有人会认为这句话,给人的信息就是绝情,就是寡义,可我理解,过后不思量,是在指引我们,人有时候要学会忘记;有时候要学会删繁就简;有时候要学会对过往生活进行合理取舍。

有一朋友,我的女同学,离异,带一小孩,辗转多年,终于和一离婚男子得以再婚,日子过得马马虎虎,还算说得过去。可她却是经常拿现在的男人和过去的找了小三而抛弃她的前任丈夫相比,什么原来自己的丈夫心可细了,现在的男人就是一马大哈了;什么原来的男人可勤快了,现在的男人有点懒了……有一次,她又像个怨妇一样,给我在电话里发牢骚,我忍不住批评她:"原来的那么好,怎就舍你们母子而去了,现在的男人不好也能给你个安乐窝;你这人,就是老人们常说的一句话,永远是走了的好,死了的好……"她不吱声了,我耐不住继续道:"以后再不要在我面前提起那个陈世美,你个没脑子的傻瓜,再这样下去,你永远也抓不住幸福!"事后,她给我说,那一刻,尽管被我骂得浑身不是滋味,但她说,现在终于有些明白了,还说我是真姐们儿!

过后不思量,作为一个女人,首先要立足现在,发现即时即刻生活的幸福,善于在记忆的储存箱里发掘有益于当下生活的点滴,而不是沉溺在过往的虚无中,痴迷于曾经的被今天美化了的过去里,若如此,过去的没有抓住,今天的生活也因沉醉于过去,挑剔当下而没有了幸福可言,想想,这样的人,还不够傻吗?

所以，过后不思量，过去再美、再精彩，都已不复再现，那就没必要迷恋过去，忽略今生的幸福；当然过去再惨、再悲苦，都已成为过去，所以也没必要刻意地缅怀过去，而消耗了当下的美好！

最怕有人说起"想当年，……"最怕有人说起"我们那时候……"做个善于忘却的人，其实挺好！

过后不思量，不是回避，更不是背叛，在我看来，过后不思量，合理地取舍过去，明智地记忆与忘却，那恰恰是一种智慧！

2019. 2. 4

一年又一年

一年又一年,我们告别了孩提时代的美好;一年又一年,我们在人生年华里绽放青春;一年又一年我们走向成熟,慢慢变老,岁月就这样在一年又一年中梳理着人生,刻画着人生,让我们每个人在喜怒哀乐中生活着,成长着,成熟着……

这不,转眼又一年,时光真是如梭似箭。不管你愿不愿意,藏在岁月里的年就这样来了,没得商量,来不得选择,顾不上犹豫,年就这样大踏步地走近了我们,我们也不得不走进了年关除夕。

时光更替,年,它从不在乎你眸中的眷恋……

早上给母亲打电话,母亲说,老了,又长一岁,言语中满是无奈和留恋,做女儿的心里明白,人老了最怕老,活一年少一年,尽管每一个人都如此,可老年人体会最是深刻。母亲接着又说,你三姨早上打电话说了,你们要长这一岁,你们勤长,反正我是贵贱不长这一岁。呵呵,可爱的三姨,五十多岁了,竟然这么固执地不愿意长这一岁,此时想起,好萌萌哒!

给姐姐打电话,姐姐正忙着做饭,电话里也是这么任信:"要长你们长,我是不长这一岁,我明年开始说周岁呀……"哈哈,看看,原来有多少人不愿长这一岁啊!

中午吃完饭,挂灯笼,贴对联,妞子那个开心啊,大声唱着自己喜欢的儿歌,满楼道里,洋溢的都是妞儿开心快乐的声音,妞儿开心她又长一岁了,我感慨地对妞爸说:"你看,没心思的妞儿最最快乐,呵呵,人啊,一有心思,这过年的心态就不一样了……"

岁月无痕沧桑有迹。不知不觉中光阴写意出一张不再年轻的脸,清晰地记得去年有一次周一升国旗,站在后排的一位同事说:"李老师,你头上有一根白发,我帮你拔了。"我忙说:"亲,别,别,这根白头发,是我生活的纪录,岁月的见证啊!"呵呵,今年我却不喜欢了,有一次让妞爸帮我把头上新长出的几根头发毫不留情地"斩草除根",妞爸说:"这拔了又长,哪能拔完了",可我却不认这个理,我说:"呵呵,有多少,我拔多少。"妞爸意味深长地说:"谁也会变老,何必这么在意呢……"

好一个何必太在意呢,在匆匆岁月面前,不在意者又有几人?看看有多少女人面膜护理,美容变脸也要留住一张稍许年轻的脸,更有甚者,拉皮手术,整容整形也要留住岁月,今天,有几人在无情岁月面前,能那么淡定,那么从容呢?

爽真的倪萍说,就我这脸都做了除皱填平手术,打美容针,你们就想想活跃在荧屏的这星那星,哪个不整容呢?呵呵,在这个认脸的时代,又有哪个人不介意自己变老呢?

想想,许多人似乎留住了容颜,但却未必能留住岁月;想想,岁月年轮面前,如此"弄虚作假",又能挺住几个时光飞逝啊!

其实,正像妞爸说的,何必太在意呢!有人说,人生,就是一场义无反顾地前行。春听鸟鸣,夏听蝉声,秋赏红叶,冬听雪声,不同的阶段有不同的画面,不同的风景有不同的韵味。一路走来,播种着,收获着,欣赏着,感恩着,也许留住了岁月也留住了记忆。

岁月面前,再热闹也终须离散,再不舍也只剩下眷恋。唯有轻轻地握住光阴的手,与珍惜一起走进生活的光阴里。春尽夏初,秋去冬来,用最美的心情,过最好的日子。岁月,就是我们共同吟唱的一首歌。诚心相见,清心相别,再看繁花开落,已然淡若清风。

光阴辗转,似水流年,一年又一年……

2019.2.7

面对面——和自己

中午,朋友打电话,有一句没一句的,听得出,她心情很差。因为,朋友做久了,我最是知道她,开心的时候,总是"独吞",不高兴的时候,才主动和人"分享"。我曾直言批评她自私,她说高兴时忘乎所以,郁闷时才会不愿独自面对自己。今天,她说,她觉得上帝对她极不公平,她有时特恨自己,特别瞧不起自己,也特别不想面对自己,甚至害怕面对自己……

看来,真的遇到烦心事了,连自己都不想面对了,甚至还瞧不起自己。记得有朋友说,总是看见你在圈里"晒"自己,挺羡慕的,呵呵在我看来,世界上最久且最可靠的朋友就是自己,而最被人忽视又最无法躲避的朋友还是自己。所以,时时"晒晒"自己,就是时时想着自己,时时想要面对最好的自己。

记得周小平曾说,最悲苦的孤独不是身边没有知己,而是心中遗弃了自己,同样,我们最需要的帮助也不是来自别人的关怀,恰恰正是实在而顽强地自助。

想想,连自己都不肯接纳自己,说明自己不能让自己满意,自己没有做到期望的那个自己,如果这样,又怎能苛求别人给你一个位置,别人来接纳你,认同你。连自己都无法正视自己,又怎能求得别人的理解和赏识。

又记前几天刚刚写过一篇文章,题为《四十出头的女人,你究竟想干什么?》,在这篇文章中,我剖析了自己,自责、反省、思考、顿悟,让我明白和自己面对面深入地对话、交流,原来四十出头的女人,面对自己时,竟然有些生疏,有些陌生,有些无话可说。于是,面对面和自己,那一刻心灵的对话,情感的碰撞,认同自己又否定自己,年轻时的选择,而立之年的盲从,不惑之时的矛盾,工作与生活的权衡,原来,面对面和自己,时而陌生,时而熟悉;时而纠结,时而顿悟;时而迷蒙,时而明朗……,面对面和自己,认识自己,解剖自己,发现自己,追寻自己,这个过程是辛苦的,也是欣慰的;是茫然的,也是清晰的……

为什么要和自己面对面?因为,我们每一个人都是自己人生历史的作者,更是自己的读者;是自己社会角色的演员,更是自己的观众。也许,你身为作者的境界高些,你抒写的历史会更有档次;也许你做读者的水平高些,你的思考会更有层次,也许你做观众的水准高些,你的角色才会更见功力。而我们有时常常不在意这些,所以,只作个人历史的作者的我们,从没有多维思考人生,从没多角度直面自己。当然,就像有位哲人说的那样:人生最大的欺骗是自我欺骗,而自我欺骗最大的受害者正是想逃避受害的自己。

和自己面对面,不是为了否定自己,而是为了更好地认识自己,寻求一个更好的自己。生活中特别有意思的是,有些人总是自豪地说,自己认识朋友多少多少,可是,让人可怜的是,他连自己也不认识。

和自己面对面,高兴也罢,失意也好;成功也罢,失败也好;敢于面对自己,正视自己,才不愧为自己心灵最忠实的朋友。

2019. 3. 2

别为了那些不掏钱买票的观众
去违心地演绎你不擅长的人生

目及远方,追求美好

人生没有模板,坦途也好,逆旅也罢,你走你的路,我过我的桥,每个人都有自己的专属地图。于流动的时光里,每个日子都像是一页崭新的白纸,所有的内容必须由自己即时来完成,而我特别想把每一个寻常的日子都过得饱满而充满记忆!

人这一辈子,最在乎的不应该是结局,而是过程,修炼的也并非是骨肉皮囊,而是心境。所以,我经常想,一个人若能自带健康且又阳光的心态,既点燃自己,又照亮他人,这是多么美好而又令人期待啊!

生活,平俗也充满了美好,庸碌也让人丰富,所以,常会因为一份问候而温暖,甜蜜在心间;常会因为一份挂念而感动,激荡在心底;常会因为一份祝福而快乐,幸福在心头;常会因为一点点收获而喜悦,开心在眉梢……做一个发现生活的细节并记录真情的有心人,人生一定充满美好!

如果人生可以选择,谁不想走进最美的花园,谁不想爬上最高的山巅观看。但时间飞逝,一转眼,你才惊觉,人生匆匆也就那么几年,心里就会感慨万千,充满一些不舍的情结,不舍不是因为遗憾,不舍不是因为伤感,而是因为担心错过美好,担心来不及成就自己如愿的人生。因为时间,有的距离会拉远,而有的距离也会靠近;因为时间,有的事物会越来越明显,有的也会越来越浅淡。随着时间一切都会变远变淡,哪怕心没有因为时间而改变,也难有当初那么简单和那么自然,我们只有在心里不断地过滤从前,才会删繁就简。其实,有时,不断地在回忆里往返,不是因为难以抛却,而是有的东西真的不想被时间而改变,因为一种温暖,因为一份美丽静守在心田。

生活中,每个人都有自己在意的东西,或大或小,或人或物。记忆,是每个人与生俱来的本能,美好会记着,不好的更会记得。所以,很多人觉得自己不快乐,是因为自己记得的东西太多了,而那些感觉快乐的人,不是没有记忆,而是选择性记忆。

美好生活的真谛就在于宽恕与忘记。宽恕别人,也是善待了自己;忘记那些不值得铭记的东西。想想，生活的垃圾尚且需要我们及时清理，情感与心情的垃圾，更需要及时删除和清空。心若明朗，生活处处皆暖阳。

人生的舞台上，谁没有得与失，成与败？太在意，只会让自己迷失方向，更多失意。人生不过匆匆百年，当你想到匆忙流淌的时光，有一天终会将生命推至尽头，再无回首，那你还会觉得来日方长，有的是时间用来惰逸和懈怠吗？所以，唯有学会遗忘和释然，人生才不会负重前行！人生如白驹过隙，又何必让自己置若困顿而执迷不悟？学会释然，尝试放下，以一颗洒脱的心，不负似水年华。无论明天会怎样，只要心存美好的期待，太阳终会升起，阳光依旧温暖。

时光总是随着时间每天而飞逝，岁月总是随着时间而成为转眼，流年总是随着时间而变得越来越遥远，生命也总是随着时间而变得越来越厚重，生活里的烦恼忧愁总会随时间而消散，人生的酸甜苦辣总会随时间而变浅。生命的厚重是因为得失让我们懂得太多，是因为成长路上让我们学会了整理生活，拾掇人生。人生在经历坎坷辛酸的同时也是在收获一些经验，当一条路走完的时候我们回头看，就会发现崎岖的也早已经被走成了平坦，内心收获到的是很多的丰富的宝贵的经验。这辈子感受到的是不同的体验。

其实，记忆本身于人，是一种馈赠。心胸宽广的人，用它来记录人生的美好，慰藉自己；狭隘计较的人，却用来怨怼恩仇，惩罚自己。

一个人在意的越多，越烦恼；把心放大，把眼界放宽，何来不痛快！有人将遗憾分为三个阶段：少年时无缘无故的分别，青春里不得不放下的感情，还有成年后无时无刻的失去。而我以为，在所有的遗憾里，成年后的失去，最难以让人接受。所以，最好的活法，不是其他，而是你认真过好每一天，认真对待每个身边人。

人生很长，生命却很短，过完一天就会减少一天的忧烦，也会减少一天的喜悦，我们总在时间的尽头看从前，总感慨时间过得太快，有的事情还没有做完，有的人还没有看透，时间就一圈一圈地不停旋转，日子就一页一页从日历里撕去，当一天过完又换成新的一天，当一年过完又换成新的一年，心情也随着时间而改变，忧的变淡，喜的变浅。人生总是每天都在向前,只有向前的时候才把所有放下,才把所有看淡,向前是希望是阳光是新的起点。

人只要少于计较,多于忘却,那么就会自然看淡得失看淡忧喜,让心宽一点,脚下的路就会宽出来很多,时时提醒自己保持一颗平常心,人生每天都会简单自然和新鲜。如果被一些烦心事缠绕心头,那么就把这些烦心事轻轻放下。如果一些人令你痛苦忧伤,那么就慢慢把这些人放下或者学会遗忘。只要学会舍弃懂得珍惜,每天清新的空气围绕在身边。每天新的感觉都会回味在生命里面。

若是不在意,便不会失意。以一颗平和的心,面对这人生,这大千世界,相信淡然与自在,自会走出一番属于自己的精彩。

2019. 4. 15

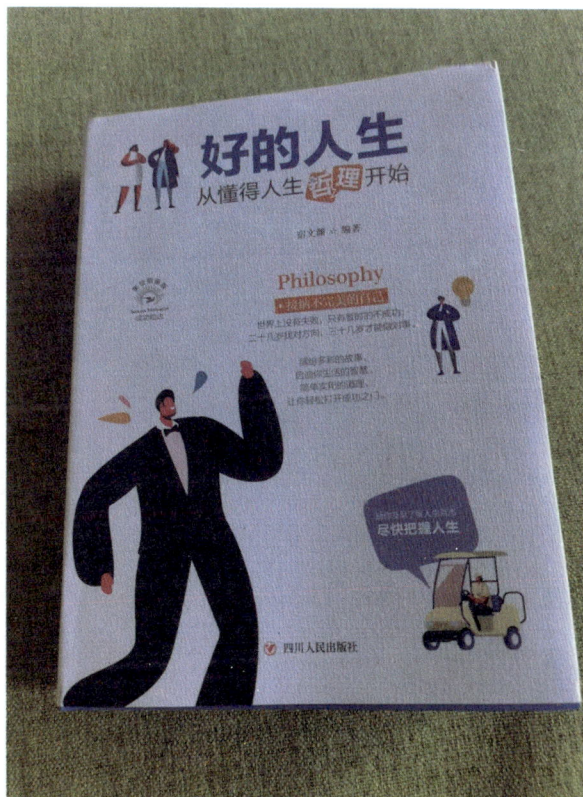

拥有好心情，是一种生活品质

有同事说，最不喜欢和爱发牢骚、怨天尤人的人在一起，听着都让人烦。我说，对的，我比你反映更强烈，有时候面对爱发牢骚的人，我会直言：STOP！因为我一直以为，远离负能量，才能永葆好心情。

虽然我不是玻璃心，但我依然很是固执地以为，坏情绪多少会传染人，即使你再强大，它也会见空就钻、见缝插针般影响你、干扰你、侵蚀你。所以，远离情绪垃圾，隔离负能量，屏蔽坏心情，时刻不忘提醒自己，每天都活在好心情里，好心情是每天的必需，如阳光，如空气……

毕淑敏《在不安的世界里，给自己安全感》一文中，有一段话：

如果你渴望健康和美丽，如果你珍惜生命每一寸光阴，如果你愿为这世界增添晴朗和欢乐，如果你即使倒下也面向太阳，那么请铸造心情。

我曾经像背课文一样背诵它，因为，我一直有意或者说刻意地去让自己心情好。毫不夸张地说，心情与我们形影不离，当然，它甚至比影子的追随还要固执许多，因为，光不存在的时候，影子就倏然而逝了，可心情却如万能胶，502般黏附吸贴在我们的身上，不弃不离，哪怕睡觉。一个有坏心情的人往往做梦都是苦涩的，酸楚的，难道不是吗？坏心情的可怕，还在于它的传染性，一个有坏心情的人，就像一炷迷香，在人群中持久地散布着坏的、恶的心情细微颗粒，让人会不自觉地感染中毒。一个人再有免疫力，可面对有些如空气污染物的垃圾情绪，远离依然是最好办法，没有必要借机考验自己的免疫力究竟有多强大。有人会说："心若不动，风又奈何"。可对于一个时刻不愿破坏自己心情的人来说，不是太在意，而是没必要沾染。所以，好心情于人非常重要，一个人拥有好心情，且让它成为一种内在的品质，那么它就会影响着、改变着我们的生活，我们的人生。

于是，拥有好心情，我们就会在生命的每一个清晨和夜晚，从不因生活的纷扰喧嚣而忧心烦恼，也不因工作的荣辱得失而耿耿于怀，再不因身体的偶感困顿不适而哀怨自叹，更不因生命的瞬然变逝而自寻惆怅……

马斯洛说得好："心若改变，你的态度跟着改变；态度改变，你的习惯跟着改变；习惯改变，你的性格跟着改变；性格改变，你的人生跟着改变。"给自己一个好心情，忘掉所有的荣辱、忘掉所有的悲伤，你会感觉一切是那样的轻松、一切是那样的坦然。给自己一个好心情，忘掉所有的烦恼、忘掉所有的忧伤，你会感觉到处都是曙光一片、一切都是阳光灿烂。

灿烂的是阳光，美丽的是心情。亲们，好心情是一种品质，拥有了它，你就拥有了健康，拥有了美丽，当然也就拥有了美丽人生。

不管三七二十一，我要拥有好心情，谁也挡不住我追寻好心情的脚步。

2019.5.18

优秀女孩带给妈妈的无限伤感

中午送女儿上学,十一中校门口,遇一老邻居,旧院的。其实在旧院的时候,彼此认识,但相互并不熟悉,可今天,我们偶然相遇,呵呵,倒像极了"他乡遇故知"。

老邻居,说她五十五岁了,马上要退休,她儿子九岁,上二年级(呵呵,这年龄足可以当奶奶了)……

没想到,并不熟悉的邻居见了面,倒熟络了起来,打开了话匣子,我觉得她说的话挺有意思的,带给我许多思考,就决定记述下来与朋友们一起思考。

她说,女儿已经二十九岁了(我心想,儿子才九岁,这差距确实有点大。)女儿很优秀,中学在西安五大名校,大学在北京读的,毕业以后就去美国了(好优秀啊,又是别人家的孩子!),在美国的一个大公司工作,挣的是年薪……

我以为,她应该是充满欣慰和骄傲地和我这么说,可我发现,不是这么回事!

她说,女儿很优秀,上大学,出国留学,她花了有200万,可是她发现这女儿她就是白养了……

不会吧? 多少家长渴望的不就是这样的教育结果吗?

她又说,这四年多,她只见了女儿一面,去年从美国回来一趟,可是母女都已经没有了交流的话题,说来说去,就只有两句话了,一是她说快三十岁了,能找个对象了,女儿说身边就没有中国人,也不打算这么早结婚;二是她说回国内发展吧,离家能近点,女儿说,没这打算,美国就挺好。除此之外,母女再没有了交流的共同话题。

她继续说,原来不能理解孩子优秀,父母为什么就不让远走高飞,非要守在这小地方,现在自己五十多岁了,才慢慢理解了这些父母。

说到这,她微微一笑,看得出她笑得有些勉强,她说,上午快下班的时候,一同事说,女儿今天休班,已经把饭做好了。她很是感慨地说,唉,她这辈子都享不到这福了……

她很安静,说话淡淡的,气质不错,看起来很有素质和教养,是一位知识女性。可接下来她说的话,真把我给震到了。

她说,儿子今年九岁了,她不打算让儿子上大学了,高中毕业,给安排个工作,就守在身边吧……

这是什么思维,我真纳闷了……

夜深人静,把这件事记述下来,我在想,有多少人羡慕她能把女儿培养得如此优秀,可她却羡慕同事回家有女儿做好的那一顿热气腾腾的饭!

熊掌和鱼岂能皆得?

是母亲太传统跟不上时代的节奏,还是女儿太冷漠伤了母亲的心?

是母亲奢求太多,还是做女儿的不懂关爱孝顺父母?

是传统文化教育的缺失,还是年轻人的价值观令人费解?

我想,终归还是时代在变,我们的家庭教育,学校教育,在除了知识以外,是不是遗漏了一些什么呢?

不想了,其中应该值得思考的地方很多很多吧?

2019.5.22

那些似曾忘掉的日子……

徐静蕾执导完《绑架者》，有人问为什么拍了诸如《我和爸爸》《一个陌生女人的来信》等反响不错的文艺片后，反倒不拍文艺片了，徐静蕾说不再拍文艺片的原因是"不愿意动脑子，也不想探讨人生真相了。"

近期的我明显疏懒了许多，倒并不是说生活与往日不同了，只是如徐静蕾所言，有点不愿意动脑子了。每天累得像狗一样，有人说，你错了，狗还真没你累，呵呵，朋友送我一比较洋气的名字：芒德·胡鲁布塔。不过，习惯了这样忙碌的生活，说句心里话，倒也影响不了我夜晚爱码字的小习惯，只是近期楼前大半夜施工作业，导致我总是处于半睡眠状态，一天头晕乎乎的，再加上隆隆机器声，扰人心意烦乱，无法静思细想……

今天，下雨，外面听不到隆隆机器声，只有滴答滴答的雨声，好不惬意，于是这一刻，回看自己的日志，发现稀里哗啦的，隔多日才有那么一篇如流水账般的小样文章，羞涩不堪地藏匿在某个日子里，充其量也就是提醒自己没有忘掉这一日子罢了！

生活中，大多数人喜欢向前看，可我却有一毛病，也不算毛病，应该是习惯吧，有时挺喜欢回望人生的。记得最流行写博客的那几年，我也记录了不少，只是后来觉得微信方便，却一不留神把博客的密码给忘了。呵呵，生活中，喜欢回望的我，却又是一个极易忘却的人，妞爸有时会很不解地问我，你究竟一天脑子里想什么着了？呵呵，其实，也没想什么呀！

倒是想起了我的博客，在浩浩博客大队伍中，就像一个无人认领的孩子一样，也怪不舒服的。为什么今天想到了博客，是因为上午做饭拎炒瓢的时候，想起多年前在博客里为妞爸写的一篇文章，题为《把锅底炒穿》，哈哈，革命者是把牢底坐穿，而妞爸却是把锅底炒穿，文中记录了妞爸多少年如一日站在厨房炒菜做饭、洗锅刷碗，竟然把家里的炒菜锅给炒出了一个洞来，回望人生，满满的都是感动……

记得周国平曾说，写日志是心灵生活的最好方式。我也深表赞同，我的体会是，通过写日志，第一能把自己的外在经历转化成内在财富，从而使心灵丰富；第二能经常从热闹的外部生活中抽身出来，与自己相处和对话，从而使心灵宁静。

所以，我经常提醒自己当然现在已经习惯写点日志了，因为，我发现在记录生活的过程里,心灵能够始终保持一种活泼的状态,如同一条浪花四溅的溪流,所谓日志,不过是被抓到手的其中一朵浪花罢了。写日志是对生活甜蜜的重温,是把生活收录在文字里,回望人生,在日志里,你能发现生活的丰富多彩,而且也是在一篇篇日志里,你能发现,正是在平常的记录里,自己的生活也越发有意义,越发明朗了起来。

有句话说得好,意义只向有心人敞开。唯有在平常的日子里勤于思考人生,又敏于感受日常生活中的细小事物,才会在人生道路上有一副"以小见大"的好眼力。

阅读是与大师的灵魂交谈,日志是与自己的灵魂交谈,所以我总以为,坚持阅读是提升人思想精神的一种有效方式,而坚持写作(哦,准确地说是码字,因为这与真正意义上的写作还是有距离的)更是思考人生,净化自己的一种途径,二者相辅相成才最好。

今晚,那些似曾忘掉的日子,在一篇篇日志里得以"情景再现",且历历在目,好不生动,好不鲜活……

好吧,还是坚持做个愿意动脑子的人吧,虽然坚持有点不容易!

2019.6.6

愿历尽千帆，归来还是少年

纪伯伦说："我们已经走得太远，以至于我们都忘记了自己为什么出发！"坐在车上的妞子和小朋友们对着手机，摇头晃脑地唱着"我还是从前那个少年，没有一丝丝的改变。时间不过是一种考验，种在心中的信念丝毫未减，眼前这个少年，还是最初那张脸，面前再多艰险不退却……"我不由感慨：没有一丝丝的改变，会是什么模样？

我以为这首歌节奏是给少年的，而歌词是写给成年人的，这样的节奏这样的歌词让每一个年龄段的人在吟唱中回到了少年。

光阴似箭，纵使历尽千帆，"我还是从前那个少年，没有一丝丝改变……"歌中流露的是对少年这个年龄段的肯定，也是对少年这种状态的向往。事实上，在通往成长的路上，我们最终会明白：真正的成熟，是学会在岁月的洪流中，为自己保持一颗年轻的心。

人生是一场旅途，遥远而又漫长；人生也是一次成长，从幼稚到成熟。时间在不停地走，改变了我们的面貌，面貌的改变是无法避免的，然而心态的成长却因人而异。生活中有的人刚刚踏入社会不久，便成了油腻的中年人，可是有的人一辈子走到头，还拥有一颗少年心，永葆一颗少年的心，这是非常难得的。歌里唱"没有一丝丝改变"，我估计对每一个人来说应该都是一种奢望了。

作家冯唐对"少年"颇有情结，他写下"愿你历尽千帆，归来仍是少年"这样一句诗，可以说这是一种浪漫的情怀，也是一种美好的希望！

每个人的一生都会发生一些故事，这些故事慢慢塑造了现在的我们。花无重开日，人无再少年，这讲的是时间的不可逆性。但是，生命中有些颜色是不会变的，如果我们坚持拥有一颗少年的心，那一辈子都处在美好的年华中。

在这个纷繁复杂、诱惑众多的社会中，不断坚守着自己的初心，始终明白自己想要的模样，真不是件容易的事。"没有一丝丝改变"，需要我们在成长中不断校正，时时调整，常常反省。成长，会让我们得到一些东西，也会相应地失去一些东西，但纵使这个世界让我们敏感过、脆弱过、彷徨过，我们也要时时提点自己，坚持活成自己想要的模样。

少年，无忧无虑，内心富足。有欲望，尽全力；有追求，不放弃，心态少年，才是年少。

我们常说,中年有危机,老年有遗憾,人在旅途,身不由己,如果可以,谁不想鲜衣怒马,依着自己的心逍遥一世?谁不想历经千帆,归来仍是少年?对的,我们每一个人都有这样的愿望,可是我们又在何时能坚持本心,又在何时没有随波逐流,又在何时没有与世浮沉?

历尽千帆,归来仍是少年,多么令人怀想的一句话。我们都曾年少,我们终将变老。而人生,就是穿行其间的这条漫漫长路。看一个微视频,古稀之年的老人,唱着《少年》,充满活力。我在想:原来,少年不一定非要等同于年轻,也可以如同这些老人们一样,岁月加身,依然不忘初心。

岁月不居,时节如流,人生天地间,忽如远行客。余生虽然不长,但依然可以期待。历经岁月你会发现,其实,单纯才是复杂世界的护身武器。愿我们都能在渐行渐远时不失纯真。纵使历尽千帆,归来仍是少年。愿我们不负光阴,活出自我,终得精彩。

2019. 7. 13

多年父子成兄弟

汪曾祺说,多年父子成兄弟,是我父亲的一句名言。我的前辈,我无比敬佩的崔向东老师也曾把这句话赠送于妞爸和我的儿子。

闲来阅读此文,才发现这是一个多么充满智慧的父亲啊！比如,文章中写道:父亲很随和,从不指点孩子,他也不强求他孩子的成绩,作者十七岁初恋的时候,给情人写情书,父亲也在旁边瞎出主意……

想想,传统的父子关系中,讲究"严父",而文章中的这位父亲却是一位"慈父",在中国传统文化中父子的关系是尊卑有序的,文中的父子却突破了传统,做了兄弟,可谓是"特立独行"。在过去十分讲究"长幼有序"中国传统社会,就有汪曾祺这样如"亲如兄弟"的父子,确实令人"新奇不已"。

其实,生活中父子关系是很微妙的,身边有许多父子是缺乏沟通的,大多时候,父子是互相的心领神会,就这样在沉默中,双方互为"父子"而已。

想起生活中,儿子和他爸总是无话不谈,可以一起看电影首映,聊天到深夜,"三观"一致到令人羡慕,父子情深,胜似兄弟,妞爸的耐心、细心、爱心在孩子们身上都得到了回应,妞爸的随和、理解、包容也让孩子们受益颇多。我心想,最好的亲子关系大概莫过于"多年父子成兄弟"吧,这需要多少年的经营和付出啊！

我想,生活中,为人父者,如果用孩子的眼光来看待孩子,站在孩子的立场上,蹲下身来和孩子说话,设身处地体验孩子的真实感受,多一份对孩子的理解,少一份斥责,就能创造孩子成长的宽松氛围。汪曾祺父子便是最好的例子。

文章最后写道,儿女是属于他们自己的,他们的现在,和他们的未来,都应由他们自己来设计。一个想用自己理想的模式塑造自己孩子的父亲是愚蠢的,而且,可恶！另外,作为一个父亲,应该尽量保持一点童心。

那么,做父亲的如果能尽量保持一点童心,与儿子处成兄弟一般的关系,或许是父子人伦一种较高的境界吧。

当然，推而言之，多年夫妻能否成兄妹？多年母女能否成姐妹？倘如是，我想人间亲情将更温馨、更融洽。临了，回头一看，说是父子，莫若兄弟！

作者在文章开头，起笔就写道：父亲是个绝顶聪明的人。

生活中，做个"绝顶聪明"的家长，一定能够收获这份"多年父子成兄弟""多年母女成闺蜜"的美好情感吧！

2019.7.25

学会羡慕和欣赏自己

朋友生病了，年龄和我相仿。昨天，我打电话过去，她的声音里满满的都是疼痛不忍和懊悔自责，每一个字节里都是"嘶嘶嘶"的疼痛，每个声音里都是哽咽和呻吟，我都不忍心和她继续交流……

我不由再一次感慨：天大地大，生命最大，在健康面前，所有的一切都要统统让位，什么利益呀，名誉呀，还有那些解不开的疙瘩，放不下的纠结，这个世界，如果我们误解了幸福是什么，那么要付出的代价就更高了。

朋友的心思我最懂。平时，孩子一次普通考试成绩不理想她要上火；领导一次善意提醒她认为是不认可自己的付出她要纠结；朋友间一次很寻常的玩笑话她会斟酌半天；同事间简单拉家常她总是能"对号入座"，耿耿于怀许久许久……

其实，生活中许多的不如意常常是防不胜防不请自来。如果再把闲事挂心头，那人生的不如意就真的没了没完了！其实，人呀，到了一定的年龄，最较不起的就一"真"字。呵呵，你想想，和小人较真，有失格局；和家人较真，最不值得；和朋友较真，伤了和气；和单位较真，伤身。所以呀，健康地活着，快乐地过着，真实地爱着，乐此不疲地忙着，心无旁骛地坚持着，就是一种温暖人生。

史铁生在《病隙碎笔》中有一段话："……刚坐上轮椅时，我老想，不能直立行走岂非把人的特点搞丢了？便觉天昏地暗。等到又生出褥疮，一连数日只能歪七扭八地躺着，才看见端坐的日子其实多么晴朗。后来又患'尿毒症'，经常昏昏然不能思想，就更加怀恋起往日时光。终于醒悟：其实每时每刻我们都是幸运的，因为任何灾难面前都可能再加一个'更'字……"

我以为，一个人要真正获得幸福感，一定要看见自己的拥有，要懂得欣赏和羡慕自己。幸福就是一种感受，快乐就是一种心情。现在想来，给我人生指引最深刻的还是我上大学时候阅读给予我的"觉醒"，犹记在延安大学的图书馆，看到一幅画，画面中有一自在且自得的人,骑在一头瘦小的毛驴之上,画面的左前方一人骑着高头大马,画面的右后方有一费力拉车的农夫,右上角有几行小字:世人都说路不齐,别人骑马我骑驴,回头看看推车汉,比上不足下有余!现在想来,就这几行字给予了我持久的人生指引。生活中,不攀比别人只关照自我;工作中,不思量他人只为自得其乐。所以,我经常在想"一言半句便通玄,何用经书千万篇",意义就在于我们真正的懂得。

生活中,活得积极一点,乐观一点,同时也要自我一点,所谓的认可、荣誉、名利都只是衍生品。最重要的是提高自己的内功。人生本就是一种自我感受。自己努力而无法获得,任你呼天抢地亦无济于事,那就任由它去多好;当背后有人飞短流长,任你舌如莲花亦百口莫辩,那就装聋作哑也罢。活给自己,这才是最重要的。

萨特有句名言"他人即地狱",人的许多痛苦几乎都是源于他人,源于在比较中形成的心理落差。苏格拉底说,人的真正快乐永远不是来自外在,而是从自己的内心升腾起来的,这份快乐只关乎自身。而我一直认为,人不能失去自得其乐的品质。能够自得其乐的人从来不会一脸苦大仇深的样子去埋怨生活,生活本来并不甜,我们要学着去加点糖,这个加糖的过程,就是自我调节的过程,可谓"桃源至今不可得,自种桃花在堂前"。生活中你会发现,有些人总在仰望和羡慕着别人的幸福,其实一回头,却发现自己正被别人仰望和羡慕着。有时候自己的幸福,常常在别人眼里。一个不欣赏自己的人,是难以快乐的!

呵呵,说到底,人这一辈子,其实不管多大的事,到了明天都成了小事,不管多难的事,到了明年都成了往事。丰子恺有言:不乱于心,不困于情,不畏将来,不念过往,如此安好!

2019.8.21

每一处细节都是一次教养的雕塑

开学快一周了，班里调来两个新同学，其中一个是男生，昨天上课忘带复习资料了，我批评了几句，提醒他高三学生，要有高三学生应有的状态，不能丢三落四。没想到今早，早自习辅导，他主动找到我，说："老师，谢谢你批评我，我知道老师的良苦用心，我会努力的……"接着就给我背诵了高考必背篇目《离骚》和《氓》。

此刻，想起这件小事，充满感动。这样一个小细节，让我看到他积极的一面，阳光的一面，懂得感恩的一面。平时，在我们批评教育了某一个学生的时候，很少有学生"肯定"你的批评且主动来表达自己的心意和态度，就像你给予别人帮助很少听到应有的感谢的一句话一样。想起一句话：每一处细节都是一次教养的雕塑。

又记上学期有一次去乡镇中学观摩学习，全县各个学校的老师都有，教育中心集合，四辆大巴车。当我上车的时候，发现第一排已有一小学女教师，白胖白胖的，四平八稳地坐在那了，为什么说她四平八稳呢，是因为她竟然把鞋子脱了，盘腿坐着，我感到非常吃惊，这位穿裙子的女老师，脱鞋，盘腿，白白的大腿，折叠着小腿，这坐姿也太"无所顾忌"了吧……

一下午，走了四所学校，观摩学习完，大家都很累，坐在一起吃饭的时候，因为都不熟悉，所以大家也没什么交流。只听这位女教师嚷嚷着，累死了，饿死了，知道这么累还不如不来了……整个人都被抱怨裹挟着，我在想，她那么白胖的身体是"气肥"的吧，估计与"心宽体胖"这个词无关。还有在一桌十人还没坐满的情况下，她已经开始夹菜了，而且让我吃惊的是她饿成那样，累成那样，还"舍近求远"，用力把餐桌中间的转盘转了起来；接着，转盘带倒了旁边的两个水杯，茶水全洒在了旁边一位女教师的衣服上，其他老师都忙着找纸，帮那位老师擦拭；这位女教师不急不躁地来一句"还好，这水不烫！"又自顾自地吃了起来。我真是看呆了，也听呆了，心想，这女人也太不注重生活的细节了吧！初次见面，有的人得体的衣着让别人记住了自己，有的人得体的行为给别人留下了深刻的印象,有的人得体的谈吐特别能让人记忆。其实,生活中,无论你是否在意那些细节,但所有的一举一动里面,都刻画着你的样子。而且身边的人,一直在以这些细节为依据,对关于你的优劣美丑、是非黑白进行着辨别和判断。

也许有的人就那么不拘小节,就那么个性使然,就那么大大咧咧,其实,过度的"无拘无束",自己舒服了,别人看起来就不舒服了,真正的教养是让人觉得舒服,而有教养的人一定是注重细节的人。

细节成就大美,人生就是一个个细节组成的,有的人哪怕心烦气躁,也能够克制自己的情绪;即便身在高位,也不会轻易丢掉自己的谦卑。教养既是人前的操持,更是人后的慎独,每一处细节都是一次教养的雕塑。陈丹青说过,所谓教养就是细节。

所以说,丢了细节,还谈什么教养!

2019.9.5

有关爱情,写给人到中年的我们

春色远去,风情长留。若曾爱过,还请珍惜。我知道,家有儿女、年已不惑的我们,提及爱情,许多人会相似一笑:呵呵,这么老了,还谈什么爱情,就是过日子嘛……

在我看来,能把爱情过成日子,这是爱情的成长与成熟,是爱情结出的幸福果。在庸常日子里,没有了谈情说爱,多的是柴米油盐;没有了花前月下,多的是家长里短;没有了甜言蜜语,多的是鸡零狗碎;相信四十多岁的我们已没有时间再谈爱情,而是在搭伙过日子里,把爱情揉捏在了平常日子里,这份爱的情感已经变得更加深沉和丰富了起来。

相信我们在年轻的时候,每一个心存美好爱情的人,对叶芝的诗《当你老了》都深情地诵读过、畅想过,甚至一次次被诗中美好的画面感动到流泪过:当你老了,头白了,睡意昏沉,炉火旁打盹,请取下这部诗歌,慢慢读,回想你过去眼神的柔和,回想它们昔日浓重的阴影;多少人爱你青春欢畅的时辰,爱慕你的美丽,假意或真心,只有一个人爱你那朝圣者的灵魂,爱你衰老了的脸上痛苦的皱纹;垂下头来,在红光闪耀的炉子旁,凄然地轻轻诉说那爱情的消逝,在头顶的山上它缓缓踱着步子,在一群星星中间隐藏着脸庞。

犹记第一次读到这首诗,是袁可嘉译本,至此,沉迷至极;再后来,也读到过傅浩、杨牧、裘小龙,包括冰心的译本。我发现,这诸多的译本,都不及袁可嘉,可能是先入为主,也可能是反复吟咏,总之,2015年莫文蔚把这首诗以歌的形式在春晚上演绎,我也不觉得她比我内心的理解来得深情厚意了多少,我甚至觉得,这诗只能静静体味,用歌的形式来演绎破坏了诗歌内在的美。对诗中"尘满面,鬓如霜"也要相伴到岁末晚景的这份情感,"爱你衰老的脸上痛苦的皱纹"这份矢志不渝的坚守,我相信此画面不知被多少人精心描摹过,因为它是人们心里憧憬的最美的爱的相逢。这个浪漫的场景,也是温暖与真挚包裹的纯粹感情,所刻画的一幅真挚美好人生。

可有意思的是,年轻时候执着于携手终老的爱,到了这个年龄段,中年如你我,身边有许多的"遗闻轶事"能让人三观颠覆,怀疑人生。呵呵,有人两小无猜青梅竹马,却找小三了;有人恩爱到让人羡慕,却去傍大款了;有人日子过了几十年,却闹离婚了;有人平静如水的日子却一拍两散,说离就离了……我不禁想问:相爱的两个人以爱的名义结婚,每一个人都希望"遇一人白首到老,择一偶相伴一生",那又为什么不能终老一生却要彼此伤害,这个世界,究竟哪出问题了? 是爱得不深,还是诱惑太多?

想想,爱情多么让人不可思议,有些人相爱时海誓山盟、琴瑟和鸣,却逃不出生活的琐碎,导致情意枯萎,爱因此而无疾而终。有些人即便爱得肝肠寸断,到最后却是一人向左,一人向右。呵呵,身边也有一些人,一路磕磕绊绊,分分合合,几度被所谓的爱情来回折腾,于风风雨雨里磨合几十年,吵了,打了,甚至把所有的离歌全唱过,依然不改初心,这爱情,你能说得清吗? 我在想,这样的爱情,谁能说得清?

生活没有模板,人生缺少套路,爱情人生亦如此。当有人因为在过日子中没有了爱情,就开始偷情,滥情,进而彼此伤害,互相报复,这种对待爱情与婚姻的态度,让我说,归根究底实是人品问题,道德水准问题。我知道有许多人不太认可,且会说,失败的婚姻,怎就和人品道德挂上钩了? 如若观察身边,你会发现,没有爱情,婚姻仍在的人,不少都是因为责任和担当,当然有的可能顾及脸面;而婚姻破裂,对簿公堂,则多是一方或双方将脸面置之一边,甚至置人品及道德不顾。

那么如何让爱情保鲜,相信这种心灵鸡汤我们看得不少。但我依然要说,爱一个人,首先应该让他(她)快乐,而不是彼此伤害或折磨。对于一段情,能够温暖彼此心灵最重要,可以让彼此记住曾经的美好最难得。爱情达人早就说过,爱不是索取,不是占有;爱是给予,是奉献,是成全。这话放在任何时候都是有道理的。

其实爱情就像是一场没有脚本的演出,没有台词,没有彩排,相爱的人都是主角。我们深知,爱上,是一个人的事儿;相爱,却是两个人的事儿;爱与不爱,深爱或浅爱,是自己的事儿。珍不珍惜,放不放手,取决于爱对方到何种程度。但不管怎么说,既然曾经爱过,就应该好好珍惜,爱情婚姻面前,考量的是你的全部,有许多的关键词:人品,气量,责任,付出,理解,宽容,担当……

总之,相爱一场不容易,且行且珍惜才是对的。将爱情揉碎在日子里,成长为亲情,让多年夫妻成亲人,生活才会持久,家庭才能和谐,总之,我以为,在婚姻里,彼此成全才是爱的要义。

2019.9.19

翻开婚姻这本书

《翻开婚姻这本书》，唐盛明著，你阅读过吗？试问，婚姻这本书，你翻开了吗？如果翻开，你又是如何翻阅的？

是用心仔细地翻开阅读这本书呢，还是一目十行匆匆翻开又合上？

婚姻是一本书，一本内涵丰富、厚重的大书，走进婚姻模式的男女，这本书都已翻开，但我相信，对于这本书，人们阅读的心态，投入的时间，花费的精力都直接决定了其阅读的效果和收获。

有的人给予婚姻这本书的感悟是占有对方，把对方私有化；

有的人给予婚姻这本书的注解是彼此平等，互相尊重，够够琴瑟和谐，相伴到老；

有的人给予婚姻这本书的体悟是彼此独立，相互依从，相互渗透于彼此的人生；

翻开婚姻这本书，这么多年来，我发现，一段婚姻最好的状态应该是夫妻两人都能舒服地做自己，有个性，彼此独立；有共性，彼此相通。而且最重要的是在婚姻中能够共同成长，彼此成就。

婚姻这本书，既然翻开了，就要认真阅读，用心领悟，让自己从中学习、思考和提升，记得六六曾经说过一句话：拒绝成长，是婚姻中的大忌。

今天，翻开我的"婚姻与家庭"读书笔记，有这么一段文字摘录于两年前：

好的婚姻应该是这样的：第一，两个人相处起来不会觉得累，反而会感觉很轻松舒服；第二，两个人互相独立，又彼此相依；第三，两人携手前进，并肩而立；第四，两个人彼此塑造，可以让彼此变得更优秀；第五，两个人相互随意，又彼此在意。

婚姻是一本很难读懂的书，我们要用一生的时间去读它。那么什么是好的婚姻？有人说，最好的婚姻只有五个字：相看两不厌。

可我想说的是，如何才能"相看两不厌"？这五个字，说起来容易做起来却绝非易事，需要我们用心去经营婚姻，经营生活。钱钟书曾评价杨绛是"最贤的妻，最才的女"。好的婚姻，一定是在经历了岁月洗礼之后的愈加欣赏，而不是在琐碎繁杂中彼此厌倦。

长久的婚姻，是结婚多年，依然一次次重新爱上对方……婚姻这本书，唯有这么读，才是读出了深意，明白了要义，悟到了真谛！

请认真翻开婚姻这本书……

2019. 10. 1

秋欲去,冬将至

昨天一早上班,办公室小美女碰男刚进办公室就如天气预报播音员般,做了一个天气播报:"明天一早降温10度,现在这股强冷空气已到青海,预计明天一早……"男男很漂亮,我觉得她的美不比中央电视台天气播报员差,我笑笑说:"哈,看来这股风你是跟紧了!"似乎就在说话的瞬间,我就感觉到了寒意阵阵,心想:心理暗示真这么重要啊!

今儿一早,六点三十分发车,方向盘冰凉冰凉的,前挡风玻璃上满是水气,开窗,好冷,开暖风吧。抬头望向窗外,才发现院子里叫不出名的树叶,黄黄的一片,估计一夜之间,树叶已染黄。感慨不经意间已走在了暮秋冬初的路上。

朔风已乍起,百叶已凋零,秋意已逝,寒气渐浓;添了厚衣,依然瑟瑟,冬天真的如约而至啊!想起多年前看过的莫言的《卖白菜》:过年了,入冬藏起的三棵大白菜,勾起了贫困、饥饿年代作者对白菜大水饺的渴望,可母亲为了换钱,补添家用,非卖不可。有一个细节印象特深,文中的作者"我"哽咽着说:"我们种了一百零四棵白菜,卖了一百零一棵,只剩下这三棵了……说好了留着过年的,说好了留着过年包饺子的……"这个细节给我印象太深刻了!

可是我记忆中,每年入冬,母亲都要在大白菜便宜到不能再便宜的时候,菜市场到处堆得像山一样,母亲依然要讨价还价,以几分钱一斤的价格买回大堆大堆的白菜。一部分储藏在院子里的地窖里,一部分腌在两大瓷瓮里,一冬的菜就这了,一直要吃到来年三、四月份。早上吃熬白菜,下午吃白菜和面,今天吃,明天还吃,活白菜一顿,腌白菜一顿,真是上一顿白菜,下一顿也是白菜,我和姐姐吃得够死了,央求母亲多买点抱头白,也就是现在菜市场卖的圆菜,可母亲总是说抱头白贵,从不肯多买。于是这么多年来,我一直不喜欢吃大白菜,不论是新鲜的,还是腌泡过的酸菜!

莫言老师的三棵大白菜给饥饿的莫言留下了永不磨灭的贫困的记忆,我们家的吃也吃不完的大白菜,给我的记忆也是深刻的,都是贫穷。但值得庆幸的是上世纪八十年代末,我有白菜吃了,而莫言老师生活的年代,上世纪六十年代末吧,一家人把所有的白菜都卖了,过年仅剩的三棵大白菜也要卖掉啊!

当然,记忆中随着社会经济的好转,家庭条件的慢慢变化,母亲每年入冬买的白菜越来越少了,不知什么时候,院子里的那口地窖也填埋了起来。近几年,母亲腌酸菜是因了口淡的时候,换换口味,所以只腌三四颗的样子。当然,我在想,今年乔迁到高层住宅中的母亲,会不会在这冬的季节里,时不时怀念酸菜的味道呢?

在这秋已逝,冬将至的时日,不禁勾起了我对这个季节的难忘记忆!

2019. 10. 14

千万别凑合

这周高三年级离校了，我们高二年级已是准高三了，所以学校也就要求各个教研组搬进相应的高三年级办公室。

可是，让高二语文年级组的我们有些吃惊、意外，还有些许失望和不满的是，高三年级办公室满地纸屑，桌子布满灰尘，桌面凌乱不堪，书籍摆放极不整齐，也不过刚离校才几天呀！于是，高二年级组一边打扫一边感觉不可思议，大家纳闷，刚刚几天，不至于脏乱成这样啊！我感慨地说："其实呀，原来这个办公室我们每次来，也都挺干净的。我想，只是在没有高考前，剩下的一段时间里，大家就有了凑合的想法，想着反正快要放假了，凑合着吧，于是一天一天，办公室卫生就成这样了……"

想想，平常的日子里，我们总是能听到诸如，饭，凑合着吃吧；衣服，凑合着穿吧；日子，凑合着过吧；工作，凑合着干吧……。其实，反观生活，任何事情，凑合着，凑合着就会大不如前，就会每况愈下。我总以为，人一旦有了凑合的想法，生活的激情就会减退，生活的品质就会下降。

在我看来，"凑合"是个充满负能量的词，它隐含的信息从浅到深，从一般到严重，有认可、接受、被动、消极、不满、懈怠、懒惰、抱怨……想想，一个总是想着什么事情都凑合着的人，不管是生活还是工作，一定是得过且过的，一定是没有生机和活力的。因为，一个人若想着凑合，他就会没有了工作的热情，没有了生活的动力，没有了奋斗的激情，因为他已满足于现状，没有了人生的高度，工作的目标。所以，凑合，它不应该出现在我们人生的字典里。

一个习惯于凑合的人，他一定不是体乏，就是心累，所以无论是站着，还是坐着，都会打不起精神，给人感觉神情倦怠。一个习惯于凑合的人，他的生活、工作乃至人生的标准越来越低，这样的人，因循塞责，不思改变，安于现状，听天由命。久而久之，人生也就没有了热望，谈不上激情，最后死水一潭了。

平常日子里,忙碌的我挺欣赏和羡慕生活有仪式感的人。在我看来,能够给予生活仪式感的人,对待生活是充满热情的,是保有期待的,是积极面对生活的。因为他们把简单而平凡的日子过得精致了许多,丰富和充盈了许多。他们尊重生活,懂得生活,也愿意用心投入地生活。他们从不凑合,哪怕出门取个快递,不会趿拉一双拖鞋;去趟超市,不会随便搭挂一件衣服;和朋友吃饭,也会精心搭配一个手包;领导吩咐的一件小事,定会认真负责等等。而在生活中总是凑合的人,相信永远也体会不到这种人生的意义和乐趣。

在我看来,生活是不能"凑合"的,凑合的生活总是无力地开始,继而慌乱地结束。"凑合"式的生活是平稳的,但只能按部就班,没有了热情和期待。这种不进不退的生活,其实是人生最大的败笔,它会一点点把一个人的活力蚕食,直到生而无味。

所以,我想说,任何时候,千万别轻易对自己说:"就这么凑合着吧!"

2019. 11. 19

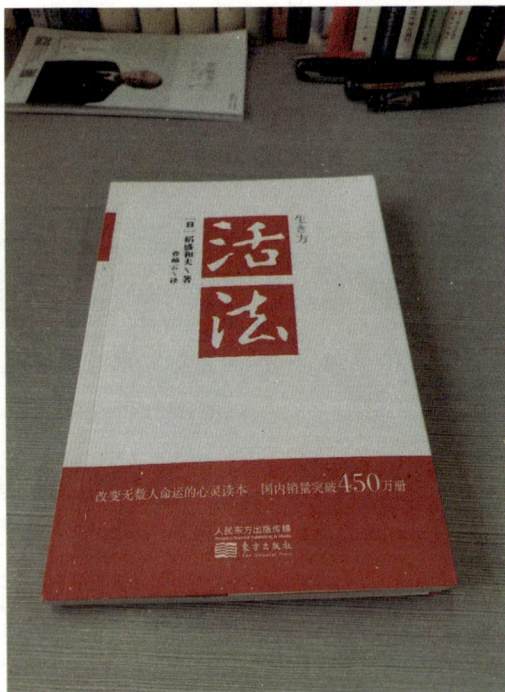

幸福其实就这么简单

早晨,刚过七点,办公室的同事们就都来了。我说:"亲们,来,让我先给大家读一首小诗:

莫道春来早,飞雪迎春到;

千树琼花开,万径白绒铺;

寒川水不瘦,荒山不觉寒;

暗思早行人,轻车行路缓。"

同事们七嘴八舌地说:"嗯嗯,好诗,好诗。"我乐呵呵地说:"亲们,知道这是谁写的吗?告诉你们吧,这是妞的爸爸写的。而且,我相信,我坚信这首诗是写给我的,因为其中'暗思早行人,轻车行路缓'这两句诗,一定是写给我的。"

沉浸在"暗思早行人,轻车行路缓"的殷殷叮嘱里,想起妞爸在下雪的那个早晨,早早下楼为我扫除车上的积雪,临走又跑下楼来,让我一定要小心,刚把车开到校门口,妞爸一个电话过来,你到学校了吗?内心暖暖的,想想我一路开车,他一直担心,掐算时间打电话的焦急,好感动哦。

看着办公室的年轻人,我故意夸张而又得意地说:"好啦,今天这一天,我就是最最幸福的那个人,亲们,知道吗,其实呀,幸福,它就是这么简单哦。"

同事秀花看着我陶醉其中的样子,感慨地说:"也是哦,李老师这么一说,我也觉得幸福真的挺简单的,比如今早上班走的时候,王军说,'下雪天,你走路慢点',话音刚落,女儿就上前扶着自己,说,'爸爸,别担心,有我呢'。现在想来,那一刻,也是暖暖的,最幸福啦……"

接下来,幸福从早晨的高二语文组开始,大家你一言,我一语,畅谈着各种各样的幸福。言语中,越来越发现,其实,幸福无处不在,幸福就在身边,只要时时留心,心怀感动,幸福从未远离过我们。

周国平曾说,享受生命,享受生命单纯的快乐,那就是幸福。其实人生中的幸福,那些最本质的幸福是很简单、很平凡的。

课间十分钟,倒一杯水,扭扭腰肢,和年轻人用自拍杆臭美一下,找点乐子,人生多幸福……

亲们,幸福就在身边,千万别让它走丢了!

2019.11.28

这一刻,忘记自己正在慢慢变老

晚上开高三年级科任教师会,下午放学和组里的同事们自娱自乐了一把,一起自拍一起嗨,好不自在,快乐的感觉刚刚好,这一刻,真的忘记了自己在,正在,慢慢变老……

捕捉每一天快乐的人生因子,从不错过每一个给自己温暖和幸福的小细节,于是人生满满的都是知足、自得、如意。今儿上午出操,从办公室刚刚走出,身后有一男生纵身一跃,落地之时,又双手轻轻落在我的肩头,身子自然前倾,喊道:“李老师……”转眼候地快速朝前跑开了。那一刻,我的内心瞬间升腾起一股暖意,幸福而又快乐的。抬头一看,哦,张龙同学,调皮捣蛋爱睡觉,油嘴滑舌机灵鬼,上语文课,没少训他,罚他站立,罚他做伏卧撑,罚他唱歌,后来采取同桌监督连带责任制。呵呵,这可爱的身高1.75米的大男孩,没少挨训,可依然和老师这么亲近,在我眼里,他就像一个长不大的孩子,惹人恼,也惹人亲。

记得董卿在第6期《朗读者》中曾说过这样一句话:人生的风景,说到最后,是心灵的风景。最美的风景永远在自己心里。整整二十一年的教育工作,付出着,也收获着;感受着,也感动着。和这些为学习让老师操碎心的学生们在一起,每一天都有生机,每一天都有活力,生命似乎也因之而年轻起来,在每一个用心感受到的教育的幸福时刻,时光暂驻,岁月且息,真的忘记自己正在慢慢变老……

当然也非常幸运自己能身在一个年轻的团队里,可爱的她们、他们,年轻而有活力,青春而有朝气:热爱生活也勤于工作;上班不马虎,嗨起乐翻天;工作无小事,爱吃也爱美;嚷着要减肥,吃开管不住……呵呵,混迹在年轻人的队伍里,我总是忘记年龄,忘记自我……

我一直以为,人一简单就快乐,一繁杂就变老。保持一颗年轻的心,做个简单的人,享受阳光和温暖,感受自由和快乐,人生就应当如此。

时光流逝,岁月不再,生活繁琐,现实不易,若驻足和纠缠在杂乱的不堪世俗里,有什么心情品味快乐时光,若深陷和执迷在纷扰的凌乱生活中,还有什么心思去感受幸福人生。

　　抓住每一个幸福时刻，捕捉每一滴快乐时光，投入地去体味，用心地去体验，忘我地去感受，呵呵，也许，岁月时光真的会忘记你，不信，你试试！

2019. 12. 3

做一个爱自己的女人

这两天收拾了一下自己的包包,才发现放在地板上有这么多,几十个,大的、小的;背的、挂的、提的;红的、粉的、黑的,哈哈,没想到自己竟然有这么多包包,呵呵,都不太贵,但基本上是想买就买。我相信,办公室的小姐妹们今天看到这满地的包包,一定会鼓励我说,巧姐,"败家娘们"不只你一个,哈哈,我们都早就自封为"败家娘们"啦!

前几天看头条,王君老师说,努力做个好老师,别忘了也要做个好女人。他甚至很夸张地说:"说句挨板砖的话,我以为,女人,每天思考穿什么衣服甚至比思考每天读什么书还重要呢。"只有会爱自己的女子才有能力爱别人。只有会打扮自己的女子才有能力打扮这个世界。

我一直以为,聪明的女人,首先是懂得爱自己的女人。爱自己的女人,不仅能让自己的生活有品质,有情调,还懂得投资:投资青春,投资美丽,投资生活,投资人生。女作家六六曾坦言,自己爱丈夫胜过爱自己,永远走不出他的半径,但最终其在微博上公开斗小三,曝光老公婚外情。她曾在《女不强大天不容》中写道,你可以去爱一个男人,但是不要把自己的全部都赔进去。没有男人值得你用生命去讨好。你若不爱自己,怎么能让别人爱你?而我一直以为,千万别相信任何一个男人他会无所求地爱上你的全部,比如苍老,比如缺陷,比如疾病,男人见异思迁的本性是经不住现实的考验的,热播剧《我的前半生》,子君单纯地以为男人所谓"你只管美貌如花,我负责赚钱养家"会久久长长,其实不然,现实给她上了一堂生动而悲催的课。再则,男人那一句"我负责赚钱养你",前提是你要美貌如花呀,呵呵,所以当你与他的审美无法匹配时,你就有被扫地出门的可能了。

当然,我一直以为,对自己好点也并不是一味地去迎合讨好,说到底,对自己好点是一种需要,更是一种素质和教养。做一个爱自己的女人,对自己好点,是很重要的。只有对自己好的人别人才会尊重你,才会对你好,如果你连自己都不珍惜自己,那么谁还会关心你呢。

所以,如果你要想成为一个受欢迎的、有魅力的聪明女人,就请从爱自己开始吧,只有真心地爱自己,才能用一颗清澈的心去更好地爱别人,也才能得到更多的爱,尤其是来自你所深爱的男人的爱!

另外,女人精心地爱自己,才会在他人面前,在世界面前有所收获;才会不怕岁月这把雕刻刀的无情;才无论是端庄矜持、性情率真、还是开朗活泼,都会在涉过青春的懵懂羞涩,跨过少女的光华艳丽之后散发出浓郁而深情、诱人而温暖的馨香。

我在想,倘若这世界上的每一个女人都能对自己好一点,生活再忙,工作再辛苦,也有时间,有心情,精于装扮,修心养性,注重外在,提升内质,不是仅仅以物质贿赂自己,还能记着把自己融入知识的海洋、艺术的殿堂、生活的火炉;去加工、去锤炼、去提纯;为自己树立起良好的气质形象,那么这世界就没有一个不漂亮的,不强大的女人。

所以,当生活一点点侵占你的生命,当人生一点点消磨你的激情,请你,千万别忘记,留一点爱,给自己。也许有人会问:谁不爱自己呢? 是的,没有谁不爱自己,但真正是不是、会不会爱自己,却是一个问题。比如说,你每天为自己真正预留了多少专属自己的时光,没有动机,没有功利,没有交换,只是让自己充分自在地舒展开来,感受着自己,感知到自己……

外国曾有人做过一项调查:"假如我们对你的恋人或丈夫做一次采访,那你最想从他们的嘴里知道些什么?"被调查者的答案不约而同:"他还爱我吗?"他还爱我! 这就是女人想从她们的男人那里得到的答案。而我想问的却是:"亲,你爱自己吗?"

做女人,挺好! 作家梁晓声曾梦想《假如我是女人》。记得多年前看过一篇文章,其中写道:假如我是一个寻常的女人,我将一再地提醒和告诫自己——绝不用全部的心思去爱任何一个男人。用三分之一的心思就算不负情于他们了。另外三分之一的心思去爱世界和生活本身。用最后三分之一的心思爱自己。

想起一句话很自私的话:"爱自己是万爱之源,学会爱自己,因为这是世界上最伟大的爱。"所以,亲们,生活中千万别迷失了自我,学会做个爱自己的女人,做个"败家娘们"没什么不好意思的哦!

记住:爱自己,才能被这世界温柔以待!

2020. 1. 6

教唆你生气一次吧

生活中,好脾气的人总是受人尊敬的。为什么呢？因为,这样的人,人们会认为有素质,有涵养。想想生活中不生气,不发火,那需要多大的耐心和隐忍啊！对于修为还欠些火候的我们来说,有时候,那火气上来了,真是挡也挡不住啊！

前段时间,因为学习问题,给上高三的儿子发了一回脾气,以致妞爸说我和钱有仇了,因为我火冒三丈,实在忍无可忍,把儿子的一部手机摔得粉碎。妞爸说,真应该把你愤怒发狠的场面给录下来,自己看看一个情绪失控的母亲有多可怕,看看你当时那种可恶而又狰狞的样子……还好,还好,妞爸没有录下这一段,否则我肯定是无颜面对面目可憎的自己啊！

这两天,想起这件事其实也挺内疚的,真是自毁形象啊,关键是自始至终,儿子一直没顶嘴,没发言,而我自己就把自己气得暴跳如雷,像个悍妇,毫无顾忌地发泄了一通。尽管我也在当天就给儿子道了歉,诚恳地说,儿子,冲动是魔鬼,妈妈冲动的代价,不仅是一部手机,更是妈妈不够高大的形象也被碎了一地啊！

这段时间,反思着,也自省着,确实不应该。其实,和儿子应该还有沟通的有效渠道,自己为什么心急上火,乃至怒不可遏,使得自己在妞爸、儿子面前形象扫地,颜面尽失了呢？

呵呵,好好反思着的我,本已反省深刻,今天却在书上看到一篇文章《珍惜愤怒》,作者是被王蒙称为"文学界的白衣天使"毕淑敏,平时挺喜欢她的文字,总是能以精细、平实的文风和春风化雨般的济世情怀给予我们读者心理理疗。呵呵,在这篇文章里,我为自己的愤怒、生气,找到了合理的解释,毕淑敏有一段文字是这么描述愤怒的：

喜可以伪装,愁可以伪装,快乐可以加以粉饰,孤独忧郁能够掺进水分,唯有愤怒是十足成色的赤金。愤怒,那是不计后果,不顾代价,无所顾忌地坦荡付出,在你极度愤怒的刹那,犹如裂空而出横无际涯的闪电,赤裸裸地裸露了你最隐秘的内心,于是,你想认识一个人,你就去看他的愤怒吧！

这段文字,我不太认同。呵呵,别人偶尔的愤怒,就能认识到他的本质,未免太绝对了吧。我以为,愤怒,看场合,看对象,看情况,不能因一次愤怒,就给人判定终身,这多少有点一棍子打死之嫌吧。

不过,美国心理学家珍妮弗·莱纳做过一个测试,研究结果显示:适度愤怒,有利于身心健康,提高意志力,能帮助人们更好地做出决定。

当然,毕大姐也说,愤怒出诗人,愤怒也出统帅,出伟人,出大师,愤怒驱动我们平常的人做出辉煌业绩。只要不丧失理智,愤怒便充满活力。愤怒是我们生活中的盐,没有愤怒的生活是一种悲哀,犹如跳跃的麋鹿丧失了迅速奔跑的能力,犹如敏捷的灵猫被剪掉胡须……

有道理,我喜欢,我不妨对愤怒做出这样的解释:

适时愤怒的母亲,才是合格母亲;从不愤怒的妻子,心里未必真有丈夫;会发火的男人,有时也挺可爱……

亲,有道理吧,那不妨就试着生气一次吧!

2020. 2. 13

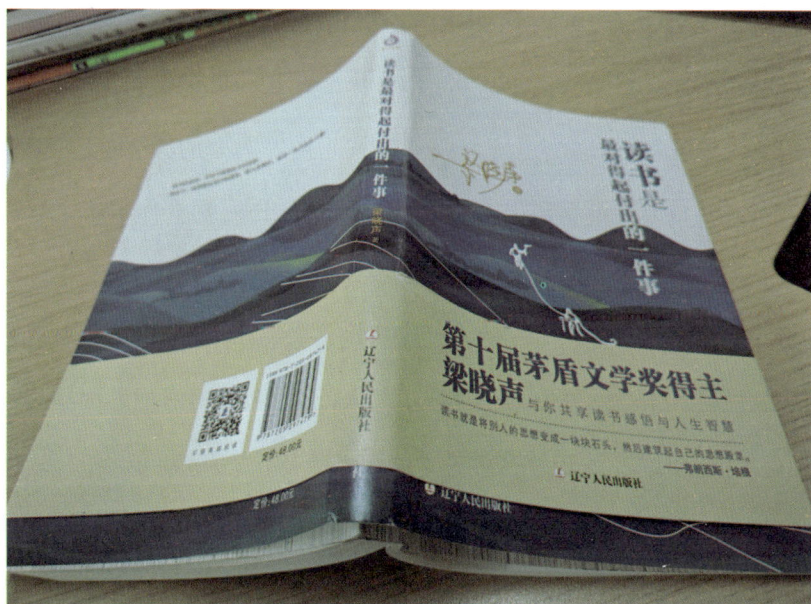

夫妻吵架，什么最重要？

中午时分，有一学生，2004届的毕业生，女孩，和我关系甚好，给我发一信息：心情不好。我问，为何？她说，和对象吵了一架。哈哈，其实他们两口子，都是我的学生。她又说，差点气死，大打出手，就差你死我活了。我说，呀，有这么严重？她说，李老师，这次他如果不道歉，我就离定了。我忙说，亲，两个小孩的妈妈，千万别动不动把离婚挂在嘴上……

我在想，夫妻吵架的时候，究竟为了什么？什么又是最重要的？骄傲？自尊？面子？输赢？其实，这些在我看来，都不重要，最重要的仍然是你心爱的那个人，最重要的仍然是你们这份得来不易的感情……

本来，在婚姻里，不管是争执或冲突，只要最后能协调、能化解就好了，哪有什么赢者或输家？真要争谁赢谁输，谁有面子谁又低声下气，最后赔上的只是这份感情，谁也没赢，实际上是两败俱伤。有没有想过，争吵的目的是为什么？其实有时根本不是单纯的为了道理讲理，而是对方不肯让你，因此争吵到了最后，其实你会发现，吵架的过程，早已偏离主题，而是为了赌一口气。呵呵，好大的一口气，这代价真是不菲啊。

人生气的时候，什么狠绝的话都说得出来，什么恶毒的事也做得出来，老人们常说，打架没好手，骂人没好口，就这个道理。但真正彼此爱着对方的人，生气的时候，也必定保有温暖的情怀，就看你看不看得出来，而你看不看得出来，就看你了不了解他，信不信任他。

我们大约都有这样的时候，生气时不说气话也不做恶事，真的很难很难，但起码要学会退而求其次，懂得从中去感受原本就存在于两人间的情意，不消耗太多脑力，其实只要用一点心。有爱情的时候，其实什么都好谈，但一般人不易发现，也不太会应用这个道理。那么，你想当一个聪明的人，还是智慧的人？聪明是智商，智慧是美德。聪明是向外开拓，智慧是往内寻求。聪明是以头脑思考，智慧是用心去想。聪明是天生的优势，智慧则靠后天的养成;如果不够聪明,没关系,你至少可以把自己的灵魂锻炼得更智慧。

是的,这里就说到重点了:聪明的人可以说服别人,智慧的人却能摆平自己。婚姻里,没有输赢,也不需要所谓的面子,家,不是讲道理的地方,更多的需要理解、宽容,还有爱。做个聪明的人,有时会机关算尽;而做个智慧的人,却时时会柳暗花明。

所以,吵架的时候,什么也不重要,什么自尊呀,面子呀,输赢呀,都是扯淡,唯有爱,理解和宽容才是生活和谐之本,做个智慧的人,先摆平自己,婚姻中出现的其他问题都会迎刃而解。

2020. 3. 19

岁月留痕，想抚难平

今天，看到学校 QQ 群里，有同事上传了一张六年前去黄山旅游的老照片，看到自己，较之现在，真是岁月催人老啊！不禁又想起自己曾经写过的一篇题为《岁月留痕，想抚难平》的文章来了！

又记六年前的那个暑假，高三毕业了，和同事们一起去华东五市。到黄山，当时，许多同事都选择了坐缆车，我和其中七八个同事选择了徒步爬山，沿途风景尽收眼底，虽累，但浑身是劲，下山，也是一路小跑般就到黄山脚下了！

六年，转瞬即逝，真是弹指一挥间！想当年，还真意气风发，正当壮年，似乎浑身都有使不完的劲，上进，努力，钻研，拼搏，都是我人生的关键词，为了工作，他爸和儿子都跟着受累，没时间，顾不上，现在想起，感慨万千啊！

六年间，年已不惑，对待生活，对待工作，对待人生，所有的这一切，都在行进中变化着，变化中思考着。尤其这几年，同事们都说，李老师你变了许多，原来总是感觉你很严厉，是个工作狂，又是咱们学校唯一的女领导，我们对你真的是有些敬而远之，看见你有点怕。可现在，我们发现，李老师，你最亲了，就像一个大姐姐，最和蔼可亲了，是啊，姑娘们都叫我"巧姐"，这不是最好的证明吗？

六年了，成熟了许多，老练了许多，也变得游刃有余了许多。对生活，对家庭，对子女，对亲人，对朋友，有自己的理解，更加懂得了人生的得与舍，懂得了生活需要平衡的艺术。学会在人生的道路上张弛有度，在生活里慢慢学会了放与收，退与进，不强求。于是，自己发现，生活与工作和谐统一，才能获得人生最大的乐趣。顾此失彼，人生终将烦乱如麻！

这六年，容颜在变，六年前，敢素面朝天，是因为年轻在线。而今天，正像和同事们开玩笑所说一样，不化妆，不出门；不美图，不刷朋友圈；不"披泥子"，不去接妞娃娃……的确是岁月有痕，想抚难平啊！

可这六年，自己在人生的道路上，思考着，成长着，积淀着，收获着，所有的人生体验和实践，记录在了这张青春已逝的脸上，更抒写在了自己慢慢变得智慧通达的人生记忆和历程里。所以，在自己越来越随性、顺意的生活里，这六年是生命的必须，是人生的过程使然！

那么，我想说，岁月留痕，又何必抚平呢！！

2020.4.8

在妥协中，学会慢慢长大

中午回家，在单元楼门口，邻居家孩子正嚎啕大哭，父母在旁边怎么哄都无济于事。我问，怎回事呀？孩子妈妈说，就要买一百多元的遥控飞机，太贵，没给买，就一直从恒生哭闹到院子，现在还不上楼……

接下来，这小孩看我在一旁，更加骄横了起来，开始用劲踢爸爸，还有把鼻涕擤在妈妈的衣襟上，把爸爸手里提的一袋子菜往地上扔。呵呵，这小孩就耍赖，真是办法超多呀！

因忙着给快要放学回家的儿子做饭，所以没再逗留，赶紧上楼，不然真想逗逗这小家伙，我就不相信真没道理可讲。呵呵，我是不是有点高估自己的讲道理水平了。过了好一会儿，依然听到小孩不依不饶地哭闹声，系上围裙，一边煮稀饭，一边蒸米饭，手里忙着切菜，耳边满是这孩子的声音，想起一句话：

成熟与非成熟的界限据说是妥协，一个人什么时候知道有所放弃，他就开始慢慢长大了。

想想，小孩子，有时欲望都像野地里的草一样没遮没挡地生长，因为不知天高地厚，他们希望把天上的月亮也摘下来玩。据说，一个暴君的欲望也远没有一个孩子那样庞大，每个孩子的欲望都会让任何暴君自惭形秽。

那么，我们为什么教育孩子？其实，很大程度上就是让孩子有所克制，有所约束，但又要保持他们必要的念想和欲望。

带妞儿到街上玩，妞儿看到有个小朋友手里拿着一个看起来就很贵的电动玩具，嚷嚷着也想要，我说："宝贝，这是别人的，如果要，只能用钱来买。可我们如果买了玩具，妈妈这个月就没钱了。"妞儿说："那好吧，妈妈，等你发工资了可以给我买一个吗？"

"那好吧！"呵呵，宝贝这句话里，有等待，有让步，有妥协。其实，我们对孩子所做的，有时候，就是想告诉孩子，这个世界并不是我们的，我们只拥有其中的很小很小的一部分,而且还要付出足够大的代价才有可能拥有它。

　　想想,我们在成长的过程中,不知有多少次的妥协才让我们寻求到心灵的平衡,生活的知足。其实,说到底,人生就是一个不断妥协的过程。也许,一次次妥协或许会让孩子留下太多遗憾而心里有所不甘,一次次的妥协或许还会让孩子倍受煎熬之痛。但静心思考,其实,在这样的过程中,孩子会慢慢学会放弃,得到感悟,这种感悟会让自己懂得如何取舍,知道有些东西可以坚持,有些东西必须放弃,很多时候,这种感悟能让孩子慢慢长大,而且会渐渐用心感受现实中拥有的幸福并得以满足。

2020.4.24

嘘，小心老天爷听见了

下午上班，有一车子逆行转弯还不开转向灯，速度超快，我的车差点就碰上去了，我不由地骂了一声："哈怂司机，怎开车了，太差劲了！"

坐在后座的妞子紧张地说："嘘，妈妈，不能骂人，小心老天爷听见了哦！"

妞子总是喜欢说，嘘，小心老天爷看见了；嘘，小心老天爷听见了！我感觉应该是这段时间妞子一直在听读《平凡的世界》，对老天爷有了很深的印象。犹记妞爸有一次对妞子说："妞子，哪有什么老天爷了，老天爷真能看得见，听得见，这个世界哪里还有那么多坏人哩！"

我认真地说："就是因为有些人不相信老天爷有眼，不相信头顶三尺有青天，不相信人在做，天在看；做人不懂分寸，做事没有底线，才会小恶成大恶，最后老天爷一狠心，就把犯错误的人统统关进监狱了。犹记公安大学犯罪学专家李玫瑾教授在一次讲座中曾说："谁能躲得过因果？"难道不是吗？冥冥之中，一切都在老天爷的掌控之中，小时候看过一部武侠剧，记得其中有"善恶终有报，天道好轮回。不信抬头看，苍天饶过谁。"那时候开始，就觉得老天爷真厉害了，善恶分明，美丑能辨，真假可识，专和坏人过不去，小小心里觉得，老天爷最牛！

也许有朋友会说，这是迷信，可是我不这么认为，想想我们学习的寓言故事、童话故事、神话传说，有多少都是在丰富的想象与浪漫的夸张中，以象征的语言、生动的形象、美妙的故事帮小孩子认识社会、理解人生，引导孩子们做一个通达事理、明辨是非的人，传达出人类千百年来积累起来的经验和智慧，揭示了许多有关人生和人心的基本真理，让孩子们产生敬畏心理。于是，健全心理，塑造品格，构建灵魂，让孩子们懂善恶，知美丑，辨是非，在成长的道路上，知可为与不可为，而那些小时候读过的寓言、童话等故事中无所不能的英雄，惩恶扬善的神灵，除邪避难的人物哪一个不是作家想象出来的？通过孩子们的阅读，帮助孩子树立正确的人生观、价值观，以利于他们长大成人。

前几天，在广场上和妞子跳绳。有一男孩，壮壮实实的，应该上三四年级了，他的妈妈急匆匆地走在前面,男孩走在后面,不断用脚踢自己的母亲,嘴巴里一直骂着"爬你妈的×,爬你妈的×……"而妈妈却头也不回地朝着政府大楼走去,看着这对母子远去的背影,我心想,这位妈妈也是被骂习惯了。妞子不解地说:"妈妈,你说这个男生怎能骂自己的妈妈呀!老天爷一定会听见的,对吧!"

我说:"嗯嗯,宝贝,咱们都听见了,老天爷的耳朵可长了,那一定早听见了!"

妞子又说:"妈妈,你说老天爷会批评他吗?"

我说:"嗯嗯,我想会的,只是因为老天爷太忙,所以老天爷会派一个人来做这件事,比如他的爸爸妈妈,他的老师,如果他还不知改正,以后小错犯成大错,那老天爷就会派警察叔叔来管理他了……"

哦,妞子看着自己手中的跳绳,若有所思,好像明白了许多。

教给孩子有所敬畏,孩子才会有规矩,才会慢慢懂事,才会在逐渐长大的过程中懂得规矩要遵守,纪律要执行,法律更不能逾越。人在做,天在看,举头三尺有神明。是善是恶,人判别不了,却最终逃不过天。谁能逃得过因果,因果报应不是传说。

"头顶三尺有神明,不畏人知畏己知",相信许多人都特别熟悉这句话,有资料记载,清代的叶存仁,他为官三十余载,甘于淡泊,毫不苟取。离任时,僚属们趁夜晚用一叶扁舟送来临别馈赠,他即兴赋诗一首以拒赠:明月清风夜半时,扁舟相送故迟迟;感君情重还君赠,不畏人知畏己知。今天,教孩子对神明有所敬畏,知可为与不可为,相信这么教育出来的孩子,做人一定能行得端,站得正。古人有云:人善人欺天不欺,人恶人怕天不怕。对老天爷心存敬畏之心,其实归根结底还是一种自我约束。

金庸在《射雕英雄传》中有一首《七绝》:

为人切莫用欺心,举头三尺有神明;

若还作恶无报应,天下凶徒人吃人。

无所不知、无所不能的老天爷,就在孩子的眼里和心里,相信等孩子长大了,一定会明白,妈妈眼里的老天爷是善的化身,是美的天使,是真的代言人,老天爷是规矩,是纪律,是法律,老天爷更是我们每一个人言谈举止,待人接物,为人处事的监督员……

2020.5.8

忙得哪有时间生气

和朋友聊天。她说，上周和老公生气，赌气一个星期没吃饭。我说，呵呵，老公面前没吃，偷着没少吃吧？我怎发现这一周你没瘦还反胖了些。她又说，哼，生了一周的气，终于让他说软话了。我问，那就是让你家可怜的男人跪搓衣板了？她甩头，傲娇无比，那当然，……

我笑着说，你呀，要么就是精力太充沛了，要么就是闲得太荒了。旁边一朋友说，对，像我们忙得哪有时间生气啊！

忙得哪有时间生气啊！想想，这句话说得多有深意啊！人这一生，最宝贵的就是时间，要把它用得有价值，要么谋生，要么谋爱，要么用来华丽丽地转身，要是都用在和别人生气上，这辈子那真是亏大了。

前几天，有朋友对我说，李老师，如果你听到别人说你坏话，你生气不？我说，亲，嘴长在别人身上，心态长在我身上，我们各管各，没有交集，懂吗？

生活中，不屑于和有些人生气。我一直以为，如果因别人一句话，你也要上火，那太不值得了，当然生活在舆论的群体，如果别人要恶语中伤，无中生有，那是她的品质问题，和这些人生气，是不是降低了自己的水准，中了别人的圈套。这世上，无论你怎么活，都有人说长道短，无论你怎么做，都有人指手画脚。无论你做得多好，总有人说你不好，不管你有多对，总有人说你不对。没有不被评说的事，也没有不被议论的人！难称千人心，难调众人口。所以！怎么开心，怎么活，根本没有必要为别人一句话而生气。一直以为，一个爱生气的人，一定是一个不够爱自己的人。呵呵，所以嘛，经常提醒自己：不生气，对自己好一点！

生活中，也不值得为某些事生气。生活就是琐碎的组合，有些人喜欢把生活的琐碎捏得更碎，捻得更细，于是这些人的生活总是一地鸡毛；有些人却善于把琐碎的生活整成块，摞成堆，于是这些人的生活常常天高云淡。生活中，让那些鸡毛蒜皮的事见鬼去，远离那些斤斤计较的人,不和小肚鸡肠的人扯淡,不与睚眦小忿者为伍,不值得为琐碎而心生怨气,胸怀不满;退一步海阔天空,忍一忍风平浪静,不拿别人的错误破坏自己的好心情,因为不值,对于一个总是想要经营一份好心情的人来说,真的没时间耗费在这些惹人心绪的事情上。

生活中,当然也不忍心生气。家和万事兴,家不和能致穷。这道理大家都懂,夫妻,父母,亲人之间,不伤和气,不伤感情。林则徐在书房高悬"制怒"二字,怒气伤人,也伤身。制怒,就是要戒斗,少与人争斗,凡事让三分,谦退隐忍,心怀宽容恕宥之心,家庭定当春意浓浓,我们的人生,也一定是暖意融融。

于丹在《论语感悟》中有这样一句话"真君子从不攻击他人,只会拓展自己。"所以,不屑于降低品质和别人斗气,不值得为生活小事而置气,更不忍心因锅碗瓢盆和亲人窝里气,若能这样,一个人怎能没有好心情。

门前老树长新芽,院里枯木又开花,时间都去哪了,一不小心就流走了。杨柳枯了,有再青的时候;桃花谢了,有再开的时候;时间走了,可没有再来的时候。聪明如你我,可要好好利用它,让时间的土壤,生产的不是怨,而是恕,不是恨,而是爱,生产出人人喜爱的真善美来。如此,在有限的生命时段,我们才能活出生活的质量,活出生命的温度。

真的很忙,忙着爱自己,忙着怕生气伤了自己,忙着华丽丽地转身,呵呵,哪有时间生气啊!

2020.5.31

拉动窗帘，又是一天

晚上，阳台外的工地依然发出轰隆轰隆的作业声，走到窗前，外面灯火闪烁，伸手拉窗帘，脑海中闪现一句话：每当拉动窗帘的时候，就又是一天，要么结束，要么开始。人生也就在这窗帘的早开晚合中渐渐完成，真的就这么简单。

年轻的时候，时间总是用不完，可以胡闹，可以犯错，可以理所当然，可以肆无忌惮，因为还有机会可以重来。于是一点点小情绪都会渲染得惊天动地。而年龄渐长，倏忽间发现时间总是很短暂，指缝间溜走的都是老去的路径，沧桑写在脸上，皱纹刻在眉头，慢慢地，人就愈发懂得内敛，不外露，乃至不动声色了。回首往事，许多的曾经都是那么幼稚而又经不起推敲，许多的过往又都让人觉得是那么简单却迷茫至深。原来，年龄不只是让我们记住了衰老，更多的是它能让我们懂得思考，知晓一些道理，所以行走在人生的密林处，总是提醒自己，平淡最真，心里也总是默默祈愿，静等岁月的安稳。

从一个地方到另一个地方，一段路程而已，从生到死，一场经历而已。想起温暖的人和事，点滴都值得去回忆。周国平说，一个人内心越丰盈，表面越是云淡风轻。看过了，看见了，看透了，看清了，当然也看轻了。日常生活中，左手牵着岁月，右手握着人生，烟火红尘中，缺不了的人间味道，滋养在日月的繁琐里，就这样一步一步实实在在地行进。一些浮躁的东西，在渐渐沉淀中，洗净纤华。有人说，人生就算是提着青菜的手，也会带着诗意的心，生活不能没有诗心，再忙碌也要学会沉稳以对。其实，人生不过就是在窗帘的开合中走向结束的。

昨日雪如花，今日花如雪。山樱如美人，红颜易消歇。有人说：我摘满桃枝，你却说梨花清丽。是啊，我们都有过错过的遗憾，都有过迷惑的不解，都有过不甘心的失去。到后来，时光的影像里，其实这些都是底色。岁月有痕，我们唯有用心来过，才不会辜负悠悠韶光。

一生在路上，很长，也很短。长到看不见岁月的底线，短到只有清晨和黄昏。每天踏实而认真地生活,那么夜幕降临,拉动窗帘,就会让人有种安心的温暖。人生一世,太多东西是我们无法掌控的,太多事情也是不以我们的意志为转移的。所以,满心接纳我们的拥有和失去,尊重我们自己的人生选择。所有的家庭,工作,不抱怨,不奢求,不计较,就是最好的情感。

夜深了,透过窗帘的缝隙,灯光、月光交织,一切都很美好。

2020.6.4

有些人自己熬不了鸡汤,还不愿意喝碗别人熬好的鸡汤

快要放假了,买了几本书回来,儿子一看:"妈妈,放假又要喝鸡汤了!"

"我就知道了,有些人自己熬不了鸡汤,还不愿意喝碗别人熬好的鸡汤! 我觉得喝点鸡汤挺好的呀!"我毫不客气地说。

儿子讪讪地说:"妈妈,你看看你,我又没说什么了,就引出你这么一堆的话!"

"你是只说了一句,可是话里的意思我还是听出来了,你根本不屑于喝鸡汤!"呵呵,这娘当的,言辞好像有点犀利哦! 其实,我是有感于年轻人的眼高手低,不读书或读不懂,还振振有词。

试问:谁的成长过程中没有喝过几碗心灵鸡汤?

犹记有那么段时间,朋友圈有关"鸡汤有毒"的文章甚嚣尘上,甚至其中有人写道,喝鸡汤的人智商低,朋友圈发鸡汤的人智商更低。呵呵,看来,我呀属于双低智商的鸡汤爱好者了。

其实,生活总是鸡零狗碎时,我们极容易忘记找一处清净的角落暂歇下来梳理自我,所以灌点鸡汤,进行心灵的滋养和宽解是很有必要的。想想,人不只是胃肠才有饥渴感,心灵它定时也是要给点营养的。

名著用虚构或现实的事情影射或表达对社会人生的思考,而心灵鸡汤是直接以其简短、精炼的语言为读者讲述一个个充满哲理的小故事。读得多了,我们会发现,"鸡汤"选文,它一般是以浅显的语言来表达人间真情;以至深的情感来述说五彩人生;在每一个角落把真情的火炬点燃;让每一缕清香在尘世间流传;让真情在心灵的碰撞中凝固成永恒。"鸡汤"文是浓缩版的,是耐人寻味的。

不过有人曾感慨地说:听过很多道理,依旧过不好这一生。想想,这是为什么? 中午吃饭,和妞爸说及"喝点鸡汤",我感慨地说,今天许多人不屑于喝鸡汤,是因为这些人就

消化不了，吸收不了鸡汤中的营养。鸡汤文有道理，大家都懂，但是只想不做，看了那么多书，喝的鸡汤也不少，只是一时倍受鼓舞和感动，睡了一觉，该干什么继续干什么，从来不知道实际地去改变自己的生活。那又有何用？"知行合一"这四个字，大家都不陌生，自"知"而不"行"，又何谈改变和成长。

鸡汤文学，我把它喻为干货。豆腐块式的文章中总是告诉我们一些学习、生活、工作等等大道理，这些大道理需要我们由认知转变为行动，才能检验它的正确性。可是我们许多人阅读时，知道其中讲到的道理是对的，但又缺少实践的耐心，于是就武断地认为鸡汤有毒，我只能说，鸡汤给人营养，但鸡汤不会让你一口吃成胖子，既然是鸡汤，那是慢慢滋养人的，我们不应该沉浸在鸡汤中幻想着未来，而是要下定决心，定好目标，努力前行，才能梦想成真，鸡汤的营养也不至于浪费。

可以这么说《读者》《知音》《青年文摘》等杂志都曾是我们追寻心灵鸡汤的所在。其中的豆腐块文章，励志式包装，大众化口味，快餐式文本，给了我们许多心灵的营养。有意思的是，今天的快节奏生活，我们许多人浮躁到不愿意走进厚部头的经典书籍，也不屑于阅读鸡汤式的快餐文本，真有点眼高手低，高不成低不就，却还说鸡汤有毒，我以为这就有些不够厚道了！

这个假期，只有20天，呵呵，抓紧时间，喝点鸡汤，就这么决定了！

2020.6.16

找一个适合自己的地方，让心安静下来……

时间太晚，因了一杯咖啡陪伴，了无睡意，读到白落梅的一段文字，非常喜欢，摘录了下来：

"在这喧闹的凡尘，我们都需要有适合自己的地方，用来安放灵魂。也许是一座安静宅院，也许是一本无字经书，也许是一条迷津小路。只要是自己心之所往，都是驿站，为了将来起程不再那么迷惘……"

读这段文字，浸润我心底的是两个字：安静。我所理解的安静，终究应该是直指人的内心：一个安静的人，是因为摆脱了外界虚名浮利的诱惑，而一个总是静不下心来的人，必定是对身外之物，诸如浮名虚利关注得太多了。

在我身边，没有谁比我更爱热闹，更会热闹，爱说，爱笑，爱唱，爱跳，也爱闹，但我也最爱安静。倒是想起朱自清《荷塘月色》中的一句话来：酣眠固不可少，小睡也别有风味的。因为安静于我而言，是一个人内心的需要，是急走之后的驻足，是远行之后的回望……

真正的安静，来自于内心，淡泊宁静，不为尘世的一切所蛊惑，只追求自身的简单和丰富。一个安静的人，知道如何心平气和地与自己相处。身边有一朋友，总是会因同事的一句话而寝食难安，会因领导的一次善意的提点而怀疑对方用心不诚，会因好友的一次误会就怀恨于心……我提醒她，人生最美妙的事情就是让自己安静下来，当内心归于平静，一切都会变得风轻云淡，无比轻松起来。

马德说：一个安静的生命舍得丢下尘世间的一切，譬如荣誉，恩宠，权势，奢靡，繁华。他们因为舍得，所以淡泊；因为淡泊，所以安静。他们无意去抵制尘世的喧嚣与躁动，只是想静享内心中的蓬勃与丰富。

没有谁的生活总是风生水起，时不时会有一些或大或小的烦恼萦绕于心。如果总是不断地去搅动这烦恼，那么，不安与痛苦就会充满我们的生活。人的一生只有一次，可许多人总是忘记它,于是总是不加珍惜地做一些"虐己"之事,不懂得短暂的生命倏忽而逝,实在应该对自己好一点。

又记《朗读者》,董卿深情款款地说:人生的风景,说到最后,是心灵的风景,最美的风景永远在自己心里。那一刻,我看到了董卿优雅、知性的气质里,所深深掩藏着的"安静"的种子,正是这份安静,让她懂得谦卑是人心灵的高贵。

淡看浮尘烟火,细品岁月静好,调整忙乱的步履,收拾散乱的心情,提醒自己,心若阳光,就没有雨天;心若安静,就能有诗意地栖居。生活再繁杂,心素如简,自有清欢相随。

2020.7.15

石魂广场记

今天一早,去了家乡"绥德石魂广场"逛了一圈。才发现近在咫尺的石魂广场,有多少人慕名而来,自己却从没有近距离观察过。一早去了,不自觉地被威武高大、气宇轩昂、形象生动、刻艺精湛,独具特色的硕大石狮子群而深深震撼了,不禁发自内心地想哼唱一句:谁不说俺家乡好……

说来,我们绥德,素有"中国石雕之乡"的美誉,被誉为天下名洲,从榆林出发,路过米脂,刚一走进绥德边界,从四十铺开始,沿二级公路两边,摆放着的都是绥德的能工巧匠精雕细刻的一个个石狮子,有硕大无比的,有小巧别致的,一个个活灵活现,形态逼真。每每在政府门口,医院门口,机关大门,看到石狮坐镇,我总是自豪地想,这一定是我们绥德的石狮子,一定是的。

记忆中,绥德的石头匠人们,不仅雕刻出了千狮大桥、天下第一石牌楼、永乐大道石版画、摩崖石刻等一幅幅闻名中外的巨著,更是建设了独具特色的黄土文化风情园——石魂广场。石魂广场,是以石狮为主的建筑群,放眼望去,让人切实能感受到绥德文化的深厚底蕴。

石魂广场,位于县城东龙凤桥头摩崖石刻附近,一对高 19.5 米、风格迥然、气势磅礴的巨型石狮巍然屹立在绥德黄土文化风情园入口处的石魂广场。这对石狮以唐宋石狮风格为主,同时融入明清风格。石狮底座为瑞兽赑屃造型,是象征长寿吉祥的神兽,也是担当重任的化身。石狮雄踞其上,俯视名州大地,寓意绥德人民具有胸怀大局、放眼世界、威震八方、敢为天下先的英雄气概,堪称"天下第一石雕狮"。而石狮博物馆就位于巨狮腹中,设计体现"狮情画意"。据说,博物馆分 A、B 两个馆,每馆分 4 个展区,已建成一个自然、人文、建筑、民俗与石狮相结合的、世界唯一的石狮主题博物馆,展示汉、唐、宋、明、清不同时期的石狮演绎历史。遗憾的是博物馆暂不对外开放,今天没能一睹其风采。

据说,在石狮博物馆内,从各地收集而来的 300 多个石狮神态各异,让你能感受到绥德石狮文化的源远流长。这些石狮分为炕头石狮、镇宅石狮、镇山石狮。狮作为吉祥瑞兽在我国有着两千多年的文化历史,上至皇宫、官衙庙宇,下至民间住宅院落,起着驱邪除恶、镇宅的守护作用。

石魂广场不同于别处的广场建设,其分布于县城龙湾一隅,依山而建,顺势而为。这里实际上是一个集收藏、收集、拯救、复原、再现为一体的陕北石狮文化艺术的研究所和博物馆。聪明智慧的家乡人，将那些四处散落已经残损无法挪动的石雕，请专家和能工巧匠绘图测量，然后复原出来；将那些小的、材质极差但品质极高的复制回来；将那些流失在外的优秀本土作品收集回来，并按照石狮与自然的协调和呼应关系分别置于山上山下，他们还将弘扬现有民间艺术的优势、尽力释放那种属于这里的恒久弥新的文化艺术气息。

　　石头，可以说在绥德的能工巧匠手里，演绎到了极致。石头，一直以来都是陕北大地上的铮铮筋骨，它与黄土一起从来就是陕北的血肉，无可分割。因此古代陕北就缘于石头的坚硬阳刚和恒久的意义而崇拜石头。在绥德，在陕北，沟沟梁梁，村村落落，到处都有青蓝青蓝的石头，坚硬，硕大，于是石头造就了一孔孔窑洞、一处处院落、一个个乡村。在陕北的历史上，战乱与妖魔曾是人们时常要面对的天灾人祸，无依无靠的人们万般无奈，只好祈求神灵的庇佑，人们呼天喊地、度神意而假人手创造了独特的守护神，于是在我们绥德家乡的院落上下就出现了石人、石狮、石牛、石猴、石羊等大小不一的历代石雕。缘于本土观念：狮为山中之王，其中尤以石狮文化最为发达。有置于山头的镇山狮子；有置于大河岸边的镇河狮子；有置于庙宇前的守庙狮子；有置于村口的镇村狮子；更有安放于房前屋后、堖畔、院墙、大门、路口的镇宅狮子；亦有窑洞内的炕头狮子、财神狮子、送子狮子、灯树狮子、压席狮子、玩具狮子等。

　　即使在今天，人们对于狮子文化的崇拜并未减弱，在现代发展的社会中，商业与居住环境中依然可看到众多的守护狮子的形象。狮子已成为精神生活中的一种祥瑞符号，也是中华文化精神崇拜的重要组成部分。

　　当然，在狮群之上，还有五个硕大无比的鼓，鼓面上蹲卧着形象各异的石狮子，有的憨态可掬，有的傲骄示人，有的威武有力，有的亲昵可人，真正寓意是五"鼓"丰登，真是别有新意。

　　石魂广场，因石狮，因石鼓，已经蕴含着石之魂，石之魄，石之精髓。今天石魂广场已经成为家乡人民参观休闲的最佳场所，也成为外地客人旅游和考察的理想之地，不失为地方文化建设的典范。

2020.7.28

请别着急羡慕别人的生活

下午,学校阅览室的钟老师来到我们办公室,想搭我的一个便车,我忙收拾办公桌,这时,坐在另一侧的语文组的年轻而又漂亮的碰男老师说:"钟老师,我们都认为你最有福气了,咱们学校阅览室最好,你这个岗位,我们都最羡慕你了……"

想想,也是哦,学校阅览室,满屋书架,适意的沙发,小巧的圆桌,台式大屏电脑,一应俱全,当然更令人羡慕和向往的是学校还备有咖啡和各种茶叶,再配有晶莹剔透的方块白糖,这些东西,虽不名贵,但真的很是适意在胸了。平时,老师们业务都比较忙,备课、上课、开会、辅导、批改作业、面改作文、研修等等,能去这么让人惬意的阅览室小坐的人寥寥无几,想想钟老师竟能一个人"长期拥有",呵呵,怎能不令人羡慕呢?

正想呢,只听钟老师谦虚地说:"其实,我不怎么喜欢看书,所以,这么多年,在阅览室也没长进多少,说句心里话,我挺羡慕你们的,有课上,虽忙也充实……"

"还有,"钟老师接着说,"我调过神木来的时候,以为会去小学,我本来就是一个小学老师,却调到了咱们学校,刚开始那几年,特别想去小学,可以上课,可几年下来,也就没什么想法了……"

我转过身,对碰男老师说:"你看看,你羡慕别人,别人更羡慕你呢,所以与其羡慕别人,倒不如先肯定自己呢……"

"嗯,也是哦,"碰男说,"原来生活真是这样啊,我们总是在羡慕别人的人生,殊不知别人也在羡慕我们……"

想想,生活中,常常有类似的场景:

你羡慕别人一身潇洒无牵无挂,别人也许羡慕你有家有爱有人等你回家;

你羡慕别人清闲自在全职在家,别人也许还羡慕你有事可做工作充实;

你羡慕别人月薪几万飞来飞去,别人也许还羡慕你想唱就唱轻闲自在;

你羡慕别人一个孩子没有负担,别人也许还羡慕你两个孩子儿女双全呢;

…………

记得看过一个4分钟的短片《我的鞋子》，据说收获了超过3亿的点击量，其中告诉人们的一个道理就是：何必羡慕别人的生活，当你羡慕别人的鞋子的时候，别人正羡慕你会走路；当你抱怨没有鞋的时候，还有人没有脚；当你羡慕别人的生活，你的生活也已被别人羡慕……

生活中，很多人总会认为幸福围绕在别人身边，烦恼总是纠缠在自己心里。其实常常看到的景象却是：当你仰望和羡慕别人的幸福时，一回头，却发现自己正被别人仰望和羡慕着。

在我看来，生活中常常打扰我们，让我们感到不安的，往往并不是我们自己，而是别人的生活状态和别人的生活模式。因为，总是羡慕别人的生活，就会给自己的人生带来混乱和迷茫，甚至会使自己内心烦躁和不安。

"羡慕别人的代价，常常就是失去自己"，真的不记得这句话是谁说的，只是因为喜欢，就摘录在了读书笔记的扉页。这句话，告诉我们，不去羡慕别人的生活，你的日子可能会变得更悠然平静，遂意顺心。一个人不去羡慕别人，才会找到自己的生活，真正做到自我，达到自己的目标，过好自己的日子。

我想说，珍惜当下，感恩拥有，亲们，请别着急去羡慕别人的生活！

2020.8.22

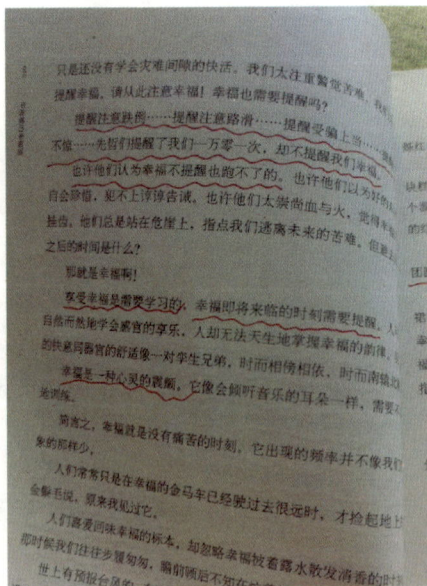

又到中秋

一年一度中秋节,千家万户共邀月!尤其这几年,中秋节都有了法定的假期,那么,这节你再没有了工作、上班忙的借口,过也得过,不过也得过!难道不是吗?这节日的意义基本就是可以放假,可以休息了!!

此时,没有打开电视,但我知道,一定有不少电视台,又特别应景地在节目里渲染着团圆的气氛,天涯共此时,明月寄相思。相信,这样的节目或多或少是能够勾起一些人深藏心底的相思之情的,但我总觉得,这份相思已经没有那么深,那么浓了!是科技太发达了,还是地球太小了?是节日太多了,还是人情变淡了?总之,过节的热情是一年不如一年了!

记忆中的八月十五中秋节,父母总是要提前半个月就要忙碌起来,因为我们家的院子里,父亲手巧,能干,垒了一个打月饼的炉子。每年中秋前夕,邻里邻居、远近亲戚,都赶着趟儿地来我们家打月饼,精明而又好客的母亲总是提前就根据大家的具体情况,给排好了队,比如有工作的安排在周末;做得少的,两家一天;做得多的,一家一天;井然有序。当然重要的是我父亲,他在和面,备馅,上火,烘烤,各方面都是行家里手,所以,大家都要抽我父亲的时间段。那段时间,父母都特辛苦,忙着给亲戚朋友,邻里邻居打月饼,家里家外到处都是包月饼的,压月饼的人,可每每在这个时候,父母忙碌着,也是最开心的时候。

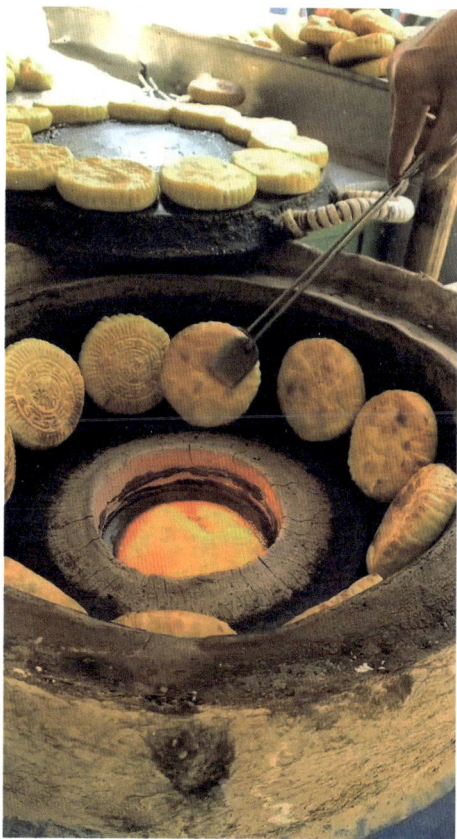

记得那时,每当第一炉月饼出炉的时候,所有的做月饼的人,不论是揉面的,还是拌馅的,不论是擀皮的,还是套模的,都会放下手中的活,奔到月饼炉子前,拿起烫得要命的月饼,一人一口,品尝着,讨论着,糖多了?油少了?火大了?时间长了?总之,大家都开心地吃着,谈论着,好不开心啊!

记得那时候,放学了,我们就急着往家赶,不管是谁家在做月饼,都会给我们姐弟递过来一个个滚烫的月饼来,小孩子的我们被烫得左手倒右手,还不忘咬一口,舌头被烫得直打转,咬着嘴唇,发出丝丝的吸溜声音。更让人刺激和开心的是,父亲会把还在炉子上的月饼,非常烫手的,掰开了递给我们,不忘提醒:"操心把嘴烫伤了!"现在想起那月饼的馅,成流泥状,真让人垂涎三尺,烫也要吃一口,真是烫了嘴巴,甜了心头!

当然,每年,留在最后才能做自家月饼的母亲,总是要做很多,因为提前吃了别人的月饼,母亲总是要还回去,经常说,邻里邻居的,互相帮忙,是应该的。

············

这个中秋节,家里有月饼,但谁也没吃一口,似乎放在茶几上的月饼,勾不起人一点点食欲,其实我吃月饼,真的牙疼!但今晚,我好怀念小时候,自己家里父亲亲自打的、热气腾腾、软软烫烫、香香喷喷的月饼啊!

相信,小时候父亲打的月饼是我吃过的最美味的月饼了。此刻,阴天,蜷缩在被窝里,月圆人未见,这月饼的味道也只能深藏在记忆深处了!

2020.10.4

流年易逝又重阳

记得有人说,当你真正开始在意重阳这个节日的时候,说明你正在变老。现在想来,这句话好像有些道理。

岁岁重阳,今又重阳,感慨"未觉池塘春草梦,阶前梧桐已秋声。"朋友总是说我,人老情多,我也越来越发觉,随着年龄增长,似乎割舍不下的东西越发多了起来,曾经的自己,在这个日子,不过是"不堪今日望乡意,强插茱萸随众人"的附庸风雅,而今,年龄渐长,似乎对这个节日有了更多的怀想。翻看去年此刻所写的短文,不禁想"时间都去哪儿了",怎么转眼又重阳?

小时候,过节或许只是因为有那么一点好奇,一点好玩,现在却觉得这些传统节日的存在确实是意义非凡,有了这些节日,我们心底的思念才能有所依托,有了这些节日,我们内心的情愫才得以释怀。长这么大,真的,真的从没真正想过有一天父母也会成为老人,没想过他们两鬓斑白、步履维艰、老态龙钟时的样子。人有时候就是这样,总是在逃避不喜欢的现实。不愿意接受父母会变老的现实,而这些丝毫阻止不了时间的匆匆,阻止不了父母日渐增多的白发与皱纹,阻挡不了父母日益蹒跚的脚步……

每个假期回家,母亲里里外外忙碌着,为我们做一顿好饭,为我们在缝纫机上转鞋垫,为我们准备这,准备那的。从一回去,到离开,母亲时时、天天想着走的时候拿这个,装那个。因为害怕忘记了,所以,今天记起一样东西,今天就装起来,生怕我们走了,没带这,没带那的,如果这样,母亲会惦念,唠叨好多天。儿女离家太远,父母的牵挂总是很多。

还记得,二十年前大学毕业时找工作,那时父母还年轻,40多岁,年富力强,父亲曾经说我,能走多远,走多远,只要你们有能耐,只要你们过得好。可是这几年,父母年龄大了,尤其母亲,总是会感慨,唉,离家太远了,养儿养女还是不能走得太远了,趁就不上啊!

记得几年前,每每母亲叹息时,我总是不能理解,甚至想,其实又不远,现在交通便利,通讯发达,都在一个榆林市,能有多远?身边朋友,同事,还跨省呢,出国呢!难道不是吗?

今年,让我能慢慢理解父母的是一件小事对我的深刻触动。暑假回家,晚上,母亲还跟我拉家常呢,眨眼间,鼾声响起,很大;我睡不着,侧身,目光停留在母亲的脸上,皱纹斑驳,深深浅浅,长长短短,满脸都是;令我诧异的是,母亲这几年,老得太快了,不经意间,丝丝白发,道道皱纹,已成母亲最为显明的标识。那一刻,真真正正触动到了我:父亲母亲真的是老了啊!

想想,当我们的父母看着自己的孩子一个一个长大,然后相继离开,他们心里的落寞我们真的又能体会到多少。我们能做的或许只有偶尔打个电话,但有时又仅仅是为了打而打,应付,完成任务,用心交流能有多少。父母老了,对儿女的依赖越来越多,有时,就像我们小时候,对父母的依赖一样。

为人子女,体会父母情感,走进父母内心世界,体谅父母的心理,最是紧要。我们都明白,世间最痛苦的事莫过于"子欲养而亲不待",好在我们的父母还不算老,好在他们都还身体健康,我觉得这是我们为子女的福分。没有办法,没有时间长久地陪在父母身边。今夜,重阳,这一刻只能在心里默默祈祷,九九,久久,日月并阳,双九齐举,重阳佳节,希望在来年的重阳节能和父母一起登高远眺,对饮菊花酒……

岁往月来,忽复九月九日,在文字里寻找一份惦念,原来希望又寄托在了来年……

2020. 10. 18

行走在红尘里……

当岁月的帷幕徐徐拉开,俗世中的我们,你、我、他,每个人都成了人生舞台上的表演者。倘若我们能做好心的修习,那么,毋庸置疑,我们的戏份一定会非常出彩。

都说生命是一场旅行,一路上,我们会听见花开的声音,会看见花绽的容颜,也会看见花落花谢的惨景,如果我们能时时拥有温暖快乐的心情,拥有从容淡定的心境,一路经历着、感悟着、懂得着、感恩着,如此,我们的生命就会开出美丽的花朵,永绽不败。

无论在山水之间,还是在广袤荒野,我们都需要让我们的心如山涧溪水,清澈透明。人间种种烦恼大多皆是庸人自扰,若我们能盈一份博爱与豁达于心灵深处,不好高骛远,不妄自菲薄,是云就在天空中逍遥飘游,是水就在江湖里安逸自在,是风就去吹开百媚千红,是雨就去默默润物无声。这样,相信我们的人生就能风清日朗、四季如画、美不胜收。

自古以来,很多名人墨客归隐山林、幽居田野,他们绝不是自甘堕落,或是消极颓废,那是他们阅尽沧桑后的一种了悟,也是对世事名利的一种释然。当我们渐渐领悟了生命的真谛,懂得了生活的涵义,知晓了活着的意义,拥有了超脱的心境,不再为名利而劳累,不再为成败而悲喜,怀着一颗悠然的心,在春天播种,在夏天耕耘,在秋天收获,在冬天欢喜,将一份素雅、一份充实写进生命的诗行,那样我们的人生该有多么的潇洒和惬意。

谁说当局者一定会迷?只要我们燃一盏心灯就不会迷失,只要我们做到不以物喜、不以己悲,不纠缠于过去,不束缚于现实,不纠结于得失,在喧嚣中能觅得一份宁静、在风雨中能觅得一份坦然、在静谧中能觅得一份幽逸,不管山重水复、不管柳暗花明,我们都能笑谈风云、坐看云起,这又何尝不是精彩的人生?

红尘漫漫,让我们积点滴成大川,积跬步致千里,把旧的一页翻过去,在喧嚣纷扰的人世间,保持一份众人皆醉我独醒的非凡境界,走出人生迷局,不去随波逐流,不为流言蜚语所左右,在繁华中沉淀一份稳重,在单调里营造一片斑斓,风骨凛然,淡然面世,以休闲的心去采菊东篱,赋诗清风,给生命赢得更多的明媚和亮色。

人之一生,祸福相依,笑泪交织,有淡定,人生就不寂寞;有知足,人生就不空白;有超脱,人生就更丰富;有付出人生就更精彩。若我们拥有了超然物外的至高境界,纵然繁华都落尽,纵然一切成烟云,我们的心中一定仍有花开的声音和美丽的风景。

2020. 11. 11

时刻保有一种状态

上午课间操,朋友圈上传了一个跳绳小视频,办公室年轻的妹妹们说,李老师,以后就叫你"天山童姥"吧,太厉害了,我们都跳不动了,你牛,太牛……

呵呵,我想说,之所以能有这样一种状态,是因为我一直渴望自己保有一种状态,即活力、向上、简单、阳光。这么多年,我基本上逐渐拥有了这种状态。呵呵,倒是想起了一句话,你渴望成为什么样的人,你就会成为什么样的人,只要你朝着这个方向去努力。

想起特别流行的一句话:

不忘初心,方得始终。

念念不忘,必有回响。

喜洋洋,乐呵呵,让幸福洋溢在脸上,让快乐扎根在心底,让活力充斥每一个细胞,于是生活总是充满阳光。

从不愿计较,从不爱抱怨,也从不记恨,更是从不觉得吃亏,于是生活于我总是感恩和回馈。

多年以来,看世界,想人生,在生活里学着成长,慢慢成熟;发现生活从不曾亏欠过谁,只要你付出,就会有获得。付出真情,定有微笑回报;付出善良,定有感激的收获;付出包容,也定有理解的回馈。总之,别忘了,这个世界从没有亏待过谁,种瓜得瓜,种豆得豆。

想起佛印与苏轼的故事:有一天,高僧佛印与苏轼在一起参禅、打坐。苏轼问:你看看我像什么啊?佛印说:我看你像尊佛。苏轼听后大笑,对佛印说:你知道我看你坐在那儿像什么?就活像一摊牛粪。这一次,佛印又吃了哑巴亏。苏轼回家就在苏小妹面前炫耀这件事。

苏小妹冷笑一下对哥哥说,就你这个悟性还参禅呢,你知道参禅的人最讲究的是什么?是见心见性,你心中有眼中就有。佛印说看你像尊佛,那说明他心中有尊佛;你说佛印像牛粪,想想你心里有什么吧!

犹记高中时候读这则故事,懵懂无知,认其字不知其意,随着年龄增长,渐渐明白这则故事的深意，即：相由心生，境随心现。一切由心想生，你的心态决定了你看事情的态度和是否能看清事实真相。有一颗仁义之心、慈爱之心、善良之心、诚恳之心、感恩之心、怜悯之心、大度之心、包容之心，用这样的心去看世界、看生活、看人生，才会看到世界的美好、天空的蔚蓝、花鸟的可人、人间的真情。心中有快乐，所见皆快乐；心中有幸福，所见皆幸福。而且，会让我们看到事物的真实面目，品尝生活蕴含的美好。心中有爱，才会生活在幸福与快乐之中，人生才会更温馨、更和谐、如沐春风。

所以时刻不忘提醒自己，保有一种状态，我所理解的这种状态，活力、向上、积极、阳光、包容、大度、境界、修养、追求、格局，都是其关键词，美好、善良、宽厚、感恩一个也不能少。于是在追求中完善着自己，提升着自己，因为我一直认为，人生学习无止境，我们一直都在学习的路上……

渴望保有一种状态，这种状态就是活力向上、充满阳光；宽厚大气、真情满怀。憧憬拥有一种气场，这种气场就是，海纳百川，有容乃大；壁立千仞，无欲则刚。

别忘记：你究竟想成为什么样的人！

2020.12.15

173

这一刻,不要忘记奖励一下自己!

亲们,2020 年就要结束了,这一刻,不要忘记奖励一下自己哦!

诚如一位哲人说,如果生活、工作与学习中你能体会到一份乐趣,那么自我激励就是这份乐趣的催化剂。在我看来,这一年,不管我们有多辛苦,不管我们有多努力,也不管我们有没有收获,是否让自己满意、同事认可、领导肯定,我们都应该奖励一下自己,狠狠地!

昨天下班回家,和朋友认真地说,2020 年就要说拜拜了,我准备好好地奖励一下自己。朋友笑笑说,服你,总是这么有创意、有想法逗自己开心! 呵呵,我心想:年末了,自己奖励一下自己,既不占指标,又不争名额,奖励金额不用上会研究,不做会议记录,奖多少都是咱自己说了算。呵呵,我的奖励我做主,重要的是羊毛真的出在羊身上,实惠了自己,有奖励之名,更有奖励之实,哈哈,我们真的何乐而不为呢?

生活与工作中,我是一个挺阿 Q 的人,今年,忙得有点过头。朋友说,这个学期送你一名字"忙得·胡鲁巴塔"。我说,这名字好呀,为了这么洋气的名字,我是不是也应该奖励一下自己呢? 呵呵,买件心仪的衣服,买个漂亮的包包,买个亮色的口红,买本自己想要的书,狂吃一顿,K 歌一次,睡个大懒觉……原来呀,只要学会奖励自己,我们总能找到自己满意的奖品,想想都令人兴奋不已啊!

其实,从另外一个角度看,时时记得奖励一下自己,未尝不是治愈疲惫心灵的一剂良方。工作要做,日子要过,在我们周而复始、按部就班工作中,在我们琐碎繁杂、忙碌不堪的日子里,给予自己奖励,就是点燃我们工作的动力,激发我们生活的热情;接纳自己,欣赏自己,奖励自己,自得其乐,岂不快哉! 所以嘛,多奖励自己,多犒赏一下自己,实在是年终大奖哦!

生活里需要自我奖励,偶尔可以狠一狠心,把自己平常不能满足的愿望实现一个,犒劳一下自己,慰藉一下自己,不必过分奢华,只要是自己想要的。肯定自己,满意自我,那么就少了抱怨,多了感恩;少了纠结,多了选择,人生在自我奖励中成长,也在自我激励中进步!

找点空闲,找点时间,找个理由,找个借口,做个爱自己的女人,做一回"败家娘们",年末狠狠地奖励一下自己! 亲们,行动起来哦!

2020. 12. 29

2021,写给自己

时光荏苒,转眼间 2021 正以急不可待的姿态奔向我们,不管你愿不愿意,它已然就这么来了。

此刻,夜深人静,翻阅我在 2019 的这一刻写给自己的来年期许,静读 2020 年渴望成就的自我状态和模样,有欣慰有感慨,想起海明威曾说过的一句话:优于别人,并不高贵,真正的高贵应该是优于过去的自己。

这么多年,每年的这一天,这个夜晚,总是耿耿在怀,盘点过去,给自己一个小结;展望未来,给自己一份期待。人生的每一阶段都充满了念想,2021 年,期待自己朝着光的方向,活成自己想要的模样!三毛说:"我来不及认真地年轻,待明白过来时,只能选择认真地老去。"人生路上,这么多年未敢懈怠;一直努力,相信走过的路都算数!

始终相信,一个人一旦失去方向,所有方向吹来的都是逆风。所以 2021,希望给自己的生命留出一点点空白,工作再忙,也要努力经营好自己;不盲目、不跟风,对自己真诚,知道自己想要什么。因为,留白,让生命变得厚重,也让人生变得丰盈。

柏拉图《理想国》中曾经写道,我们一直寻找的,却是自己原本早已拥有的;我们总是东张西望,唯独漏了自己想要的,这就是我们至今难以如愿以偿的原因。

提醒自己,生命有限,不要把精力放错了地方。所以,庸人自扰的事不做,杞人忧天的事不干,活着就已经够累,别再自己让心灵憔悴。

在我看来,成功不是衡量人生价值的最高标准,比成功更重要的是,一个人要拥有内在的丰富,有自己的真性情和真兴趣,有自己真正喜欢做的事。于我而言,安安静静地教书,开开心心地生活,投入地教书,幸福地生活,真的很满足!

其实,人的所有烦恼都是来自于放不下、想不开、看不透、忘不了。呵呵,这么多年,微笑常挂嘴边,对生活充满热望。有人问我,为什么你总是那么充满阳光,其实,很简单,我这人头脑特简单,无非是不愿意为难自己,更不想压抑着自己,所以,记住该记住的,忘记该忘记的,如此而已。

人生一路,一步有一步的风景,一程有一程的感悟。任何时候都不能让心迷茫,擦亮眼睛,是是非非看得清,不牵于情,不挂于心,透过指间光阴,淡看流年烟火,细品岁月静好。心中的风景,才是人生永不改变的山水。

生活总是鸡零狗碎时，我们太容易忘记找一处清净的角落暂歇下来，梳理自我了。上语文课，给我可爱的学生说：人啊，比背诵诗词更重要的是以诗意的方式过一生！提醒自己，任何时候都不能忘记为什么出发！

无论这个世界多么散漫，提醒自己保持一种姿态；无论工作有多么忙碌，提醒自己保持一种热忱；也无论生活多么琐碎，提醒自己保持一种期待。心怀美好，相信这个世界一定不会辜负一个有心人，定会温柔以待。

爱默生说：时间在你的灵魂中留下的印记，是你不能轻易察觉的，但它就是让你变得不一样。而我更相信，时时提醒，念念不忘，执着追求自己渴望的模样，一定能朝着光的方向，活出自己想要的模样来！

我的2021，用最美的姿态，遇见更好的自己，加油！

2020.12.30

过年了,也来说说酒……

犹记,有一次吃饭,一桌子人,把酒换盏,好不热闹,有朋友过来:"给个面子,喝一杯。"我说,不会。朋友又说:"酒品即人品……"我说,那我就无品,好了吧。朋友哑然,气氛骤然……

终归,这酒没喝,呵呵,也算具体婆姨一个。平时吃请,不论什么酒谈场,咱不会喝,所以也很少起身敬酒,不为难自己,也不为难别人。有人说我耿直,有人说我不会来事,还有朋友善意提醒说,你就不能装一装吗?呵呵,怪自己,这么多年就没学会。令人不解的是,宴席之上,喝与不喝,能不能喝,绝不仅仅是酒量问题、身体问题,而是升华到是不是尊重对方的问题,甚至是面子问题,让人说什么好呢。

无酒不成宴,有酒就是席,国人传统习俗。这不,又过年了,这酒又该红火热闹起来了。古代文人饮酒喜欢猜枚赋诗,平民百姓则是划拳猜酒令。文人雅士敬酒时道:"有花方酌酒,无月不登楼,三杯通大海,一醉解千愁。"花前月下,酒意兴起,且看李白"举杯邀明月,对影成三人"的雅意,再看苏轼"明月几时有,把酒问青天"的畅怀,古代文人墨客,美酒出诗篇,把酒言胸臆;借酒浇心愁,有酒吟家国。古人吟酒,吟出了情怀,吟出了气度,也吟出了文化,让人怀想,令人感慨。

平时参加的宴请也不少,红白喜事,贺寿,都离不了酒。有意思的是,身边有些人,酒后吐真言,酒壮怂人胆。看吧,有的人借着酒劲儿,手舞足蹈、骂骂咧咧、浑话连篇,放浪恣肆,与平时判若两人。于是,不该出的错,出了;不该丢的丑,丢了;酒后无德,脏话脱口而出,浑话一个赛过一个,好像在酒谈场上,不说两句浑话,就散不出酒劲一样。于是,缠缠绵绵,你推我搡;拍拍打打,黏黏糊糊。呵呵,调侃成了关键词、揶揄成了流行语,阔论无疆界,高谈没边线,举止轻佻不俭点,说话放肆吐狂言,我所理解的酒品即人品应该是从这个角度去诠释,呵呵,比较合适。

再看,酒过三巡,微醺薄醉,场面就更令人遐想了,位卑的向位高的敬酒,年少的向年长的敬酒,大家借花献佛,借酒这个东西献殷勤表忠心,酒场呈现出一派热闹繁荣景象。于是,真真假假,假假真真,言不由衷,虚情假意,表里不一。看吧,有人媚态十足,有人丑态百出,有人卸了伪装,有人露出本色,钱多的趾高气扬,权大的颐指气使……这酒还真是好东西,能让人现本色,显真相,当然也能让旁观者看清人,识真人。就此而言,酒的功劳还真不小。

古人吟酒,吟出了洒脱,吟出了才情;今人喝酒,喝出了喧哗,喝出了虚假。酒桌上觥筹交错,推杯换盏,浓情蜜意,豪言壮语;散场后互不相识,无中生有,恶意中伤,落井下石。呵呵,不是小女子我偏激,这也恰是今天酒谈场的一部分,也是当下特有的酒文化啊。

西凤酒的广告词说得精妙:"如果没有这只凤凰,龙的传人将是何等的寂寞。"古人吟酒,吟出了"古来圣贤皆寂寞",今人喝酒,喝出的是盛世繁华与喧嚣。呵呵,不可否认,酒能调节气氛,把酒言欢;酒能促进情感,举杯畅吟。酒场上有人这样说:"能喝一两的喝二两,这样的朋友够豪爽。能喝二两的喝五两,这样的同志要培养。能喝半斤的喝一斤,这样的哥们最贴心。"不胜杯酌者却是无奈地这么说:"喝坏了眼睛喝坏了胃,喝得手软脚也软,喝得记忆大减退,眼发花头发胀,血压增高脸变色,眼发直舌发硬,话语不清腿趔趄……"

又要过年了,亲们,奉劝大家:

量力而行真君子,枉装好汉伤己身;

酒到微醺方正好,饮酒不醉乃英豪。

最后祝亲们,春节快乐!

2021.2.10

"打回原形"，必须！

上午，有同事给我看一张照片，一女孩，蛮漂亮的。同事说，是她侄女，看身边有没有合适的男生，给介绍一个。当时，我没好意思问一句：这照片，上过美图吗，是不是美颜相机照？哈哈，现在想想，不见真身，还真美丑不知，高矮难辨呀。据说，美图秀秀逛一圈，要多美有多美，要高个子，哈哈，也并不难！

又记曾经给学校一男同事介绍对象，我和妞爸夫妻搭档，妞爸牵线我搭桥，为确保此次介绍能够一举成功，我们俩好好地对男女双方诸如学历、单位、身高、长相、年龄、爱好等硬件与软件进行了权衡，觉得他们俩应该还是"门当户对"，基本应该是"天造地设"的一对子了。当然，妞爸刚开始并不积极，他这人比较内向，属于不"好事"型的；我呢，女人嘛，本性难移，总觉得"千里姻缘一线牵"，成人之美，何乐而不为？没办法，哈哈，热心肠是本人最大的优点！

"李老师，我给你汇报一下战况，我们见面了。哎呀，李老师，那女的和照片基本上就是两个人，反差真是太大了！"同事看完对象，打电话给我，我一听，看来是没戏！妞爸问我进展怎样。我说："估计没戏，唉，这美图秀秀，介绍对象时还真是有些误导人了！"

"你的同事，该不是外貌协会的吧？"妞爸困惑！

我说："现在 PS 一下，丑女变美人，确实让人真假难辨啊，这姑娘，是不是 PS 得过了点呀！"

妞爸无语！

的确，在这个人人 PS 的时代，有时真是美丑难辨啊！而且据说，一位醉心于演美少女的 60 岁的女明星，也能 PS 出 20 多岁的面庞和身材来，杂志上微博上其晒出的照片皮肤溜光水滑，但她本人的脸上经过多次整容和打激素，仍然老态毕现。哈哈，PS 时代，确实让一部分爱美的女生，找到了自信，但每每看到一个画面中的美女，人们有时会"草木皆兵"般地来一句：唉，一定是 PS 过的！那口气，不容置疑，我感慨：唉，真是假做真时真亦假啊!

这对象就这样介绍的没了下文。和妞爸一致认为,看来以后"重操旧业"时,一定要"吃一堑,长一智"啦!

不过,妞爸依然纳闷:怎就反差这么大呢?这美图秀秀也太神奇了!看来,以后介绍对象一定要眼见为实,不能先看照片啊!

我知道,妞爸在这件事情上还有点纠结啊!

晚上看书,他爸突然兴奋地说:"你听听,这下可好了,新推出了美图还原 App,能一秒消除大头贴、PS、美图效果、将变大的眼睛、变小的脸庞、亮滑的肌肤瞬间打回原形!"

我一看,原来是一款名叫 Primo 的修图软件正在互联网上火了起来,而且该 App 的宣传语是:要让美颜女孩"闻风丧胆",将其"打回原形"。哈哈,这下美女无处可逃了!!!

妞爸兴奋,我想大概是以后介绍对象不用"美丑难辨",没有负担了!

这场"真"与"美"的较量,看来不是那么容易"反假归真",因为从现实的情况看,人们对"美"的追求远远大于对"真"的渴望!

当然在追求"美"的浩浩大军中,也包括小女子我哟!偶尔也在朋友圈里臭美一下:亲们,看到微信中的我了吗?也是美图秀秀过的哦,真实的我,40 多岁,皱纹突显,毛孔粗大,皮肤暗黑,没有光泽……那么,亲们,提醒大家,千万别相信朋友圈里看见的我,那些个我,要么去美图秀秀上逛了一圈,要么用的是美颜相机……

呵呵,经常在朋友圈晒晒的妹妹们,谁有勇气大声说:

请将我打回原形,毫不留情!

反正我是不打算,也没勇气,因为我总是爱臭臭的美!

2021. 2. 13

时间都去哪儿了？

有朋友问我："亲，为什么你有时间练古筝，有时间写文章(过奖了，其实只是记录生活而已)，可我就没有一点时间呀，感觉每天都特别忙，可也没忙出个结果来，唉!"

我想说，其实我真的和你一样忙。我忙着上班，备课、上课、批改作业、听课、开会;忙着下班，做饭、洗衣服、拖地、陪女儿写作业、练钢琴……我真的也很忙。

先从一件小事说起吧。前天上午吃饭，妞爸说："腾讯上有个视频你看了没有?"我说："我不看视频，因为我的手机没有视频软件。"妞爸说："下载安装一个，挺简单的呀!"我说："倒不是不会，我的手机上没有头条，没有爱奇艺，没有腾讯视频……是因为我觉得总是看一些无关痛痒的所谓新闻，挺浪费我的个人时间的，所以，我不安装，也懒得看……"

当我有意屏蔽掉与我无关的讯息，当我总是回避接受一些负能量的东西，当我从不愿意浪费自己的时间在一些无关乎自身成长的事情上的时候，我发现，即使工作再忙，我依然有时间去发展自己的业余爱好，依然有时间去记录生活，发展爱好，提升自我。

社会纷繁芜杂，资讯铺天盖地，生活忙碌不堪，如何让自己在一天的聒噪与烦乱中腾挪出一点空间，空闲出一点时间，让自己安心静气，找寻属于自己的天地，发展自己？我认为一个人要懂得取舍，你的内心如果总是放不下，那么最终什么也得不到。生活中懂得取舍的人，才是智慧的人。

犹记看一篇文章，其中写道，周润发曾经感慨地说："我们其实并不需要太多信息，而是应该学会倾听内心的声音。"读到这句话，我深深领悟了，这是一个历经多变复杂人生的人最终把生活删繁就简的一种智慧。有人说，周润发是一个从烟火气、市井气中来，最后回到烟火气、市井气中去的人。而我却认为，这位我心目中的男神对人生的选择正应了今天特别流行的一句话，那就是:真正的平静，不是避开车马喧嚣，而是在心中修篱种菊。

　　所以，一个人究竟想要什么，这是值得思考的一个问题。当我们总是随风而动、随波逐流；当我们总是不知所求、人云亦云；当我们总是随欲而行、不懂节制；当我们取舍不下，难做选择时，其实，我们就没有了自己人生的目标和方向了，所以烦乱总是伴随着你，忙碌总是追逼着你，焦虑又总是离不开你，于是，你的人生忙碌而无所得。所以，车马喧嚣更需要我们心存篱菊，才不会辜负了一己所愿。提醒自己：删繁就简，取舍人生，生活才会更加丰富多彩。

　　时间都去哪儿了？我总是这么问自己。

2021. 2. 19

在婚姻中，做个有意思的女人

有人说，在婚姻中不能做个缺心眼的女人；也有人说，在婚姻中一定要做个有心机的女人。我以为，在婚姻中，应该做个"有意思"的女人。

犹记和朋友们闲聊，话题是如果你发现闺蜜的男人出轨了，你会不会告诉闺蜜。大家众说纷纭，有的说当然要立刻马上告诉闺蜜，有的说应该再了解一下具体情况……我说：其实吧，我们的幸福人生有许多是靠谎言支撑着的，何必呢！呵呵，姐妹们恍然顿悟：哇，幸福人生有时候确实是这样的啊！其实，难得糊涂，糊涂难得，人之所以不快乐，是因为活得太明白了。有些事，睁一只眼闭一只眼，说得太清楚便是无趣。呵呵，人不可太尽，事不可太尽，凡事太尽，缘分势必早尽。

又有人说，那如果一个女人听说自家男人有出轨之嫌疑，这个女人是明察暗访、寻根究底呢，还是视而不见、充耳不闻呢？哈哈，我以为做女人如果这时候捕风捉影，紧追不舍，死缠烂打，打破砂锅问到底，那就实在没意思得很，丢了女人的骨气，反会让男人以为女人有多无理取闹，有多小心眼，又有多不懂事；还有，以上种种，都是女人不够自信的表现，所以嘛，自信的女人在婚姻中，精神永远是独立的，做个有意思的女人，才是王道！做个有意思的女人，需要有自己的底气。因为越是到了一定岁数的女人越能懂得内涵的重要，相比于大嗓门的乱嚷乱叫，泼妇一样的得理不饶人，有分寸的表达更能体现你的底气，有锋芒的内涵品质才更能让对方爱而敬之。

做个有意思的女人，需要有威而不怒的神气。适可而止地约束自己的冲动和坏脾气，才是对自己的褒奖；女人如果这个时候，摆出三娘教子式的威风，拿出誓不罢休的架式，我以为已经输了自己的素质，丢了面子也失了里子，会让男人看低的，而且显得很没意思！

做个有意思的女人，需要有取舍进退的骨气。生活中繁琐的事情太多，而人的意志力储备却是有限的，将精力放在重要的事情上去，才能有不纠结的人生。人生最遗憾的莫过于轻易地放弃了不该放弃的,固执地坚持了不该坚持的,这样的女人,慢慢地就会变得越来越没意思。

做个有意思的女人,别让自己爱得太廉价,太卑微。六六说女不强大天不容。女人真正的强大,是懂得取舍,知道进退,不断修炼自己。有句话说得好:你若盛开,清风自来。以柔克刚,曲径往往通幽。

约翰·戈特曼曾说:不要把日子连根拔起,留一些神秘在土里,才是婚姻和谐之道。我以为,中国古语有云:水至清则无鱼,人至察则无徒。其中的智慧在婚姻生活中也是无比适用的。

做个有意思的女人,半聋半哑半糊涂,半醉半醒半神仙。真正睿智的女人,往往都学糊涂,看懂一些,保留一些。其实,婚姻中,如果女人是智慧而有意思的人,那男人也不会太傻!

2021.3.5

又剪文竹,情意深深

下午,又是一个阴沉沉的天,记得原来每每这样的天气,抬头,凝望这浓浓密密枝繁叶茂的文竹,总是望而出神,思而心动。

想着这盆文竹,在生命的旺季,它拔茎抽条,苍翠欲滴。也是在这样的阴雨天,它就时不时地伸展出长长的枝蔓来,时不时搭在我的肩头,抚过我的脸颊,吻向我的额头,率性而又温情,总是能给这恼人的湿漉漉的天气带来一丝情调,一份温暖!几年来,这文竹一直陪伴着我,我曾用一首诗来深情地赞美它:

一丛袅袅案边盈,清韵依依点室宁;

细叶层层说云趣,纤枝茎茎显松情。

可是今天,我却要"大刀阔斧"地剪掉它,一直剪到枝桠全无,只剩下光秃秃的约有寸把长的根部了!因为一早上班,发觉它"生病"了,病得更厉害了,所有的枝蔓顶部都呈现出白茸茸的,*丝丝缕缕*,网成一片。小师妹说:"巧姐,倒是像雾凇,蛮好看的!"可是,看它黄枯的一枝枝、一片片就知道,这盆文竹是生大病了,而且是有虫子在作怪!

想一想,送给我这盆文竹的上一届学生,这个时候,都已经升入大三了,这盆文竹,陪伴我已经快四年了。昔日的它,拔节而长,恣意而生。我曾经感慨,许多人说,文竹不好养,有些娇气,可我案头桌几上的这盆文竹,却似随我性情,随遇而安,不奢望,无欲求。每每抬头,映入眼帘的就是这一盆常绿而又隽秀的文竹:婀娜多姿的它,一拳泥土滋养,她就感到满足;挺秀清癯的它,一点清水滋润,她就自得其乐;飘逸洒脱的它,只要一缕清风抚慰,它就摇曳多姿;柔中有刚的它,只要一抹阳光沐浴,它就繁"花"点点,美不胜收!

我曾经对它充满无限的赞美:看似纤细的茎叶,却是娇弱中显挺拔,每每抬头望去,拔节而长的它,枝叶纤细,层层叠叠,似绿云缥缈。从我坐的位置看过去,它好像黄山上的迎客松,但它似松又非松,因为它有松之秀挺,但无松之粗苍;名中有"竹",却似竹又非竹,因为它有竹之挺拔俊美,但无竹之糙老。文竹,细想,这名字就饱含深意:枝干有节颇似竹,且姿态文雅潇洒。唯有"文竹"二字,可显现其精神所指!我看文竹,一如它在看我,真的是"相看两不厌,唯有物我情"啊!

今天，看着它多病的身姿，苍老的体态，枯黄的容颜，我不得不忍痛割爱。当我说："唉，只能全部剪掉了，看能不能起死回生！"旁边的王老师却说："噫，李老师，不能，这条你看长得多好！"确实，这文竹，浑身枯黄，却有一枝奋力伸向遥远的地方，我不禁满怀的伤感和歉意。记得去年，这文竹长势"一边倒"，全扑向我的怀抱，办公室的碰男老师说："巧姐，你总是给它浇水，修剪，它倒通人性似的，在回报你呢！"可今天，它竟然弃我而去，孤单而又无助地投向遥远的方向，似乎在寻求帮助，可我分明感受到那是对我"漠不关心"的无声的抗议和指责！

剪刀在咔嚓咔嚓地响，一片片文竹也应声落地，默默地，这文竹在承受着"肢体分离"的痛苦，我知道是我的疏忽，导致它要忍受这样的伤痛。但，我相信，不久的将来，它依然会拔节抽条，满目葱茏的，因为，四年来，它陪着我，我伴着它，不离不弃！

真的，又剪文竹，情也深深，意也深深！

2021. 3. 23

从二十条红领巾说起……

上午，办公室一同事一边整理作业一边说："今天给宝贝买了十条红领巾……"我问，为什么买那么多呀，她说："唉，总是丢！"旁边一同事接着说："你买十条红领巾，上次我们家臭臭爸爸，给臭臭一次买了二十条……"

呵呵，现在红领巾确实不贵，据说一元钱一条，哦，网购可能更便宜呢！

孩子要么把红领巾丢了，要么忘记在家里了，于是，家长们就一摞摞地买，想想，现在的孩子，多幸福！但我不禁要问：

是孩子忘性太大了，还是爸爸妈妈们太不懂事了？

这么多红领巾，显然是告诉孩子，由着她忘，忘了就有，爸爸妈妈会像变戏法一样，总是能拿出红领巾来，是不是有些家庭直接把十多条红领巾放一堆，由着孩子拿……

犹记小时候，加入少先队员是多么光荣的一件事情。清明节，老师领着全校学生去子洲陵园扫墓。在入队仪式上，少队辅导员说，这一条条红领巾都是革命先烈抛头颅，洒热血，用殷红的鲜血浸染出来的，我们的幸福生活来之不易……今天的我依然记得入队仪式上少队辅导员老师的这段话。举起右拳，庄严宣誓，我热爱中国共产党，热爱祖国，热爱人民，好好学习，好好锻炼，准备着，为共产主义事业贡献力量……肃穆庄严，充满了荣誉感。

小时候，能够成为一名光荣的少先队员，那是非常荣耀的一件事。那么，每每睡觉前，整理红领巾是非常重要的一件事，洗得干干净净，平展开来，有时还用热水茶缸一点一点烫熨一遍，用心折叠，然后用别针夹住，放在枕边……小学阶段，一条红领巾要戴好几年呢。

今天，当家长朋友们搞批发一样地买红领巾，这样做，无形中助长了孩子们"善于忘却"的坏习惯。且不说，红领巾的珍贵，它是用革命者的鲜血浸染而成的。不过，估计今天的孩子们看红领巾在三轮车上，在小卖部里，在自己家里，一摞一摞的，最直接的想法，就是红领巾不值钱！这么不值钱，又何谈它的珍贵与崇高啊！

纪伯伦说，不要因为走得太远，而忘记了当初为什么出发。物质生活的极度丰裕，让我们忘记了几条看似不值钱的红领巾究竟蕴藏着什么样的深意，也让我们忘记了，孩子丢了或忘记戴红领巾其背后的习惯养成教育。

点滴都是教育，哪怕是几条红领巾……

2021.4.16

努力活成了自己也不喜欢的样子

办公室，同事们说起一位学校的临聘人员，一女生，大学刚毕业，在学校文印室，大家都颇有微词，因为她好像"谱"大到无法想象，总是面无表情，爱理不理，这可能是性格问题，我这么想。可早八点不开门，下午四点多就忙着走人，让人想不通。犹记，周四晚开例会，我要整理一份师德学习材料，因为排版问题。我说，麻烦你过来给我看一下。正追剧的她没起身，而是扔过来一句，你点上面那个。着急的我，心想，哪个？我不会呀？我知道是上面的那个，我就不请你了呀……

这时，进来一位学生，说，老师，麻烦给复印一下。她没作声，学生又说了一遍，她抬头，说，自己来。学生说，我不会。她又没作声，因为我也不会，正忙着在电脑上找她说的"上面那个"，最终，我不知这个学生复印了没有。

因了这个材料，我花了一个多小时，办公室一老师说，李老师，你为什么不说说她呢？昨天我实在气得不行，直接把她"菜"了一顿，"皇亲国戚"也不能这态度呀！

此刻，我想说，生活中，我们总是不经意间，就活成了自己不喜欢的样子，可这位临聘女生却是如此的"努力"。

己所不欲，勿施于人。换位思考，我在想，她未必喜欢别人这么对待她，说不准，她会生气，甚至恼怒，可是，她就这么活成了自己也不喜欢的样子。

我们讨厌别人在公众场合大声讲话，可自己往往就是其中的一员；我们不喜欢别人暴粗口，可自己往往是粗话连篇；我们最不喜欢别人不尊重自己，可自己往往对别人缺乏理解和尊重；我们讨厌别人对自己品头论足，可自己总是喜欢谈论别人；我们不喜欢别人斤斤计较，可自己却由不得锱铢必较……哈哈，生活中，我们越来越活成了自己最讨厌的那个人，不知不觉。

有人说，理解不了婆婆不尊重自己，可她却做不到尊重婆婆；有同事说，最不喜欢没素质的老师，可他却对学生出言不逊；有朋友说，无比讨厌有人在超市挑来拣去，可自己总是挑三拣四;有同事说,特别不喜欢别人婆婆妈妈,可自己却总是啰哩啰嗦……

事实上,你我眼前所见的世界,其实是一面镜子。对朋友的厌恶,对他人的批判,往往折射着内心深处的某些东西——你的美丑,你的喜恶,就如纪伯伦在《沙与沫》所写,"当它鄙夷一张丑恶的嘴脸时,却不知自己有时正是面具中的一副。"

就这样,慢慢地,有些人离心中想要的那个自己越来越远,反而离当初那个自己讨厌的人的样子越来越近,活得越来越像自己当初讨厌的样子了。

己所不欲,勿施于人。我们明白,却总是做不到。于是,离心仪的那个自己总是很远,离讨厌的那个自己却越走越近。

2021. 5. 19

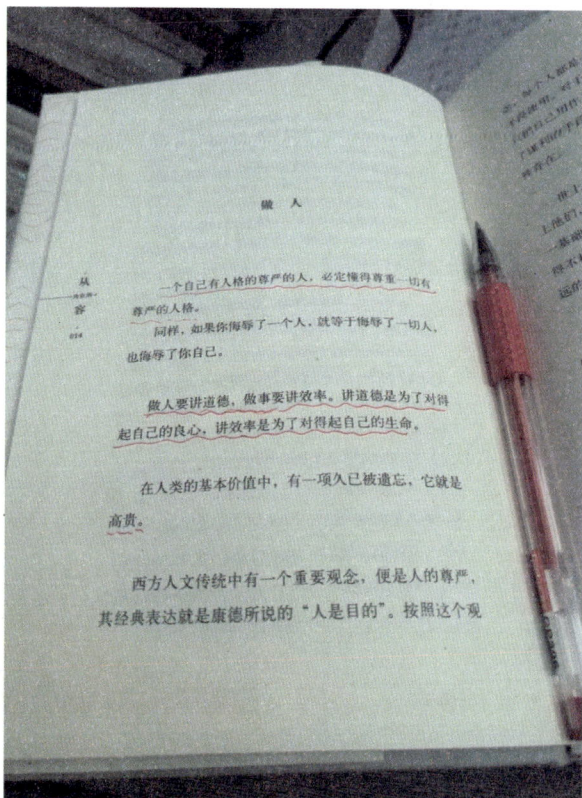

有关幸福

我相信,没有人不喜欢幸福的,没有人不期待幸福的,没有人不向往幸福的。但不同的人有着不同的理解,不同的年龄有着不同的要求。无论怎么不同,有一点却是相同的,那就是幸福降临的时候,会感到比美妙更美妙,比快乐更快乐,总会激动不已甚至泪流满面。

幸福并不复杂。饿时,饭是幸福,够饱即可;渴时,水是幸福,够饮即可;累时,闲是幸福,够畅即可;穷时,钱是幸福,够用即可;困时,眠是幸福,够时即可……

幸福是什么?找不出它的唯一标准。孩童的幸福是精美别致的新潮玩具,是悠闲快乐的自由假期,是花草鱼虫的懵懂乐趣;青年的幸福是忠贞不渝的甜蜜爱情,是坚持不懈的理想追求,是美好未来的生活憧憬;老年的幸福是繁华闹市的你我照顾,是相濡以沫的彼此陪伴,是夕阳西下的相互牵手。

幸福是什么?画不出它的清晰模样。好像拂面的春风,往往看不见摸不到,只不过是一种主观感觉,需要我们敏锐去感知;似乎玫瑰的花香,往往说不清道不明,只不过是一种生命感受,需要我们用心去品尝;仿佛五彩的梦境,往往听不见抓不着,只不过是一种心灵感应,需要我们及时去捕捉。

幸福是什么?说不出它的具体答案。山珍海味未必幸福,粗茶淡饭未必不幸福;锦衣华服未必幸福,粗衣布履未必不幸福;高楼大厦未必幸福,青砖红瓦未必不幸福;奔驰宝马未必幸福,徒步行走未必不幸福;悠闲无事未必幸福,汗流浃背未必不幸福;高官显贵未必幸福,平民百姓未必不幸福。

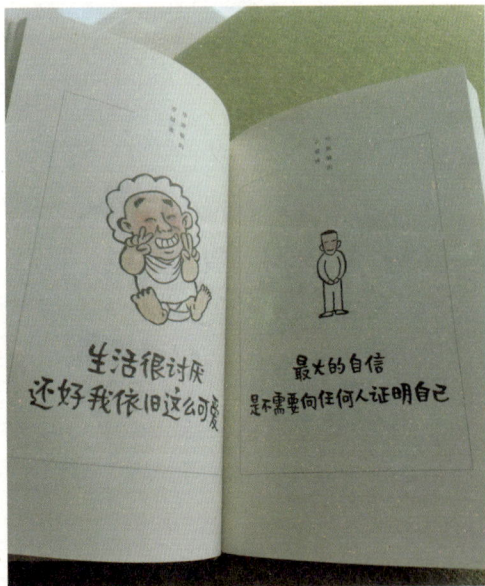

保有幸福的念头,那么幸福就无处不有。初春的花蕾里,炎夏的细雨里,金秋的丰收里,寒冬的篝火里,五彩的平原里,茫茫的沙漠里,碧绿的森林里,湛蓝的天空里,潺潺的溪水里,清澈的河流里,不息的长江里,宽阔的大海里,繁华的闹市里,宁静的乡村里,欢快的节奏里,流畅的线条里,灵动的文字里。

我们的幸福往往简简单单。一个匆匆的懒觉,一句短短的问候,一次深深的回眸,一声轻轻的祝福,一碗腾腾的拉面,一次紧紧的拥抱,一缕绵绵的牵挂,一眼融融的会意,一屋浓浓的亲情,一点浅浅的回忆,一份涩涩的思念,一捧暖暖的春光,一泓清清的夏泉,一席凉凉的秋风,一堆旺旺的冬火。

怎样的我们才会幸福?起码要懂得欣赏才会幸福,学会尊重才会幸福,常怀感恩才会幸福,坚强自信才会幸福,宠辱不惊才会幸福,淡定坦然才会幸福,心存大爱才会幸福,执着追求才会幸福,无私奉献才会幸福,积极进取才会幸福,善于忘记才会幸福,珍惜把握才会幸福,憧憬未来才会幸福。

怎样的我们才会幸福?拥有愉悦心情,抱有平衡心态,怀有美好心灵,用童年的眼睛去看待世界,用真诚的态度去对待别人,用宽阔的胸襟去处理事情。听听优美的音乐,唱唱喜欢的歌曲,吃吃丰盛的晚餐,看看美丽的风景,吸吸清新的空气,打打问候的电话,描描灵动的色彩,读读唯美的文字。

简单一些,健康一些,豁达一些,幸福就会多一些。如果感受到了幸福还应好好把握,如果把握到了幸福还应时时珍惜,如果珍惜到了幸福还应不断创造。这时我们一定会发现,幸福就像青草一样生长在大地,就像空气一样弥漫在周围,就像鲜花一样铺满我们的人生旅途。

2021.5.25

愿千帆阅尽，归来仍是少女翩翩

徜徉在校园里，留恋在记忆里，沉静在读书的日子里，寻找青葱岁月，我蹦，我跳，我快活，我发疯……

几天的学习，期待寻找一个曾经的自己，年轻的自己。无忧无虑，无拘无束，无羁无绊，无知无畏，清零、放空，学习、吃饭、睡觉，就这么简单而快乐。

人生本不复杂，学会放下，懂得取舍，把芜杂还给岁月，把纯粹留给自己，让内心丰富而不荒芜，多彩而不单调，热闹而不喧嚣，是需要勇气和智慧的。

行走在岁月里，用心去触碰光阴赐予的美好。不执着，不辜负，心中有美，则花香满园。纵使人生平凡，也要内心繁华。

其实，正像我们跋山涉水穿越红尘，抵达的不是远方，而是内心最初出发的地方。饱经的风霜，历练的人事，都是生命里温柔的灌溉，愿被世界温柔以待，用珍惜回馈生活，用感恩回赠人生。

任岁月情长，只许温柔相待。汲汲而行的光阴，是要学会删繁就简的。摒弃一些贪念、嗔欲，留一份从容，多一些澄澈，留一份温暖，多一些柔情，岁月静好，让智慧与岁月相伴，让灵魂与人生相约。

写给每一个经过的你，和静待花开的自己。

2021.6.14

家不和，往往诸事不兴

今天聊聊家常。中午，和朋友通电话，朋友身怀二胎，已近八月，行动极为不方便，问及她的女儿上兴趣班谁负责接送，朋友言语间都能听得出笑意盈盈，幸福满满："爷爷，奶奶呀，老两口没什么事，一天抢着接送，根本不用我接送……"

一直知道，朋友和公婆一家相处融洽，她视公婆如父母，公婆视其如女儿，妯娌也亲同姐妹，一家子其乐融融，朋友一天无牵无挂，没心没肺，日子过得顺心遂意，令人羡慕不已。

其实，"家和万事兴"这句话大家都懂，只是在庸常日子里，过着过着，这柴米油盐就搅乱了生活，酸甜苦辣就混沌了人生，于是身边也有许多朋友，把日子过得乱如麻，把生活弄得理不清，往往婆媳关系紧张，妯娌之间不和，夫妻也是脸红脖子粗，这样的家庭关系，何来和睦，谈何发展，如何建设？

此刻，想想，发现身边有些朋友家不和，往往诸事不兴。其实了解了他们，你会发现，无非是鸡毛蒜皮之事搅乱了他们的日常和谐与安宁。因为与公婆关系紧张，导致夫妻关系不和者有之；因为夫妻矛盾频发，导致子女难以管教者有之；因为婚姻关系破裂，导致心情不畅身染小恙者有之；因为……有朋友曾非常痛心地说，结婚这么多年，光顾着吵架了，日子各过各的，想离婚发现这么多年，自己竟然一无所有了，要人没人，要钱没钱，要房子没房子……一声长叹！

家和，才能万事兴。一家人相亲相爱，其乐融融，才能心情舒畅，身心愉悦，也只有家庭稳定，才能有心思，有精力，有信心去做其他的事情。有朋友一直和公婆关系不和，所以每次见她都是苦大仇深的模样，又因为心情不畅，所以整天愁眉苦脸，怨声载道，我说她这是伤敌一千，自毁八百，因为她过于要强，总是计较，结果胃炎胃疼、乳腺增生、子宫肌瘤都找上门来了，真是自作自受啊。我曾跟她开玩笑说，亲，力的作用是相互的，别以为你占强了，出恶气了，你就开心了，其实不是这样的……

犹记母亲经常说的一句话：家不和 cào 穷了（cào 方言，大概就是导致的意思）。父母一辈子贫贱夫妻相亲相爱，携手大半生，母亲一直教导我们家和万事兴，家不和 cào 穷了，父母言传身教让我们姐弟仨明白了这一朴素的道理。

我一直以为，家，就不是讲理的地方。一个和谐的家，只需一个字，就是"爱"字。一个人有了这个"爱"字，就不会和公婆那么较真了，就不会那么计较逞强了，就会对家人懂得理解，有了包容了，就会有了孝顺，记得尊重了，就会将心比心，换位思考了……

其实，爱就一个字，有爱就欢心。唯有用爱呵护亲人，才会经营好一个家，才会有一个幸福和谐的家，这个家才会有建设，有发展，才会诸事顺心如意。

记录他人生活，思考自己人生，呵呵，习惯了，亲们共勉哦！

2021. 7. 16

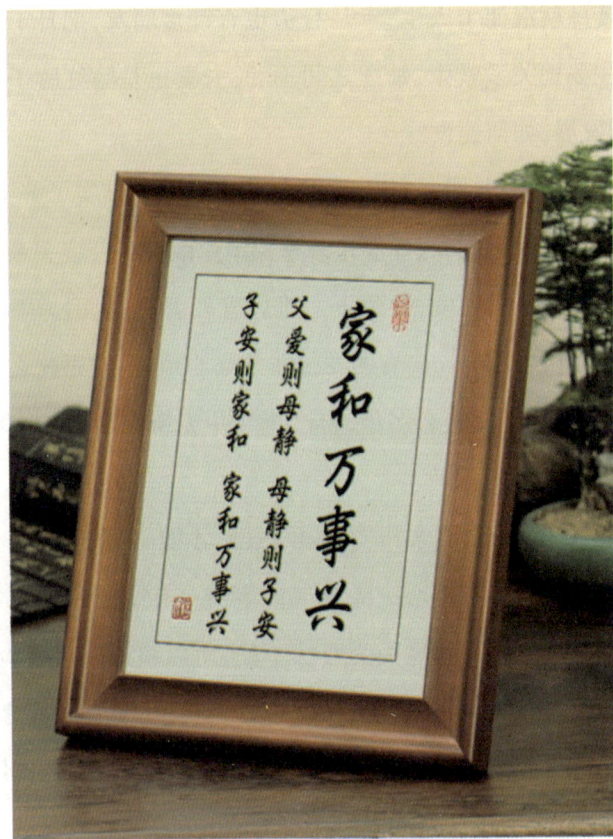

请别再抱怨

只要稍作留意,生活中,我们的身边总是充满了各种各样抱怨的声音:抱怨孩子不懂事,学习不好;抱怨家人不体谅自己,在家懒惰不干活;抱怨付出太多、工资太少,抱怨不公平,抱怨不合理,抱怨人生不如意……有的抱怨是我们说给别人听的,有的抱怨是别人说给我们听的。但是,有意思的是,几乎没有人抱怨过自己:我为什么会有这么多的抱怨呢?

记得一个有关抱怨的绝妙的句子:抱怨就好比口臭,当它从别人的嘴里吐露时,我们就会注意到,可从自己嘴说出来时,却充耳不闻。呵呵,现在想起,觉得它好有道理呀!抱怨就像思维的一种慢性毒药,在我们的大脑中毒的同时,我们的人生态度、行动被"抱怨"这种强烈的毒性感染。在抱怨的生活中,我们会慢慢陷入了抱怨的泥潭,无法自拔……在庸常生活的抱怨中,找不到灵魂的出路,将自己囿于抱怨的牢房中。不知道如何走出抱怨的世界,给自己一个愉悦的内心。

葡萄牙作家费尔南多·佩索阿说:"真正的景观是我们自己创造的,因为我们是它们的上帝。我对世界七大洲的任何地方既没有兴趣,也没有真正去看过。我游历我自己的第八大洲。"就像费尔南多·佩索阿说的那样,在生活中,我们才是自己的上帝,我们在创造自己的完美世界。我们才是拯救自己的上帝。远离抱怨的世界,我们才能在自己生活的原点改变自我,发现一个全新的自己,从而改变自己的命运,收获成功的喜悦和幸福的生活。

远离抱怨的世界,你会发现,在生活中演绎好自己的角色才是最美好的事情;远离抱怨,改变自我,发现全新的自己,你会看到,每天都充满笑容的自己,从而明白抱怨之外的世界更美好;远离抱怨的世界,接受现实,你会看到曾经忽视的风景,家人、朋友、社会,原来一切都是美好的,只因自己被抱怨的迷雾遮住了双眼;远离抱怨的世界,学会感恩,你会感受到爱的涌动,温暖的气息遍布周围的世界,从而收获一道世间最美的风景;远离抱怨的世界,善于放下,你会感到没有了烦恼,一时间,看透了得失,战胜了自己,才懂得原来放下也是一种快乐。

　　远离抱怨的世界，学会吃亏，你会体会到原来自己不是孤独的，才理解吃亏是福，吃亏是一种"快乐"的投资；远离抱怨的世界，偶尔糊涂，你会感到"难得糊涂"的真谛，方懂得做人有时少一些计较，会多一份美丽；远离抱怨的世界，学会包容，你会感到周围充满友善的目光，才会明白包容是金的道理；远离抱怨的世界，我们才能给自己一个美丽的世界；远离抱怨，可以让人理解个人暂时所处的不利和难堪，可以宽容他人有意无意的过失，可以明白人生最终的价值和意义……

　　在没有抱怨的世界，我们会发现，沟通原来很简单；在没有抱怨的世界，我们会发现，行动可以很积极；在没有抱怨的世界，我们会发现，生活原来美好；在没有抱怨的世界，我们会发现，世界原来很美丽；在没有抱怨的世界，我们会发现，幸福从没有远离过我们……

2021. 9. 12

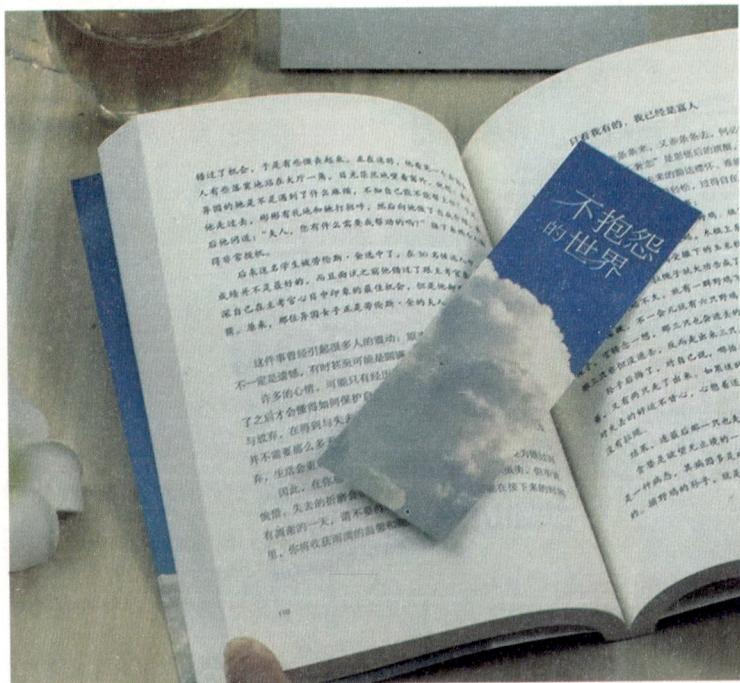

秋夜丝语

深秋的夜,秋雨淋沥,行走在秋的深处,那隐藏在季节里的秋风秋雨,又渲染了几多清愁,我不是一个伤春悲秋的人,然而在这样一个有些萧瑟的夜晚,依然会徒生一些感叹。光阴从来不等人,如这季节一般。季节更替,虽然写下的文字承载着泛黄的记忆,却再也无法拼凑出一个完整的昨天。人生的某些际遇,不是来得太早,就是来得太迟。总想伸手拾起什么,却是一边拾起,一边丢弃。

一季又一季的花开花落,人生就这样被岁月漫无目的而又规规矩矩地妥帖收藏。季节总是带着我们走向人生的最远处,时光总是在无形中伸展,无论曾经的画面多么唯美动人,都会被定格在岁月的印记之间。光阴的门槛,遗落了多少生活的激情与冲动。林夕说,我们都是风雪中赶路的人,因为相遇摩擦,融化了彼此肩头的雪花,而后因为各自的路线不同,相距越来越远,雪花再覆肩头。

光阴的故事,徘徊在岁月的小路上,穿越千山万水,只记取你落花满衣。人生这般山高水长,不管时光如何蹉跎,我依旧以自己的方式怀念和珍惜,因为心中有景,丰盈着岁月人生。记得一位诗人曾说,我想做深秋的一片叶子,就按照自己的脉络生长,用最妖娆的色彩,将季节装点,然后,伴着光阴的流转,丰盈,而后凋零,随着秋风,飘落在秋水秋波的秋晕里,将那一泓浓情,化作一笺清露,等你来惜。相信我们每一个人的心目中,都有一片色彩妖娆的叶子。

秋已深了,虽有暖阳,也抵挡不住一些薄凉,走在路上,看到满树的泛黄叶子,依然倔强地粘连在树干树权上,做着最后的深情告白,不禁感动不已。有时候,季节的寒冷,我们要学会深情地拥抱自己。在这个多情的季节里,不妨让那些游走的思绪,漫无目的地飘飞,不梳理,也不想强迫忘记,白天真的不懂夜的黑,拥有着,也释怀着。

人生就是一朵花开的际遇,一个人能醉在百花深处,也能退到风烟俱净。画一颗心,涂上温暖的颜色,别过秋水长天,走向素雪纷飞,无论何时,心中有暖,灵魂才不会飘泊。"你幽居在我心上,就像满月睡在夜空里。"怀想这样的诗句,心是醉的,情是真的。

夏季的雨,淋在身上,晚秋的雨,总是滴在心上,那些被枫叶染红的情怀,别有一番滋味萦绕在心头。庭院深处,几许秋雨,几缕花黄,在秋风中摇摆。岁月,终在花开花落间,染了薄凉。那些隐藏在光阴缝隙中的章节，已然泛黄。去的尽管去了，来的尽管来了，在这来去之间，已匆匆过了一季。

岁月如初，人生如故，这是多么美好的祈愿，可如若一切如初，终还是挽不住流水，留不住落花。是谁说过，要在薄情的世界里，深情地活着？寄情于秋的脉络里，渴望着秋水长天，花好月圆，渴望着秋雨过后，能看到天空的那抹亮蓝。

秋已渐行渐远，时光瘦了，一支素笔，再怎样描绘也写意不出姹紫嫣红的美丽，想起了那句：

纵然一夜风吹去，只在芦花浅水旁。时光雕琢，任思绪延伸到深秋的苍穹，将一颗世俗的心，努力安放在光阴的脉络里。

时光，慢下来了，尽管有些萧瑟。却让一些过往，在沉淀中清晰，伸手，握住一份秋日的暖，看眼前的风景，点点远去，不言忧伤。

这样一个瑟瑟秋夜，想把王佐良翻译《青春》里一句诗改写成一句深情之语：

年岁有加，并非垂老，

激情丢弃，方堕暮年！

2021.9.30

作秀农村, 感慨良多

　　早晨,天还未亮,大嫂就早早起床了。紧接着,小院里圈在栅栏里的一群羊,就开始咩咩地叫了起来,一颗颗脑袋撮挤在一起,且高高仰起,欢迎着自己的女主人,此起彼伏的还有一只傲娇极了的大公鸡"咯咯咯……"的打鸣声及狗儿的汪汪声。听吧,鸡呀,羊呀的欢叫声;看吧,狗呀,牛呀的围着主人的撒欢场面,当然,农村的一天也就这样开始了……

　　一大早,朴实勤劳的嫂子就开始忙碌了起来,先喂已经饿极了的一群羊,在院东的场里,抱了两大捆刚刚砍回的玉米杆子,又从东房拿出大半脸盆玉米粒子,撒倒在喂羊的铁槽里,羊儿一个个兴奋地吃了起来,嫂子转过头对我说,平时,你大哥这个点早就放羊去了,看这些羊,今儿一早没出去散活散活,急成甚样了,你不知道,这牲灵最是通人性了……嫂子说话的语气里,就像说及自家孩子一样,满满的都是疼惜和爱怜。这时,只见所有小羊都围着槽子在争抢吃的,远远的有一只羊,很落寞地站在围栏旁,眺望远方……我正诧异呢,旁边侄女笑呵呵地告诉我,这只羊就是一个另类,它从来不与其他羊争抢,而且不喜欢和其他羊在一起,出栅放养,它也总是走着走着就脱离了大队伍……呵呵,有意思,原来,这羊很个性,原来,羊儿也会玩深沉啊!

　　当然,旁边虎视眈眈的大公鸡,我和侄女一直不敢掉以轻心,以致嫂子让我俩一人拿一根长棍,因为这只傲娇的大公鸡,一直充满挑衅地立在一旁,伺机攻击我们。偶尔,它也会不忘自己的本分,鸡冠瞬间耸立,且色泽深红深红,伸长脖子,嘴巴朝天,咯咯咯……这嗓音在老家空旷的小院,显得格外嘹亮。你若稍有疏忽,它就会双翅腾跃,纵身半米高,尖嘴直扑上身,那形势,很是吓人啊!就在我和侄女齐心协力的对抗中,这只大公鸡终于慢慢走开了,禁戒解除,我们俩也是浑身出了一身冷汗!

　　终于,嫂子把羊喂了,又给鸡撒了半盆豆子,还有骡子也饿着,当然摇尾巴转圈圈的狗儿也在汪汪待哺……

吃过早饭,我们来到玉米地里,深秋季节,放眼望去,到处都是秋收的场景,一堆堆,一垛垛,整整齐齐的,金黄的玉米堆成堆儿,大个的洋芋摞成堆儿,还有没被砍倒的玉米杆子,挺立在田地里。嫂子说,就剩这些了,把玉米杆子砍倒,捆绑,拉回家,秋收也就停当了,喂养的那群羊全靠这玉米杆子了。嫂子快六十岁了,依然腰深弯,头低埋,费劲地砍着玉米杆子,侄女要帮忙,刚砍几根,嫂子说,砍得太高了,地上留那么高的茬子儿容易绊倒人。我说让我试试,刚两下,才发现自己根本用不了那个小小的镰刀……

田地里的孩子,快乐极了,孩子们啃咬着一根根玉米杆子,甜甜的,水水的,让我想起小时候在外婆家,我们一群孩子一人一根又粗又长的玉米杆子,用牙齿撕破外皮,咬紧,一拉,嘶的一声,一长片玉米杆子的外皮就嘶地一声,扯了下米,露出白嫩丝滑的芯子,一嚼,一吸,清清爽爽,甜甜的,美极了。嫂子说,现在的玉米,是改良过的。确实,我发现杆子细了好多,似乎也没有小时候香甜可口了,可这不影响宝贝妞子的兴致,妞儿用劲啃咬着,吸吮着,感觉甜甜美美的,离开的时候还不忘带上两根,坐在车上接着吃,陶醉地吸吮着……

农村真的很美,走在乡间小路,天是高远的,地是开阔的,满眼都是闲适,满心都是欢喜,但我依然要感慨一句:

在这个国庆长假,有多少人出去看人头,又有几个人回家看山头?

回家的路上,说起大哥嫂子长年在地里劳作,浑身落下毛病。侄女说,晚上睡觉,嫂子辗转反侧,难以入眠,脚上长起骨刺,疼痛到晚上要坐起来揉捏多次来缓解疼痛,而大哥这个长假也因劳累过度,浑身不适而在外求医……

记得老树曾有这样一个愿望:

特想有个小院,种上一架吊瓜。

猫儿一旁做梦,我坐下面喝茶。

想想,当我们看到这些文字的时候,估计每个人都为之而神往,都觉得那该有多适意,有多逸情啊!呵呵,确实也是啊,可我要说,这有多么的"小资"情调啊!无需劳作,就有小院一座;没有春种,就有吊瓜一架,只管喝茶,不用辛劳,这是多少人梦寐以求的"不劳而获"的生活啊,这与真正的农家生活相去甚远,这是"不食人间烟火"的读书人的农村生活! 不过,有钱人这样过农村生活,那确实也只能另当别论了!

又想起前几天,院子里有老头对正在修路的一农民工说,你们农村多好,种点地,养几只鸡,吃的都是绿色无污染……没想到那个闷闷的年轻的农村小伙子冲冲地来了一句:那也没几个人真想回农村去,你们城里人去农村,还不是图个新鲜,三五天成,让你们住个三年五年,你们能耐得住? 不信,你试试! 众人哑然,那"羡慕"农村的老头,恨恨地盯着农村小伙儿。我倒是觉得小伙儿真说得没错,有多少城里对农村那是一种"叶公好龙"的"向往"啊!

的确,某种意义上,我们向往农村,也只不过是作秀而已!

2021. 10. 5

养活一团春意思

家里的这盆万年青，是一棵充满故事的万年青。

几年前，这盆万年青长得枝干挺拔，根茎粗壮，小小盆栽堪称壮美，它就那样在我们家的阳台上不管不顾地生长着。可是，突然有一天，我们发现，它竟然齐腰断了开来，枝干内部发生了溃烂和腐化。

看着它光秃秃的只剩筷子高低的枝干，我说，扔了吧，家里放多少花，不缺这一盆，还影响美观了。妞爸说："枝干长这么粗壮不容易，可不是一年两年能长起来的，暂且放着……"尽管我看见它放在阳台上有碍观瞻，但也不好意思说什么了，因为我们家的花花草草都是妞爸在养，什么浇水啦，填土啦，换盆啦，打虫啦，全在妞爸的心里装着，妞爸负责养花，我呢，就负责看花。所以，妞爸这么一说，我只能很知趣地闭上了自己的嘴巴。

再后来，搬家了，妞爸叫了车子，把一盆盆自己精心养育的花全搬上了车，我以为这盆已经枯死只剩下一盆土的花盆应该不会再搬到新家了吧，可妞爸竟然没有忘记，依然很是慎重地搬入了新家。其实，我的内心是极不情愿的，新家不买几盆好看的花装点一下也就罢了，还要把如此没有前景的一个盆子外加一枯枝败干搬进去，我实在无语了。当然，我确实无语，呵呵，因为一个花盆扫了我们彼此入住新房的兴致，这可不是我这么聪明的女子所为哦！

于是，这盆花一天天，一月月，一年年就这样不被关注地放在家里的角落里，我总是有意把它放在最不起眼的地方，总觉得它实在不好看。可是，有那么一天，突然发现它竟然就在干枯的枝干上长出了新的细小的嫩嫩的枝芽来，枝干的顶端就那么俊逸地舒展着几片叶子，绿得发青，青得发黑，黑绿黑绿的，饱满而富有生机……原来，妞爸每次给别的花浇水的时候，总是不忘给它也浇点水，从来没有遗忘过它，它也似知恩图报般给了浇花人欣喜和回报！

此刻想起曾国藩的两句诗：养活一团春意思，撑起两根穷骨头。其实，世间万物，都是如此,唯有心存念想,心怀向上的力量,且能坚持住了,相信万物都会有回应,都会有交待,时间用在哪里,哪里就会与众不同,心意放在哪里,哪里就会如春天般朝气蓬勃。

日本作家坂本健一在《今日店休》中说:人生即绕路,因为绕路所以途中耽搁,而途中耽搁也不是什么坏事情,耽搁中自有真意,也许绕路才是货真价实的人生。其实,在我看来,人生没有多余的疼,所有的疼痛甚至毁灭般的痛心疾首都是对更好生命的历练和考验。因为,生命总是有值得期待的情景,生命也总是有值得仰望的更高台阶。美好生活是由美好的生命来提升的,是由奇迹般的生命来启示的。就像这早已干枯的万年青,无论枯萎与残败,它都能把生命放进去,等待枝芽迸发新绿。

养活一团春意思,心怀美好,并有坚持本心的勇气,那样,便是把"一团春意思"养活了,生命的意义也一定显得厚重且丰富。

其实,所有生命,只要寻得阳光心态,美好都可以重来,就像我们家这棵万年青。

2021.10.26

今人与乡愁

昨天,给母亲打电话,想问给两小侄儿买的羽绒服收到了没,合不合身? 母亲接起电话:"嗯嗯,收到了,你爸拿上来递给我说,'给,你女子给你买来衣服了',可是,打开来一看,却是给两个孩子的……"

言语中,听出母亲似有小小失望。呵呵,出门在外,经常有对父母的歉疚之心,这么多年,寒暑假回去走走,看看,好像就是尽了儿女心,想及实是愧疚难当。于是下午下班,就直奔百姓家园,给母亲买了今年老年人特流行的水豹貂绒大衣,深紫色,看着贵气,又给母亲配了两件内搭毛衣,给父亲买了一件棉大衣。百姓家园出来,六点多了,直奔顺丰快递……

没想到今天上午九点,这衣服就收到了,父母亲满心欢喜,大小刚刚好,颜色也适意,款式也称心。看着他们在微信视频里分别穿上给我看,那份知足和满意,让做女儿的我也深深陷入了思考。

下午上班,和同事们说起这件事情,感慨,在今天这样的社会里,乡愁难解啊!

交通便利,物流快捷,通讯发达,今天真正有时感觉天涯也能咫尺,远在天边也可近在一方。同事们你一言我一语,呵呵,难道今人就没有了乡愁了吗?

古代文人墨客有关乡愁的诗句特别多,"露从今夜白,月是故乡明"这是乡愁;"海上生明月,天涯共此时"这是乡愁;"举头望明月,低头思故乡"这是乡愁……千百年来,乡愁实已成为中国传统文化的重要组成部分,诗词文赋里,乡愁是家书,是明月,是大雁,是杯酒,是记忆,是牵挂,是归根,是孝心……喜欢一首歌,名为《乡愁》:

慈母手中线,缝补春和秋

一曲游子吟,未唱泪先流

游子枕边泪,离人杯中酒

一弯故乡月,勾起多少愁……

吟唱这首歌，能让人泪流满面，情不能已……

乡愁是乡关之叹，是家园之思。可是今天，有着民族传统意义的乡愁，在蓬勃发展的城市，风起云涌的城镇化中，在社会逐渐发达，交通日益便利里，乡愁显得那么的不合时宜。我说，今天再读余光中的《乡愁》给学生，我担心学生会问"邮票"网上有得卖吗？快递都扫二维码了；还有，这份乡愁能有那么浓吗？呵呵，确实好像难以引起共鸣了！

看来，今天，乡愁，要重新赋予其意义了。在央视大型纪录片《记忆乡愁》中，我特别喜欢的主持人宋英杰说"离开了它，你会想念，这才是乡愁……"现在想来，乡愁，可能在渐行渐远中，会变得越来越单薄，越来越淡然……

想得有点远了，且胡思乱想的，可于我而言，出门在外，父母渐老，一情牵两地，亲情难割舍，我所理解的乡愁，是亲情，是孝心，是牵挂，是祝福……

2021.11.14

在回忆中慢慢变老

记得有人说，当一个人喜欢回忆的时候，证明这个人正在变老。那么，我相信，我在变老，正在变老。可我不害怕变老，真的，因为，我一直喜欢回忆！

朱自清说，我爱热闹，也爱冷静；爱群居，也爱独处。夜深人静，家人已睡，一个人，静静地蜷卧在沙发里，什么也不看，什么也不做，两手搭在胸前，眯着眼睛，睡不着，如现在的我。于是，大脑就徜徉在记忆的海洋里，采撷着生活的点滴，搜索着生活的朵朵浪花，亲人，朋友，在记忆中回味着，整理着，总结着，释放着……太美了。沉浸在记忆里，把过往翻过来，倒过去，把过去翻个底朝天，哪怕一个曾经的小小的生活的细节，也能把它拽出来，咀嚼半天！每每想起过去，总是发现，酸甜苦辣都值得回味，悲欢离合都值得记录，于是就在这回忆的长河里，思考着甘与苦，总结着得与失，珍惜着拥有，淡然着失去，平和着幸福，收获着记忆的沉淀，这是多么美好的时刻啊！

真的，总是喜欢自己一个人的时候，静坐，眯着眼睛想一些往事，总感觉那是很惬意的事情。回忆上瘾，这已成为我生活的一部分！

回忆令我痴迷，往往不经意的一个动作或者是看到一件东西，就会带我到几年前，我十分珍惜往事，因为那里面夹杂着亲情、友情，还有爱情、婚姻和家庭，所以，一切的回忆都是那么的珍贵。

喜欢回忆，但我又是一个特别善于忘记过去的人！因为，在我的人生信条里，我经常提醒自己，积淀美的，开心的，幸福的；忘掉，且是快速忘掉那些丑的，苦恼的，惹人心烦的。生活中，所有的烦恼和不愉快，我从不让它过夜，就把它彻底清除出记忆的匣子，剪切放置在垃圾箱里，且没有恢复的功能，所以，每一次的回忆对我来说，都是对往昔幸福的复制和粘贴。有朋友说，我这人不是善于忘记，而是选择性失忆，呵呵，我喜欢朋友这样说我，于我而言，有时，失忆是为了更好地回忆！

我经常想，要是把我的回忆编成一本书，那该是多么长的一篇回忆录啊。我喜欢回忆,那些苦涩酸甜的回忆就是我无价的财富啊!我想我经常回忆就是不想把这么宝贵的财富丢掉,那些见证我成长的记忆会永远徜徉在我的脑袋里,让我变得不再幼稚与浅薄。在回忆中,懂得珍惜拥有;在回忆中,让自己变得成熟。在清理记忆的过程中,渐渐明白人生的甘与苦,慢慢懂得生活的美与丑,就在回忆中,成长着,成熟着,回忆的感觉真的很好,而且,回忆和忘却于我而言,并不冲突,它们互相补充,成就着我的快乐而有意义的人生!我想说,时间会让人老去,但是记忆不会老去,它一直是鲜活的。所以,哪怕老得只剩下回忆,也是一件令人幸福和骄傲的事!

　　做个充满回忆的人,在回忆中慢慢变老,挺好!

2021. 12. 19

2022,写给自己

岁月更迭,四季轮回,匆匆忙忙已到年末,不知不觉,2021年只剩几天,想和2021道个别,敞开胸怀迎接2022。

2022年,希望每一天都是幸福的开始,岁月每一天都在游走,在与时光的赛跑中,我们总是略显蹒跚,我们每一天都在与时光握别,那么逆时光而行,提醒自己不要把一些不愉快的事情放在心里进行咀嚼、翻转、搅乱,在各种纠葛中忽略生命的价值,给生命添加大剂量的载荷,加速催老逐渐清瘦的容颜,辜负美好年华。风景永远在路上,幸福永远在心里,做一个心有幸福憧憬的女人,并为之不懈努力。

2022年,希望每一天都是属于自己的。每一天清晨,都能情知所起,且一往情深,幸福不是得到你想要的一切,而是享受你所拥有的一切。每一天懂得付出的意义,知道收获的真谛,人生往往有两大误区,一是活给别人看,二是看别人生活。任何时候都要找准自己的位置,给自己一个合适的位置,活出自己的想要的样子。

2022年,希望自己每天都能开心快乐。无论失去什么,都不能失去好心情。不念过往,活在当下,心系未来。保持一份好心情,努力拥有最好的状态,最美的姿态。人生其实就是一场自己与自己的较量:积极打败消极,快乐打败忧郁,勤奋打败懒惰,乐观打败脆弱。人生是一种态度,做一个不一样的我,拥有自己不一样的心态,不一样的人生,简单的日子开心过,忙碌的日子幸福过。

2022年,希望自己每一天都能过得从容。人生就像一扇门,开合之间,你看见了这个世界,世界也看见了你。做人坦坦荡荡,做事踏踏实实,人前不低头,有骨气;人后懂自知,有底气。守住一颗平常心,简单而知足,平淡而幸福,从容人生我来过。愿自己有前进一寸的底气,也有后退一尺的从容。

用心甘情愿的态度,过随遇而安的生活。

2022年,希望自己能坚持住自己的坚持。我相信,这个世界从来没有一种坚持被辜负。走该走的路,做想做的事。让心更明朗、让爱更深沉。好的人生,就是不去讨好任何人,那么,就努力做一个有底气,有骨气,有格局的小女子。人的精力是有限的,有所为就必有所不为,而人与人之间的巨大区别就在于所为所不为的不同取向。

2022年,做个简单的人,走一段幸福的路。不谈亏欠,不负遇见,开心了就笑,疲惫了就歇,有些事,弄不懂,就不去懂;有些理,想不通,就不去想,告诉自己,可以不完美,但一定要真实;可以不富有,但一定要快乐;保持最真的情怀,保持最好的心情。

2022年,没有完美的人生,只有更好的心态。守住一方心情,坚持自己的爱好,并乐在其中,吾性自足,不假外物,足矣。

2022年,用最美的姿态,遇见最好的自己。

2021. 12. 30

世界上最好的化妆品是发自内心的快乐

女儿有个小小心愿

人，即使活到八九十岁，有母亲便可以多少还有点孩子气。失了慈母便像花插在瓶子里，虽然还有色有香，却失去了根。有母亲的人，心里是安定的。　　——老舍

记得学校一位同事说，工作在外，每次回家，老母亲七十多岁了，却从不让自己干活，哪怕洗锅刷碗，都舍不得让她动手，而同事年龄已逾四十，想想，在母亲眼里，儿女再大，还是孩子，哪怕母亲已力不从心，但依然要尽己所能，全力以赴，即使母亲已老态龙钟，步履蹒跚，但依然……

耳畔响起一首歌，最为熟悉的旋律《妈妈的吻》：女儿有个小小心愿，小小心愿……

此刻，想起母亲，想起她一辈子辛苦忙碌，为子女，为家庭洗衣做饭忙不完，日复一日，年复一年，忙碌不着闲，六十多岁，风霜添面颊，岁月染白发，真是感慨万分，心疼不已……脑海中满是母亲操劳的身影，母亲疲惫的面庞，母亲衰老的样子，好想给母亲说点心里话，告诉她，女儿有个小小心愿……

总说没时间，忙孩子，忙工作，总是说来日方长，下个月，明年，再过几年……，可是，时至今日，看到父母亲衰老的容颜，缓慢的动作，我猛觉，其实真正没时间的不是我们，而是那一天比一天更加老去的父母。他们对子女的渴盼，对亲情的期待，以及在那岁月深处，面对迟暮的恐慌，才是最需要我们抓紧时间去慰藉的。

妈，女儿有个小小心愿，希望你也能"嘴馋好吃"些，多少年了，您总是贵点的不爱吃，稀罕点的不愿吃，您固执到哪怕进一次饭店，吃一次火锅，都觉得太浪费，甚至违心地说自己不喜欢，平日里买点菜买个米面您都要货比三家，便宜个三五毛钱，都要乐呵半天，我的妈呀，女儿真希望你也嘴馋一点，再好吃一些，别总是克制自己，左一个不爱吃，右一个不爱吃，总是想着留给儿孙……

妈，女儿有个小小心愿，希望你也能"拈轻怕重"，知道"懒做"的快乐，在家里，您和父亲总是大包大揽，活都自己干了，做饭洗碗、拖地扫地从来都是亲力亲为，即使是我们回去，也总是说，好不容易回来几天，所以总是舍不得让我们干活，而我们也就真的那么"理所当然"地"坐享其成"了，而且从来"问心无愧"，曾经无数次地羡慕弟弟一家，结婚十多

年,基本没做饭,而自己却因为没有公婆,忙得就像陀螺一样。我可爱的妈,您越来越老了,以后能不能也爱惜爱惜自己,别那么大包大揽了,因为您不放手,儿女就不会长大,儿女都已长大了,也应该承担自己的责任了……

妈,女儿还有一个小小心愿,希望您别再那么"逞强",从小到大,在我眼里,您勤劳能干,节约持家,能干精明,要强好胜,您身上的这些品质与特征,深深影响了我们,可我要说的是,妈,您毕竟老了,一年不如一年了,有些时候,您应该"示弱",而不是一味地"逞强",总是说自己还能行,这次回家,女儿我发现您又老了,而且消瘦了不少,所以,妈,女儿希望您多心疼心疼自己,而且应该在"示弱"中提醒儿女,在"示弱"中让儿女们懂得反哺,懂得回馈……

妈,女儿还有一个小小心愿,希望您爱的人,也都如您爱他们一样来爱您,希望您渐渐老了,儿女也渐渐长大,真正地长大,懂得感恩,明白您付出的所有,在您需要回馈,需要反哺的时候,担起责任,让您快快乐乐,开开心心每一天……

妈,相信到那时,您一定是个幸福的小老太!

2022. 1. 8

心已向暖……

这两天,风刮得紧,飕飕飕的;气温降得狠,嗖嗖嗖的。尤其早晨上班,脖颈里尽钻的是冷风,可是人们的衣服却明显减了不少。

下午放学,同事两手揣在兜里,身子紧缩在一起,边走边说:"昨天到今天,这气温降得人猝不及防啊!"

我说:"就是么,如果是秋天,这么降温,人们早把厚衣服套在身上了,可能就是因为春天来了,虽然降温,有点冷,可我们心已向暖,且充满期待,所以即使觉得冷,也愿意扛着……!"

"嗯嗯,你说得太有道理了,心已向暖,这个词太有意蕴了,呵呵,对的,再冷,咱也扛着,多好……"同事心领神会地说着,且扬起头,迎向扑面而来的冷风!

俄罗斯诗人巴尔蒙特说:"正因为心里充满温暖,为了看看阳光,我来到世上……"心已向暖,即使冷风拂面,也是暖暖温情!

想想,为什么秋天,如若这么冷的天气,人们早已拿出了厚厚的衣服,而今天,同样的气温,人们愿意扛一扛,其实,季节的暗示给予了我们一种心里的期待,这种期待能够让我们生理上也似乎产生一种能量,这种能量能够抵挡得住寒意,能够给予我们一种温暖的力量!

所以,我以为,一个人内心的期待和向往,常常具有一定的启示性、引领性。当一个人内心充满美好、善良和纯正,那么我相信,他浑身上下散发的都是温暖、阳光和爱意。身边就有一朋友,和她在一起就似有一种气场暖暖地包裹着每一个人,因为朋友的那种一如既往的随和、善良、阳光,始终牵引着自己,也感染着别人。总感觉我们每一个人都受着她的影响,而且渴望成为她那样的人。所以,我想说,只要我们心已向暖,那么必定能够收到春的讯息,迎来春暖花开!

始终相信所有美好的产生,都是喜欢靠近美好才可能产生神奇的能量,试想,一个人心无美好又如何能够让美好靠近呢？所以，一个人只有神往之，心向之，身行之，才可能收获那份期待，那份憧憬！

愿我们都是那般内心温暖，心怀美好之人，唯有如此，美好才可能相伴我们左右。总以为，和阳光的人在一起，心里就不晦暗；和快乐的人在一起，嘴角自然就会上扬。做个心已向暖之人，自带一种温度，带给自己期望，也能带给别人阵阵暖意，这样的人，自有一种气场，如一束光，照亮了自己，也温暖了他人！

2022.2.1

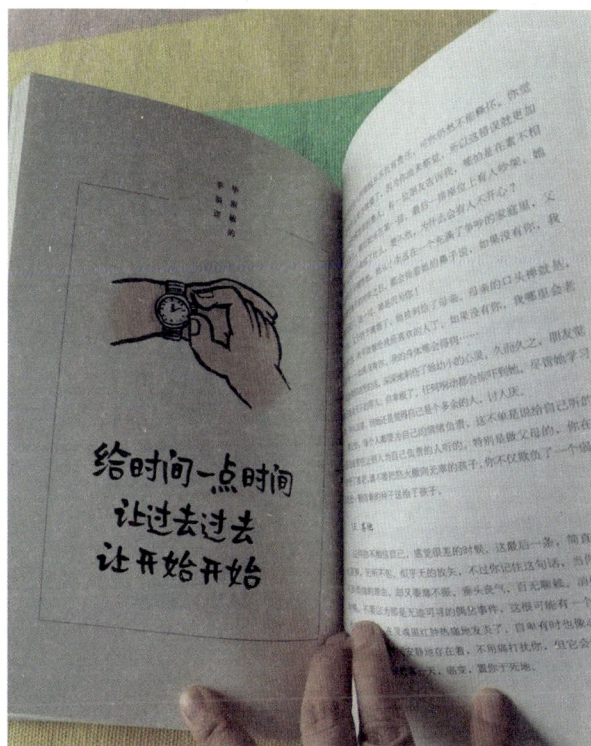

女人,请对自己好一点

——妇女节,写给所有身边的朋友们!

犹记,有一年,暑期进行了一次健康体检,报告陆续领回来了,老师们谈论着相关的话题,好像焦虑症状比较多,抑郁症状也不少,办公室一年轻老师,说她被检查出八项内容,当然抑郁症状也是其中的一项,焦虑症也有。我说,我只被检查出一项,就是近视眼,其他都很好,办公室老师说,李老师你这么健康,太令人羡慕了,我觉得,作为女人,今天的职场女人,既要上得厅堂,又要下得厨房,上有老,下有小,肩负着如此多的社会责任,家庭重负,女人,聪明的女人,首先应该对自己好一点,而且是必须对自己好一点!

女人,首先要善待自己。女人一定要对自己好一点,要学会善待自己,善待自己的心灵,让自己的心灯永远保持明亮。相由心生,所见皆所想。心中有快乐,所见皆快乐;心中有幸福,所见皆幸福,如花女人最是美。

其次,女人要善待家庭。女人一定要对自己好一点,善待自己,必须善待家庭。因为,家是人生的安乐窝,家是人生的避风港。女人,该在心中给你的家庭留块很大的自留地,让孩子感受到母爱的温暖,让丈夫体味到女人的柔情,爱家就是真正的爱自己。

另外,女人要珍爱自己的健康。女人一定要对自己好一点,关爱身体,珍爱自己的健康。健康的女人才是最美丽的,美丽更因健康而丰富多彩。健康是一个女人幸福的基石,只有保持健康的身心,才能用最大的热情去工作,去成就女人心中的梦想,更会让你的生活幸福快乐。

当然,女人也要不断充实自己。女人一定要对自己好一点,一个真正爱自己的女人,会不断充实自己外在的、内在的双重世界,讲究"内外兼修"的气质美。于是,女人的美丽便演化为高贵、情趣、知性抑或神秘,让人们在欣赏女人时怀着一种敬畏,一种仰慕,任何一个男人都会喜欢"懂事"的女人,知性的女人!

还有,女人应时刻提醒自己,保持愉快的心情。女人一定要对自己好一点,不论做什么事,快乐的心情很重要。快乐工作与工作快乐是一种相互承接的关系,只要怀着快乐的心情去工作,就能在工作中感受到快乐,有快乐才会拥有美丽,这种美丽是由内而外的,挡也挡不住的。

　　当然,现实地面对生活,也是聪明女人对自己好一点的明智选择。生活不会给我们太多的机遇,我们不如现实地面对人生;不能拥有阳光,就揽一片月华;摘不下满天星,就收获一片云。只要我们真心真意地生活,珍惜生活的每一次馈赠,不管我们能否达到理想的圣地,面对人生,我们都会深深感到生命来之不易,唯有好好生活才是王道,这山望见那山高,欲望太多,奢想不断,这样的女人,永远不会满足,一直和自己过不去,何谈对自己好一点呢!

　　还有,放下琐事的女人,懂得如何对自己好! 女人永远都有忙不完的家务和生活琐事,不必刻意去追求完美,偶尔也要稍微懒散一下。女人一定要学会放下一些琐事,适当给自己放个假,使自己的心情保持在良好的状态,在轻松惬意中度过美好时光,去更好地面对工作、生活!

　　女人,一定要对自己好一点,三八妇女节,提醒自己,做个快乐幸福的女人。

2022. 3. 7

无愧于孩子的这一声爸爸

记得美国前总统奥巴马说，当爸爸是我的终身职业，而总统迟早是要卸任的，所以，大家看看奥巴马对两个女儿多有责任心，国务再忙，也不能耽误女儿的家长会，而两个女儿最爱最敬重的也是她们的爸爸！还有华裔美国驻华大使骆家辉，辞职的一个重要原因是回到美国西雅图，与家人团聚。想想，这些人都能知道为子女为家人有取舍，可生活中有些人却忽视家人，漠视孩子成长，令人费解……

前段时间读过一本书《爸爸是孩子最好的玩具》，其中有些观点很中肯，记得有一句话：作为孩子生命中"重要的人"，同样一句肯定的话，如果由爸爸说出来，对孩子的影响力会是妈妈的 50 倍。相信我们每一个养育孩子的人都深有体会。《穷爸爸富爸爸》里有句话说得好：所谓成功，就是有时间照顾自己的小孩。那么，你做到了吗?

其实，要我说，人生可能会错过许多，但一定不能错过孩子的成长。想起迪克牛仔那首老歌《有多少爱可以重来》，人的一生都是不可逆的，所以，错过就是一生的遗憾。

有感于今年的学习和培训，有许多孩子长大了我行我素，不尊重理解大人，视父母如敌人，水火难容，其实很大原因就是孩子小时候的亲子关系没能建立，成长过程中父亲的权威地位没有巩固，爱得有缺憾，导致长大以后父母子女关系越来越紧张……

所以,爸爸们要注意了哦,请对得起孩子们的这一声爸爸,千万别错过孩子的成长,因为父爱是不可替代的,犹太文化说"好爸爸塑造孩子的大脑,好妈妈塑造孩子的灵魂",有人说,父爱决定孩子飞多高,母爱决定孩子走多远,呵呵,请记住,作为一个男人,爸爸才是你这辈子的终身职业!

爸爸们,请记住,不要为了一时的偷懒,而耽误了孩子的一生哦。

2022. 3. 18

业余的，爱着……

"业余的，爱着。"今天读到这句话，不禁被深深感动了，因为其真诚而坦荡，准确而纯粹。

汪曾祺在《生活是很好玩的》一书中写道：爱，是一件非专业的事情，不是本事，不是能力，是花木那样的生长，有一份对光阴和季节的钟情和执着。一定要爱着点什么，它让我们变得坚韧，宽容，充盈。业余的，爱着。

昨天，我一多年没见的朋友和我说她在喜马拉雅上已经朗读了近300篇作品，零基础的她不惑之年又开始学习绘画，我真的由衷地为她点赞，想起原来每次见到她，她那疲惫的脸庞，邋遢的衣衫，和总是叨叨着自家男人没出息，孩子不听话。我说，你浑身负能量，而且你已过早地把自己置身于怨妇的行列里还不自知，你这样会毁掉自己和家人的，当时的她无语了。昨天打电话，说起她的朗读，说起她的绘画，她兴奋的样子似乎又让我看到了她二三十岁时的模样。我说，现在的你才是我认识的那个你，也是真正的你。她开心地说，她正准备开始在喜马拉雅上朗读《穆斯林的葬礼》。我说书够厚。她说已习惯每天夜晚打开喜马拉雅App，端庄地坐在写字台旁，打开台灯，翻开书页，走近作者，走进作品……，不担心读不完，每天读点，读给自己听，从话音里我能听得出她乐在其中的那份享受，非常难得。我说，那我就是她的忠实听众。她笑笑说，其实我自己也是听众，听自己的声音，很享受哦。我感慨她的变化，她的成长。真可谓，业余的，爱着，让她的生活因之而不再无味和充满抱怨，而是变得充盈和富足，多好！

生活总是充满琐碎，成年人的世界里其实都写满了不容易，与其在牢骚与焦虑中把自己活成自己曾经最不喜欢的样子，不如换个思路，走出自己的习惯了的日子，给自己点生活的乐趣，哪怕业余地爱着，也要全力以赴。业余地爱着一件事情，比如朗读，比如写作，比如弹琴，比如画画……坚持地做着，让心有所乐，不为俗务纷扰，在忙碌中给自己一个心灵的栖息地，或许我们的观众只有一个，还只是自己，呵呵，那又有什么呢？只要那些业余的热爱，可以消除岁月烦琐，就足够了。

"晒自己的朋友圈，让别人去看吧！"我经常和朋友们这样开玩笑。舞姿不够美，琴声不够悠扬，歌唱得不在调上……但在我心里有个"爱"字就足够了，业余的，爱着，于是生活就有滋有味了起来，因为人不能活在情绪里，应该活在心情里，人生虽然简单但我们可以努力让它丰富，虽然平俗但我们可以努力让它充盈。

我曾经对一朋友说"你的薄脸皮，把你坑惨了"，为什么呢？她总是担心自己说得不好，唱得不好，写得不好。于是，尽管经常有想法，但总是扼杀在摇篮里，何必呢，业余地爱着就足够了，却总是要苛求完美，担心别人指手画脚，那又怎能是自我的娱乐呢！骨子里做任何事情都要顾虑别人的眼光，而不是自己的愉悦，又何谈自我心灵的满足与成长呢！有一句话是这样说的：使人疲惫的不是远方的高山，而是鞋子里的一粒沙子。我总在想，其实让自己业余地爱着，不是为了征服远方的高山，就是为了倒掉鞋子里的那一粒沙。

此刻，想起了美国的摩西奶奶，她用一生证明，人生永远没有太晚的开始。只要喜欢，哪怕是业余的，也值得我们为之努力，去寻找真正属于自己的一亩方塘来取悦自己，将每天的日子过得快乐且丰盈。

顺从本心，去做自己喜欢的事情，努力活出自己喜欢的模样来，正如汪曾祺老人所说，业余的，爱着，就挺好！

2022. 4. 20

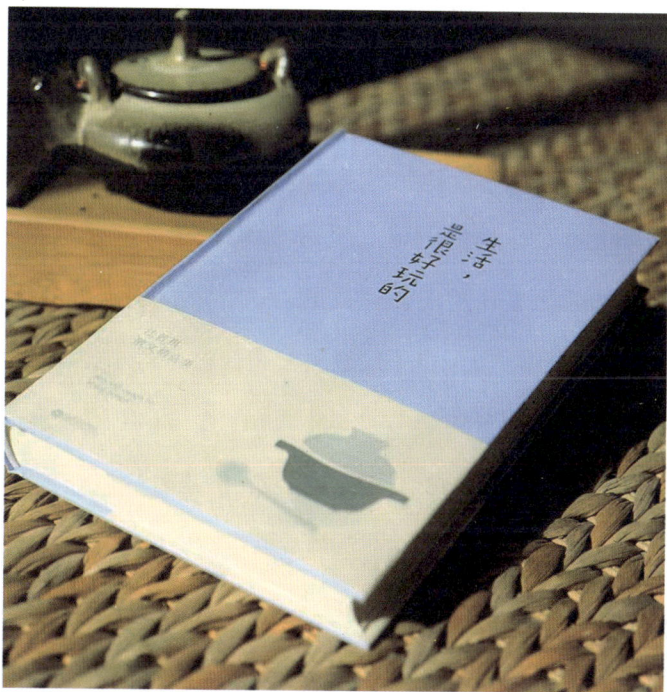

舌尖上的粽子,那是妈妈的味道

又到端午节了,各种粽子,有红枣糯米的,有海红果糯米味的,有肉香的,有妞爸从超市买回来的凉糕,可我总是有点小小遗憾,因为尽管粽子种类是多了,但真的吃不出记忆中粽子的那种浓浓的味道了。

想起每年的端午节,母亲提前十来天就忙活开了,去市场买材料,软米、红枣、粽叶,货比三家,一定要是物美价廉的。包粽子的前一天,母亲就用家里超大的两个盆子,装满水,洗呀洗呀,每一片粽叶都要过洗几遍,端午节前一天上午泡糯米、洗红枣、煮粽叶,中午时分开始包粽子,每一颗红枣都要洗干净,因为干枣表面的褶子比较多,所以母亲总是冲洗好几遍,才能把上面的灰尘等冲洗干净,而且谨防被虫子蛀过的,总是一颗一颗细心挑拣,要包出好粽子,每一个环节都很重要!

母亲包粽子那绝对是行家里手,包起粽子来,母亲犹如穿针引线般熟练。开始包粽子了,母亲坐在小凳儿上,系上围裙,拿起一片粽叶,先折出一角,弯成漏斗的形状,抓一把糯米均匀散放在叶子底部,再铺一个红枣按两下,母亲说要瓷实些,不能虚空了,下面依次重复开头的步骤,又依粽叶的边缘绕一层粽叶,再添点米,用手一点点摊开,轻轻拍一下粽身,好让米厚实些,再将粽叶往左向下相折。拿起马莲紧紧绕上两三圈,母亲一般动作娴熟、利落,用嘴巴揪住细粽条一端,左手拿着粽子,右手把细粽条子绕着粽身上下三圈,顶部打结,干净、利索,一个粽子就完成了。一个粽子,外包装,母亲一般用三片粽叶,外带一根马莲,有时觉得母亲包粽子那股利索劲像极了母亲经营的这个家,干净、利落,从不拖泥带水。

母亲包得乐此不疲,整整一个下午,一个接一个,脸上挂满了汗珠,看着越包越多的粽子,母亲心头那个喜呀!一般,母亲一个端午节要包两大桶粽子。当然,自己吃不了几个,主要是用来送人,邻里邻居,亲戚朋友,母亲一个也不落,记得一门子清,这家六个,那家人多八个,早早地已经计算好了。前几年,母亲都是端个盆子,一路散尽;这几年,节俭的母亲也会提前买好保鲜袋,一袋一袋装好,提着给别人送,听着别人一叠声的夸赞声,母亲真比自己吃了都开心！！

眼看母亲快要包完粽子了,父亲也没闲着,厨房,烧火,给前后锅倒大半锅水,水开了,在锅底放一个箅子,父亲和母亲配合默契,父母亲在灶台的这幅和谐幸福的画面总是让我想起,平凡人的幸福大抵如此。时至今日,我都感慨父母亲携手一辈子,其实都是在这些琐碎的美好的平常日子中完成的。父母亲你一个我一个把粽子整整齐齐码放在锅里,一定要一个紧挨一个,否则煮的过程中很容易将粽子煮烂,导致米从粽子中漏出。入锅前,母亲还在修剪着在她眼里不够美观的粽子,有的粽绳不够紧,再系系,有的粽尾叶片过长或松散,再剪剪,总之,入锅的粽子,就像母亲的一个个艺术品,完美至极,像纺锤,像牛角,煞是好看。盖上锅盖,大火烧,得一阵子,再小火焖,再紧火,温火,几个回合,母亲一闻那味道就知道该用几成火。我们家的粽子,一般前一天下午就安放进锅里,在锅里整整"腾腾腾",整整一个晚上,到第二天一大早才开吃！母亲总是说,长时间的蒸煮,粽子的味道才是最好的。

每年端午节这一天,一大早,我们姐弟仨都还在熟睡中,满院子就已经飘满浓浓的粽香。我们一起床,老爸早早就准备好了白糖,沾点在粽身,一口一个香,赶着要上学的我们姐弟仨,吃得满嘴溢香。呵呵,现在想想都让人流口水！

吃惯了母亲包的粽子,我很少吃从街上买的粽子,总感觉没有那股特别的粽香,那是妈妈的味道！

又到端午节,想起了粽子,想起了母亲！

2022.5.17

婚姻这本书，千万别乱翻

中午上班，去车库取车，一对小夫妻你拉我扯，拳头相加，男的骂，你去死吧！女的吼叫，老子今儿就死给你看，旁边四五岁大小的孩子被吓得嚎啕大哭，场面让人害怕而震惊。

想不来他们为什么会大打出手，和阶级敌人似的弄得你死我活，让孩子幼小的心灵经受这一切，给孩子带来的心理伤害会是多么的深痛，不由让我想起心理学上的一句名言："幸福的人一生被童年治愈，而不幸的人用一生治愈童年。"

其实吧，破裂的婚姻中棘手的问题，往往都是柴米油盐，残缺的家庭沉重的枷锁也不过是鸡毛蒜皮，击溃我们婚姻之堤的往往就是那根不轻不重的稻草。但我只想说，不论什么状况，纵有疾风起，婚姻不言弃。

生活中，很少有那么称心如意的婚姻，我们所有的后悔，不过是对当下家庭婚姻生活的种种不满足。可是，婚姻这本书，千万别乱翻，不负责任地乱翻，最终"杀敌一千，自伤八百"，还有让孩子来买你婚姻经营不善的罚单，扪心自问一下，这公平吗？

婚姻这本书，要带着接纳的态度来翻阅。犹记我一朋友生小孩了，坐月子期间和婆婆闹别扭，口出脏话，还和我诉苦水、道冤情。我很不客气地说："你家男人不是石头缝里蹦出来的，人家父母农村人，把孩子供养出来容易吗？你需要老人伺候，还这态度，以后他们老了，还能上你这门吗？"还有一朋友，婆婆来了，安顿在车库里（这车库在地上一层，改装后，老人们都觉得住得方便），却不让儿子去奶奶那儿，为什么呢，她教育儿子，奶奶老了，不讲卫生……

想起前段时间，老母亲高血压住院，我和姐姐都没顾上回去，我妈每次打电话都会这样说："焕焕（我弟媳妇）真是好娃娃，刚听见妈头晕了，就让李波（我弟）不要上班，自己也请假了，医院里跑前跑后……"老母亲言语里满满的都是夸赞之词，让我们做女儿的倍感惭愧，又为家有贤惠善良的弟媳而替父母感到高兴。

婚姻这本书，要带着理解的心理来翻阅。欧文·亚隆曾说，每一桩幸福婚姻的背后，都离不开两个人对彼此的理解、包容和忍耐，也离不开两个人的共同努力与成长。一段感情能维持几十年不变，靠的不仅仅是两人初识的一见倾心，而是对爱情的经营能力。

第二辑　我的生活我思考

阅读哈里斯《爱的陷阱》,你会发现,理解是和谐婚姻的助推器,包容是幸福婚姻的催化剂,忍耐是美满婚姻的提速器。

婚姻这本书,需要带着爱的能力来翻阅。张德芬老师说,拥有爱的能力,与谁结婚都幸福! 有人因为爱,让夫妻成为了一辈子的情人;有人因为爱,让家庭成为幸福的殿堂;有人因为爱,让婚姻成为爱情的归宿。能走在一起靠的是缘分,能相伴到终老靠的是会爱的能力。弗洛姆曾说:"大多数人认为爱情最重要的是自己是否能被人爱,而不是自己有没有能力爱的问题。"爱的本质是给予,可婚姻中我们口口声声说的"爱"实际上是索取和控制。爱的关键是让自己成为一个有爱的人。你有爱,你会爱,才会被爱,这句话值得我们用一生去体会和实践。

婚姻中,总会出现这样的现象:自妻厌憎,见夫不欢。那么如何让婚姻保鲜,延长保质期,这是一门大学问,是需要用学习来指引和提高的,一味地跟着感觉走,未必能终老一生。感慨人生其实一晃就老,争争吵吵是生命的浪费;感叹时光属于我们的只会越来越少,斤斤计较只会让婚姻寡淡无味。

婚姻,因缘而聚,因情而暖,因爱而深,因不珍惜而散! 所以,婚姻这本书,千万别乱翻,深呼吸,翻开这本书,慎重点哦!

2022. 5. 27

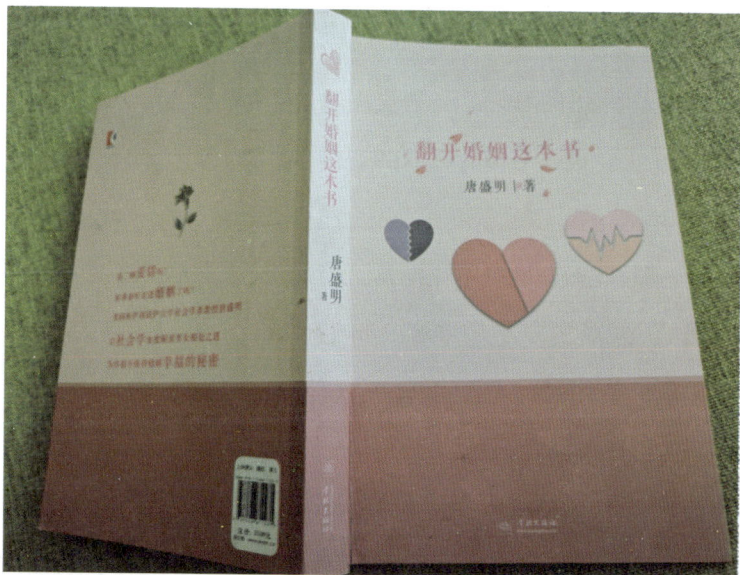

你不认输,生活就撂不倒你

下午下班回家,新村档案馆西侧没有人,车子也不多,专注开车的我,眼睛一个斜瞟,就看到了一个人,一个熟悉而又陌生的人,一个与我只有买卖交易很少有过交流的人,她就这样抓住了我的眼,扣住了我的心!

好几年不见她了,记忆中的她总是在百姓家园南侧的草原站路口,一辆三轮车堆满各种水果,车把位置斜挂着一个破旧的帆布包,这是她的标配。当然,更让人眼惊心动的是她的两只手,每个手的指头都密不可分地粘连在一起,成浑然一体的拳头状,有点让人宽慰和吃惊的是右手的大拇指和中指挣扎突围,从紧密团结在一起的其他手指中艰难凸起,倒是让她的手因这两根手指而功能得以稍做发挥,所以这两根异军突起的手指尽管没有那么收放自如,但格外显眼。

几年前,住在距离百姓家园不远处,每次路过她的水果摊,我总是要买点水果,不问价格,不管贵贱,拾上一袋子,上称,掏钱,连贯畅达,一气呵成,俗气的我感觉自己好像因之而高大了许多似的。后来慢慢发现,其实她并不需要别人的关照,每次买卖,她还会因为你所谓的豪爽,会不打折扣的回馈你几个桃子,一把杏儿之类的,她的回馈就像她的笑脸一样饱满真实,因为她从不会挑小个头的,有疤痕的,她总是那么真情地随手抓一把杏儿,或者一两个桃子出来……

今天下午,抢先入眼的还是她的手,被火烧过的畸形的手,用力搭在车把上,不是握,因为她的手根本无法去完成这个极为普通的动作,她用力蹬车,昂头前行……这一刻,深深打动到了我!

记得很久以前,和她聊过,她毫不掩饰自己的残疾,大方地,也大声地对我说,这大声是她长年叫卖声的习惯,是她多年从事这一职业的印记。她说,小时候被火烧了,还好,没烧到脸,不然这辈子估计就没人要了;还好,现在孩子们也已经上学了,一男孩,一女孩;还好,孩子他爸也打工,没有嫌弃过;还好……

印象中,她说话中诸多的"还好",在她嘴里说出的时候,好像总是充满温暖,发自内心地带着幸福。其实,好多次,当我经过草原站路口的时候,发现因为城管的突然出击,她的三轮车藏在了草原站巷中段的小巷子里,她探头探脑地找寻着城管的踪迹;还有几次,下雨天,她打着伞,看着路边匆匆而过的行人,满眼都是期盼,当然也夹杂着无奈;还有夏天,炎热的暑气烤着她焦糖色的脸,还有泛热蔫巴的各种水果……

此刻,想起她,我不由感慨,一个人只要拥有了自我拯救的行动力,那真的会无往而不胜。我知道忙着糊口谋生的她可能每天周而复始地重复着一大早去大市场抢着进水果,到晚上拖着疲惫的身体,沉沉入睡,她会觉得于她而言,这是她的生活,她可能从没有想过她所给别人,比如我带来的内心的震动。她只是所有像她这样生活的人中的那一个寻常、普通,可是于我而言,却是那么的不寻常、不普通。

我想说,在她身上,让我感动的是,面对生活,如果不认输,生活就不会把人撂倒。如她一样,我不知道她的名字,但她身上,这种自救的行动力,着实让人敬佩。想办法将自己从生活的泥潭中打捞上来,这是非常不容易的一件事。

想想,一个人处在人生的低谷时,都是渴望改变的,但要真正实现改变,从来就不是一件容易的事。它不仅需要一个人有认清现实,认清自己的勇气,更要有迎难而上的魄力。前几天,我的学生,大一了,和我说,她学的专业太难了,上课的时候,简直是生不如死。我说夸张了吧?至于么,在学业面前,别太矫情,因为生活对你的苛刻可能要比学习刁钻得多,大学四年是你走向社会之前,生活给你的最高馈赠,够温柔了。哈哈,就别无病呻吟了,跪地"笑纳"吧!

作家毕淑敏曾在书中写道:我们要和命运厮杀,哪里能不受伤。网上流行一句话:没有挣扎,就不叫生活。犹记董卿满含深情地说,没有在黑夜独自哭泣过的人,不足以谈人生。所以,向生活早早投降的人,我以为,他的人生其实还未真正开始。

生活让你思考,在思考中反省并成长,也许你的人生真的不是那么难,比如看到这位熟悉而又陌生的卖水果的女人,你如果思考了,你感动,你感慨,你甚至向她致敬,那么,我相信,也许你的生活在珍惜中会变得更圆满,你的人生在努力中会变得更舒畅!

2022.6.2

心态最重要

天下之人，谁不喜欢鸟语花香的春天？谁不渴望莺歌燕舞的时光？谁不祈祷一帆风顺的人生？可是，月有阴晴圆缺，年有春夏秋冬，人有悲欢离合，很多的事，很多的时候，不喜欢不代表不碰上，总在不经意间，我们会与疾病、不顺、困难甚至失败不期而遇，有时甚至避之不及。

身患疾病的时候，我们或许情绪过，容易感叹命运，容易怨天尤人，容易夸大不幸。烦躁，焦急，忧伤，绝望，窒息，甚至难以自拔，仿佛周围的一切都变了，美妙的音乐刺耳起来，七彩的颜色暗淡起来，快乐的日子痛苦起来。其实天空依然湛蓝，河水依然清澈，树林依然碧绿，只因心态一时难以适应，情绪糟了，感觉变了，观念扭曲了。人生路上不可能时时阳光相伴，不可能处处风平浪静，如果改变不了事实，那就改变我们的心态吧。

不得不面对失败的时候，我们或许消极过，灰心丧气，萎靡不振，郁郁寡欢。其实人生注定负重登山，攀高峰，陷低谷，处逆境，一波三折是人生之必然，我们不可能倒霉一辈子。山重水复疑无路，柳暗花明又一村，忍着忍着就面对了，挺着挺着就承受了，走着走着就过去了。人生总有这样或那样的不如意，一切的坎坷只是暂时的，找到解决问题的切入点，一笑而过，坎坷会使我们更成熟、更完美、更坚强地撑起自己的一片心灵天空，心态决定了你人生的高度。

遭遇坎坷的时候，我们或许想到过，没有礁石激不起浪花，经不住坎坷成不了强者。毛毛虫不经过痛苦不堪的蜕变，怎能破茧为美丽的蝴蝶？雄鹰不经过风刀雪剑的磨砺，怎能展示出叱咤风云的豪迈？鲤鱼不经过惊涛骇浪的洗礼，怎能书写下一跃龙门的传说？失败是大学，坎坷是财富，苦难是黄金，经过了浴火重生，才有了高贵的凤凰；经过了苦寒煎熬，才有了傲雪的梅花；经过了反复淬炼，才有了出鞘的宝剑；经过了沧海桑田，才有了杰出的你我。

面对人生跨不过去的那道坎，我们或许思考过，梅花香自苦寒来，宝剑锋从磨砺出。越是艰苦的环境越激励斗志，越磨炼人才。在逆境中不气馁，不消极，才能有所作为，正所谓塞翁失马，焉知非福。文王拘而演《周易》，仲尼扼而作《春秋》，屈原逐而赋《离骚》，孙膑膑而修《孙膑兵法》，司马迁刑而著《史记》，贝多芬失聪而谱《命运交响曲》。古人云：有志者，事竟成，破釜沉舟，百二秦关终属楚；苦心人，天不负，卧薪尝胆，三千越甲可吞吴。哈哈，怎一个"心态"了得！

2022.7.3

写给儿子工作季……

四年前,我也用这样的方式给你写过信,不知你还是否记得?那时,你高中毕业要上大学了,妈妈给你写信,儿行千里母担忧,字里行间,与其说是要求,不如说是牵挂,与其说是牵挂,不如说期盼。四年后的今天,眨眼间你就大学毕业了,要工作了。今天,八月三日,你已开始了工作培训,我忍不住地又想给你写一封信。

七月底你去了西安,八月一日单位报到。本来爸爸妈妈想着也去西安,就像你当初上大学一样,看看你的工作及住宿环境,你不让我们去,还说,如果想带着妞子去旅游,没有必要去西安,40度的气温,去蹭热吗?又不是没去过?现在想来,你终究是长大了。记得四年前,去西安读书,送你去西安,我们包括你都没有过异议呀。哈哈,只能说,你越来越独立,越来越自信了!

你在微信中说,妈妈,报到的同学里,学历都好高呀,有西北大的,有西电的,有西理的。我说,那说明你很幸运也很优秀。你又说,也有其他一本院校的。我说,儿子,谦虚要有,自信也要有,不高估自己,不轻贱自己,这个世界最难的事就是认清你自己。因为,认清自己,不卑不亢是一个人行走江湖的重要资本。

从现在开始,你身边的人不再是"同学",而是"同事"。同学,是一起学习的,同事是共同做事情的,角色已不同,关系也有别。妈妈知道你从小性格平和,与人相处融洽,身边拥有像宋一飞、李晓舟、张玉浩等志趣相投的同学,你们同学情深如兄弟,让我们做家长的因你们的情谊而走在了一起,真的甚是难得。今天,你还没有 22 周岁,就已走上工作岗位,虽然年龄小,但你又必须告别幼稚和依赖,参加工作,步入社会,承受生活可能带来的艰辛与工作中可能受挫的痛苦,慢慢走向成熟和坚强。妈妈想在你开始工作时说几句给你听:

首先,作为刚刚入职的新手,要有向他人学习的低姿态,要有同大家共谋事的大格局。为人要谦虚,做事多思考,年轻的你们喜欢说"我以为",经常是"我认为",固然年轻人有主见是好事,但总是习惯这样的思维,那有可能就是固执己见,自以为是了。屈己者能处众,谦虚者能处身。年轻人眼界要开,格局要大,与人共事,斤斤计较不可取,为人大度最受益,吃亏是福,所有的付出都是福报。人生一世,不抱怨,少牢骚;不嫉妒,少闲话;不攀比,少强求。学会换位思考,时常心怀感恩,人生所有都是值得。

其次，要学会管理自己的情绪。一个人情绪不好，往往是智慧不够。学会管理情绪，是一个人最高级的修养。在妈妈看来，人的一生皆缘于情绪，因情绪而生心态，因心态而成人生，万事万物皆是有因果的。从今天开始你参加工作也会和我一样，上班为了下班，下班为了第二天上班，日复一日忙忙碌碌也不过是为了生活的碎银几两，可偏偏这碎银几两，压断了多少世人的肩膀。这，就是生活。成年人首要学会的是管理自己的情绪，你可能会经历困惑、迷茫、无奈、焦虑乃至愤怒。人人都会有如此经历，但不让坏情绪影响做事，是成年人的美德。慢慢你会发现，情绪总是平和的人，生活给予的回报会更多。

当然，你要学会热爱工作。这个世界，没有多少人的个人兴趣和所选工作是那么的契合，那么的匹配。真正幸运的人无非是投入工作，不抱怨，不放弃，最终把平常的工作当成了一生的热爱。犹记文秘专业毕业的妈妈分配到神木中学的时候，没有师范专业知识给自己自信，没有岗前实习给自己底气，懵懵懂懂的妈妈就上了三尺讲台，真是无知者无畏啊。但从教这二十六年来，妈妈由生疏到熟悉，由无知到熟练，这都是因为对职业的投入，因付出而收获，因收获而热爱，因热爱而更愿意付出……一份职业成了妈妈一生的事业，重要的是二十六年来，妈妈为之一直在努力，从未心生懈怠，这也是职业最终给我带来的生存的资本、生活的意义和人生的价值。妈妈是职业的受益者，也正如我前面所说，所有的付出都是福报。

当然了，还少不得说几句你对未来的另一半的选择。我以为爱情是一种相互吸引，婚姻是一种彼此承诺，而家庭是一种共同责任。爱情需要彼此相悦，但更要考虑种种现实的因素。许多年轻人在恋爱时不管天不管地，天昏地暗，结婚了往往是一地鸡毛。好的爱情是你通过一个人看到整个世界，坏的爱情则是你为了一个人而舍弃了整个世界。好的爱情能让一个男人走向幸福的婚姻，拥有快乐的家庭；然而不好的爱情也能让一个男人浑身疲惫，一生不幸。妈妈深信一句话"一个好的女人，是家庭最重要的风水！"男人应该娶一个什么样的老婆？有人喜欢漂亮的，有人喜欢贤惠的。但你要记住，你以后过着什么样的生活，取决于你娶了一个什么样的老婆。写了这么多，你一定会说妈妈好啰嗦，但父母之爱子，则为之计深远。最后，我将我最喜欢的罗曼·罗兰的一段话在这里赠予你："世上只有一种英雄主义，就是在认清生活真相之后依然热爱生活。"儿子，妈妈希望你历尽千帆，归来仍是少年！

儿子，开启你的上班路，一路高歌，加油哦！

2022. 7. 30

渐渐发现……

　　渐渐发现,人生是一场修行,边走边悟,且行且珍惜。童年的纯真,少年的懵懂,青年的志在千里,中年的海阔天空,其实是人生必经的一个过程。没有人童年没过完,就到了中年,如果到了,也应该不是什么令人欣喜的事。每个时期的人,都应该干他该干的事,童年嬉戏,少年求学,青年恋爱,中年修心,自然而然,不苛求,唯顺应。

　　渐渐发现,人生路上,很多事不由我们自主。我们便学着怎样去适应别人,怎样做,让身边的人高兴,旁观的人赞叹,有时会很累,但也违心地投入地去做。久而久之,迷失了自我,也失去了纯真。便生出了这样的念头:我究竟是谁? 我从哪里来? 要到哪里去? 我这真正想要的究竟是什么? 这就让人想起了自己的初心,开始了寻找,寻找真正的自己。可此时,我们在红尘里待得久了,身上满是烟火的味道,全是世俗的纷扰,想要回头,亦不是那么容易的事了。心里满是牵挂,身上满是负累,走着走着,我们真的累了,累得有点走不动了。什么是活着的意义? 什么是自己真正想要的? 我们究竟到这个世界里来干什么? 一次次扪心自问,一次次黑夜行走。

　　渐渐发现,其实,人生是一个摸索的过程,是个反复犯错,反复更正的过程。世界上所有的智者,不是不犯错误,而是勇于改正错误,人生就是一次次的适应,一次次的调节。自己认为对的,其实可能一直是错的,自己不愿坚守的,可能恰恰是最为珍贵的。有时,自己所知道的,自己所执着的,并不是事情的真相,真相更在真相外。人生无常,爱情如幻,缘起缘灭,情非得已。

　　渐渐发现,人生的高度,也许并不是你站得有多高,而是有多少人低头看你,犹如观海。让骄傲的人低头,可能比让谦卑的人仰头,更有内涵。人生的高度,在内心的那一片圣地,那一方净土。心灵的高度,灵魂的追求,自我的完善,这是一次次人生阅历的修为,若能做到这点,必有一颗慈悲的心,站在下面,把别人捧在手心。抬头看见天使,低头亦看见佛。那佛不是别人,就是自己。可是我们忘了自己的真言,迷了自己的本性,在红尘里漂得久了,忘了回家的方向。

　　渐渐发现……

2022. 8. 11

女人，要舍得投资自己

今天看到电视连续剧《离婚律师》中主人公董大海与苗锦绣离婚的那个片断，刚开始，感觉走的就是一喜剧的路子，离婚请来一大堆亲朋好友，那场面不比结婚的差，本不打算继续看下去，感觉玩的就是一个噱头，可当女主人公苗锦绣出场，用自叙的方式，回顾自己三十年的婚姻是如何一步步走向离婚的时，我的心也随之感动，进而双眼湿润……

记得苗锦绣在最后说道："本来我对离婚充满……，对，我不知道我犯了什么错，为什么会得到离婚这么一个奖励。但是，刚才我在下面化妆的时候，我和我的律师交谈，我终于知道我错在哪里了。我是这个家的金牌保姆，我伺候老人我带孩子，我做饭我装修房子，我是一名好管家。男人在起步阶段，也许需要一个我这样的女人，给他无微不至的关怀和照顾，但是，当他有更高的目标和追求的时候，他的需求就变化了——我从他的生活里出局了。我想如果把婚姻当作一项投资，我显然是成功的，我是一个平凡的女人，凭我自己的努力和本事，我绝对无法拥有今天的财富；但是，我不希望我的女儿像我一样，我希望她能够爱自己，能够投资自己，不要在婚姻中忘记自己，当你忘记自己的时候，你的男人也会慢慢忘记你。那么，你们即使拥有再多的房子再多的金钱，你们依然是不幸福的……"

"女人在婚姻中不要忘记自己，要爱自己，要为自己投资。"这话说得多好，还有，"当你忘记自己的时候，你的男人也会慢慢忘掉你。"这些话不是让女人活得自私，而是让女人活得自我。爱自己，就是爱家人！

毕淑敏说过：岁月用掸子轻轻扫走了女人的红颜，但是送给女人一种永恒的化妆品——气质，可是很多女人把气质随手丢掉了。

其实，毕淑敏所说的气质是指一个女人的性格在生活中的逐步养成；是指一个女人的品位在生活中的悄悄变化；是指一个女人的修养在阅历中的渐渐提升。女人随着岁月的流逝,没有了年轻,没有了美貌,没有了活力,没有了激情,有的只是满脸的皱纹和浑身的臃肿。于是,在这样的时候,女人有时自己都瞧不起自己,更别说已经有了"审美疲劳"的娃他爸,甚至于孩子都不愿接受这样一个整天不修边幅,满脸灰蹋蹋,少精无神的妈。其实,女人最终走向怎样的人生,自己就是自己生活的推手,怨不得别人。

我想说,身为女人,我们不能风姿卓绝,最起码要光鲜亮丽;不能做青春美女郎,也要做由内而外散发光芒和气质的人;我们是上有老下有小的中坚力量,我们的美丽动人,气质高雅,将会是亲人的动力和希望。

所以说,做女人,要舍得投资自己,让自己成为家人的潜力股,对自己好点,才是对自己及家人的真正负责!!!

2022. 10. 7

努力做一个"花心"女人

我们大多数人，前半生的岁月，不是为工作所累，就是为家庭而忙。等到了一定年纪，站在人生边上回望，才发现我们早在奔波之中，遗忘了那个最真实的自己。

一个女人最好的状态，就是活出了自己想要的样子，聪明的女人会把心思花在自己身上。只有把心思花在自己身上，才能收获属于自己的生活。不论你在什么年纪，都要记得更爱自己，活出属于自己的精彩。

所以，优秀女人，会花心思在自己的形象上，花心思在自己的健康上，花心思在自己的学习上……

做一个"花心"女人，花心思在自己的健康上。俗话说：身体是革命的本钱。

人生是一场马拉松，不是看谁跑得快，而是看谁跑得远。身体垮了，再多的财富都会化为云烟，再大的权势都无法换回一个健康的身体。管理自己的身体，是最长远的投资。有多少人平时不注意自己的身体，小病小痛也不放在心上，直到住进医院才后悔莫及。身体健康是一个人最大的财富，一个注重健康的人，生活才能有品质。

一个人的一生或许会得到许多东西，但是健康是基础，没有了健康，拥有得再多也终将无法享受。照顾好自己的身体，不仅是对自己负责，更是对家人负责，对所有关心爱护你的人负责。

生活中，要为自己的健康投资。请相信，一个拥有健康生活习惯的人，才能见到更多风景，遇见更多的美好。当你老了，身体硬朗，还能四处走动，那才是真正的幸福。

做个"花心"女人，花点心思在自己的容貌上，活成最美的自己，这点心思我从没有对自己吝啬过。因为美是一种生活方式，当你愿意打扮自己，将自己投入到从里到外都漂亮的状态中去，就是热爱自我和热爱生活的态度。当然了，1.5米的身高，后天努力确实要比别人付出更多，但我从来没有放弃过自我，1.5米的身高，2.8米的气场，哈哈，努力看得见！

第二辑 我的生活我思考

生活中,有些人固执地认为,爱打扮的女人都是物质、肤浅的,我不由想喷一句:这是什么歪理。走在街上,你会发现,一个女人带着精致、气质、优雅,总是让人赏心悦目。而我以为,一个勤于修剪外貌的人,内心必有一股蓬勃向上的力量。她不允许自己堕落、不容忍邋遢,时时刻刻保持对生活的热度。花点心思在自己的身上,不为取悦他人,是为了让自己更美、更优秀!没有人有义务透过你邋遢的外表去发现你优秀的内在,杨澜那么优秀的女人,都承认形象永远走在能力前面。她提醒天下女人:你必须精致,这是女人的尊严。

做个"花心"女人,花点心思在自己的健康和形象上。一个女人对身材的管理,透露着她对生活的要求。女性不管在年龄的哪个阶段,都不该为自己放纵身材寻找理由。都说爱运动的女人,都自带光芒,因为她流淌的汗水都在闪闪发亮。育儿书上讲:母亲身材不好,会伤孩子的自尊心。"你妈妈好胖!"被评为孩子们不愿听到的话之一,所以独立自信的女人不管男人是否会变心,只会在意自己是否变形。

做个"花心"女人,花点心思在学习与阅读上。

女人最大的美,在于永远保持学习的热情,永远愿意花时间提升自己。女人一定要不顾一切让自己变得漂亮,即使在最糟糕的日子里。追求美,是不给自己设限,永远保持学习,永远愿意花时间提升自己。花时间在灵魂上,别忘记充实自己。杨澜说,你可以不成功,但你不能不成长。成长最好的捷径是学习,让学习一直在路上。

董卿被称为"灵魂有香气的女子"。她不仅相貌端庄,形象优雅,更重要的是还有一颗丰盈的灵魂。她知识渊博,优雅知性。在《环球人物》里她谈到自己保持灵魂丰盈的一个秘诀是每天坚持阅读,书本是通向天堂的阶梯。

钱钟书先生说过:如果不读书,行万里路,也只是个邮差。读书的魅力,就在于你无法到达的地方,文字载你过去;你无法经历的人生,书籍带你相遇。那些书中的人物,会在你深陷生活泥淖之时,用他们心怀梦想、不卑不亢的故事,激励你抵御苦难,笑对人生。

读书,就是使你拥有打破人生边界的底气,积累不断超越自己的资本。很喜欢白岩松说过的一句话:读书不一定能改变命运,但可以保障你更好地对待命运!

做个花心女人,花心思在自己的心态上。

丰子恺在《率真集》中说:你若爱,生活哪里都可爱;你若恨,生活哪里都可恨;你若感恩,处处可感恩;你若成长,事事可成长;不是世界选择了你,而是你选择了这个世界。

一个女人最好的状态大概就是扬在脸上的自信,长在心底的善良,融进骨子里的坚强,藏在心底的坚持。

只有最好的心态没有完美的人生,最好的心态生活,属于有心人的世界。一个女人,要学会以豁达心看世界,以烂漫心过生活,以欢喜心生情味。周国平曾说过:"人最宝贵的东西是生命和心灵,把命照看好,把心安顿好,人生即是圆满。"

被自己所爱,被岁月厚待。女人若是愿意为自己花心思,任凭流水岁月,举手投足之间依然会散发着温润的光芒!一生不过三万个日夜,余生不长,作为女人请你一定要为自己多花心,坚定不移做个花心女!

在忙碌和繁琐之中,也不要忘了停下来,听听内心的声音,等一等那个落在后面的灵魂。一个懂得时刻充实自我,坦然做好自己的人,定会与数不尽的美好与惊喜相逢。等你穿过万千沟壑,越过百般坎坷,你终会与理想的自己,邂逅重逢。

女人,当你不再因为别人而牵动自我,把心思专注在自己身上,就会发现,你不喜欢的,都背道而驰,你喜欢的,都蜂拥而至。

当然啦,女人要会"花心",如果对自己"花心"不当,那可能就是自私、就是愚蠢、就是傻瓜……

努力做个"花心"的女人!做"花心"女人,一直在路上!

2022.10.26

念念不忘，必有回响

很喜欢这八个字！这八个字来自《一代宗师》，今天看《新天下》，专访王家卫，让我再次想起：念念不忘，必有回响！

叶问七十余岁时打咏春拳，在打完一个动作后停了一下，弟子问他为何，他说："念念不忘，必有回响。"借助王家卫的《一代宗师》，这句话被广为传颂，遂成警世名言。在武林式微的大时代，叶问不问恩怨，不计荣辱，有一口气，点一盏灯，传承着武者的精气神。

对于《一代宗师》，我是褒奖的，因了影片中处处都在的精彩。有人说这部片子留白太多，节奏太慢，我总觉得，此片若归在武打片里，好像是如此；但此片好像更是一部文艺片，借武打的方式来推进故事情节！其实，一部《一代宗师》，囊括无数奖项，自有其称道之处，有人说，截取任何一段就是一个精品的短片；截取任何一个瞬间，即是美丽无比的永恒；任何一段对白，都可以成为难忘的经典……

这部片子的成功，也印证了剧中那句：念念不忘，必有回响。

念念不忘，必有回响，剧中主人公的一句话，成就了一代宗师的美名，也再一次成就了著名导演王家卫的大腕地位。

念念不忘，必有回响，这句话富有诗意，太有文艺范儿，这八个字，把我心目中的"坚守"二字，表现得太富有质感，太有诗情画意！

念念不忘，这是一种坚守，坚守自己心中所想，就像《士兵突击》中，许三多所说："不抛弃，不放弃！"念念不忘的是信念，是追求，是目标；念念不忘的还有亲情，友情，爱情；当然生活中，只要我们执着于某一方面，念念不忘地忘情地投入着，执着地坚守着，那么，必有回响，自会有一种回报！

追求着，执着着，付出着，投入着，收获着，幸福着！这就是我理解的：念念不忘，必有回响！！！

2022.11.09

从人生的两大憾事说起！

今儿午自习，听了高三年级樊会武老师的写作指导课。上课间，樊会武老师说："记得有人说，人生有两大憾事，一是大学毕业不再读书；二是结婚以后不再谈恋爱……"

今天听到这句话，不禁让我想起，这个樊会武在前一段时间，有一次专门来到我们办公室，非常严肃地问我："李老师，向你请教一个问题，百家讲坛上，王立群说，人生有两大憾事，一是大学毕业不读书，二是结婚后不再谈恋爱。这第一憾事，我能理解，可这第二憾事，是什么意思呢……"记得当时办公室有好几个人，我开玩笑说："你小子是真不懂，还是假不懂，难不成王立群是鼓励男人婚后去找小三，女人婚后再来个红杏出墙？"同事们心领神会："对的，咱会武就是这么理解的，别看会武一脸正派相，这小子，原来满肚子花花肠子……"

大家都笑了开来，再看，唯有会武这小子，一本正经："都说说，我是真的不懂，上来请教李老师的！"看这家伙一脸正经，不像逗哄、寻开心，我也不再开玩笑了，我说："在我看来，王立群的意思，其实不是让人们婚后找小三或是红杏出墙，而是启示人们，结婚以后，应该拿出恋爱时的心态，和自己的婚姻谈一场盛大的恋爱！恋爱时，男女双方，互相欣赏，互相包容，男方懂得理解，女方知道心疼；男方懂得付出，女方知道感恩；男方懂得嘘寒问暖，女方知道牵肠挂肚；男方懂得浪漫满怀，女方知道心领神会……想想，如果我们每个人都能将恋爱的心态，一直延续到婚后，乃至更久，还何愁婚姻生活不美满，不持久……"

办公室老师们吼开了："李老师，就这水平，你直接上百家讲坛算了……"

我道："忙啥呢，还没说完呢……！"哈哈，天生的，咱这人唯一的"优点"，就是给点颜色，就能开染坊！

想想，难道不是吗？王立群的本意，我想也在此。生活中，许多人一结婚，就不再具有恋爱时的"美德"，变得不再善解人意，不再柔情蜜意，不再包容理解；而是挑剔苛刻，鸡毛蒜皮,心胸狭隘;更有甚者,变得冷若冰霜,怒目相向,甚至拳打脚踢。于是,婚姻就变得微波不荡,死水一潭,有时还会恶臭难闻……

难道爱情真的就会被日常生活中的柴米油盐,腌制得没有了幸福和甜蜜的味道?"细节打败爱情",这是《裸婚》里的一句经典的台词。之所以是经典,还是因为这句话说出了大多数人的心声。时不时地听人感慨:唉,有娃哩,要不然……现在就这么凑合着吧! 我不知道这样的婚姻生活,对人生是不是一种折磨?

"十年修得同船渡,百年修得共枕眠",要学会珍惜一起迈入婚姻的那个人,只要认识到人生是不圆满的,爱也是不完美的,就不会苛求自己,苛求他人。人无完人,爱一个人要爱对方的优点,也要爱对方的缺点,只有相互适应,相互忍让,相互尊重,才能让家真正成为一个休憩的港湾,才能在所谓的围城里有幸福的生活。如果对爱情对婚姻对生活期望值小一些,知足一些,也许快乐会变得很容易。

在婚姻中感觉倦了、烦了,不妨回头想想,当初为什么会一起步入了这座围城,恋爱时为什么心甘情愿地包容而现在却不愿去原谅呢? 难道面对生活的琐事和不愉快的口角,就能割舍曾经的爱恋和抛弃信誓旦旦的诺言? 如果两个人真的想相约黄昏看人生的夕阳,那就要记得,爱是责任,情是宽容。

所以,有人说人生的一大憾事,结婚后不再恋爱,实是提醒红尘中的你我,在自己的婚姻中,拿出恋爱时的热情、激情,带上恋爱时的包容和欣赏,去和婚姻谈一场盛大的恋爱!

如《诗经》所言:"死生契阔,与子成说。执子之手,与子偕老!"

2022. 11. 27

站在流年的转角……

锦瑟流年,2022,这个数字即将成为记忆。感慨岁月的皱纹就这么悄无声息地刻录在生命的轨迹里越来越深。不惑之年,忙于生活工作,已经很少有时间独自面窗而坐,品读曼妙的文字,追逐漫天的思绪……

站在流年的转角,感叹岁月如梭,真如白驹过隙,想起曾经写过一篇文章《平常日子,细细品》。这一路而来的感悟,都记录在生命的长卷里。也记忆在了我不甚娴熟的文字里!

岁月流转,经历得越多,对生命意义的体会就会越发深刻。碎碎地行走,很多东西已不是原来的模样,或者说不是想象中应有的状态,那么细细品来,平常日子需要的是点滴地品味,漫漫人生,只有实在地生活,认真地感悟,细致地品读,你会发现,平常日子里,到处添堵的是人生的琐碎,但又似就这添堵的琐碎,洋溢着人生的真谛!

站在流年的转角,思考着走过的半个人生,发现自己这一路走来,都在困惑着,不解着,明白着,也顿悟着……。记得昨天给学生上《逍遥游》一课,我说:"这《逍遥游》,正像办公室老师们谈论的那样,有的说,庄子是"满纸荒唐言",有的说,正像电影《唐伯虎点秋香》中,唐寅所言:别人笑我太疯颠,我笑他人看不穿。这一篇《逍遥游》,我给学生们上了好几遍了,第一遍上课,我看明白了,好像很了解作者、作品的样子,真是给同学们上课,感觉踌躇满志,气宇轩昂;再后来,每带一届学生,上《逍遥游》,发现总是没有第一次那么自信。而这次上课,我感觉,我才可能看懂了《逍遥游》,但并没看透庄子……"

原来,人的一生,就是一个不断成熟,不断成长的过程。曾经以为自己是一个善于思考生活,总结生活,感悟生活的人,可慢慢发现,比思考生活,总结生活更重要的是经历生活。古人云:吃一堑,长一智。在许多人生的体验中,是非常有道理的。

站在流年的转角,感慨人的一生真的非常之短,恰如有人文字所写:一睁眼一愣神一叹息,就是一天;一个日一个月一忙碌,就是一年;一弹指一邂逅一奔波就是一生。所以,不断成长,不断明白:别为难自己,给自己一份乐观,给自己一份平和。不指责,不抱怨;不苛求,不奢望;不计较,不比较,保持最真的情怀,保持最好的心情!

　　当然,站在流年的转角,也越来越明白:心若年轻,则岁月不老,无论时光如何流转,都要守住心中的那一季春暖花开。

2022. 12. 6

岁月常静好，人生最值得

——2023 写给自己

阳光暖暖的,时光缓缓地……,当渐行渐远的今天即将成为 2022 年的封底,当渐行渐近的明天即将成为 2023 年的封面,我一如既往地和 2022 道个别,和 2023 说一声,你好!

作家冯骥才说:新年是检讨和许愿的节日。让营营役役了三百多天的自己,重整生活,好好捡拾一下活得有点零乱的生活。

2023,提醒自己,要用心地把每一个细碎的日子编织成明媚的样子,让岁月总是充满亮丽的光泽。人在路上,总会有这样或那样的不如意,保持好的心态最重要,一直相信只要心是晴朗的,人生便没有雨天。

2023,提醒自己,生命是很吝啬的,每一天都是限量版。走过半生,明白一个道理,眼前人当下事,才是现实生活。心态不好,人生自然不顺,世上本无事,庸人自扰之。在简单的日子里珍惜点滴,在生活的缝隙里寻找快乐,相信岁岁常欢愉,年年皆胜意,无论生活多么琐碎工作多么忙碌,总要保持自己一份优雅!

2023,提醒自己,昨天再美好,终究压缩成今天的回忆,我们再无奈,也阻挡不了时间匆忙的步履。今天再精彩,也会拼凑成明天的回忆,我们再执着,也拒绝不了岁月赋予的年轮。过去已定格就让它尘封,努力书写今天,把握好当下,让明天的怀念多一些亮色。

2023,提醒自己,不要把烦恼带到床上,因为那是一个睡觉的地方;不要把烦恼带到明天,因为那是一个美好的日子;不要把忧郁传染给别人,因为那是一种不道德的行为;不要把不良的情绪挂在脸上,因为那是一种令人讨厌的表情,每天笑一个,给自己,给家人,给朋友……

2023,提醒自己学习向日葵,哪里有阳光就朝向哪里。多接触优秀的人,多谈论健康向上的话题。心里若是充满阳光,哪里都是晴天,人活的就是心态、心情,保持一个好的心态,人生就充满快乐。说到底,人生,就是一场又一场的修行,修的就是自己的心。心中要有景,才能春暖花开,许多生活的美好,都来自于内心的安静,来自于不为尘世所蛊惑,只追求自身的简单和丰富的决心。

2023,提醒自己,时间珍惜点过,别浪费;感情珍惜点处,别愧对;健康珍惜点用,别挥霍;生命珍惜点活,别蹉跎!认真过好生命中的每年、每月、每天。人生短暂,眼睛一闭一睁,一天就过去了;眼睛一闭不睁,这辈子就过去了。一辈子说短也不短,说长也不长,愿过好自己的人生,努力做更好的自己,活出自己的精彩!

记得一首小诗:一天很短,短得来不及拥抱清晨,就已经手握黄昏!一年很短,短得来不及细品初春殷红窦绿,就要打点素裹秋霜!一生很短,短得来不及享用美好年华,就已经身处迟暮……感慨时光过得太快,眨眼间,一年又一年!

2023,唯愿所求皆所愿,所行皆坦途,愿一切美好都能够如期而至!

2022. 12. 30

女人，投资自己，经营人生

"投资"自己，经营好自己的家庭、婚姻、人生，这是每一个女人的本能和下意识的追求，那么如何"投资"自己，这却是一门学问。我所说的"投资"，与财富无关，与品牌无关，与美容无关，与奢侈更无关。在我看来，作为一个普通女人，"投资"要合理要长效。

不管怎么说，一个女人，婚姻中的女人，应该喜欢做家务，这是女人最基本的"投资"。在我看来一个女人不管长得漂亮与否，最起码一定要学会做家务、做饭，多多少少会一点，乐意一点，专心一点，投入一点，通过做家务让自己体会到家务生活的繁杂和劳动带来的快乐，让自己更有心智。试想一个好吃懒做，日上三竿才睡醒，贪图享受，只愿做一只花瓶，不愿为家庭建设投入一点体力的女人，哪个男人会喜欢？另外，女人做家务的身影是最美的！

当然，女人应在家庭建设中不忘"投资"如何相夫教子。女人应该用自己的勤劳、忠诚、修养、温柔、贤良，让自己的老公懂得惜福，对家庭感恩负责。我有一朋友牢骚满腹，说自己老公超级懒，油瓶倒了也不扶，自己在家当牛做马多少年，累死累活，上要伺候老人，下要服侍儿女，老公从没有一丝一毫地回馈和表达。我说朋友，男人的潜能能否激发，就看你在家庭中会不会"投资"，有些聪明的女人，能够通过自己的合理的"投资"，让自己的丈夫在做家务方面也是得心应手，重要的是还能乐在其中！另外，聪明的女人能够让自己的男人明白"家庭建设，人人有责"，而不光是女人的。所以说有效的"投资"，对于女人来说，是一门学问！

对于女人来说，更重要的一项"投资"是留给自己学习、阅读和思考的时间，努力提高自己的学识、修养与品位。一个不阅读的女人，心灵会干涸，思维会愚钝，唯有阅读能让一个女人变得智慧而知性，所以空余时间，女人应该阅读有启迪意义的书籍，上网了解社会万象，关注百味人生，懂得生活的是是非非，用学识来充实自己的内心，做一个智慧、知性而又不失优雅的女人。在我看来，一个女人谈吐不凡、气质优雅、举止从容，拥有这种由内而外的魅力才是永不会输的"投资"。

当然，一个女人要"投资"自己，让自己有一门生存技能。女人最怕不自立，没有自立，何来自强。《离婚律师》中女主人公锦秀，身为翻译有文化有层次，为了家庭却放弃了自己的所长，没有了立身之基，最终差点输掉婚姻。昨天，在友人微信中看到这样一段话："女人最大的错误就是为最爱的男人放弃了事业！没有了事业就不再有魅力，男人永远欣赏有自我追求的女人！这种魅力有着致命的吸引力，无关于美丽、金钱、性格！女人，不要把所有的感情、金钱、物质等寄托全部丢在男人身上，那么最终丢的就是自己！女人的成长比成功更重要！"

所以，哪怕家里衣食无忧，哪怕男人再乐意养着你，身为女人，也要学会享受工作中的乐趣，证明着自己的能力，实现着自己的价值，在工作中提升着自己，让自己精神有所寄托，每一天都丰富、充实而满足。这样的"投资"，作为女人是必不可少的。

女人的"投资"，还有一个重要项目就是爱惜自己、享受生活的乐趣。身为女人，不一定要穿名牌，不一定要进美容院，也没必要不嫩装嫩，但一定要有品位、有气质。有些女人，岁月淹没了容颜浸蚀了青春，但成熟的气质、智慧的谈吐却更能彰显岁月给予她的人格魅力！女人这样的"投资"才是长效的！

可见，我所说的"投资"跟财富没有任何关系，只不过花费平时生活中的一点时间、精力、智慧，或者一点点"心机"，在自己及家庭建设上，女人的"投资"一定会增值！所以，女人想要拥有魅力，就要学会"投资"、知道"投资"的真正含义，用良好的心态努力经营自己、珍惜眼前的幸福，才会认真走好生活的每一步。

2022. 12. 15

快点，给我写几句

今儿一早上班，发现昨晚十一点多，姐姐发来几条微信，其中有一句是："他妈的，你就睡了？"一看，我心里一紧，出事了，姐姐从来没这么粗鲁过。赶忙再看，还有一条："快点，赶紧给我写几句，欣欣班主任生气了，我发过去把人家老师安慰安慰！"哦，我不紧张了，姐也真是的，就这事，至于吗？

于是，我继续下拉，看到了姐给我发过来的微信中，外甥女的班主任的一段文字，原来现在许多家长和班主任及老师建立了"微信"朋友圈，加强了信息的沟通和联系，挺好的。这位班主任老师的微信内容是：

今天应该是班会课发照片的日子。可我的心是又冷又灰像今天的天气一样、寒到心底。第一次缺席班会课、更是第一次不想去班上。唉！首先是好久没有像这几天感冒得这么厉害，头痛头晕、神昏乏力、咽痛流涕，可就这样也没有想在家休息一下的想法，不是思想先进、觉悟高，总觉得一百多人等着听课、能去就去，尽自己的职责。可是没想到班上的不愉快、个别孩子的不听话让人比生病还痛苦。首先个别人不完成作业还用各种理由搪塞、狡辩；其后班干部汇报早操，我没去跑得不成样，让人心灰意冷、心力交瘁、头痛欲裂、精神的失望比身体的病痛更令人难以承受，下午再也不能坚持了。真不明白——现在的个别孩子怎么这么难教育、怎么这么自私和虚伪，根本不在乎老师的死活。我是不是太傻，早应该明白对别人家的孩子你付出再多，用心再良苦。这些孩子都不会体谅你、理解你，我感到很累、很凉，我真的不想干了。

看过这段文字，我感慨，这位班主任老师所拥有的那颗负责任的心，是多么令人敬重啊！这位老师多负责任呀！导致自己气成这样，以致都"很累、很凉，真的不想干了。"我又想，这老师也不知教了多少年书了，若是新任教师，蛮能理解的；但若是一位已教数年的教师，我就觉得大可不必如此"闹情绪"啦！

为师这么多年，觉得"心气平和"很是重要，在我看来，这心气平和倒不是没有责任心,也不是不关心学生,而是为师者应有的基本心理素质。说句心里话,有时老师们过高地估计了学生的智商和情商了,所以总是伤不起。的确,现在的学生确实是越来越难教育了。许多学生,不爱学,基础差,不吃苦,没目标,那么面对这样的学生不可放任自流,也不能不闻不问,更不能让学生自暴自弃,为师者若能积极引导,尽己所能,只要不愧对自己职业的良心,那再调皮的学生也不是"铁石心肠",即使他不爱学习,但他绝不会在你的课上捣蛋!

另外,不管是主动还是被动地选择一份职业,万万不可有"职业情绪"。为师者带着一种职业情绪,那学生的优点就会"视而不见"了,而学生的缺点不足就会像洪水猛兽一样,让自己头昏脑涨,久而久之,满脑子装的都是烦恼、厌倦、不满等负面情绪,那继续从事这份职业,最终只能"伤人伤己"!

好想表扬一下自己,因为教书这么多年,我还从来没有生这么大的气! 拿学生的错误惩罚自己,是一种低智商!

2022. 12. 19

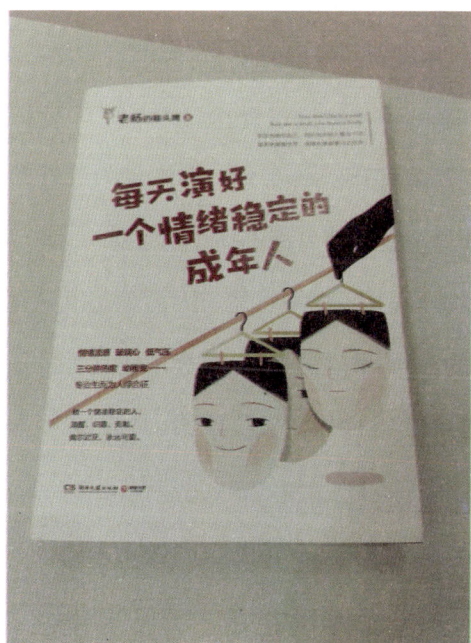

豪华落尽见真淳

今天看《人物周刊》专访万通集团董事局主席冯仑，他说的一句话给我印象特别深。冯仑说，做人的极致是平淡。

做人的极致是平淡。如冯仑所说，想来这是极好的！但细想，若一个人依然处在奋斗的历程中，汲汲于解决物质的困扰，生活的烦躁，功名的认同，又何来"平淡"而言，换言之，十年前，二十年前的冯仑，是不是也有如此的人生体验和境界？

如金朝元好问诗中所云：一语天然万古新，豪华落尽见真淳。人也许只有在获得诸多的人生满足和体验后才会返璞归真，不忘初心，就如获得人生"大满贯"的冯仑，婚姻幸福美满，事业辉煌至极，人生获得了最大限度的满足和体验，甚至于超出了自己人生的期望值，那么，这些人，也确实能腾挪出大把大把的精力，来追求深层次的内心的精神需求，即那些至真至纯至美至善，慢慢成为他们内心永久的情感涌动，并能滋养他们的人生！

的确，做人需要我们穷尽一生的时间来学。在我们成长的路上或是人生任何的时刻，都需要不断地去校正自己的律行，让自己以善美的心姿融入到生活的舞台上，赢得社会、生活、他人的信赖！

人生的目标与做人相互结合在一起才有了人生最为美好的体验。当我们参加了工作，真正走上了社会，耳闻目睹了人的全部生活本真。处人与立世其实并不简单，仅仅以自己一颗善良的心去温暖他人，其实也不尽然。因为美与丑共存，假与真并在，这时的做人真的很无奈，人的自私的一面，丑陋的一面，都会展露在你的面前。太多的时候不得不让我们为了生存左右逢迎而变得世故、精练、圆滑，其实这才是做人生存中为了适应生活、社会的无奈之举。

有时候，做人也让我们颇费思量，诚如冯仑所言，做人的极致是平淡。但真正能做到这一点的又有几人，因着人的欲望、道德、修养、自身素质的不同，人也不尽相同，是为：人以类聚，物以群分，就很能代表这一点。

第二辑 我的生活我思考

生活需要我们不断地去学会做人,但做人有时候却让我们在生活中永远也读不懂它。何为做人极致是平淡,如何才能在物化的世界,俗气的生活里,寻到人生所需,平衡自己的精神需求和物质满足;如何让自己能够超然于物外,做到平淡才是最真,这需要一个人在生活中不断地过滤自己思想的沉渣,洗涤自己内心的欲望,以求对生活,对人生最为本真的认识。

平平淡淡才是真,不是有些酸葡萄心理之人的自嘲之语,而是洗尽铅华之后的人生感悟。体味到平淡的真与纯需要阅历,更需要智慧和顿悟。

2022. 12. 27

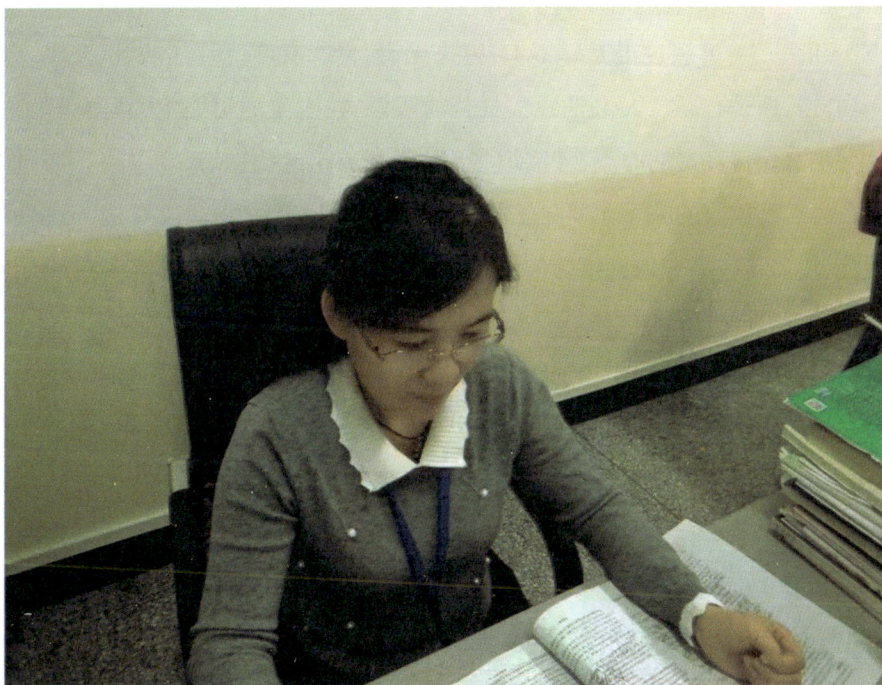

心情好时，心态未必好

记得星期五上课前，在物理组候课，几个老师都说，李老师，每天都见你乐呵呵的，笑口常开的，看来心情天天都不错！其实，老师们经常这么说我，我都习惯了。

但今天闲来无事，坐卧在沙发里，想想，觉得老师们说得不错，我是天天乐呵呵的，心情好。但我想说，我的好心情来自我的好心态！

其实，生活中，一个人心情好，不见得心态就好。但一个人心态好，那一定能改变、调节、平衡自己的心情，让自己一直保持好心情。生活中，有些人，心情好，可能是源于一件开心的事，一个谈得来的人；但若遇到不开心的事，谈不拢的人，那心情也会随之逆转。这样的人，开心与不开心，受心情左右而不是心态调节。所以说，其实好心情不见得就有好心态！

纵观人的一生，要想过得宠辱不惊，得失无碍，喜怒有度，淡定、从容、充实、自得，那靠的不是心情，而是心态。人生是一次艰苦的跋涉，在人生的道路上，有阳光雨露，也有暴风骤雨，唯有保持良好的心态，才能坦然地面对所有遭遇的一切。

细想，心态是健康的调节器，心态失衡，就会导致情绪的波动或对抗、或忧郁、或暴躁、或烦恼、或痛苦……导致健康的失调，滋生疾病的萌发。美好的心态是健康体魄的基础，是固守精神家园的保证。

人性中总是有着种种的弱点，这些弱点常常搅乱人的心绪，导致人的心态失衡。比如说，妒忌是人性上的瑕疵，诋毁了别人，也烤焦了自己；逢迎是人性上的龌龊，恭维了别人，却贬低了自己；暴躁是精神的空虚，悲观是激情的冷却，猜疑是心底的暗鬼，牢骚是情调的灰暗……

那么，人应当努力摒弃这些人性上的弱点，保持宁静而豁达的心态。成功时，不骄躁；失败时，不气馁；得意时，不癫狂；失意时，不颓废。只有这样，才能经受苦难的磨炼，克服胆怯的羞涩，抚慰失意的痛苦，宽容他人的过失，驱散委屈的阴云。

人生就像一场旅行，不必在乎目的地，在乎的是沿途的风景，以及看风景的心情。记得读初中时，语文老师在课上说过一句话，时隔二十多年，依然记忆犹新：皇宫里也有哀怨，茅屋里也有歌声！确实，这两句话里，包含非常重要的信息，即什么样的心态，就有什么样的思维和行为，就有什么样的环境和世界！就有什么样的未来和人生！

第二辑 我的生活我思考

生活中,很多人似乎都在羡慕别人的生活,似乎只能看到别人的长处,唯独忘却了自己的幸福,忘却了自己身边人的优点,看到的都是别人的光鲜的一面,总是郁郁寡欢,羡慕这个,妒忌那个。一天地认为自己的命不好;一天地认为自己晚上做了不好的梦;一天地抱怨。如果怀着这样的心态,我们会发现任何事都不对,好像这些事都故意和我们作对似的,没有一头是顺心的。与其羡慕他人,不如改变自己的心态,是自己的心态出了问题,生活是自己的,任何人或事都没有给你添加烦恼,只不过是自己和自己过不去罢了。

人生不是靠心情活着,而是靠心态活着。改变态度、享受过程、活在当下、学会感恩、福由心造、学会弯曲,不能改变环境就适应环境。

人生不是靠心情活着,而是靠心态活着。改变自己的脚,去适应整个世界,不能改变事情就改变对事情的态度,心若改变,态度就会改变;态度改变,习惯就会改变;习惯改变,人生就会改变。

人生不是靠心情活着,而是靠心态活着!!!

2023.1.11

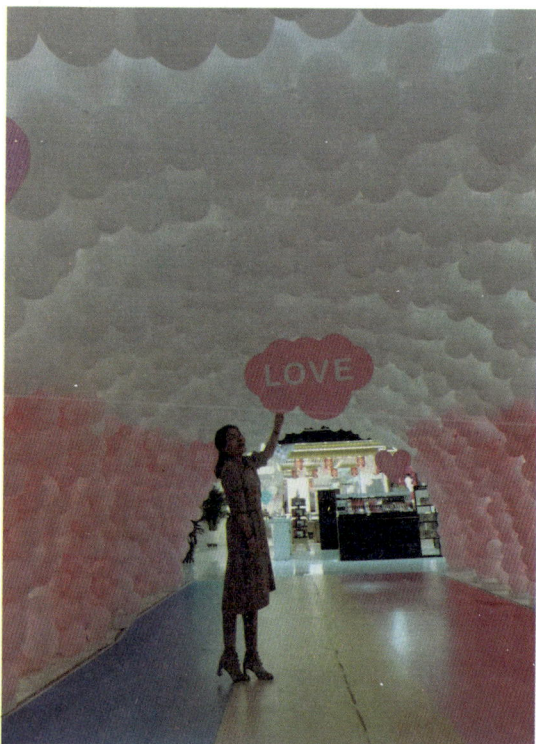

女人什么时候开始享受

中午，去看望了坐月子的一个朋友，朋友一脸幸福，言谈中洋溢的都是称心和知足。朋友四十出头，赶上了二孩政策的末班车，因为我们年龄相仿，都是 70 后，可以说，这个年龄，生二胎真真正正是"时不我待""机不可失"啊！

又记，有一次接妞子放学，旁边看起来比我更像"奶奶"的一个女子，皮肤粗糙，头发凌乱，穿着随意，比起别人把我认作妞子的奶奶，我觉得我更有把握，把她认作接孙女孙子的奶奶或外婆，可她却说，她是接女儿。言谈中，她说，儿子今年上大一了，老二念幼儿园中班。呵呵，基本和我类似，不过她说的一句让我思考良久，她说，这么大年龄生老二，就是想着以后死了，孩子们能有个伴。不然，剩下娃娃一个太孤单了。旁边有人说，没有亲的，还有姑舅两姨了么。没想到她很固执地说，姑舅两姨，什么时候也比不上亲的兄弟姐妹……此刻想想，倒也真的不无道理啊！

二孩政策，让多少女人跃跃欲试，又让多少女人犹豫不决。呵呵，也让多少女人躬行实践；呵呵，当然还有多少女人不为所动。身边有朋友说，不生二胎，坚决不生，麻烦，她要好好享受生活呢？再带一个娃，这辈子就别谈享受了！

想起毕淑敏写过的一篇文章《女人什么时候开始享受》，记得毕大姐在文中曾这样提醒女人：

我们所说的享受，不是珠光宝气的华贵，不是绫罗绸缎的柔美，不是周游列国的潇洒，不是管弦丝竹的飘逸……

我们所说的享受，只不过是在厨房里，单独为自己做一样爱吃的东西；在商场里，专门为自己买一样心爱的礼物；在公园里，和儿时的好朋友无拘无束地聊聊天，不用频频地看表，惦记家人的晚饭和晾出未收的衣衫；在剧院里，看一出自己喜欢的喜剧或电影，任自己喜怒哀乐，不必惦念任何人的阴晴冷暖……

我想，多少女人看了这段文字会为之动容，觉得毕大姐好暖人，说的全是喂奶子，抱孩儿，换尿布，一天洗锅刷碗的女人们的心里话。可我却不以为然。

女人什么时候开始享受，在我看来，其实就是心态的问题：

我眼中的享受，就是看着孩子一天天地长大，听到她妈妈、妈妈的一声声呼唤；就是看着她穿上漂亮衣服比自己穿上都开心；就是看着吃在她的嘴里，甜在自己的心里的满足……

我眼中的享受，就是拖着孩子在绿茵场上奔跑，就是看着她刚夏天买的衣服，秋天穿着就小了，就是她偎在怀里撒娇不讲理，就是和她一起坐在地上推倒费了半天才摆好的"多米诺"……

我眼中的享受，就是看着她长大了，上幼儿园"妈妈下午早点接我"的那一转身，就是哭着说"妈妈，我想你想得睡不着"的小可怜，就是时时刻刻担心孩子吃不好，睡不香，就是睡在身边，耳边传来的细微均匀的呼吸声……

所以，我在想，毕淑敏大姐为女人有关享受呐喊时，年龄有多大？身为女人，人生的享受有许多种，物质的、精神的都不为过。但在我看来，这和带孩子并不冲突，所以，不要拿生二胎作为自己无法享受生活的借口和理由。在我看来，一个真正懂得享受生活的人，即使生活再辛苦，她也会挤出时间去晒晒太阳，逛逛商场；即使工作再忙碌，她也会记着给自己泡杯茶，哪怕是自斟自酌；即使孩子再拖累，她也会出门时，给自己涂点口红，系条漂亮纱巾……

享受生活，享受人生，什么时候都不晚，什么时候都可以，当然，只要你愿意……

2023. 2. 1

我的女王节

早上升旗仪式结束，我对女教师们说："老师们，在女王节到来之际，我们学校准备……"话还没说完，老师们都笑了起来："哇，女王节……"

难道不是吗？"三八"妇女节，多么陈旧而又老土的称谓。提起"三八"妇女节，首先让人想到的是小时候，课桌上画的那根笔直笔直，而且不偏不倚的"三八"线，还有男人们脱口而出的"哼，真是'三八'"的轻蔑和歧视……

所以，听听，这女王节，多好！大气尽显，霸气十足。呵呵，这名字，我喜欢，超级喜欢！

上午，老同学发来贺信，全文如下：

值此三八妇女节，送你四朵"美丽的花"：祝你身材好，亭亭玉立立似花；祝你心情好，快快乐乐乐开花；祝你视力好，明心亮眼眼不花；祝你财运好，随时随地随便花！我回复：亲，四朵"美丽的花"，我就照单全收了，只是请把"三八妇女节"改为：值此女王节到来之际，女王陛下，请收下这四朵美丽的花，……再发一遍！

上午上完课，去县委送份档案，出来的时候，一姑娘跑过来："李老师，节日快乐，好长时间不见了，我刚在八楼上面看见你在院子走过，也不知你要去哪个部门，赶紧跑下来，一直在这等你……"

感动，王娜同学，2011届毕业生，去年大学毕业，已经在神木县民政局上班了，出落的我第一眼竟然没有认出来。可她在高高的八楼望见我，为见我一面，在楼下等了半个多小时，我感动地说："王娜，这是女王节我收到的最感动我的礼物，谢谢你！"

"李老师，你依然这么幽默，一点都没变，越来越年轻了。老师，女王节，多热的一个词。呵呵，你给我们的总是满满的自信，我最喜欢了！"她拉住我的手，很是亲昵地、激动地说。

我忙说："亲，这个节日，咱们都是女王，难道不是吗？"

女王节,我要提醒自己,做最美的女王。在我看来,最美的女王,不见得腰缠万贯,不见得权贵加身,也不一定美貌如花,或是名噪一时;在我看来,自信、自立、自强,能够笑对人生,充满阳光,乐观健康,懂得珍惜、知足、感恩,让自己葆有阳光般的微笑,能够静观一世流年,笑对一路风尘,就是真正的女王范儿。

晚上,和同事们一起欢聚一堂,尽情 K 歌,享受着这无比尊贵的女王节带来的欢乐与幸福!

今天的天格外的蓝,也许是刚刚过了惊蛰,应了节气。中午,我张开手臂,抚摸那暖暖的阳光,感知它的温度,才发觉这女王的桂冠,虽是自封的,内心也是无比欢喜的!

明天才是真正的女王节,请给我发来贺电的朋友们,不要忘了贺电开头这一句:

尊贵的女王陛下:在女王节到来之际,……

2023. 3. 8

你只是看起来很努力而已

人到中年，在忙碌的生活、工作以外，还有属于自己的兴趣爱好，不为名，不图利，且能无拘无束自在地投入着，努力着，又能自得其乐，乐在其中，在我看来，那是无比美妙的一件事。

有朋友说，这么多年，我一直就这样儿，没改变，没进步，生活死水一潭，工作马马虎虎，唉，命不好，老天也不眷顾！

真的是这样吗？

想起网红作家李尚龙的一本书，名字是《你只是看起来很努力》。我想说生活、工作、学习，也许，你真的只是看起来很努力而已，或者说，你都忘记了努力：

看起来你每天熬夜，却只是拿着手机点了无数个赞而已；

看起来每天都在阅读，却只是在浏览着八卦、娱乐而已；

看起来在写字台前坐了一天，却真的只是坐了一天而已；

看起来买了很多书，却只不过是晒了个朋友圈而已；

看起来每天很晚地离开办公室，却只是坐在办公室狠狠地追剧而已；

看起来每一天都很忙，却只是忙着在刷朋友圈、逛淘宝而已。

看起来，看起来……

有许多的看起来，似乎在付出着、辛苦着，其实只是看起来很努力而已。

于是，有些只是看起来很努力的人，有时候会在夜深人静时去痛斥这个世界的不公，为什么自己这么努力，为什么那个谁谁谁看起来压根就不如自己，最后却那么出成绩？

可是，想想，你的努力和别人的努力真的一样吗？你的所谓努力又为什么没有收到满意的效果？

所以，几年过去了，你还是原来的你，形象上没有改变，学识上没有提高，生活也没有多大改变，工作更是原地踏步……

好吧，想想，那些你看似忙碌的日子，所谓的努力时光，是不是真的到达了内心，变成了思想的提升呢？那些看似辛苦的日子，所谓的努力时光，真的用心走过了吗，真的问心无愧了吗？

或许，真的，只是看起来很努力而已？

2023.3.18

执着地认为,快乐地折腾是最单纯的生活必需品

犹记毕淑敏在《恰到好处的幸福》一书中有这样一句话:在内卷严重的今日,"恰到好处"是人人都需要的一种生活态度。套用毕淑敏的书名,我觉得"恰到好处的释放"会让工作忙碌着的我们消解内在的纠结和焦虑,会让我们补足能量,更好地再出发!

清明时节,细雨纷纷,春寒料峭,乍暖还寒,东风渐起,肆虐山野,二十多人踏春而行。有朋友说,就喜欢跟着巧姐"折腾";也有朋友说,不叫你巧姐了,就叫你折腾姐吧。哈哈,我觉得挺好,实至名归哦!周末,放松的方式有很多,睡个大懒觉,全天葛优躺……于是,有的人觉得这样放松挺好的,可是像我这种折腾的人,一般不会选择这样的放松,家里躺着躺着躺出了慵懒风,躺得没了精气神儿,能量耗尽但周末补充不足。像我们这群爱折腾的人,意见达成,行动一致,周末乐蹦一趟,一起欢歌一起烤串,一起叽叽喳喳,一起说到大南海北,一起笑到前仰后合,释放了压力,消解了情绪,身心全方位放空,你才能真正体味到一周忙碌的工作有多么充实,一天尽情地放松有多么的快乐。

所以,一直以来,执着地认为,快乐地折腾是最单纯的生活必需品。折腾不只是一种状态,更是一种对生命的热爱!热爱人生,在工作中折腾出一种高度;热爱生活,在烟火中折腾出一种快乐!折腾能让生活更有仪式感哦。

毕淑敏说:"恰到好处,是一种哲学和艺术的结晶体。它代表的豁达和淡然,是幸福门前的长廊。轻轻走过它,你就可以拍打幸福的门环。"一张一弛,人生之道,张弛有度,工作的意义更能彰显,生活的快乐更能体味。所以,时不时恰到好处地折腾折腾,才能在忙碌里找到快乐,在俗常里觅得幸福!

折腾,才是人生的意义。爱折腾的人对工作有激情,对生活有热望,折腾中能突破工作的瓶颈,能找到生活的快乐,所以嘛,不要在需要折腾的日子里,选择了对疲惫的妥协和对压力的顺从哦!

越折腾的人生,才是越有趣的人生。人活一世,折腾吃喝,折腾住行,沸腾滚烫的生

活，都是靠自己折腾出来的。折腾自己的生活，折腾自己的人生，不用在乎别人怎么说，也不必管别人的眼光，生活是自己的，人生也是自己的，爱怎么折腾就怎么折腾，与别人无关。所以，高调一点，折腾自己的快乐，让别人羡慕嫉妒恨吧！让别人各种看不惯吧！

亲们，余生很贵，请别浪费，让我们就可劲地折腾吧！不敷衍自己的人生，就从各种富有仪式感的折腾开始吧！细想，不折腾幸福怎会飞腾？我们又怎会活成自己喜欢的样子呢？

2023.4.2

自带贵气的女人不会有反刍情绪

周末，和朋友小坐，三个女人一台戏，悲喜苦乐总相随。为什么要这么说呢？三个女人，共同的话题，不一样的心思，于是在你一言我一语中我发现快乐的女人是有秘诀的，不快乐的女人也是有原因的。而让我心生感慨的是：一个对往事真正放下的女人，那一定自带几分贵气！

"那就是一个人渣，倒八辈子血霉了让我遇上这么个哈怂……"朋友咬牙切齿，满脸怨恨，看得出，她的诸多不满，在发泄中流露出她对家人对生活的诸多牢骚……

孩子过来和她说话，她一把推开："一边去，没看见我正烦着呢！"一边继续着各种苦恼和不满，我说："一个心气平和的女人不会像你一样，怨气冲天，牢骚满腹，谁的生活不是鸡毛一地，你应该做的是把一地鸡毛捋一捋，束成个鸡毛掸子，而不是满天鸡毛。一个周末的快乐时光，你不仅浪费了你自己的，还糟蹋了我们的，你知道吗？听着，别以为有人能量充足，你就任意索取，每一个人都要自带'充电宝'，不带你这样的哦……"

旁边的朋友也点头忙说："到此为止，周末我们要充电，能量满满，不能被你耗完了，听巧姐分享点乐子，可不能让话题由着你带偏了！"

相由心生，怨气大的女人，苦大仇深，满脸堆砌的都是不满。请相信，一个人怨气多了，福气自然就少了！其实，打垮一个人，从来不是别人而是自己。稻盛和夫曾说：自渡是一种能力。朋友总是纠结在过去式里，总是放不下昔日的不痛快，时时咀嚼，常常反刍，忽略当下的美好，反复在过去的记忆里放不下、想不开、不转弯、一根筋、倔驴一样固

执在自己的坏情绪里,这样的女人负能量十足。陷入自身思维的漩涡在心理学上被定义为"反刍情绪"。习惯了情绪反刍的人往往就是放不下在作怪,纠结于过去的情绪会让人在情绪的泥泞中不能自拔,反刍会让消极情绪持续更久,久而久之,会让一个人的泥泞情绪占了上风,进而形成某种情绪的稳定状态,就会成为一个人性格的一部分,所以一个人应该时时记得矫正自己的情绪,而不是反复咀嚼,让自己总是在各种坏情绪里屏蔽了健康和阳光的东西。

记得我曾经和我的学生说:"我们总是渴望和优秀的人在一起,但你要时常想一想,优秀的人凭什么愿意和你在一起?物以类聚,人以群分,我们只有不断靠近你想靠近的人,让自己不断成长,不断提升,才会互相吸引,彼此成就,到了一定阶段,人有时候特别想让别人带着提升,却也不太愿意总是被一些自身以外的人、事拖垮,所以想要融入你想要的圈子,想要与平和喜悦、能量充足的人在一起,自己也要时时提醒自己不要忘记带个'充电宝'哦!"

记住该记住的,忘记该忘记的,我以为生活里没有怨气的女人,特别值得尊敬。生活中不幸福的女人一般怨气大,因为怨气大的女人,一般来说情绪较大不会自我调节,固执己见不会换位思考,气量较小容不下他人……其实归根结底,怨气大就是心眼小;德行不够,一般都爱发脾气。一念嗔心起,百万障门开。生活中我们会发现,脾气一旦上来,所有的障碍、不顺也就接踵而至。

自带贵气的女人不会有反刍情绪,在我身边有一朋友,非常令我敬重,因为在她身上似乎总是有一道光,让你眼前明亮内心温暖。交往已有20多年,她能让你明白懂得感恩的人生是多么顺达畅意;心怀知足的人生是多么喜悦平和。

所以,努力做个自带贵气的女人,永远记住,先好起来的是自己,然后才是生活。

2023.4.24

买块地儿，来种娘

中午下班回家，老母亲发个短视频给我，点开视频，只见母亲在一山圪梁梁上，放眼望去，空旷的山坡上满眼都是荒芜的杂草，老母亲一边拍视频，一边还不忘配上声音："你们看看，就这块地儿，妈是看上了，高圪梁梁上，一天照太阳着了，阳堂堂的，东南西北，望一望，瞭一瞭，又宽展又开阔的，前面就是合龙山，底下就是大理河，是个好地儿……"此刻，耳畔响起老母亲看似戏谑实则无奈又故作轻松的声音，想起漫山荒芜芜的杂草，想起某一天这里就是安葬父母亲的地儿，不禁泪流满面，难以入眠……

人生世上最伤感的事，大概就是父母倾尽一切抚养我们长大，而我们只能望着父母老去的背影，渐渐远去。父母在，人生尚有来处，父母去，人生只剩归途。父母亲是50后，老爸52年的，老妈54年的，都已近古稀之年，古人有云人活七十古来稀，可是对于今天的人们来说，耄耋之年也不鲜见。犹记去年老妈闲谈提及自己想买块地儿，我那懵懵懂懂的弟弟说："妈，你买地种啥呢？"老妈说："买地种啥呢？不种菜，不种豆，就种你这老娘了……"再后来，母亲常常说起这件事，当作趣事一样。其实，老弟也已40出头了，我们这做子女的哪能想到平安喜乐的日子里，父母的隐忧和顾虑呢！

今年闰二月，老人们讲究闰年闰月买地凿葬是给老人增寿了，叹惋老爸老妈说笑间就在为自己安排了去处，感慨人生短暂，时不我待。老母亲去年因为腿疼，四月份前后，姐姐和弟弟陪着去西安做了一个膝盖置换手术，手术后，疼痛难忍，还要做康复训练，大半年在家息养。这次为了这块地儿，母亲亲自上山，想着她平时很是小心地走路，老是担心腿上用力过多引起后遗症又给儿女带来麻烦。这个时候，她却在颠簸不平的山头上，看着父亲拿着铁锹在那铲起东边的土，撂在西边的土圪堆堆上，看着铲土机在平地，看着工人们在挖坑，难以想象他们内心的复杂，怎不令做儿女的心生难过！

想起贾平凹的《我的母亲》来了，那份忆母思母念母之情，读来令人肝肠寸断，打一个喷嚏想起了母亲，看着满屋子里的家具想起了母亲，写作时想起母亲的叮嘱，吃饭时想起母亲的唠叨……可叹树欲静而风不止，子欲养而亲不待！

"慈母手中线，游子身上衣"，做儿女的谁没有得到过父母无私的爱；"临行密密缝，意恐迟迟归"，做父母的谁不是牵挂着子女的成长；"谁言寸草心，报得三春晖"，哪个儿女又能报答了父母的养育恩情之一二……

母亲在电话里说："你二姨今年也弄了点地，你三妈还有你五妈去年就准备好了，你守利叔叔和平亮叔叔们都上山来看地了。"想起父亲兄弟六人，已逝去三人，还有他人生中最重要的朋友，经常被称为"五兄弟"的叔叔们也已走的走，老的老，母亲说话时，就像拉家常一样，感觉他们这一代人，似乎就这样前后相随地又要到另一个世界去了，说得淡然又轻松。但我深知，父母内心的复杂和不安，不舍和无奈……，他们就这样按部就班地走着人生的每一步！

想一想：真正当有一天，生你养你的两个人都走了，这世间就再也没有任何人会像父母那样真心实意地疼你爱你了，没有人在意你过得好不好，工作累不累，胖了还是瘦了，再没有人忍你的坏脾气，包容你的缺点……当你再去回忆和父母点点滴滴的时候你会泪流满面，必定会心如刀割。

这个世界最无情的是时间，最长情的也是时间，最不能复制的是年龄，最不能重复的是人生，珍惜当下，感恩拥有，让父母的有生之年能够安康顺意，大概是做儿女的最大的孝心！

《诗经》有云：父兮生我，母兮鞠我。拊我畜我，长我育我，顾我复我，出入腹我。欲报之德，昊天罔极！

愿天下所有父母健康幸福！

2023. 5. 6